步平　王建朗　主编

中国抗日战争史

A HISTORY OF
THE CHINESE WAR OF RESISTANCE AGAINST
JAPANESE AGGRESSION

第二卷
战时军事

荣维木 等　著

社会科学文献出版社
SOCIAL SCIENCES ACADEMIC PRESS (CHINA)

目 录

前　言

卢沟桥事变，标志着日本蓄谋已久的全面侵华战争的爆发。“起来，不愿做奴隶的人们！把我们的血肉，筑成我们新的长城！”这首激动人心的《义勇军进行曲》，吹响了中华民族伟大复兴的号角。“从那时起，大江南北，长城内外，全体中华儿女冒着敌人的炮火共赴国难，无论是正面战场，还是敌后战场，千千万万爱国将士浴血奋战、视死如归，各界民众万众一心、同仇敌忾，奏响了一曲气壮山河的抗击日本侵略的英雄凯歌，用生命和鲜血谱写了一首感天动地的反抗外来侵略的壮丽史诗。”①

7月8日，中国共产党向全国人民呼吁：“平津危急！华北危急！中华民族危急！只有全民族实行抗战，才是我们的出路。”号召“全中国同胞，政府，与军队团结起来，筑成民族统一战线的坚固长城，抵抗日寇的侵掠！国共两党亲密合作抵抗日寇的新进攻”。② 17日，蒋介石发表庐山讲话，明确宣称：“如果战端一开，那就是地无分南北，年无分老幼，无论何人，皆有守土抗战之责任，皆应抱定牺牲一切之决心。”③ 这句话成为传诵一时的名言。中国国民党是当时的执政党，南京政府有着二百万军队和得到国际承认的外交地位。没有它的参加，全民族的抗日战争难以形成。胡绳主编的《中国共产党七十年》一书对此曾评价道：“国民党最高领导

---

① 习近平：《在纪念全民族抗战爆发七十七周年仪式上的讲话》，《人民日报》2014年7月8日。

② 中央档案馆编《中共中央文件选集》第11册，中共中央党校出版社，1991，第274页。

③ 秦孝仪主编《先总统蒋公思想言论总集》卷14，台北，中国国民党中央委员会党史委员会，1984，第584页。

人承认第二次国共合作，实行抗日战争，是对国家民族立了一个大功。”①

抗战期间，“中国国民党和中国共产党领导的抗日军队，分别担负着正面战场和敌后战场的作战任务，形成了共同抗击日本侵略者的战略态势”。② 毛泽东在抗战全面爆发后不久发表的《论持久战》一文，科学地预见到抗日战争必将经过战略防御、战略相持、战略反攻三个阶段。

在防御阶段，国民党正面战场是主战场。

平津失守后，国民党先后积极主动组织了四次大会战——淞沪会战、太原会战、徐州会战、武汉会战，粉碎了日本妄图三个月灭亡中国的计划。广大爱国将士，在日军大举侵略面前，同仇敌忾，奋勇争先，以劣势装备和血肉之躯同优势装备的敌军拼搏，并取得台儿庄大捷；中共领导的八路军迅速开赴山西抗战前线，协助正面战场作战，取得抗战爆发后第一次重大胜利——平型关大捷。随后，八路军、新四军深入敌后，在华北、江南沦陷区开辟敌后战场，建立抗日根据地。

武汉、广州失陷后，抗日战争进入相持阶段。

怎样看待此时的正面战场和敌后战场的关系？应该说，以国民党为主体的正面战场和以共产党为主体的敌后战场，是相互配合、互为支持的。如果没有其中的任何一方，日本侵略军都会腾出手来，全力压迫另一方，增加另一方的困难。这两个战场结合在一起，构成中华民族抗日战争的完整的壮丽画卷。

我们先来看正面战场。

从武汉、广州沦陷到太平洋战争爆发这三年间，日本的战略指导方针发生了变化。它的主旨是：放弃速决战略，改取持久战略，“企图依局部有限攻势、战略轰炸及遮断中国国际补给线”，以打击中国抗战的意志，谋求结束战局。③ 因此，日军对正面战场发动进攻的重点，主要在中部的武汉周围、南部的桂南地区、北部的中条山地区。此时，这些战役，大体上正是按照“局部有限攻势”和“遮断中国国际补给线”这两个目标来进

---

① 胡绳主编《中国共产党的七十年》，中共党史出版社，1991，第188页。

② 胡锦涛：《在纪念中国人民抗日战争暨反法西斯战争胜利六十周年纪念大会上的讲话》，《人民日报》2005年9月4日。

③ 三军大学战史编纂委员会编《国民革命军战役史 第四部 抗日》第3册，台北，“国防部史政编译局”，1995，第5、6页。

行的。

在中部的武汉周围。日军攻陷武汉后，兵力已近用尽，而中国军队在武汉以外地区仍保持着不少兵力，对日本侵略者控制武汉构成威胁。因此，日军在武汉外围先后发动了南昌战役、随枣战役、第一次长沙战役、枣宜战役、豫南战役、上高战役、第二次长沙战役等有限攻势。

在南线，日军攻占广州后的主要作战目标是切断中国大后方的对外交通线，断绝中国从海外获得必要的物资补给，使中国陷入难以撑持的困境而屈服。那时中国西南地区只剩下广西、云南的对外陆路交通线还保持畅通。为此，日军发动桂南战役，力图切断广西至越南的通道，威胁滇越铁路和滇缅公路，攻占南宁，打断各国援华的念头，并乘机夺取进入法属印度支那北部的跳板。日军陆军作战部部长富永恭次甚至认为，攻占南宁"是中国事变的最后一战"。① 1939 年 11 月，日军占领南宁。到 1940 年 9 月，中国军队收复了南宁和桂南地区。

在北线，日军主要的攻势是 1941 年 5 月发动的中条山战役。中条山位于黄河以北的晋南豫北交界处，构成中原地区的屏障。驻守在这里的有第一战区司令长官卫立煌统率的部队近 18 万人，牵制着日军三个师团。经过 20 多天战斗，中条山守军在遭受惨重损失后撤出这一地区。

在战略相持阶段，尽管存在种种问题，国民党军队仍坚持在抗日阵营里，并且在一些战场上进行过顽强的抵抗，不少将领和士兵为了保卫国家而英勇作战，做出了巨大牺牲。而日本的兵力这时已明显不足，往往在发动一次攻势后不久便停止进攻，甚至撤回原有阵地。胡绳有一个中肯的评论："在正面战场上，只是在日本侵略军发动局部进攻时才发生比较激烈的战役，国民党军队的许多官兵进行了英勇的作战，但这种战役一般都以日本停止进攻而结束。"②

在以中国共产党为主体的敌后战场上，战斗是异常艰苦的。

太原失守后，八路军迅速大步挺进敌后，陆续开创了晋察冀、晋冀豫、晋绥、山东等抗日根据地。新四军也在不长的时间内创建了苏南、苏北、皖南、豫东抗日根据地。八路军、新四军向敌后挺进，发动并依靠群

---

① 刘大年、白介夫主编《中国复兴枢纽》，北京出版社，1997，第 165 页。

② 《胡绳文集（1979—1994）》，中国社会科学出版社，1994，第 321 页。

众，开展游击战争，创立抗日民主根据地，不仅有力钳制着日本侵略军向正面战场的进攻，支援了友军的作战，而且在敌人后方开创出一片得到民众热烈支持的新天地。

进入战略相持阶段后，日军逐步将侵略重点转向巩固已有的占领区，对八路军、新四军建立的抗日民主根据地进行残酷的封锁、分割和“扫荡”，称为“强化治安运动”和“清乡运动”。日军侵入根据地后，见房便烧，见人便杀，见物便抢，推行“烧光、杀光、抢光”的“三光政策”。他们大搞所谓“铁壁合围”，反复“扫荡”、“清乡”。处在这样险恶的环境中，中共武装为什么能扎下根来并不断发展壮大？如果没有坚定的信念和意志，如果不能通过不断打击日本侵略者而取得百姓的信任，特别是如果不能同当地民众建立起血肉相连、生死与共的联系，是根本没有可能的。这便是它能够在敌后抗战中取得巨大成功，而国民党领导下的军队却难以做到的奥秘所在。

在此期间，八路军还发动了百团大战，鼓舞了全国人民，使所谓八路军“游而不击”的说法不攻自破。在艰苦的环境中，中共武装不但坚持斗争，而且创造出很多有效的歼敌方法，如地道战、地雷战、破袭战、武工队等，灵活有效地打击侵略者，极大丰富和发展了游击战争的战略、战术。

1941 年，国际形势发生了重大变动。这年 6 月苏德战争爆发，12 月太平洋战争爆发。1942 年元旦，反法西斯侵略的 26 个国家，由中、英、美、苏四国领衔签署《联合国家宣言》。世界反法西斯统一战线形成，大大改变了国际关系的原有格局，也对中日战争产生了巨大影响。中、英、美三国建立军事同盟，成立中国战区，由蒋介石担任最高统帅，史迪威为中国战区参谋长。此后，中国军队组建远征军，两次进入缅甸配合盟军作战，为世界反法西斯战争写下光辉一页。在此期间，日军为打通大陆交通线，发动“一号作战”。国民党军在正面战场出现豫湘桂大溃退，它所造成的强大冲击波，使大后方人心发生急遽变动，在相当程度上埋下了国民党政府失败的重要种子。

1945 年抗日战争进入战略反攻阶段。早在 1944 年春，八路军、新四军就开始充分利用敌后战场日军外调参加“一号作战”的机会，主动发起局部反攻。战斗主要以伪军为作战对象，侧重拔除日伪军据点，巩固扩大根据地面积和人口。1945 年 4 月，在正面战场，中国军队发起湘西会战。

这是正面战场最后一次大规模会战，中国军队取得胜利。从此，侵华日军开始大规模战略收缩，中国军队进行了一系列反攻。8 月，苏联红军出兵中国东北。15 日，日本天皇宣布无条件投降。

“中国人民抗日战争的伟大胜利，为中华民族由近代以来陷入深重危机走向伟大复兴确立了历史转折点。”① 中国复兴枢纽——这就是抗日战争胜利最伟大的历史意义。

本卷的总体设计和规划由荣维木承担。具体写作分工如下：

荣维木、金以林撰写第一章；马振犊撰写第二章第一、二、四节；于宁撰写第三章第一、二、三、四、六节；古琳晖撰写第二章第三节、第三章第五节、第五章第五节、第六章第三节、第九章第五节；黄道炫撰写第四章第一、四节，第六章第一、四、五节，第十一章第二节，提供第一章第四节初稿；任伟撰写第四章第二节、第六章第二节；吴敏超撰写第四章第三节；邢烨撰写第五章第一至四节；郭宁撰写第六章第六、七节，第十一章第三节；吕迅撰写第七章以及第九章第一至四节；徐一鸣、张生撰写第八章第一、二节；袁成毅撰写第八章第三节；张泰山撰写第八章第四节；宋书强、张生撰写第八章第五节；王奇生撰写第十章；王龙飞撰写第十一章第一节；付辛酉撰写第十二章第一、二节；魏少辉撰写第十二章第三节。

金以林、陈默对全书进行了补充、修改和统稿工作。金以林负责第一、二、四、六、十一、十二章，陈默负责第三、五、七、八、九、十章。由于作者学识有限，不足之处在所难免，期待广大读者批评指教。

① 习近平：《在纪念全民族抗战爆发七十七周年仪式上的讲话》，《人民日报》2014 年 7 月 8 日。

第一章
众志成城：全国抗战的爆发

1937 年 7 月 7 日，是中国人民永远铭记的日子。这一天，日本军国主义者悍然发动了全面侵华战争，妄图灭亡中国。从这一天起，中华民族的抗日战争全面展开。

全国抗战爆发之初，中国人民在极端困难的条件下，孤军奋战，独立抵抗日本侵略，在世界的东方开辟了第一个大规模抵抗法西斯侵略的战场，充分地表现出“把我们的血肉，筑成我们新的长城”这种顽强不屈的气概。抗日战争改变了中国，成为中国复兴的枢纽，在中华民族解放斗争史上写下了光辉灿烂的一页。

第一节　卢沟桥事变与日本全面侵华战争的发动

1931 年九一八事变以来，日本军国主义者为了实现征服中国，最终称霸世界的企图，不断加快侵略中国的步伐。面对强敌入侵，积贫积弱的中国政府最初采取忍辱退让的“不抵抗政策”，寄希望“诉诸国联”，来迟滞日本的侵略。但中国政府的软弱更助长了日本的野心，日军占领东三省后即炮制了伪满洲国。此后，中国政府逐步调整对日政策，虽然在 1932 年“一·二八”淞沪抗战、1933 年长城抗战中采取了“一面抵抗，一面交涉”的方针，但最终仍以签订丧权辱国的《淞沪停战协定》和《塘沽协定》而告终。1935 年，日本又挑动“华北自治”运动，妄图将北平、天津和华北五省从中国分离出去。中华民族到了最危险的时候。

一　国际局势的变化与日本的扩张战略

七七事变前夜，中国的上空就已战云密布，充满着“山雨欲来风满楼”的紧张气氛。这种情形的产生不是偶然的，既有国际大背景的影响，又是日本军国主义者加紧对华侵略必然要跨出的一大步。

从国际范围来看，局势确实异常严峻。20 世纪 30 年代初期，为了应对 1929 年爆发的席卷世界的经济危机，资本主义国家之间对世界市场的争夺重新激烈起来。随着竞争的白热化，德国、日本、意大利这三个国家内最富有侵略性的法西斯势力加速兴起。希特勒（Adolf Hitler）在 1933 年攫取德国政权后，放手煽动狂热的民族复仇情绪，并全力扩军备战。1936 年 3 月，他派遣军队占领莱茵非军事区，打破第一次世界大战后形成的凡尔赛体系，并且准备发动更大规模的侵略战争，以称霸世界。墨索里尼（Mussolini）控制下的意大利法西斯政权，则扬言要重建“新罗马帝国”，把地中海变为“意大利湖”，并于 1936 年 5 月吞并非洲的埃塞俄比亚。1936 年 7 月，德、意两国又公然对西班牙进行武装干涉，建立起以瓜分世界为目标的柏林 - 罗马轴心。欧洲已处于战争阴云的笼罩之下。日趋紧迫的欧洲局势牵制了英、法等国的精力，这对寄望于欧洲老牌列强制衡日本霸权的中国政府来说，不啻雪上加霜。西班牙的毕尔巴鄂被攻陷的消息传到国内后，蒋介石深感忧虑：“西班牙问题日趋严重，欧洲多事，则东方更危矣。”①

德、意法西斯势力的兴起，使得日本独霸中国、亚洲的野心迅速膨胀。1936 年 11 月，日本同德国签订《反共产国际协定》，简称“防共协定”。第二年，意大利也参加了这个协定。德、日、意三国法西斯势力，构成了对人类和平与安全的严重威胁。

面对法西斯势力的凶猛来势，美、英、法等西方国家与德、意、日的矛盾日趋严重。但英、美等国并未估计到法西斯势力即将对人类和平产生的毁灭性威胁，仍然从自身利益出发，对其采取姑息政策。英国和法国在第一次世界大战中受到很大削弱，战争的创伤还没有完全平复，国内社会矛盾十分尖锐，其对德、意法西斯势力非但不敢采取有力的措施加以制衡，反而怀着深深的恐惧心理，害怕得罪它们就会引发战争，一味实行“绥靖政策”。而在美国国内，孤立主义思潮盛行一时，对欧洲紧张局势采取置身事外的态度。此时的苏联，出于本国利益考虑，也极力避免与德

① 《蒋介石日记》（手稿），1937 年 7 月 2 日“本周反省录”，美国斯坦福大学胡佛研究所藏，下同。

国、日本发生冲突。国际上对法西斯势力妥协退让的空气弥漫一时，这更使日本军国主义者觉得有机可乘，进而着手扩大对中国的侵略。

从日本国内来说，少壮派军人于1936年2月发动的二二六政变是一件深刻影响日本政坛结构的大事。《远东国际军事法庭判决书》对此曾评论道：东京陆军叛乱的目的是以军部内阁来代替分裂的内阁。“青年军官集团想一举而占领中国全土，并准备马上对苏战争，而使日本成为亚洲唯一的强国。”①

二二六政变后，在日本军方的操纵下广田弘毅内阁成立。新内阁秉承军方意旨，开始筹划在中国全面扩张。4月，广田内阁决定大幅增加驻扎在华北的中国驻屯军兵力。5月，日本统帅部对明治时期山县有朋制定的《帝国国防方针》和大正时期制定的《帝国军队用兵纲领》分别进行修订。修改后的“国防方针”规定：“一旦有事，制敌机先，迅速达到战争的目的。”②“用兵纲领”规定：“以中国为敌时，其作战要领如下：初期目标是占领华北要地和上海附近，以确保帝国权益并保护日本侨民。”③七七事变和八一三事变就是按此进行的。关于作战兵力，陆军提出：“战时50个师团，常设师团为20个，其中6个满员师团设置于满洲，同时重视航空军备，先准备40个中队，将来必须更加快速地扩充。”海军提出作战兵力：“主力舰12艘，航空母舰10艘，巡洋舰28艘，驱逐舰战队6个（旗舰6艘、驱逐舰96艘），潜艇战队7个（旗舰7艘，潜艇70艘）”，另配“陆基航空兵队65个（每队常用机12架），舰载飞机291架”。④

这样的兵力配置，显然不完全是针对中国。陆军的指向主要是向北针对苏联，海军的指向主要是向南针对美英。但是，无论是“北进”还是“南进”，日本都把征服中国作为实施扩张的首要步骤。

1937年初，出现一个新的动向：所谓“对华一击论”在日本军部内部迅速抬头。6月9日，也就是七七事变前不到一个月，关东军参谋长东条英机向陆军省和参谋本部提出《关东军关于对苏对华战略意见书》，其中写道：

① 《远东国际军事法庭判决书》，张效林译，五十年代出版社，1953，第69页。
② 防衛庁防衛研修所戦史室編『戦史叢書　大本営陸軍部（1）』朝雲新聞社、1967、395頁。
③ 『戦史叢書　大本営陸軍部（1）』、396頁。
④ 郭汝瑰、黄玉章主编《中国抗日战争正面战场作战记》上册，江苏人民出版社，2002，第289—290页。

“从准备对苏作战的观点来观察目前中国的形势，我们相信：如为我武力所许，首先对南京政权加以一击，除去我背后的威胁，此为上策。”①

日本军国主义者的决心已下，战争事实上随时都可能爆发。有没有借口并不重要，即便没有，随便制造一个就可以了。七七事变前夕刚就任日本首相的近卫文麿后来写道：“余拜命组阁之时，陆军自‘满洲事变’以来所为之诸种策动，已相继成熟，在中国大陆似有一触即发之势；当时中国问题，已至非武力解决不可之程度。”②

中日两国之间的全面战争，已无法避免。

二　中日战争全面爆发时两国力量对比

敌强我弱，是中日战争的一个显著特征。正如中共领袖毛泽东所说，“（日本）是一个强的帝国主义国家，它的军力、经济力和政治组织力在东方是一等的，在世界也是五六个著名的帝国主义国家中的一个”；而中国则“是一个半殖民地半封建的国家”，“依然是一个弱国”，“在军力、经济力和政治组织力各方面都显得不如敌人”。③

首先从经济方面来看。尽管1929年开始的世界经济危机对日本造成了巨大冲击，但九一八事变后，日本占领了中国东北，大肆掠夺资源，加速发展军事工业，从而比较早地摆脱了经济危机。1931—1937年，日本工业年均增长率达到9.9%，增长速度超出西方列强，一跃成为工业强国。1937年，日本钢产量580万吨、生铁239万吨、石油169万吨，工业产值近60亿美元，占国民经济总产值的80%。而在工业中，军工企业更是迅猛发展，1937年军工投资占当年工业总投资的61.7%，年产飞机1580架、大炮744门、坦克330辆、汽车9500余辆，造船能力达到40余万吨。当然，在经济迅猛增长的同时，日本也面临后续发展乏力的困境，主要原因是工业原料严重依赖进口，尤其是铁矿、石油、原煤、有色金属，完全需从国外输入。因此它的对外扩张欲望也愈加迫切。而此时的中国，仍是一

① 秦郁彦『日中戦争史』河出書房新社、1961、333頁。

② 〔日〕近卫文麿：《日本政界二十年——近卫手记》，高天原、孙识齐译，国际文化服务社，1948，第8页。

③ 毛泽东：《论持久战》（1938年5月），《毛泽东选集》第2卷，人民出版社，1991，第447、449页。

个以自然经济为主的农业国，长期受到帝国主义的压迫，积弱积贫面貌并未改变。1937 年中国的国民生产总值仅为 13.6 亿美元，不到日本的 1/4，生铁产量 95.9 万吨，钢产量 4 万吨；而与国防相关的飞机、坦克、汽车，则全无生产能力。①

其次从军事力量来看。1937 年中日战争全面爆发前，日本陆军有 17 个常备师团、4 个独立混成旅团、4 个骑兵旅团、5 个野战重炮旅团、3 个战车队、16 个飞行联队（内辖 54 个飞行中队）以及十余个守备队，现役军人共计约 38 万人。此外，在完备的征兵制度下，日本另有预备役 73.8 万人、后备役 87.9 万人、第一补充兵 157.9 万人、第二补充兵 90.5 万人，总计 410 万人。海军方面，1937 年 6 月统计，服役军舰包括战列舰、航空母舰、重巡洋舰、轻巡洋舰、驱逐舰、潜水艇、潜水母舰、布雷艇、猎潜艇等共 285 艘，总吨位达 115.3 万吨，位居世界第三。② 空军作战方面，日本未设独立的空军军种，而是在陆、海军分设航空队。其中，陆军设有 3 个飞行团及关东军飞行集团、航空兵团直属飞行队，共计 54 个飞行中队，具备空战、轰炸和侦察等综合作战能力；海军陆基作战飞机 458 架，舰载作战飞机 182 架，总计 640 架。③

中国在抗日战争全面爆发时，共有陆军 182 个师又 46 个独立旅，骑兵 9 个师又 6 个独立旅，炮兵 4 个旅又 20 个独立团，总兵力 170 余万人。④ 武器装备方面，除中央军 70 个师配备部分德式武器外，其余地方军队的武器因大多通过自筹获得，不仅质量低劣，且五花八门，不成体系，更普遍缺少重武器。海军方面，中国仅有舰艇 60 余艘，排水量 6 万余吨。⑤ 空军方面，中国有各种作战飞机 305 架，均为国外进口，因缺少配件，作战消耗过大，开战不到一年便仅剩 126 架可以战斗，此后又陆续补充 104 架。⑥

上述敌强我弱的状况，直至太平洋战争爆发之际都没有改变。而中国

---

① 参见刘庭华编《中国抗日战争与第二次世界大战系年要录统计荟萃（1931—1945）》，海军出版社，1988。

② 防衛庁防衛研修所戦史室編『戦史叢書　中国方面海軍作戦（1）』朝雲新聞社、1974、230 頁。

③『戦史叢書　中国方面海軍作戦（1）』、232 頁。

④ 何应钦：《八年抗战之经过》，香港，中和出版有限公司，2015，第 49 页。

⑤ 转引自郭汝瑰、黄玉章主编《中国抗日战争正面战场作战记》上册，第 299 页。

⑥ 何应钦：《八年抗战之经过》，第 332 页。

能够在敌我力量对比处于极端劣势的情况下，坚持独立作战4年多，除了中国人民的不屈精神之外，敌小我大这个客观条件也起到了重大作用。日本的小表现在它的国土面积仅及中国的1/28，人口是中国的1/6，本土缺少战略资源；中国的大表现在人口众多、国土宽广、资源丰富。尽管敌强我弱的局势决定了中国不能很快战胜侵略者，但敌小我大的对比决定了侵略者不可能迅速征服中国。战争最后的胜利，不仅取决于敌我力量对比的转换，更取决于中国人民战胜敌人的必胜信念。

三　战前敌我态势

日本发动全面侵华战争，是以夺取平津和华北为开端的。九一八事变之后，日本即把下一个侵略目标放在了华北。

第一，从地理位置来看，华北毗邻东北。日本关东军占领东三省后，华北就成为中日两军对峙的前沿地带，自然成为日军蚕食的下一个目标。同时，由于东北地区实际已成为日本侵华的战略基地，而华北又是由这个基地向全中国扩张的枢纽，所以通过华北，既可向南入侵华中，又可向西进犯西北腹地。

第二，从军事角度来看，截至1936年底，日本驻东北的关东军已达4个师团，另有驻朝鲜军2个师团。日本无论采取局部蚕食，还是全面侵略的政策，都可以比较方便地在华北取得比中国其他地区更为有利的战绩。另外，由于日本时刻把苏联作为主要假想敌国，其对外扩张战略包含了针对苏联的“北进”计划，因此，夺取华北可以扩充日本的“北进”战略基地，截断中国与苏联的北面通路。同时，一旦发生对中、苏两面作战，还可以灵活转运兵力。

第三，从政治方面来看，华北地方政权远离蒋介石控制的中央政府，保持一定的政治独立性。1928年国民政府统一全国后，由于中国内部的不统一，出现各派地方势力轮番执掌华北政权的局面，而南京政府的实际控制力从未真正达到华北。1935年华北事变后，原西北军宋哲元部主持的冀察政务委员会，实际上与南京中央仍有嫌隙。而日本正是利用这一矛盾，试图把中央势力从华北排挤出去。卢沟桥事变后两地最初的谈判，也反映了日本在这方面的谋略。

第四，从经济方面来看，华北有着丰富的物产资源，其中包括与战略物资生产有直接关系的煤、铁、铝、矾、盐等矿产资源。华北煤矿储量为中国之冠，就质量而言，以优质炼焦煤与无烟煤为多。华北铁矿不仅储量丰富，而且品位高，多有含铁品位在50%以上的矿石。另外如长芦盐、冀东高矾黏土等，都是日本急需的工业原料。华北的农产品也十分丰富，棉花产量居中国之首，而日本纺织业98%的棉花需从国外进口。华北的物产，既可由陆路运往东北，又可由秦皇岛、大沽等港口经海路直接运往日本。因此，夺取华北，对于日本战略物资的储备与补给，无疑有着重要的意义。

与九一八事变的发动相类似，挑起事端的首先是日本当地驻军。1936年4月17日，经广田弘毅内阁会议决定，增强华北驻屯军之兵力，发布陆甲第六号军令，更新驻屯军之编制，驻屯军司令官改为天皇直接任命的“亲补职”，增兵至原先数量的三倍，并以永驻制代替原先的逐年轮换制。据此，中将师团长田代皖一郎接替少将旅团长多田骏出任华北驻屯军司令官。日本陆军部明确划分了在华日军的活动范围：长城以外（北）地区仍归关东军负责，长城以内（南）事务则由华北驻屯军负责。① 这使得华北驻屯军的地位提高至与关东军平行的水准，拥有独立处理华北中日间有关事务的权力。

日本华北驻屯军，最初称“清国驻屯军”，后称“中国驻屯军”或“天津驻屯军”。根据1901年清政府被迫与列强签订的《辛丑条约》规定，列强各国可在北京使馆驻地与天津至山海关铁路沿线若干处留驻军队，总数限于8200人以内。1902年时，日本“清国驻屯军”有1650人（包括使馆卫兵），兵力与英、法驻军相同；到了1911年，列强驻军总数减至4000人左右，而日本驻军人数亦下降至不足500人；但此后虽然欧洲列强各国驻华兵力逐年减少，但日本驻军却不断增加。②

1936年5月15日，新增日军首批3000人抵达平、津。新任驻屯军旅团长河边正三少将在北平设立旅团部。在此前后两个月，日军共增兵八

---

① 防衛庁防衛研修所戦史室編『戦史叢書　支那事変陸軍作戦（1）』朝雲新聞社、1975、71、75、76頁。

② 数据源于植田捷雄『在支列国権益概説』（巌松堂、1939、115頁），转引自安井三吉『盧溝橋事件』（研文出版、1993、97頁）。另据『戦史叢書　支那事変陸軍作戦（1）』第72页记载，1936年6月1日前驻屯军人数为1771人。

次，计增7840人，原驻日军为2203人，合计为10043人。其后有1600人换防回国，实际留驻华北者为8443人。此项数字，为原驻日军数字的4倍。[①] 6月，增兵后的华北驻屯军陆续进入指定地区。值得特别注意的是，华北驻屯军擅自强行在北平丰台建造兵营，并划定为主要驻兵处。[②] 而丰台并非《辛丑条约》规定的12处外国驻兵点。对此，日本陆军部作战课课长石原莞尔表示："从全局来看，丰台处于突出部位，与中国军队抵近接触，因此我认为此乃卢沟桥事变的直接动机。"[③]

丰台位于北平西南，是连接北宁线与平汉线的铁路枢纽，战略地位十分重要，日军增兵华北后即在丰台修建兵营，设法控制丰台，并先后制造两次丰台事件。而驻防平津地区的中国军队，是有着长城抗战光荣历史的宋哲元部第二十九军。为防止日军作乱，宋哲元增兵防守丰台。

6月26日，中国军队一匹战马受惊冲入正在修建的日军营房，被日军扣留。中国士兵要求放还战马，遭到日军无理拒绝。第二天，日军指使一名朝鲜流氓进入第二十九军马厩捣乱，几十名日本军人前来助威。第二十九军士兵被迫自卫，双方发生械斗，各有人员受伤。事件发生后，日军立即向宋哲元抗议，提出四项无理要求："（一）道歉；（二）赔偿；（三）惩戒肇事军官；（四）从丰台撤兵。"[④] 宋哲元被迫接受前三项要求，但拒绝从丰台撤兵。是为第一次丰台事件。

9月18日，日军挑起第二次丰台事件。当天，第二十九军驻丰台部队日常训练回营途中，在丰台正阳街恰与一中队日军遭遇。因道路狭窄，双方不能同时通过，于是发生冲突。事后，日军向宋哲元提出三点要求："（一）在两方军队之前，中国军队指挥官向日军指挥官道歉；（二）中国军队立即自丰台撤退至距铁路两公里以外某地；（三）在丰台地区之中国军队最后应撤至南苑或西苑。"[⑤] 宋哲元为避免冲突升级，同意了日军的要求。19日，中日军队在丰台车站相向列队，互致敬礼，以示"解除误会"。之后，第二十九军从丰台移驻西苑，由冀北保安旅的一个营到丰台接防。

---

① 李云汉：《宋哲元与七七抗战》，台北，传记文学出版社，1978，第148页。

② 『戦史叢書　支那事変陸軍作戦（1）』、78頁。

③ 『戦史叢書　支那事変陸軍作戦（1）』、78—79頁。

④ 李云汉：《宋哲元与七七抗战》，第150页。

⑤ 李云汉：《宋哲元与七七抗战》，第151页。

这样，日军终于达到将第二十九军挤出丰台的目的。从此，丰台重镇被日军控制。

日军控制丰台后，气焰更加嚣张。10 月以后，华北驻屯军以北平为假想进攻目标，在丰台周边的卢沟桥、长辛店、军粮城、大沽、通州等处同时举行“秋季大演习”。参加演习的包括步兵、骑兵、炮兵及坦克兵各兵种，几乎出动了驻屯军的全部兵力。此后，类似的军事演习一直持续到卢沟桥事变爆发前夕。

日本华北驻屯军的大量增兵，给驻守平津的中国军队造成了严重威胁。为防备日军发动突然袭击，宋哲元开始重新布防，加强平津防务。在北平地区，调冯治安第三十七师一部驻守西苑、八宝山、卢沟桥和长辛店一带。此前宛平城内只有一连兵力。由于日军不断在这一地区活动，第二十九军渐次增加兵力，增调吉星文第二一九团所属两个营驻防长辛店，其中驻守卢沟桥及宛平城的是金振中第三加强营。在北平市内，由第一一一旅负责警戒，除各个城门增派卫兵外，还增加了流动部队。另有骑兵第九师及特务旅各一部驻南苑，独立第三十九旅一部驻北苑。

1936 年 6 月，第二十九军第三十八师师长张自忠赴天津市市长任时，即将所部调到天津外围小站、廊坊、韩柳堡、马厂、沧州等处部署。按照丧权辱国的《辛丑条约》规定，中国军队只能驻扎在天津市区 20 里以外。为此，张自忠命该师特务营全部改换保安队服装，秘密进入市内，并给原驻市内的三千余名保安队队员换装，新添机枪 120 挺、手枪 800 支、装甲车两辆。①

四 卢沟桥事变

卢沟桥，位于北平西南 15 公里的永定河上。它和桥东的宛平县城是北平南下的咽喉要道。丰台被占后，北平已陷入北、东、南三面被围的困境，只剩下卢沟桥这条对外联系的主要通道。

1937 年 6 月，驻丰台日军开始在卢沟桥一带不分昼夜地进行军事演习。25 日，华北驻屯军司令官田代皖一郎中将亲往丰台阅兵，并举行实弹演习。29 日，日军演习时故意向卢沟桥街里射击，第二十九军对此提出抗

① 陈世松主编《宋哲元传》，吉林文史出版社，1992，第 252 页。

议。7 月 6 日，日军冒着大雨，做攻击卢沟桥的演习，参加者有步兵和炮兵，并开来装甲车。在演习中，日军还到宛平城东门，蛮横地要求通过宛平城去长辛店。日军的无理要求遭到第二十九军守城官兵的拒绝，日军前后纠缠达十余小时，才退回丰台驻地。[①] 值得玩味的是，就在同一天，日本近卫内阁召开会议，外相广田弘毅于会上提出“不拟强行对华亲善……除毅然推行正确政策外，别无他途”，对此，“全体阁僚表示同意”。[②]

7 月 7 日晚，驻丰台日军第三大队第八中队，在中队长清水节郎大尉带领下，在卢沟桥以北永定河东岸进行夜间“演习”，其内容是：“向敌人的主要阵地前进，利用夜幕接近敌主阵地，然后黎明时分突击行动。”[③] 日军演习地点距宛平城不过千米之遥，“演习”中所谓的“敌人主要阵地”，显然是指驻守宛平城的第二十九军阵地。晚 10 时半，从日军演习地带传出枪声。枪声过后，清水节郎称有一名士兵失踪，要求进入宛平城搜查，遭中国守军拒绝。据日方资料记载，这名“失踪”士兵是刚入伍三个月的传令兵志村菊次郎，其在 20 分钟后自行归队。清水中队长遂向大队长一木清直报告：“失踪士兵刚才找到了，平安无事回来。今后究竟打算怎么办?”一木的答复却是“干吧!”战争就这样打响。[④]

8 日凌晨 5 时 30 分，日军开始炮击宛平城，并向中国守军发动进攻。日本帝国主义发动的全面侵华战争从此开始。战斗打响后，第二十九军副军长秦德纯即令驻军吉星文团：“保卫领土是军人天职，对外战争是我军人的荣誉，务即晓谕全团官兵，牺牲奋斗，坚守阵地，即以宛平城与卢沟桥为吾军坟墓，一尺一寸国土，不可轻易让人。”[⑤] 守卫在卢沟桥的第二十九军官兵，以大无畏的英雄气概，毅然投入战斗。中华民族反抗日本侵略的伟大战争，由此掀开光辉篇章。

---

① 何基沣等：《七七事变纪实》，中国人民政治协商会议全国委员会文史资料研究委员会《七七事变》编审组编《七七事变：原国民党将领抗日战争亲历记》，中国文史出版社，1986，第 47 页。

② 『戦史叢書　大本営陸軍部（1）』、429 頁。

③ 支那駐屯軍歩兵第一聯隊「盧溝橋附近戦闘詳報」、小林龍夫など解説『現代史資料 12　日中戦争 4』みすず書房、1965、341 頁。

④ 寺平忠辅：《卢沟桥事件》，转引自李云汉《卢沟桥事变》，台北，东大图书公司，1987，第 308 页。

⑤《秦德纯回忆录》，台北，传记文学出版社，1981，第 9 页。

第二节 平津作战与中国全国抗战局面的形成

一 中国对日本全面侵华的最初应对

卢沟桥事变的爆发，标志着日本帝国主义开始了全面侵华战争。中华民族面临空前的危机，在关系民族命运与人民生存的危急时刻，中国政府以及各党派团体都面临着严峻考验。尤其是作为中国主要政治力量的国共两党，必须迅速做出果断抉择。

事变之初，局势会如何发展还不十分明朗。此前，日本在华北曾多次制造地方性武装挑衅事件。卢沟桥所发生的一切，究竟是一次地方性事件，还是日本对华发动全面侵略的开始？许多人一时还认识不清。甚至蒋介石对日方行动目标也未能立即做出正确研判，事变次日，蒋在日记中写道："一、倭寇在卢沟桥挑衅，彼将乘我准备未完之时，使我屈服乎。二、与宋哲元为难乎，使华北独立乎。"因为不能准确判断日方战略意图，所以蒋亦踌躇"三、决心应战，此其时乎"，但最终消极判断仍占据上风，他确信"四、此时倭无与我开战之利"。①

与此相对，中国共产党却立刻做出旗帜鲜明的判断。卢沟桥事变的第二天，中共中央为日本进攻卢沟桥通电全国，大声疾呼：

> 不管日寇在卢沟桥这一挑战行动的结局，即将扩大成为大规模的侵略战争，或者造成外交压迫的条件，以期导入于将来的侵略战争，平津与华北被日寇武装侵略的危险，是极端严重了……全中国的同胞们！平津危急！华北危急！中华民族危急！只有全民族实行抗战，才是我们的出路！②

这是中国共产党顺应历史发展进程，及时提出的基本政治口号。同

---

① 《蒋介石日记》（手稿），1937年7月8日。

② 《中国共产党为日军进攻卢沟桥通电》（1937年7月8日），《中共中央文件选集》第11册，第274—275页。

日，毛泽东、朱德等红军将领还分别致电宋哲元等第二十九军将领和蒋介石。在致宋哲元等人电中指出："日寇进攻，全国震愤，卢沟桥之役，二十九军英勇抵抗，全国闻讯，愿为后盾……红军将士，义愤填胸，准备随时调动，追随贵军，与日寇决一死战。"① 在致蒋介石电中提出："日寇进攻卢沟桥，实施其武装攫取华北之既定步骤……平津为华北重镇，万不容再有疏失……红军将士，咸愿在委员长领导之下，为国效命，与敌周旋，以达保土卫国之目的。"② 7月9日，由彭德怀领衔，红军高级将领再致电蒋介石，声明"红军愿即改名为国民革命军，并请授命为抗日前驱，与日寇决一死战"。③ 14日，中共中央军委发布《关于红军改编为国民革命军及加强抗日教育问题》的命令，指出"日本大举向华北出兵，国家危急"，命令"着即以军为单位，改组为国民革命军编制"；并要求"限十天完毕，听候出动命令"。④

空前的民族危机下，中国共产党鲜明的抗日主张，一扫国内沉闷的政治空气，得到了全国人民的支持，同时，也对国民党产生了积极影响，这对于中国全民族抗战局面的实现，无疑起到了非常重要的作用。

卢沟桥事变爆发后，蒋介石已经估计到事态的严重性质。但如何对待日本发动的进攻，蒋介石尚未做出最后决定，而是采取了一面积极应战，一面不放弃和平努力的态度，即所谓"应先具决死与决战之决心，及继续准备，积极不懈，而后可以不丧主权之原则，与之交涉，才能贯彻主张，完成使命"。⑤ 在此方针下，蒋介石立即采取以下措施。

首先，在军事方面做好应战准备。7月8日，蒋介石电令宋哲元："宛

---

① 《红军将领为日寇进攻华北致宋哲元等电》（1937年7月8日），《中共中央文件选集》第11册，第279页。

② 《红军将领为日寇进攻华北致蒋委员长电》（1937年7月8日），《中共中央文件选集》第11册，第278页。

③ 《人民抗日红军要求改编为国民革命军并请授命为抗日前驱的通电》（1937年7月9日），《中共中央文件选集》第11册，第280—281页。

④ 《中共中央军委主席团命令》（1937年7月14日），《中共中央文件选集》第11册，第287页。

⑤ 《北平市市长秦德纯天津市市长张自忠河北省政府主席冯治安自北平报告击退卢沟桥附近日军及与日军交涉情形电后蒋委员长批示》（1937年7月9日），秦孝仪主编《中华民国重要史料初编——对日抗战时期　第二编　作战经过》(2)，台北，中国国民党中央委员会党史委员会，1981，第36页。

平城应固守勿退，并须全体动员，以备事态扩大。"[①] 次日，他令南京军事委员会办公厅主任徐永昌、参谋总长程潜，准备增援华北；同时指示开封绥靖主任刘峙先派一师至黄河以北，准备两师待命出动。[②] 同日，他还令在庐山军官训练团任总队长的第二十六路军总指挥孙连仲即行返防，率部北援；第四十军军长庞炳勋、第八十五师师长高桂滋，即行率所部向石家庄集中，并指示宋哲元即由山东乐陵"从速回驻保定指挥"。[③] 10日，蒋介石向全国各行营、绥署及各省、市发出通电，指示："日军挑衅，齐日与吾第二十九军部队相持于宛平附近，当通饬一体戒备，准备抗战……我全国各地方各部队仍应切实准备，勿稍疏懈，以防万一，是为至要。"[④] 12日，蒋介石命令：孙连仲所部和庞炳勋部集中在保定，准备在永定河与沧县至保定线作战；位于陕西、河南、湖北、安徽、江苏等省部队向以郑州为中心的陇海、平汉铁路沿线集结；山东韩复榘部担任津浦路北线防御；平汉、陇海、津浦铁路各局集结军用列车，汽船公司将船舶回航到指定地点；在南昌的中央军飞机30架立即编队北上。

13日，蒋介石再次电告宋哲元："卢案必不能和平解决，无论我方允其任何条件，而其目的，则在以冀察为不驻兵区域，与区内组织用人皆得其同意，造成第二冀东，若不做到此步，则彼必得寸进尺，决无已时……此次胜败，全在兄与中央共同一致，无论和战，万勿单独进行……请兄坚持到底，处处固守，时时严防，毫无退让余地。今日对倭之道，唯在团结

---

① 《蒋委员长复示冀察绥靖主任宋哲元宛平城应固守并动员以备事态扩大电》（1937年7月8日），秦孝仪主编《中华民国重要史料初编——对日抗战时期 第二编 作战经过》（2），第32页。

② 《蒋委员长令军事委员会办公厅主任徐永昌转示参谋总长程潜准备增援华北电》（1937年7月8日）、《蒋委员长致开封绥靖主任刘峙指示部署部队电》（1937年7月8日），秦孝仪主编《中华民国重要史料初编——对日抗战时期 第二编 作战经过》（2），第32、33页。

③ 《蒋委员长致军事委员会参谋总长程潜办公厅主任徐永昌等令平汉路孙连仲两师向石家庄等地集中电》（1937年7月9日）、《蒋委员长致冀察绥靖主任宋哲元指示速回驻保定指挥电》（1937年7月9日），秦孝仪主编《中华民国重要史料初编——对日抗战时期 第二编 作战经过》（2），第35、36页。

④ 《蒋委员长通饬军事委员会各行营主任各绥靖主任各省主席各特别市长等一体戒备准备抗战并调各部队迅开保石应援电》（1937年7月10日），秦孝仪主编《中华民国重要史料初编——对日抗战时期 第二编 作战经过》（2），第37页。

内部，激励军心，绝对与中央一致，勿受敌欺，则胜矣。”[①] 从上述布置可以看出，蒋介石在卢沟桥事变发生后，意识到中日战事已难于避免，决心应战，并在军事上迅速做出布置。

其次，在对日外交方面中国政府也采取了比较强硬的态度。卢沟桥事变发生后，外交部部长王宠惠电令冀察当局立即向日军提出严正抗议。7月10日，外交部正式向日本大使馆提出书面抗议，指出：“日军此种行为，显系实行预定挑衅之计划，尤极不法……兹再重申抗议之旨，应请日本大使馆迅速转电华北日军当局严令肇事日军立即撤回原防，恢复该处事变以前状态，静候合理解决。”[②] 11日，国民政府得知日军又向冀察当局提出无理要求后，外交部发表声明要求日军“即日撤兵，并为避免将来冲突起见，切实制止非法之驻军与演习”。[③] 但就在外交部发表上述声明当晚，冀察当局与日军签订了带有极大妥协成分的《卢沟桥事件现地协定》。为了挽救外交上的被动局面，王宠惠立即通知日本驻华大使馆，任何地方协定，非经中央政府核准，均属无效。[④]

再次，中国政府努力寻求国际社会调停。13日，面对中国的请求，美国国务院回复道：美国认为“中日之间的武装冲突，对和平事业及世界进步将是一个沉重打击”，“希望双方都要克制”。[⑤] 蒋介石又请英国驻华大使许阁森（H. Knatchbull-Hugessen）通过美国驻日代办达斯，向日本外务省转告：中国准备自7月17日起停止调动军队，希望日本采取同样行动，以使双方冲突的军队各回原防。但日本外务省拒绝了蒋介石的提议。7月16日，国民政府又知照九国公约签字国，提出日本发动卢沟桥事变，侵略华北，不唯侵犯中国主权，亦明显违背九国公约及国联盟约精神，请各国政府关注。但英、美等国除发表应维护和平及尊重国际法的声明外，没有对

---

① 《蒋委员长致冀察绥靖主任宋哲元指示卢案要坚持国家立场宁为玉碎毋为瓦全电》（1937年7月13日），秦孝仪主编《中华民国重要史料初编——对日抗战时期　第二编　作战经过》（2），第43页。

② 《国民政府外交部为卢沟桥事件造成中国方面重大损失事致日驻华大使馆抗议节略》（1937年7月10日），秦孝仪主编《革命文献》第106辑，台北，中国国民党中央委员会党史委员会，1986，第248页。

③ 《国民政府外交部斥责日军违约行动之声明》（1937年7月11日），秦孝仪主编《革命文献》第106辑，第250页。

④ 『戦史叢書　支那事変陸軍作戦（1）』、204頁。

⑤ 〔美〕约瑟夫·C. 格鲁：《使日十年》，蒋相泽译，商务印书馆，1983，第214页。

日本做强硬谴责。蒋介石还试图请与日本有同盟关系的德国从中斡旋，但德国驻华大使陶德曼（Oskar Paul Trautmann）表示："敝国政府甚愿协同第三国对日本为友谊的劝告，或出而调解。但日本已申明不愿意第三国干涉，故敝国虽欲调解，恐亦不能收效。"① 南京政府还同意大利、法国进行接触，均未取得预期效果。

面对国内抗日呼声不断高涨，而国际制裁遥遥无期，蒋介石被迫最终下定决心，全面抵抗。7 月 17 日，蒋介石在庐山对应邀前来的教育界、新闻界及社会知名人士一百多人发表谈话，指出中国政府对卢沟桥事变的最后主张：

> 我们希望和平，而不求苟安；准备应战，而决不求战。我们知道全国应战以后之局势，就只有牺牲到底，无丝毫侥幸求免之理。如果战端一开，那就是地无分南北，年无分老幼，无论何人，皆有守土抗战之责任，皆应抱定牺牲一切之决心。②

蒋介石的庐山谈话，两天后正式发表，明确表明中国政府不再对日本退让、决心全面抵抗侵略的严正立场。毛泽东称赞蒋介石的这次谈话是"确定了准备抗战的方针，为国民党多年以来在对外问题上第一次正确的宣言，因此，受到了我们和全国同胞的欢迎"。③

二　平津战事

卢沟桥事变爆发后，素有"北国长城"之称的第二十九军，身处对敌前线，首当抗日前锋，其行动表现，尤令全国民众瞩目。面对日军的进攻，前线爱国官兵以视死如归的无畏精神，誓与卢沟桥共存亡，屡屡击退敌人的进攻，其英勇抗敌的行动，得到了全国人民的一致支持。然而，第二十九军军长宋哲元，在事变之初仍抱有和平幻想，不断对日妥协，贻误了有利战机，

① 蒋中正：《与德大使陶德曼谈话》（1937 年 7 月 27 日），秦孝仪主编《先总统蒋公思想言论总集》卷 38，第 80 页。

② 蒋中正：《对于卢沟桥事件之严正表示》（1937 年 7 月 17 日），秦孝仪主编《先总统蒋公思想言论总集》卷 14，第 585 页。

③ 毛泽东：《反对日本进攻的方针办法和前途》（1937 年 7 月 23 日），《毛泽东选集》第 2 卷，第 344 页。

最终导致第二十九军在平津作战中陷入被动地位，平津地区很快失守。

7 月 8 日，蒋介石即电令宋哲元“固守勿退”；9 日，蒋派中央军北上并令宋“速回保定指挥”，这些指示、布置均未引起宋哲元的足够重视。他仍留在山东老家，观望局势的发展。9 日，当宋哲元得知在北平负责指挥的副军长秦德纯等正与日军“协商停战”时，即回电告蒋：“此间战事，业已于今晨停息，所有日军均已撤退，丰台似可告一段落。”① 10 日，其再令秦德纯致电委员长侍从室第一处主任钱大钧，要求中央军停止北上，电称：“此间形势已趋和缓，倘中央大战准备尚未完成，或恐影响，反致扩大，可否转请暂令北上各部，在原防集结待命。”② 上述电报表明，宋哲元等人对和平解决事变寄予很大希望，不愿南京中央势力进入华北。

11 日晚，秦德纯与日军正式签订《卢沟桥事件现地协定》，卢沟桥的武装冲突暂时停止。同日，宋哲元抵天津，开始与日军谈判。而就在《卢沟桥事件现地协定》签订的当天，日本发出了向华北派兵的政府声明。③日本的派兵声明及增兵事实，已显见其并不打算遵守协定。但宋哲元仍抱和平幻想。19 日，宋哲元接受日军提出的谈判条件，其主要内容是：“彻底弹压共产党的策动”，“撤去在冀察的蓝衣社、CC 团等排日团体”，“取缔冀察所属各部队、各学校的排日教育及排日运动”。④

宋哲元与冀察当局谋求“和平”的种种举措，给平津抗战准备带来巨大的危害。蒋介石于 21 日、22 日两次致电宋哲元，询问谈判情况，但宋“只报告十一日与倭方所协商之三条，而对十九日所订细则尚讳莫如深”，⑤并请求“钧座千忍万忍，暂时委曲求全，将北上各部稍为后退，以便和缓目前，俾得完成准备”。⑥ 此外，南京方面还不断电告宋哲元，日军正向平

---

① 《冀察绥靖主任宋哲元呈蒋委员长告决遵不丧权不失土之指示誓与周旋电》（1937 年 7 月 9 日），秦孝仪主编《革命文献》第 106 辑，第 126 页。

② 《北平市长秦德纯致军事委员会侍从室第一处主任钱大钧转请令北上各部暂缓前进电》（1937 年 7 月 10 日），秦孝仪主编《革命文献》第 106 辑，第 128 页。

③ 『戦史叢書　支那事変陸軍作戦（1）』、166 頁。

④ 『戦史叢書　支那事変陸軍作戦（1）』、203 頁。

⑤ 《蒋介石日记》（手稿），1937 年 7 月 23 日。其中所言 11 日协商之三条见《冀察绥靖主任宋哲元复何应钦部长报告与日方交涉拟定之三条件电》（1937 年 7 月 22 日），秦孝仪主编《革命文献》第 106 辑，第 162 页。

⑥ 《冀察绥靖主任宋哲元呈蒋委员长请示暂令北上各部稍作后退以便和缓俾得完成准备函》（1937 年 7 月 24 日），秦孝仪主编《革命文献》第 106 辑，第 174 页。

津大量运兵。[①] 23 日，中共中央向全国各界发出《为日本帝国主义进攻华北第二次宣言》，其中指出："这些丧权辱国的条件，同全中国人民与中国共产党保卫平津，保卫华北，不让日本帝国主义占领中国寸土的要求完全相反，同蒋介石先生 7 月 17 日对于卢沟桥事件之最低限度的四点立场……亦完全相反。我们的政府与人民万万不能接受这种投降屈辱的条件！我们坚决反对冀察当局宋哲元接受这类亡国灭种的条约！我们要求为保卫平津，保卫冀察的每寸土地而血战到底。"[②] 此时，社会各界民众也对宋哲元种种做法提出质疑。

中国共产党的抗日呼声，全国舆论的督促以及南京政府的劝诫，最终对宋哲元产生了影响。日军不断向平津和华北增兵的严酷事实,[③] 也使得宋哲元认识到，一味妥协并不能阻止日军的进攻。

25 日，集结平津地区的日军已达 6 万以上。日军完成兵力部署后，对宋哲元的态度更加强硬。当时，天津市市长张自忠欲访华北驻屯军司令官香月清司，询问日军是否按约撤兵。香月称病，避而不见。而今井武夫在北平公然否认日本答应中日双方同时撤兵的条件。日军背信弃约，彻底打破了宋哲元的和平幻想。宋哲元停止与日军交涉谈判，开始部署抗敌。27 日，宋哲元向全国发出《抗日守土通电》，表达了抗战守土的决心。

在日军向第二十九军发出最后通告的 26 日下午，其从朝鲜调来的第二十师团一部，即以修理电话线为名乘坐火车由天津抵达廊坊，并与中国守军发生冲突。在飞机和装甲车的配合下，日军于 26 日占领廊坊，切断了平津铁路。[④] 同日，由天津开来的日军分乘 26 辆卡车到达广安门，企图强行入城。中国守军劝阻无效，双方发生战斗，日军一部入城，大部被阻于城外。[⑤]

---

① 《蒋委员长致军事委员会参谋次长熊斌转冀察绥靖主任宋哲元告以日军机械化部队向华北输送预料有大规模行动应时刻防备电》（1937 年 7 月 24 日），秦孝仪主编《中华民国重要史料初编——对日抗战时期 第二编 作战经过》(2)，第 65 页。

② 《中国共产党为日本帝国主义进攻华北第二次宣言》（1937 年 7 月 23 日），《中共中央文件选集》第 11 册，第 294—295 页。

③ 《北平市市长秦德纯呈参谋本部外交部军政部告日军积极进兵平津情形电》（1937 年 7 月 14 日），秦孝仪主编《革命文献》第 106 辑，第 168 页。

④ 『戦史叢書 支那事変陸軍作戦（1）』、214 頁。

⑤ 《河北省政府主席冯治安北平市市长秦德纯呈参谋本部外交部军政部告我军撤出廊房日军由广安门强行进城战况电》（1937 年 7 月 28 日），秦孝仪主编《革命文献》第 106 辑，第 178 页。

日军挑起廊坊和广安门事件后，宋哲元两次致电蒋介石，报告平津形势，并请求援助。蒋介石复电表示："平、津增援部队，可直令仿鲁（孙连仲）随时加入。"[①] 并称："请兄镇静谨守，稳打三日"，"严令各部，加深壕沟，固守毋退，中央必星夜兼程，全力增援也"。[②] 但由于此前耽误时日，中国军队北上增援的迟滞与日军增兵的迅速形成极大的反差。

7 月 28 日，日军按预定计划开始向北平发动总攻。这时，在平津地区中日兵力情况如下。

日军方面，步兵计有华北驻屯军旅团，由朝鲜开来之第二十师团，由公主岭开来之关东军独立混成第一机械化旅团，由古北口开来之关东军独立混成第十一旅团，兵力总计近 6 万人。航空兵方面有由关东军抽调航空兵编成的集成飞行团，还有由日本国内抽调编成的航空兵团，总计 24 个中队，共 222 架飞机。另外，根据日本内阁 27 日的决定，从 29 日起日军第五、第六、第十师团开向中国华北。[③]

第二十九军方面，冯治安第三十七师和赵登禹第一三二师驻北平及附近地区；张自忠第三十八师除少数驻南苑外，主力驻天津附近；刘汝明第一四三师驻守察哈尔省，总兵力 10 万余人。虽然从人数来看第二十九军占有优势，但日军控制了北宁铁路，向北平陆续增兵十分便利，而第二十九军兵力却很分散，在战略要点的兵力并无优势。另外，从武器配备情况来看，日军的重炮、坦克、战车，无论是数量还是质量，第二十九军都无法与之相比，且日军还有 200 余架飞机参战。因此，在北平地区将要开始的这场决战，第二十九军明显处于劣势地位。

南苑是日军攻击的重点。南苑位于北平南郊 10 公里，是扼北平南面的咽喉要道，南苑以北一条大道通往永定门，由此可直入北平城。由于南苑地理位置十分重要，自清朝以来就是京畿屯兵重地。20 世纪 20 年代，冯玉祥任陆军检阅使时曾驻军于此，并展开名噪一时的"南苑练兵"运动，

① 《蒋介石致宋哲元密电稿》（1937 年 7 月 27 日），中国第二历史档案馆编《抗日战争正面战场》（上），江苏古籍出版社，1987，第 198 页。

② 《蒋委员长致冀察绥靖主任宋哲元指示在北平固守三日挫日军士气中央日夜兼程增援电》（1937 年 7 月 27 日），秦孝仪主编《中华民国重要史料初编——对日抗战时期　第二编　作战经过》（2），第 70 页。

③ 「臨参命第六十五号命令」、臼井勝美・稲葉正夫編『現代史資料 9　日中戦争 2』みすず書房、1964、20—22 頁。

当时宋哲元为冯属下旅长，也曾率部驻扎南苑参加练兵。第二十九军进驻北平后，宋哲元就将军部设在南苑。卢沟桥事变爆发时，驻守南苑的有第二十九军军部直属炮兵营、工兵营、汽车营、军官教导团及特务旅两个团，第三十八师两个步兵团，骑兵第九师一个团，总计7000余人。

28日上午8时，日军对北平发起总攻。集结于团河的日军第二十师团主力和集结于马驹桥的驻屯军旅团一部共万余人，在数十架飞机和40余门重炮的掩护下，从东、南两面攻向南苑中国军队阵地。由于宋哲元寄希望于和平谈判，耽误了防卫部署，南苑守军既无坚固工事可以躲避炮弹，又无高射机枪可以向敌机反击，在日军飞机大炮的狂轰滥炸下，官兵死伤惨重。随后，日军开始以坦克掩护发起冲锋，空降兵也降落在南苑机场。在敌强我弱的情况下，第二十九军官兵虽然进行了英勇的抵抗，但最终未能阻挡敌人的进攻，佟麟阁副军长和赵登禹师长壮烈殉国。[①]

南苑失陷的同时，日军独立混成第一旅团和第十一旅团主力，分别向北苑等地的中国守军发动进攻。中国军队节节抵抗。第三十七师和第三十八师一部曾在丰台、廊坊和卢沟桥一带与日军激战；伪冀东保安队亦举义反正，一度占领通县县城。[②] 但日军援兵源源不断，二十九军已经无力继续抵抗。28日晚，宋哲元率部转移保定，日军占领北平。[③]

北平失守次日凌晨，天津战斗打响。此役只打了一天，却给日军以沉重打击。当日军进攻北平时，天津兵力空虚。时驻天津第三十八师副师长李文田率5000余官兵，于29日凌晨1时开始，分别在海光寺、火车站、飞机场、大沽口向日军发起进攻。面对第二十九军的进攻，日军一面仓促应战，一面调动增援部队。战斗中，中国军队一度占领市内多处日军驻地，焚毁敌机十余架，击毁敌船两艘。但是，由于天津交通枢纽为日军所占，日军很快便调动大量兵力增援天津。在日军飞机和大炮的轰击下，中国军队伤亡惨重，30日被迫撤出战斗。[④]

天津失陷，标志着平津保卫战失败。究其原因，主要有以下几点。一

---

① 《冀察绥靖主任宋哲元呈报第二十九军副军长佟麟阁第一三二师师长赵登禹阵亡电》(1937年7月29日)，秦孝仪主编《中华民国重要史料初编——对日抗战时期 第二编 作战经过》(2)，第78页。

② 『戦史叢書 支那事変陸軍作戦（1）』、228頁。

③ 『戦史叢書 支那事変陸軍作戦（1）』、226頁。

④ 『戦史叢書 支那事変陸軍作戦（1）』、226—227頁。

是敌强我弱，日军在武器装备方面明显优于第二十九军。仅华北驻屯军就有一个炮兵联队和一个坦克车队，重武器的数量与质量都超出第二十九军。日本增兵华北后，第二十师团及关东军派遣各部队也随行携有大量重武器装备。特别是日军关东军飞行集团与国内派遣临时航空兵团加入战斗后，日军独占空中优势，可轻易发动立体作战，几乎在每场战斗中都对第二十九军官兵造成重大杀伤。二是宋哲元心存和平幻想，丧失有利战机。卢沟桥事变发生时，日本驻屯军仅5000余人，其中驻扎北平地区仅两个大队，第二十九军在兵力上占有绝对优势，但二十余天的“和平”谈判，为日军迅速增兵制造了机会，最终使第二十九军处于明显劣势。三是蒋介石与南京政府对战争的准备不足。西安事变后，南京政府的政策由“安内攘外”向准备全国抗战转变，但直至卢沟桥事变发生，南京政府仍没有制定出具体有效的军事防卫措施。其中一个重要的表现是，没有妥善地处理好中央与冀察的统属关系，一切军事行动均难统一，这也是宋哲元与日军“谈判”误入日军圈套及中央军不能迅速北上的一个重要原因。

平津保卫战虽然失败了，但是第二十九军将士用鲜血和生命，开中华民族全面抗战之先声。那些为中华民族解放事业首先冲锋陷阵的官兵，那些牺牲在战场上的民族英雄，受到了全中国人民的高度称赞，他们的英勇事迹，鼓舞着中国人民去参加战斗。

三　中央军北上与南口战役

卢沟桥事变爆发后，蒋介石立即布置中国军队北上。最初，宋哲元热衷“和平”斡旋，不愿中央军北上，影响了中国军队的增援计划。冀察当局的态度在一定程度上影响了蒋介石对形势的判断，致使没有果断增兵平津。直到天津战斗打响，宋哲元才疾呼“拟请中央速作第二步之准备；并速派大军由津浦线星夜兼程北进，以解北平之围”。①

平津沦陷后，华北一时成为全国抗战的主战场。日军进攻方向主要集中在三条放射性的铁路沿线：平绥铁路、平汉铁路北段、津浦铁路北段。其中，平绥铁路沿线作战对中日战事影响最为紧迫。平津沦陷后，中央军

① 《冀察绥靖主任宋哲元自北平呈请速派大军北进及飞机电》（1937年7月27日），秦孝仪主编《中华民国重要史料初编——对日抗战时期　第二编　作战经过》（2），第70页。

投入前线也由平绥路战场开始。

平绥铁路自北平经张家口、大同至西北重镇归绥（今呼和浩特），是联系华北与蒙疆的大动脉。而南口不但是平绥路东段的重镇，也是北平通往西北地区的重要门户。其临近内外长城，素有“绥察之前门，平津之后户，华北之咽喉，冀西之心腹”之称。日军进犯张家口、占领察哈尔省，然后分兵晋、绥，南口是必争之地；中国军队要保卫察、晋、绥三省，就必须固守南口。战前第二十九军曾派工兵在这里赶筑工事。

最先抵达前线的是从宣化、怀来赶来的汤恩伯部第十三军近3万人。8月2日，日军开始空袭南口、张家口等交通要点，此举迫使中国军队只能夜间行军。此后一周，王仲廉部第八十九师、高桂滋部第八十四师先后抵达南口，朱怀冰部第九十四师赶到延庆，傅作义率一师三旅也从怀来增援。

8月11日，日军独立混成第十一旅团在飞机、大炮、坦克的支援下，猛攻南口守军阵地，遭到中国守军的顽强抵抗。战至13日，日军虽然占领了南口镇，但中国守军利用山地有利地形顽强阻击，令日军无法前进。16日，刚从日本本土增援的第五师团加入南口作战。

南口战役开始后，中国统帅部除令汤恩伯等部坚守阵地外，[①] 还令卫立煌所部第十四集团军增援南口，并命傅作义：“迅发所部，收复察北，以固绥围，一面援助汤军，以全公私，勿使其孤军受危、南口失陷。”[②]

17日，日军夺取了长城线上的最高峰，随后主力在长城线上渐次向中国守军发动攻击，企图突破长城线夺取怀来，并切断居庸关方面中国军队的退路。此后两天，战斗异常激烈。在南口镇的边城阵地争夺战中，守军伤亡1200余人；在居庸关方面，日军突入南门，又被守军击退。21日，北上增援的卫立煌部进至门头沟西北30公里的傅家台、千军台一线，遭日军阻击，无法顺利到达南口战场。23日，汤恩伯被迫下令紧缩战线，集中兵力固守居庸关、横岭城和延庆。25日，蒋介石电告汤恩伯：“我军既退

---

① 《蒋委员长致前敌总指挥汤恩伯令固守长城线各据点待援反攻电》（1937年8月18日），秦孝仪主编《中华民国重要史料初编——对日抗战时期　第二编　作战经过》（2），第105页。

② 《蒋委员长致绥远省政府主席傅作义指示收复察北以固绥围电》（1937年8月14日），秦孝仪主编《中华民国重要史料初编——对日抗战时期　第二编　作战经过》（2），第104页。

守各据点，务令各级主官激励所部死守勿退。”① 25 日，日军对居庸关、横岭城发动猛攻，敌我展开激烈战斗。26 日，蒋介石复电汤恩伯，明令“我军必须死守现地，切勿再退，否则，到处皆是死地。与其退而死，不如固守而死，况固守以待卫军之联络，即是生路”。② 但是，卫立煌军受日军阻击，无法按计划到达。在敌强我弱的情况下，汤恩伯被迫下令全军突围。日军当即发起追击，一路向西占领怀来，一路向东北占领延庆。汤恩伯率部退向蔚县、广灵、涞源。南口战役结束。

南口战役是卢沟桥事变后中央军投入的首场战役，历时半月。据日本统计日军伤亡为 2600 余人。中国军队的伤亡人数十倍于日军。此役中国虽然失败，但中国守军表现出不畏强敌的英雄气概，正如中共中央机关刊物《解放》评论所说：“不管南口阵地事实上的失却，然而这一页光荣的战史，将永远同长城各口抗战、淞沪两次战役鼎足而立，长久活在每一个中华儿女的心中。”③

南口失陷后，日军迅速沿平绥路展开，向傅作义部驻防的张家口发动进攻。尽管傅部英勇反击，但未能抑制日军的攻势。27 日，日军占领张家口。29 日，日军第五师团在宣化同关东军察哈尔派遣兵团会合。中国军队被迫分头向天镇、蔚县方向撤退。9 月 6 日，日军第五师团向南推进，分别占领蔚县、广灵、涞源等地；关东军察哈尔派遣兵团沿平绥路向西进攻，13 日不战而取大同，十天后攻陷平地泉（今集宁）。10 月 13 日，日军占领绥远省会归绥，16 日又占绥远重镇包头，平绥路作战结束。此时，日军已经控制了绥远，消除了南下的后顾之忧。④

四　平汉路、津浦路北段防御作战

平汉铁路自北平始，至汉口终；津浦铁路北起天津，南至浦口。这两

① 《蒋委员长致前敌总指挥汤恩伯指示我军死守各据点并令阵地官兵戴防毒面具电》（1937 年 8 月 25 日），秦孝仪主编《中华民国重要史料初编——对日抗战时期　第二编　作战经过》（2），第 108 页。

② 《蒋委员长致前敌总指挥汤恩伯告以与其退而死不如固守而死电》（1937 年 8 月 26 日），秦孝仪主编《中华民国重要史料初编——对日抗战时期　第二编　作战经过》（2），第 108 页。

③ 《解放》第 1 卷第 15 期，1937 年 9 月，第 1 页。

④ 『戦史叢書　支那事変陸軍作戦（1）』、374—375 頁。

条铁路是贯通华北至华中、华东的交通动脉。平绥路作战尚在进行时，日军就开始筹划南下作战。在速战速决方针指导下，日本不断向华北增兵，并于8月31日成立华北方面军，总兵力约37万人。9月4日，华北方面军制定了《华北会战指导方略》，具体作战计划是：第一军担任平汉路方面作战，第二军担任津浦路方面作战。其中以平汉路作战为主，津浦路作战为辅。日军将作战重点放在河北省中部，妄图在正定至沧州一线以北地区围歼中国军队主力。[①]

中国方面，以华北防御为中心，8月20日成立第一战区司令长官部，由蒋介石兼任司令长官，统一指挥平汉、津浦两线作战，并对日军进攻方向有比较准确的分析，判断日军将以平汉路为主攻方向，津浦路为辅攻方向。基于这样的判断，在平绥路作战结束后，军事委员会部署第一集团军担任右路津浦路阻敌作战，第二集团军担任左路平汉路阻敌作战。

9月17日，日本华北方面军下达攻击令：命第一军向保定进攻，突破保定附近中国守军阵地后，立即向正定追击；同时命第二军第十师团向德州进攻；其余部队向正定方向追击，企图切断平汉线上中国军队的退路。刘峙率第二集团军同来犯之敌展开激战，敌我两军形成混战。21日，日军突破中国守军阵地，攻到保定外围。24日拂晓，日军炮轰保定城垣，打开两个突破口后开始向保定发动总攻。此时，尽管刘峙向第五十二军关麟徵部转达蒋介石“务须固守保定，无令不准撤退”的命令，[②] 但在日军的强大攻势下，为避免全军覆没，第五十二军各师纷纷后撤，保定失守。防守满城的第三军也未遵守不准后撤的命令，纷纷南渡滹沱河，退至石家庄附近。

保定失守后，蒋介石令参谋总长程潜兼代第一战区司令长官职务，刘峙任第一战区副司令长官，撤销保定行营及第二集团军总司令部，以第三十二军、第十七师、第四十七师、独立第四十六旅编成第二十集团军，商震任集团军总司令，拟在正定附近与日军作战。

日军占领保定及其以北地区后，乘胜追击，向石家庄、德县一线进攻。石家庄是河北进入晋东的枢纽，为确保山西战略要地，中国军队层层

---

① 『戦史叢書　支那事変陸軍作戦（1）』、321—322頁。

② 中国科学院近代史研究所南京史料整理处编《中国现代政治史资料汇编》第3辑第29册，中国社会科学院近代史研究所图书馆藏。

布防，分别以商震的第二十集团军为右翼军、冯钦哉第十四军团为左翼军，沿滹沱河阵地防守。

10 月 1 日，日军开始向石家庄进攻。在进至曲阳、定县时因有情报说石家庄附近发生流行性霍乱病，暂停进军。此后，接种了霍乱疫苗的日军重新发动进攻。8 日，日军炮轰正定，炸开城墙数处后突入城内，与中国守军展开巷战。当晚，日军占领正定。10 日，日军第一军主力分左右两翼强渡滹沱河，向石家庄发起进攻，当日占领石家庄。

在日军第一军进攻平汉路北段的同时，第二军沿津浦路北段展开进攻。按照华北方面军关于“迅速进入沧县以南，之后以主力准备向保定南侧前进”的命令，[①] 日军沿津浦路迅速南下攻击。驻守沧县的中国守军第一集团军，由以平津南撤的宋哲元部第二十九军为主扩编而成的三个军构成。为纪念七七抗战，三军番号分为一明“七十七军”，两暗“五十九军”、“六十八军”（数字相加均为七七之和）。9 月 21 日，日军以飞机、大炮、坦克的装备优势，开始进攻姚官屯第五十九军主阵地，中国军队伤亡惨重。在此期间，军事委员会电令该部“姚官屯及东西花园之阵地，我军须固守，不可放松一步”。但守军各部相互配合不力，增援部队迟迟不能到位，激战 4 昼夜后，守军防线崩溃。24 日，日军攻陷沧县；10 月 5 日，占领德县。至此，津浦路北段作战基本结束。[②]

日军占领石家庄、德县后，原计划继续向南进攻，企图在河北、山东消灭中国军队主力。后因山西、上海战事紧张，日军华北方面军将三个师团先后调往娘子关和上海，只留两个师团继续沿平汉路及其两侧向冀南进攻。

为应对日军的进攻，蒋介石调整第一战区作战方针，命中国守军一面在津浦路与平汉路之间牵制日军，一面以主力向石家庄方向反攻，以配合第二战区山西作战。10 月 29 日，第一战区下达反攻命令。但日军早已做好准备，并先于守军发起进攻，先后占领安阳、大名，沿铁路两侧继续南进。中国守军被迫退至黄河南岸。12 月下旬，日军陆续渡过黄河南犯，韩复榘部第三集团军不战而退，日军 26 日占领济南。[③]

---

① 『戦史叢書　支那事変陸軍作戦（1）』、332 頁。

② 郭汝瑰、黄玉章主编《中国抗日战争正面战场作战记》上册，第 404 页。

③ 韩复榘屡次违抗第五战区及军事委员会命令，擅自撤退，贻误战机，经军事法庭会审，于 1938 年 1 月 24 日被处决。

平绥路及平汉、津浦路北段作战，是中国全国抗战以来在华北地区实施的首场大规模正面作战。截止到1937年底，日军占领了华北的重要交通线，但是，并没有达到消灭中国在华北军队主力的目的，更没有达到“挫伤敌人的战斗意志，获得结束战争机会”这一战略目的。① 在作战中，中国军队表现出不畏强暴、血战到底的英雄气概。同时，中国军队也暴露出最高统帅部与现地作战指挥官之间不能协调的弱点。第一，作战区域与兵力调配混乱，在敌人强攻下，往往首尾不能兼顾，缺少通盘计划，兵力频繁调动，丧失有利战机。第二，各部队之间缺少亲密合作，尤其是将领之间，不仅不相统属，还因历史恩怨存有芥蒂，以至于出现如韩复榘等不顾大局只求自保者。第三，客观上看，敌强我弱，日军占有陆、空绝对优势，中国军队的败退有很大的必然性。此种情况表明，深沟壁垒，节节抵抗固然为以空间换取时间、坚持长期抗战之需，但缺少在敌人侧后的牵制作战，正面防御作战将会陷入极大困难。

第三节 抗日持久战战略方针的确立

一 国防最高会议、国防最高委员会与战时决策机构的确立

外敌压境的情形之下，如何更好地整合现有资源，建立战时高效决策体制，一直是困扰国民党及国民政府高层的一道难题。早在全国抗战爆发前的1936年7月，国民党五届二中全会决定成立国防会议，以“整理全国国防，特设置国防会议，讨论国防方针及关于国防重要问题”。② 1937年3月，国民党五届三中全会决定成立国防委员会，并以其为“全国国防最高决定机关”。③ 全国抗战伊始，国防会议于1937年8月7日在南京召开。当天，国防会议委员又与国防委员会的委员举行联席会议，是为“国防联席会议”，出席人既有蒋介石等国民党中央首脑，也有阎锡山、白崇禧、余汉谋、刘湘、何键等地方实力派首脑，并邀请中共代表毛泽东、朱德、

① 『戦史叢書　支那事変陸軍作戦（1）』、442—443頁。

② 荣孟源主编《中国国民党历次代表大会及中央全会资料》（下），光明日报出版社，1985，第415—416页。

③ 中国第二历史档案馆编《国民党政府国防会议等四机构组织史料选》，《民国档案》1985年第1期。

周恩来出席。中共中央决定派朱德、周恩来、叶剑英前往，但他们从西安出发时，因道路受阻，未能如期参加会议。国防联席会议决定积极抗战，并通过了一系列决议。①

纵观国防会议、国防委员会及国防联席会议等常设或临时机构，它们各自权属不清、职责不明、代表众多，且分散各处，导致不便集中与会，并没有解决决策效率低下的顽疾，不能及时高效地应对战时瞬息万变的局势发展。为此，国防联席会议通过了“作战期间关于党政军一切事项应统一指挥之”的决议。② 8 月 10 日，何应钦、程潜等五人在中央政治委员会上联名，提议“原有国防委员会及国防会议合并，而设立国防最高会议”，③ 获中政会通过，正式决定设置“国防最高会议”，以其为“全国国防最高决定机关”，并对国民党中央执行委员会、政治委员会负责。④ 国防最高会议以中央常务委员、五院正副院长、行政院各部部长、中央党部各部部长，中央政治委员会及行政院秘书长、训练总监部总监、军事参议院院长、全国经济委员会常委为该会议委员，以军事委员会委员长蒋介石为主席，中政会主席汪精卫为副主席，另由主席指定孙科、居正、戴传贤、于右任、何应钦、王宠惠、孔祥熙、宋子文、叶楚伧九人为常务委员。⑤ 而国防会议与国防委员会，则“均请中央执行委员会撤销之”。⑥

国防最高会议一共召开了八次会议。在这八次会议当中，确定了一系列有关抗战的大政方针。如 1937 年 11 月 16 日召开的国防最高会议第五次会议上，蒋介石发表《国府迁渝与抗战前途》的演讲，并由全会议决，为长期抵抗日本侵略，国民党中央党部及国民政府迁移至重庆办公。⑦ 1937 年 11 月 17 日，国民党中执会第 59 次常务会议议决：“中央政治委员会暂行停止其职权，由国防最高会议代行，国防最高会议应在军事委员会委员

① 林美莉编辑校订《王世杰日记》，1937 年 8 月 7 日，台北，中研院近代史研究所，2012，第 29—30 页。

② 《拟请设立国防最高会议案》（1937 年 8 月 7 日），台北中国国民党党史馆藏（以下简称党史馆），政 3/1.1。

③ 《拟请设立国防最高会议附具组织条例敬乞核议由》（1937 年 8 月 10 日），党史馆藏，政 3/1.1。

④ 《国防最高会议组织条例》（1937 年 8 月 11 日），党史馆藏，政 3/3.3。

⑤ 《国防最高会议名单》（1937 年 8 月 14 日），党史馆藏，政 3/4.1。

⑥ 《拟请设立国防最高会议附具组织条例之决议》（1937 年 8 月 11 日），党史馆藏，政 3/1。

⑦ 《国防最高会议第五次会议记录》（1937 年 11 月 16 日），党史馆藏，会 00.9/1。

长所在地”，标志着国防最高会议承袭了中央政治委员会的职责，成为战时国民党最高政治指导机关。[①]

由于国防最高会议委员多达近40人，[②] 又逢战局风云多变，若要频繁召集全体会议势必困难，所以国防最高会议的职权通常由国防最高会议常务委员会议行使。[③] 常委会议本应由主席蒋介石亲自召集，但绝大多数会议由副主席汪精卫主持，蒋介石并不到会。1937年8月至1939年1月，国防最高会议常务委员会共召开了116次会议（包括115次正式会议和1次临时会议），听取关于军政要务的报告共1061件，讨论军政事宜611件。[④]

在国防最高会议下，还设有国防参议会，1937年8月17日举行第一次会议。国防参议会前后共聘任24位参议员，包括毛泽东、胡适、黄炎培等人，虽然以上参议员均是以个人身份参会，但国防参议会还是容纳了国民党之外的各党派负责人，以及外交、司法、军事、教育等方面的代表性人物，从而在一定程度上达到了集中意志、团结御侮的目的，并成为国民参政会的前身。

不过，在实际运作中，国防最高会议及其常务委员会议，仍然存在许多问题。首先，紧张的战事使得国防最高会议及其常务委员会颠沛流离，第七次全体会议（1938年1月23日召开）与第八次全体会议（1938年6月3日）之间出现了长达近4个半月的间隔；常务会议也经历了从南京到武汉再到重庆的艰难迁徙，每次撤离，都会伴随近半个月的休会期，这都使得战时重要决策难以及时制定和推行。其次，国防最高会议承袭了中央政治委员会的职责，因此在其日常工作中，不可避免地陷入繁重的日常国务的讨论与决定当中，与其“全国国防最高决定机关”的设置初衷渐行渐远。最后，汪精卫的叛逃行为对国防最高会议也有所影响，汪精卫本人以中政会主席身份多次主持国防最高会议常务委员会议，对国防最高会议影响较大，他的叛逃促使蒋介石建立起更有效的党政军战时决策机构，以重整抗日士气，强化内部力量，缓解国内外压力。

---

① 《国防最高会议代行中政会职权》（1937年11月17日），台北“国史馆”藏，国民政府档案，001－070000－0044。

② 《国防最高会议名单》（1937年8月14日），党史馆藏，政3/4.1。

③ 王世杰、钱端升：《比较宪法》下册，商务印书馆，1946，第216页。

④ 依据《国防最高会议常务会议记录》整理总结，党史馆藏，会00.9/1－00.9/10。

1939 年 1 月 28 日，中国国民党五届五中全会决议组设国防最高委员会，以“统一党政军之指挥，并代行中央政治委员会之职权。中央执行委员会所属各部会，及国民政府五院、军事委员会及所属各部会，兼受国防最高委员会之指挥”。[①] 2 月 1 日，蒋介石以国民党总裁身份兼任国防最高委员会委员长，张群任秘书长，并以于右任、居正、孔祥熙、孙科、戴传贤、王宠惠、何应钦、白崇禧、陈果夫、邹鲁、叶楚伧 11 人为国防最高委员会常务委员。[②]

虽然时人有认为国防最高委员会与国防最高会议在构成与职权上并无太大差别者，[③] 但《国防最高委员会组织大纲》规定，委员长“对于党政军一切事务得不依平时程序以命令为便宜之措施”，[④] 使得委员长可以不经过国防最高委员会的决议，即可“径自颁布效力高于一切的命令”。[⑤] 这种基于战时特殊情况而产生的授权制度，在提高战时决策效率的同时，客观上加强了蒋介石的个人集权。

二　国民党的持久消耗战战略

早在中国全国抗战爆发前，社会各界人士如蒋百里、李宗仁等人，就已经发表著述，预见即将开始的中日战争会是一场旷日持久的战争，而最终的胜利属于中国。蒋百里认为，中国应根据中日两国的国情和特殊的地理形势，制订一套特殊的战略战术，因为“彼利速战，我恃之以久，使其疲弊；彼之武力中心在第一线，我侪则置之第二线，使其一时有力无用处”。[⑥] 他科学地预见中国的抗日战争必然是持久战。以上判断，都是基于中日两国当时的国力对比，即敌强我弱、敌小我大这样一个事实。而国民党及国民政府高层，对于持久战战略，也早有打算。

1935 年，蒋介石亲自督率中央军“追剿”红军进入西南诸省时，曾赞

---

① 《国防最高委员会组织大纲》（1939 年 2 月 4 日），党史馆藏，防 001/0001。

② 《中国国民党中央执行委员会秘书处致国防最高委员会秘书长张群函》（1939 年 2 月 4 日），党史馆藏，防 001/0001。

③ 林美莉编辑校订《王世杰日记》，1939 年 2 月 3 日，第 180 页。

④ 《国防最高委员会组织大纲》（1939 年 2 月 4 日），党史馆藏，防 001/0001。

⑤ 王世杰、钱端升：《比较宪法》下册，第 217 页。

⑥ 蒋百里：《国防论》，蒋复璁、薛光前主编《蒋百里先生全集》第 2 辑，台北，传记文学出版社，1971，第 257 页。

叹川、滇、黔等省地域广大，山川险峻，人口繁庶，经济文化潜力深厚。他声称："有我们川滇黔三省作基础，一定可以完成御侮复兴的大业。"[①]"即使我们丢失了中国关内18个省中的15个省，只要四川、贵州、云南在我们控制下，我们就一定能打败任何敌人，收复全部失土。"[②] 蒋介石对拥有"天府之国"美誉的四川省给予了特别重视，称赞四川"实在是我们首屈一指的省份……天然是复兴民族最好的根据地"。[③] 根据他的指示，南京政府立即着手对西南各省加强统制与"统一化"，着手建设抗日最后根据地的工作。

1935年2月，改组后的四川省政府在重庆成立，结束了川境长期分裂的局面。南京方面派遣以贺国光为首的庞大的"参谋团"和以康泽为首的"军事委员会别动队"两千余人入川，控制了四川政治军事要害。3月，蒋介石亲自飞渝，将参谋团改组为"军事委员会委员长重庆行营"，同时在庐山组训川军军官，缩编川军队伍，接管金融财政。四川基本被蒋控制。[④]为加快建设四川国防基地，蒋介石还下令以三年为期，完成修筑川陕、川滇、川湘等重要公路干线的任务，以加强西南西北各省的交通运输。日后，蒋介石回忆道："到川以后，我才觉得我们抗日之战，一定有办法。因为对外作战，首先要有后方根据地。如果没有像四川那样地大物博、人力众广的区域作基础，那我们对抗暴日，只能如一二八时候将中枢退到洛阳为止……到了二十四年进入四川，这才找到了真正可以持久抗战的后方。"[⑤]

国民党的持久消耗战战略的正式形成，是在全国抗战开始后。1937年8月14日，国民党召开第一次最高国防会议，决定执行"全面抗战，采取持久消耗战略"的对日战略方针。8月18日，蒋介石发表《告抗战全军将士书》，公开宣告对日持久战略，并强调："倭寇要求速战速决，我们就要

---

① 国民政府军事委员会政治部编《峨嵋山训练集选辑》，黄埔出版社，1938，第79页。

② 张其昀：《党史概要》第2卷，台北，中央文物供应社，1979，第913—914页。

③ 《峨嵋山训练集选辑》，第79页。

④ 邓汉祥：《四川省政府及重庆行营成立经过》，《文史资料选辑》第5辑，中华书局，1960；邓汉祥：《刘湘与蒋介石的勾心斗角》，《文史资料选辑》第33辑，文史资料出版社，1963。

⑤ 蒋中正：《国府迁谕与抗战前途》，秦孝仪主编《先总统蒋公思想言论总集》卷14，第653页。

求持久战、消耗战，以消灭其实力，挫折其士气。”①

全国抗战初期，持久消耗战战略的概念屡次为蒋介石所提及。1937 年 7 月末，当平津战事焦灼之时，蒋介石就认定，“倭政府无力统军，其国内多不满于少壮派之横行，而且嫌恶战争，若我能持久，则侵必不能久持也”。在淞沪会战危机之时，蒋介石确信全面抗战“不能避免，惟能持久而已”，而“敌之弱点以支战场为主战场，故其对华战争全在消极，且立于被动地位。故我如处置得策，不难旷日持久，使敌愈进愈穷也”。② 在日军登陆杭州湾、淞沪前线告急之时，蒋介石面对记者问时答道：“我国此次抗战，其要旨在于始终保持我军之战斗力，而尽量消耗敌人力量，使我军达到持久抵抗之目的。”③ 在当天的日记中，蒋介石同样指出：“保持战斗力持久抗战，与消失战斗力维持一时体面相较，当以前者为重也。”④ 11 月 16 日，国防最高会议决议国民党中央党部及国民政府迁至重庆办公，20 日，蒋介石密电各省市政府及国民党部，说明国民政府移驻重庆，此举将“使中枢不受暴力威胁，贯彻全国持久抗战之主旨，以打破日军速战速决之迷梦”。⑤ 及至 1938 年武汉会战之际，蒋介石仍坚持认为“倭寇军阀不倒，决无和平可言，惟有中国持久抗战，不与言和，乃可使倭阀失败，中国独立方有和平之道也”。⑥ 可见蒋介石对持久消耗战战略的认可与坚持。

相比于中共侧重于强调时代特点和人民作用的持久战略，国民党的持久消耗战略更强调广土众民和地理条件。蒋介石多次指出，抗日战争一定可以得到最后胜利，“主要的理由，就是说我们有广大的土地与众多的人民”，它们是“抗战必胜的最大武器”。⑦ 对于持久战的发展趋势，蒋介石计划抗日战争按照战略和政略来划分只有两个时期，广州、武汉失守代表第一期抗战的结束，此后则进入第二期抗战。他认为：“防御的战略乃是

---

① 蒋介石：《敌人战略政略的实况和我军抗战获胜的要道》，张其昀主编《蒋总统集》，台北，“国防研究院”，1968，第 971 页。

② 《蒋介石日记》（手稿），1937 年 7 月 26 日、8 月 28 日、9 月 30 日“本月反省录”。

③ 秦孝仪主编《先总统蒋公思想言论总集》卷 38，第 101—102 页。

④ 《蒋介石日记》（手稿），1937 年 11 月 7 日。

⑤ 《蒋中正致各省市党部各省市政府通电》（1937 年 11 月 20 日），《蒋中正总统文物》，台北“国史馆”藏，002－020300－00009－146。

⑥ 《蒋介石日记》（手稿），1938 年 9 月 3 日。

⑦ 蒋介石：《抗战必胜的条件与要素》，张其昀主编《蒋总统集》，第 1021 页。

第一期——前期抗战的战略。进到第二期——后期的抗战，我们的战略，应当是……采取攻势，决然攻击前进。”[①] 可见，在蒋介石的持久消耗战战略构想中并没有“战略相持阶段”，即直接由战略防御转向战略反攻。在持久消耗战战略的具体执行层面，“向国内退军”以建立抗战的战略大后方，是国民党持久战略的基本点，“以空间换时间”的口号就是“向国内退军”战略的具体表现。

在全国抗战的八年中，国民党军队主要是以持久消耗战为基本战略指导进行的，正面战场22次重大战役所取得的成效，与之不无关系。

但是，在持久消耗战的具体实施方面，国民党又暴露出很大的弱点。首先，“层层布防，处处据守”尽管可能迟滞敌人的进攻，但仅仅以“深沟、高垒和厚壁”为依托，进行单纯的阵地防御战而忽略外线作战，是消极被动的抗战方针。这一方针具体表现为消极被动防守，不做积极攻势作战；分散兵力，分兵把守；进行战役和战斗的内线防御战。参加武汉会战的苏联顾问亚·伊·切列潘诺夫（A. I. Cherepanov）回忆，国民党军队如同“在日本人可能发动进攻的狭窄战线上堵上防御‘塞子’，日寇打掉一个‘塞子’，防御者立即又堵上一个‘塞子’……充当‘塞子’的军队在打仗，而其余军队通常都在待命”。[②]

其次，国民党过分依赖列强干涉及援助，在中日全面战争开始的时候，国共两党都认为中国的抗战不仅是中国自己的事情，更是世界的事情，并且以此为出发点，都认为中国的抗战必将得到国际社会的援助。但是，在如何对待外援与自力更生的关系方面，国民党在很大程度上倾向于前者。南京沦陷之际，蒋介石就在日记中记道：“列强如不受倭寇之挑衅，决无自动参战之理，只要我能持久，则倭必向列强挑衅也。”[③] 这种寄希望于西方国家的调停或干预，反而造成了指挥上的混乱和无谓的伤亡。

最后，也是最重要的一点，国民党并没有把广大人民当作持久抗战的力量之源。虽然国民党在抗战时期有过许多发动全民族抗战的宣传，甚至制定并实施了人民动员的政策，但从实际情况来看，国民党及国民政府在

---

① 蒋介石：《第二次南岳军事会议训词》，张其昀主编《蒋总统集》，第1184页。

② 〔苏〕亚·伊·切列潘诺夫：《中国国民革命军的北伐：一个驻华军事顾问的札记》，中国社会科学院近代史研究所翻译室译，中国社会科学出版社，1981，第617页。

③ 《蒋介石日记》（手稿），1937年12月13日。

很多时候执行了违反人民利益的政策与行动，花园口决堤和长沙大火的发生即是典型的事例。

总而言之，国民党的持久消耗战略，缺乏理论上的完整性、严密性和政策上的稳定性，是无法与中共的抗日持久战战略相提并论的。

三　中共的抗日持久战战略

1938 年 5 月，抗日战争进入全国抗战的第十个月。日军进攻势头凶猛，北平、天津、上海、南京相继陷落，淞沪会战失败，徐州会战失败，武汉危急，饱受战争之苦的中国人民天天在渴望战争的早日胜利。然而，战争的过程究竟会怎么样？中国能不能取得胜利？怎样才能取得胜利？对这些问题，许多人还没有找到正确的答案。有些人感到迷惘。

在国内，“亡国论”和“速胜论”等错误论调仍在到处流传。“亡国论”过于看轻中国人民的抗日决心和抗战力量，特别是地域广阔、人口众多和正义战争的性质优势，也没有看到日本地域狭小、后劲乏力，特别是非正义战争的性质劣势，以及国际反法西斯统一战线的形成趋势，只是通过局部的、眼前的和静态的简单判断，散布“亡国论”论调。“速胜论”者则忽视了日本发动战争的顽固性，忽视了日本是一个很强的战争机器，片面幻想通过英美的援助，依靠政府军队与日本军队的决战迅速取得胜利。这种盲目乐观的轻敌思想甚至也出现在共产党内，一些人把抗战的希望寄托在国民党的两百万正规军上，急于打大仗，对战争的长期性、艰苦性缺乏精神准备。

“亡国论”和“速胜论”的错误论调，在当时的各党派、各阶层之中，在国内与国际舆论之中，都有倡导者和附和者。如果这些思想问题不能得到解决，对坚持长期抗战是十分不利的。毛泽东深感有必要对全国抗战十个月的经验“做个总结性的解释”，特别是“有着重地研究持久战的必要”。①

其实，早在中央红军到达陕北的时候，中共就预见到即将到来的抗日战争是一场持久的战争。1935 年，毛泽东在瓦窑堡会议上做了《论反对日本帝国主义的策略》报告，提出“中国革命战争还是持久战，帝国主义的

① 《毛泽东在中共中央政治局常委会上发言记录》（1937 年 5 月 10 日），金冲及主编《毛泽东传（1893—1949）》，中央文献出版社，2004，第 508 页。

力量和革命发展的不平衡，规定了这个持久性”，“要打倒敌人必须准备作持久战，这是现实革命形势的又一个特点”。① 1936 年，毛泽东在与美国记者埃德加·斯诺（Edgar Snow）的谈话中，对中国抗日战争的进程做了估计，提出了两种可能，即如果在很快的时间内中国得到了必要的外援和日本国内发生革命，这个战争的结束会比较快；反之则相反，而“在这场斗争中，最后胜利必定属于中国人民”。②

1937 年 8 月，八路军总司令朱德在出席南京军事委员会谈话会时，系统论述了中共主张的抗日战争战略战术。他指出：“抗日战争在战略上是持久的防御战，在战术上则应采取攻势。在正面集中兵力太多，必受损失，必须到敌人的侧翼机动。敌人作战离不开交通线，我们则应离开交通线，进行运动战，在运动中杀伤敌人。敌人占领我大片领土后，我们要深入敌后作战。目前用兵方向主要是华北，但从目前情况判断，敌人必然会进攻上海，以吸引我国兵力。在抗战中应该加强政治工作，发动民众甚为重要。在战区应由下而上及由上而下地把民众组织起来。游击战是抗战中的重要因素。游击队在敌后积极活动，敌人就不得不派兵守卫其后方，这就牵制了它的大量兵力。”他还建议开办游击训练班，使国民党军队也能逐步学会游击战争。③

1938 年 5 月，毛泽东决定对为什么是持久战和怎样进行持久战的问题进行透彻的分析，以指导全民抗战。从 5 月下旬到 6 月初，他在延安抗日战争研究会做了《论持久战》的长篇讲演，演讲稿于 7 月在《解放》周刊正式发表。

在《论持久战》中，毛泽东指出：“中日战争不是任何别的战争，乃是半殖民地半封建的中国和帝国主义的日本之间在二十世纪三十年代进行的一个决死的战争。”日本战争力量虽强，但它是一个小国，军力、财力都感缺乏，经不起长期的战争；而中国是一个大国，地大人多，能够支持长期的战争。日本的侵略行为损害并威胁其他国家的利益，因此得不到国

---

① 毛泽东：《反对日本帝国主义的策略》，《毛泽东选集》第 1 卷，第 153 页。

② 毛泽东：《和美国记者斯诺的谈话》，中共中央文献研究室编《毛泽东文集》第 1 卷，人民出版社，1993，第 400—401 页。

③ 《朱德在国民政府军事委员会谈话会上的发言记录》（1937 年 8 月 11 日），金冲及主编《朱德传》，中央文献出版社，2006，第 476 页。

际的同情与援助；而中国的反侵略战争能获得世界上广泛的支持与同情。毛泽东总结道：这些特点“规定了和规定着战争的持久性和最后胜利属于中国而不属于日本。战争就是这些特点的比赛。这些特点在战争过程中将各依其本性发生变化，一切东西就都从这里发生出来”。他得出结论：“中国会亡吗？答复：不会亡，最后胜利是中国的。中国能够速胜吗？答复：不能速胜，抗日战争是持久战。”①

毛泽东指出：这场持久战将经过三个阶段，“第一个阶段，是敌之战略进攻、我之战略防御的时期。第二个阶段，是敌之战略保守、我之准备反攻的时期。第三个阶段，是我之战略反攻、敌之战略退却的时期”。毛泽东着重指出，第二阶段是整个战争的过渡阶段，“将是中国很痛苦的时期”，“我们要准备付给较长的时间，要熬得过这段艰难的路程”。然而，它又是敌强我弱形势“转变的枢纽”。毛泽东强调：“此阶段中我之作战形式主要的是游击战，而以运动战辅助之。”“此阶段的战争是残酷的，地方将遇到严重的破坏。但是游击战争能够胜利。”为了实现持久战的战略总方针，毛泽东还提出一套具体的战略方针。这就是在第一和第二阶段中主动地、灵活地、有计划地执行防御战中的进攻战，持久战中的速决战，内线作战中的外线作战；第三阶段中，应该是战略的反攻战。毛泽东特别强调游击战争在中国抗日战争中的重大意义。

在《论持久战》中，毛泽东还强调了“兵民是胜利之本”。他说：“武器是战争的重要的因素，但不是决定的因素，决定的因素是人不是物。”“战争的伟力之最深厚的根源，存在于民众之中。”只要动员了全国老百姓，就会造成陷敌于灭顶之灾的汪洋大海，造成弥补武器等等缺陷的补救条件，造成克服一切战争困难的前提。

《论持久战》始终坚持从实际出发，客观、全面地考察了抗日战争发生的背景和近一年来的战争进程；始终着眼于战争的全局，对敌我双方存在的相互矛盾的各种因素以及它们的发展变化做了深入的分析，从而能科学地预见未来的前途。这部著作使人们对战争的发展过程和前途有了一个清楚的了解，大大提高了坚持抗战的信念。它不仅对八路军、新四军在抗日战争中有着重要的指导意义，对国民党将领也产生不小的影响。程思远

① 毛泽东：《论持久战》，《毛泽东选集》第2卷，第442、443、447页。

回忆道："毛泽东《论持久战》刚发表，周恩来就把它的基本精神向白崇禧作了介绍。白崇禧深为赞赏，认为这是克敌制胜的最高战略方针。后来白崇禧又把它向蒋介石转述，蒋也十分赞成。在蒋介石的支持下，白崇禧把《论持久战》的精神归纳成两句话：'积小胜为大胜，以空间换时间。'并取得了周公的同意，由军事委员会通令全国，作为抗日战争中的战略指导思想。"①

《论持久战》还被翻译成英文向海外发行。这是由周恩来从武汉寄到香港，委托宋庆龄找人翻译的。爱泼斯坦（Epstein）等参加了翻译工作。②毛泽东很重视这件事，特意为英文本写了序言："中国的抗战是世界性的抗战。孤立战争的观点，历史已指明其不正确了。""希望此书能在英语各国间唤起若干的同情，为了中国的利益，也为了世界的利益。"③ 在海外，这本小册子同样得到高度评价。

为了使持久战成为指导抗战胜利的总体方针，1938 年 10 月毛泽东在中共六届六中全会上做了《论新阶段》的报告，明确提出将持久战作为指导抗战胜利的"唯一正确方针"，指出："抗日战争是长期的，不是短期的，战略方针是持久战，不是速决战。"④ 在中共六届六中全会通过的决议案中还明确指出："抗日战争是艰苦的持久战……我在长期抗战中将转弱为强，转败为胜，一直到最后胜利。这个过程将表现在持久战的三个阶段：在敌方为进攻—相持—退却，在我方为防御—相持—反攻。"⑤ 这标志着持久战作为中国共产党的战略指导方针被正式确定下来。

四 红军改编与国共两党的战略分工

卢沟桥事变爆发前，国共两党已经达成联合抗日的基本共识。但如何实现两党间的合作，双方尚存重大分歧。1937 年 6 月，中共中央代表周恩来再赴庐山，就国共合作问题同蒋介石进行多次会谈。

---

① 程思远：《我的回忆》，华艺出版社，1994，第 131 页。

② 金冲及主编《毛泽东传（1893—1949）》，第 511 页。

③ 毛泽东：《抗战与外援的关系——〈论持久战〉英译本序言》（1939 年 1 月 20 日），《毛泽东文集》第 2 卷，第 145—146 页。

④ 毛泽东：《论新阶段》，《中共中央文件选集》第 11 册，第 566、568 页。

⑤《中共扩大的六中全会政治决议案》（1938 年 11 月 6 日），《中共中央文件选集》第 11 册，第 748—749 页。

在国共两党合作的组织形式方面，国民党提出：（1）成立国民革命同盟会，由国共两党推出同等数目干部组成，蒋介石任主席，有最高决定权；（2）两党一切对外行动及宣传，统由同盟会讨论决定；（3）同盟会将来可扩大为国共两党合组之党；（4）同盟会在进展顺利后，可与第三国际发生代替中共关系。在红军改编方面，红军改编为3个师12个团，人数4.5万，由国民政府发表番号并委任师长，“三个师以上设政治训练处指挥之”。在陕甘宁边区政府人事安排方面，由国民政府派正职官员，边区向国民政府推荐副职，可由林伯渠担任。[①] 另外，国民党还先后提出红军改编后不设总指挥部，由国民党派遣联络参谋，并公然提出“请毛先生、朱先生出洋”等条件。[②] 针对红军最高指挥机关的设置，及要求朱、毛“出洋”的无理要求，周恩来严词拒绝，双方争执很久，后经宋子文、宋美龄往返磋商，问题仍无法解决。[③]

中共中央收到周恩来的报告后，为顾全大局，做出重大让步。中共表示：“原则上同意组织国民革命同盟会，但要求先确定共同纲领，以便奠定同盟会及两党合作之政治基础”，“在共同承认纲领的前提下，可同意国共两方各推出同数干部组织最高会议，另以蒋为主席，承认其依据纲领有最后决定之权”。在红军改编方面，坚持红军改编后设立总的军事指挥部，“否则即于八一自行宣布改编，采用国民革命军暂编军师名义”。在边区政府人事安排方面，推荐张继、宋子文和于右任三人中任何一人为边区行政长官，林伯渠任副长官。[④] 中共的新方案，为以后的谈判打开了通路。

卢沟桥事变爆发后，中共中央在通电呼吁全国团结抗战的同时，向南京政府表示：“红军将士，咸愿在委员长领导之下，为国效命，与敌周旋，以达保土卫国之目的。”[⑤] 14日，中共代表周恩来、秦邦宪、林伯渠再赴

---

① 《中共中央关于与蒋介石第二次谈判情况向共产国际的报告》（1937年6月17日），《中共中央文件选集》第11册，第266页。

② 周恩来：《论统一战线》，中共中央文献研究室编《周恩来选集》（上），人民出版社，1980，第195页。

③ 《周恩来致毛泽东电报》（1937年6月15日），金冲及主编《周恩来传》，中央文献出版社，2008，第401页。

④ 周恩来：《中央书记处关于与蒋介石谈判情况给国际书记处的报告》（1937年6月25日），金冲及主编《周恩来传》，第402页。

⑤ 毛泽东：《为日军进攻卢沟桥致蒋介石电》（1937年7月8日），中共中央文献研究室、军事科学院编《毛泽东军事文集》第2卷，军事科学出版社、中央文献出版社，1993，第1页。

庐山，与国民党代表蒋介石、邵力子、张冲进行新一轮谈判。15 日，周恩来向国民党递交《中共中央为公布国共合作宣言》，表明中共的抗日主张和同国民党合作的诚意。但蒋此时仍不愿平等对待共产党，双方争执的焦点在红军改编后的指挥权和人事权问题上。蒋介石坚持红军改编后不设统一的军事指挥机关，三个师的管理权直属行营，三个师的参谋长由南京派遣，政治主任只能“转达人事指挥”。① 对于蒋介石提出的这些要求，周恩来等人表示不能接受。

7 月底，平津沦陷，华北危急，在紧迫形势下，国共两党都希望尽快达成彼此谅解，早日实现抗日合作。8 月 1 日，周恩来接张冲急电：蒋介石密邀毛泽东、朱德、周恩来速至南京商讨国防大计。中共中央决定由周恩来、朱德、叶剑英飞赴南京出席国防会议，并与国民党继续谈判。10 日，周恩来等抵达南京，向国防会议提交了由毛泽东起草的《对国防问题的意见》，不仅向国民党提出了华北作战的具体意见，也提出了战略指导意见及红军改编后承担的战略任务：“总的战略方针暂时是攻势防御。应给进攻之敌以歼灭的反攻，决不能是单纯防御。将来准备转变到战略进攻，收复失地”；“正规战与游击战相配合，游击战以红军与其他适宜的部队及人民武装担任之，在整个战略部署下给与独立自主的指挥权”；“发动人民的武装自卫战，是保证军队作战胜利的中心一环”；等等。②

8 月 13 日，淞沪抗战爆发，日本的侵华战火开始在上海蔓延。蒋介石调集重兵部署淞沪会战的时候，希望红军早日出兵，在华北牵制日军。于是，国共谈判长期拖延不决的状况出现转机。19 日，国共两党达成红军改编协议。25 日，中共中央革命军事委员会宣布将中国工农红军第一、第二、第四方面军改编为国民革命军第八路军，设立总指挥部，朱德、彭德怀分任正、副总指挥，下辖第一一五师，师长林彪、副师长聂荣臻；第一二〇师，师长贺龙、副师长萧克；第一二九师，师长刘伯承、副师长徐向前；参谋长叶剑英、副参谋长左权；政治部主任任弼时、副主任邓小平。③

---

① 《博古林伯渠周恩来致毛泽东洛甫电》（1937 年 7 月 21 日），金冲及主编《周恩来传》，第405 页。

② 毛泽东：《对国防问题的意见》，《毛泽东军事文集》第 2 卷，第 22—23 页。

③ 《中央革命军事委员会命令》（1937 年 8 月 25 日），《毛泽东军事文集》第 2 卷，第 34—35 页。

9月12日，国民政府军事委员会按照全国统一战斗序列，将八路军番号改为第十八集团军，仍下辖上述三师。

红军改编后，成立了新的中共中央军事委员会，由毛泽东、朱德、周恩来等11人组成，毛泽东为书记，朱德、周恩来为副书记。[①] 同时成立中央军委前方军分会（后称华北军分会），由朱德、彭德怀等9人组成，朱德、彭德怀分别为正副书记。中央还决定各师成立军政委员会，由林彪、贺龙、刘伯承分任三个师的书记。10月16日，中共中央军委决定，成立军委总政治部，任命任弼时为主任。22日，中共中央、中央军委决定设政治委员制度，先后任命聂荣臻、关向应、张浩为第一一五、第一二〇、第一二九师政治委员。此后，八路军还陆续在南京、武汉、西安、重庆、太原、兰州、迪化（今乌鲁木齐）等地建立办事处。[②]

红军主力改编为八路军的同时，中共中央指示南方红军游击队“在保存与巩固革命武装，保障党的绝对领导的原则下”，“可与国民党的附近驻军，或地方政权进行谈判，改变番号与编制以取得合法地位，但必须严防对方瓦解与消灭我们的阴谋诡计与包围袭击”。[③] 根据中共中央的指示，中共东南分局书记项英以及陈毅、曾山、张云逸等负责统筹与国民党的谈判，各游击区先后和国民党地方当局达成了停战协议。同时，中共中央还派出代表与国民政府谈判，坚持南方红军改编后为一个军的独立建制。

10月12日，国民政府军事委员会宣布南方8省14个地区（不包括琼崖红军游击队）的红军和游击队，改编为国民革命军陆军新编第四军（简称新四军）。经两党商议，任命叶挺为军长，项英为副军长，张云逸为参谋长，周子昆为副参谋长，袁国平为政治部主任，邓子恢为政治部副主任。同时，中共中央决定成立中央军委新四军分会，项英任书记，陈毅任副书记。12月，新四军军部在汉口成立。1938年1月移至南昌。全军编为四个支队：第一支队司令员陈毅，副司令员傅秋涛；第二支队司令员张鼎丞，副司令员粟裕；第三支队司令员张云逸（兼），副司令员谭震林；第

---

① 《中共中央政治局会议记录》（1937年8月23日），金冲及主编《朱德传》，第479页。军委最高领导职务是军委主席，但会议记录写作“书记”。

② 王宝书、贾平、高主友：《八路军、新四军驻各地办事机构在抗日战争中的作用》，《中共党史研究》1992年第5期。

③ 《中央关于南方各游击区域工作的指示》（1937年8月1日），《中共中央文件选集》第11册，第301页。

四支队司令员高敬亭。全军共1万余人。

红军改编，标志着在抗日民族统一战线的旗帜下，国共两党开始了军事合作。从当时全国的国防力量来看，国民党军队有182个师，共200多万人，另有海军和空军，是主要国防力量。而红军改编后仅有5万余人，且缺少武器装备，常规步枪也不能人手一支。正是由于两党武装力量对比的悬殊，在持久战略的共识下，两党进行了战略分工。8月1日，对八路军开赴前线后的作战方针，毛泽东致电周恩来等提出："我们认为须坚持下列两原则：甲，在整个战略方针下执行独立自主的分散作战的游击战争，而不是阵地战，也不是集中作战。""乙，在开始阶段红军以出三分之一的兵力为适宜。兵力过大，不能发挥游击战，而易受敌人的集中打击。其余兵力依战争发展，逐渐使用之。"① 中共向国防会议上报的《确立全国抗战之战略计划及作战原则案》中提出两个作战指向：一是"在必要的战略要点或政治经济中心，设立坚强之工事，并配置足够的兵力，以钳制敌人"；二是"广大的开展游击战争，其战线应摆在敌人前后左右，以分散敌人，迷惑敌人，疲倦敌人，肃清敌人耳目，破坏敌人之资材地带，以造成有利条件，有利时机，使主力在运动中歼灭敌人"。在这两个作战指向下，蒋介石同意："八路军充任战略游击支队，执行只作侧面战，不作正面战，协助友军，扰乱与钳制敌人大部，并消灭敌人一部的作战任务。"②

在战争初期，共产党的武装力量，基本上是以游击战为主配合友军作战；从战略防御阶段后期开始，中共武装力量已经可以独立自主地开辟敌后抗日根据地；在战争相持阶段到来后，共产党的武装力量对正面战场的配合，已远远不再是战术配合，而是在敌后独当一面，对全国抗战起到了配合全局的战略作用。

第四节 八路军出师与山西作战

一 日军进攻山西与中国的防御部署

1937年10月1日，日本召开由首相、外相、陆相和海相参加的四相

① 《关于红军作战原则的指示》（1937年8月1日），《中共中央文件选集》第11册，第299页。

② 中共中央文献研究室编《周恩来年谱（1898—1949）》，中央文献出版社，1998，第385页。

会议，制订《处理中国事变纲要》，提出："通过军事行动和外交措施双管齐下，尽快使事变结束，使中国取消抗日政策和容共政策，在日华间建立真正明朗而永久的邦交，以期实现日、满、华和睦与共荣。""军事行动的目标是使中国迅速丧失战斗意志。具体手段是使用兵力，占据要地，以及与此有关的必要行动。""外交措施的目标是迅速促使中国重新考虑，将其诱向我方所期待的境地。"[①] 纲要规定的军事行动主要是在河北、察哈尔两省和上海方面。但随着战局的发展，华北方面军认为中国政府有可能进行长期抵抗，提出"为平息事变，在获取战果之后，要以相应之兵力在所需之期间内确保有政治意义之战略要点，以贯彻我方目的，并助其取得实质性的体现"。[②] 关东军也认为有长期作战的可能，提出"军事行动的成果配合外交措施的临机应用，以警醒中国并树立明朗之日华邦交，此外更要启蒙列强，使其认清现时之东亚局势。事变之解决，当归结于日满华三国彻底融合共荣之实现，为此，不惜持久作战"。[③] 由于日军在河北作战中并未达到消灭中国军队主力的目的，决定在山西与中国军队决战。日军统帅部同意华北方面军和关东军的意见，命令华北方面军"以一部兵力进入山西省北部作战并占领太原"，关东军"将部分兵力归于华北方面军司令官指挥之下"。[④]

山西自雁门关以南，井陉、娘子关以西系高原多山地区，对保卫华北、支持华北战局，有极重大的意义。日军要完成其军事上占领华北，非攻占山西不可。如山西高原全境保持在中国军队手中，则随时可以居高临下，由太行山脉前出平汉北段和平绥东段，威胁平津军事重地，使敌向平汉南进及向绥远的进攻感受困难。故山西为敌我必争之战略要地。

10月4日，关东军察哈尔派遣兵团主力，列入华北方面军第五师团，由司令官板垣征四郎中将统一指挥。山西作战日军兵力包括第五师团及三个独立混成旅团和三个支队。为配合山西作战，华北方面军命令沿平汉线南进的第一军攻占石家庄，并以一部兵力进入井陉以西的要地，企图切断

① 外務省編『日本外交年表並主要文書』下巻、原書房、1969、370頁。
② 『戦史叢書　支那事変陸軍作戦（1）』、351頁。
③ 『戦史叢書　支那事変陸軍作戦（1）』、353頁。
④ 『戦史叢書　支那事変陸軍作戦（1）』、355頁。

中国军队在山西方面的交通，以策应第五师团进攻太原。①

由于内长城防线被日军突破，山西形势危急。为巩固山西防御，国民政府军事委员会决定从平汉线调兵增援山西。担任山西防御的是以阎锡山为司令长官的第二战区。10月1日，蒋介石致电阎锡山指出，山西抗战关系到全国战局，必须保持山西抗战阵地，坚持时间越长越好，最少要坚持一个半月。② 同日，第十四集团军总司令卫立煌奉命率第九军、第十四军等部共4个半师的兵力，由石家庄经正太路，向山西增援。2日，阎锡山由台怀镇返回太原，当天将守天镇不力的原第六十一军军长李服膺枪决，以示坚决保卫山西的决心。同日，阎还邀请中共领导人周恩来一起研究保卫太原的方略，并与第十八集团军总司令朱德商讨山西对日作战计划。

10月5日，第二战区新任副司令长官黄绍竑从南京抵达太原。6日，阎锡山召集周恩来、黄绍竑、卫立煌、傅作义讨论作战方案。阎锡山决定缩短战线，趁日军立足未稳，集中兵力在忻县以北的忻口及其东、西两侧山地组织防御，并在忻口作攻势防御。具体计划是："在阳明堡、虎头山一带之部队，应竭力阻止敌之前进，以掩护后方部队之集中及主力阵地之占领；以第十八集团军之林、贺各师，分由平型关及雁门关施行包抄，并截断敌后方连络线，以使主力之作战容易，并派有力之一部，由马兰口方面相机威胁敌之右侧背，形成优越之包围态势；主阵地之部队，借前方之掩护，竭力充实战斗诸准备，在战斗间竭力阻止敌之进展，相机出击，并协同林、贺各师，包围敌人于原平以北地区而歼灭之。"③

对阎锡山的忻口作战计划，周恩来提出补充意见，建议为统一指挥参战部队，右翼晋军十个团归朱德、彭德怀指挥，中路归卫立煌指挥，左翼归杨爱源指挥，预备军归傅作义指挥守太原。对此，阎锡山表示赞同。此后，周恩来还带一部电台随阎锡山行动。④ 10月6日，毛泽东致电周恩来转告阎锡山，提出晋东防卫："龙泉关、娘子关两点须集结重兵，实行坚守，以使主力在太原以北取得胜利。"⑤ 黄绍竑到晋东娘子关视察后，也感

---

① 『戦史叢書　支那事変陸軍作戦（1）』、356頁。

② 郭汝瑰、黄玉章主编《中国抗日战争正面战场作战记》上册，第431页。

③ 《第二战区忻口战役作战计划》(1937年)，《抗日战争正面战场》(上)，第477页。

④ 《周恩来年谱（1898—1949)》，第394页。

⑤ 《毛泽东军事文集》第2卷，第76页。

到晋东方面战线宽而无机动部队，很难阻止日军进攻，故建议将第二十六路军孙连仲所部调娘子关增强防守力量。阎锡山接受了上述意见，以此加强晋东方面的防卫。①

二 八路军出师与平型关大捷

8月25日，红军主力改编为八路军后，迅即开赴抗日前线：第一一五师从陕西三原出发，由韩城东渡黄河，9月中旬进至山西五台；第一二〇师从陕西富平出发，9月中旬到达山西榆次；八路军总部在朱德、彭德怀率领下，由陕西泾阳出发，9月21日抵达太原；第一二九师由富平出发，10月中旬抵达太原。至此，八路军全线出动完毕。

9月12日，国民政府军事委员会按战斗序列将八路军编为第十八集团军，隶属第二战区。毛泽东致电朱德、彭德怀、林彪、贺龙、刘伯承等人，指出在敌摆出重点进攻恒山架势的情况下，我军按原定计划，进兵恒山必将不利，"为战略上展开于机动地位，即展开于敌之侧翼，钳制敌之进攻太原与继续南下，援助晋绥军使之不过于损失力量，为真正进行独立自主的山地游击战，为广泛发动群众，组织义勇军，创造游击根据地，支持华北游击战争，并为扩大红军本身起见，拟变更原定部署，采取如下之战略部署：（一）我二方面军应集结于太原以北之忻县待命，准备在取得阎之同意后，转至晋西北管涔山脉地区活动。（二）我四方面军在外交问题解决后，或在适当时机，进至吕梁山脉活动。（三）我一方面军则以自觉的被动态势，现时进入恒山山脉南段活动"。②

按照中共中央的部署，八路军开始按计划分头进入指定地区。八路军在华北的出动，既是对正面战场中国军队对日作战的有力支持，更为中共坚持华北游击战争、确立游击战争的战略支点，奠定了坚实的基础。

八路军第一一五师进至太行、太岳两山脉后，正遇上中日两军在平型关一带展开激烈争夺。9月下旬，日军板垣师团向守卫平型关一带的第七集团军傅作义部发动猛攻，中国军队奋力抵抗，与敌展开鏖战，十几万大军在平型关地区扭作一团，捉对厮杀。八路军第一一五师赶到平型关前线

---

① 黄绍竑：《五十回忆》（下），上海风云出版社，1945，第342页。

② 毛泽东：《关于敌情判断及我之战略部署》（1937年9月17日），《毛泽东军事文集》第2卷，第48页。

后，奉命向日军侧后展开攻势，策应正面守军防御作战。师长林彪赴前线观察地形，认为这里道窄沟深，便于设伏。在侦知日军第二十一旅团一部向平型关前线开进时将经过此地后，决定在这里打一场伏击战。

9月24日午夜，第一一五师冒雨运动至预定战场——平型关东南、蔡家峪西南之蔚代公路右侧地区，进入伏击阵地。25日拂晓前，完成战斗部署，静待敌军进入伏击圈。晨7时许，日军板垣师团二十一旅团二十一联队第三大队，携带辎重，进入伏击圈内。由于雨后泥泞，沟深路窄，日军车辆、人马挤在一起，行动迟缓。一一五师官兵抓住有利战机，奋勇出击。日军完全陷入包围之中，只能凭借优势火力进行反击，其中一部分拼命抢夺公路西侧高地，企图由此突破八路军包围圈，敌我两军反复争夺有利阵地。在一一五师绝对优势兵力的狙击下，日军始终无法突破包围圈。一一五师集中三个团兵力，对局促在不到一公里狭长山沟内的日军进行了一次又一次的猛烈突击。包围圈愈收愈紧，一千余名日军进退不能，大部被消灭，只有少部分残军“从晋军阵地突围而逃”。经一天激战，“缴获汽车八十二辆、大炮一门，炮弹二千余发，步枪数百枝”。一一五师也付出较大牺牲，“伤亡四百余人，内有副团长、副营长二三名”。[①]

平型关战斗，是抗战开始以来中国所取得的一次具有重大影响的胜利，也是八路军出动以来的第一场歼灭战。初战告捷，大大鼓舞了八路军的士气，对全国军民的抗战热情也是一个巨大鼓舞。八路军开始受到各方面的重视。11月，在山西指挥中央军作战的卫立煌致电蒋介石，建议着眼大规模的持久抗战的游击战术，同时主动为八路军请命，提出：“朱部作战已久，伤亡日多，恳为转请准其派员分赴豫鄂皖、湘鄂赣、湘鄂西各边区继续招募补充兵若干。”[②] 但蒋介石并未同意卫的建议。

三 忻口会战和太原保卫战

太原不仅是山西省政治、经济、文化中心，也是华北的重要交通枢纽，同蒲铁路和正太铁路交会于此。1937年10月初，日军制定山西作战计划后，即把占领太原作为既定目标。同时，中国第二战区也制定了利用

---

① 毛泽东：《平型关战役战果》（1937年10月1日），《毛泽东军事文集》第2卷，第68页。

② 《卫立煌电蒋中正今后亟应避实就虚着眼于持久抗战的大规模游击战术等》（1937年11月28日），《蒋中正总统文物》，台北“国史馆”藏，002090300202004。

忻口要隘与敌决战、保卫太原的计划。

忻口是太原以北军事要冲，位于忻县、崞县、定襄三县之交，五台山、云中山东西之间，滹沱河穿流两山，同蒲铁路贯通南北，早在1935年，国民政府即在此修筑国防工事。

为了争夺忻口要地，10月10日，日军第五师团从代县向忻口前进。12日，日军各部队集结于原平附近。板垣征四郎将所部分为左、右翼两队，向忻口发起攻击。

中国守军第十九军王靖国部率先与日军交战。10月4日，日军占领阳明堡，围攻崞县城，被守军击退。7日，日军在飞机、大炮支援下，攻入崞县，守军与敌肉搏，最后退出崞县。十九军的英勇作战虽然没有阻止敌人的进攻，却迟滞了敌军行动，为主力部队布防赢得了时间。

10月12日，中国军队在忻口一带陆续集结完毕，由第二战区副司令长官卫立煌统一指挥，他将所部分成三个兵团：右翼兵团为第十五军军长刘茂恩指挥的第十五、十七军，中央兵团为第九军军长郝梦龄指挥的第九、十九、三十五、六十一军，左翼兵团为第十四军军长李默庵指挥的第十四军及其他三个师。中国军队准备在忻口以北与敌决战。

13日，日军开始向忻口阵地发起进攻。日军选择中间突破，首先向中央兵团第九军阵地发起进攻。当日上午8时，日军主力在20余架飞机、数十辆坦克和大炮炮火掩护下，集中5000余兵力向南怀化阵地发起猛攻。战至10时，日军突破南怀化阵地。14日凌晨，卫立煌组织左、中、右三个兵团，分别向日军实施反击，双方争夺激烈。守军第二一八旅旅长董其武负伤不下火线，第二十一师师长李仙洲、新四旅旅长于镇河在战斗中负伤。双方激战至当晚，仍呈胶着状。15日拂晓，忻口正面中国军队再次发起反击，后因日军增援部队到达，被迫撤回，双方形成对峙。

由于中国军队伤亡过重，卫立煌电请军事委员会增兵，蒋介石电告第二十二集团军孙震部由潼关兼程驰援，阎锡山令由晋冀边区抵达龙泉关的第九十四师朱怀冰部及第一七七师星夜赶赴忻县，归卫立煌指挥。

16日，忻口正面守军于凌晨2时开始向日军反击，战斗异常激烈。中国军队作战十分英勇，在前沿指挥的第九军军长郝梦龄中将（牺牲后被晋为上将）、第五十四师师长刘家琪少将（牺牲后被晋为中将）、独立第五旅旅长郑廷珍少将等壮烈殉国，敌我双方均伤亡数千人。此后数日，双方分别增兵投入战斗。面对敌人的进攻，中国守军顽强抵抗，并适时组织反突击，形成拉锯战。为了夺占忻口，日军不仅以飞机对守军阵地狂轰滥炸和低空扫射，还违反国际公约使用化学毒气。但中国守军顽强抵抗，日军难以进展，整个战线又转入了胶着状态。

忻口战役展开之前，中共中央军委和八路军总部即令所属各部向敌侧后展开主动出击。根据第二战区会战计划和集团军总司令朱德的命令，八路军积极在晋东北及晋西北地区展开广泛的袭击战，威胁日军侧背及破坏日军后方交通线。忻口战役开始后，八路军在敌侧后的游击战有力配合了正面守军作战，使进攻忻口的日军因交通阻断而发生补给困难，不得不用飞机来输送弹药和给养。日军困境如 10 月 24 日卫立煌在给蒋介石的密电中所称："敌自雁门被截断，粮秣极感困难，现向地方征发杂粮中。"① 为此，蒋介石致电朱德、彭德怀称："贵部林师及张旅，屡建奇功，强寇迭遭重创，深堪嘉慰。"② 同期，第一二九师陈锡联团为配合忻口正面战场作战，减少敌机轰炸，夜袭阳明堡日军机场，毁伤日军飞机 24 架，歼灭日军近百人，极大地削弱了忻口日军的空中支援力量，有力地配合了忻口守军。卫立煌在会战结束后曾对周恩来说："没有把一二九师调去打阵地战是做对了。阳明堡烧了敌人二十四架飞机，是战争历史上从来没有过的事情。我代表在忻口正面作战的将士对于八路军表示感谢!"③

为了迅速攻占太原，消灭华北方面中国军队主力，日军在晋北作战的同时，沿正太路同时发动进攻，企图在晋东突破娘子关迂回太原侧后。

10 月 10 日，日军攻陷石家庄后，即以主力第二十师团沿正太线西进娘子关。娘子关位于太原东部，是正太铁路晋冀交界的重要关隘，日军如突破娘子关，便可打开太原东面门户。此为中日双方必争的战略要地。

为加强娘子关方面的防御，军事委员会命令第一战区第二十六路军、第二十七路军、第三军及第十七师等部转至娘子关一线，以掩护第二战区右侧。第二战区司令长官阎锡山委派新任副司令长官黄绍竑赴娘子关指挥作战。

---

① 《卫立煌致蒋介石何应钦密电》（1937 年 10 月 24 日），《抗日战争正面战场》（上），第 505 页。

② 《民国档案》1985 年第 2 期。"林师" 即林彪为师长的第一一五师，"张旅" 指张宗逊任旅长的第一二〇师第三五八旅。

③ 赵荣声：《回忆卫立煌先生》，文史资料出版社，1985，第 34 页。

11 日，中国守军尚未全部到位，日军即开始由井陉向守军第十七师发起进攻。12 日傍晚，井陉陷落。为挽回被动局面，第十七师师长赵寿山率部发动反击。全师伤亡千人，仍未夺回阵地，被迫撤退。13 日，第一集团军副司令孙连仲率部抵达娘子关。第二天，中国军队开始向日军反击，并一度攻占核桃园及大小龙窝等部分失地。

15 日，阎锡山指示娘子关附近作战由孙连仲指挥，限令 16 日消灭进犯旧关之日军，并赏洋 5 万，要求总司令及军长亲自督战。中国军队经两日激战，共毙伤日军 500 余人。但旧关仍在日军控制中，并在飞机、炮火掩护下不断组织反击。此后双方激烈交战，互有进退。17 日拂晓，孙连仲部再次发动反击，双方激战多日，反击失败。孙连仲被迫命部队撤回原阵地。旧关反击战坚持十余日，中国军队伤亡 5000 余名，在日军援兵不断开来的时候，黄绍竑被迫下令各部逐次向娘子关以西集结待命。

此时，日军在淞沪战场进展很不顺利，故急切夺取太原，以便向华中抽调兵力。因此，华北方面军于 10 月 19 日命令第二十师团攻占娘子关，进入阳泉；待第一军主力完成平汉线方面的作战任务后，再抽调兵力投入正太线，配合晋北日军会攻太原。21 日起，日军增援部队陆续到达娘子关一带。日军以强大火力向中国守军阵地展开全线进攻，中国守军伤亡严重，被日军突破多处阵地。26 日，娘子关失守。

从整个山西战局来看，娘子关失守后，太原东面门户敞开，日军迅速分两路继续向西进攻，中国军队很难再组织大规模的有效防御。忻口、太原已处于日军的全面包围之中。为保卫太原，阎锡山于 11 月 1 日电令忻口卫立煌部向南撤守太原，并电告蒋介石："为策万全计，已拟以依城野战之目的，令卫部于冬（2 日）晚向叶水坞、青龙镇、天门关之线转进，占领阵地，与敌决战。"① 2 日晚，忻口守军撤出阵地向太原转移。蒋介石也在 1 日夜急电第一战区汤恩伯率部出击晋东。

11 月 3 日，阎锡山任命卫立煌为第二战区前敌总指挥，制定太原保卫战计划。其方针是：利用太原四周既设阵地，实行依城野战，以阻敌前进，消灭其兵力，待我后续兵团到达，再施行反攻夹击而聚歼之。其要领是：各部以阵地持久防御为目的，逐渐消耗敌之力量，以待援军（汤恩伯

① 《阎锡山致蒋介石密电》（1937 年 11 月 3 日），《抗日战争正面战场》（上），第 546 页。

部）到达。具体部署是：以傅作义率部布置太原城防；以黄绍竑副司令长官率部在北营、赵家坡、张河村、刘家河及孟家井、上庄一带占领既设阵地；以卫立煌率部指挥之各部队，在菜水坞、青龙镇、天门关一带占领既设阵地，准备在太原附近依城野战。以抵达黎城东阳关之汤恩伯军向榆次附近推进，俟敌攻太原时，在太原附近部队夹击而歼灭之。上述作战计划过于强调阵地持久防御，而事实上，在敌军火力远远强于自己的情况下，只能造成重大伤亡而难以持久坚持。对此，周恩来在忻口战役刚刚开始时，即向阎锡山等建议转变作战方法，提出保卫太原必须背靠山地，在野战中求胜利，不应以多数兵力守城，或正面堵击。在太原军事会议上，周恩来对受领守城任务的傅作义说："我愿代表中国共产党，还有全民族，诚恳地对你说一句话：抗日战争胜利的基础，在于广大人民群众之深厚的伟大力量，请你保重。"①

4 日，以傅作义部第三十五军为主的太原守城部队先后进入城内，卫立煌也将阵地转移于太原北郊。此时，日军已逼近石岭关。而由晋东方面西撤之部队，除少部到达太原附近外，其余遭到日军截击后向榆次西南撤退。这样，在太原城廓及城郊作战的中国军队实际只有 7 个师的兵力。

7 日，日军东、北两路在太原附近会合，对太原发动猛攻。中国守军在日军飞机、大炮轰击下，伤亡极为惨重。战斗至当晚，城内守军仅剩第三十五军所部 2000 余人。8 日晨，日军 13 架飞机轮番轰炸太原城。至 9 时，城垣被轰开缺口十余处，日军冲入城内。守军奋起抵抗，伤亡甚众，已无力抵挡。傅作义被迫率余部突围，太原沦陷。

忻口会战和太原保卫战历时一个多月，是全国抗战初期在华北战场规模最大、战斗最激烈、持续时间最长、战绩最显著的一次会战。中国军队以伤亡 10 万人以上的代价，毙伤日军 2 万余人。广大官兵不畏强暴，奋勇杀敌，表现出中华民族不屈不挠的爱国情怀和英雄气概。在会战中，国共两党军队密切合作，相互配合。八路军各部在日军侧后的作战，牵制和消耗敌人，有力地支援了友军作战。中国空军也很好地配合了陆军作战。在太原会战期间，中国空军曾对大同、繁峙、平型关、阳明堡及平汉路沿线日军进行轰炸，据统计，连同太原会战开始前几天，共计进行了 12 次侦

---

① 金冲及主编《周恩来传》，第 424 页。

察、42 次轰炸，击落日机 3 架，击伤 1 架，还击毁日军大批重型装备，有力地支援了地面部队作战。[①] 但此次会战也暴露了我方军事指挥方面的弱点：一是缺少统筹安排，在作战计划上顾此失彼，在加强晋北防御的时候，忽略了晋东防御，造成军事上的被动，使日军得以乘虚而入；二是过于强调阵地战，缺乏外围运动作战，结果不仅造成官兵大量伤亡，也难以有效阻挡敌人的进攻，撤退时更易变成溃退。

四　八路军游击战在华北的展开

1937 年 8 月，主力红军改编成八路军后，迅速出兵山西，并在晋冀交界地区形成晋察冀、晋西北、晋冀豫三个游击区域，八路军和坚持山西抗战的国民党军一起，对日军在山西的控制形成威胁。日军占领太原后，“感到后方交通断绝，极端痛苦，于 11 月 17 日不得不将其疲劳已极的板垣师团及另一部向北撤退，以便到那里去补充整理和进攻我们的游击队”。[②] 1938 年初，由于日军进展迅速，很快越过河北、山东，进逼徐州，华北平原大规模的战事渐告平息。但在山西坚持抵抗的八路军同晋绥军、中央军等友军仍在持续同日军作战，只是战争级别已有所下降，初期大规模的会战罕有重现。

此时的华北形势，如刘伯承指出的：“日本军队因恐兵力耗散，只把占领的广大区域内军事之要点派兵据守，空出广大地域，则想发展汉奸伪政权，组织以华制华。拿山西来说，共有一百零五个县，只有二十个县才有日本军队。除晋南不计外，也空出不少的地面。这已成为发展游击战，组织民众，遂行运动战的好场所。”[③] 正是由此开始，八路军的游击战逐步展现其威力。

1937 年底，日军从保卫正太铁路安全出发，对直接威胁正太铁路运行的晋察冀和晋冀豫区展开“六路围攻”。八路军和日军在游击战场上具有战略意义的真正交手，由此开端。此次，日军将进攻重点放在正太线南路，对晋冀豫区形成一定压力。八路军针对日军进攻，连续展开反“围

---

① 郭汝瑰、黄玉章主编《中国抗日战争正面战场作战记》上册，第 486 页。

② 朱德：《八路军半年来抗战的经验与教训》，《新华日报》1938 年 2 月 9 日。

③ 刘伯承：《论游击战与运动战》（1938 年 3 月），军事科学院《刘伯承军事文选》编辑组编《刘伯承军事文选》（上），解放军出版社，1992，第 69 页。

攻”作战。1938 年 1 月，阎锡山致电蒋介石报告：“连日，朱德部进袭太原南郊及正太沿线各据点之敌，颇有斩获。”① 月底，阎又报告：“敌分向下社进犯，经我朱德部迎头痛击，狼狈南窜。”② 阎锡山还致电朱德等，对八路军在日军收缩战线时发动反攻，收复被占据地区表示“殊堪嘉慰”。③由于日军试探性的“围攻”意外遭到中共的抵抗，很快即告收束。受此鼓舞，26 日，朱德在给毛泽东的电报中甚至提出：“为着吸引敌人，取得一些新的胜利，并配合其他战线，增敌将来南进困难，兴奋全国军民，已决定我各部以较集结之兵力，积极求得在运动中打击和消灭敌伸出袭扰之支队，并积极破坏敌之主干交通线。”④

1938 年 2 月，东线战场日军开始策划南北对进，全力打通徐州，以西线作为辅助战场，日军调集重兵对山西发起新的进攻。23 日，毛泽东针对日军部署致电朱德、彭德怀等，分析日军在华整体战略及中国军队和八路军应取方针，提出：“敌为夺取陇海平汉两路直取西安、武汉，决胜点必在潼关、武胜关。”为此，中国军队应该力保潼关，必要时进至敌后，牵制日军。毛泽东具体指出了四种情况下八路军的对策：“（一）假设在山西配合阎、卫作战有利，达到了歼灭及钳制敌军，确保潼关、西安之目的，同时武胜关尚无危险，则全部继续在山西作战，并准备加派一部出河北，建立华北坚强抗战堡垒，用以捍卫中原、西北及武汉。（二）假设阎、卫能够执行前述计划，潼关、西安巩固，但武胜关、武汉危险，则应抽出一个师转入武胜关以东，配合友军作战。（三）假想阎、卫不能执行前述计划，潼关、西安危险，但武胜关、武汉尚无危险，亦应抽出一个师，转入潼西线，配合友军作战。（四）假设潼关、武胜关均危险，则应抽出两个师南下，一个位于平汉以东，一个位于平汉以西，配合友军作战。仍留一

① 《阎锡山电蒋中正等我朱德部游击颇有进展》（1938 年 1 月 9 日），《阎锡山档案》，台北“国史馆”藏，116－010101－0120－057。

② 《阎锡山电蒋中正等进犯下社之敌经朱德部痛击南窜》（1938 年 1 月 25 日），《阎锡山档案》，台北“国史馆”藏，116－010101－0120－073。

③ 《阎锡山电彭处长转朱德等贵部克复名城殊堪嘉慰》（1938 年 2 月 15 日），《阎锡山档案》，台北“国史馆”藏，116－010101－0120－162。

④ 《朱德、任弼时关于卫立煌抽六个团归八路军指挥等问题致毛泽东等电》（1938 年 1 月 26 日），中国人民解放军历史资料丛书编审委员会编《八路军·文献》，解放军出版社，1994，第 134 页。

个师，活动于山西、河北，非至某种必要时期，不撤回来。”从这一计划看，尽管八路军一出动，毛泽东就制定了独立自主的山地游击战发展根据地的方针，但在西安、武汉面临危险，中共陕甘宁后方也受到威胁时，并不排除八路军积极地在正面战场全面配合国民党军作战，只是对这种作战始终强调：“必须部署足够力量于外线，方能配合内线主力作战，增加敌人困难，减少自己困难，造成有利于持久战之军事政治形势。”① 无论从地理、人事还是自身安全看，此时中共都将山西视为敌后游击战的首选区域。张闻天曾指出：“共产党在山西的方针，是把山西成为整个北方游击战争的战略支点。用以抵御日寇对西北与中原的前进。”② 为了实现这一战略目标，中共这一时期与阎锡山真诚合作，在山西战场上形成中央军、晋绥军和八路军联合抗战的局面。

1938 年 2—4 月，山西战场中日两军激烈交战。3 月 3 日，蒋介石致电阎锡山指示：“山西得失，关系全战局至重，且全境皆山，随地可守。希严令所部在晋境，虽一兵一卒不准渡河。违者即希以军令从事。”③ 阎锡山的军政基础全在山西，他也把保卫山西作为自己生存的根基，所谓“宁愿抗战死在山西，不愿流亡他省”；④ 中共则从保卫华北、屏障西北战略目标出发，对山西抗战积极投入。中央政府、阎锡山和中共在山西战场形成良性合力。时任八路军三八六旅旅长陈赓在日记中写道：“以蒋的坚决严格的命令，在晋各部迫于法令，当必有一番积极动作。日寇以单薄之师深入，其困难更增，却为冒险行动。”⑤ 这应为当时的实况。

吸取初期抗战及八路军作战的经验，游击战在此后作战中受到各方面的重视，阎锡山致电蒋介石对游击战高度赞誉：“自变更战略以来，作战方面颇觉自动，反能有多数地方转移攻势，使敌人小股部队遭我扑灭。此

---

① 《毛泽东任弼时致朱德等电》（1938 年 2 月 23 日），《中共中央文件选集》第 11 册，第 426、428 页。

② 张闻天：《把山西成为北方游击战争的战略支点》（1937 年 11 月 15 日），中央党史研究室张闻天选集传记组编《张闻天文集》（2），中共党史出版社，2012，第 253—254 页。

③ 《武昌蒋委员长电》（1938 年 3 月 3 日到），《阎锡山档案》，台北“国史馆”藏，116－010101－0122－018。

④ 《刘少奇、杨尚昆关于山西工作情况向张闻天的报告》（1938 年 2 月 5 日），《中共中央北方局》资料丛书编审委员会编《中共中央北方局·抗日战争时期》，中共党史出版社，1999，第 83 页。

⑤ 《陈赓日记》，1938 年 3 月 8 日，战士出版社，1982，第 67 页。

种方略确能抗战困敌。”① 而蒋介石也告诉在山西作战的中央军将领李默庵：“整个游击计划，先须化整为零，再行分进合击，对敌之辎重与交通通信机关，应特别设法搜索袭击，不忘各自为战与前方补充之原则。”② 更有意思的是，山西各地国民党军对游击战也多倾心，蒋鼎文报告：第一六九师“曾请朱德讲话数次。其内容大意谓游击战为今日所必须之战术，不善于游击之军阀式队伍必归于消灭等语。自讲话以后，该师初级军官已有三分之一倾向八路军，关系特别密切”。③

阎锡山所说的能抗战困敌的游击战术，八路军使用起来最为得心应手。1938 年 2 月，朱德、彭德怀在总结入晋作战以来的经验教训的基础上，提出运动战、游击战指挥的五条基本原则：“（一）自主的有计划的去进攻和进扰敌人，切忌被动应战。（二）集中优势兵力，突然包围袭击薄弱之敌而消灭之。（三）避免无把握的战斗。万一被迫而应战，见无胜利把握时，应毫不留恋的向安全及便利于进行作战地带撤退。（四）如遇敌人进攻，只以极小部与敌作有弹性的周旋，主力应隐蔽的迅速的转向敌侧后突然袭击。（五）战斗胜利，应估计敌之援兵可能与否，自己部队应作战斗准备或转移适当地带，不要久驻一地。”④

此后，八路军在抵抗日军的攻击中战果不断，各地纷纷送上八路军袭击日军的报告，在一系列与日军战斗的电文报告中，充分体现了八路军的作战特色。3 月 26 日，卫立煌报告：“蒲县西北敌千余连日被我林彪师陈旅截击，毙五百余，死骡马三百余匹，俘兵四名。”⑤ 林彪上报卫立煌同时，还转报朱德、彭德怀：“本月十四日至十八日在午城镇、井沟线战斗，歼灭敌由蒲县两次之增援队，计毙敌千余，毁汽车六十余辆……我伤亡官兵五百余。”⑥ 南

① 《致武昌蒋委员长电》（3 月 6 日发），《阎锡山档案》，台北“国史馆”藏，116－010101－0122－050。

② 《蒋中正电李默庵速定整个游击计划化整为零再分进合击》（1938 年 3 月 9 日），《蒋中正总统文物》，台北“国史馆”藏，002020300005007。

③ 《蒋鼎文电蒋中正第一六九师曾请朱德讲话数次该军官兵已有三分之一倾向第八路军》（1938 年 8 月 8 日），《蒋中正总统文物》，台北“国史馆”藏，002090300205082。

④ 《朱德彭德怀致徐向前等电》（1938 年 2 月 4 日），金冲及主编《朱德传》，第 516 页。

⑤ 《卫立煌电阎锡山蒲县西北敌千余被林彪师截击毙五百余缴获枪支百余》（1938 年 3 月 26 日），《阎锡山档案》，台北“国史馆”藏，116－010101－0123－073。

⑥ 《林彪关于向卫立煌上报午城、井沟战况及要求补充弹药事致朱德、彭德怀电》（1938 年 3 月 23 日），《八路军·文献》，第 157 页。

线传来捷报同时，晋西北也有战报传出："贺龙师王旅于麻峪村侧击宁武北窜之敌五六百，毙敌百余名，夺枪二十余支。"①

4月初，日军对晋冀豫根据地发动"九路围攻"，作战重点指向晋东南地区。八路军总部要求："各兵团以机动、坚决、勇敢，乘敌分进之际集结优势兵力，从敌侧背给敌以各个打击与歼灭。"② 据此，八路军主力主动离开根据地核心区域，转到外线涉县以北地区，隐蔽待机。16日，八路军抓住日军回撤之机，在武乡以东长乐村与日军展开激战。实地指挥战斗的陈赓在日记中写道："接得侦察报告，谓敌之大部已过长乐，其辎重尚在白草仙附近，马庄仅为其少数后卫部队。我决心不失时机，不待后续部队到来即实行突击……将敌截为两段。敌人马辎重累积河滩隘路，死伤达一千数百人，一部避入房屋，全失战斗能力"；"下午三时，敌由辽县、蟠龙增来步兵一联队，配合在战部队，共约步兵三个联队，炮兵一大队，骑兵数百，复向我七七二团主阵地实行反突击。此时炮轰如雨，战斗之激烈实为抗战来所罕见。敌向七七二团数次反复冲锋，均遭我有组织之火力射杀，伤亡甚重，仅目睹即达二百余人。我为避免过大牺牲，寻求敌之弱点再击起见，自动向巩家垴撤退。是役我伤亡约达四百余"。③ 这一战斗，在阎锡山给蒋介石的报告中也有详细反映："武乡城西之敌为粘［苫］米地旅团之主力步骑三千余，炮廿门。删晨复窜进县城，铣晨被我一二九师及徐旅一部围搏十余次，敌我伤亡均重。敌将全城民房焚毁，向我发射嚏性瓦斯，并由辽县方面增援二千余，向我左侧背绕击。刻仍对战中。"④ 战后，根据朱德、彭德怀的报告："删日在武乡与我冲突之敌为粘［苫］米地旅团，战斗结果，敌死伤千五百人以上。我团长叶成焕负重伤。连排长干部士兵伤亡千余名。"⑤ 从战报看，长乐村战斗堪称八路军打的一场硬

---

① 《卫立煌电阎锡山贺龙师于麻峪村石湖河击敌》（1938年4月5日），《阎锡山档案》，台北"国史馆"藏，116－010101－0123－162。

② 《粉碎日军向晋东南围攻之部署》（1938年4月8日），《朱德军事文选》，解放军出版社，1997，第331页。

③ 《陈赓日记》，1938年4月16日，第83页。

④ 《致武昌蒋委员长电》（4月21日发），《阎锡山档案》，台北"国史馆"藏，116－010101－0124－069。

⑤ 《朱彭总副司令巧辰电》（1938年4月18日到），《阎锡山档案》，台北"国史馆"藏，116－010101－0124－056。

仗，八路军伤亡惨重。

长乐村战斗最初作战目标是日军的辎重部队，这一阶段八路军进行的其他两次重要战斗——神头村和响堂铺战斗，打击的也是日军辎重部队。神头村的日军主力是第十六师团第三兵站辎重队、第一〇八师团辎重联队一部及自卫队等，响堂铺战斗则为森本及山田两汽车队。抓住对方辎重部队实施打击，本身即为游击战术的一种体现，既破坏对手的供应体系，又可以借此获得物资补给。响堂铺战斗缴获“重机枪二挺，轻机枪十挺，迫击炮四门，步枪三百二十支，冲锋机枪十二支”。① 八路军付出的代价为“伤亡营长以下三百一十七人”。② 对这种战法，朱德在抗大的演讲中诙谐地谈道：“敌人从长治一千多人出发，在神头我们把他一打，剩了没有多少。据他们说，我们是专欺侮他的输送队。”③ 八路军连续的作战成效，赢得了各方赞誉。在日军“围攻”基本尘埃落定后，阎锡山致电朱德、彭德怀，对八路军的作战予以肯定：“执事部署适宜，将九路围攻之敌击溃，甚为欣慰，着赏洋两万元。”④

客观而言，八路军虽然连连取得战果，但离扭转战局还有距离，日军的“扫荡”，进退基本按计划进行。不过，中国军队持续的打击，的确挫伤了日军的自信，加之此时中国在东线战场取得台儿庄会战胜利，日军不得不将兵力更多地投向津浦方面。4 月 28 日，蒋介石注意到：“日来各战区之敌，纷以大部向津浦线转用，余部改变方略，仅守有重要城市及交通线。”⑤ 山西战场暂时转入平静期，日军局限于城市和铁路线的保有，中国军队不时发起反攻。

对这一时期两军交战的结果，日本方面的战史写道：“在第一军作战区域，中国军队主力退入山西省内山区，与原就盘踞于山区的共军一起，

---

① 《刘伯承、徐向前、邓小平关于响堂铺战斗情况致八路军总部等电》(1938 年 4 月 2 日)，《八路军·文献》，第 165 页。

② 杨国宇：《刘邓麾下十三年》，重庆大学出版社，1991，第 51 页。

③ 朱德：《一年余来的华北抗战》，中共山西省委党史研究室编《中国共产党山西历史资料丛书·文献选编　抗日战争时期》(1)，山西人民出版社，1986，第 187 页。

④ 《阎锡山电复朱德彭德怀嘉许将九路围攻之敌击溃乃赏洋两万元》(1938 年 4 月 22 日发)，《阎锡山档案》，台北“国史馆”藏，116－010101－0124－080。

⑤ 《武昌蒋委员长俭电》(4 月 28 日到)，《阎锡山档案》，台北“国史馆”藏，116－010101－0124－125。

袭扰我方已占领地区，其势不容小觑。第一军在3月中旬至4月下旬，于占领区内实施清剿讨伐行动，虽给予其相当沉重之打击，但并未获得预期战果。尤其是对于五台山附近及潞安北方共军的讨伐，未能付诸实施。由此一来，为确保占领地区之安定，将来还须发起更加积极之扫荡讨伐行动。"[①] 这应该是日方留下的如实记录。

1938年5月以后，日军进攻重点放在攻取武汉、广州，山西方面基本采取收缩防御方针。日军战史写道："为推进徐州、汉口方面的作战，大量兵力被从华北抽调出来，相比之下占领地区兵力明显薄弱，要完成方面军所接受的确保占领地区安定这一任务，便显得十分不易。"[②]

日军在山西兵力捉襟见肘，给八路军进一步开展游击战和巩固根据地，提供了良好的机会。毛泽东致朱德、彭德怀的电报中明确指示："敌之主要进攻方向在武汉，对华北、西北均暂时无法多顾及，给我们以放手发展游击战争并争取部分运动战的机会……目前为配合中原作战，为缩小华北敌之占领地，为发展并巩固华北根据地，都有大举袭敌之必要。"[③] 根据中共的这一方针，八路军四处出击，主动寻机打击日军，并为进一步向河北、山东和豫北平原地区发展，创造了重要条件。

正太线作为连接河北、山西的重要通道，又处于八路军两块根据地晋察冀和晋冀豫之间，成为中共武装破袭的重点。7月3日，朱德、彭德怀致电毛泽东，准备于"八月中旬集中十团以上兵力，首先消灭正太路沿线敌人"。[④] 实际上，破袭战在此前就已开始，随同日军第三大队行动的田副正信少佐回忆："6月，八路军的行动开始活跃起来，其每每潜入我驻地周围展开政治活动，或趁部队出动讨伐之机袭击我留守部队，此外，他们还对道路及通信线路进行了破坏。对此，大队除临机应战之外，也有计划地实施讨伐。7月，八路军以一旅并一团的大兵力袭击北水泉警备队，还设伏阻击我增援部队。由于我军之机敏处置，予其以沉重打击，但未能将其

① 防衛庁防衛研修所戦史室編『戦史叢書　北支の治安戦（1）』朝雲新聞社、1968、60頁。

② 『戦史叢書　北支の治安戦（1）』、65頁。

③ 《毛泽东关于配合武汉作战问题致朱德、彭德怀、周恩来电》（1938年6月15日），《八路军·文献》，第199页。

④ 《朱德、彭德怀关于集中兵力消灭正太沿线之日军等问题致毛泽东等电》（1938年7月3日），《八路军·文献》，第204页。

包围歼灭。之后，我方渐次扩大治安圈范围，或展开远程讨伐以歼灭八路军，或紧急增援我运输部队。但捕风捉影、劳而无功之讨伐行为，亦不在少数。"① 7月中旬，朱德、彭德怀向阎锡山报告："易县城已被杨支队攻占，缴获步枪百余支。守城楼敌正设法消灭中。另一部将东北摒山占领，十里铺铁路全被我破坏。涞水附近正激战中。广灵城我已占三面，暖泉亦被我包围。陈支队攻保定，将西关占领，车站附近因敌有强固工事，天明撤至唐兴庵集结，另一部配合民众将石家庄方顺桥铁道破坏。"② 同一天，聂荣臻部"在唐县以南东西连与敌约千人遭遇激战，我第十二大队长辛力生英勇殉职"。③ 不久，向平汉北段、平绥东段挺近的八路军又有捷报传来，据陈诚转报蒋介石的消息："近半月承德之滦平及古北口喜峰口、平东之蓟县等处，战事异常激烈，我方游击队多系八路军，极为活跃，尤其对平热路随时破坏，致敌防不胜防。"④

全国抗战之初，中共与国内各抗战力量间的合作非常诚恳。在山西，毛泽东针对八路军发展甚快，以致和阎锡山利益发生冲突的局面强调："部队扩大甚快，枪、饷两缺，与阎发生严重矛盾，亟应停止扩大，收回部队驻在以外之八路工作人员，一切在统一与各部范围内工作，一切须取得阎之同意。"⑤ 武汉会战期间，中共对配合正面战场保卫武汉态度也相当积极。这一点，张闻天、毛泽东给王明、周恩来等的电报中说得很清楚："保卫武汉重在发动民众，军事则重在袭击敌人之侧后，迟滞敌进，争取时间，务须避免不利的决战。至事实上不可守时，不惜断然放弃之。目前许多军队的战斗力远不如前，若再损失过大，将增加各将领对蒋之不满。投降派与割据派起而乘之，有影响蒋的地位及继续抗战之虞。在抗战过程中巩固蒋之地位，坚持抗战，坚决打击投降派，应是我们的总方针。而军

① 『戦史叢書　北支の治安戦（1）』、66頁。

② 《朱彭总副司令铣巳电》（1938年7月16日到），《阎锡山档案》，台北"国史馆"藏，116－010101－0127－142。

③ 《朱彭总副司令篠酉电》（1938年7月17日到），《阎锡山档案》，台北"国史馆"藏，116－010101－0127－151。

④ 《陈诚呈蒋中正承德之滦平及古北口喜峰口平东之蓟县等处战事激烈我方游击队多系八路军随时破坏致敌防不胜防》（1938年8月7日），《蒋中正总统文物》，台北"国史馆"藏，002－080200－00501－062。

⑤ 《毛泽东关于必须坚持统一战线政策的补充意见致朱德等电》（1937年12月20日），《八路军·文献》，第120页。

队之保存，是执行此方针之基础。”①

8月下旬开始，日军对武汉的攻击渐见成效，在华中的压力减轻，转而在华北酝酿新的攻势。9月中旬，日军兵力调动基本完成。下旬，日军从平汉、平绥、同蒲、正太四条铁路线出动，对以五台山为中心的抗日根据地发起“二十五路围攻”。我方文件显示：“敌人此次进攻五台区，基于过去多次失败经验，而有更周密毒辣之布置。其要点如下：一、进攻时集中兵力，决不分散，且进行甚慢，采步步为营法。二、每占一地，必迅速构筑工事，赶修公路，保持后方联络。三、在每股进攻部队后均控制有强大之后续部队。四、将我晋东北整个根据地分成数小块，施行进攻。五、大量使用毒气瓦斯。”② 日军战史则记载：“治安肃正工作，虽由各兵团于其作战区域内各负其责，但在主要地区，方面军的统制仍有必要；尤其是皇军威名尚未与闻之山西北部，以及与其毗连之太行山脉山区，此地向为共产匪贼之巢窟，其影响今竟及于华北全域。有鉴于此，决定实施彻底性清扫，以铲除祸根。”③

为牵制日军、保卫根据地，八路军和日军之间的攻防空前激烈。9月30日，聂荣臻致电中共中央和八路军总部，提出：我已无绝对把握击溃敌人一面，如勉强行之，将造成更不利之势；在目前形势下，晋察冀边区之形势将成为游击区域，故我意拟将主力突出包围线外。④ 晋察冀地区八路军随后展开快速的运动战，在转移中寻机制敌。10月3日，朱德、彭德怀致电阎锡山报告：“犯冀晋察边区之敌，西北两路连日向我猛犯，计由盂县北进之敌三千余，陷柏兰镇后，艳日起经我赵熊两支队阻击于下耿庄附近，已激战三昼夜，敌我伤亡均重，我军区参谋长唐延杰负重伤。该敌现仍被我围攻于深谷中。”⑤ 8日，阎锡山转报八路军的战况：“五台方面东

① 《张闻天、毛泽东等关于武汉会战应避免不利的决战的意见致陈绍禹、周恩来等电》（1938年8月6日），《八路军·文献》，第208页。

② 《致杨孙总副司令等艳酉电》（1938年10月29日），《阎锡山档案》，台北“国史馆”藏，116-010101-0131-081。

③ 『戦史叢書　北支の治安戦（1）』、64頁。

④ 周均伦主编《聂荣臻年谱》（上），1938年9月30日，人民出版社，1999，第255页。

⑤ 《朱彭总副司令江辰电》（1938年10月3日到），《阎锡山档案》，台北“国史馆”藏，116-010101-0130-058。

日朱彭总副司令一部由南通过正太，尾击由平山阳泉进犯五台之敌。”[①] 9日，朱德、彭德怀转呈聂荣臻关于日军发动全面“围攻”以来八路军的作战报告：“自上月20起迄现在，军区无日不在与敌苦战，前后大小战斗共50余次。敌伤亡在四千以上。毙敌联队长一名，战斗激烈者为赵熊两支队，在下耿庄血战四昼夜，王旅在直峪冯家庄血战六昼夜，杨陈两支队各一部在下河北罗镇等役以火力薄弱，虽一再击溃敌人，但未能达成迅速歼灭之功。且敌屡放毒气，伤我军民，前后总计我伤亡三千余人以上。”[②] 战况之紧张激烈可见一斑。

10月中下旬，日军的“围攻”继续深入展开。19日，阎锡山向蒋介石转报朱德、彭德怀的报告：“敌二千余于元寒两日向柏兰镇五台县城东南进攻，与我赵熊两支队激战颇烈。因敌使用毒气瓦斯，我中毒者数十人，不得已于寒酉撤出该镇，敌遂占领。我又乘夜袭击，敌恐慌万状，于当晚窜至梁家寨柏兰镇，删巳继向盂县城方向溃退。我熊赵各部正追击中。查此敌确系前由禹县进攻五台者。原有四千余人，今次返盂仅残余二千二三百名，已证明伤亡半数。”[③] 20日，朱德、彭德怀详细报告连日作战情况：“进占边道之敌，困守据点，经我不断袭击及截断其后方交通，各点均陷孤立，异常恐慌。尤以五台之敌，连日禁闭城门，不敢外出……敌后路交通在我不断袭击，现已断绝运输，两日来时来飞机侦察路线。”[④] 对此，阎锡山特向二战区各部推荐八路军的战斗经验：“据报八路军常以小部兵力出没于曲新地区附近，该处之敌，因屡遭袭击，常受重大之牺牲，故对八路军甚为注意等情。仰转饬所属，应仿效此种办法，遇有好机予敌猛袭，使敌难于应付，以收游击之效为要。”[⑤]

11月上旬，日军未能完成“清剿”任务，被迫结束其“围攻”行动。

---

① 《致武昌蒋委员长电》（1938年10月8日发），《阎锡山档案》，台北“国史馆”藏，116－010101－0130－113。

② 《朱彭总副司令佳午电》（1938年10月9日到），《阎锡山档案》，台北“国史馆”藏，116－010101－0130－123。

③ 《致武昌蒋委员长电》（1938年10月19日发），《阎锡山档案》，台北“国史馆”藏，116－010101－0131－027。

④ 《朱彭总副司令号酉电》（1938年10月20日），《阎锡山档案》，台北“国史馆”藏，116－010101－0131－041。

⑤ 《致各部队号未电》（1938年10月20日），《阎锡山档案》，台北“国史馆”藏，116－010101－0131－035。

经过数次和中国军队尤其是八路军的交手，日军对游击战术的威力已有所领教："据五台来人谈，此次敌人进犯五台时，自东冶至五台城，完全在山上行走，不由山沟通过，以避我袭击。"[①] 聂荣臻在总结对敌作战经验时评论道：敌占领各城市后似感兵力不足，后方部队尚不能作深入之进攻，我军除一方面分散游击，同时集结相当兵力待敌进入山地时，坚决突击之；另外以一部分主力转移敌后，不断伏击、袭击其运输线、联络线，孤立、围困深入之敌，逼退深入之敌，在敌人退却时打击之。[②] 八路军针对日军兵力不足的战法已渐趋成形。

从 1937 年出师山西到 1938 年底，八路军经过一年多的奋战，得到了民众的信赖。11 月底，阎锡山特电朱德、彭德怀，告以："据孝义傅县长呈称：本县驻军多驻西乡，东乡各村敌匪肆扰，县府民众均感不安。请饬一一五师、决死二纵队之新编第一总队、第四保安司令派队驻守东乡，以资卫护。"[③] 可见，此时的八路军已经成为民众的主心骨。在以五台山为中心的晋察冀区，八路军可谓牢牢站住了脚跟，燕京大学教授乔治·但勒（George Danler）的调查发现，山西五台山地区"从最后结果观之，日人未见成功。惟军事状态，略有变更，盖日人已占领平汉路西之若干县城。边区政府已退阜平，士气仍振，与民间之感情亦佳。物价高涨，而食物尚不感缺乏。其游击战术成功之原因，在于曾经政治训练，而与人民感情融洽之故"。[④] 这是外人持平的观察。日军战史也承认："东西宽约 150 公里，南北长约 100 公里的五台山及其东部山区，因日军向未驻兵，乃成中共势力之巢窟。1938 年秋，第一军虽于五台山周边实施讨伐，但未能给予决定性打击，是以中共势力日益扩充，并建立了巩固的根据地。"[⑤]

随着武汉陷落，中国的抵抗进入持久阶段，游击战争在敌后发挥着越来越重要的作用。具体到山西，中央军、晋绥军、八路军坚持抵抗的局面

---

① 《致各部队蓧申参战电》（1938 年 11 月 17 日），《阎锡山档案》，台北"国史馆"藏，116－010101－0132－050。

② 周均伦主编《聂荣臻年谱》（上），第 263 页。

③ 《致朱彭总副司令等东未参战电》（1938 年 12 月 1 日发），《阎锡山档案》，台北"国史馆"藏，116－010101－0132－145。

④ 《董显光呈蒋中正燕京大学教授乔治但勒对华北情状华北游击队渐被日军肃清等原因之报告书》（1939 年 5 月 11 日），《蒋中正总统文物》，台北"国史馆"藏，002080200515152。

⑤ 『戦史叢書　北支の治安戦（1）』、154 頁。

还在继续。11 月底，蒋介石致电卫立煌，指示："此时敌必急清晋省，以为掌握华北之根据，我能坚忍周旋，则过一时，敌必气馁力疲，无如我何……中央部队决不能向南撤退，至万不得已时，只可向北或向东暂避，以为恢复华北之根基。"① 和中央军一样，阎锡山也在晋西南地区扎下脚，继续与日军周旋。

相比之下，八路军更加积极，不仅秉持党政军一体化原则大量发展武装，建设、巩固根据地，还积极开展平原游击战争，打击对手，发展自身。1938 年 4 月，在八路军粉碎日军"九路围攻"之际，毛泽东就向八路军总部发出关于开展平原游击战的指示，指出："根据抗战以来的经验，在目前全国坚持抗战与正在深入的群众工作两个条件之下，在河北、山东平原地区广大地发展抗日游击战争是可能的，而且坚持平原地区的游击战争也是可能的。"为此，毛泽东要求八路军和当地党组织，在河北、山东平原地区尽量发动最广大的群众，广泛发展游击战争，并在收复区建立政府，"使政府、部队、人民密切联系起来"。②

毛泽东提出的发展平原游击战，表明敌后抗日游击战争又跨出新的具有战略意义的一大步。此后，中日间尤其是中共与日军之间的军事、政治作战，成为华北地区持久战的主要内容。

---

① 《蒋中正电卫立煌日必急清晋省严督所部中央部队决不能向南撤退》（1938 年 11 月 23 日），《蒋中正总统文物》，台北"国史馆"藏，002020300005024。

② 毛泽东：《在河北山东平原地区大量发展游击战争》（1938 年 4 月 21 日），《毛泽东军事文集》第 2 卷，第 217 页。

第二章
惨烈的淞沪抗战

淞沪会战是中日两国之间，也是抗日战争全面爆发后规模空前的一场战役。中日双方为争取会战的胜利，均尽出精锐，倾力以赴。中国方面，蒋介石的嫡系精锐部队（除卫立煌、汤恩伯部在华北外），几乎全部投入战场。桂军、粤军、川军、滇军、湘军、东北军等部战斗力较强的部队也先后投入，共 70 多万人。当时军事委员会能够指挥的军队约有 180 个师，参加淞沪会战的达 73 个师。日本方面，日军在战争之初迅速组建"上海派遣军"，先后增兵三次，动用舰船 130 余艘，飞机 400 余架，战车 300 余辆，最终投入 9 个师团，总兵力达 30 万，并狂妄宣称"一个月内占领上海"。中国军队面对日军陆、海、空优势火力，顽强抵抗，在正面二百余公里、纵深三百余公里的地域内，浴血苦战达三余月，粉碎了日本侵略者速战速决、吞并中国的迷梦。

第一节　淞沪战事的准备

上海，中国东南之门户，地处长江入海口，号称"江海之通津，东南之都会"，战略地位十分重要。

在全国抗战爆发前，上海的工业实力在全国占有举足轻重的地位，是全国最大的城市及综合性经济中心。1934 年，上海总人口数已达 357.3 万人，其中公共租界就有 114.9 万人。1933 年全市登记注册的工厂企业有 1186 家，全市中外资本的工业产值在抗战爆发前已占到全国总产值的 50%以上。[①] 当时上海也是中国最主要的外贸中心，中国关税收入的一半来自上海，这座城市支撑了中国经济的半壁江山，其重要性与战略意义不言而喻。

---

① 樊卫国：《民国时期上海生产要素市场化与收入分配》，《上海经济研究》2004 年第 8 期。

一 发动淞沪抗战的战略考虑

中国政府对日抵抗战略的确立，直至七七事变爆发后，才取得比较一致的认识。七七事变后，中国政府统帅部决定“举全国力量从事持久消耗战以争取最后胜利”为抗战的最高军事战略，[①] 8月20日统帅部决定：“国军部队之运用，以达成持久为作战指导之基本主旨。”[②] 这一原则“在当时大本营得到许多人的同意，就成为当时指导抗日战争的基本战略原则”。[③]

所谓持久战战略，其具体内容为：“针对敌人企图使战争局部化的阴谋，应尽量使战争全面化，针对敌人速战速决的战略方针，应利用我地大物博人口众多的有利条件，实行持久消耗战略。”[④] 在具体应用上包括7个方面的要领：“（1）利用地形，坚壁清野；（2）利用时间，旷日持久；（3）利用守势及退避战术，以逸待劳；（4）利用离散及退避作战，以弱胜强；（5）利用他国干涉牵制，以夷制夷；（6）以国力战争为主；（7）努力扩大思想、政治、经济的战线。”[⑤]

早在九一八事变后，日本侵华步伐的加快，逼迫着中国军政界有识之士开始关心与研讨抵抗日本侵略的战略战术。其中又以蒋介石的军事顾问蒋百里提出的持久抗战战略思想最具影响力。

蒋百里是中国近代著名的军事家，一生致力于中国国防建设与研究，成就卓著。1932年，蒋百里赴日本考察回国后，总结在日见闻时说道：中日之间战事无法避免，拖也拖不得，谈也谈不成。这是因为日本的本意就是“要侵略中国”。[⑥] 1935年他根据日本在华北的种种侵略行径致书蒋介石，指出中日间爆发战争最长不出三四年，中国必须在两三年内加快完成

① 浙江省中国国民党历史研究组编《抗日战争时期国民党战场史料选编》，编者印行，1985，第49页。

② 蒋纬国总编著《国民革命战史 第三部 抗日御侮》第4卷，台北，黎明文化事业公司，1978，第16页。

③ 唯真：《抗战初期的南京保卫战》，《文史资料选辑》第12辑，文史资料出版社，1961。

④ 中国社会科学院近代史研究所中华民国史研究室编《中华民国史料丛稿·大事记》第23辑，中华书局，1981。

⑤ 曾继远：《政略与战略》，《大陆月刊》第2卷第10期，1937年。

⑥ 蒋百里在日本会见其留日时期士官学校同学荒木贞夫时，曾当面对他说：“不管你们怎么说，说得怎么漂亮，你们的本意，还是要侵略中国。”见曹聚仁《蒋百里评传》，香港，三育文化图书文具公司，1963，第39页。

国防基本设施建设。蒋百里曾深刻分析了日本的政治军事状况，他指出日本具有可能称雄于世界的陆军与海军，并且在许多方面比中国强大。但是日本同时也具备弱点与不足，国内政局动荡，内阁更迭频繁，陆海军在内政外交上行动不一致，互相矛盾，经济畸形发展且很脆弱，加上执行军国主义扩张政策，如同在火山上跳舞，“由日本政治上、经济上及历史上看来，他的失败是必然的”。①

通过敌我力量对比后的具体分析，蒋百里指出，中日战争将不仅是一场全面战争，而且是一场十年八年的长期战争，在战争初期，中国军队在日军猛攻之下会守不住沿海地区而后退，所以应以湖南等内陆省份为抗战后方基地。② 虽然中国可能会失去上海、南京等大城市，但这并不意味着失败，“中国因为是农业国家，国力中心不在都会”。中国的抗战“不是‘军队打仗’而是‘国民拼命’，不是一定短时间内的彼此冲突，而是长时间永久的彼此竞走”。③ 他说，中国应充分发挥地大人众的特点，“不战则已，打起来就不能不运用‘拖’的哲学”，“把敌人拖倒了而后已”。④ 他还说：“我们对于敌人制胜的唯一方法就是事事与之相反，就是他利于速成，我却用持久之方针来使他疲弊。他的武力中心放在第一线，我们却放在第二线，而且在腹地内深深地藏着，使他一时有力没用处。”⑤ “中国人最大的武器就是坚强不屈的意志，敌人可侵占我城市，可屈服我政府，但决不能屈服我国的文化，更不能屈服一个民族的意志。……日本一天不停止侵略中国，中国势必抵抗到底，最后胜利必属于中国人。”⑥ 他曾大声疾呼：“胜也罢，败也罢，就是不要同他讲和。”⑦ 表现了高昂的爱国主义精神。

蒋百里的战略思想得到国民党上层的积极响应与认同，加上他自 1931 年至 1938 年出任蒋介石的顾问长达七年，又曾亲赴上海为“一・二八”

① 蒋百里：《半年计划与十年计划》，蒋复璁、薛光前主编《蒋百里全集》第 1 辑，第 383 页。
② 曹聚仁：《蒋百里评传》，第 40 页。
③ 《国民皆兵论》、《国防论》，蒋复璁、薛光前主编《蒋百里全集》第 2、4 辑，第 284、200 页。
④ 陶菊隐：《蒋百里先生传》，中华书局，1984，第 184 页。
⑤ 蒋复璁、薛光前主编《蒋百里全集》第 4 辑，第 152—153 页。
⑥ 薛光前：《蒋百里先生的晚年》，蒋复璁、薛光前主编《蒋百里全集》第 6 辑，第 108 页。
⑦ 《日本人——一个外国人的研究》，蒋复璁、薛光前主编《蒋百里全集》第 3 辑，第 206 页。

淞沪抗战出谋划策，致力于组织基层民众国防训练，使得他的抗战理论在实践中得以不断充实提高，给蒋介石留下了深刻印象，对持久抗战有了一定的思想准备和认同。

此外，如何选择对日持久战的地域与路线，是战前国民党高层考虑的另外一个事关生死成败的重要内容。

1935 年 8 月，国民政府德籍军事总顾问亚历山大·冯·法肯豪森（Alexander von Falkenhausen）就中国未来抗日战略准备问题向蒋介石呈送了一份《关于应付时局对策之建议》。在这份建议书中，法肯豪森从纯军事的角度，对中国未来抗日战场地域进行了分析。他写道："对海正面有重大意义者，首推长江。敌苟能控制中国最重要之中心点直至武汉带，则中国之防力已失一最重要之根据。……于是直至内地，中国截分为二"，"此种作战方式足使沿海诸省迅速陷落，国外向腹地之输入完全断绝，最要之城市与工厂俱相继陷落，于是陆军所必需战具迅即告罄，无大宗接济来源。川省若未设法工业化能自造必要用品，处此种情况必无战胜希望，而不啻陷中国于灭亡"。"终至四川为最后防地，富庶而因地理关系特形安全之省份[①]，宜设法筹备使作最后预备队，自有重大意义。""因南北二大干路更要者为长江……故必华方寸土不肯放弃，仿二十一、二年淞沪及古北口等处成例，方能引起长江流域有利害关系之列强取积极态度。中国苟不于起首时表示为生存而用全力奋斗之决心，列强断不起而干涉。"[②] 由此可见，法肯豪森是要蒋介石将长江一线作为未来抗日之主战场，首先在长江流域抵抗，而使列强不得不出面干涉，不得已时亦不要固守南京、南昌，而是退保四川，作为"最后抵抗基地"。对于四川，他认为是个"造兵工业最良好地方"，"由重庆经贵阳建筑通昆明之铁路，使能经滇越路得向外连络，有重要意义"。[③]

蒋百里与法肯豪森等人提出的对日持久抗战思想与依托长江作战、据西南为大后方的战略设计，以及由此而产生的虽非明确计划但确实存在的"引敌南下"设想，对国民政府后来在上海发动抗日战役产生了至关重要

---

① 此处档案原件字旁有旁批"最后根据地"字样。

② 法肯豪森：《关于应付时局对策之建议》，中国第二历史档案馆藏，全宗号：787，《民国档案》1991 年第 2 期。

③ 《民国档案》1991 年第 2 期。

的影响，是为八一三战役发动的战略思想基础。

二 抗日国防作战计划的制定

日本侵略步伐的加紧，自1936年起，中国政府逐步改变对日妥协，并把国防设计与国防战略的立足点由“反共内战”转向御侮抗日。从1936年、1937年两年的“国防计划”中，我们就可以看出南京国民政府对于敌情、国力及未来抗战战略、战术计划的具体构想，明显表现出其军事策略重点的转变。

1936年初，国民政府制定了《民国廿五年度国防计划大纲草案》、《国防设施纲要草案》、《1936年度作战计划》三份文件，其中对日抗战总方针的确定与战略计划的设计是：“为保全国土完整，维持民族生存起见，应拒止敌人于沿海岸及平津以东与张家口以北地区，不得已时逐次占领预定阵地作韧强抗战，随时转移攻势，相机歼灭之。”① 并进一步划出5道自北向南的“抵抗线”，确定以淮阴、徐州、归德、开封、新乡、沁阳、郑州、洛阳、宁波、惠州、广州诸城市一线为“最后抵抗线”，在此线构筑“永久性工事”。

在“作战指导要领”中，国民政府确定“以四川为作战总根据地，大江以南以南京、南昌、武昌为作战根据地，大江以北以太原、郑州、洛阳、西安、汉口为作战根据地”。具体内容如下。

（1）建立四川总根据地。根据当时中国地理情况，为有效地抵抗由东部及北部入侵的敌人，建立大西南基地是抗战必由之路。自南京国民政府建立后，蒋介石一直在进行分化、消灭盘踞西南地方军阀势力的努力。经过多方策划，最后南京政府成功地将中央势力引入大西南。它在客观上为抗战爆发后建立以四川为中心的后方创造了必要的条件。

（2）作为长江南北共同的作战基地，华中重镇武汉是“国防作战中心”。从1935年4月起，国民政府军事委员会即在武汉行营内特设“武汉城防整理委员会”，先后由蒋介石的亲信钱大钧、陈诚主持工作，在武汉周围100公里范围内建立了环形防御线，并对深入长江内的日本海军舰只及汉口租界内日方潜伏势力制定了“歼灭性的处理”计划。按照蒋介石

① 《1936年度作战计划》，中国第二历史档案馆藏，全宗号：787。

"选择要点构筑必要之工事"的指示，到1936年8月止，已在武汉周围的江防要点设立了野炮掩体36处、观测所12个、兵员掩蔽部3个、重机关枪阵地1处及坑道、交通壕等；在陆防要地设立20处重机枪阵地及多处野炮阵地、观测所等作战设施。此外还完成了战时通信系统建设。在市区内则以构筑交通指挥台为掩护，秘密完成了对日租界的作战设施。用于武汉国防工事修筑总费用达913228元。[①]

（3）对于国民党统治中心宁沪地区，由于地处沿海，且必为日军入侵要道。为此，国民政府于1931年起就开始在这一地区着手建设国防战备设施，前后投入一百余万元，修建了三道国防线：上海至杭州、吴江至福山（苏福线）、无锡至澄江（锡澄线）。到1937年，全部工程基本完成。关于具体作战部署，当局在制定1935年国防计划时，就已经明确规定"在江浙方面：驻江南部队应集结于京沪线及首都附近，一面任淞沪方面之增援，并相机扑灭上海之敌势力，一面防止长江内敌舰之侵扰，以维护首都"。[②] 1936年国民政府还采纳了张治中等人的建议，成立了"京沪警备区"，张治中出任警备司令，负责以宁沪为核心的抗战准备。张治中专门主持制定了"京沪区"防御计划及其实施工作，具体拟定了在紧急情况下采取先发制人的军事进攻手段，消灭驻沪日军后封锁海岸阻敌入侵的作战方案。张治中还组织开展了5个师规模的演习，并在宁沪铁路沿线各站布置了军运准备，同时以增加保安团的名义向上海市区增派了武装部队，为发起八一三淞沪抗日做了必要的准备。[③]

南京政府几年来在长江中下游地区的战备努力及其国防计划，都向我们展示了一个事实，即当局试图以长江一线作为未来抗日战争的主战场，这项战略意图为以后的战争实际所验证。

除上述外，国民政府在1936年国防计划中还就重要的工矿企业、学校、机关内迁等提出了积极的设想。计划中规定各重要工厂、学校均应设法迁移大后方。[④] 它有力保障了战争爆发后中国现代史上宏壮的工矿企业、

---

① 《陈诚私人回忆资料（1935—1944年）》，中国第二历史档案馆藏，全宗号：787，《民国档案》1987年第1期。

② 《1935年度国防作战计划》，中国第二历史档案馆藏，全宗号：787。

③ 参见中国人民政治协商会议全国委员会文史资料研究委员会编《张治中回忆录》，中国文史出版社，1985，第113—116页。

④ 《1936年度国防设施纲要草案》，中国第二历史档案馆藏，全宗号：787。

重要学校机关的大规模西迁，为保护国家经济、教育、科研命脉，坚持抗战及维持大后方物质供给起到了重要作用。此外，1936 年国防计划内容还涉及地方行政机构战时军事化、军用地理测绘等项内容。

西安事变后，国民党亦逐步接受了中共提出的建立抗日民族统一战线的倡议，达成了第二次国共合作。此后，蒋介石更加集中精力考虑抵抗日本侵略的战略与战术。

1936 年底，国民政府参谋本部奉命拟定了《民国廿六年度国防作战计划》，此份作战“计划”分甲、乙两案，根据对日采取消极与积极两种不同作战态势，分别拟定了抗击日军侵略的具体战略任务与各阶段战斗计划。它具备以下几方面的主要内容与特点。

其一，对日方军备力量及随时可能对中国发动侵略的时间、地域做了切实的估计。

关于日军可动用之侵华兵力，“计划”中预测，由于苏美等国在远东的军事力量牵制，即使中日两国发生战争，日军除防俄留守本土外，其可动用侵华的陆军兵力“以十二至十四个师团为最高额”。但若在日苏、日美开战同时首先对华用兵，则在中日战场取攻势时使用 35—40 个师团，守势时或在 20 个师团以下。但日海军及空军力量则“足以扰乱我海疆而有余”。①

至于日军可能的侵略路线，“计划”认为：“敌国之军备及一切物质上均较我优势，并掌握绝对的制海权，且在我华北造成强大之根据地，故其对我之作战方针将采积极之攻势而期速战速决。”“其主战场以华北为中心，并以有力之一部沿平绥路西进及由山东半岛、海州等处登陆，截断我南北连络线，策应其主力军之作战，以囊括我华北全部，同时以一部由扬子江口及杭州湾上陆……威胁我首都，并以台湾部队向闽粤沿海岸登陆，期助援其主力军作战进展容易。”②

关于开战时间的预测，“计划”认定，日军如扩大侵略步伐，而对华北、绥远、山东、福建、淞沪等要地再犯一步时，便可能“以局部军事行动而揭开战争之序幕”。③ 这些估计，基本上是切合实际的。

---

① 《民国廿六年度国防作战计划（甲案）》，中国第二历史档案馆藏，全宗号：787。

② 《民国廿六年度国防作战计划（甲案）》，中国第二历史档案馆藏，全宗号：787。

③ 《民国廿六年度国防作战计划（甲案）》，中国第二历史档案馆藏，全宗号：787。

其二，国民政府对日抗战总方针及作战指导、战略部署如下。

关于对日作战方针，“计划”乙案规定：“国军以复兴民族收复失地之目的，于开战初期，以迅雷不及掩耳之手段，于规定同时间内，将敌在我国以非法所强占领各根据地之实力扑灭之。并在山东半岛经海州及长江下游亘杭州湾迤南沿海岸，应根本扑灭敌军登陆之企图。在华北一带地区应击攘敌人于长城迤北之线，并乘好机，以主力侵入黑山白水之间，采积极之行动而将敌陆军主力歼灭之。”① 而“计划”甲案则以较为保守的观点，以拒止日军在中国沿海登陆，阻止敌人越过“天津—北平—张家口”一线为主要任务，同时明示：“不得已时应逐次占领预定阵地，作韧强之抗战，随时转移攻势，以求最后之胜利。”

关于作战指导，“计划”甲案以“守势作战”为原则，制定出“于不得已时实行持久战，逐次消耗敌军战斗力，乘机转移攻势”的方针。此案还计划以平汉路为重点集中兵力，在华北与敌开战，而后逐步后撤预定防线。山东方面最后固守潍河，徐海地区固守运河，上海方面固守“乍浦—嘉兴—无锡”为最后抵抗线。海军因力量不足则协助陆军，以消灭敌在长江内舰队并保卫沿岸要塞为主要任务，另计划以主力空军轰炸敌在外海舰只及其本土目标。对于准备放弃之国土，一方面决定组织守备部队死守大都市，另一方面要求在撤退前彻底破坏一切交通、资源，并组织别动军等民众武装，“采用游击战术，以牵制敌军并扰乱其后方”。② “计划”乙案基本内容与甲案相同，只是没有关于退却计划的安排。

其次，关于各大战区国防工事修建情形，“依照首都为中心逐次向国境线推进”，“先完成各阵地之骨干……以后逐渐加强”的原则，当局积极进行建设，至1937年2月，除冀察、晋绥两区分别由宋哲元、阎锡山负责外，河南区国防工事工程已近全部完成，而国防腹地江浙区国防线的修建亦正在加快速度进行，具体情况见表2-1。

---

① 《民国廿六年度国防作战计划（乙案）》，中国第二历史档案馆藏，全宗号：787。

② 《民国廿六年度国防作战计划（甲案）》，中国第二历史档案馆藏，全宗号：787。

表 2-1 江浙区国防工事修建情况统计（1937 年 2 月）

区域	阵地	预订数	已成数	未成数
京沪分区	淞沪阵地	45	17	28
	吴福阵地	226	157	69
	锡澄阵地	297	297	0
首都分区	首都城厢及沿江及东南地区	423	402	21
	江西北面地区	45	45	0
	镇江附近阵地	34	0	34
	芜湖阵地	25	22	3
沪杭甬区	乍乎嘉阵地	840	830	10
	海盐—嘉兴阵地	112	82	30
	乍澉甬海岸阵地	150	150	0
江北分区	南海靖间阵地	23	0	23
	淮阴附近阵地	48	0	48
	蚌埠阵地	76	0	76
徐海分区	海州附近阵地	87	87	0
	徐州附近阵地	175	175	0

注：徐海分区运河阵地因款项无着尚未标定。

资料来源：《何应钦对国民党五届三中全会军事报告：卢沟桥事变前之中国军备情况》（1937 年 2 月），秦孝仪主编《中华民国重要史料初编——对日抗战时期 绪编》（3），第 351 页。

长江、沿海各要塞炮台也进行了改造与增建，其国防工事建设总支出达 717 万余元。

再次，关于中国当时海、空军建设，空军方面，据 1937 年 10 月的统计，共有 9 个飞行大队 26 个中队，另外并 5 个直属中队、4 个运输队的兵力。除广西、新疆外，全国有机场 262 处，另备 5 所飞机制造厂、6 所飞机修理厂。而海军情形更不如空军，“未能作大量之建设”。①

其三，关于抗战时期各方面总动员备战应战部署的设计。除军事规划外，“计划”中还就战时交通、通信、卫生、物资、防空、治安等多项内容进行了计划。

1937 年国民政府的“国防作战计划”，客观上说是一部具体周密的抗

① 《民国廿六年度国防作战计划（甲案）》，中国第二历史档案馆藏，全宗号：787。

日作战方案，其中“甲案”以长期作战为准备，比单纯拒敌入侵之“乙案”更切实可行。国民政府参谋本部参谋次长杨杰在审阅两案后的批示中明确指出了这点，并建议以中日是否单独开战为区别，进一步修正了这两套方案，使之更加适用。总体看来，两套方案基本点相近，它证明国民政府在1937年的国防战略思想中已经确立了抗日第一的原则。

国民政府根据在南北两大战场层层设防、节节抵抗的抗战指导思想，和以长江流域为主体，在长江流域又以武汉、南京为中心的防卫原则，加快部署未来抗日战备。

长江中下游地区是南京政府直接统治区域，在此区域整军备战相对于北方更得心应手，而此刻的华北正是中日矛盾冲突之前线，山西、山东都在地方军阀控制之下，这就使长江中下游区域成为国民政府经营国防基础的重点区域。

到七七事变前夕，南京政府国防准备已形成初步规模，大致完成了基础性工作。正如1937年4月军政部常务次长陈诚所报告的那样：“1936年一年国防建设的成效，超过了1932年至1935年四年的总和；而1932年至1935年四年国防建设的成效，又相当于民国二十年以来的总和。”①

第二节 壮烈的淞沪抗战

一 赶敌下海壮志未酬

七七事变后，抗日战争全面爆发，日方在华中、华南地区首先采取的措施是撤退侨民。由于驻防区域及掩护侨民撤退的缘故，日本海军在我国东南沿海和长江中下游水域异常活跃，并以青岛及上海两地为据点，开始参与侵华战争。

根据1932年的“淞沪停战协定”，上海驻有日本海军陆战队3000余人，他们以虹口陆战队本部为中心构筑了80余处阵地，并储备了大量战备物资。“上海海军特别陆战队”配有当时最先进的武器装备。

七七事变爆发时，以长江方面为“警备区域”的日本海军第三舰队长

---

① 孙宅巍：《蒋介石的宠将陈诚》，河南人民出版社，1990，第119页。

谷川清司令官正在台湾指挥演习，闻讯后他即赶赴上海。7 月 11 日，他在上海召集“特别警备会议”，根据日本海军省 7 月 8 日下达的紧急训令，讨论海军“保护日侨问题”。会议决定驻华海军分成三组特务舰队。上海方面由长谷川清亲自指挥。7 月 16 日，长谷川向日本海军军令部提出报告，认为有必要在上海、南京一带发动战争，全力消灭中国海空军，同时派遣陆军 5 个师团攻占上海与南京，将中国政府置于死地，以尽快结束战事。“如果局限战域，则有利于敌方兵力之集中，深恐将使我方作战困难。为制中国于死命，须以控制上海、南京为最要着。”① 8 月 4 日长谷川又一次请求东京增兵上海，但得到的答复是“要慎重行事”，“待继续观察形势再作考虑”。8 月 7 日上午，日海相米内光政向陆相杉山元送交了准备提交内阁的《请紧急派遣陆军进驻青岛·上海案》，但内阁并没有讨论这一提议。② 此时，日军的作战方针仍然是“陆军仅派至华北，为保护日侨可动用海军，勿须陆军出兵上海”。③

然而，日本海军急于加入对华战争，其领导机关与下属舰队不顾一切地开始在华中、华南备战。上海地区由于地理与历史的因素，是其备战的重点区域。

8 月 10 日，日本海军第三舰队长长谷川清下令佐世保的部队除第一航空队外全部向上海进发，次日到达上海并全部登陆完毕。当天日本陆相杉山元在内阁会议上接受了海相米内光政派遣陆军的请求。12 日，参谋本部制定派兵方案，经首相、陆相、海相、外相一致同意，向上海派遣陆军。预定计划为：“（1）上海方面派遣部队，是以第十一师团（欠一部）和第三师团为基干，编成一个军，8 月 15 日为动员第一日。（2）青岛方面派遣部队，预定是第十一师团的一部和第十四师团，其派遣时间伺机而定。（3）运送：继续使用现在担任运送第二次动员部队的船只（预定 16 日完了）。（4）动员规模：兵员约 80 万，马匹约 87000。”④

---

① 《中国现代史大事月表》（1937 年 7 月—9 月本），中国第二历史档案馆藏。

② 日本防卫厅防卫研究所战史室编《中国事变陆军作战史》第 1 卷第 2 分册，齐福霖译，中华书局，1979，第 1 页。

③ 日本防卫厅战史室编《日本军国主义侵华资料长编〈大本营陆军部〉摘译》（上），天津市政协编译委员会译，四川人民出版社，1987，第 334—338 页。

④ 《中国事变陆军作战史》第 1 卷第 1 分册，第 2—3 页。

八一三淞沪战役的导火索是8月9日发生的“虹桥机场事件”。

虹桥机场位于上海西郊，是上海周边最大的机场。负责守卫机场的是换上保安队制服的中国军队，这引起了日军的注意。

8月9日18时左右，日海军特别陆战队驻沪西第一中队中队长大山勇夫中尉、斋藤兴藏一等兵两人，驾驶军用汽车，在机场警戒线附近不听中国卫兵的阻止，企图强行冲入机场。守卫机场的中国哨兵当场开枪，击毙大山勇夫，斋藤跳车逃跑中亦被击毙。事件发生后，哨兵从二人所着日本海军军服和大山所携名片确认了他们的身份。但是，当上海市长俞鸿钧于当晚8时通知日本总领事冈本季正时，日方却一口否认海军陆战队有人外出。中方一再追问日方是否有大山勇夫其人时，日方继续含糊其辞，只是称大山嗜酒，有酒后驾车外出的可能。

根据日本战后公布的长达近400小时原日本海军军官座谈会的录音资料，可以证明，“虹桥机场事件”正是日本海军刻意在上海挑起战争的一项阴险的预谋。事件发生前一天，大山勇夫接到日海军上海特别陆战队大川内传七司令官的口头命令：“请你为国捐躯，我们会照顾你的家人”，但又被要求行动时“不要攻击”中方。于是，大山二人就成了日本侵华的“头道殉葬品”。[①]

在接到“大山事件”报告后，日本军令部向中方提出了限制中方保安队人数、装备以及驻军地点，撤去中方阵地内设施等解决事件的苛刻要求。中国政府断然拒绝了日军的无理要求。

8月11日晚，国民政府军事委员会决心首先围歼驻沪日军，命令“张司令官治中率八十七、八十八师于今晚向预定之围攻线挺进，准备对淞沪围攻”。[②] 八十七、八十八师为中国军队精锐部队，全部为德械装备。同时，军委会令海军部立即按计划撤除长江上之灯塔、航标，封锁江阴长江，但计划被行政院秘书黄浚出卖给日方，使日舰队得以迅速逃脱而未能实现。而8月13日17时，日本上海特别陆战队司令官大川内也下达了“作好全军战斗部署，严密加强警戒”的命令，八一三战役即将爆发。

11日晚，张治中命“已准备之火车、汽车输送现有军队至上海，置重

---

① 参见〔日〕笠原十九司《大山事件的真相》，《抗日战争研究》2014年第4期。

② 《中国事变陆军作战史》第1卷第2分册，第16页。

点于江湾、澎浦附近，准备对敌猛施攻击，进占敌军根据地而歼灭之”。[①] 12 日，在淞沪前线的张发奎致电蒋介石、何应钦汇报：“文白兄方面，似已决心主动。”何在来电上批复：“可。已令保安队即开淞江，归张文白指导共同作战。”[②] 当日晚，张治中令各部队进入预定位置，准备在日军尚未立足之时给予迎头痛击，特致电蒋介石、何应钦请战：“本军各部队在本日黄昏前可输送展开完毕，可否于明日拂晓前开始攻击？我空军明晨能否同时行动？”[③] 但蒋介石从政治角度考虑，认为当时各国代表组成的停战委员会正在开会协调中日问题，此时向日军开战，将会造成恶劣影响，因此没有同意张治中的方案：“希等待命令，并须避免小部队之冲突为要。”[④]

8 月 13 日上午 9 时许，日海军陆战队的坦克及一队步兵在炮火掩护下，越过对峙线向我八十七师驻地进攻，战斗已实际发生。张治中向军委会报告，请求发动全面进攻。蒋介石于当夜复电指示：“（1）令张司令明拂晓攻击。（2）令空军明日出动轰炸，令海军封锁江阴。（3）令五十七旅派一团附炮兵 1 营进至浦东，对浦西之汇山码头、公大纱厂射击。（4）令十八军（十一师、十四师、六十七师）转向苏州输送（该军正由武汉向石家庄运输中）。”[⑤] 这份电文实际上就是八一三淞沪抗日之役的总攻令，中方的作战目的是实现“赶敌下海封锁海岸拒敌登陆”的作战计划。由此揭开了淞沪百日大战的序幕。

8 月 14 日，中国政府发表《自卫抗战声明书》，宣布“实行天赋之自卫权”：“中国今日郑重声明，中国之领土主权，已横受日本之侵略，《国际盟约》、《九国公约》、《非战公约》，已为日本所破坏无余……中国以责任所在，自应尽其能力，以维护其领土主权及维护上述各种条约之尊严。中国决不放弃领土之任何部分，遇有侵略，惟有实行天赋之自卫权以应

① 《张治中致蒋介石、何应钦密电》（1937 年 8 月 12 日），《抗日战争正面战场》（上），第 264—265 页。

② 《淞沪会战张发奎文电》，中国第二历史档案馆藏，全宗号：787。

③ 《张治中致蒋介石、何应钦密电》（1937 年 8 月 12 日），《抗日战争正面战场》（上），第 264 页。

④ 《蒋介石复张治中密电稿》（1937 年 8 月 12 日），《抗日战争正面战场》（上），第 265 页。

⑤ 《上海作战日记》（1937 年 8 月 13 日），中国第二历史档案馆藏，全宗号：787。

之。"[①] 以此向全世界表明中国为维护领土主权与和平抗战到底的严正立场与决心。

淞沪会战开始后，中国军队向日军发起全线攻击，激战整日。因日军阵地修筑有牢固的混凝土工事，守敌拼命抵抗，而中方缺乏重炮武器，一时不能攻克，伤亡巨大。第八十八师第二六四旅旅长黄梅兴阵亡，该旅官兵伤亡千余人，仅第五二七团就有 7 名连长阵亡。双方激战十余小时，中方多次攻破日军阵地，一度突入日海军俱乐部。日海军上海特别陆战队司令官大川内传七急调装备精良的机械化部队增援，方遏止中国军队的攻势。

18 日晚，中国海军电雷学校"史 102"艇伪装驶出董家渡封锁线，直扑黄浦江外滩日舰"出云"号，由于当晚能见度较差瞄准困难，仓促中连发两枚鱼雷，一枚击中英美烟草公司码头，另一枚击中"出云"号外侧掩护之趸船，"出云"号尾部受轻伤。日军发现后开炮轰击，中方舰艇油柜中弹，搁浅于英租界九江路外滩码头。此次袭击虽不算成功，但极大鼓舞中国军民士气，军政部长何应钦特电嘉奖："虽未获成功，但已减轻敌舰骄横之气焰。尚望再接再厉，整饬部署，以竟全功。"此后，原驻节于"出云"号的日第三舰队司令长谷川清为保命也移驻他舰。

在中国军队猛烈攻击下，长谷川清在 16 日向国内连发两通紧急求援电："我陆战队数日来全体坚守战线，虽士气极为旺盛，但以寡敌众，连续奋战，持续一周实感极为困难。因此，一日也不能等待动员。""如果急派国内兵力有困难，请考虑先将旅顺待机的特别陆战队速派至该方面。"[②] 日本海军部接到第一封急电后立即命海军陆战队在佐世保编组两个大队，近一千人，尽快完成运输准备。当晚长谷川的再次求援电到后，日海军部决定将长谷川电文中提到的这支特别陆战队 1400 余人当晚乘舰由旅顺派往上海。

中方得到日军向上海增兵的情报后，蒋介石于 16 日晚令张治中再次发起总攻。第二天凌晨，中国军队在缺乏重武器支援的情况下，仅凭战士的血肉之躯向日军堡垒发起一次又一次的顽强攻击，战斗极为惨烈。18 日晨，从旅顺增援的日军援兵已达上海。19 日，从日本佐世保增援的日军也

① 《自卫抗战声明书》(1937 年 8 月 14 日)，中国第二历史档案馆藏，全宗号：787。

② 日本防卫厅防卫研究所战史室编《日本海军在中国作战史》，天津市政协编译委员会译，中华书局，1991，第 192 页。

到达上海，战斗更加激烈。

18 日当天，英、美、法三国提出将上海划为中立区，中日双方军队撤出上海。蒋介石考虑一番后接受了此项建议。

但日本政府当日拒绝了这一建议。于是，蒋介石下令第九集团军全面发起攻击。当天下午，八十七师的一部突入杨树浦租界至岳州路附近。张治中面对有利战局，决心扩大战果，将主攻方向由对日海军陆战队司令部转向敌军阵地纵深处的汇山码头，彻底斩断日军左、右二翼的联络，一举消灭敌军。此时，由西安增援的宋希濂部三十六师已抵达上海，迅速投入战斗。20—22 日，双方陷入激战，伤亡都很重。第三十八师一部一度攻入汇山码头，但日军陆上工事坚固，又有黄浦江上日舰火炮支援，中国军队无法立足，伤亡官兵 2000 余人，被迫后退。配属给八十七师的两个战车连，因缺乏步战协同，全被击毁。

淞沪抗战爆发后，日本内阁迅速决定放弃"不扩大方针"，15 日凌晨，日本政府发表由陆相杉山元起草的声明，其中最主要的内容有两点，一是"为膺惩中国军之暴戾，促使南京政府反省，今已不得不采取断然措施"；二是要求中国根除"排外反日运动"，"消除造成此类事件之根源，并取得日、满、华三国融和提携之实效"，这表明日本政府已将解决局部冲突上升为全面处理中日关系，意味着日本政府彻底放弃不扩大方针，不惜以全面战争来"解决中日矛盾"。

8 月 15 日，日本陆军参谋本部决定组成"上海派遣军"，主要任务为：(1) 将上海派遣军派到上海；(2) 上海派遣军与海军协同消灭上海附近的敌人，占领上海及其北面地区的重要地带；(3) 中国驻屯军司令官应将独立飞行第六中队以临时航空兵团派到上海附近，隶属于上海派遣军。日方任命已退出现役的陆军大将松井石根为上海派遣军司令官，首批部队由第三、第十一师团和独立飞行第六中队组成。

8 月 20 日，日本参谋本部下达上海派遣军《作战计划大纲》，规定："上海派遣军（以五个师团为基干）击败上海周围之敌，而后以一个军（大概以三个师团为基干）确保上海周围的重要阵地线，切断上海—南京间的联系并谋求占领地区的稳定。"① 这表明，日军在淞沪会战开始时只计

① 《中国事变陆军作战史》第 1 卷第 2 分册，第 30 页。

划攻占上海而没有进攻南京和武汉的具体部署和准备。即使在开战以后，日军参谋本部第600号命令仍规定：“华中方面军的作战地区大概定为联结苏州—嘉兴线以东”，“意在预期方面军主力不超过该线”。[①] 可见日方在初期并无使华东成为主战场的计划，[②] 日军决定沿长江西进，同时开辟华东战场作战的决心是逐步确定的。

8月20日，日军第十一师团开始分批从日本多津渡起运。22日，松井石根司令官乘舰艇与主力部队会合，率部驶向上海。入夜后，日军在30艘军舰疯狂炮击掩护下，向吴淞、川沙口、浏河沿江一线强行登陆。

当中方得知日军组建上海派遣军并改以上海为主攻方向后，南京最高统帅部决定扩大淞沪会战规模，以保卫上海和宁沪杭地区，抽调第十五集团军等部增援淞沪前线，在黄浦江上游北部之宝山、嘉定、浏河等地与日军决战。从8月20日至9月初，中方大批部队陆续调往上海战场。仅黄浦江以西地区，就集结了12个师，这批部队都是中央军嫡系且富有作战经验，在战前都已完成了整编，是中国军队之精华。18日，蒋介石任命陈诚出任第三战区前敌总指挥。第二天，陈诚、熊式辉到上海前线视察，20日返回南京向蒋介石汇报。

据陈诚回忆：“返京后，领袖询问视察情形，熊云：‘不能打’。又问陈，陈云：‘非能打不能打之问题，而是打不打的问题’。领袖问：‘何意?’陈云：‘敌对南口，在所必攻，同时亦为我所必守，是则华北战事扩大已无可避免。敌如在华北得势，必将利用其快速装备沿平汉路南下直赴武汉，于我不利。不如扩大沪战事以牵制之。’领袖遂云：‘一定打。’陈又云：‘若打，须向上海增兵。’遂发表陈为第十五集团军总司令，并增调队伍赴沪参战，而整个中日战争亦即由此揭开。”[③] 陈诚的这番话从抗战战略出发，指明淞沪抗战的战略价值，就是要从上海主动出击，扩大战事来改变日军“在华北得势”后快速装备，沿平汉路南下，直赴武汉的地理路线，从而避免中方军队被日军包围在东南地区无法撤退这种“于我不利”的后果。而且，上海是英、美等国在华利益的重点区域，一旦发生战事，列强利益受损，日方势必遭到西方国家的抗议，中国可以得到国际上的同

① 《中国事变陆军作战史》第1卷第2分册，第94页。

② 蒋纬国：《蒋委员长如何战胜日本》，台北，黎明文化事业公司，1977，第21页。

③ 《陈诚私人回忆资料（1935—1944年）》（上），《民国档案》1987年第1期。

情与支持。

据此，中国统帅部于8月20日连续颁布关于全面抗战《国军作战指导方案》、《第一战区北正面作战指导计划》、《第三战区作战指导计划》。

在《国军作战指导方案》开篇，蒋介石慷慨宣示："本大元帅受全体国民与全党同志付托，统帅海、陆、空军及指导全民，为求我中华民族之永久生存及国家主权领土之完整，对于侵犯我主权领土与企图毁灭我民族生存之敌国倭寇，决以武力解决之。"① 这些作战指导方案具体部署了正面战场中国军队对日抵抗侵略作战的方案，其中《第三战区作战指导计划》为指导淞沪抗战的作战目的与作战部署，具体要求如下："该战区应以扫荡上海敌军根据地，并粉碎在沿江沿海登陆取包围行动之敌，以达成巩固首都及经济策源地，为作战指导之基本原则。"该计划将整个淞沪作战区域划分为五个区，分别明确了作战任务和隶属部队：（1）淞沪围攻区，指挥官：张治中，下辖6师3旅4个炮兵团；（2）江南岸守备区，指挥官：第五十四军军长霍揆彰，下辖3个师1个炮兵团；（3）江北岸守备区，指挥官：第一一一师师长常恩多，下辖1师2团；（4）杭州湾北岸守备区，指挥官：张发奎，下辖4师1旅1个炮兵团；（5）浙东守备区，指挥官：刘建绪，下辖5师4旅。同时，明确空军行动："除续行其前任务外，对于企图登陆之敌，应尽力轰炸，尤以对敌之航空母舰，应不顾一切牺牲，强行炸沉之"；海军行动："敌舰进入长江下游，企图强行登陆，或转用兵力时，应尽全力攻击之，以协同陆军作战，纵有牺牲，亦在所不辞。"②

二　拒敌登陆陷入苦战

8月22日起，日军上海派遣军司令松井石根率所部陆续抵达上海，抢滩登陆。在中国军队顽强抵抗下，日军的登陆很不顺利，直到8月25日，第十一师团及第三师团第五旅团才完成登陆，但登陆之日军部队旋即遭到中方第九、第十五集团军的猛烈反击，至27日，第十一、第三师团仍然毫

① 《南京国民政府大本营关于全面抗战作战指导方案等训令四件》，《民国档案》1987年第1期。

② 《大本营颁第三战区作战指导计划训令稿》（1937年8月20日），《抗日战争正面战场》（上），第6—11页。

无进展，中日双方在张华浜及罗店以北地区激战不休。

最初，淞沪围攻区总指挥张治中得悉日军开始强行登陆后，立即调动兵力反击登陆日军，对日军上海陆战队改取守势。这样，战役初期制定的攻占上海日海军陆战队基地，围歼日军，赶敌下海的作战计划没有实现。

从 8 月 24 日至 9 月 1 日，在反击日军登陆作战中，中国军队以高昂的爱国热情英勇杀敌，遏制了日军向内陆进攻的脚步，但由于各增援部队远道而来，仓促应战，没有时间构筑有效的防御工事，后勤保障也未能跟上，虽有优势兵力，但战术上有明显之失误和疏漏，在日军优势火力攻击下，中国军队遭遇了重大损失。相反，日军经过激战在沿江建立起了登陆据点，从张华浜到吴淞镇、狮子林、石洞口、川沙口一带以西地区都有日军的守备点，其部队逐步向宝山城、月浦镇、新镇、罗店镇推进，准备在占领沿江地区的基础上向内陆地区扩展。

1. 血战罗店

8 月 23 日，日军第十一师团在长江南岸川沙登陆，主力迅速向罗店推进。罗店镇是江苏和上海之间的交通要点，日军一旦占领此地，可直接威胁沪宁铁路。如沪宁铁路被日军切断，上海前线的中国军队将失去交通运输大动脉。25 日，中国统帅部命第十一师和第六十七师向进攻罗店之敌发起猛攻，试图将日军驱赶至江边歼灭，以彻底清除日军对罗店的威胁。经过激烈战斗，在中国军队两面夹击下，终将日军击退。

其后，日军以重兵向罗店以西包围，逼近罗嘉公路，中日军队在罗店以北地区形成对峙，造成日军对南翔、嘉定、刘行一线中国守军的严重威胁，此时在淞沪战场视察的德国总顾问法肯豪森分析了日军的战略企图，他认为“敌之目标，为驱逐我军远离上海，截断我与政治、财政、经济策源中心之联络，且我方与上海之联络，军事上亦有莫大意义”。法肯豪森主张：“长期抵抗，宜永久依托上海。”为了保住上海，“目前最要害地点莫如罗店。宜绝对在该处阻止敌人，使不能犯刘行，更不能趋嘉定，稳固由南翔经嘉定—太仓之联络，极关重要”。[①]

蒋介石极为赞同法肯豪森的建议。南京统帅部急令中国军队彻底收复罗店。8 月 30 日，陈诚发布《淞、沪、浏、嘉、宝附近围攻计划》，令第

① 《法总顾问上海战役报告》（1937 年 8 月），中国第二历史档案馆藏，全宗号：787。

十一师、十四师、六十七师、九十八师等部围攻罗店。9 月 1 日起，第十八军和第七十四军主力连续组织部队突击罗店。

9 月 1—5 日，第十八军 3 次突击反攻罗店，仍未能收复，仅缩小了对罗店的包围圈。9 月 6 日，总指挥陈诚发出进攻令，以第十八军各师为主力，增调第五十一、五十六、五十八师参战，组织第四次反攻罗店战斗，蒋介石也先后两次电令必须拿下罗店。双方激战至 7 日晨，仍未消灭日军。此时，宝山城陷入敌手，日军已打通吴淞、狮子林、宝山之间的联系，包围罗店的中国军队反而陷入侧背受敌的险境，第十八军不得不更改部署，反攻罗店的战役遂告失败。

2. 姚子清营坚守宝山城

9 月 2 日，日军第三师团主力在吴淞登陆。司令官松井石根为解除中国军队对第十一师团的包围，恢复其与主力部队之间的陆上联络，命令所部迅速向罗店附近的中国军队侧背发起攻击，重点攻击宝山地区。

宝山城守军是第九十八师的一个营，营长姚子青率部自 8 月 24 日进驻后，带领全营官兵日夜加固工事，积极备战。9 月 5 日，日军向宝山城发起进攻，日军飞机、舰炮一起向城内轰炸扫射，宝山城内一片火海。姚子青营孤军守城至 6 日天亮。日军续以坦克堵塞四处城门，步兵攻入城内。姚子青率部下与日军展开激烈巷战。仅城内金家巷一处，被守军击毙的日军就达 200 余人。经数小时血战，姚子青营仅二等兵魏建臣一人侥幸生还，余皆壮烈殉国。

日军攻陷宝山城后，继续沿宝（山）罗（店）公路向西进犯，攻向月浦。9 月 11 日，由川沙登陆的日军第十一师团同在吴淞登陆的第三师团会合，并占领了月浦、杨行。中日双方在蕴藻浜、庙行、江湾、北站一线形成新的对峙状态。

中国军队反攻罗店未能成功，张华浜、宝山、月浦、杨行先后陷入敌手，历时 20 天的反登陆作战在守军节节败退中结束。由此，淞沪战场上中国军队由攻势作战转入守势作战。日军逐步控制了长江口、黄浦江口和江岸码头。登陆日军与据守市区杨树浦、虹口的日军在军工路、新市区一线已打通联系。

3. 中日双方陆续增兵

中国军队在淞沪战场的英勇抵抗使日本政府在震惊之余无奈地发现，

中国是不容易征服的。随着上海战事的推进，在日本政府内部，军部主张大力加强上海攻势并迅速解决上海战局的论调逐渐占了上风。

全面侵华战争初期，日军有 6 个师团的兵力在华北，华北是日军的战略重点。日本没有料到中国会在淞沪地区主动打一场大战，同时也低估了淞沪战役的艰巨性，其投入淞沪战场的兵力仅有两个师团。经过最初 20 余天的激烈交战，日军发现包括蒋介石嫡系部队在内的中国精锐部队已进入淞沪战场，中国军队士气之高昂与作战能力大大超出意料。惨烈的战斗也让日军付出了沉重的代价。从 8 月 13 日至 9 月 9 日，日第三、第十一师团战死 1300 多人，负伤近 3000 人。9 月 10 日，日本参谋本部派大本营中央特种情报部部长西村敏雄赴前线视察后回到东京，他在报告中写道：（1）敌人的抵抗实在顽强，无论是被炮击还是被包围，决不后退。（2）估计敌人的第一线兵力约 19 万，第二线的停战区内有 27 万至 28 万。（3）中国居民对于敌人有极其强烈的敌忾心。（4）由于调军舰运送紧急动员的部队，派遣军后方接济不上，两个师团陷于严重的苦战中。①

早在 8 月 31 日，日本上海派遣军司令官松井石根已向陆军大臣、参谋总长提出增兵：鉴于上海的“敌情及地形，军要给当面的南京军以大的打击，因此判断我军的兵力最小限度要 5 个师团”，“军当面之敌是从平汉、津浦路沿线调来，加上中央直系军的精锐部队，总计 15 个师，自 29 日起，以其主力开始向十一师团的正面攻击。值得注意的是该方面使用了中国军中最精锐的陈诚指挥的第十一师、第十四师……”同一天，第三舰队司令官长谷川清也向海军军令部请求“火速给上海派遣军增兵”。②

9 月 4 日，陆军省、参谋本部、军令部、海军省经协商，一致同意向上海增兵，“在上海附近，以击退敌人的胜利，结束战局，其时间大概将是 10 月下旬至 11 月初”。6 日上午，军令部总长向天皇奏报向上海增兵，提出“上海陆上的战斗迟迟无进展，必须增强陆军兵力”。下午，天皇召见参谋总长闲院宫载仁，他奏称：“内定增派第九、第十三、第一〇一师团及台湾守备队（用以占领崇明岛飞机场）到上海，派后备步兵 4 个大队到上海”。当即获得天皇的批准。

---

① 《西村敏雄致参谋本部报告》（1937 年 9 月 10 日），中国第二历史档案馆藏，全宗号：787。

② 《中国事变陆军作战史》第 1 卷第 2 分册，第 27 页。

9月7日，日本参谋本部发出“临参命”第916号令，将原属华北方面军的后备步兵10个大队、3个炮兵大队、2个工兵大队转属上海派遣军。9月12日起，这些部队陆续进入淞沪战场。同一天，日军参谋本部又将台湾守备队5个步兵大队、1个山炮中队，组成以重藤千秋为支队长的重藤支队，加入上海派遣军序列。9月14日，重藤支队从宝山川沙口登陆。

9月18日，第一〇一师团自神户起航，22日在吴淞与杨树浦之间登陆。9月27日，第十三师团也从神户起航，10月1日在张华浜、虬江口一带登陆，9月23日，第九师团从大阪起航，27日在杨树浦、吴淞间登陆。日军增援之炮兵部队、飞行团也陆续到达淞沪战场。至此，日军在淞沪战场之兵力已达5个师团，加上15个步兵大队及其他特种部队，连同原在沪部队，其总兵力达12万人左右。[①] 日军一时在战场建立起优势局面。

由于国力、军力对比悬殊，中国军队在上海对日军实施的围攻战与反登陆作战都未能达到预期效果，敌我双方在前线战至胶着状态。

9月6日，南京国民政府大本营正式颁布《淞沪抗战第二期作战指导计划》。[②] 该计划认为日军的作战目的是“迅速击破我军……完全占领上海”，并“以此为其扩大开放侵略之根据地，再由其国内增加兵力，继续分向昆山、吴县及松江方面发展，以图威胁我首都”。针对日军的战略企图，拟定下一步行动计划，分为三阶段，首先要在上海地区击退登陆之日军，如果不成功则转移至日军火力不能协调之地区，占领阵地，以攻势防御击破日军，最后之决战拟设于吴福线、锡澄线国防地。这与战前之国防线构筑计划是一致的，此作战计划具有积极进攻、稳固防守的优点，但因中国军力的不足，在淞沪会战实际过程中未能实现。

按此计划，南京统帅部继续调集部队增援淞沪战场。9月12—20日，大量来自全国各地的地方部队开始进入淞沪战场，其中有湘军王东原师长的第十五师、罗霖师长的第七十七师、西北军王修身师长的第三十二师、粤军谭邃师长的第一五九师、叶肇师长的第一六〇师、鄂军彭松龄师长的第十六师等部队。9月21日至10月5日，陶峙岳师长的第八师、陈永师长的第四十四师、韩汉英师长的第五十九师、欧震师长的第九十师、李延

---

① 《淞沪会战史稿》，中国第二历史档案馆藏，全宗号：787。

② 《淞沪抗战第二期作战指导计划》，中国第二历史档案馆藏，全宗号：787。

年师长的第九师、万耀煌师长的第十三师、陈沛师长的第六十师也陆续到达淞沪战场。

9月中旬，南京最高统帅部决定重组第三战区司令部，部署淞沪战场的兵力。21日，蒋介石自兼第三战区司令长官，顾祝同任战区副司令长官，陈诚仍为前敌总指挥兼第十五集团军总司令，同日，张治中调离，由朱绍良继任第九集团军总司令。①

9月22日，蒋介石下令，将淞沪战场参战部队划分为左、中、右三大作战集团，“黄浦江以西、蕴藻浜以南地区（部队），划为中央军，左翼军以第十九、第十五集团军编成之，右翼军仍以第八、第十集团军编成之”。②

从9月12日起，日军在淞沪战场上由东向西步步进逼，守军由西向东节节抵抗，中日两国军队在潘泾、狄泾、杨泾间激战了二十余天，顾家镇、刘行先后陷落。9月底，日军制定“中央突破计划”，以沪太公路为主轴，由北向南，突破南翔与江湾间中方防线，直取大场和苏州河北岸。

4. 大场的反击与失守

10月1—27日为淞沪会战第二阶段，战事最为激烈。此时，日军增援部队共5个师团全部到达上海，并发起猛烈进攻。战斗主要在蕴藻浜南岸展开。

10月1日，日军增援上海的第一〇一、第九、第十三师团陆续投入战斗。当天，日军就突破中国守军阵地，守军左翼作战部队被迫逐次撤至杨泾河西岸。2日，日军第九师团在航空火力掩护下开始强攻蕴藻浜。中国守军是黄杰率领的刚由税警总团和第六十一师组成的第八军，防守从南翔进至陈家行一带，与日军激战两日，双方均损失惨重。日军增派第三师团加入战斗，守军在敌之猛烈攻击下无力再战，退至蕴藻浜右岸。此时，由陶峙岳率领的第八师从河南安阳东调南翔并进入蕴藻浜，加入战斗。守军与敌反复争夺，一夜发起反击曾多达10次，敌第九师团遭到重创，数次调集部队增援，才渡过蕴藻浜。10月10日，第八师奉命后撤。全师由参战时的8000余人已锐减员至700余人。

随后，日军继续南攻。10月15日，日军以飞机、毒气弹、燃烧弹攻

① 《淞沪抗日史料》，中国第二历史档案馆藏，全宗号：787。

② 《淞沪会战史稿》，中国第二历史档案馆藏，全宗号：787。

击我陈家行阵地。守军英勇抵抗，牺牲惨重，被迫后撤。如西北军第三十二师进入阵地时有 8000 多人，激战两天，营以下军官牺牲殆尽，士兵损失达 3500 人。杨森率领的川军第二十军，公认有较强的战斗力，在不到 7 天时间内，伤亡十余名营、团长，280 名连、排长及 7000 余名士兵。该军撤至嘉定整编时只能缩编为两个旅。

18 日，日军在蕴藻浜南建立起巩固的阵地，可随时向江湾、大场、闸北方向突破，进而占领苏州河以北。

由于蕴藻浜以南中方防线危在旦夕，固守阵地又难以打破敌之攻势，10 月 11 日，第三战区在苏州召开会议，大本营副参谋长白崇禧计划发动一次大规模的反击，以扭转战局。担任反攻任务的是刚刚投入战场的广西精锐部队第二十一集团军。

这支部队在抗战初期隶属第五战区，10 月上旬，部队到达徐州至海州间，正准备北上抗战时，蒋介石下令第七、第四十八军组成第二十一集团军，下辖 4 个师，以廖磊为总司令，改向南下归属第三战区。17 日，该军各部陆续到达淞沪战场。该部英勇善战，特别是第七军为桂系李宗仁、白崇禧的起家部队，作战热情高昂。

21 日晚，第二十一集团军分左右两路开始发起反攻。但因日军凭借火力优势，严守阵地，中国军队无法突破，为避免天明后遭日军飞机轰炸，主动后撤，二十一集团军首次反攻收效甚微。第二天，中国军队继续反攻，第二十一集团军 4 个师与敌全面展开激战。日军在增援部队到达后，竟在同一天发起大规模反冲锋，双方陷入激战。日军火力猛，兵力充足，中国军队的火炮根本无法压制住日军，官兵虽英勇作战，但血肉之躯无法抵抗日军的炮火，广西部队损失在 3/5 以上，已无力再战，被迫撤出战场。

中国军队在蕴藻浜南北岸的反击战遭遇失利，导致淞沪战局急剧全面恶化。23 日起，日军集结全部地面部队和空中力量，向中国守军发起攻击，兵锋直指大场。大场位于上海北郊，四周公路交错，是进入市区的要道，守卫苏州河以北的最后一道防线。

24 日，日军在强大火力支援下向中方阵地猛扑而来，26 日，日军以 40 余辆战车为进攻前锋，突破中方阵地。守军第十八师和第八十七师与敌激战至当日午后，伤亡过半，仅一部分人员突围，阵地全部被敌炮火摧毁，大场失陷。

随着大场、江湾、闸北的陷落，中国军队陆续撤退到苏州河南岸。中日两军在淞沪战场上的阵地战高潮随之告终。

5. “八百壮士守四行”

大场的陷落，使我中央作战军的侧背受到严重威胁。第三战区遂决定放弃上海北站至江湾间的阵地，向苏州河南岸转移。

当中方主力部队开始转移时，西方列强代表已齐集布鲁塞尔，准备召开九国公约会议，讨论中日问题，国民政府对此寄予厚望。为使中国在会议上占据有利之地位，展示中国政府和人民抗战的决心和能力，蒋介石力图稳住上海的战局，他需要所部坚守一块阵地，以示中国政府并未放弃上海。顾祝同遵照蒋介石的指令，命令八十八师师长孙元良留下一部死守闸北阵地。孙元良不同意做这种“无谓的牺牲”，他说：“如果我们死一人，敌人也死一人，甚至我们死十人，敌人死一人，我就愿意留在闸北，死守上海。最可虑的是，我们孤立在这里，于激战之后，干部伤亡了，联络隔绝了，在组织解体，粮弹不继，混乱而无指挥状态下，被敌军任意屠杀，那才不值，更不光荣啊！”① 因此他仅令第五二四团中校团附谢晋元率该团第一营兵力留守闸北的四行仓库阵地。

四行仓库是上海大陆、金城、盐业、中南四家银行联营的仓库，是一座钢筋水泥的七层大楼，位于苏州河畔，作为军事据点，具有难攻易守的特点。这里曾是第八十八师司令部，储有弹药、粮食和水，有利于长期坚守。仓库东西两侧是公共租界，西北为中国地界，但已被日军占领。谢晋元所率官兵对外号称一营 800 人，实际只有 450 余人。

谢晋元率部进驻四行仓库后，立即着手修筑工事。士兵们在窗口堆上沙包作为掩体，楼顶上架起了机枪。28 日正午，日军开始以重兵向四行仓库发起进攻，遭中国守军顽强抵抗。当晚，女童子军杨惠敏冒死为四行守军送来了一面国旗。第二天，守军将国旗升起，成为四周唯一飘扬的中国国旗，极大地鼓舞了守军和中国人民的士气，也在抗战史上留下了一段佳话。

---

① 中国人民政治协商会议全国委员会文史资料研究委员会《八一三淞沪抗战》编审组编《八一三淞沪抗战：原国民党将领抗日战争亲历记》，中国文史出版社，1987，第115 页。

此后两天，日军在坦克和重炮的掩护下，向四行仓库的中国守军发起数轮猛攻，谢晋元率部沉着应战，居高临下打退了日军的进攻，日军始终无法前进一步。

谢晋元率“八百壮士”四行仓库英勇抗敌的壮举，受到全国人民的广泛敬仰。国际舆论也盛赞中国军队的英勇善战。但公共租界为了自身的利益，担心日军进攻租界，向谢晋元表示，只要交出武器，愿意帮助中国军队安全撤离。但谢晋元仅简单回复一句：“身可死，枪不可离。未奉命令，虽死不退。”租界当局最终转请中国政府下令谢晋元部撤离。31 日，谢晋元接到上级命令后被迫率部撤出大楼，由新垃圾桥退入租界。英军指挥官马提斯（Mattis）少将不顾日军的抗议，亲自站在警戒线的重机枪阵地上，掩护守军通过。在民众“抗日英雄万岁!”的口号声中，谢晋元率部经跑马厅到达胶州路兵营，开始了孤军生涯。

此役中国军队孤军坚守四行仓库阵地，阻击日军 4 天，击退敌人 6 次围攻，击毁战车 2 辆，毙敌 200 余人，击伤无数。守军仅伤亡 37 人。国民政府为表彰谢晋元的英勇功勋，特授予其青天白日勋章，晋升为上校团长。1941 年 4 月 24 日晨，谢晋元在租界内设立的“孤军营”率部出操时，被日伪收买的叛变士兵刺杀。上海民众哀痛万分。人们纷纷涌进孤军营瞻仰烈士遗容，3 天内吊唁者达 25 万人之众。25 日，谢晋元遗体出殡，有 10 万民众为其送行。中外媒体纷纷发文表示哀悼。国民政府于当年 5 月追赠其为陆军少将。

三 疏忽被围演成溃退

淞沪抗战爆发后，日本两次增兵，并组建上海派遣军，本以为可以轻松占领上海。但大战持续两个多月，日军遭到中国军队的顽强抵抗。

此时，面对华北与上海两面作战，日军参谋本部内开始讨论是继续扩大华北战场并进行山东作战，还是将主要兵力调往上海。经过研讨，日本军部于 10 月上旬秘密决定将对华作战之主战场从华北转到华东，并着手组建第十军，从杭州湾登陆，侧击包围中国军队。此计划由日军参谋本部提出并得到了海军军令部的同意配合，最后报请日本天皇批准。其基本方案为“新派遣到上海方面的兵团，不作为给上海派遣军增派部队，而以之作为另一个军使用”，“在杭州湾北岸进行登陆作战”，“登陆地点为金山卫附近”，“登陆时间为10月30日”。[①]

日军确定的新目标是调兵南下上海，在淞沪一线将中国军队彻底击败，其着眼点不仅仅是缓解上海派遣军之危急，更是要彻底打败已集结于上海战场达75个师之众的中国军队主力，并切断上海与周边之联系，使中国政府屈服，谋求早日结束侵华战争。

10月12日，日军参谋本部拟定《关于今后的作战事项》，规定了“迅速在上海方面获得所期的战果”的作战方针，并提出“上海派遣军继续执行现在的任务，以第十军在杭州湾北岸登陆，以利于上海派遣军完成任务”。[②]

日方迅速组建第十军，第三次向上海地区增兵，司令官为柳川平助，参谋长为田边盛武，下辖第十八师团、第六师团、国崎支队即第五师团步兵第九旅团、从日本国内动员编成的第一一四师团，以及独立山炮兵第二联队、野战重炮兵第六旅团，第一、第二后备步兵团等部队。同时，再从华北调来第十六师团加入上海派遣军序列，配合第十军登陆上海作战。至此，日军在华东战场的兵力总计两个军9个师团又两个独立旅团，共30余万人，大大超过华北战场两个军7个师团之兵力。[③] 海军于10月20日新组成第四舰队，与第三舰队共同组成中国方面舰队，以长谷川清任司令官，仍兼第三舰队司令。第四舰队以连云港以南之中国海域为作战区域，协同第十军登陆作战。

此时日本国内的兵力仅有近卫师团和第七师团，倾巢而出的日军视此行动为打开上海战局之关键一步，参谋本部次长多田骏“明确地表示了中央对该军的期待和该军的性质”，认为出动第十军“是为了打开目前时局，在上海附近夺取一个大的战果乃是迫切而绝对必要的”，要求第十军“在全世界注视的战场上发扬我军武威”。[④]

杭州湾位于上海南部，海岸线平直，近岸水深40米以上，是淞沪南部最佳的登陆地点。早在1933年张治中安排陆军大学第十期学员在金山卫进行演习和调查，以及1935年军委会警卫执行部主任唐生智率员到金山卫考

---

① 戴峰、周明：《战上海一九三七：淞沪战役作战始末》下册，台北，通宝文化，2009，第62页。

② 戴峰、周明：《战上海一九三七：淞沪战役作战始末》下册，第65页。

③ 此节参考马振犊《惨胜——抗战正面战场大写意》，九州出版社，2011。

④ 戴峰、周明：《战上海一九三七：淞沪战役作战始末》下册，第65页。

察时，都认为日军进攻上海时也不会绕道杭州湾登陆，致使守军没有很好的军事布置。这是中方的重大失误。

八一三淞沪抗战开始后，中国统帅部一直在全力应对从长江南岸登陆的日军，导致金山卫一线我军防卫兵力空虚。中国守军仅配有第二十八军两个师守卫杭州湾北岸长达90公里的海岸线，且都为装备与战斗力较差的地方部队。大场失守后，苏州河南岸战局危急，又急抽调一个师驻防浦东，最后仅留守一个师，以致在如此重要的海防前沿，防务形同虚设。中国方面曾得到日军将增兵上海3个师团的情报，但并未引起军方高层的注意，因此没有任何应对措施。一年后，蒋介石在总结淞沪战役的教训时认为："上海开战以后，我忠勇将士在淞沪阵地正与敌人以绝大打击的时候，敌人以计不得逞，遂乘虚在杭州湾金山卫登陆。这是由我们对侧背的疏忽，且太轻视敌军，所以将该方面布防部队，全部抽调到正面来。以致整个计划，受了打击，国家受了很大损失。这是我统帅应负的最大的责任！实在对不起国家！"①

10月26日，大场失陷后，淞沪战局急转直下，中方将领顾祝同、陈诚等人建议蒋介石按照持久消耗战的攻略，将一线部队迅速撤退至吴福线、锡澄线国防工事一线整补。蒋介石最初同意此建议，并已开始实施。但两天后，蒋介石又改变了主意，从政略与外交因素考虑，他命令第三战区官兵继续在淞沪战场与日军决战。

11月1日晚，蒋介石在南翔附近的一所小学召集师以上将领开会。蒋说："九国公约会议将于11月3日在比利时首都开会，这次会议对国家命运关系甚大。我要求你们作更大努力，在上海战场再坚持一个时期，至少十天到两个星期，以便在国际上获得有力的同情和支持。"他又说："上海是政府的一个很重要的经济基地，如果过早放弃，也会使政府的财政和物质受到很大的影响。"② 在蒋介石的授意下，中国军队在疲惫之余，又拼凑了十余万部队，继续和日军做更艰苦的战斗。许多部队原本已经遵令撤出阵地，又奉令返回原阵地，而撤了一半的部队再回返，一时前线秩序大乱，大敌当前，首先自乱了方寸。

① 戴峰、周明：《战上海一九三七：淞沪战役作战始末》下册，第67页。
② 戴峰、周明：《战上海一九三七：淞沪战役作战始末》下册，第60页。

日军对登陆金山卫之战做出周密的计划与安排。最初他们估计将会有超过10个师的中国军队前来抗击。但实际上日军登陆几入无人之境。

11月5日早5时半，日军在细雨大雾中开始登陆金山卫。当天上午即占领金山卫镇，并迅速兵分二路向上海挺进。

第十军登陆杭州湾后，淞沪战场南线大门被日军打开，上海派遣军与第十军南北夹击，中国军队面临被包围之险境。

11月6日午前，日军先头部队强渡黄浦江，中国少数守军一触即溃，日军立即向松江方向进击。至9日，金山县、奉贤县、南汇县、川沙县、松江县相继落入敌手。

日军在杭州湾登陆成功后，为统一指挥上海派遣军和第十军作战，11月7日，日军参谋本部下达“临参命”第138号，将上海派遣军和第十军编成华中方面军，以松井石根任司令官兼上海派遣军司令官，塚田攻为参谋长。同日，华中方面军下达第一号作战命令，规定其作战任务为“以挫伤敌之战斗意志、获得结束战局的机会为目的，与海军协同，消灭上海附近敌人”，要求日军“在昆山附近围歼上海西北方面的敌主力”。“上海派遣军仍继续攻击苏州河南面地区、封锁上海市，同时把重点保持在京沪铁路北面地区，应准备向昆山方向攻击。”“第十军以主力进入松江附近，协同上海派遣军在苏州河南面地区作战，同时须准备以后向昆山方面的攻击。”并明确规定“作战地域为苏州—嘉兴一线以东”。[①] 这就是说，日华中方面军当时还没有进攻苏州—嘉兴线以西的计划。

此时，在上海的中国军队陷入三面包围的局面，全面后撤已刻不容缓。

11月8日晚，蒋介石下令第三战区部队全线向后方既定国防线转移。9日起，中方60多个师开始由东向西撤退。第三战区拟定的撤退计划规定中国军队先西撤至吴福线、乍平嘉线，然后在苏嘉线集结，准备将日军阻挡于常熟—苏州—嘉兴一线。同时，以一部主力部队后移至锡澄线，再作抗击。但由于撤退时的匆忙混乱，该计划大部分都未能实现，几十万大军随即陷入一场大溃退。

第三战区各部队开始后撤时，日海军陆战队及上海派遣军立即占领了

---

① 戴峰、周明：《战上海一九三七：淞沪战役作战始末》下册，第78页。

上海市区，至 11 月 12 日，上海地区全部被日军占领

中方各主力部队后撤时，由于组织准备不足，部队到达吴福线阵地既设工事时既无图可循，也找不到工事堡垒的开门钥匙，更找不到可指点的人，严重阻碍了我部队占领阵地。部队只好越过吴福线，继续后撤至锡澄线。19 日，苏州、常熟失守。蒋介石一面下令死守锡澄线，一面开始部署南京政府各部机关撤离及首都城防工作。

日军原判断中国军队会从上海方向撤向黄渡镇至嘉兴一线抵抗，但随着战事进展，日军发现中国军队有可能继续西退，遂发起全线追击。15 日，昆山亦告沦陷。

此时，日本军部针对上海地区的作战目标是消灭中国军队的主力，还没有攻占中国首都南京的计划。

11 月 7 日，日军华中方面军成立时，东京参谋本部规定“华中方面军之作战地区大体为连接苏州、嘉兴一线以东”。华中方面军也依此指示：“上海派遣军的部队前进占领至福山镇、常熟、苏州一线为止，另以两个师团在昆山、太仓地区集结。”“第十军前进占领至平望镇、嘉兴、海盐一线为止。”但在战事发展过程中，这个所谓的“苏嘉制令线”很快就被疯狂的日军突破。同时，淞沪战场中国军队的溃退也让日军认为中国军队不堪一击。日军的战争狂热上升到了极致。

松井石根认为国民政府只要存在一天，“中国事变”就无法得到彻底解决，他决定趁中方溃败之机继续快速追击，于是产生了一举攻占南京的想法。日军参谋本部虽对松井扩大战争的决定感到“震惊”，却随即表示同意，宣布废除原作战地域令，使战争再次升级。12 月 1 日，日军大本营以“大陆命”第八号，令华中方面军“以现有兵力攻占南京”。

日军越过吴福线和苏嘉线后，兵分三路向南京进攻。一路以海空军力量合力进击江阴、镇江、江宁要塞，拟突破长江封锁，进入内河，从水路占领南京。另一路由长江南岸、太湖以北，沿宁沪铁路，越过锡澄线，进攻南京。第三路日军由太湖南岸、京杭国道，再经苏皖边境，包抄南京，截断中国军队的退路。

中国守军在 11 月下旬至 12 月初的作战计划是以左翼军守锡澄线，右翼军确保临平、吴兴线，蒋介石认为“第三区现在阵线，右临平、吴兴之线，为我军主力之后方，左翼锡澄线，为我首都及长江之屏障，有良好地

形，坚固阵地，可资扼守。此两方如辅车之相依，苟缺其一，均足陷我军整个之阵线，关系重大，莫过如此”。[①] 尽管他一再要求各部队确保阵地，但面对日军的疯狂追击，撤退之军难以组织起有效的抵抗。

日军第十军沿太湖南岸积极推进，目标是占领长兴、广德，进而攻下芜湖、当涂，威胁中国首都南京。顾祝同一面令第二十一集团军派兵前往长兴布防，一面急调川军第二十三集团军向广德集结增援。11 月 21 日蒋介石下手谕给二十一集团军：“吴兴为今日抗战全局之重心，即为第三战区之枢纽”，要求部队“不惜任何牺牲，死守阵地”。[②]

此刻，几十万溃兵和逃难的百姓在道路上混杂相拥，部队已无法调动。第二十一集团军的 7 个团仓促赶到长兴，面对来势凶猛的日军，中国军队没有时间构筑工事，也没有空军、炮兵的火力支援，甚至连战防炮也没有几门，士兵就这样以血肉之躯迎战日敌，冒死冲锋的士兵一排排倒在敌人的枪炮下。

11 月 23 日，日军先头部队由太湖乘汽艇和橡皮船到达宜兴、长兴一带，次日占领吴兴，25 日占领长兴后，兵分二路向泗安和广德袭来。

此时，由刘湘率领的川军第二十三集团军 5 个师又 2 个旅，兵力约 5 万人，奉命向广德、泗安开进，与从前线撤退的部队一起阻击日军。该军是最后一支投入淞沪战役的中国陆军主力部队。

川军士气正浓，奋勇杀敌，一四四师长郭勋祺腿部负伤后还指挥部队夜袭敌营。经过 3 天激战，川军伤亡惨重，无法再战，28 日，泗安失陷。二十三集团军主力继续在泗安西与日军作战，次日退往广德以东。

11 月 27—29 日，日军开始“围攻”广德。据参加战斗的黄应乾回忆：“攻广德之敌约 4000 余人，挟其机炮优势，冒死进逼，并以飞机 27 架整天轮番轰炸，工事尽毁，城舍为墟。潘文华率领饶国华师长、田冠五旅长等与敌激战甚烈，士兵英勇，坚强抵抗。”[③] 但战斗中第一四五师刘洪斋团竟抗令不遵，擅自后撤，以致守军阵线瓦解。30 日，广德陷落，饶国华师长抱恨自杀。当日，第七战区司令官刘湘的反击令与陈诚的撤退令同时下达，大部分部队按陈诚的命令开始转移，第一四六师师长刘兆黎未接到陈

① 《淞沪会战蒋介石文电》（1937 年 11 月 21 日），中国第二历史档案馆藏，全宗号：787。

② 《淞沪会战蒋介石文电》（1937 年 11 月 21 日），中国第二历史档案馆藏，全宗号：787。

③ 戴峰、周明：《战上海一九三七：淞沪战役作战始末》下册，第 88 页。

诚的命令，仍按刘湘之命令于当夜率第四三八旅突袭刚占领泗安的日军，歼灭日军数十人，俘获大批武器装备，夺回泗安。当他们发现友军已撤退后才向广德方向撤退，追赶主力。

日军第十军攻下广德后，按计划未再追击向皖南撤退的中国军队，而以主力北上芜湖、当涂，准备与沿宁沪线西进之上海派遣军合力“围攻”南京。12 月 2 日，日华中方面军各部队均已按计划占领了攻击南京的前进据点。中国第三战区、第七战区的部队均撤离锡澄线及宜兴、广德等地，退往南京及安徽腹地。

八一三淞沪抗战至此结束。“与此同时，日本指挥官各自为战，开始无序地向南京冲击。”① 南京保卫战即将拉开序幕。

四 八一三淞沪战役的意义

七七事变爆发后，中国政府决心全面抵抗日本侵略，保卫上海、拱卫首都南京。此役中方投入德式训练装备的中央军主力部队和大批地方部队，总计约 70 万兵力，在水网密布的长江三角洲地区，奋勇与日军作战。而日本则先后在淞沪战场投入陆海空与特种兵部队近 30 万人，动用舰船 130 余艘，飞机 400 余架，战车 300 余辆，准备在“1 个月内占领上海”。中国官兵不畏日军的坚船利炮及凶猛火力，拼死作战，在日军海陆空强大火力网的侵袭下，守军整团、整营的部队牺牲在前线，淞沪战场被外媒称为“血肉磨坊”、“绞肉机”。虽然战役最后失败，但在这次战役中，日军受到中国军队的重创，伤亡 6 万多人，被击毁、击伤飞机 200 多架，舰船 20 余艘。中国军队则有 30 万余的将士为保卫祖国献出了鲜血与生命！

战役最后，中方没有达到预期的目的，反由主动变为被动，其中原因是多方面的。从宏观角度看，当时中国的综合国力与军力都比不过日方，暂时的局部的失败在所难免，对于这一点中国最高统帅部是有足够认识的。从具体战役指挥上看，中国方面在如此狭窄的江南水网地带投入 70 万重兵与强大的敌人开展拼消耗的阵地战，使中方主力战斗部队遭受了巨大的损失，很快归于失败，甚至对整个抗战初期正面战场都产生了不利影

① 〔英〕方德万：《中国的民族主义和战争（1925—1945）》，胡允桓译，三联书店，2007，第 307 页。

响。这不能不视为一个重大失误，因为它违背了保存自己消灭敌人的持久抗战原则。此外，中方作战指挥系统叠床架屋、层次繁多，各级指挥机构责任不清，最高统帅不顾战事实际，受非军事的诸种因素影响，朝令夕改，甚至插手一团一营的调动部署，使前线指挥官无所适从。特别是对腹背要地杭州湾疏于防守，使日军得以偷袭成功，最终导致战线瓦解溃败。而在指挥退却时，最高指挥官又下令过迟、指挥无方，使部队脱离掌握，造成毫无秩序的大溃逃，将两道既成国防工事完全放弃，损失惨重，教训深刻。

日本方面虽然战前在上海没有充分准备，也没有进行大战的计划，但在开战后随着战事扩大而倾全力参战，上海逐步成为其侵华主战场，增加兵力最终达30万之多，并利用淞沪战场胜利的优势，迅速展开对南京及相邻地区的攻击。日本政府内阁的决策也相应由“在上海附近以击退敌人胜利结束战局”升级为“放弃不扩大方针”，最后成为“不以国民政府为对手”，纵兵攻陷中国首都南京。由于不断“扩大作战”的需要，日军从本土、中国台湾、朝鲜、中国东北和华北战场抽调了大批援军参战。日本政府初期规定的“十月底前结束战事”的时限及“不得越过苏州—嘉兴线以东”的地域限制也随之废除，日军由此直趋南京。上海战役的结果是日方从中方手中夺取了战争主动权。但日方的这些胜利是战役与战术层面的。

国民政府发动上海抗战的目的，依事前计划，在战术上是以积极的攻势清除日军在沪部队，封锁海洋，保卫宁沪安全。据史料判断，也具有吸引华北日军分兵南下的意图，最后在客观上达成了这一目的。①

八一三淞沪会战，给多年来在中国大地骄横肆虐的日本侵略者以迎头痛击。1937年，日本全国总兵力是108.4万，但八一三战役爆发后日方陆续派往上海战场的已达30余万之众，占全部兵力的30%，由此可见此战役规模及重要性之空前。在淞沪战场，日军被迫4次大规模增兵，使日军无法将兵力集中使用，减轻了华北战场中国军队的压力，日军还被迫取消了山东作战计划。自八一三淞沪会战之后，日本一步步滑入侵略战争的泥淖，走向最终灭亡之路。

① 此期日军在华北与上海两个战场兵力情况变化为：8月，日军在华北为9个师团，上海为2个师团；9月，华北为8个师团，上海为5个师团；9月5日日军统帅部决定抽调华北兵力南下，“把主作战转移到上海方面”，华北日军减为7个师团，上海日军则增为9个师团。《抗战史料丛稿》第十种《战纪·上海之战》第3册，中国第二历史档案馆藏。

八一三淞沪之战，中国军队英勇抵抗日军长达3个月之久，不仅粉碎了日军“三个月灭华”的梦想，也使中国有时间将沿海城市的工业内迁，文化、教育、科研机构和人员得以向后方内地迁移，为保存中国的经济文化力量根基，为持久抗战打下了必需的基础。

八一三淞沪战役获得了全中国人民的支持，社会各界民众积极支援前线，以各种方式踊跃劳军，中国人民团结一致反抗外来侵略、争取民族独立的精神得到空前展现，为全面、持久抗战打下了坚实的根基。同时，在国际上扩大了中国抵抗法西斯侵略的影响，赢得了世界舆论的同情和关注，为后来中国跻身世界反法西斯同盟国奠定了基础。

对于八一三淞沪战役是否为中方战前的谋略，以及此役是否具有“引敌南下”，改变日军侵华路线从由北向南到由东向西的战略意图，学界仍存争论。不过，我们从战前军事战略家蒋百里、德国军事总顾问法肯豪森等人给蒋介石的书面报告、建议等档案中，可以看出持久抗战、节节抵抗、主战长江、退守四川的“战前谋略”确实存在，而八一三淞沪战役前后日军在华北与淞沪战场兵力之逆转，以及其后的抗日正面战场作战史，在在证明了“引敌南下”战略的存在与成功。①

第三节 中国空军的英勇出击

日本发动全面侵华战争，在以地面部队发动大举进攻的同时，凭借优势空中力量以有力配合，急欲实现其速战速决的企图。在实力对比悬殊的情况下，中国空军不畏强敌，同入侵的日本陆海军航空队进行了多次殊死搏斗，取得了可观的战绩。在空战之初，中国空军以其英勇出击一度占据主动，但在日军航空部队有增无已的情况下，形势发生逆转，中国空军在作战中消耗剧增，而无法得到及时补充，逐步陷于艰难境地。

① 参见马振犊《八一三淞沪战役起因辩证》（《近代史研究》1986年第6期）、《1936—1937年国民党政府国防作战计划剖析》（《民国档案与民国史学术讨论会论文集》，档案出版社，1988）、《开辟淞沪战场有无“引敌南下”战略意图》（《抗日战争研究》1994年第2期）、《平心静论“八一三”》（《抗日战争研究》2001年第1期）、《中国的抗日战略》（《战略与历次战役》，社会科学文献出版社，2009）以及《惨胜——抗战正面战场大写意》（广西师范大学出版社，1993）等，还可参考余子道《论抗战初期正面战场作战中心之转移》（《抗日战争研究》1992年第3期）等著述。

一 对比悬殊的中日军事航空力量

全国抗战爆发前，国民政府军事当局认识到："空军在现代国防上已居于领导的地位，立体的战争，将决于优势的空军，没有强力的空军，便谈不到自卫。"① 为此，国民政府努力加快空军建设步伐，并取得了一定成效，但同当时处于世界领先水平的日军航空兵相比，差距仍然很大，实力对比悬殊。

1. 强势逞凶的日本航空部队

日本为实现军国主义扩张企图，十分注重发展军事航空力量，"欲利用其空军兵力，载重致远之轰炸队，以攻势作战"。② 日本军事航空建设始于 1904 年，经过多年建设，"日本空军不仅编制改新，同时加以扩充，并为适应列强之军备竞争，在空军之性能与威力上亦已加以改良"。③ 到 1937 年发动全面侵华战争时，日军已拥有一支强大的空中攻击力量。

从建制上看，"日本军事航空，没有独立成为空军，系分隶于陆海军"。④ 1915 年，日本正式成立陆军航空本部，编成陆军航空第一队。第一次世界大战结束后，日本陆军航空队日益发展壮大，至 1937 年 7 月，"陆军的航空兵团编有四个飞行团，下辖十六个飞行联队"。⑤ 合计战斗机 20 个中队，侦察机 15 个中队，轻轰炸机 6 个中队，重轰炸机 8 个中队，轰炸机、侦察机混合中队 3 个。此外，各联队部（除侦察机联队）还编有直辖的运输机、轻轰炸机各 1 架。这样，日本陆军此时拥有作战飞机 1156 架，其中战斗机 432 架、侦察机 216 架、轻轰炸机 180 架、重轰炸机 128 架、预备机 200 架。⑥

1916 年，日本海军继陆军之后成立了航空本部，发展重点是建立一支以航空母舰为中心的攻击力量。日本海军航空兵，可分海上（舰载）部队

---

① 《抗战中的中国空军》（1947 年 8 月），中国第二历史档案馆编《抗日战争正面战场》（下），凤凰出版社，2005，第 2041 页。按，《抗日战争正面战场》一书有 1987 年和 2005 年两个版本。以下 1987 年版不加注年份，2005 年版加注年份，以作区分。

② 《日军空军装备之现状》，中国第二历史档案馆藏，全宗号：787，案卷号：17021。

③ 《日军空军装备之现状》，中国第二历史档案馆藏，全宗号：787，案卷号：17021。

④ 贺耀组：《航空与防空》，出版地不详，1944，第 32 页。

⑤ 周至柔：《世界空军军备》，青年出版社，1940，第 158 页。

⑥ 唐学锋：《中国空军抗战史》，四川大学出版社，2000，第 67 页。

和陆上部队两种，以中队为基本作战单位。至1937年7月，日本海军航空兵力合计为“陆上部队，计有十三个航空队，下辖六十一中队；舰载部队，计有航空母舰六艘，水机供应舰三艘，水机补助供应舰三艘。”① 其海上航空兵力编制主要包括“赤城”号、“加贺”号、“凤翔”号、“龙骧”号、“神威”号、“苍龙”号航空母舰六艘，“能登吕”号、“千岁”号水上机母舰两艘。② 配备飞机629架（含补用机），舰载机预计291架，实际搭载182架（其中航空母舰上编有130架）。③ 日本海军航空队的飞机数量虽不如陆军航空队，然而，“海军航空队的装备、素质均比陆军航空队精良”。④

从武器装备来看，日本陆海军航空队初期的建设，主要依靠进口外国飞机，与世界列强的空军相比，还存在较大差距。1920年代后，日本加快了航空建设的步伐，飞机来源由依靠进口逐步转向仿制，继而进行自主研制，形成了完整独立的航空工业体系，对军事航空的发展提供了强力支撑。经过多年建设，日本陆续建成中岛飞行机株式会社、三菱航空株式会社、川崎航空机工业株式会社等七家飞机制造厂。到1937年，日本的军用飞机90%以上为自己制造，且在当时世界居于领先水平。例如，三菱重工业公司于1937年开始设计的“零”式战斗机，首次采用全封闭可收放起落架、大口径机关炮、气泡形座舱和可抛弃的大型副油箱等设备，其机动性能和续航力无可匹敌，携带炸弹的“零”式还可作为战斗轰炸机使用。⑤ 在轰炸机发展方面，日本从作战需要出发，通过研制远程轰炸机着力解决大范围内的空中轰炸问题，如97式轻轰炸机Ⅱ型和99式重轰炸机Ⅱ型，续航力分别达2400公里和2800公里。为加强空袭的威力，日本还加大了炸弹的研发力度，并着力研制瓦斯弹和照明炸弹，“主要瓦斯弹为五十公斤，据说亦有十五公斤重者，系用刺激性瓦斯装填之爆炸弹”，“照明炸弹用以照明目标及夜间侦察”。⑥ 凭借世界领先水平的飞机和威力巨大的炸

---

① 周至柔：《世界空军军备》，第158—159页。

② 唐学锋：《中国空军抗战史》，第67页。

③ 《日本海军在中国作战史》，第153—154页。

④ 〔日〕稻叶正夫编《冈村宁次回忆录》，天津市政协编译委员会译，中华书局，1981，第344页。

⑤ 陈贵春主编《军用飞机》，解放军出版社，2008，第168—169页。

⑥ 《日本空军装备之现状》，中国第二历史档案馆藏，全宗号：787，案卷号：17021。

弹、燃烧弹，日本陆海军航空队在空中战场大逞其凶。

2. 艰难发展的中国空军

1909年9月，冯如驾机试飞成功，实现了中国人翱翔蓝天的愿望，揭开了中国航空史的第一页。辛亥革命后，民国政权也努力推动中国航空事业，发展中国空军。为适应战争的需要，形形色色的航空队在军阀割据的各地应运而生。至此，中国空军虽无法与世界先进国家空军发展潮流同步，但已进入萌发阶段。

1928年，南京国民政府完成全国统一，中国空军由萌发进入形成阶段。1929年4月，南京国民政府为了加强中央空军建设，控制各实力派的空军，在南京召开了全国航空会议。会议主要按照蒋介石的意图作出扩建空军力量的8项议案：①国防空军之扩张；②航空行政之统一；③航空人才之培养；④民间航空之奖励；⑤航空工业之发展；⑥航空预算之追加；⑦航空技术之增进；⑧航空场站之增设。[①] 1932年军事委员会制定《国防空军建设五年计划及预算大纲》，指出："我国空军仅具雏形，日本窥我空虚，攻我弱点，侵占我土地，蹂躏我名城，运用少数飞机而我已感重大压迫，时亟事危，则我应急起直追，作相当抵抗已属毫无疑义。"[②] 决定加大空军建设步伐，计划"以能于五年期内完成空军十二联队，能巩固空防为最大目的，每一联队辖五中队，每中队飞机十八架，每机飞航员二员，机械员二员，计七十二人，总五年之内造成飞行、机械各员四千余人，飞机一千零八架"，并对航空场站建设、油料供应等事宜做出相应规划。[③]

经过几年的建设和调整，中国政府空军体制日渐完备，继1928年11月军委会航空处扩大为航空署后，又于1934年5月成立航空委员会，由蒋介石亲自兼任委员长，空军组织指挥机构趋于完备。在航空委员会的努力和推动下，中国政府空军建设初具规模，其间向多国订购的300多架飞机陆续抵华。[④] 1936年5月，航委会划定全国6个空军区，确定各区的实力、配备与编制。8月，广东空军并入中央空军后，空军共编组为9个大队、35个中队，编制飞行员600多人、机械技术人员230名，装备"霍克"、

① 高晓星、时平：《民国空军的航迹》，海潮出版社，1992，第109页。

② 《空军五年建设及防空计划》，中国第二历史档案馆藏，全宗号：787，案卷号：16963。

③ 《空军五年建设及防空计划》，中国第二历史档案馆藏，全宗号：787，案卷号：16963。

④ 姜长英：《中国航空史》，西北工业大学出版社，1987，第89页。

"可塞"、"容克"、"道格拉斯"、"波音"、"羊城"、"复兴"等各式飞机305架。[①] 同时，空军的场站、航空修造工厂及后勤保障设施也基本配套。至全国抗战爆发前，国民政府共修建空军机场262个，重要场站备有汽车、医疗设施等。[②] 此外，全国抗战爆发前，国民政府航委会建立了第一飞机制造厂、第二飞机制造厂、中央杭州飞机制造厂、贵州发动机制造厂、航空保险伞和11个航空修理厂，共设置6个航空器材库，组建了中央航空学校、空军机械学校等，为空军培养专门人才，并向美、德、意等国选派空军留学生。

在全国抗战爆发前，中国政府空军建设初具规模，为全国抗战中抵御日本军队的空中侵袭做了基本的准备。但是，中国工业和综合国力落后，空军飞机多数购自国外，机种繁多，维修不易，常常因缺少零部件而使飞机长期搁置。加上一些中国经办官员收取回扣，营私舞弊，所购飞机不少为价高质次。当时国民政府虽然建立了一些航空修造工厂，但还没有形成自制作战飞机和供应空军技术装备、军需物资的工业基础，战时补充必须依赖国外进口。同时，国民政府建立空军首先是用于内战，着眼点只是在提高攻击地面目标的技术，"大量使用单座战斗兼轰炸的飞机，不是高速度的和爬升性能或机动性能良好的歼击飞机"，[③] 飞行员缺乏空战的训练，补充能力也十分有限。因而，与日本陆、海军航空队相比，中国空军无论是飞机的数量、质量和装备的保障潜力，还是飞行员的技术战术水平以及补充能力，均有很大的差距。

二　中国空军奋勇抗击和"八一四"空战

日本发动全面侵华战争后，陆军参谋本部和海军军令部即于1937年7月订立《陆海军航空协定》，要求于开战之初即一举急袭歼灭中国空军实力，夺取制空权。为了应对日军侵略，"当时我空军即作严密之部署，准备随时应援冀北军事"。[④] 国民政府制定的空军作战方针为："集中使用，奇袭敌空军根据地，逐渐消灭敌空军之实力，而作持久战、间接协助陆军

① 姜长英：《中国航空史》，第90页。

② 华强、奚纪荣、孟庆龙：《中国空军百年史》，上海人民出版社，2006，第88页。

③ 华强、奚纪荣、孟庆龙：《中国空军百年史》，第95页。

④ 《抗战中的中国空军》（1947年8月），《抗日战争正面战场》（下），2005，第2025页。

取胜为目的。"[①] 8月上旬，华东形势骤然紧张，“空军当局遂不得不变更计划，转移空军主力于京沪地区，以拱卫首都畿区安全”。[②] 不久，中日空战在淞沪地区打响。

淞沪会战初期，张治中在致蒋介石、何应钦的密电中表明：“职见一般对空军似有微词，如能以此役发挥我空军极大威力，则可稍一振中外人士之视听，幸甚，祷甚。"[③] 8月13日，国民政府军事当局下达《空军作战命令第一号》，强调：“空军对多年来侵略之敌，有协助我陆军消灭盘踞我上海之敌海陆空军及根据地之任务。"[④] 8月14日凌晨起，中国空军各部队奉命出击，正式开始对日作战。

当日3时30分，刘粹刚首先率第二十四中队9架“霍克-3”式驱逐机从扬州起飞，沿长江向东搜索，飞至川沙县白龙港附近时，发现敌舰1艘，即投弹击中敌舰尾部。7时，暂编大队第三十五中队的5架侦察机从笕桥出发，袭击了设在上海日商公大纱厂内的军械库，“整个上海都震动了”。[⑤] 8时许，第二大队副大队长孙桐岗带领21架“诺斯罗普”式轰炸机从安徽广德启程，进击黄浦江上的敌舰，“出云旗舰尾部中了弹创，敌舰第一次受到了膺惩，同时，在汇山码头上空，又扔下炸弹，杨树浦江边火光高烛”。[⑥] 9时许，第五大队大队长丁纪徐率领驱逐机8架出击，在南通附近击中敌驱逐舰1艘。“经过一段时间的沉寂，下午2时20分，刘粹刚飞临闸北，再度攻击烟火未息的公大纱厂和敌司令部兵营。"[⑦] 与此同时，第三十五中队的3架侦察机在中队长许思廉指挥下，再度袭击公大纱厂，使敌军准备在此修建临时机场的工程被迫中断。

为了报复中国空军，日本海军第三舰队司令官长谷川清命令驻台北的鹿屋航空队以9架“九六式”陆上攻击机，分别组成广德空袭队和杭州空袭队，即行飞往预定目标。14日18时30分，敌杭州空袭队飞抵笕桥机场上空，遭到中国空军的有力拦截。迎战日机的中国空军第四大队，刚刚奉

---

① 高晓星、时平：《民国空军的航迹》，第253页。
② 《抗战中的中国空军》（1947年8月），《抗日战争正面战场》（下），2005，第2025页。
③ 高晓星、时平：《民国空军的航迹》，第254页。
④ 高晓星、时平：《民国空军的航迹》，第254页。
⑤ 《抗战中的中国空军》（1947年8月），《抗日战争正面战场》（下），2005，第2026页。
⑥ 《抗战中的中国空军》（1947年8月），《抗日战争正面战场》（下），2005，第2026页。
⑦ 《抗战中的中国空军》（1947年8月），《抗日战争正面战场》（下），2005，第2026页。

命移防笕桥机场，多数还未及加油，敌机逼近的警报就拉响了。从南京接受命令后赶来的大队长高志航第一个驾机升空，首先咬住了一架敌机，在分队长谭文的配合下，一举将其击落。这是中国飞行员在空战中击落的第一架敌机。接着，“分队长郑少愚击落敌机一架，队长李桂丹，队员柳哲生、王文骅共同击落一架”，[①] 其余敌机落荒而逃。在广德上空，第三十四中队中队长周庭芳虽单机力薄，仍英勇攻击，击伤敌机 1 架并致使其在基隆港水面迫降沉没。

是日，中国空军多次袭击了淞沪地区的日本海军舰艇及陆战队据点，并取得了中日空战的首次胜利。“中国空军创造了不朽的第一天，于是为了纪念空军在抗战中的牺牲，‘八一四’决定为‘空军节’。”[②]

三 争夺华东制空权

随着淞沪会战的展开，中日两军为争夺华东制空权展开了空前规模的激战。日本海军在华东地区没有陆上基地，其陆上航空队主要从台湾、济州岛甚至本国的机场起飞，航程太长。日本航空母舰及其他军舰上的飞机毕竟有限，尤其是轰炸能力不足。淞沪会战爆发后，日本海军力图在上海开辟陆上机场，作为航空队的前进基地。日本陆军航空队起初也因没有机场而未能前来华东作战。中国空军针锋相对，集中主力打击敌航空队，阻止敌军在上海地区建立机场。

日本海军不甘心 8 月 14 日在杭州上空的失败，于次日对中国空军进行大规模的报复。7 时 20 分，鹿屋航空队攻击机 14 架从台北出发，攻击南昌机场。9 时 10 分，木更津航空队攻击机 20 架从大村机场出发，袭击南京大校场和明故宫机场；45 架舰载轰炸机从“加贺”号航空母舰上起飞，分头扑向浙江的 4 个机场。前日作战后仅休息了两三个小时的中国空军第四大队全体官兵不顾疲劳，立即升空拦截前来轰炸笕桥的日机编队。队长高志航身先士卒，在臂膀受伤的情况下，一鼓作气打下 2 架敌机；第二十一中队分队长乐以琴迅猛杀入敌机群，先后击中 4 架敌机；第二十二中队少尉梁添成初次上阵即创下击落 2 架敌机的佳绩。袭击南京的日本海军木

---

① 刘俊：《空防与国防》，台北，中央文物供应社，1982，第 61—62 页。

② 《抗战中的中国空军》（1947 年 8 月），《抗日战争正面战场》（下），2005，第 2027 页。

更津航空队也遭到了中国空军飞机及地面高射炮的拦截，被击落5架。8月15日的空战，中国空军共击落日机13架，“其战果之辉煌已使世界震惊，而敌寇从此也不敢小视我甫经成长的空军”。①

8月中旬以后，中国空军继续出击，配合地面部队作战。8月17日，第五大队奉命执行轰炸日军陆战队司令部的艰巨任务，第二十五中队副队长董明德率8架“霍克”式驱逐机，冲破密集的高射火力网，勇猛攻击敌军阵地。激战中，阎海文因座机被日军高炮击中而弃机跳伞，不幸被风吹至敌人阵地。当敌人蜂拥包围上来时，阎海文沉着地用所佩手枪击倒5名日本兵，随后用最后一颗子弹射入自己的头部，令在场的日本兵颇为震惊。后来，日本海军在大场附近特意为阎海文建墓厚葬，日报则惊呼：“中国已非昔日之支那。”②

在淞沪会战初期，中国空军多次主动出击，给予侵华日军海军舰船及陆战队一定打击，策应了地面部队作战。自8月14日至31日，中国空军共袭击67次，空战12次，击落敌机61架，击中敌舰船10艘。③ 9月间，中国空军共出击46次，空战15次，击落敌机20架，击中敌舰船38艘。④尤其是在9月18日，中国空军于当夜调动了几乎所有能够出动的作战飞机，猛轰上海汇山码头和杨浦等地日军目标，致其阵地5处着火燃烧，2艘军舰遭到重创，损失军火价值700万元。然而，由于中国空军缺乏重轰炸机，使用的多是轻轰炸机，甚至是驱逐机或侦察机，载弹量小，威力有限，加上日军防空火力较强，未能给敌以致命打击。至9月中旬，随着日本海军第二舰队的66架飞机和陆军第三飞行团的37架飞机调至华东地区，以及日军飞机开始使用陆上机场，而中国空军飞机大量消耗却难以补充，华东地区的空战形势发生急剧变化，制空权逐渐被日军掌握。

四 苦力死拼卫守南京

日军在掌握华东地区制空权后，屡屡对中国政府首都南京进行猛烈空袭。10月6日，日本海军第二舰队18架飞机飞临南京，因未遇到中国空

---

① 《抗战中的中国空军》（1947年8月），《抗日战争正面战场》（下），2005，第2028页。

② 高晓星、时平：《民国空军的航迹》，第261页。

③ 高晓星、时平：《民国空军的航迹》，第266页。

④ 高晓星、时平：《民国空军的航迹》，第269页。

军抵抗，十分猖獗，投弹之后还在空中做特技飞行，以炫耀武力。第二十四中队中队长刘粹刚见状，怒不可遏，单机起飞，迎战众敌，击落日机一架。10 月 12 日，日军 9 架轰炸机在 6 架战斗机掩护下，再犯南京。交战中，刘粹刚凭着过硬的飞行技术和超人的胆略，将敌机打得凌空开花，坠毁于水佐营。10 月 14 日，日本海军第十三航空队派轰炸机袭击南京，中国空军第三大队驱逐机升空阻击，飞行员范涛、张韬良在空战中牺牲。

经过两个多月的作战，中国空军原有的 300 余架作战飞机消耗殆尽，到 10 月 22 日，仅剩 81 架，其中还有不少是无法战斗的待修飞机。而日本陆、海军航空队却不断获得补充，空中优势更加明显。10 月 26 日，侵沪日军向大场中国守军发动总攻，竟同时动用了 150 架飞机对中国阵地进行狂轰滥炸，令中国军队蒙受巨大损失。此时，中国空军却是心有余而力不足，无法突破敌军的空中防线前来作战。11 月 12 日，上海陷落，中国守军全面退却。

12 月 3 日，日本陆、海军航空队联合突袭南京，中国空军第二十一中队中队长董明德、副中队长乐以琴驾机同苏联志愿航空队一起升空拦截敌机。在这场敌我力量对比悬殊的空战中，乐以琴一度以漂亮的飞行动作甩开敌机包围，致使两架敌机相互碰撞，但终因敌机太多，不幸中弹，为捍卫祖国的领空献出了年轻的生命。董明德驾驶着南京机场上唯一一架中国驱逐机，升空与敌机缠斗鏖战，直到子弹打光。在卫守南京的作战中，中、苏飞行员共击落敌机 20 架。然而，他们力量毕竟太小了。在日军侵入南京前夕，幸存的中、苏飞机被迫撤离。

第四节 退守中的南京保卫战

一 不得不守的危城南京

上海失守后，日本华中方面军决定“利用目前形势攻占南京，当在华中方面结束作战”。12 月 1 日，日军大本营下达“大陆令”第 8 号，命令华中方面军与海军协同，兵分三路，攻占中国首都南京。

11 月 16 日，南京国民政府下令中央党、政各机关与南京市政府各机构、工厂学校撤离南京。20 日，国民政府发表《国民政府移驻重庆的宣言》，称：“国民政府兹为适应战况，统筹全局，长期抗战起见，本日移驻重庆，此后将以最广大之规模，从事更持久之战斗。”①

从军事角度观察，南京城三面环水一面临山，本身没有纵深和持久的防守可能，因此蒋介石对于南京撤退的计划早有心理准备。但是他又考虑到作为一国之都，不守即退，无法向国人交待，更有损“国体”与“国威”，况且，蒋介石也是希望以坚持抗战的决心和行动来赢得国际的支援，为此，他曾在日记中写道：“南京孤城不能守，然不能不守，对上、对下、对国、对民，殊难为怀也。”②

蒋介石最终确定防守南京的方针是“短期固守”，具体就是：“南京守城，非守与不守之问题，而是固守之时间问题。在敌军火力优势，长江得自由航行之情势下，欲期保持，颇属难能，故只可希望较短时间之防守”，“既作短时间守城之望，则不必将全部之基干部队，全部牺牲，须预为撤退之掩护”。“若是至不得已放弃南京时，各防守部队撤退，得有掩护。”③

11 月 16 日夜，蒋介石在南京主持召开军事会议，研究南京保卫战和指挥官人选。在无人响应的情况下，已经多年不带兵的训练总监部总监唐生智挺身而出，主动表示愿承担守城责任，蒋介石立即委任其为南京卫戍司令，负责组建卫戍司令部，指挥南京保卫战。④

11 月底，参加淞沪战役的一部分部队相继撤退到南京附近的句容、汤水等一带，唐生智报经蒋介石核准参加南京保卫战。至 12 月 6 日，战斗序列从最初的 3 个军扩大至共计 7 个军、14 个师及配属单位约计 11 万人。但是，其中主体是刚从淞沪战场撤退下来的部队，战斗力状况大不如前。

最终组成的南京保卫战作战序列为：第二军团徐源泉部，下辖第四十一、四十八师；第六十六军叶肇部，下辖第一五九、一六〇师；第七十一军王敬久部，下辖第八十七师；第七十二军孙元良部，下辖第八十八师；第七十四军俞济时部，下辖第五十一、五十八师；第七十八军宋希濂部，下辖第三十六师；第八十三军邓龙光部，下辖第一五四、一五六师；教导

① 《国民公报》1937 年 11 月 21 日。

② 秦孝仪主编《总统蒋公大事长编初稿》卷 4（上），台北，中国国民党中央委员会党史委员会，1978，第 145 页。

③ 第三战区长官司令部编制《抗战纪实》，中国第二历史档案馆藏，全宗号：787。

④ 《蒋介石颁布首都卫戍部队战斗序列代电》（1937 年 11 月 25 日），中国第二历史档案馆藏，全宗号：787。

总队桂永清部，下辖第一〇三、一一二师。[①]

11 月 25 日，唐生智召开新闻发布会，慨然宣称："本人奉命保卫南京，至少有两件事最有把握：第一，本人及所属部队，势当寸土必争，不惜牺牲于南京保卫战中；第二，此种牺牲定将使敌人付出莫大之代价。"[②] 为此，唐生智迅速制定《首都保卫军作战计划》，[③] 命令各部赶筑工事。

根据《第三战区南京会战经过概要》所载，12 月初南京守城部队配备情况是：（1）主阵地，板桥至淳化镇之线，以七十四军之两师担任，孟塘至龙潭之线，以八十三军担任（后改为十军担任）；（2）复廓阵地，狮子山及城北一带，由三十六师担任，安德门至雨花台，由八十八师担任，河定桥至工兵学校，由八十七师担任，其北经紫金山前缘至蒋王庙，由教导总队担任。[④]

就当时部署情况分析，这份计划相对来说是比较完备的。然而，它缺乏一极其重要的内容，那就是一旦城破，大部队如何安全撤退的设计。对此，唐生智仅以"置于死地而后生"的简单思维，下令渡江北撤之路断绝，并将南京江岸边的船只撤向江北，同时命令扼守江边的部队，不许守城部队擅自通过，造成了后来的惨剧。然而唐生智还是秘密给自己和指挥部留下了一艘小火轮。

12 月 7 日，蒋介石撤离了南京。行前蒋介石许诺将带云南援军前来救援，而唐生智则继续发誓"临危不乱，临难不苟，没有委员长的命令，我绝不会撤退！"

二　惨烈的南京保卫战

1. 南京外围攻防战

12 月初，日军兵分多路，依次攻击到句容、淳化、秣陵关等南京城东外围地区。负责防守句容、汤山一线的是广东部队第六十六军叶肇部。5 日拂晓，守军与敌交火，日军当晚兵分两路展开进攻，一部进行正面攻击，另一部由土桥镇转向新塘市迂回。6 日拂晓，日军对新塘阵地四面包

① 《南京保卫战战斗详报》（1937 年 12 月），《抗日战争正面战场》（上），第 405—406 页。

② 居亦侨：《跟随蒋介石十二年》，湖南人民出版社，1988，第 147—148 页。

③ 《首都保卫军作战计划》（1937 年 11 月），中国第二历史档案馆藏，全宗号：787。

④ 《第三战区南京会战经过概要》（1937 年），《抗日战争正面战场》（上），第 415 页。

围，守军陷入重围，晚7时，守军部队被迫突围，句容失守。随后，日军迅速推进至汤山镇。守军第一线阵地不断受到日军猛烈攻击，各处陆续被日军突破。不得已，守军撤退到第二线阵地，固守汤山及汤水镇。8日，日军对汤山第二道防线发起猛攻。守军始终牢牢守住汤山及两侧高地。当日下午4时，司令长官部又下达转移阵地命令：第八十三军第一五六师及第三十六师一团，在青龙山、龙王山一线掩护撤退，第六十六军主力撤至燕子矶、大水关附近集结整理待命。① 于是，汤山被日军占领。当时唐生智的想法是将日军引到南京城复廓阵地来决战，这未免高估了守军的力量。

日军第九师团第十八旅团从句容方向突破索墅镇，渐次推进至淳化镇一带。负责守备湖熟、淳化镇的是第七十四军俞济时部，这是中国军队装备较好的一个军。他们以国防工事为主，构筑野战阵地，以一部置于高桥门、河定桥之线，构筑预备阵地，于湖熟镇派出警戒部队，严密监视，左与六十六军、右与五十八师协同作战。②

7日早上，由湖熟北进的日军开始发动攻击，企图从左翼突入以威胁淳化的侧背。经守军将士彻夜激战拼死抵抗，日军被迫退出阵地。次日早，日军由湖熟调来援军2000多人，在飞机、炮兵和坦克的掩护下再向淳化发起猛攻。守军奋勇抗战，伤亡过半。8日下午，淳化失守。

此时在南京城南外围阵地，负责守备牛首山制高点阵地的是第七十四军第五十八师冯圣法部，其左为第五十一师阵地，右为第八十八师阵地。

7日，日军向牛首山发起猛攻。第五十八师借助居高临下的地理优势，以手榴弹和火炮阻截日军的机械化部队。8日，日军以40余辆坦克为先导，向将军山发起猛攻，守军奋力防御，击毁日军战车6辆。下午，守军因伤亡惨重，被迫由江宁镇向板桥镇方向后撤。9日，第五十八师与日军继续激战，但因右侧友军撤退，日军一部进占大胜关，且有沿江北犯的企图。第五十八师成为孤军，为避免被围歼，于当晚撤退。

至此，位于南京东、南两面的外廓弧形阵地，已有多处被日军突破。为“集中兵力，固守南京”，唐生智决定收缩阵地，令部队退向复廓一线

① 《南京卫戍战斗详报》，中国第二历史档案馆藏，全宗号：787。

② 《第五十一师战斗详报》（1938年1月），《抗日战争正面战场》（上），第426页。

阵地与南京城内。[①] 南京保卫战自此进入核心阶段，金陵古城四面战火，面临一场旷世灾难。

9日拂晓，日军主力沿高桥门进攻光华门；南路日军在占领牛首山后，即向城南唯一的高地雨花台攻击；另两部日军也已攻击通济门及紫金山东麓，战事逼近南京近郊。

日军为不战而胜对守军实施了诱降。9日，松井石根派飞机向南京投撒《劝降书》，内称："百万皇军，业已席卷江南，南京城正处于包围之中。从整个战局大势看，今后的战斗有百害而无一利……日本军对负隅顽抗的人格杀勿论，但对一般无辜之良民及没有敌意的中国军队将是宽大为怀，并保障其安全。特别是对于东亚文化，更将竭尽全力予以保护……本司令官代表日本军，希望根据下列手续，与贵军和平地接交南京城。"[②]

唐生智断然拒绝《劝降书》，他重申全军要与阵地共存亡，命令将各部队所有船只全部收缴，断绝渡江退路。[③] 第七十八军即遵照命令，下令由下关守备部队同宪、警负责遵办，并出示布告，使各友军知照：①无司令长官公署通行证而渡江者，认为私行渡江；②私行渡江不服制止者，准一律拘捕转送核办。[④]

2. 复廓阵地保卫战

负责守卫南京东郊制高点紫金山的是有着蒋介石"铁卫队"之称、由桂永清指挥的教导总队，这支部队装备训练均佳，一部分参加了八一三淞沪战役，但主力留守南京，是南京卫戍军序列中最具战斗力的主力部队。

8日拂晓，日军升起侦察气球，大批日机向紫金山主阵地轰炸，日军炮兵、步兵集中火力向中国守军阵地攻击，其先遣装甲部队在红毛山附近发起猛烈进攻。教导总队奋勇还击，并组织狙击手炸毁日军装甲车，阵地稳固。而日军两个旅团在麒麟门一带，经过一天激战，占领了阵地，并继续向前推进，对中山陵中国守军发起进攻。中国守军英勇抵抗，伤亡惨重。至9日下午，教导总队不得已退守紫金山第二峰阵地，老虎洞遂告

① 《南京保卫战战斗详报》（1937年12月），《抗日战争正面战场》（上），第411页。

② 唐生智、刘斐等：《南京保卫战》。原刊载于南京日本商工会议所编的日文版《南京》，昭和十六年八月发行，第25—26页。

③ 《陆军第七十八军南京会战详报》（1938年1月）《抗日战争正面战场》（上），第422页。

④ 《陆军第七十八军南京会战详报》（1938年1月）《抗日战争正面战场》（上），第423页。

失守。

10日拂晓，日军继续向位于紫金山南麓的第二峰、孝陵卫之西山阵地发动攻击。日军坦克部队兵分两路引导步兵向前猛冲，一路由孝陵卫街公路向守卫西山的第一团进攻，另一路则由灵谷寺向守卫中山陵、陵园新村的第三团发起攻击。教导总队与日军展开了激烈的争夺战，第一团战车防御炮连官兵全部壮烈牺牲。第二天，日军从镇江抽调援兵加入战斗。双方激战惨烈，守军将士浴血奋战。12日，教导总队第一旅第一团奉命放弃西山阵地，后撤至卫岗、中山门一带继续战斗；第二旅第三团放弃中山陵东侧阵地，退守天堡城、明孝陵东侧高地、梅花山高地以南地区；而据守紫金山二峰的第三旅第五团，撤离南京以前一直在峰顶固守。

在光华门通济门一线，日军敢死队在密集炮火掩护下推进到护城河边，几十名日军冲入光华门城门洞内。担任阵地指挥的教导总队队长桂永清亲自到午朝门战场督战，并在御道街上垒起几道工事准备与敌巷战。最后全歼突入城内之敌。据档案记载："光华门自佳（9日）至真（11日）被敌突破三次，先赖教导总队支持，继赖一五六师苦战，歼敌获械，幸告无恙。"①

9日拂晓，一部分日军到达光华门城外，迅速占领大校场和通光营房。此时，光华门的守军仅有教导总队的少数官兵。日军飞机十余架分别向光华门、通济门等处狂轰滥炸，同时将野山炮推进高桥门附近，向光华门轰击，"不一时，洞穿二穴"。一小部日军通过破洞冲进光华门内，"当时即有日军百余人在沙泥间爬入"，很快就被守军歼灭，此后城门是"随堵随破，几频［濒］于危者凡三数次"。② 守军增援部队赶到后，对日军发起猛烈反攻，"以我增援部队之沉着射击及友军教导总队之迫击炮命中精确，遂将已突进至光华门外护城河之敌击退"。③

次日，日军实施了报复性再攻，"光华门复被敌突破二次，但冲入城内之敌百余人，悉被歼灭"。④ 经过激战，光华门阵地的日军被击退，但少

---

① 《唐生智、罗卓英等人致钱大钧的密电》（1937年12月11日），中国第二历史档案馆藏，全宗号：787。

② 《南京保卫战战斗详报》（1937年12月），《抗日战争正面战场》（上），第411页。

③ 《宪兵司全部战斗详报》（1937年12月），《抗日战争正面战场》（上），第431页。

④ 《南京保卫战战斗详报》（1937年12月），《抗日战争正面战场》（上），第412页。

数潜入城门洞圈里的日军仍在做垂死抵抗。当晚，守军组织敢死队，以火攻等方式将躲在城门洞内日军全部消灭。经过 9 日、10 日两天的激战，日军伤亡惨重，11 日便将主力攻击目标转向雨花台、中华门一带。

雨花台是南京南线正面的重要防御阵地，负责坚守雨花台阵地的是第七十二军孙元良部和第七十四军第五十一师王耀武部下辖的三〇六团。南京卫戍司令部副司令长官罗卓英亲临中华门前线指挥。

9 日上午，日军以一个联队发起攻击，被守军击退。下午，日军增加一个联队再次发起进攻，守军第二六四旅旅长高致嵩亲率第五二八团两个营增援，"敌人横尸六七百具，被打退"。[①] 翌日，日军向雨花台、通济门、光华门、紫金山第三峰同时发起攻击，双方死伤惨重，雨花台阵地右翼"稍形动摇，失去阵地前要点三数处"。[②] 守军与日军反复冲杀，坚持到 11 日下午，守军右翼阵地被日军突破，中华门城门也被日军大炮击毁，有少数日军冲进城门。

12 日，日军向雨花台、中华门发动总攻。拂晓，"集中飞机百余架，大炮数十门"，[③] 配合数千步兵，以绝对优势兵力，分三路向雨花台阵地发起猛攻，守军各部与敌"反复肉搏，奋勇冲杀，屡进屡退，血肉横飞"。[④] 中午，雨花台主阵地被日军占领。第八十八师官兵大部分壮烈殉国。"团长韩宪元，营长黄琪、周鸿、符仪廷先后殉难；下午旅长朱赤、高致嵩，团长华品章，营长苏天俊、王宏烈、李强华亦以弹尽援绝，或自戕或阵亡，悲壮惨烈。"[⑤] 当晚，日军占领中华门。

位于中华门与水西门之间的赛公桥，是南京西南方向城墙拐角处的重要通道。负责防守赛公桥的中国部队为第七十四军第五十一师王耀武部。12 日拂晓，日军集中炮火轰击赛公桥及西南城角，"战况之烈，空前未有"。赛公桥被日军突破数次，经 3 个小时恶战，守军部队将赛公桥阵地恢复。战斗中，"击毁敌战车四辆，毙敌五百余名，获轻重机枪十余挺，步枪四十余支"，守军也付出惨重代价，"三〇二团团长程智阵亡，营长曹

① 唐生智、刘斐等：《南京保卫战》，第 185 页。

② 《南京保卫战战斗详报》（1937 年 12 月），《抗日战争正面战场》（上），第 412 页。

③ 秦孝仪主编《中华民国重要史料初编——对日抗战时期 第二编 作战经过》（2），第 239 页。

④ 《陆军第八十八师南京之役战斗详报》，中国第二历史档案馆藏，全宗号：787。

⑤ 《陆军第八十八师南京之役战斗详报》，中国第二历史档案馆藏，全宗号：787。

恕初受伤，连长以下伤亡一千七百余名”。[①] 直到南京卫戍司令长官部下达撤退命令时，赛公桥阵地仍然在我手中没有动摇。

3. 南京失陷

从城内外复廓阵地战斗开始，南京保卫战只进行了 4 天，战斗态势便急速恶化。12 月 11 日中午，唐生智接到了第三战区顾祝同的电话，转达蒋介石准予南京守军撤退的命令，要他渡江向津浦路撤退。当晚，蒋介石又发来电报，表示南京保卫战已经发挥了牵制日军的作用，“兹为尔后继续抗战计，如情势不能久持时可相机撤退”，[②] 同时命令守城部队主力从正面突围向宣城、浙西方向集结，无法突围的部队依次渡江至徐州，已令第一军胡宗南在浦口担任渡江掩护云云。

南京卫戍司令长官部随即制定撤退命令，下令撤退。[③] 命令下达后，唐生智不知出于何种目的，又追加了一道电话命令：第八十七师、八十八师、七十四师及教导总队诸部队，如不能全部突围，有轮渡时可过江，向滁州集结。这份补充令坏了大事，因各部队一时并未全部收到撤退令，只收到电话令，于是便选择最近的撤退路线，穿城拥向下关，都指望找船过江，近 10 万部队涌向挹江门，与守城门部队发生冲突，局面混乱，而作为司令官的唐生智，则自己先乘预留好的小火轮退往江北，脱离了战场。

此时，大量难民也涌向江边，寻船渡江，原拟定之撤退计划及路线根本无法执行。而江面上竟无一船。士兵与难民寻找各种各样的漂浮工具冒险渡江，随即遭到日军汽艇的疯狂扫射屠杀；部分士兵抛弃武器进入城内难民营躲藏起来。只有六十六军少数部队在敌军结合部地带突围成功，渡江撤向苏北。据统计，在撤退和滞留城中被日军屠杀的中国官兵数占整个战役伤亡数之 85%，[④] 由此可见撤兵无方是南京之役惨败的重要原因。

三 惨绝人寰的南京大屠杀

12 月 13 日，日本侵略军占领南京后，开始了惨绝人寰、震惊中外的

---

① 《第五十一师战斗详报》（1938 年 1 月），《抗日战争正面战场》（上），第 428 页。

② 张秉钧：《中国现代历次重要战役之研究——抗日战役述评》（1），台北，“国防部史政局”，1978，第 157 页。

③ 《唐生智的命令稿》（1937 年 12 月），《抗日战争正面战场》（上），第 401—402 页。

④ 孙宅巍：《如何评价南京保卫战》，《民国档案与民国史学术讨论会论文集》，档案出版社，1988，第 429 页。

南京大屠杀。他们手段的残暴狠毒是人类历史上罕见的，给中国人留下无法磨灭的痛苦回忆。

远东国际军事法庭对甲级战犯的判决书中写道："中国军队在南京陷落前就撤退了，因此所占领的是无抵抗的都市。接着发生的是日本陆军对无力的市民，长期间继续着最恐怖的暴行。日本军人进行了大批屠杀、杀害个人、强奸、劫掠及放火。尽管日本籍的证人否认曾大规模进行残虐行为，但是各种国籍的、无可置疑的、可以凭信的中立证人的相反的证言是压倒有力的。这种暗无天日的犯罪是从一九三七年十二月十三日占领南京市开始的，迄至一九三八年二月初还没有停止。"① 中国南京审判战犯军事法庭在南京大屠杀主犯之一、日军第六师团师团长谷寿夫的死刑判决书中确认：在他的部队进驻南京的十天内，中国人"被害者总数达三十万人以上"。

日本侵略军南京大屠杀的罪证实在太多太多了。这里仅举一位 1946 年在南京国际军事法庭上作证的美国人宣誓后的证词。他是金陵大学历史系贝茨教授。当律师询问他"日军控制南京城之后，他们对待平民百姓的行为如何"时，他回答：

> 我只能说我亲眼观察到在没有受到任何挑衅、没有丝毫缘由的情况下，日军接二连三地枪击老百姓；有一名中国人从我家里被抓走，遭杀害。在我隔壁邻居的屋子里，日本兵抓住并强奸他们的妻子时，两个男子焦急地站起来，于是他们被抓走，在我家附近的池塘边被枪杀，扔进池塘。日军进城后许多天，在我住所附近的街巷里，仍横陈着老百姓的尸体。这种肆意滥杀的现象遍布极广，没有人能够作出完整的描绘。

当律师问到"日本兵对南京城里的妇女的行为如何"时，他回答："那是整个事件中最粗野、最悲惨的部分。住得离我最近的三个邻居家里，妇女遭强奸，其中包括几名金陵大学教师的妻子。""占领南京一个月之后，国际委员会会长拉贝先生向德国当局汇报，他以及他的同仁相信发生的强奸案不下两万宗。""在金陵神学院，就在我的一位朋友的眼皮底下，

① 《远东国际军事法庭判决书》，第 551 页。

一名中国妇女被十七个日本兵一个接一个地快速轮奸。……我要提一提仅在金陵大学，九岁的小姑娘和七十六岁的老奶奶都遭强奸。”

当律师问到“日本兵对待南京城里老百姓私人财产的行为是怎样的”时，他回答：“从日军进城的那一刻起，日本兵不论何时何地，见什么拿什么。”“日军占领最初的六、七个星期，城里每栋房子都被那些四处游荡的成群日本兵闯入过许许多多次。在有些情况下，抢劫是有组织、有计划的，在军官的指挥下动用车队。”“外国使馆也被破门而入，遭到抢劫，其中包括德国大使馆和大使的私人财产。”①

够了，这还只是他所目睹的事实中很少的一部分。

日本一些右翼分子妄图否认这些用中国人鲜血写下的铁的事实，甚至说南京大屠杀是虚构的。但有不少当年在南京亲身参与这场大屠杀的日本士兵，在晚年坦率地承认并悔恨自己犯过的罪行。日本大阪一位女教师松冈环，采访了102个这样的士兵，出版了一本《南京战·寻找被封闭的记忆》。他们叙述当年那些悲惨的事实实在太多了。这里只举两个例子：

原第十六师团士兵德田一太郎说：

> 我们只抓男人，因为没有命令抓女人，只有命令把男人全部抓起来。只要是男人都带来检查。“以前是当兵的吧”，就这么随便地说着就抓起来了。太平门附近有大量的俘虏，一个个都是惊惶不安的样子。接着不管男女老少，三四千人一下子都抓了起来。在太平门外，门右的一角工兵打了桩，然后围起铁丝网，把那些支那人围在里面，底下埋着地雷。在白纸上写着“地雷”以提醒日本兵不要去踩。我们把抓来的人集中到那里，一拉导火线，“轰”地一下，地雷被引爆了。尸体堆成了山一样。据说是因为用步枪打来不及，所以敷设了地雷。接着，我们登上城墙，往下浇了汽油后，点上火就烧了。堆成山的尸体交错重叠在一起，非常不容易燃烧。上面的人大多死了，但下面还有大量活着的人。
>
> 第二天早上，分队长命令新兵“刺致命的一刀”，检查尸体，把

① 《马内·S. 贝茨的证词》，陆束屏编译《南京大屠杀——英美人士的目击报道》，红旗出版社，1999，第371—374页。

还活着的人刺死。我也踩在软绵绵的尸体上查找还活着的人，发现了只说一句“这人还活着”，接着就有其他的士兵上来将他刺死。刺刀往喉咙口猛刺下去，血就像喷水一样喷射出来，人的脸色“刷”地一下子就白了。经常听到“啊呀”的惨叫声。①

这个师团的另一个士兵町田立成讲了在下关的长江边集体屠杀中国民众的情景：

有五至八人乘的小船，也有三十人左右乘的船，船里还有女人和孩子，没有能力抵抗日本兵。前方二十至三十米处有逃跑的败兵，这边的日本兵都举起机枪、步枪瞄准他们“哒哒哒”地射击。小船、木筏上是穿着普通百姓衣服的中国人，畏缩着身子尽量多乘一些人顺江漂去。船被击翻了，那边的水域马上就被血染红了。也有的船上的中国人被击中后跳入江中，可以听到混杂在枪声中的“啊、啊”的临终惨叫声。水中流过一沉一浮的人们。我们机枪分队与三十三联队的其他中队一起连续猛射，谁也没有发出号令，只是说：“喂，那个那个，射那个。”数量相当多的日本兵用机枪和步枪的子弹拼命射击。②

日本侵略者在战时的中国首都南京，屠杀、奸淫、抢劫，所犯下的滔天罪行，充分表现了日本军国主义者丧失人性的疯狂和野蛮。它给中国人民带来的灾难是永远无法抹去的，也是不能忘却的。日本侵略者这一亘古罕见的暴行，是对全人类的亵渎。人神共愤，天地不容。

四　南京保卫战的历史教训

上海失守后，从当时的战场形势及敌我力量对比考察，南京保卫战是注定要失败的。但不幸的是，国民政府最高统帅部并没有像对待淞沪作战那样来对待南京作战，整个南京战役并没有制定出周密的作战计划。而作为最高统帅的蒋介石不仅没有公开表明自己的作战意图，而且不能正视现

---

① 〔日〕松冈环编著《南京战·寻找被封闭的记忆》，新内如等译，上海辞书出版社，2002，第134页。

② 〔日〕松冈环编著《南京战·寻找被封闭的记忆》，第48—49页。

实，听取正确的建议，做好应变善后工作，只是原则上做出了“要守”、“准撤”的命令。从战前蒋介石的讲话和下令撤退的时间来看，蒋氏对于南京守城战必然失败是心中有数的，他的坚守两个月的要求以及带兵来援的允诺都是不可能实现的。但蒋氏仅从政治、外交需要考虑，下令死守南京，这实际上是对参战部队的遗弃性的处置。

南京城防司令唐生智，对南京保卫战缺乏客观现实的估计。这种情况必然导致他在制定作战计划时采用不切实际的手段。为了显示死守决心，他不仅在战前夸下海口，要求各部队至少坚守 6 个月，对战事的结果寄予盲目的乐观。在战斗进行中，他又临阵准备欠周，导致联络不畅，指挥不灵。尽管广大爱国官兵在战斗中做了殊死抵抗，仍然很快败北。尤其令人痛惜的是他自绝退路，撤走了一切可以渡江的船只，断绝了守城部队的最后一线生机，而当战局一遇险情，他又不能迅速采取补救措施，反而自己率先撤离险境，没有尽到一名战场指挥官的职责与使命。他的这些表现与失误是南京战役在几天内迅速溃败的重要原因。

南京保卫战失败的核心因素，是中国统帅部在战前没有明确的战役指导思想。蒋介石与唐生智都讲要守南京，但怎样守，守到何时，万一守不住怎么办，这些问题都没有考虑，没有答案。另外，从日军方面看，日本军政当局战前亦无准备攻占南京之明确计划，直至 12 月初，华中方面军已兵临南京城下时，日军统帅部才发出含有承认事实意味的“大陆命”第 8 号作战命令：“华中方面军司令官须与海军协同，攻占敌国首都南京。”① 所以，纵观整个华东战场，日军在苏州以西的行动含有华中方面军独立行动的因素，只不过得到了日本内阁与统帅部的承认而已。联系整个抗战正面战场考察，南京保卫战从属于八一三淞沪抗战的大战略大于它的独立性。

---

① 《中国事变陆军作战史》第 1 卷第 2 分册，第 109 页。

第三章 从徐州会战到武汉会战

南京沦陷后的同时，日军在华北也取得了突破，于 12 月 27 日攻破了山东省省会济南。下一步，华北日军和华中日军选择了沿津浦铁路南北对进的战略，试图彻底消灭华东地区的中国军队。中国军队主力集结于徐州附近，在第五战区序列之下逐步抵抗、沉着应战，在台儿庄一役中予敌重创。随后又成功地在日军优势兵力将部队合围之前跳出了包围圈。徐州会战之后的武汉会战是抗日战争空前的大战，日军在长江南北分两路进犯，中国军队在武汉外围的广阔地域与日军周旋，消耗和迟滞了日军的攻势。武汉保卫战进行月余，日军终于完成了对武汉的钳形攻势，国民政府被迫放弃武汉。从徐州到武汉会战，苏联支援航空队成为中国天空事实上的保卫者，在对日本航空部队造成沉重打击的同时付出了巨大的牺牲。武汉沦陷后，日军在华南沿海登陆，攻占广州。沿海都市的失守标志着抗日战争进入了一个新的阶段。

第一节 日军南北对进

一 中日双方的战略部署

1937 年 12 月 13 日，日军攻占国民政府首都南京，然而，战争并未如日军高层原先料想的那样迅速结束。国民政府将统帅机关迁至武汉，继续领导全国抗战。日本政府不得不重新调整对华策略，试图通过军事打击、政治诱降，逼迫国民政府就范。

1938 年 1 月 16 日，日本政府发表声明：“帝国政府今后不以国民政府为对手，而期望真能与帝国合作的中国新的政权的建立与发展，并将与之调整两国邦交，协助新生的中国建设。”[1] 试图以否认蒋介石政权的合法性来颠覆中国政府。

战局进展的顺利，使日军认为中国军队不堪一击，为扩大战果，日军华北方面军已不满于限定的占领线，1937 年底后曾多次向统帅部提出“为使华北、华中连接起来，进行徐州作战以及对武汉之敌施加威压”的建议。[2] 日军统帅部为实现合围中国军队主力、迅速打败中国的计划，调集重兵集结在津浦铁路两端，南北呼应，企图一举打通津浦铁路及陇海铁路东段，攻占徐州，贯通南北战场，巩固沿海已占领区域。

徐州古称彭城，位于黄、淮两河之间，地跨山东、河南、安徽、江苏四省要冲，是津浦、陇海铁路的交会点，也是中原和武汉的屏障，一向为兵家必争之地。徐州对于中方来说有着重要的战略价值，“我如能在津浦线上将敌人拖住数月，使武汉后方有充分时间重行部署，则我们抗战还可继续，与敌人作长期的纠缠，以待国际局势的转变。如我军在津浦线上的抵抗迅速瓦解，则敌人一举可下武汉，囊括中原，使我方无喘息机会，则抗战前途便不堪设想”。[3] 1937 年 10 月 16 日，国民政府军事委员会组建第五战区，李宗仁出任战区司令长官，徐祖贻任参谋长，驻节徐州，统辖山东全省及长江以北江苏、安徽两省大部作战。

第五战区针对日军战略制定作战部署为：“以第三军团守备东海海岸，海军陆战队及第三舰队守备青岛，第三集团军守备鲁境黄河南岸，第二十四集团军任长江北岸江苏省地区之游击，第十一集团军（附第六军团及第五十一军）任长江北岸安徽省地区之游击，第二十二集团军为预备队，位于苏、豫、鲁边区策应。”[4] 李宗仁统辖的第五战区，起初可用兵力尚不足 7 个军，且多为杂牌部队，成分复杂，“这些军队的兵额都不足，训练和士气也非上乘。和当时在上海作战的部队相比拟，这些部队实在是三、四等货色”。[5]

南京沦陷后，“为防敌‘乘战胜余威，长驱西进，攻取武汉’计，在

① 日本防卫厅防卫研究所战史室编《中国事变陆军作战史》第 2 卷第 1 分册，田琪之译，中华书局，1979，第 2 页。

② 《中国事变陆军作战史》第 2 卷第 1 分册，第 25 页。

③ 李宗仁口述，唐德刚撰写《李宗仁回忆录》，广西人民出版社，1988，第 497 页。

④ “国防部史政编译局”编《抗日战史·徐州会战》（1），台北，编者印行，1981，第 4 页。

⑤ 李宗仁口述，唐德刚撰写《李宗仁回忆录》，第 496 页。

一贯之持久作战方针下，换取时间，以掩护‘转移我东南之人力物力于后方，建设西南、西北为长期抗战之基地’为目的，诱敌深入，然后使国军转被动为主动，以争取最后胜利，乃集中强大兵力于徐州南北地区，引发徐州会战”。①

1938 年 1 月 11 日，国民政府军事委员会召集第一、第五战区高级将领在河南开封举行军事会议。蒋介石在会上着重指出，“东面要保持津浦铁路，北面要保持道清铁路，来巩固武汉核心基础”。② 23 日，军事委员会电令第五战区：“对由津浦路南段前进之敌，须固守徐蚌两要地，非有命令不得撤退。”③

日军华中方面军进攻南京期间曾命令“上海派遣军以一部在扬子江左岸，占领扬州及滁县附近，切断江北大运河及津浦铁路”，④ 从北面完成对南京的合围。12 月 13 日，南京沦陷。次日，天谷直次郎指挥的第十旅团渡江占领扬州。20 日，荻洲立兵的第十三师团一部，攻陷滁县。上海派遣军占领滁县后，曾计划以两个师团的兵力由津浦铁路北上实施陇海路的作战，但因准备不足未能成行。12 月底，为策应华北方面军在山东的作战，上海派遣军又计划派遣第十三师团沿津浦铁路北上，夺取明光、临淮关。但日军大本营“因力图整顿充实将来的战力，采取极力避免扩大战线的方针，所以决定不批准上述北上作战”。⑤ 津浦路南线因此暂时归于平静。1 月 8 日，蒋介石在日记中写道：“倭寇对津浦路之兵力及行动，皆极消极，岂其兵力不足乎？”⑥ 显然，这只不过是日军的缓兵之计，日军统帅部正积极调整部署，筹划下一阶段津浦铁路的作战事宜。

为加强津浦铁路南段的防御，以确保徐州，屏障武汉，第五战区制定的作战计划规定：“一、在全般态势上我居于内线作战，应乘敌分离时集中兵力予以各个击破。二、依当时敌我态势，最好先拒止南下之敌于黄河北岸，而集中主力先求击破由南京北上之敌。三、对沿津浦北进之敌，应

---

① 蒋纬国总编著《国民革命战史　第三部　抗日御侮》第 5 卷，第 198 页。

② 蒋纬国总编著《国民革命战史　第三部　抗日御侮》第 5 卷，第 121 页。

③ 《抗日战史·徐州会战》（1），第 16 页。

④ 《中国事变陆军作战史》第 1 卷第 2 分册，第 115 页。

⑤ 《中国事变陆军作战史》第 1 卷第 2 分册，第 159 页。

⑥ 黄自进、潘光哲编《蒋中正总统档案·困勉记》（下），1938 年 1 月 8 日，台北，“国史馆”，2011，第 593 页。

以一部扼守蚌埠及蚌埠北方沿淮河北岸之线，使敌不能通过淮河大桥北上。另以两至三个军位置于刘府、凤阳、红心铺一带，占领侧面阵地，俟敌沿铁道线北上时，我即由西向东予以侧击，将敌截成数段而歼灭之。纵使不能将敌分段围歼，亦可牵制其对徐州之攻击，获得迟滞敌人之效。四、我军主力控制于徐州附近，捕捉好机予敌各个击破。”①

二 津浦路南线作战

1938 年 1 月下旬，日军沿津浦铁路南北对进，夹击徐州的战略意图已显端倪。南线日军由华中方面军司令官畑俊六指挥，执行北上打通津浦铁路的作战计划。南线驻滁县、全椒的日军第十三师团以“消灭淮阳平原的敌军主力，确保治安”为由，② 准备向北进攻，企图消灭凤阳、蚌埠的中国守军。日军兵分三路，东路沼田重德率领四个步兵大队及两个山炮兵大队，强渡池河；中路为师团主力，山田栴二统辖三个步兵大队、一个迫击炮大队、一个野战重炮兵联队，从岱山铺出发；西路两角业作指挥三个步兵大队、一个山炮兵大队，由全椒出发，北犯蚌埠。25 日起，日军在飞机、火炮的掩护下，冒雪强渡池河，经过激烈战斗，接连攻破守军的数道防御阵地，逼近临淮关。

刘士毅第三十一军奉命将主力调至蚌埠以西固守淮南铁路，侧击北进之敌，并派出第一三五师、一三八师一部利用淮河、池河间的既设工事逐次抵抗。2 月 1 日，日军占领临淮关后，大部遂沿铁路向蚌埠前进。不久，蚌埠、凤阳、定远相继陷落。第三十一军由红心铺、凤阳一带袭击日军侧翼，颇有斩获，后因日军增援部队赶到，攻势凶猛，被迫退守洛河、芦桥镇一带。

蒋介石密切关注着津浦铁路的局势，闻知蚌埠失陷，深感“津浦形势危急矣”。③ 2 月 3 日，第五战区下达第三号命令，“战区决对津浦南段之敌，拒止于淮水以南地区，由其侧方连续予以打击，渐次驱除肃清之”。④ 津浦铁路南段的作战统一归第五战区副司令长官李品仙指挥，“以第十一

① 《李品仙回忆录》，台北，中外图书出版社，1975，第 139 页。

② 《中国事变陆军作战史》第 1 卷第 2 分册，第 159 页。

③ 黄自进、潘光哲编《蒋中正总统档案 · 困勉记》（下），1938 年 2 月 3 日，第 597 页。

④ 《抗日战史 · 徐州会战》（1），第 17 页。

集团军为第一野战兵团，位于定远西方三十里至淮河南岸之间，向临淮关、蚌埠敌之侧背威胁，以牵制其渡河；第二十一集团军为第四野战兵团，在合肥、张桥镇一带集结后，向含山、全椒前进，侧击津浦南段之敌；于学忠指挥第五十一军、第三十一军为第二野战兵团，于淮河北岸布防，阻止敌之北犯”。①

为加强津浦铁路南线的防御力量，李宗仁命驻砀山的第五十一军南下增援，先头部队第一一四师到达后，立即在蚌埠至五河间的淮河北岸凭险布防，赶筑工事。2 月 8 日，淮河南岸的日军第十三师团主力出动 20 余架飞机轮番轰炸小蚌埠的第五十一军阵地，中国守军工事尽毁。千余日军由临淮关、蚌埠方向乘汽艇和劫掠来的民船、木筏实施三次强渡，均遭到担任河防的第六七三团顽强阻击，终未得逞。李品仙见战事不利，为策应于部的行动，急令淮南的刘士毅第三十一军、周祖晃第七军侧击池河、定远、上窑、怀远的日军，并命徐州附近集结的第五十九军火速南下，增援固镇的于学忠部。当晚，日军利用夜色掩护偷袭得手，一度占领小蚌埠。第一一三师周光烈部发动反击，收复失地。接连几日，中日双方围绕小蚌埠展开激烈争夺。10 日拂晓，日军集中炮火对中国守军阵地轮番轰击，阵地及附近房屋尽成焦土，日军再次利用汽艇、木筏强行渡河，蜂拥登陆的日军达千余人，守军奋起抵抗，终因连日苦战，伤亡过重，防线被日军突破。

为集中力量，整补再战，于学忠下令守军退往浍河、澥河左岸。12 日，增援固镇的第五十九军到达指定地域，接替第五十一军继续战斗。刘振三第一八〇师占领固镇、徐大楼一线阵地。第一一四旅与强渡涡河的日军展开激战，击溃当面之敌，毙敌 40 余人，旋即占领瓦疃集、姚集一线。当日，中国空军还出动飞机轰炸临淮关、蚌埠车站及淮河内的船只，支援陆军的作战。

此时，淮南的周祖晃第七军侧击定远以东的日军。2 月 16 日，程树芬第一七二师到达老人仓、桑家涧附近，派出一团向池河镇攻击前进。17 日，由定远驰援的日军步骑兵二三百人、战车十余辆攻占桑家涧。19 日午后，日军千余人在火炮的支援下，由池河镇向老人仓第一七二师进攻，守军力量不支，被迫撤出阵地。此后，第三十一军在考城、上窑一带与日军

① 蒋纬国总编著《国民革命战史　第三部　抗日御侮》第 5 卷，第 124 页。

展开激战，双方都有重大伤亡，淮南红枪会及中共领导下的苏鲁人民抗日义勇队等武装也四出袭击，日军在中方的连续攻势下，陷于四面包围之中，难以支撑，残部向南逃窜。突至淮河北岸的日军主力终因腹背受敌，被迫退回南岸与对岸的第五十九军沿天长、盱眙、临淮关一线形成隔河对峙之势。日军兵力分散，补给困难，不得不转攻为守，将战事的重心移至津浦铁路北线。蒋介石判断，“津浦线敌已受挫，其必待援再攻”。[①] 27日，津浦铁路北线吃紧，第五十九军奉命北调山东临沂，防线由第五十一军接替。

三 津浦路北线作战

当日军在津浦铁路南线进攻受阻时，北线日军则进展颇为顺利。

在结束了平津与河北方面的作战后，华北方面军第二军司令官西尾寿造指挥日军沿津浦铁路南下，山东成为日军下一个攻略目标。山东北有黄河天险，南有泰山支脉沂山、蒙山形成的天然屏障。韩复榘任第三集团军总司令兼山东省主席，执掌山东军政大权。日军要求韩复榘宣布山东独立，建立傀儡政权，韩则企图让日军绕道山东。中国军队退守黄河南岸后，中日双方隔黄河形成对峙态势。

南京沦陷后，日军见韩复榘迟疑不决，1937年12月23日，日军第十师团主力经青城、济阳间渡过黄河，突破第二十师沿河防线，逼近济南。27日，韩复榘为保存实力，擅自放弃津浦铁路北线重镇济南，致使津浦铁路正面门户洞开，北线日军主力乘虚南下，长驱直入。韩部主力向大汶口、泗水、宁阳一线撤退，一部退往嘉祥及运河西岸。1938年1月24日，为整肃军纪，作战不利的韩复榘在武昌被明正典刑。韩复榘被正法后，纲纪树立，“在此以前，黄河以北作战部队轻于进退，军委会之命令各部队阳奉阴违，经此整肃，无不遵守”。[②]

北线日军占领济南后，兵分两路。西路为矶谷廉介的第十师团继续沿津浦铁路南下，连陷泰安、兖州、济宁、邹县等地，东路为板垣征四郎的第五师团经胶济铁路东进潍县，转而南下。两路日军呈并行之势，向鲁南

① 黄自进、潘光哲编《蒋中正总统档案·困勉记》（下），1938年2月19日，第598页。

② 白崇禧口述，苏志荣等编《白崇禧回忆录》，解放军出版社，1987，第126页。

推进。1938 年 1 月 10 日，日本海军陆战队在青岛的崂山湾、福岛强行登陆，占领青岛后，沿胶济铁路西进。19 日，该部与板垣第五师团一部会合后，沿台（儿庄）至潍（县）公路南下，连占诸城、沂水、蒙阴等地，进迫鲁南军事重镇临沂，企图经临沂切断陇海铁路威胁徐州侧翼。

按照先前的部署，第五战区原计划阻止日军南渡黄河，但因韩复榘消极避战，日军轻易渡过黄河天险，中方不得不调整部署，改为内线作战。2 月 4 日，蒋介石为此电令第五战区，“第三集团军之第十二军、第五十五军，迅速向津浦北段济宁以北采取攻势”。[①] 6 日，李宗仁遵照“巩固鲁南山地，对津浦北段及陇海东段，取侧击之势，牵制敌之南下或西上，以拱卫徐州”的作战计划，[②] 下达作战命令：“第三集团军由孙桐萱代行总司令职权，以主力向济宁攻击，一部由开河镇附近，迂回攻击汶上；第二十二集团军主力向邹县，一部迂回曲阜、邹县间攻击，另以一部控制于临城、韩庄间；第三军团在临沂附近，配合该方面地方部队，各以一部夺取蒙阴、泗水后，向泰安、大汶口间及南驿、曲阜间之敌威胁。对日照、莒县、沂水北方各要点，派一部与海军陆战队联合扼守。”[③]

虽然日军参谋本部为“不扩大方针”所限，迟迟不批准华北方面军擅自扩大作战地域的要求，但华北方面军仍接连不断要求扩大战果。1938 年 2 月初，方面军在给参谋本部的电报中称：“在徐州东西两侧的陇海铁路北面，其中山东省湖沼地带的西面地区，集结着未曾受过我军大的打击的十数万中国军队，并以此为根据地，经常派出便衣队潜入我第一线后方，到处袭击。最近几乎连夜遭受袭击的第一线，渐有疲于奔命之势。对此，从军自卫观点出发，在适当时机对上述敌根据地，给以痛击很有必要。尤其在济南南面地区，我们认为，情况已到不得不超越现在占领线，进行反击作战的时机，关于此点，请予留有行动余地。”[④] 参谋本部以“不要被敌诱发导致战局扩大，兵力被牵制，而妨害国军全面整理整顿，以适应下步，应预先考虑大转变措施”为由，[⑤] 驳回了华北方面军的请求。

---

① 蒋纬国总编著《国民革命战史　第三部　抗日御侮》第 5 卷，第 123 页。

② 《抗日战史·徐州会战》(1)，第 17 页。

③ 蒋纬国总编著《国民革命战史　第三部　抗日御侮》第 5 卷，第 123—124 页。

④ 《中国事变陆军作战史》第 2 卷第 1 分册，第 26 页。

⑤ 《中国事变陆军作战史》第 2 卷第 1 分册，第 26 页。

济宁、汶上驻有日军第十师团步兵第三十九联队，济宁有日军主力3000余人、炮20余门、战车10余辆，汶上驻有日军500余人、炮约6门、机枪10余挺。① 我第三集团军官兵自韩复榘伏法后，士气旺盛，接到命令后，遂在孙桐萱的指挥下向鲁南的日军发动攻势。2月12日晚，谷良民第二十二师第六十四旅进攻济宁城。次日夜，占领济宁城北关，逼近城垣；曹福林第五十五军两个团也迫近南门，游击队刘耀庭曾一度攻入火车站。14日晚，第二十二师主力继续攻城，并派出一部警戒兖州方向。进攻部队攀入城中，与日军展开巷战，敌我短兵相接，战斗甚为激烈，南关的千余日军赶来增援，中方损失惨重，被迫撤退。曹福林部趁日军兵力空虚之机，猛攻南关，未取得进展。15日拂晓，由兖州、泰安、宁阳赶来的日军增援部队1500余人，携带大量重武器，企图内外夹击，围歼攻城部队，形势万分危急。谷良民派出两个团在戴五屯、二十里铺一线阻击日军增援部队，第六十四旅则继续攻城，与日军血战终日，弹药不继，伤亡达600余人，被迫撤出战斗。曹福林部进攻西关、南关，遭遇日军顽抗，双方相持不下。

济宁日军派出增援部队，使汶上的日军人数达到1200余人。13日凌晨，中方展书堂第八十一师由开河镇强渡运河，拂晓逼近汶上县城，由三路攻城。北路第二四一旅派出一个营的兵力在火炮的支援下，以城西北为突破点，一度攻占北门，随即与日军展开巷战。东路宪兵连附第四八一团机枪连，在第四八二团两个连的配合下，攀登城墙入城，与日军在城东展开激烈争夺。南路第二四三旅一个营由城南攀登，日军利用高塔进行扫射，给攻城部队造成很大伤亡。7时许，宁阳的日军派出200余人赶来增援，在周村、水北一带遭到第四八一团的顽强阻击。9时许，日军援军800余人在城南与第四八六团警戒部队发生激战。日军派出飞机数架轮番轰炸中方阵地。战至下午，第四八六团第二营营长沈岐山阵亡，宪兵连丁占山连附以下全部壮烈殉国。进攻济宁、汶上的第三集团军与日军激战数日，肉搏巷战，歼敌甚多。日军大批增援部队赶到，中方攻城部队伤亡颇重，被迫于25日撤守相里集、大义集、巨野一线，派出一部侧击沿津浦铁路南下的日军。

---

① 《抗日战史·徐州会战》(2)，第91页。

14日，第二十二集团军也开始行动，配合第三集团军的反攻，陈鼎勋第一二五师兵分两路。一路以第三七三旅主力进攻两下店的日军，一路绕攻邹县北关，两路部队均无进展。15日，攻击邹县的部队，遭到得到援军加强的邹县日军的反击，撤往卧牛庄。获得增援的两下店日军猛攻峄山、郭山的中方阵地，后经第三七三旅长卢济清亲赴前线督战，战至黄昏方将日军击退。陈离第一二七师主力在游击队的配合下，将日军500余人驱逐出香城，趁势追击至黄庄，日军退往邹县。同日，王士俊第一二四师第三七〇旅奉命助攻邹县、两下店的日军。连日来，第二十二集团军官兵奋力拼杀，无奈装备陈旧，缺乏重武器，未能完成预定作战计划。21日，攻势受挫，第二十二集团军变更作战部署：“一、第一二五师以第三七五旅任界河右第一线防御，位置于七贤庄、上庄、金山一带，余部整理后为师预备队，位置于枣庄、于家围附近，师部在界河附近万家庄。二、第一二七师以第三七九旅任界河铁路正面防御，第七五七团全部向香城推进。三、第一二四师第三七〇旅任界河左第一线防御。”①

庞炳勋第三军团在沈鸿烈的海军陆战队支援下，袭击新泰、泗水、蒙阴等地日军。第三军团实则只有5个步兵团，实力尚不足一个军，1937年10月，第三军团在沧县阻击日军后，调往海州整补，人员多是新兵，战斗力有限，后因鲁南战事吃紧，奉命北上。2月16日，第三军团第一一七旅一度攻入泗水、蒙阴城关。但中方进攻部队缺少炮兵支援，又无空中掩护，难以收获更大战果。19日，由益都南下的日军第五师团一部攻陷穆陵关，由安丘出发的日军在伪军刘桂堂部的配合下，直陷诸城、日照等地，鲁南告急，第三军团主力奉命转进莒县、沂水，阻敌南进。

2月17日，遵照华北方面军“粉碎”中方反攻计划的指示，日军第二军下达作战指示：“一、第十师团击退汶上、济宁附近之敌于大运河以西。二、第五师团以一个支队配合向沂州方向的日军作战。”②

17日，日军第十师团组建长濑支队，由长濑武平指挥约4个半步兵大队和野炮兵两个大队向济宁发动反击。25日，长濑支队强渡运河，向鲁西进犯，在嘉祥与第三集团军展开激战，次日占领嘉祥。日军留下少部分兵

① 《抗日战史·徐州会战》(2)，第102页。

② 《中国事变陆军作战史》第2卷第1分册，第27页。

力后，主力返回济宁集结。第三集团军撤至郓城、巨野、金乡一带构筑工事。第三集团军发动的鲁南反击作战，遏制了日军第十师团南下的势头，配合了津浦铁路北线的正面作战。

21 日，为配合第十师团的作战，日军第五师团组建片野支队，第二十一联队长片野定见指挥一个半步兵大队及一个山炮兵中队由潍县乘车南下进攻莒县。当时，莒县周边驻有刘震东的第一游击队及沈鸿烈指挥的由青岛撤出的海军陆战队和保安团，但缺乏重武器，战斗力较弱。为此，庞炳勋的第三军团奉命派出朱家麟第一一五旅支援莒县。待援军赶到时，莒县已于 23 日失守，刘震东殉国。为加强鲁南的防守，庞部将防务交由第二十四集团军，第三军团主力转移至临沂。23 日，片野支队编入坂本顺的第二十一旅团。其基干兵力为“步兵第十一联队（约缺一个大队）、步兵第二十一联队（缺一部）、步兵第四十二联队的一个大队、野炮兵第五联队主力、山炮兵一个中队”。[①] 坂本支队兵力得到加强，向临沂方向突进。27 日，坂本支队与庞部第一一五旅发生激烈交火，无奈火力悬殊，中方伤亡惨重，不得不撤出战斗。日军尾随追击，3 月 5 日，日军占领临沂以北的汤头镇。

济宁、汶上的反击虽未成功，但由于孙桐萱的第三集团军在运河西岸的反攻，加之孙震的第二十二集团军配合庞炳勋的第三军团的顽强抵抗，使日军无力继续沿津浦铁路南下，津浦铁路南线的日军也被阻挡在淮河一线，中日双方暂时形成对峙局面。

第二节　台儿庄大捷

一　临沂战斗

鲁南战场东路，由板垣征四郎率领的日军精锐第五师团主力沿台潍公路南下，一路攻城略地，在临沂却受挫于一支由庞炳勋、张自忠指挥的杂牌部队。鲁南重镇临沂，城高池深，东有沂河，北有祊河，距台儿庄仅 90 公里，为徐州东北的屏障。倘若临沂不保，日军可沿台潍公路南下直取台

① 《中国事变陆军作战史》第 2 卷第 1 分册，第 28 页。

儿庄、徐州，威胁津浦、陇海铁路安全。韩复榘的第三集团军向鲁西撤退后，第五战区为加强鲁南防御，电令庞炳勋的第三军团进驻临沂，协同由青岛撤出的海军陆战队及省保安队，节节抵抗，迟滞日军南下。

3月上旬，日军第五师团陷泗水、蒙阴、莒县后，先头部队在汤头与正在构筑工事的庞部发生遭遇战。第三军团退守临沂，依托坚固城防与日军对峙。3月7日，蒋介石电令第三军团："对临沂东北之敌，须将其诱致于适当地点聚歼之，临沂城绝对不能弃守，在援军未到前，正面必须固守。"①

10日，日军第五师团坂本支队及伪军刘桂堂部数千人在坦克、飞机、炮兵的掩护下，向临沂发动猛攻。守军庞炳勋部仅有5个步兵团，兵少械劣，与日军激战后，伤亡极大，庞炳勋向蒋介石连电告急。

战事吃紧，李宗仁急令张自忠第五十九军北上增援临沂，并派参谋长徐祖贻亲赴临沂指挥第三军团第四十军与第五十九军的作战。12日，第五十九军先头部队抵达临沂城北的沂河西岸。次日，徐祖贻以李宗仁名义下达作战命令："一、五九军以一部确占石家屯一带高地，向葛沟、白塔间分途侧击，牵制敌之增援。主力由船流至大小姜庄间渡河，向南旋回，与四十军呼应，包围歼灭敌之主力于相公庄、东庄屯、停［亭］子头以南地区。在高里附近之陆战队暂归指挥。二、四十军以主力由沂河东岸与五九军呼应，包围敌之主力歼灭之，在沂河西岸之一部渡河侧击尤家庄附近之敌。三、两军作战地境为十字路（临沂北方约二十里）、范家墩、相公庄、张旺庄之线（线上属四十军）。四、以上番部着于十三日晚准备完毕，十四日拂晓开始攻击。"②

14日拂晓，临沂城内的第四十军向城外的日军发动反击。战至黄昏，第一一七旅一部先后收复徐家村、埠前店、司家岭、玉皇庙、相公庄一线外围阵地，一部收复小刘庄、新添河一线。同日，为解临沂之围，张自忠部以攻代守，令刘振三第一八〇师强渡沂水河，兵分两路，一路向徐太平、沙岭方向攻击前进，一路向亭子头方向突击。午后，汤头日军派来增援部队，双方发生村落巷战，战斗激烈。入夜，600余名日军在十余辆战车的支援下，反攻郭家太平、大太平，第一八〇师官兵奋勇抵抗，血战一

---

① 《抗日战史·徐州会战》（2），第110页。

② 《李宗仁致蒋介石密电》（1938年3月13日），《抗日战争正面战场》（上），2005，第633页。

夜，才将突入村中的敌军歼灭大半，日军残部撤往东庄屯，双方在亭子头形成对峙局面。黄维纲第三十八师由船流强渡沂河，连克张家庄、解家庄、白塔等多处敌据点。午后，日机4架掩护由汤头赶来增援的日军600余人，附炮9门、汽车17辆、装甲车4辆，发动疯狂反扑，进攻部队退回沂河西岸。

15日，第五十九军再次出击，第一八〇师一部攻占亭子头，第三十八师一部由钓鱼台、官庄渡河攻击沙岭、谢家庄、白塔、汤佛崖的日军据点。葛沟的日军约600人，附火炮6门、装甲车10辆、战车2辆，自车庄、塔桥渡河，一度攻占茶叶山，为保障侧翼安全，第三十八师回援沂河西岸。16日，第四十军发动全面攻势，第一一七旅占领徐家寨子、张家寨子、大小刘家寨子及葛家寨子，日军残部向东西水湖崖撤退。第一一五旅猛攻当面之敌，暂无进展。

17日，日军反扑第五十九军崖头、茶叶山、苗家庄一线阵地，第一八〇师派出一旅紧急增援，双方围绕刘家湖、崖头、茶叶山展开激烈争夺，阵地数度易手，中国守军伤亡虽重，仍然死守阵地。趁日军攻势受挫之机，中方发动反击，歼灭日军大部。日军在撤退时，疯狂报复无辜村民，“敌在廿屯退却时，将未逃出之老弱男妇二十余，尽杀泄气”。[①]

蒋介石闻临沂战况，电告李宗仁：“临沂捷报频传，殊堪嘉慰。仍希督励所部确切协同包围敌人于战场附近而歼灭之。如敌脱逸须跟踪猛追，开作战以来之歼敌新记录，借振国军之气势，有厚望焉。”[②] 18日，第五十九军配合第四十军由东、南、西三面夹击汤头、王疃、傅家池附近日军，经过两天激战，先后攻克李家五湖、袁家庄、前湖崖、车庄等地，日军向莒县撤退。20日拂晓，日军倾全力进攻李家五湖、前湖崖220高地及前后细腰。在进攻李家五湖过程中，遭到中国军队第六七八团第二营的顽强抵抗，该部虽弹尽援绝，仍死战不退，最后全部壮烈殉国。据张自忠报告，日军在沂河两岸作战伤亡3000余人，官长伤亡者甚多，刘家湖之役，

① 《庞炳勋致蒋介石等密电》（1938年3月17日），《抗日战争正面战场》（上），2005，第639页。

② 《蒋介石致李宗仁等密电稿》（1938年3月17日），《抗日战争正面战场》（上），2005，第637页。

第三大队长牟田、第九中队长中村均阵亡，第三大队覆没。[①] 张、庞两军也付出了巨大伤亡，仅第五十九军自 14 日至 19 日在沂河两岸的作战，伤亡官兵即达 3474 人。[②]

正当第五十九军与第四十军准备合围汤头日军时，第五十九军又奉调费县。不久，日军援军赶到，坂本支队趁中方兵力空虚之机出动步骑 2000 余人，携带火炮 7 门沿公路南进，临沂形势突变。第四十军孤军苦战，“炮火昼夜不停，往复突击，肉搏多次”，庞部师旅长赴前线督战，伤亡惨重，“仅现剩有战斗兵计一一五旅全旅五六百人，一一七旅八百余人，补充团亦七百。……本日已将军特务营（加入瞬时即牺牲一全连）、学生队等，均加入阵线，现军师部即一连之预备队亦无，再所有轻重火器被敌炮毁及箱子损坏者，已逾半数”。[③] 庞炳勋向蒋介石连电告急。23 日，蒋介石电令张自忠，“第五十九军不必向泗水、滕县分转兵力，仍应协力第四十军迅速围歼临沂北方之敌，以竟全功，而利大局为要”。[④] 24 日，第五十九军回师古城，派出一部增援临沂，在第五十七军一部的配合下，与日军在韦家屯等处展开激战，日军凭借优势装备，伺机反扑。张自忠下令全线出击，在付出重大牺牲后，才将日军击溃。27 日，蒋介石在得知枣庄及界河、两下店克复，临沂日军亦被击退，感到：“此实我转危为安之机也。”[⑤]

对于中方的顽强抵抗，日方也有相关记载，“坂本支队长将主力转移到沂州西北方，从 27 日开始攻击沂州，逐次攻占了沂州周围敌占领的村庄，但由于敌之顽强抵抗，直到 29 日也未能占领沂州县城”。[⑥] 日军对临沂的进攻，接连受挫，无法打开局面。与此同时，沿津浦铁路南下的濑谷支队战况吃紧。29 日，第二军命令第五师团救援濑谷支队。坂本顺在临沂城郊留下约两个步兵大队与中方对峙，率主力步兵四个大队、野炮两个大

---

① 《张自忠致熊斌密电》（1938 年 3 月 19 日），《抗日战争正面战场》（上），2005，第 644 页。

② 《李宗仁致蒋介石等密电》（1938 年 3 月 21 日），《抗日战争正面战场》（上），2005，第 649 页。

③ 《庞炳勋致蒋介石等密电》（1938 年 3 月 23 日），《抗日战争正面战场》（上），2005，第 652 页。

④ 蒋纬国总编著《国民革命战史　第三部　抗日御侮》第 5 卷，第 138 页。

⑤ 黄自进、潘光哲编《蒋中正总统档案·困勉记》（下），1938 年 3 月 27 日，第 602—603 页。

⑥ 《中国事变陆军作战史》第 2 卷第 1 分册，第 34 页。

队增援濑谷支队。31 日，板垣征四郎则率援军赶往汤头，亲自指挥对临沂的作战。

第五十九军和第四十军在临沂顽强阻击南下的坂本支队，“敌军穷数日夜的反复冲杀，伤亡枕藉，竟不能越雷池一部”，[①] 打乱了第十师团与第五师团在台儿庄会师的作战部署，致使濑谷支队孤军深入。临沂的坚守，“俾由台儿庄北上之我军不感侧背之威胁，完成包围敌于峄县附近山地之企图，实徐州会战中最为重要之关键也”。[②]

二 滕县保卫战

当第五师团进攻临沂受挫时，沿津浦铁路南下的第十师团正伺机发动新一轮进攻。3 月 8 日，第二军司令官西尾寿造建议矶谷廉介占领滕县附近，以确保太平邑。矶谷廉介当即下达命令：“一、根据密电，在津浦沿线方面数个师团之敌，企图向我靠近，发动攻势。二、对津浦线方面之敌军的攻势，师团将寻机以濑谷支队为主，予以歼灭。三、濑谷支队在适当时机击灭津浦沿线之敌前，须先进入界河附近。当以主力攻击，而前进的时间须经批准。”[③] 13 日，第二军下达作战命令：“第十师团击灭大运河以北之敌，第五师团以一部占领沂州后进入峄县附近，配合第十师团作战。”[④]

3 月 14 日，邹县的日军凭借火力优势，集结重兵向界河猛攻，当日攻下界河，逼近滕县，拉开了台儿庄战役的序幕。第二十二集团军命令第一二二师师长王铭章指挥第一二二师、第一二四师残部共约 7000 人，固守滕县。但王铭章部兵少械劣，正面薄弱，两翼空虚，难以拒敌。15 日，鉴于滕县的重要战略价值，蒋介石电饬第五战区：“滕县为津浦北段要点，关系全局，应竭力死守，支持时间，以待增援。”[⑤] 李宗仁急调汤恩伯第二十军团王仲廉第八十五军增援滕县，关麟徵第五十二军开赴归德待命。汤恩伯电令各部，“第八五军先行集中临城，一面策应友军第二十二集团军在滕县附近之战斗，一面争得时间和空间，以掩护第五二军集中临城后，得

① 李宗仁口述，唐德刚撰写《李宗仁回忆录》，第 506—507 页。

② 徐祖贻：《临沂两次战斗（1938 年 3 月上旬—4 月上旬）》，中国第二历史档案馆史料编辑部编《中华民国史资料丛稿：台儿庄战役资料选编》，中华书局，1989，第 142 页。

③ 《中国事变陆军作战史》第 2 卷第 1 分册，第 28 页。

④ 《中国事变陆军作战史》第 2 卷第 1 分册，第 30 页。

⑤ 《抗日战史 · 徐州会战》(2)，第 104 页。

举全力在临城地区，以与南犯的敌寇决战”。[①] 此役成败的关键是王铭章部能够固守滕县，汤恩伯的援军能够尽快赶到。但事实上，第五十二军主力尚在归德，根本无法按时到达指定位置。16 日清晨，濑谷支队步骑兵千余人，在重炮的支援下猛攻滕县城垣，守军依托城垣顽强抵抗，多次击退日军的进攻。日军又出动 20 余架飞机轰炸城垣，守军与冲至近前的日军展开肉搏，终因伤亡过重，北关失守，守军退入城内。孙震电令王铭章：“城存与存，城亡与亡。”[②] 此时，汤恩伯第二十军团先头部队王仲廉部已到达官桥，但离滕县尚有一定距离。17 日，城垣被日军炮火轰塌多处，守军一面以麻袋填补缺口，一面阻击登城的敌步兵。午后，日军从城南缺口攻入城内，与守军展开激烈巷战，双方都有重大伤亡。王铭章见援军无望，而日军攻势愈猛，恐难以久持，随即电告孙震：“决以死力拒守，以报国家。”[③] 王铭章亲临前线督战，不幸以身殉国。国民政府为王铭章师长举行隆重公祭，表彰他的誓死卫国精神。

18 日夜，守军残部由北门突围，日军完全占领滕县。此役，中方共伤亡官兵 2415 人。[④] 滕县失守后，关麟徵派先头部队在沙沟占领阵地阻击日军。后续部队到达后，在韩庄沿运河南岸布防。王仲廉部向东挺进，占领峄县，并派第一一〇师接防运河阵地。

16 日，日军步兵第六十三联队主力绕过滕县，沿临（城）滕（县）、滕（县）峄（县）大道进犯，击败南沙河的中国守军。17 日拂晓，日军出动步兵 2000 余人，猛攻官桥的阵地，日军发起数度冲锋，均被第二六七旅击退。午后，日军改变战术，集中炮火轰毁官桥，第三营营长侯克率部死守，壮烈殉国，官桥失陷。当日，赶来增援的第五三〇团乘火车抵达临城后不久，即遭到突击至此的日军袭击，该部一面集结部队，一面仓促抵抗，损失惨重。此时第五二九团赶来增援，方控制住局面。18 日，日军兵分两路，右路向南攻取韩庄，左路向峄县追击中国守军。濑谷支队占领滕县、峄县后，继续沿临赵支线挺进，企图迅速占据台儿庄，为夺取徐州作准备。

---

① 苟吉堂：《第二十军团台儿庄作战纪实》，《中华民国史资料丛稿：台儿庄战役资料选编》，第 169 页。

② 《抗日战史・徐州会战》（2），第 106 页。

③ 《抗日战史・徐州会战》（2），第 107 页。

④ 《抗日战史・徐州会战》（2），第 108 页。

三 血战台儿庄

台儿庄，位于津浦铁路临城至陇海铁路赵墩的支线上，是台潍公路的终点，扼运河之咽喉，水陆交通的交会点，是徐州北面的战略门户。北线日军企图夺取徐州，此处是其必经之路。

第五战区为确保台儿庄以保卫徐州，制定出作战计划："战区以收复鲁中广大地域之目的，以一部在运河之线取攻势防御态势，以主力由峄县东南方及东北方山地侧击南下之敌，聚歼于临枣支路与韩庄运河间地区。"① 具体部署为："一、汤军团新配属三十一师（欠一一〇师）应集主力于峄县东侧及枣庄西北方焦山头附近一带山地，于三月廿日拂晓全线开始攻击，务先击败峄枣之敌，向临城、沙沟两地附近侧击，压迫敌于微山湖东岸而歼灭之。其一部集结于台儿庄北方地区，准备对峄县及其西北地区协力于主力之作战。二、孙集团新配属一一〇师（欠三十一师）应以一部在侯新闸以西运河南岸防御，待机渡河北进，主力控置于贾汪附近及荆山茅村镇间。三、张军（欠一旅）在费县集结整顿后，乘虚向滕县南北地区与由南阳镇附近渡河之第三集团部队呼应，截击南下或北退之敌，对泗水方面自行警戒。四、三集团军（欠五十一军）应超越济宁南北地区，再向衮［兖］州邹县间及界河官桥间，与张军及临城以南之攻击部队呼应，袭击敌之侧背，并阻止敌之增援或截敌归路。五、庞军团（张军之一旅属之）迅速扫除汤头附近之敌后，以一部向莒县方向追击，主力集结于汤头附近布防，对沂水蒙阴方面自行警戒，陆战队命归该军团之指挥。"② 蒋介石下令对原有作战计划进行了修正："一、汤军团进出运河后以约两师对峄县方面佯攻，以三师由峄县以东梯次迂回，求滕县以南亘峄县间敌之侧背攻击之。二、张轸师及独四四旅归孙仿鲁指挥守备运河。三、孙仿鲁部两师集结徐州待机。四、张自忠军除以主力仍须与庞军团相协力肃清临沂当面残敌外，以约三至四团经泗水进出曲阜方面牵制敌人。五、孙曹出击部队除以主力向邹县、两下店间地区挺进外，另以两团由汶上方面向肥

---

① 《李宗仁致蒋介石等密电》（1938年3月21日），《抗日战争正面战场》（上），2005，第648页。

② 《李宗仁致蒋介石等密电》（1938年3月21日），《抗日战争正面战场》（上），2005，第648页。

城、大汶口挺进游击。”①

汤恩伯第二十军团关麟徵第五十二军北渡运河，赶往兰陵镇附近集结，王仲廉第八十五军迂回青山、女峰山，伺机侧击峄县、枣庄的日军，张轸第一一〇师防守台儿庄至韩庄间运河南岸。担任台儿庄正面防御的是隶属于孙连仲第二集团军的池峰城第三十一师，下辖第九十一、第九十二两个旅，加上直属营共 8000 余人。该师原属西北军冯玉祥部，战斗力较强，但装备差。第九十一旅警戒北车站及以西泥沟、康庄、獐山一线。第九十二旅一部扼守台儿庄城寨，一部为师预备队。台儿庄与运河南岸通过浮桥相连，也是与后方唯一交通补给线。②

3 月 23 日，日军濑谷支队先头部队在泥沟车站与守军遭遇，发生激战。当晚，泥沟、北洛阵地相继被日军突破。第二集团军总司令孙连仲奉命亲赴台儿庄指挥作战，令黄樵松第二十七师星夜向台儿庄附近集结。当晚，第三十一师研究决定，“仍与当面之敌保持接触，吸引敌军主力南进，以协力军团之攻势，歼敌于台儿庄以北地区”。③ 24 日，大批日军在飞机、火炮的支援下发起对台儿庄轮番进攻，突破多处守军阵地。日军利用战车掩护突入台儿庄寨内东北角，后被守军击退，但仍有部分日军占据庄内碉楼，负隅顽抗。第九十二旅与日军在南洛、刘家湖彻夜激战。原计划在日军后方发起进攻的第二十军团，正与日军在傅山口发生激战，一时难以推进。

台儿庄之得失关乎整个会战全局，蒋介石指派副参谋总长白崇禧、军令部次长林蔚及军令部第一厅厅长刘斐等人组成临时参谋团，赴徐州协助李宗仁指挥作战。当晚，白崇禧亲临台儿庄南站，询问战况，调派炮兵、铁甲车划归第三十一师指挥。25 日晨，日军连陷南洛、刘家湖，并在刘家湖设立炮兵阵地。为减轻台儿庄正面压力，第二十七师派出一部由黄林庄渡河，攻击北洛、刘家湖日军侧翼，第五十四军派出一部侧击泥沟的日军。27 日，台儿庄以北的日军因受国民党军压迫及出击，集中炮火向台儿

---

① 《蒋介石致李宗仁等密电稿》（1938 年 3 月 21 日），《抗日战争正面战场》（上），2005，第 648—649 页。

② 耿泽山：《台儿庄保卫战亲历纪实》，《中华民国史资料丛稿：台儿庄战役资料选编》，第 236 页。

③ 《第三十一师台儿庄战役战斗详报》，《中华民国史资料丛稿：台儿庄战役资料选编》，第 22 页。

庄猛攻，企图占领台儿庄。日军集中炮火轰开北寨门，200余人由缺口攻入，第三十一师与日军展开了拉锯战。日军后续部队不断由缺口涌入，守军在付出重大伤亡的情况下，仍无法将日军击退。当日，日军11辆坦克，支援步兵进攻台儿庄西北角，被守军新调来的战车防御炮接连击毁坦克6辆，守军士气大振，日军坦克从此不敢来台儿庄活动。[①] 29日，蒋介石严令第二集团军死守："台儿庄屏障徐海，关系第二期作战至巨，故以第二集团军全力保守，即有一兵一卒，亦须本牺牲精神，努力死拼，如果失守，不特全体官兵应加重惩，即李长官、白副参谋总长、林次长亦有处分。"[②] 第二集团军转告第三十一师："各官兵应抱定牺牲奋斗决心，即最后一滴血，亦须洒于战场。"[③] 当日，为迅速歼灭台儿庄残敌，第二十七师第一五八团第三营残存的57人组成敢死队，由第七连连长王范堂率领入夜分数路攻入庄内，经过数小时激战，日军一部被歼，一部向北逃窜。

29日，日军第十师团命令濑谷支队，"应以主力迅速击败台儿庄附近之敌"。[④] 30日清晨，濑谷支队主力步兵第十联队由峄县附近南下，先头部队于当晚到达台儿庄西范口附近，不久日军占领台儿庄东半部。30日，为牵制日军南下，汤恩伯派第八十五军对峄县进行佯攻。第五十二军向泥沟、北洛推进，派出一部至南洛协助第二集团军击破台儿庄当面之敌，以主力破坏铁路、公路，切断峄县与台儿庄之间的联系，并协同王仲廉部阻止峄县日军南下。31日，日军由临沂抽调坂本支队一部增援濑谷支队，经向城、爱曲威胁第二十军团侧翼，企图解濑谷支队之围。第五战区急调关麟徵部击破该股日军，使其无法得逞，王仲廉部也越过峄县东北的马山，逼近峄县东郊。4月2日，日军虽占据台儿庄3/4，但已是强弩之末，陷入孤立无援的境地。李宗仁视此情形下达决死作战命令："第二集团军右翼与第二十军团连系，于三日全线反攻，消灭台儿庄附近之敌，第一一〇师准备以一旅由万里闸向附近渡河，向北洛附近敌之右侧佯攻。"[⑤] 第二十七

① 《第三十一师台儿庄战役战斗详报》，《中华民国史资料丛稿：台儿庄战役资料选编》，第29页。

② 《第三十一师台儿庄战役战斗详报》，《中华民国史资料丛稿：台儿庄战役资料选编》，第32页。

③ 《抗日战史·徐州会战》(3)，第152页。

④ 《中国事变陆军作战史》第2卷第1分册，第36页。

⑤ 《抗日战史·徐州会战》(3)，第154页。

师挑选250人组成20个突击队，官兵们咸抱为国必死之决心，丢弃统帅部发下的奖赏大洋，以“壮士一去不复返”之气概，由台儿庄东北角突进寨内，经过惨烈肉搏战，消灭了碉楼及大庙里的日军。

日军步兵第十联队在2日的战斗详报中称：“研究敌第二七师第八〇旅自昨日以来之战斗精神，其决死勇战气概，无愧于蒋介石的极大信任。凭借散兵壕，全部守兵顽强抵抗直到最后。宜哉，此敌于此狭窄的散兵壕内，重叠相枕，力战而死之状，虽为敌人，睹其壮烈亦将为之感叹。曾使翻译劝其投降，应者绝无。尸山血河，非独日军所特有。”①

4日，中国空军出动27架飞机分两批对台儿庄东北及西北投弹，命中多处目标。虽然形势对中方十分有利，但第二十七师连日作战，元气大伤，无法肃清台儿庄日军残部。5日，蒋介石致电汤恩伯：“台儿庄附近会战。我以十师之众对师半之敌，历时旬余未获战果。该军团居敌侧背，态势尤为有利，攻击竟不奏效，其将何以自解？急应严督所部于六、七两日奋勉固功歼灭此敌，毋负厚望。”② 汤恩伯所部只能拼死投入战场。

6日晚，中国军队发动全线总攻，第二集团军和第二十军团围歼被围之濑谷支队。战至7日凌晨，台儿庄内的日军大部被歼，残部突围向峄县方向溃退，曹福林第五十五军由鲁西到达临枣以北，切断日军退路，日军窜入獐山、九山等处依托坚固围寨，死守待援。至此，台儿庄战役结束。

在历时近20天的激战中，日军依赖其优势武器猛烈“围攻”，中国军队则依靠将士用命，抱定与阵地共存亡之必死决心，奋勇抵抗，取得了抗战以来正面战场上的一次重大胜利，中方俘获大量武器装备，歼灭日军近8000余人，③ 同时也付出了巨大牺牲，参战部队约46150人，伤亡失踪约7560人。④

台儿庄大捷沉重打击了日本侵略者的嚣张气焰，“这是日本建立现代化军队以来遭受的第一场引人注目的大惨败”。⑤ 虽然日军本一贯之不认输态度，宣称在台儿庄是“联络不上，主动转进”，但事实上节节“转进”

---

① 《中国事变陆军作战史》第2卷第1分册，第37页。

② 《蒋介石致汤恩伯密电》（1938年4月5日），《抗日战争正面战场》（上），2005，第675页。

③ 张宪文主编《中国抗日战争史（1931—1945）》，南京大学出版社，2001，第445页。

④ 《抗日战史·徐州会战》(3)，第165页。

⑤ 〔美〕巴巴拉·塔奇曼：《逆风沙：史迪威与美国在华经验（1911—1945）》，汪溪等译，重庆出版社，1994，第236页。

无法掩饰其退却，而最后“脱离战场”则可明确理解为撤退与溃逃。否则日军师团指挥官为何又要严令其“中止转进”呢？濑谷支队长之所以敢于“从全面情况着眼”而不得不一反日军自吹之“服从”“传统”，抗命后退，足见其在惨败之余实已无力再战。又据日本秦郁彦著《日中战争史》一书所载，台儿庄战役结束后，“陆军认为破坏了日本传统，把濑谷少将编入预备役”。濑谷启之所以被勒令退伍，亦绝不可能是奉命“转进”之结果，何况在当时日军正是气势汹汹，一路得手之时，忽然“转进”，其中唯一的解释便是遇到了沉重的打击，否则他们又为何要“自坏传统”呢？

蒋介石将台儿庄之役称为“为我最后胜利之开始”，“致此战役堪为我民族战史上留光荣一页”。[①] 面对政治部第三厅在武汉及大后方各界掀起的大规模祝捷活动，蒋介石的反应则相对冷静。“事略稿本”载：“上午，接获捷报，台儿庄之敌，今晨全部被我击溃，歼其第十师团主力及其增援部队共3万余众。公曰：‘闻胜而喜则可，闻胜而骄则危’，即令宣传部勿事铺张。”[②] 蒋介石致主要军政官员的电文中称：“此台儿庄之捷，幸赖我前方将士之不惜牺牲，后方同胞之共同奋斗，乃获此初步之胜利。不过聊慰八阅来全国之期望，稍弭我民族所受之忧患与痛苦，不足以言庆祝。”[③]

台儿庄大捷，是国共合作抗日形势下中国取得的一次大胜利，其中也有中国共产党及其领导的武装与发动群众支援的作用。具体表现为：①台儿庄战役之前，中共领袖周恩来曾在武汉与白崇禧等人具体谈论过以运动战阵地战结合抗击日军的问题，而台儿庄战役正是运用了这一战术才取得了胜利。②活跃在安徽淮北的新四军及共产党领导的苏鲁人民抗日义勇队等武装，在敌后发动牵制作战，使南路日军不能抽身北上。③活动在原东北军、西北军等参战部队中的共产党地下工作者在战役中的带头作用等。这说明，当中国人团结一致为“最后关头”牺牲时，可以战胜任何貌似强大的敌人。

① 《抗日战史·徐州会战》(3)，第159页。

② 叶健青编辑《蒋介石档案·事略稿本》第41册，台北，“国史馆”，2010，第349页。

③ 叶健青编辑《蒋介石档案·事略稿本》第41册，第350—351页。

第三节　随机应变的徐州会战

一　日军徐州会战计划与中国的应对

台儿庄战役后，日军统帅部发现在徐州附近集结着大量的中国军队，于是决心集中全力围攻徐州，与中方决战。日军一方面命令第五师团坂垣部以主力西移，向矶谷师团残部靠拢，协作构成坚固防线，固守待援；另一方面，于4月24日颁布了新的《华中派遣军徐州会战计划》，以5月中旬为限，联络华北方面军攻徐州，消灭中国野战军之主力。[①] 为此，日军从平、津、晋、绥、苏、皖各战场抽调13个师团共30万之众，配以各种重武器，分6路向徐州集中包围过来。

台儿庄战役后，中国军队各部正亟须补充休息，但国民政府由于受到台儿庄大捷之激励，急欲扩大战果，居然调集大批援军向徐州地区开来，准备与敌决战。当时国民政府德国总顾问法肯豪森也主张中方应急速扩大战果，他曾为中国军队"没有乘胜追击"而气得"狠命地揪自己的头发"。他说："我告诉委员长要向前推进，要发动进攻，要乘胜前进，可是他们什么行动也没有采取，日军很快就会把8到10个师的部队调到徐州前沿，到那时就来不及了。"[②] 蒋介石也认为，日本攻击势头已经受挫，力量已经疲惫，他寄希望于再在徐州打一场如同"八一三"式的会战，以扭转整个中日战局。一月之内，国民党军抵达徐州之增援部队多达20余万，与战区原有部队合计达64个师又3个旅，总计兵员60万。徐州"真有人满为患之虞"。

日军统帅部利用中方急于扩大战果的心理，命令在台儿庄地区残留部队进行留守作战，同时命令各军火速增援。4月16日，日军转守为攻，但处处都遭到中国军队的激烈抵抗。仅第四十一、四十二两个联队在进攻中即伤亡1400多人，而国崎支队伤亡大半。19日日军攻陷临沂，从东西两面包围了汤恩伯军团，使之不得不后退，但日军遭到了第六十军卢汉部的顽强抗击，双方在韩庄至邳县的运河两岸对峙。整个战场呈胶着状态。

---

① 《中国事变陆军作战史》第2卷第1分册，第51页。

② 《中华民国史资料丛稿：台儿庄战役资料选编》，第322页。

早在台儿庄战役开始之初，日军便迫切期待进行徐州作战，华北方面军在发给参谋本部的电文中称：“第二军的作战，始终是基于屡次报告的方针进行指导的，但与优势之敌已近于接触，形成对敌所谓决战攻势，不能不予以迎击的形势。这次战斗肯定对我十分有利，尤其在蚌埠方面，依靠友军的积极行动，予以策应，很明显会收到更大成果。……主要为发挥我全面战略态势之有利方面，对正在以徐州为中心聚集之敌集团，尽可能以最小牺牲给敌以最大打击。”① 大本营批准了华北方面军的作战计划：“在台儿庄方面有大量的中国军队，特别是汤恩伯军的出现，认为给蒋介石军的主力一大打击，是挫伤敌人抗战意志的好机会，因此决定进行徐州作战。”②

但事与愿违，日军在台儿庄的战败，打乱了原定计划，令日军大本营极为震怒。为挽回颜面，日军决定重新部署，令华北日军派出少量部队从正面吸引中方主力，华中日军主力向西迂回，从侧后合围在徐州的中国军队主力。于是，形成了准备在徐州围歼中国军队，特别是他们看中的中央军主力的作战计划。

4月7日，日军大本营正式下达徐州作战的命令：“一、大本营企图击败徐州附近之敌；二、华北方面军司令官应以一部有力部队击败徐州附近之敌，占据兰封以东的陇海线以北地区；三、华中派遣军司令官应以一部协助华北方面军司令官，击败上项徐州附近之敌，并占据徐州（包括在内）以南的津浦线及庐州附近。”③ 为加强华北方面军与华中方面军的联络，日军大本营还制定了《徐州附近作战指导要领》，规定：“一、华北方面军约以4个师团向陇海沿线发动攻势将敌击败。为此，以主力从北面击败徐州附近之敌，约以1个师团从兰封东北方附近向敌退路归德方向进攻。二、华中派遣军约以2个师团，从南面策应华北方面军作战。为此，从津浦沿线地区进击，尤其应力求切断敌之退路。”④ 津浦铁路北线由第二军司令官西尾寿造指挥第五、第十、第十六、第一一四师团，独立混成第五旅团，混成第三、第十三旅团及配属部队；津浦铁路南线为畑俊六指挥第

---

① 《中国事变陆军作战史》第2卷第1分册，第44页。

② 《中国事变陆军作战史》第2卷第1分册，第44页。

③ 《中国事变陆军作战史》第2卷第1分册，第45页。

④ 《中国事变陆军作战史》第2卷第1分册，第46页。

三、第六、第九、第十三、第一〇一师团，岩仲挺进队。[①] 为协调两路日军的行动，日军大本营派出作战部长桥本群等人赶赴济南，组成“大本营派遣班”，就近指挥徐州作战。

鉴于淞沪会战以来，华东日军连续作战，需要休整，为利用此机会扩大战果，蒋介石抽调部分拱卫武汉的兵团北上徐州，准备与敌一决雌雄。中央军精锐黄杰、桂永清、俞济时、宋希濂部，驻防豫东归德、兰封一线，作为后援，巩固第五战区后方。

第五战区辖下分为5个作战兵团：李品仙指挥淮南兵团，下辖第二十、第十、第四十八军；廖磊指挥淮北兵团，下辖第三十一、第七、第七十七、第六十八军及左侧支队；孙连仲指挥鲁南兵团，下辖第三十、第四十二、第五十一、第四十一、第四十五、第六十、第四十六、第二十二、第七十五军及4个师；汤恩伯指挥陇海兵团，下辖第五十九、第九十二、第二军；韩德勤指挥苏北兵团，下辖第五十七、第八十九军；此外，还有石友三的第六十九军编为挺进军，鲁西还驻有孙桐萱的第三集团军、孙震的第二十二集团军残部。

战前，中方制定的作战方针规定，“国军以确保徐州之目的，应对沿津浦铁道及汾河南下之敌切实阻止，并以有力部队威胁敌之侧背，俟迂回部队达到临沂、费县、滕县线上并集结相当兵力于徐州附近后，然后以主力由南面转取攻势，歼灭敌军。至万不得已时则用逐次抵抗，退守洪泽湖至微山湖中间地区。第二、三战区除以一部直接或间接支援徐州方面之作战外，主力应积极进攻当面之敌，使敌不得放胆转用其兵力于津浦北段”。[②] 具体部署方面：“一、第五战区之部队，应以主力固守郯城以南经邳县至韩庄二线，并以四师以上之兵力，由济宁至东平间地区突入敌后方，对峄县、郯城之敌攻击，并以集结之兵力加入南北夹击，以收歼灭当面之敌之效。至不得已时，我南面部队须利用逐次抵抗退守洪泽湖、微山湖中间地区，待机转移攻势。迂回部队则专任敌后之游击；二、第一战区部队，主力积极向济南方向活动，破坏津浦铁路北段交通，并向敌军后方发展游击战，一部攻击当面之敌。第二战区部队应积极攻击当面之敌，牵

---

① 耿成宽、韦显文：《抗日战争时期的侵华日军》，春秋出版社，1987，第228页。

② 《徐州会战作战指导方案》（1938年4月），《抗日战争正面战场》（上），2005，第623页。

制当面敌军之转移，并抽调一部向徐州附近集结；三、第三战区应抽调一部控置于相当地点，作战略预备队，主力努力攻击当面之敌；四、即以现在控置于后方之部队向徐州附近集结，准备将来之攻势转移。”① 对比中日双方此时的作战计划，似有相似之处，即利用少量兵力吸引对方主力，再予以围歼。

二 中国军队转攻为守

中国取得了台儿庄大捷，暂时解除了日军对徐州的压力。然而，在鲁南凭险固守的日军对中方仍存威胁，蒋介石令李宗仁一鼓作气，消灭残敌，“台（儿）庄之捷已逾5日，峄、枣、韩、临尚未攻下。踌躇审顾，焦虑至深。以乘胜之军更加主力部队追援绝溃惫之寇，不急限期歼灭，一旦敌援赶至，死灰复燃，是无异隳已成之功，而自贻将来之患。万望激励将士，努力进攻，一面分途堵击，务于一二日内将残寇全数歼除”。② 李宗仁从全局着眼，也认识到必须消灭峄县的残敌，“我如能把握台（儿）庄胜利之果而早日解决峄县之敌，则可扩大敌之反战运动，耸动国际之观听。确立我胜利基础，在此一举”。③ 4月中旬，李宗仁命令部队猛攻峄县、枣庄、韩庄日军据点，但受地形所限，中国军队又缺乏重武器，一时难有进展。“现敌改攻为守，凭藉峄县附近山地为据点，以枣庄为犄角。我因阵线过广，处处薄弱，连日攻占，甚难成效，欲彻底消灭敌人，事实上恐难如愿。”④

当中方进攻受挫之时，日军却加紧进行兵力集结。津浦铁路北线华北方面军将第一一四师团4个大队及第十六师团1个大队划归第十师团，独立混成第五旅团2个大队划归第五师团，第一一四师团接替长濑武平第八旅团担任后方警戒任务，长濑支队开赴枣庄集结。

---

① 《徐州会战作战指导方案》（1938年4月），《抗日战争正面战场》（上），2005，第623—624页。

② 《蒋介石致李宗仁等密电》（1938年4月12日），《抗日战争正面战场》（上），2005，第684页。

③ 《李宗仁致何应钦等密电》（1938年4月17日），《抗日战争正面战场》（上），2005，第686页。

④ 《李宗仁致军令部密电》（1938年4月13日），《抗日战争正面战场》（上），2005，第684页。

临沂方面，4 月 9 日至 17 日，第三军团与当面日军在沂河东岸呈对峙局面。第五十九军则趁日军兵力薄弱之机，发动反击，双方在小岭以南地区爆发激烈争夺战，朱陈的日军凭借高厚的寨墙和凶猛的火力，固守待援，中方屡攻不下。11 日凌晨，第一八〇师派出敢死队强登寨墙，后续部队跟进再次猛攻朱陈。攻入寨内的部队消灭日军百余人，但因联络中断，伤亡过大，被迫撤出，功败垂成。15 日，增援的骑兵第九师赶到，在万花楼附近袭击日军运输部队，消灭日军 50 余人，焚毁汽车 10 余辆。[①] 庞炳勋部和张自忠部虽奋力抵抗，但因连续作战伤亡甚大，又无法补充，战斗力远不及日军。14 日，力量得到加强后，日军发动反攻，日军 200 余人，在炮火的支援下，进攻砚台岭。16 日午后，国崎支队以步兵第十四、第四十二联队为基干，在野炮兵第五联队的支援下，对临沂再次发动猛攻。临沂外围阵地多处被日军突破。18 日午后，日军集中火力持续轰击城西，西北角被击毁多处。19 日，扼守西关的保安队力量不支，日军一部突入城中，与守军爆发激烈巷战，敌众我寡，李运通的第一一七旅退守城东南角。负责增援临沂的李仙洲第九十二军，在向城遭遇日军阻击，无法按时赶到。20 日，突入城中的日军增至 2000 余人，迫近东关，守军伤亡 600 余人，占守城部队的十之六七，[②] 为避免无谓牺牲，第三军团奉命向郯城转进，临沂遂告陷落。

李仙洲部则奉命在临沂附近进行游击作战，牵制日军南下。同日，日军 4000 余人，到达孤山湖东面的大房、小房一带，继续向南进攻。国崎支队主力尾随第三军团沿临沂至郯城之间的大道继续南下，郯城守军为由临沂撤退下来的庞炳勋的四十军，只剩不及一个旅的兵力和张自忠的第五十九军，以及之后赶来增援的樊崧甫第四十六军。庞部及张部布防在冯家窑、碾庄一带。

守军虽经节节抵抗，仍无法阻敌南下，不久，郯城失守。此后，日军又占领马头镇，海州形势危急。日军在北劳沟一带遭遇第五十九军和第四十六军的顽强阻击，“国崎支队的步兵第四十一、四十二联队，自攻击沂

① 《第五十九军临沂附近三次战役战斗详报》，《中华民国史资料丛稿：台儿庄战役资料选编》，第 139 页。

② 《庞炳勋致蒋介石等密电》（1938 年 4 月 20 日），《抗日战争正面战场》（上），2005，第 687 页。

州以来，各中队伤亡累计达60%—75%，联队实力还达不到一个大队”，[①]被迫由攻转守。

台儿庄方面，4月8日，濑谷支队、坂本支队分别在峄县东南、东北地区完成集结。10日，第十师团师团长矶谷廉介亲临枣庄指挥日军发动反攻。15日，第十师团下达作战命令：“师团于18日拂晓从现在驻地一线出发前进，重点保持在枣庄—传山口—兰陵镇一线，攻击当面之敌，然后一举进入台儿庄、禹王山、岔河镇、四户镇一线，消灭山东南部之敌；二、师团从北面开始同坂本支队（步一一、步二一各主力基干）、长濑支队（步三九、步四〇各主力基干）、濑谷支队（步一〇、步六三各主力基干）以并列队形攻击前进，重点置于长濑支队的正面。濑谷支队仍按开始态势牵制敌人，同时与长濑支队的攻击进展相呼应转向攻击。”[②] 18日拂晓，日军按照预定计划开始行动，濑谷支队当晚抵达太平庄附近。濑谷支队下辖步兵第十联队，以一部守卫白山西和獐山一带，主力沿临赵支线继续南下攻取台儿庄，途中遭遇周喦第七十五军第六师的激烈抵抗。19日，坂本支队占领向城。直到5月14日，坂本支队仍陷于苦战，伤亡极大。4月21日，日军继续南下，进入邳县北泥沟、长山、连防山一带。24日，日军兵分两路。一路出动6架飞机协同步兵，进攻连防山、米步、虎皮山阵地，被关麟徵部第二十五师击退，日军集结兵力再次发动猛攻，守军连防山阵地一部被突破，团长高鹏阵亡，但守军士气旺盛，将日军击退；另一路日军千余人，在飞机、战车的支援下，围攻东黄石山、马甸阵地，被新编第五师击退。此后，日军虽接连占领肖汪、胡山、禹王山等地，但遭到守军的频繁反击，进展缓慢。至5月26日，该支队已伤亡1500余人。[③]

4月15日，为配合正面作战，牵制日军南下，蒋介石致电李宗仁派兵至鲁中袭击日军交通线，“速派正式军两团到蒙阴、沂水、临朐间之大砚山附近，建立根据地……另派两团到新泰、蒙阴、莱芜、泗水间，以莱芜为根据地”。[④] 此举收到了一定效果，日军攻势受阻，而后方交通运输线又时常遭到中方的破坏，联系时断时续。27日，为加强进攻部队力量，第十

① 《中国事变陆军作战史》第2卷第1分册，第61页。
② 《中国事变陆军作战史》第2卷第1分册，第56页。
③ 《中国事变陆军作战史》第2卷第1分册，第58页。
④ 叶健青编辑《蒋介石档案·事略稿本》第41册，第381—382页。

师团将步兵第一五〇联队约一个大队划归第五师团指挥，第十六师团草场辰巳步兵第十九旅团预备队划归第十师团。草场支队在白山西进攻接连受挫，转为守势。

三 不断扩大的战场

为策应津浦铁路北线的作战，南线日军集结重兵开始北犯。华中日军计划兵分三路，一路以主力由怀远取蒙城、永城；一路经濉溪口攻萧县，两路日军向徐州西侧迂回；一路由巢县向合肥、由盐城向阜宁进攻。

战前，中方对日军的战略意图已有判断，“敌将以一部攻合肥，牵制淮南兵团，以主力沿津浦线迅速进出淮河左岸，续向蒙城方面策动，南北互相呼应，攻略徐州，打通津浦路”。[①] 较之于津浦铁路北线日军兵力有限而言，蒋介石判断南线日军威胁更大，“临沂之敌，仍为第五师团残部，则其后方必另有增援部队。济南敌军之数不过万人，则津浦北段敌军必不敢取积极行动。惟南段则应注意，以其后方联络反较北段安全也”。[②]

至5月上旬，第六师团抵达巢县、庐州地区，第一〇一师团由佐藤正三郎指挥以5个步兵大队及1个野炮兵大队编成佐藤支队逼近阜宁。7日，日军第一〇一师团佐藤支队由盐城北犯，未遭激烈抵抗便轻取阜宁。为此，蒋介石严厉斥责负责苏北防守的第二十四集团军副总司令韩德勤，“阜宁之敌不满三千，长驱千里，如入无人之境，目下竟有窥东海遮断陇海路之趋势。该副总司令所部兵力优敌五倍，而丧师失地，影响主力军侧背之安全，将何以自解?”[③] 第三师团占据蚌埠、怀远一线。淮河北岸、淝河、涡河的日军战前实施试探性进攻，连日以飞机、火炮猛轰，出动战车六七十辆配合步骑兵冲击中国守军阵地，致使第一七〇、第一七一两师的阵地大部被冲破。第十三师团则由涡河西岸向蒙城方向推进，攻陷龙亢后，8日与第四十八军第一七三师在蒙城发生混战。9日晨，“桂军疲敝，不堪应战”,[④] 日军猛攻蒙城，副师长周元率部固守，守城官兵与日军苦战

---

① 《抗日战史·徐州会战》(3)，第193页。

② 叶健青编辑《蒋介石档案·事略稿本》第41册，第398页。

③ 《蒋介石致韩德勤密电稿》(1938年5月9日)，《抗日战争正面战场》(上)，2005，第700页。

④ 叶健青编辑《蒋介石档案·事略稿本》第41册，第491页。

一昼夜，2000余人殉国，蒙城失陷。此后，日军继续北进，第二十一集团军西撤。10日，日军第九师团经北淝河南岸占据板桥。13日，日军推进至永城，派出一部直驱砀山，步兵第三十五联队主力则迂回进攻萧县。15日，李兆英第一三九师奉命守卫萧县，固守待援。

萧县四面环山，为确保城垣，李兆英派两个营兵力向冒山店、丁里集推进，途中遭遇日军先头部队，随即双方展开激战，守军在凤凰山、龙山抢占阵地。16日，日军出动飞机、战车轰击萧县城垣，城外高地及四面城关先后陷落。17日，中方第一四三、第一八〇、第二十一师增援受阻。第一三九师困守孤城，四面陷入重围，联络中断，伤亡惨重，弹尽粮绝。日军由北门攻入城中，李兆英手中已无预备队。危急时刻，李兆英率旅长、参谋人员在一线督战，参谋长等多人阵亡。城垣大部被占，仅剩东门一隅，守军被迫放弃阵地，冲出重围，转进太康。不久，徐州以西、陇海铁路黄口车站也被北上的日军切断。17日，蒋介石综合敌情判断，“敌昨已围攻萧县，而黄口亦失，则敌之南北主力，必长驱直入，会攻徐州”。[①] 19日，渡过浍河的第三师团攻占宿县。至此徐州以西、以南的津浦路防线已完全洞开。

此时，津浦路北段的日军也向徐州步步紧逼。5月7日，日军第二军下达作战令：“第十六师团5月9日从济宁附近出发，击败当面之敌，首先迅速进入砀山、唐寨方面；第十师团准备逐步向临城方面转进；第五师团准备向徐州东面地区前进。”[②] 9日，第十六师团占领胡家集，击溃第三集团军第七十四师后，占领菏泽、鱼台、金乡。12日，日军又在鲁南采取守势，在淮北、鲁西两路夹击，切断陇海铁路，合围徐州的战略意图已趋明显。而蒋介石低估了日军的力量，仍乐观认为，“查日寇自鲁南屡败惊慌万状，近竟放弃晋绥江浙既得地位，仅残置小部扼守要点苟延残喘，而调集所有兵力指向陇海东段孤注一掷，以图幸逞，其总兵力合两淮鲁豫至多不过15万，较之我军使用各该战场之兵力约为4倍以上之劣势，且敌之后方处处受我扰袭，补给不便。较之我之后方有良好交通线者，其补给及兵力转用之难易相去甚远。目下敌不顾其兵力之不足及战略态势之不利，

① 黄自进、潘光哲编《蒋中正总统档案·困勉记》（下），1938年5月17日，第611页。

② 《中国事变陆军作战史》第2卷第1分册，第64—65页。

竟敢采用外线包围作战，其必遭我军之各个击破而自取败亡殆无疑问”。[①]蒋介石致电李宗仁，指示变更原有作战计划：“一、先击灭淮北及鲁西之敌；二、鲁南方面在敌抽调兵力转用鲁西之情况下，除应以有力部队增强右翼防敌包围外，须即刻设法抽出三、四师兵力位置徐州，为该战区预备队必要时用蒙城方面之攻势；三、鲁南方面即决心取守势，于必要时可依运河逐次抵抗，至不得已时则困守徐州国防工事线，以获得攻势方面决胜之时间；四、总之，五战区第一任务在击灭蒙城方面之敌，使全盘态势有利，否则保有鲁南阵地亦属无益。”[②] 14 日，蒋介石又致电李宗仁、白崇禧，指示利用日军孤军深入之机，予以围歼，“敌军逼近陇海线，深入重地，且其兵力不足，我军不仅可以打破其战略之包围，而且必能包围敌寇，此为歼敌惟一之良机，以其淮北、鲁西两方敌军，皆无后方安全之交通，只要我军能共同动作，协力夹击，则不出旬日，即可得最后之胜利”。[③]

然而，战事并未按中方的计划进行，日军快速推进，大大超过了中方先前的设想。不久，十六师团派出一部进至徐州以西的汪阁，切断了陇海铁路。15 日夜，集结在韩庄、峄县、枣庄的第十师团，抽出一部西渡微山湖，趁机转移攻势，进入鲁西地区同中国守军展开激战。鲁西平原地势平坦，中国守军利用当地城寨节节抵抗，但阻止不了日军的推进。日第十四师团在第十六师团的配合下，由濮县渡过黄河，接连占领菏泽、曹县，逼近兰封，南路日军占领了黄口车站，切断了第一、第五战区的联系。北路日军除在鲁西平原上与国民党军激战外，5 月 20 日又以一部取海道从连云港登陆，包围徐州之势已经形成。

到此时，战局对中方已极为不利。徐州以南津浦路防线已完全洞开。

四 中国军队主力突围

第五战区司令长官李宗仁判断，在徐州一带平原地区内以我疲惫之军与拥有重武器之日军作阵地战将难以最后取胜，为保存实力持久抗战，他

---

① 《蒋介石致程潜等密电稿》（1938 年 5 月 12 日），《抗日战争正面战场》（上），2005，第 702—703 页。

② 《蒋介石致李宗仁密电稿》（1938 年 5 月 12 日），《抗日战争正面战场》（上），2005，第 703 页。

③ 叶健青编辑《蒋介石档案·事略稿本》第 41 册，第 504—505 页。

判断“类似上海的会战，断不可重演”。[①] 于是第五战区统帅部决定除留少数部队在敌后游击外，大部队分五路向豫皖边区突围。

国民政府军事委员会采纳了第五战区建议，决定为避免在不利情况下与敌决战，保存有生力量，下令主动放弃徐州，令李宗仁率战区主力向西南方向突围。

于是，除韩德勤第二十四集团军确保亭阴、东海一带，石友三的第六十九军及沈鸿烈的海军陆战队在鲁南、鲁中建立根据地，坚持游击作战外，第五战区主力部队从 5 月 15 日起向西转移，张自忠指挥第二十七师占领九里山阵地，第五十九军（欠第一八〇师）在郝寨、夹河寨一带阻击日军，第九十二军占据霸王山阵地，掩护主力撤退；孙连仲指挥的鲁南兵团守卫徐州，掩护主力突围；汤恩伯指挥的陇海兵团由徐州西南转移至亳县、柘城、太康一带；廖磊指挥的淮北兵团向太和、阜阳、寿县一带转移；李品仙指挥的淮南兵团，确保官亭、舒城、怀宁一线。徐州会战参战部队按计划向皖西、豫南地区转进。[②] 突围途中，关麟徵第五十二军及黄维纲第三十八师，在李庄附近与日军先头部队发生遭遇战，双方激战终夜，毙伤日军千余人。孙连仲则命樊崧甫第四十六军在运河以东抢占有利阵地，掩护主力撤退。谭道源第二十二军掩护汤恩伯部撤退后，在运河一带进行掩护，该部在撤退时，被日军尾随追击，伤亡极大。17 日，第七十七军驻守的朱家口和第九十二军防御的凤凰山阵地被日军突破，徐州城内已发现日军便衣队。当日，日军炮弹击毁了第五战区长官司令部，李宗仁已率司令部人员撤走，18 日，李宗仁及其司令部经宿县渡过涡河，进入第二十一集团军防地。

蒋介石在得知李宗仁和白崇禧已撤离徐州后，深感不满，“军心必动摇，恐不能久保矣！如此重镇，正可固守，且当紧急之时，主帅更不能移动，只要主帅镇定，必可转危为安，今彼辈竟擅自移弃，何以抗战？可叹甚矣！”[③]

刘汝明的第六十八军在完成掩护任务后，于 19 日放弃徐州。至此，徐州会战结束。

---

① 政协广西壮族自治区委员会文史资料研究委员会编《李宗仁回忆录》（下），编者印行，1980，第 741 页。

② 蒋纬国总编著《国民革命战史 第三部 抗日御侮》第 5 卷，第 162 页。

③ 黄自进、潘光哲编《蒋中正总统档案・困勉记》（下），1938 年 5 月 18 日，第 611 页。

5 月中旬起，中方数十万部队在战区司令长官部指挥下，以昼息夜行方法从敌军包围圈的间隙中陆续突围。虽然各部在敌军围困之中险象环生，但包括战区司令长官部在内的各部队，经过多方努力，克服了许多艰难，终于在 5 月下旬冲出了敌军的包围圈。

5 月 19 日，日军进入徐州，结果只抓到我方几个落伍的病兵。他们企图以 40 万兵力围歼第五战区主力的庞大计划至此彻底破产。

徐州会战历时近 5 个月，是继淞沪会战、太原会战之后，正面战场的又一次大规模会战。虽然日军打通了津浦铁路，占据了重镇济南、徐州，但是其聚歼中国军队主力的计划，终成泡影。徐州会战后期，李宗仁吸取了南京保卫战的教训，主动放弃徐州，保留下来的第五战区主力，增强了武汉会战的防御力量，使中方有充足的时间在武汉布防。

徐州会战中，李宗仁指挥的地方派系部队以劣势装备顽强抗击日军精锐部队，付出了重大牺牲，取得台儿庄大捷。此役，中央军汤恩伯部与西北军孙连仲部密切协同，难能可贵。正如 1938 年 4 月 22 日蒋介石视察徐州前线时所说的那样："台儿庄一战以后，敌军声势一落千丈，而我军同心协力，服从命令，极为国际所称誉。"①

第四节 华中战事与武汉保卫战

一 中日兵力向武汉及华中转移

华中重镇武汉，地处江汉平原，临近汉水和长江，是平汉、粤汉铁路的交会点。武汉周围湖泊密布，东部大别山、幕阜山是其天然屏障，西部毗邻四川盆地，群山环抱，形成天然壁垒，进可攻，退可守，战略地位十分重要。

1937 年 11 月，国民政府宣布迁都重庆，但作为西迁的第一步，政府军政机构大部迁驻武汉，武汉成为当时中国军事、政治、经济的中心。抗战军兴，工业、教育机构内迁，武汉作为水路交通要冲，又成为各种物资运往大后方重要的中转站。日军攻占南京后，大本营陆军部便开始筹划攻

---

① 叶健青编辑《蒋介石档案·事略稿本》第 41 册，第 407 页。

占汉口的作战计划。"攻占汉口作战是早日结束战争的最大机会"，"从历史上看，只要攻占汉口、广东，就能支配中国。……通过这一作战，可以做到以武力解决中国事变的大半"。[①] 1938 年 6 月 15 日的御前会议上，日方高层决定进行攻占汉口的作战。7 月 31 日，日军大本营制定的《以秋季作战为中心的战争指导大纲》，提出"摧毁蒋政权的最后的统一中枢——武汉三镇和完成徐州作战以来的继续事业"，[②] 借此击溃中国军队主力，破坏抗战基地武汉，瓦解中国军民抵抗意志，以达到"速战速决"，迫使中国政府求和的目的。

面对尾随而来溯江西上的日军，华中战事已迫在眉睫。国民政府将武汉的防务提上了议事日程。

1937 年 12 月 13 日南京沦陷后，军事委员会在其拟定的第三期作战计划中就提出："国军以确保武汉为核心，持久抗战，争取最后胜利之目的，应以各战区为外廓，发动广大游击战，同时从新构成强韧阵地于湘东、赣西、皖西、豫南各山地，配置新锐兵力，待敌深入，在新阵地与之决战。""敌如直趋武汉，则我利用湖沼之障碍，及要塞之抗力，以限制敌之活动，主力向其两翼转移攻势。"[③]

徐州会战结束后，日军为围歼在兰封、商丘、砀山的中国军队主力，投入 3 个师团兵分两路沿陇海铁路西犯。中国军队在兰封会战的失利使形势急转直下。1938 年 6 月 6 日，日军先头部队土肥原贤二的第十四师团已逼近开封，郑县及平汉铁路岌岌可危。

为阻止北线敌军西进，蒋介石采纳属下建议，决定掘开黄河堤防，造成泛滥，阻挡日军，为布防武汉赢得时间。6 月 4 日，中国军队在中牟县的赵口开挖失败后，又改在花园口炸开了黄河大堤。9 日，黄河大堤决口后，河水汹涌蔓延开来，京水镇以西尽成一片汪洋，波及河南、安徽、江苏 44 个县，受灾面积 5.4 万平方公里，受灾人口达 1250 万，300 多万人背井离乡，89 万人死于非命。[④] 泛滥的洪水"使在华北战场勇猛善战的土

---

① 《中国事变陆军作战史》第 2 卷第 1 分册，第 90 页。

② 《中国事变陆军作战史》第 2 卷第 1 分册，第 107 页。

③ 《军事委员会第三期作战计划》（1937 年 12 月 13 日），《抗日战争正面战场》（上），2005，第 52、54 页。

④ 陈振忠主编《郑州市水利志》，郑州市水利志编辑委员会，1995，第 139 页。

肥原兵团，顿时陷入一片汪洋之中，顾不得物资和马匹，纷纷向陇海路的路基上和中牟县城里避难，以图喘息”。[①] 虽然黄河决堤取得了军事上的成功，暂时阻止了日军的进攻，为守军赢得了喘息的时间，但下游的中国百姓却因此遭受灭顶之灾，之后形成连年的黄泛区，造成的政治、经济损失更是难以估量。

此后，陇海线上的日军将沿淮河作战线改至大别山北路地区，计划兵分四路，“一由蒙城进攻阜阳趋新蔡、汝南，犯确山；二路由正阳关犯霍邱趋固始、光山，犯信阳；三由合肥犯六安，越叶家集、商城；四由安庆犯潜山、太湖，趋黄梅、广济”。[②]

为加强进攻武汉的兵力，日军大本营又对华中派遣军的战斗序列进行了调整，由烟俊六担任司令官，河边正三任参谋长，下辖东久迩宫稔彦的第二军，冈村宁次的第十一军，第三、第九、第十五、第十七、第十八、第二十二、第一一六师团及航空兵团，共 14 个师团、1 个支队、1 个航空兵团。[③] 日本海军也出动第三舰队溯江西进，掩护并配合陆军夺取沿江要塞。此役，日军总计投入舰艇 120 余艘，飞机 500 余架、兵力 35 万余人。[④]

军事委员会根据当时的情况判断，日军可能“以一路出合肥经六安、潢川趋信阳，以图截断平汉线，再转而南下进逼武汉，或待陇海一路占领郑州后，再沿平汉线南下取信阳、武胜关，同时以一路由合肥、六安经商城、潢川，再南转经麻城、黄安，与平汉路之敌会攻武汉。以一路沿长江北岸经大别山脉南麓，由安庆、太湖、宿松、黄梅与海军协同而会攻武汉”。[⑤] 为保卫武汉，阻敌西进，6 月 5 日，军事委员会决定在第三、五战区之间以湖口至宜昌以西，长江以南地区为界，成立第九战区，由陈诚任司令长官。

“困守南京之教训实殷鉴之不远，故欲确保武汉而始终保持武汉为我

---

① 日本土肥原贤二刊行会编《土肥原秘录》，天津市政协编译组译，中华书局，1980，第 52 页。

② 《李宗仁致蒋介石密电》（1938 年 6 月 19—23 日），《抗日战争正面战场》（上），2005，第 740 页。

③ 耿成宽、韦显文编《抗日战争时期的侵华日军》，第 49 页。

④ 郭雄等编《抗日战争时期国民党正面战场重要战役介绍》，四川人民出版社，1985，第 73 页。

⑤ 《对武汉附近作战之意见》（1938 年），《抗日战争正面战场》（上），2005，第 711 页。

政治经济资源之中枢，则应战于武汉之远方，守武汉而不战于武汉是为上策。”① 中方将防御重点确定在外线，并保证机动。以长江为界，以北由李宗仁的第五战区负责，指挥孙连仲的第三兵团和李品仙的第四兵团，共23个军，依托大别山、大洪山天然屏障，以麻城、黄安为支撑点，在田家镇方向阻止沿江及豫南来犯之敌；以南归陈诚的第九战区负责，指挥薛岳的第一兵团和张发奎的第二兵团，共27个军，依托幕阜山、九宫山，以武宁、永修、通山、咸宁为支撑点；武汉卫戍及江防要塞的守备，由第九战区负责。还有40余艘舰艇及100余架飞机，参战兵力129个师计110万人。② 中国从海外购买了飞机100余架，轻榴弹炮、野炮高射炮及战车防御炮100余门，已在庐山、幕阜山、大别山各要隘及武汉附近构筑纵深工事。③ 此外，苏联援华志愿飞行大队也出动飞机参加了保卫武汉的作战。

中方所拟定武汉会战的作战指导方针规定：“以聚歼敌军于武汉附近之目的，应努力保持现在态势，消耗敌军兵力，最后须确保大别山、黄、麻间主阵地及德安、箬溪、辛潭铺、通山、汀泗桥各要线，先摧破敌包围之企图，尔后以集结之有力部队由南、北两方向沿江夹击突进之敌。”④

二 日军南下、西进与武汉会战的序幕

自6月上旬，日军由陇海铁路南下，连陷涡阳、凤台、寿县、正阳关等地，之后又夺取合肥。不久，日军以对安庆的进攻拉开了武汉会战的序幕。安庆地处长江北岸，是安（庆）合（肥）公路的起点，也是江防要冲，历来为兵家必争之地。日本将其作为攻略武汉的前进基地。

6月2日，第六师团坂井支队下辖步兵2个联队及1个独立山炮兵联队由庐州出发进攻安庆，但因连日降雨，道路泥泞难行，日军进展缓慢。7日，由镇江出发的波田支队，下辖台湾步兵第一、第二联队及1个山炮兵联队，在海军的护卫下，12日在安庆东北登陆。防守安庆的杨森第二十军，因兵力分散，未经激烈抵抗即行撤退，安庆遂告陷落。杨森派出一部

---

① 《对武汉附近作战之意见》（1938年），《抗日战争正面战场》（上），2005，第713页。

② 郭雄等编《抗日战争时期国民党正面战场重要战役介绍》，第74页。

③ 吴相湘：《第二次中日战争史》（上），台北，综合月刊社，1973，第457页。

④ 《武汉会战作战方针及指导要领》（1938年6月7日），《抗日战争正面战场》（上），2005，第725页。

在安庆以北的集贤关附近阻击日军，主力撤往潜山、太湖一线。

安庆失守，蒋介石本想严惩杨森，考虑到大敌当前，遂令军政部部长徐永昌致电杨森，对其晓以利害："据报犯安庆之敌只陆战队数百，未经力战，轻弃名城，腾笑友邦，殊属遗憾。"① 13 日，蒋介石判断日军在长江沿岸的作战重点将放在南浔铁路，"敌若不由南阳、襄樊，绕攻武汉，则必由南浔路向长沙或咸宁，进取武汉，故我对南浔路应特别注重，非用主力不可！"②

日军占领安庆后，为配合下一步溯江西进夺取九江的军事行动，故意散播虚假消息，隐瞒作战意图，迷惑外界。华中派遣军在其下发的《配合下期作战宣传报道要领》中要求："宣传从寿县方面向固始方面采取攻势；或在江南方面，特别是向钱塘江及宁波方面进攻。为此，应捉住不断出现的小的事实，夸大报道，以资达到上述之目的。"③

日军坂井支队在得知波田支队占领安庆后，转攻潜山。潜山是中国军队在大别山防线上的一个重要支撑点，驻有川军第一四六、第一四七师防守。

6 月 14 日，蒋介石致电杨森："杨部主力死守上、下石牌潜山待援，虽牺牲至最后一人，不得擅退，以掩护马当封锁线。"④ 蒋介石一面严令杨森部死守，一面令徐源泉部驰援。然而，徐部一路上"士兵乱放空枪，纪律废弛，敌来即退"，"自官亭撤退未放一枪，沿途拉夫扰民则无所不至"。⑤ 17 日，日军轻取潜山城，但在强渡潜水时，遭遇中国守军的激烈抵抗，加之连日阴雨河水暴涨，进攻一度受阻。19 日，日军才完全占领潜山，导致武汉东部江防第一道屏障马当要塞迅速暴露在日军面前。

马当要塞位于长江南岸，横踞江滨，水流湍急，暗礁密布，扼守长江中游最狭窄处，与下游的湖口遥相呼应，是安庆上游之门户，九江下游之

---

① 《徐永昌致廿七集团驻鄂办事处主任代电稿》（1938 年 6 月 15 日），《抗日战争正面战场》（上），2005，第 736 页。

② 黄自进、潘光哲编《蒋中正总统档案·困勉记》（下），1938 年 6 月 13 日，第 617 页。

③ 《中国事变陆军作战史》第 2 卷第 1 分册，第 114 页。

④ 《蒋介石致李宗仁等密电稿》（1938 年 6 月 14 日），《抗日战争正面战场》（上），2005，第 735 页。

⑤ 《军委会军令部第二厅致第一厅公函》（1938 年 6 月 15 日），《抗日战争正面战场》（上），2005，第 736—737 页。

咽喉。为阻止日舰逆江西犯，守军除破坏航标外，还增设人工暗礁，沉船淤塞航道，敷设水雷。

22日，日军波田支队乘十余艘汽艇在海军的掩护下进攻马当，遭到马当要塞炮台的猛烈轰击，当即被击沉3艘汽艇，炮舰“利华”号也触雷沉没，日军被迫放弃进攻。23日黄昏，第三舰队特遣陆战队800余人，在新沟附近登陆，与守军第五十三师在黄山、香口展开激战。24日7时，波田支队3000余人在日机的掩护下，再次进犯马当，在毛林洲及新沟登陆。日军攻占黄山后，续攻香山，守军伤亡惨重，香山、香口相继失守。第六十师一部配合第五十三师向香山发动反攻，激战一夜方将黄山收回。26日拂晓，日军施放毒气，在娘娘庙、牛山矶等处登陆，迂回要塞侧后。鉴于马当兵力空虚，江防司令部和第十六军军长李韫珩急令薛蔚英的第一六七师火速增援马当。然而，薛部动作迟缓，直至马当失守仍未到达指定位置。要塞守军兵力有限，连日作战，损失极大。此时，藏山矶阵地动摇，大山、大王庙炮台相继失守，马当要塞就此陷落。

香山、马当是皖、赣门户，其得失关乎日后的作战，故陈诚令罗卓英亲率第十六军、第四十九军及第十一师、第十六师等部，“务速恢复香山、马当要塞阵地而确保之，并规定攻克香山及马当要塞区者各赏洋五万元。如有作战不力、畏缩不前者，即以军法从事”。① 28日，第一〇五师一部利用夜色掩护，猛攻香山日军阵地，日军力量不支，遂夺取香山。在飞机、舰炮的支援下，香口的2000余日军利用坚固工事，负隅顽抗，中方进攻部队虽发起数度冲锋，但士兵极度疲劳，未能成功，转而固守香山。此役，中方伤亡尉官20余人、士兵600余人。②

29日，日军占领彭泽，直逼湖口。7月3日，彭泽的日军乘坐汽艇在湖口登陆，川军第二十六师在师长刘雨卿的指挥下节节抵抗，退入湖口城中。当日，日军第一〇六师团也在香口登陆，负责“扫荡”彭泽至湖口间的中国军队。7月4日，日军续攻湖口要塞，因守军兵力薄弱，遂被日军攻入。第二十六师与侵入要塞的日军反复争夺，官兵伤亡达2/3，日军不断使用毒气，致使中方官兵中毒甚众，失去战斗力，左翼阵地遂被日军突

---

① 《陈诚致蒋介石密电》（1938年6月27日），《抗日战争正面战场》（上），2005，第743页。

② 《罗卓英致蒋介石密电》（1938年6月29日），《抗日战争正面战场》（上），2005，第745页。

破。面对毫无防护设备的中国军队，毒气成为在武汉战场上日军的“杀手锏”，每每依靠施放毒气，日军就可反败为胜。

第二十六师苦战两日，弹药即将耗尽，而援军却迟迟未到，5 日，守军突围，湖口失守。

马当、湖口江防要塞的相继失守，为日军打开了进入鄱阳湖的道路。作为扼守赣、皖、鄂三省交通枢纽的九江，自然成为日军下一个进攻目标。

7 月 19 日，日军第十一军下达了攻占黄梅、九江的作战命令：“以一部在江北地区夺取黄梅附近前进的有利地形，以主力配合海军急速攻占九江附近，然后准备向瑞昌、德安一线前进。”具体部署为：“第六师团攻占黄梅附近；波田支队应于23 日黎明在姑塘附近的湖岸进行奇袭登陆，攻占九江，工兵第十联队主力编入波田支队；第一〇六师团应接续波田支队主力在姑塘附近登陆，经塔顶山南侧地区向七里湖以南地区前进；第一〇一师团由于后续部队的登陆，应以一部向湖口附近挺进，接替第一〇六师团的守备。”[①]

战前，中方判断日军兵力有限，会选择“以主力于姑塘附近登陆，一部于九江附近登陆，企图包围九江夺取瑞昌”。[②] 第九战区命令薛岳的第一兵团指挥吴奇伟的第九集团军、叶肇的第六十六军、俞济时的第七十四军负责南昌方面的作战。张发奎的第二兵团指挥王敬久第二十五军守卫星子以北鄱阳湖西岸，李汉魂第二十九军团担任九江及马头镇的正面防御，孙桐萱的第三集团军守卫富池口要塞及阳新、大冶一线，李觉第七十军担任预备队驻防瑞昌。

22 日夜，日军波田支队借助连绵阴雨的掩护，越过鄱阳湖以北的鞋山，突然在九江市东南的姑塘登陆。随即遭到李汉魂的第二十九军团一部奋勇抵抗，守备夏家桥及殷家湖的两个营，自营长以下全部殉国。日军后续部队 2000 余人继续登陆，占领塔顶山南北一线。守军幸得第七十军增援部队赶到支援，发动反攻，方将日军击退。23 日夜，日军第一〇六师团在海、空军的配合下于姑塘附近登陆，逼近九江。24 日夜，波田支队联合第

① 《中国事变陆军作战史》第 2 卷第 1 分册，第 131—132 页。

② “国防部史政编译局”编《抗日战史・武汉会战》（2），台北，编者印行，1981，第 146 页。

一〇六师团一部对九江发动总攻。25 日，日军出动军舰 20 余艘，在 60 余架飞机的配合下，猛烈轰击中国守军阵地，日军随后在九江东西两侧登陆，预备第九师顽强抵抗，苦战竟日，付出巨大伤亡，仍无法将日军击溃。该师在日军海陆空军的联合围攻下，陷入绝境。当晚，守军奉命放弃九江转移至南昌铺、沙河一线。

蒋介石根据此次日军的作战特点判断，“敌军直溯长江而上，进占要塞据点，而不作野战，此次目的，期在先占武汉；而我防守武汉，不必作无为［谓］牺牲矣”。[①] 此后，李汉魂部退守庐山及南浔铁路沿线，利用有利地形，节节抵抗，与日军第一〇六师团周旋达一月之久。

攻陷九江后，为保证主力溯江西进时侧翼的安全，冈村宁次指挥第十一军一部进犯瑞武公路和南浔铁路。日军发动数度强攻，伤亡惨重。8 月 8 日，日军一部由瑞昌东北的港口登陆，孙桐萱部第十二军在瑞昌以东高地与日军激战达两周时间，迟滞了日军的南下。10 日，波田支队南下攻占望夫山。11 日夜，第二十二师和第二十师反攻望夫山，双方展开数次争夺，阵地得而复失。战至午后，日军增援部队赶到丁家山、马鞍山、平顶山一带。12 日，第十一军命令第一〇一师团“急速攻占星子附近，然后进入隘口界（星子西南十五公里），准备向德安前进”。[②] 日军企图绕过瑞昌中国守军的坚固工事，攻击其侧翼。20 日，日军增援部队海军陆战队和第一〇一师团佐藤支队在星子强行登陆，策应第一〇六师团的作战。

星子临近鄱阳湖入口，也是鄱阳湖上的要冲，“对以汉口为进攻目标的第十一军来说，它不仅是重要的后方基地，也是将来实施鄱阳湖作战的主要基地”。[③] 日军与第五十二师血战终日，于 21 日晨突入城内，星子陷落。蒋介石以为，星子的得失并不影响大局，成败关键在确保庐山，“敌如攻星子与隘口，则我可攻其姑塘南北地区，只要能固守庐山，则四周山麓，敌皆不能进袭也”。[④] 随后，中日双方在星子一带激战了 3 个月之久，在薛岳兵团叶肇第六十六军、王敬久第二十五军、陈安宝第二十九军等部的奋勇抵抗下，日军攻势受阻，进展迟缓，日军第一〇一师团也消耗殆

---

① 黄自进、潘光哲编《蒋中正总统档案·困勉记》（下），1938 年 6 月 26 日，第 621 页。

② 《中国事变陆军作战史》第 2 卷第 1 分册，第 137 页。

③ 《日本海军在中国作战史》，第 303 页。

④ 黄自进、潘光哲编《蒋中正总统档案·困勉记》（下），1938 年 8 月 21 日，第 625 页。

尽，双方在德安附近呈胶着状态。波田支队在进攻期间，频繁使用毒气，待守军中毒后，趁机攻占中方阵地。21 日，日军进攻大屋何、城子镇久攻不克，“敌愤而释放催泪性毒气，我官兵中毒者甚众，阵地遂陷落”，后被中方增援部队夺回。次日，日军故技重施，“先则施放大量窒息性毒气，继则水陆并攻”，[①] 守军第八十一师的两个营，仅有 3 人生还，其余全部中毒殉国。24 日，中方放弃瑞昌。

日军第九师团丸山支队下辖第七、第三十五步兵联队（各欠 1 个大队）及 1 个山炮大队，由丸山政雄指挥，在配合波田支队攻陷瑞昌后，继续南下进攻德安。25 日，瑞昌的日军趁王陵基第七十二军的部署未定，进攻鲤鱼山、笔架山阵地，王部阵地被日军突破。9 月 3 日，日军沿瑞（昌）德（安）公路南窜至马回岭。在黄维第十八军、俞济时第七十四军的阻击下，日军进攻受阻，加上丸山支队被调回瑞昌，第一〇六师团连日伤亡，战斗力低落，日军转入休整。21 日，日军从南京调来增援部队第二十七师团数千人，沿瑞武公路向西进犯，企图攻占武宁以威胁德安。26 日，日军突破麒麟峰阵地，李汉魂部和王陵基部合力将日军击退。27 日，日军先头部队进入白水街、万家岭一带。

日军在南浔路进犯受挫后，急调瑞昌的第九师团攻击在马头镇的中国炮兵，欲为海军清除长江航道障碍。在海、空军配合下，日军沿江西犯，遭到汤恩伯第三十一集团军奋勇抵抗，双方都有重大伤亡，汤部终因寡不敌众，被迫撤退。9 月 14 日，日军波田支队一部在海军的配合下占领了马头镇。富池口的中国守军则凭借天险和坚固工事，拼命死守，坚持到 24 日阵地陷落。此时，张发奎第二兵团的万福麟第五十三军、周嵒第七十五军、甘丽初第六军及张刚第九十八军等部，在阳新、三溪口及半壁山、黄石港一带依托地形、工事，对西犯日军屡以重创。10 月中旬，日军才攻陷半壁山、阳新、大冶等地。此后，日军分兵突进，南路经辛潭铺至通山一线，中路沿三溪口、高桥、咸宁一线，北路沿大冶、金牛、贺胜桥一线，企图截断粤汉线，与江北日军夹击武汉。[②] 中国守军节节抵抗，向武宁、通城、岳州一线退却。

---

① 《抗日战史·武汉会战》(3)，第 309 页。

② 《抗日战争军事报告集》(上)，第 122 页。

三 万家岭大捷与武汉外围战场

9月初，日军电台以极其蔑视的口气广播说："皇军在庐山西麓包围了敌军十万之众。"中国军队第九战区根据广播，判断日军即将在沙河镇一线围攻中国军队，于是特令所属第九集团军从此线迅速撤退。第一兵团司令薛岳命令第七十四军俞济时部火速赶抵岷山地区阻击日军，以掩护大军撤退。俞济时所部上阵后在日军的进攻面前纷纷退却，被薛岳在电话中厉声斥责，于是俞济时下死令坚决抵抗，终于掩护主力跳出了日军包围圈。

日军第一〇六师团以轻敌姿态冒险深入万家岭西北，企图包围中国军队左翼守军。第九集团军立即派二线部队第四军将敌军反包围。紧接着，中日双方后续部队陆续抵达，相互进行了三重包围与反包围，战况空前激烈。为挽救危局，争取主动，中国统帅部果断决定将留在庐山准备游击战的第六十六军叶肇部调下山来参加决战，该部火速奔赴万家岭，将疲惫的日军最后包围起来。这样，中国军队终于获得了外线作战的有利态势，10月6—9日向敌发起总攻。

日军第一〇六师团食物匮乏，弹药补给困难，天气影响又无法得到空中支援，陷入困境。师团参谋不得不向第十一军发电请求增援，"师团正面之敌，每到夜里仍然从各方面进行数次袭击，有逐步将师团包围之势"。[①] 8日，第十一军派出第二十七师团约1个联队，由箬溪经虬津市大道赶往甘木关营救陷入重围的第一〇六师团一三六旅团。第一〇六师团的后续部队与野炮兵1个联队编成宇贺支队，也被派去增援。但途中遭到中国守军英勇阻击，两路日军会合的计划成为泡影。10日，薛岳下令各部向万家岭之敌发起总围攻，日军慌乱之中一面抵抗，一面将部队向一处集中，企图负隅顽抗。中国军队血战3昼夜，终将被围之第一三六旅团大部歼灭，残敌数百人向北突围。此役共歼敌4个联队，日军伤亡逾万，"陈尸满谷，弃械遍野"，[②] 据称日军战场遗尸盈坑塞谷，溪水为之不流。参战国民党军缴获枪支弹械无数，仅轻重机枪即有50余挺。这就是武汉会战中著名的"万家岭大捷"。

---

① 《中国事变陆军作战史》第2卷第1分册，第176页。

② 《陈诚致蒋介石密电》（1938年10月10日），《抗日战争正面战场》（上），2005，第820页。

蒋介石闻之，致电薛岳："查此次万家岭之役，各军大举反攻，歼敌逾万，足征各级指挥官指导有方，全体将士忠勇奋斗，遏胜嘉慰，仍盼再接再励以竟全功，除应以一部追捕当面残寇并截断向西突进敌之后方连络线外，并以主力剿灭箬溪及其以西之敌，俾进而策应我阳新方面之作战，以粉碎敌攻略武汉之迷梦为要。"①

日军在万家岭的惨败，使日本朝野震惊，从此此役在日军战史上被刻意忽略，不再提及。

"万家岭大捷"是抗战防御阶段与"平型关大捷"、"台儿庄大捷"齐名的三大胜仗之一，此役挫败了日军突破南线之企图，对全国抗日战局产生了积极影响，使中国军心士气为之一振，"万家岭歼灭战之空前大捷，喧腾中外，永留抗战史上之光荣之一页"。②

"万家岭大捷"是在力量数倍于敌而且将敌严密包围的形势下取得的，但战斗结果"我集中围攻未将该敌悉数歼灭，至为痛惜"。③ 10月12日以后国民党军因"各部苦战，伤亡过重，战力无几"，④ 被迫转入防守态势。

当万家岭战役激烈开展之时，江南战场其他日军部队为支援第一〇六师团而展开了猛烈攻击，各地守军虽也进行了殊死抵抗，但终因力量相差悬殊，激战经月，日军第九师团等部连连得手，先后攻克瑞昌、码头镇、富池口要塞等，打开了通向武汉的长江水路。10月18—19日，日军攻克阳新及黄石港，兵锋直指武昌城下。

在江南抗敌的同时，长江以北武汉外围战场，以李宗仁为首的第五战区官兵亦投入了空前激烈的战斗。

日军占领安庆、潜山后，打开了沿江北岸西进的通道。日军第六师团在海空军掩护下，从大别山南至长江北岸线地段，大举西犯。李宗仁针对江北战场形势，提出了"充分利用内线作战原则，迅速集中绝对优势兵力，先于太湖、宿松、黄山、广济间狭隘地带将溯江西进之敌，聚而歼之，然后转移兵力，各个击破"的作战方针，⑤ 他调集桂军主力在川军、

---

① 《蒋介石致薛岳等密电稿》（1938年10月10日），《抗日战争正面战场》（上），2005，第820—821页。

② 赵曾俦：《抗战纪实》第1册，商务印书馆，1947，第174页。

③ 《薛岳致蒋介石电》（1938年10月12日），中国第二历史档案馆藏，全宗号：787。

④ 《薛岳致蒋介石电》（1938年10月12日），中国第二历史档案馆藏，全宗号：787。

⑤ 《李宗仁致蒋介石电》（1938年6月22日），中国第二历史档案馆藏，全宗号：787。

西北军的配合下重点防御长江沿岸。覃连芳第八十四军防守黄梅及长江以南沿岸地区；韦云淞第三十一军防守宿松、太湖一带，一部在广济担任预备队；廖磊的第二十一集团军主力固守立煌根据地；另有刘汝明的第六十八军及杨森、徐源泉部等均统归李品仙指挥。李宗仁意图寻机再打一次台儿庄式的聚歼战。他特别反对处处设防、逐次使用兵力的消极防御方针，认为这种方针会使整个战区陷入攻也攻不下防也防不住的两难境地，反给日军造成各个击破的机会。但是，当时战区我方军队的主力都集中在江南第九战区，掌握在蒋的亲信将领手中。相比之下，第五战区的兵力已远不如徐州会战时那么雄厚，因而要想围歼日军第六师团，在力量对比上已属不可能，何况从6月下旬起，江北日军有意识地兵分四路包抄攻击武汉，第五战区不得不分兵前往堵击，结果还是陷入逐次使用兵力节节抵抗的局面。

7月中旬至9月初，敌我双方在黄梅、宿松、太湖、潜山地区展开了激烈的争夺战，双方伤亡惨重。7月17日，李宗仁旧疾复发，被迫转移武汉疗养，白崇禧代替他出任第五战区司令长官。18日，白崇禧下达作战命令："命徐源泉部占领合肥以西之地作持久之战，并竭力阻敌西进，若于紧迫之时向霍山转进与廖磊集团会合；廖磊集团（二十一集团）守备大别山东侧各隘口，勿使敌人窜入并于徐源泉部保持联系，必要时收容徐集团；孙连仲之第二集团由鄂东之宋埠与豫南之商城转进；李品仙、于学忠、张自忠各以一部在大别山南麓备战，主力就地迅速整训。"① 其后，因参战部队消耗过甚，于9月2日被迫撤出战斗。

日军占领湖口后，陆续集结兵力，总计有波田支队、第一〇六师团及海军陆战队一个旅团及海军第三舰队军舰60余艘，汽艇700余艘，② 准备向姑塘、九江、小池口进行登陆作战。

小池口在长江北岸，与南岸的九江呈掎角之势，与望江、蕲春有道路相连，日军要保证攻略九江时的侧翼安全，必须扫除小池口的中国军队。小池口的中国守军不仅兵力有限，还要面临地形上的劣势，龙坪至小池口以东一带的江岸前为长江，后为湖沼水田，仅有一个战防炮连，工事沿江

---

① 白崇禧口述，苏志荣等编《白崇禧回忆录》，第141页。

② 《抗日战史·武汉会战》（2），第146页。

堤构筑，缺少掩护。

7月25日，日军海军陆战队在飞机、海军舰炮的掩护下，在小池口侧翼强行登陆，向守军发起4次冲锋，驻守此地的第六九一团伤亡惨重，主力向宋家嘴转进，留有一部继续坚守阵地。刘汝明命令第一四三师趁日军登陆部队立足未稳，迅速予以歼灭，破坏黄梅、宿松间的公路。次日，力量得到加强的日军再次发动猛攻，第三十一旅平射炮连在缺堤口一带轰击日舰，给日军造成极大威胁，日军随即调集舰炮压制中方火力，出动飞机20余架狂轰滥炸守军阵地，“小池口附近炸成灰烬无存身之处”，[①] 日军又在东西两翼发动侧击，中国守军死伤惨重，小池口失陷。27日，第一一九师派出一部冒雨反攻小池口，双方激战两个小时，日军力量不支，退回舰上。

26日，为了打开长江北岸通往武汉之路，日军第六师团一部，在6架飞机的支援下，猛攻第一三八师太湖东部阵地，战斗激烈，中日双方伤亡在800余人，城内的中国守军全部牺牲，日军遂占领太湖。27日晨，日军以约三个联队兵力冲击太湖以西第一三八师的花凉亭、隘路口阵地，中方在炮兵和步兵的配合下，毙伤日军600名以上，中方士气大振，血战不退。三天的激烈战斗中，日方共伤亡3000余人，[②] 中方伤亡也达千余人。29日，徐源泉部奉命率主力侧击日军侧背，截断潜太、怀太之间后方联系，徐部苦战数日，日军攻势受阻，进展缓慢。8月1日，日军第三师团一部攻占宿松后，与第六师团一部会合，逼近黄梅。日军先头部队2000余人与驻守此地的第一一九师第七一八团发生激战。3日，两个联队日军由东南两面向黄梅发起总攻，中国守军一个团誓死抵抗，伤亡过半。战至黄昏，城墙被日军炮火轰毁数处，日军趁机突入城中，与守军展开巷战。守城部队仅剩200余人，终因寡不敌众，黄梅失守。

8月3日，白崇禧和李品仙抵达广济，立即着手调整部署，决心反攻黄梅。下旬，徐源泉第二十六集团军反攻潜山，日军败退，放火焚毁全城。廖磊第二十一集团军反攻太湖、宿松，歼灭日军一部，日军向东南方溃退。

---

① 《李品仙致蒋介石密电》（1938年7月26日），《抗日战争正面战场》（上），2005，第753页。

② 《李品仙致蒋介石密电》（1938年7月27日），《抗日战争正面战场》（上），2005，第754页。

8月23日，日军第十一军命令第六师团击败当面之敌后，进攻广济、田家镇，为海军溯江而上扫清障碍。第六师团为攻占长江上扼守武汉大门的田家镇要塞，组建今村支队由今村胜次指挥步兵第十三联队，在独立山炮兵第二联队的配合下由广济以南迂回进攻。牛岛支队由牛岛满指挥步兵第十三、第四十五联队主力在炮兵联队的配合下，沿黄梅至广济间的大道行进。29日，第一五〇师击退苦竹口、多云山、渡河口的日军，一度逼近黄梅。日军据阵地顽抗，并派出一部向川军发动反攻。31日，苦竹口、排子山阵地被日军占领，守军第八十四军第一八九师伤亡约1/2，第一七六师伤亡约1/3。①

9月6日午后，日军发动全线猛攻，第八十六军第一〇三师在田家寨、笔架山的阵地先后被突破，第一二一师石门山、鹅公脑预备阵地亦被占领。此时，李品仙手中的总预备队已用尽，下令向广济西北高地转进，牛岛支队占领广济。当日，蒋介石得知广济危急，但他自信南北守军遥相呼应，可以击退敌军，“如果北岸失陷，则南岸计划亦应改变乎？固守武汉核心，实亦自信南北两岸主力，必可以武汉为中心，互相呼应，以期击灭敌军也”。② 7日，蒋介石得知广济失陷，准备改变原有被动战法，“应准备南北两岸之运动战矣”。③ 此后，接连几日，中日双方围绕广济进行反复争夺，阵地屡失屡得。李品仙兵团虽有10个军反复围攻广济，但连日苦战，仍无法将其克复，各部损失异常惨重，“勉强应战者，惟第七军及四十八军各两师”。④ 白崇禧亲临前线，深切体会到“敌我装备悬殊，制空无权，阵地相持，良非上策”，下一阶段的作战“惟有取机动姿势，求敌侧背相机攻袭，而不限以一地一城之死守。……利用大别山山地，改取机动配置，正面仍以一部守御，主力集结敌之侧背，求其弱点，相机攻击，断其后方连络线，以此广大地域，运用广大面之运动战”，由此，“易死路为

---

① 《白崇禧致蒋介石密电》（1938年8月31日），《抗日战争正面战场》（上），2005，第775页。

② 黄自进、潘光哲编《蒋中正总统档案·困勉记》（下），1938年9月6日，第628页。

③ 黄自进、潘光哲编《蒋中正总统档案·困勉记》（下），1938年9月7日，第628页。

④ 《李品仙致蒋介石等密电》（1938年9月18日），《抗日战争正面战场》（上），2005，第796页。

生，变被动为主动，将士乐于效命，抗战可期长近延迭”。[①]

广济失守严重威胁到田家镇要塞的安全。白崇禧一面以新增援部队调换溃军，一面在广济附近利用低洼地势布下口袋阵，以待日军入瓮。果然，日军部队及大批辎重进入中国军队伏击圈。9月8日，第三十一军三路围攻广济，其势锐不可当。日军仓促应战，但因地势限制施展不开，结果乱了战阵，被击伤击毙3000余人。日军遗弃重炮十余门及大量装备逃窜。此役遂成为第五战区武汉外围战中歼敌最多的胜利之役。

随后，日军将进攻矛头指向长江北岸江防重镇田家镇要塞。

田家镇位于武穴西北，与富池口隔江相望，扼长江水运交通之咽喉，是武汉三镇的门户。蒋介石将田家镇、富池口两要塞看作“大别山及赣北我主阵地之锁钥，乃五、九战区会战之枢轴，亦武汉最后之屏障”。[②] 他估计虽然日本海军在长江内肆意横行，但在未得到陆军支援的情况下，“决不能单独行动，冒险冲破田家镇，直趋武汉”。[③]

日军统帅部极其重视攻打田家镇之役，调集了海陆空重兵两路围攻，立体作战。为赶在10月落水期之前攻下要塞，日本海军全力从江面攻击要塞，同时由广济附近派出陆军进行辅攻。中国军队要塞保卫部队为第二十六军、四十八军及八十六军。由施中诚的第五十七师负责田家镇要塞及蕲春至武穴间的江防任务，李延年的第二军则守卫要塞北岸。田家镇防守坚固，要塞阵前设有两道铁丝网，关键部位还设有水泥碉堡，筑有数道坚固阵地。要塞区配备有2个野炮连，1个轻榴弹炮连，1个高射炮连。

日军第六师团占领广济后，主力沿广（济）武（穴）公路南下。9月15日，第六师团派今村支队进占铁石墩后，进攻田家镇要塞以北第九师防守的松山口阵地，主力则沿黄泥湖、马口湖中间区域进袭田家镇侧翼。波田支队一部及海军陆战队，在二套口以西的长江南岸登陆，逼近武穴。日军从三个方向扑向田家镇。

今村支队的进攻在松山口遭到守军的顽强抵抗，直到17日才攻占阵

---

① 《白崇禧致蒋介石密电》(1938年9月6日),《抗日战争正面战场》(上), 2005, 第785—786页。

② 《蒋介石致李延年密电稿》(1938年8月6日),《抗日战争正面战场》(上), 2005, 第759页。

③ 《蒋介石致徐永昌电》(1938年8月28日),《抗日战争正面战场》(上), 2005, 第772页。

地。同日，日军占领武穴。随后出动舰船、飞机掩护陆战队在武穴以东登陆，遭遇守军顽强阻击，停滞不前。连日降雨造成道路泥泞，日军补给困难。中方则不断发动夜袭，攻击日军侧背。今村支队遭到三面包围，伤亡甚重。第六师团派出的增援部队，又遭到中方的阻击，战局进入胶着状态，直到26日，增援部队才与今村支队会合。战至23日，今村支队伤亡已达680余人。[①] 从20日至22日，中方分三路向敌实施了猛烈反攻，歼敌7000余人，国民党军损失兵员亦在万人以上。日军恼怒之下集中100余门重炮及70余架飞机，对田家镇要塞施行狂轰滥炸，要塞阵地中弹2500余发，遍地焦土，防御工事全部被毁，但坚守核心阵地的中国军队固守不退，战至最后一人，全部壮烈殉国。

田家镇形势危急，蒋介石急调萧之楚部增援，“连日督促萧之楚军，协同田家镇部队，夹攻敌军，始终未见实行；而第五长官部，亦坐视不理，殊为痛心！非余亲到鄂东督战不可！”[②] 其实，萧部并非不想支援，只因连日作战，伤亡极大，“四十四师、三十二师实有战斗员均不过1000余人”，“最后只有集合官佐民夫编并成队，与敌拼死一战”。[③] 尽管如此，蒋介石坐阵指挥所内，仍感各部不听调遣，“各官长对于作战与报告，乃不实不力，敷衍了事，往往如此，可叹！”[④] 28日上午，日军发动两次登陆均被守军击退，午后数百名日军乘汽艇在上洲头登陆，猛攻上公、陈家嘴阵地，守军第三四〇团伤亡过重，被迫撤退。当日，日机炸弹命中要塞弹药库，阳城山、最高峰玉屏山、杨树坪相继失守。在日舰掩护下，数百日军在盘塘附近登陆，战至晚7时，日军多处突入要塞核心区域，李延年下令弃守阵地。守军退往广济西北山地和蕲春方向。9月29日，田家镇陷落，长江中最后一个要塞遂为日军所据。

此役使日第六师团连续作战元气大伤，仅今村支队在田家镇的战斗中就伤亡1150人。[⑤] 华中派遣军从第一一六师团抽出志摩支队接替今村支队担任田家镇的防务。第六师团已无力再发动大规模进攻，进行休整，战事

① 《中国事变陆军作战史》第2卷第1分册，第163页。

② 黄自进、潘光哲编《蒋中正总统档案·困勉记》（下），1938年9月21日，第630页。

③ 《萧之楚致蒋介石密电》（1938年9月21日），《抗日战争正面战场》（上），2005，第798页。

④ 黄自进、潘光哲编《蒋中正总统档案·困勉记》（下），1938年9月22日，第631页。

⑤ 《中国事变陆军作战史》第2卷第1分册，第164页。

转入相对稳定阶段。

四　武汉保卫战

日军第十一军司令官冈村宁次认为攻占田家镇后“占领武汉只是时间问题了”。他命令日军于要塞附近各地大量登陆，策应广济之敌，急速西进。

当黄梅、广济一带鏖战之际，日华中方面军正筹划下一步在大别山附近的作战。8 月 20 日，华中方面军向第二军下达命令，“当击败途中驻在敌后，应继续首先进入光州、商城一线，尔后准备向信阳方面及汉口北侧地区前进”。[①] 具体的部署是：“一、第十师团在击败六安附近之敌后，急速进入光州附近，准备向信阳作战；二、第十三师团在击败霍山之敌后，进入商城附近，准备向汉口以北地区作战；三、第十六师团一部担任固始、叶家集以东至庐州之间的交通路线的警备，向固始附近推进；四、第三师团在 8 月 23 日向江北移动，在庐州、桃镇附近集结兵力，担任江北津浦沿线地区的警备。”[②]

对武汉北面的防御，战前中方统帅部拟定有作战计划，准备依托有利地形，凭险据守，伺机攻击日军侧翼，“武汉则应东守宿松、太湖，北扼双门关、大胜关、武胜关诸险，依大别山脉以拒敌军，并与平汉北段之积极行动呼应。若敌悬军深入则可临机予以各个击破，或在大别山预为隐伏待其深入，出奇兵以腰击之”。[③] 第五战区“以积极之行动确保豫鄂皖边区山地及长江沿岸各要点，击破或阻止侵入之敌，以屏障武汉之翼侧”。[④] 大别山北麓担任防御的是第五战区孙连仲第三兵团，部署在六安至商城一线，迎击商城以东进犯的日军。于学忠第五十一军固守六安，冯治安第七十七军防守霍山，宋希濂第七十一军主力在商城以东，并派出一部协防叶家集、富金山一线。连日来，日军在合肥频繁调动兵力，抢修损毁道路，白崇禧综合各方敌情判断日军“北岸主力仍在黄广方面，南点容易策应，黄广公路可用大兵，六安商城迂回过远，霍山则地险粮缺，六霍方面不过

① 《中国事变陆军作战史》第 2 卷第 1 分册，第 140 页。
② 《中国事变陆军作战史》第 2 卷第 1 分册，第 143—144 页。
③ 《对武汉附近作战之意见》（1938 年），《抗日战争正面战场》（上），2005，第 713 页。
④ 《第五战区作战命令》（1938 年 7 月），《抗日战争正面战场》（上），2005，第 716 页。

支作战而已”。①

8月27日，集结在官亭、江夏店的第十师团向六安进犯，山南馆、双河的第十三师团也开拔，直指霍山。28日，日军第十师团冈田支队3000余人由东、北、西三面进攻六安城，一部由东南城角攻入城中，与第一一四师发生激烈巷战。守军奉命放弃六安，转进淠河西岸阵地，六安陷落。29日，淠河东岸的日军向对岸施放催泪性毒气弹，随后强行渡河，旋被守军击退。同日，下符桥的日军4000余人猛攻霍山东北圣人山阵地，日军利用汉奸作向导，由小路绕过圣人山阵地袭击守军侧翼，一部进攻十里铺，第一三二师被迫放弃霍山。30日，日军改用窒息性毒气弹，致使第一一四师一个排官兵全部牺牲。第十三师团在攻占霍山后继续向叶家集、商城方向突进。

9月2日拂晓，第十三师团一部猛攻叶家集，与第三十六师发生激战。午后，阵地被全部摧毁，守军向史河西岸撤退，日军则在东岸构筑阵地，双方形成对峙态势。3日，日军在击溃岸防部队后，渡过史河，逼近石门口、富金山一线。孙连仲令第七十一军一部固守富金山至下板桥一线，阻止日军深入大别山北麓。第三十六师主力则固守石门口、富金山、刘家冈一带。第八十八师集结在顺河店东北。4日拂晓，日军猛攻富金山、石门口阵地，战况危急，宋希濂急令第八十八师由富金山北段出击，协助第三十六师反攻，方才稳住局势。6日午后，日军三面围攻富金山，并一度攻占第三峰，危急时刻，第三十六师师长陈瑞亲率预备队反击，在付出伤亡800余人的代价后，方将日军逼退。为加强攻势，日军第二军急调第十六师团增援大别山的作战。至11日，日军援兵赶到，黄昏时分攻陷富金山最高峰。日军以两个师团，围攻富金山、石门口近一周，伤亡惨重，“死4000余，皆运叶集焚化，臭闻十余里”。②

日军第二军进抵占领商城后，计划兵分两路。北路第十、第三师团沿大别山北麓破固始、潢川，占领信阳后，沿平汉铁路南下，直扑武汉；南路第十三、第十六师团突破大别山正面防御阵地，取商城、黄陂，由鄂东

① 《白崇禧致蒋介石等密电》（1938年8月25日），《抗日战争正面战场》（上），2005，第767页。

② 《李宗仁致蒋介石密电》（1938年9月12日），《抗日战争正面战场》（上），2005，第790页。

绕攻武汉，策应第六师团的行动。当第十三师团受阻于富金山时，第十师团沿大别山北麓向固始、潢川方向进攻。9 月 3 日，冈田支队到达石佛店。次日，渡过史河攻占南大桥。宋希濂判断日军下一阶段准备进攻固始，一面令第一八一旅节节抵抗，一面令第五十九军火速增援。6 日晚，日军发动猛攻，守军伤亡过大，固始失守，固始通往潢川的公路亦被截断。日军沿公路西犯潢川，在新店遭遇张自忠第五十九军第三十八师的全力抵抗。7 日，冈田支队向光州方向突进。12 日，抵达黄岗寺，随即转入休整。14 日，第十师团主力进入黄冈寺与冈田支队会合。一部沿大路进攻，主力则绕攻光州。日军进展缓慢，17 日占领光州，一部推进至潢川，日军以炮火毒气对潢川发动全线猛攻，第五十九军在张自忠的指挥下“自军团长以次，莫不身先锋镝，抱必死之决心”，“巷战肉搏，迭行逆袭，一再击退，倭尸累积、濠水尽赤”。[①] 18 日，潢川陷落。

随后，潢川的日军乘汽艇溯淮河西进，与光州的冈田支队续攻罗山。21 日，日军占领罗山。此后，日军兵分两路，北路冈田支队经栏杆铺、五里店向信阳东部推进，南路第十师团主力则推进至信阳以南。第五战区将胡宗南的第十七军团及第十三师组成豫南兵团，主力控制信（阳）罗（山）公路，袭击日军侧翼，截断交通，迟滞日军前进。28 日，日军第十师团由光山向信阳进犯，途中遭到胡宗南第十七军团的强力反击，日军被迫退回罗山待援。30 日，第十师团续攻信阳，激战两昼夜，日军伤亡惨重，冈田支队步兵第三十九联队，到 9 月底减员至 800 余人。最后，日军突破槐店、罗堂一带的中国守军阵地。[②] 10 月 2 日，为策应第十师团的作战，第三师团向信阳以北方向突进。9 日，日军占领洋河镇。11 日，日军切断平汉铁路。至此，日军从北、东、南三面形成了对信阳的包围。12 日，日军攻陷信阳，守军胡宗南部退守桐柏附近山地。日军占领信阳后，沿平汉铁路南下，占领平靖关、武胜关，直逼武汉以北。26 日，日军前锋逼近孝感、应城。

9 月 15 日，日军第二军命令第十三、第十六师团突破大别山阵线。两个师团在占领商城后，各自派出先头部队。不久，第十六师团筱原支队在

---

① 《蒋介石致孙连仲等密电稿》（1938 年 9 月 22 日），《抗日战争正面战场》（上），2005，第 798 页。

② 《中国事变陆军作战史》第 2 卷第 1 分册，第 151 页。

沙窝遭遇顽强抵抗，进攻受阻。第十六师团出动主力，策应筱原支队的进攻。孙连仲的第二集团军和宋希濂的第七十一军相互配合，依托险峻地势，构筑了坚固工事，多次击退日军的进攻。日军受地形所限，行动迟缓，直到10月9日才占领沙窝部分要点。直到24日，日军才突破守军阵地，侵入湖北境内。在接连占领麻城、宋埠等地后，日军到达黄陂，直逼武汉侧翼。

为给武汉撤退赢得时间，蒋介石电令第五战区："黄陂必须尽力固守，使左右前后各部队得以如计转进，务请切实指派第五路军最精良部队负责布防，千万勿误。"[①] 此时，第五战区预备队早已用完，无力阻挡日军的推进。第十三师团的沼田支队自9月18日进攻新店，用时20余日才彻底突破守军阵地。占领麻城后，第十三师团10月底才抵达宋埠。在大别山的作战中，日军第十三、第十六师团付出了惨重代价，共死伤4400余人。[②]

至此，敌人在长江北岸作战目的基本达到。

据统计，在武汉会战中，日军总计使用被称为"红剂"的毒气375次，发射毒气弹4万发以上，其命中率为80%余，对中国人民及全人类犯下了不可饶恕的罪行。战后日本竭力否认这种罪行，直到1984年在美国国会图书馆发现了日方在武汉会战中大量使用毒气之记录文件，日方才不得不承认一这事实。其实，在中国第二历史档案馆所藏有关武汉会战的历史档案中，早就发现有大量的有关日军使用化学武器甚至细菌武器的报告。[③] 这些武器对于装备低劣、毫无防毒工具的中国守军往往具有"奇效"，日军在很大程度上正是依靠了这种"特种武器"才很快打入武汉内线战场。对于日军来说，在这一问题上，他们不仅违反了自己曾签过字的《日内瓦国际公约》，而且其信奉的所谓"武士道"、"信义"精神也已颓然扫地，他们虽然在战场上战胜了中国军队，但胜之不武！

正当武汉保卫战最为激烈的时刻，1938年10月12日，日军按照其统帅部攻略华南沿海的战略计划，集结重兵在海空军掩护下突然从海上进攻广州。日军此举是鉴于在攻占武汉的会战中不断遭到惨败，占领武汉的计划迟迟不能实现而发动的。其战略意图在于首尾夹击武汉，同时切断我对

---

① 萧李居编辑《蒋介石档案·事略稿本》第42册，台北，"国史馆"，2010，第499页。

② 《中国事变陆军作战史》第2卷第1分册，第155页。

③ 毕春富：《侵华日军武汉会战期间化学战实施概况》，《民国档案》1991年第4期。

外联络。当时，我第四战区司令长官何应钦虽手握重兵20余万，但由于部署不力，在日军海、陆、空军的凌厉攻势面前，守军余汉谋部于10月21日放弃广州后撤，这样在不足10天时间内名城广州即为日军攻占，而且对武汉会战造成了极为不利的影响。

10月24日，日军从江南江北直趋武汉，并以战舰10艘掩护陆军在江岸大量登陆，已对武汉形成钳形包围。

国民政府统帅部见武汉三镇南北屏障尽失，敌军已兵临城下，遂决定实施原定的放弃武汉计划，命令江北部队自平汉线以西沙洋、随县一线撤退，江南部队沿粤汉路南撤。蒋介石同时一再电令陈诚组织江南部队坚守前沿，掩护主力后撤，但前线各部队久战疲惫，陈诚只能勉为其难，尽力拖延。10月12日与17日，蒋介石又两次下令，后延放弃武汉之时限，原因是想再次通过德国陶德曼大使与日方对话，找到外交“调停”之途。这引起了前线指挥官们的愤慨。陈诚在战后总结报告中写道：“武汉撤退时机，最初决定八月底，后改为‘九一八’，又改为九月底、双十节，直至十月二十日，领袖尚在武汉。于是转战数月之残破部队不能不在金华、保安线上竭力苦撑，以致以后转移未能按计划实施，陷于溃退。”①

10月24日，武汉市市长吴国桢在记者招待会上宣布：“保卫大武汉之战，我们是尽了消耗战与持久战的能事，我们的最高战略是在以空间换取时间。在保卫大武汉的长期战中，我们于人口的疏散、产业的转移，已经做得相当彻底，而且我们还掩护了后方的建设。……我们坚决相信，最后胜利必属于我们的。”②

10月25日，日军波田支队先头部队占领葛城，逼近武汉外围，当日，第六师团一部突入汉口市区，27日，在武汉市郊，守军全线撤退。日军从武昌、汉口渡江占领汉阳，对市民及未及撤走的伤兵进行了屠杀。

10月31日，蒋介石在南岳发表了《武汉撤退告全国军民书》，他宣称：“保卫武汉之意义，在阻滞敌军西进，保障后方建设。今任务已达，不必斤斤核心守卫，而应注意发展全面实力。……一时之进退变化，决不

---

① 《陈诚私人回忆资料（1935—1944年）》，中国第二历史档案馆藏，全宗号：787，《民国档案》1987年第2期。

② 毛磊等：《武汉抗战史要》，湖北人民出版社，1985，第396页。

能动摇我抗战之决心。”①

武汉保卫战至此全部结束。

武汉会战既是抗战以来战线最长的一次会战，也是双方投入兵力最多、牺牲最大的一次战役。② 此役中日双方共计投入兵力百万，在平汉铁路以东，津浦铁路以西，淮河以南，长江沿岸的广阔地域，激战了4个多月。虽然武汉会战最后以中国军队失利而告终，中方损失了大量兵员及武器装备，安庆、武汉沦陷，日军控制了武汉至下游的长江水道，切断了交通动脉平汉、粤汉铁路，但日军为此消耗了巨大的有生力量，付出了伤亡达15万人的重大代价。③ 武汉会战使日军“速战速决”的战略方针被粉碎，为中方赢得了4个多月的缓冲时间，大量物资得以抢运至大后方，为中国坚持长期抗战蓄积了战略力量。

武汉失守后，中国的抗日战争进入了艰苦卓绝的战略相持阶段。

第五节　苏联志愿航空队的空中作战

中国空军飞机在淞沪会战中消耗殆尽，在此情况下，苏联志愿航空队秘密来华，与中国空军并肩战斗。在苏联志愿航空队援华作战的绝大部分时间里，虽然日本航空部队在空中战场占据优势，但中苏空军主动出击，浴血奋战，使日本航空部队遭到了沉重的打击，并有力地配合了中国的地面战场。到1941年6月苏德战争爆发，苏联志愿航空队飞行员全部回国，中国的空中抗战更为艰难。

一　苏联志愿航空队的雪中送炭

全国抗战爆发前，国民政府在进行自卫准备的同时，积极与苏联方面接触，企求获得军事援助。在中国军民抗战极为艰难的时候，英、美等国实行绥靖政策，企图同日本妥协而对中国坐视不救，苏联在关键时刻向中国伸出了援助之手。全国抗战爆发后，国民政府鉴于形势之严峻，加大了向苏联寻求军事援助的力度，航空是其中的重要事项。早在1936年12月

① 萧李居编辑《蒋介石档案·事略稿本》第42册，第499页。

② 郭雄等编《抗日战争时期国民党正面战场重要战役介绍》，第71页。

③ 张宪文主编《中国抗日战争史（1931—1945）》，第532页。

15日，国民政府新任驻苏大使蒋廷黻在与苏联外交人民委员李维诺夫（Maxim Litvinov）的会谈中，就第一次正式向苏方提出了购买飞机的问题。1937年8月初，蒋介石派航空委员会的沈德燮为代表，前往苏联洽谈购机事宜。8月20日，蒋介石专门致电蒋廷黻："沈德燮处长想已到莫，请兄介绍其与俄政府洽商飞机交涉，现最急需用者为驱逐机二百架与重轰炸双发动机一百架。"[①] 1937年8月21日，中苏两国正式签订了《互不侵犯条约》，苏联同意向中国提供优惠贷款购买苏制武器，成为七七事变后第一个援助中国抗战的国家，这就"给日本蛮牛的颈项上插入了第一支利箭"。此后，苏联开始向中国提供经济贷款和军事援助，并派遣军事专家和志愿航空队参加中国的抗战。

1937年9月初，时任苏联国防人民委员的伏罗希洛夫（Kliment Voroshilov）接到命令，要求他立即从苏联空军现役部队抽调战斗机和轰炸机机组人员，组成援华航空队奔赴中国，为避免过分刺激日本，援华航空队以"志愿"的形式帮助中国抗战。经过慎重的甄选，一批政治可靠、技术过硬的航空人员被秘密集中到茹科夫斯基空军学院，并进行保密教育和补充训练。援华机型也很快确定，战斗机主要是外号"黄莺"的适合水平作战的И-15和外号"燕子"的便于垂直作战及追击的И-16，轰炸机则主要是图波列夫设计局的СБ快速轰炸机，其速度甚至比日本"九六"式战斗机还快，这些都是当时世界较先进的战斗机和轰炸机。

1937年10月下旬，由254名空、地勤人员组成的第一批苏联志愿航空队来到中国，分别组成由马琴（Marchenko）领导的轰炸机大队和以库尔丘莫夫（Kuchumov）为领导的战斗机大队。为了方便苏联志愿航空队来华，中国沿迪化（今乌鲁木齐）、哈密、兰州一线新建扩建了一批机场，由于匆忙修建又缺少重型施工机械，机场跑道土基不实，加之西北沙尘肆虐，严重影响飞行安全。在此情况下，苏联志愿航空队克服重重困难，空中转场多次经历险情和伤亡，第一批援华的战斗机大队长库尔丘莫夫在凉州机场着陆时，就因降落速度太快导致飞机翻滚起火而不幸牺牲，由普罗科菲耶夫（Prokofiev）接替指挥战斗机大队。1938年2月，来华的苏联志

① 秦孝仪主编《中华民国重要史料初编——对日抗战时期 第三编 战时外交》（2），第465页。

愿航空队增至战斗机、轰炸机各 3 个大队。同年 9 月，因作战消耗，减为各 2 个大队。1939 年上半年，在华苏联志愿航空队仅有 1 个战斗机大队。同年 7 月以后，兵力又猛增为战斗机、轰炸机各 4 个大队。1940 年 6 月，又只剩下 1 个战斗机大队。[①] 1941 年初，由于苏联的安全受到法西斯德国的严重威胁，苏、日两国签订了《中立条约》，苏联志愿航空队奉命开始回国。同年 10 月，苏联政府宣布中止对华军事援助。当年底，在华的苏联军事人员基本撤尽，飞机和装备移交中国空军。4 年间，苏联志愿航空人员采取轮换形式，总共派遣了 3665 人参加中国抗战，其中包括 1091 名飞行员，此外还有 2000 余名机械师、工程师等各类航空辅助人员。

苏联对中国空军的支援，可谓雪中送炭。当时，中国空军在淞沪抗战中几乎已经拼光而亟须补充，但欧美各国对援华抗日态度暧昧，加之日本海军封锁了中国领海，从欧美得到的飞机寥寥无几。从全国抗战爆发到 1938 年 4 月，中国共向欧美国家订购飞机 363 架，仅运到 85 架（其中 13 架还未装好）。与之形成对比的是，在此期间，苏联向中国提供了大批飞机及其他航空器材。苏联援华飞机的具体数量，见诸记载的有几种说法。有的认为，“苏联援华的物资中有飞机 1562 架”；[②] 有的认为，“在中国抗日战争战争初期和中期，苏联以优惠军事贷款的形式共向中国提供飞机 1285 架，其中歼击机 777 架、轰炸机 408 架、教练机 100 架”；[③] 有的认为，“到 1941 年初，苏联共供应了中国抗战急需的飞机 1235 架，其中 И－15 式和 И－16 式驱逐机 777 架、СБ 轰炸机 328 架、ДБ 轰炸机 24 架、ТБ 轰炸机 6 架、教练机 100 架”；[④] 有的认为，“1937—1941 年，共从苏联购买飞机 997 架，其中作战飞机 884 架，包括驱逐机双翼 И－15、单翼 И－16 和 И－15－3 型共 586 架，SB 式轻轰炸机和 TB－3 式重轰炸机共 298 架，此外还有侦察机及教练机 113 架”。[⑤] 尽管具体数字有所出入，但苏联的援助使飞机已消耗殆尽的中国空军及时得到补充，这一点是毋庸置疑的。此外，苏联志愿人员还帮助中国建立了航空供应站和飞机修配厂，

① 高晓星、时平：《民国空军的航迹》，第 278 页。

② 孔庆泰：《太平洋战争爆发前苏联对华军事援助述略》，《历史档案》1991 年第 1 期。

③ 彭训厚：《胜利的回忆》，五洲传播出版社，2014，第 79 页。

④ 高晓星、时平：《民国空军的航迹》，第 280 页。

⑤ 赵广军：《抗战时期苏联援华飞机数量及机型》，《军事历史》2009 年第 1 期。

并在迪化和兰州设立航空学校或训练基地，训练中国空军人员，帮助中国飞行员掌握操纵苏制驱逐机或轰炸机的技能，来华的苏联航空专家组最多时达 89 人。[①]

在援华抗日的作战中，苏联志愿航空队积极勇敢，包括波雷宁（Polynin）在内有 14 人被授予“苏联英雄”称号，211 人在战斗训练和各类事故中牺牲。苏联志愿航空队的参战，打破了日军飞机垄断中国制空权的局面。据不完全统计，截至 1940 年 5 月，苏联志愿航空队作战 50 次以上，击落敌机 81 架，炸毁敌机 114 架（含中国飞行员共同战果），炸毁敌舰船 14 艘。正如当时有的报纸所评论的那样：“他们以自己的无畏行动提高了中国人民的士气。为中国人民解放事业而英勇献身的苏联志愿飞行人员洒下的鲜血同中国人民洒下的鲜血融合在一起。”[②]

苏联志愿航空队开赴中国战场后，即投入了保卫南京的空中作战，与中国空军一道，多次袭击侵犯南京的日军，先后击落敌机 20 架，飞行员库德莫夫（Kudymov）击落了号称日本海军陆战队驱逐机“四大天王”之一的白相定南。[③] 此后，苏联志愿航空队同中国空军并肩战斗，参加了保卫武汉、南昌、重庆、成都、兰州、柳州等地的空战，取得了重要战果。苏联志愿航空队的出现及出色成绩，“使日本空军基地后撤了 500 公里”。[④]

二 武汉大空战

武汉是当时中国空军的重要基地，面临日军飞机的严重袭扰。为此，中苏空军勇士并肩战斗，给予入侵者迎头痛击，打了不少漂亮仗，其中最有名的是“二·一八”、“四·二九”、“五·三一”三次大空战。

1938 年 2 月 18 日中午，“敌机三十八架（先二十六，后十二），发现于立煌向武汉航进，十二时三十分通过麻城，本部发出空袭警报。十二时四十

① 高晓星、时平：《民国空军的航迹》，第 280 页。

② 高晓星、时平：《民国空军的航迹》，第 279 页。

③ 中国人民政治协商会议南京市委员会文史资料委员会编《蓝天碧血扬国威——中国空军抗战史料》，中国文史出版社，1990，第 24 页。

④ 中国人民抗日战争纪念馆编《抗战时期苏联援华史论》，社会科学文献出版社，2013，第 107 页。

分，敌机进抵新州上空，本部续发紧急警报，我空军立即起飞迎击”。[①] 遂行该任务的中国空军第四大队在代理队长李桂丹的带领下，驾驶着苏联援助的 И-15 和 И-16 驱逐机，分别从汉口、孝感机场升空，经过 12 分钟的恶战，击落敌机 12 架，其余敌机狼狈逃窜。在这次空战中，中国空军也损失飞机 5 架，李桂丹等英勇牺牲。中共中央代表周恩来在给空战勇士敬送的挽联上书“为五千年祖国英勇牺牲功名不朽”、“有四百兆同胞艰辛奋斗胜利可期”,[②] 深切表达了中国共产党人对为民族献身的空军烈士的崇敬和悼念之情。

4 月 29 日，日本海军第二联合航空队出动 27 架战斗机、18 架攻击机袭击武汉，企图炸毁中国空军基地和汉阳兵工厂等重要军事目标，以此为庆贺天皇诞辰的献礼。此前，中国空军从击落的日军飞行员身上搜到一个笔记本，侦获了这一重要情报。“上午九时，武汉拉响了紧急警报，敌机还没有进入武汉上空，我空军英雄们早已起飞迎敌。”[③] 中国空军第三、第四、第五大队的 19 架驱逐机和苏联志愿航空队的 45 架战斗机占据有利高度，经过 30 分钟激烈的空中拼杀，敌机被击落 21 架，其中战斗机 11 架、攻击机 10 架，敌飞行员 50 人丧生，2 名跳伞后被活捉，中苏空军也损失飞机 12 架。[④] 在这次激烈的空战中，中苏空中勇士表现出英勇顽强的精神令人钦佩。中国空军第二十三中队少尉飞行员陈怀民在战机多处中弹的情况下，面对日机包抄，视死如归，毅然放弃跳伞求生的机会，驾机向附近 1 架敌机机背高速撞去，令地面上观战的中国军民为之动容。苏联飞行员舒斯捷尔（Schuster）也驾机同敌机相撞，英勇牺牲。冯玉祥曾赋诗称赞这一壮举：“舍身成仁同归尽，壮烈牺牲鬼神泣。”[⑤] “四·二九”空战给日军以沉重打击，此后一个多月内，日军飞机未敢再来进犯武汉。

5 月 31 日，中苏空军与日军在武汉上空再次进行激战。是日上午，日本海军第十二航空队袭击武汉，苏联志愿航空队“正义之剑”大队和中国

① 《郭忏金巨堂呈报敌机轰炸衡阳重庆等地及滠口空战情形致蒋介石密电》（1938 年 2 月 18 日），《抗日战争正面战场》（下），2005，第 2163 页。

② 华强、奚纪荣、孟庆龙：《中国空军百年史》，第 102 页。

③ 刘汝用：《武汉空战大捷》，全国政协文史和学习委员会编《武汉会战：原国民党将领抗日战争亲历记》，中国文史出版社，2015，第 207 页。

④ 《蓝天碧血扬国威——中国空军抗战史料》，第 27 页。

⑤ 高晓星、时平：《民国空军的航迹》，第 286 页。

空军第三、第四大队密切配合，构成立体纵深的空战阵势严阵以待。临近中午，日机窜入武汉上空，见防备严整，掉头东逃。中苏空军近50架飞机迅猛地向日机扑去，日军数架飞机在退却中中弹坠毁。苏联志愿航空队飞行员古班柯击落敌机一架后，子弹已经打光，开足马力将一架日机机翼撞断使其坠毁，并以高超的技术驾驶受伤的飞机安全返回。此次空战持续了近30分钟，共击落敌机14架，再次粉碎了日军空袭武汉的企图。

三　奇袭台湾与远征日本

1938年2月23日，是苏联红军成立20周年纪念日。为了以实际行动庆祝这个节日，苏联志愿航空队在中国空军的协助下，决定出击台湾，以摧毁日军重要航空基地——台北松山机场作为节日献礼。出击任务由苏联志愿航空队指挥官帕维尔·雷恰戈夫（Pavel Rychagov）负责。他决定组成两个轰炸机编队执行该项任务：一队为驻在南昌的12架轰炸机，系中苏混合编队；另一队为驻在汉口的28架轰炸机，全由苏联飞行员驾驶。为了提高奇袭的成功率，中苏双方严格保密，直到轰炸前一天才向有关人员明确任务。

是日清晨，出击台湾的轰炸机群分别从南昌和汉口起飞。南昌编队因领航员在浓云堆积的情况下计算错误，升空后不久即偏离预定航向，被迫在福州机场降落加油后无功而返。汉口编队在大队长波雷宁的指挥下，根据事先计划，先采用节省燃料的高空直线飞行，到达台湾海峡后降至2000米高度，逼近台北时又升至4000米空中。为了迷惑敌人，编队先向台北以北方向飞行，随后急速转弯，降低高度，直逼松山机场。日军根本未曾料到松山机场会遭空袭，毫无戒备，措手不及，既无战斗机升空拦截，也无高射炮火阻挡。波雷宁的长机首先进入投弹，其余各机也依次进入，共投弹280枚，大部分命中目标。松山机场顿时火光冲天，烈焰滚滚。据情报获悉，此次出击共炸毁敌机12架、营房10栋、机库3座，焚毁了可使用3年的航空油料及其他装备，使松山机场陷于瘫痪，以致1个月内不能使用。[①] 远程奔袭松山机场得手后，意犹未尽的波雷宁又下令将剩余的炸弹全部投在港口设施和日军运输船上，再用航空速射机枪扫射目标，然后从

① 高晓星、时平：《民国空军的航迹》，第289页。

容返航，在福州加油后，轰炸机群顺利返回汉口机场，无一折损。

苏联志愿援华航空队在苏联红军建军20周年这个特别的日子里，创造了一个远程轰炸的新世界纪录，令人倍感振奋。第二天，中国航空委员会秘书长宋美龄举行隆重的庆功宴，其间一个硕大的蛋糕被推进来，上面醒目地涂着两行红字："向工农红军志愿飞行员致敬!"与此形成鲜明对比的是，奇袭台湾的壮举令日本方面极为恼怒。事后，日本驻台湾总督小林跻造被召回国受到厉责，松山基地指挥官被撤职，交法庭审判，不久抑郁自杀。

与奇袭台湾松山机场一道被国人传为美谈的，还有远征日本。1938年5月19—20日，中国空军勇士首次驾机跨海飞至日本上空，散发了大量传单，当时人们把这次行动称作"人道远征"或"纸片轰炸"。

5月19日15时23分，中国空军两架"马丁B-10"式重轰炸机，分别由第十四中队中队长徐焕升和第十九中队副中队长董彦博驾驶，从汉口机场秘密起飞，先后越过南昌、玉山等地，两小时后抵达前进基地——宁波栎社机场。当夜23时48分，双机加足油料后从栎社机场起飞，奔向日本方向，先后飞临长崎、福冈等地上空，撒下上百万份传单。这些传单是由国民政府军委会政治部第三厅与航空委员会共同编印的，其中有《告日本工人书》、《告日本各政党人士书》、《告日本人民书》、《告日本中小工商业人士书》等。有的传单上写着："亲爱的日本人民诸君，贵国法西斯军阀不断榨取贵国民众膏血，驱使劳苦民众与中国兄弟互相残杀，现在已经到了反抗暴举的时期。我们中日两国人民，紧握着手，打倒共同的敌人、暴戾的日本法西斯!"有的传单则警告日本军阀："尔国侵略中国，罪恶深重。尔再不训，则百万传单，将一变为千吨炸弹，尔再戒之。"① 双机完成任务后，分别在玉山机场和南昌机场加油，于20日11时13分在武汉上空会合，一起在汉口机场降落。

"人道远征"，对日本侵略者在精神上是一次沉重打击，大长了中国人民的志气和中国空军的声望。在第二次世界大战后期出版的一期美国《生活》杂志上，曾刊登了12位举世闻名的飞行员照片，徐焕升位列其中。

① 中国人民解放军空军司令部空军史编辑室编《中国空军史料》第2辑，军事科学出版社，1994，第39页。

该杂志在介绍徐焕升时指出，他是先于美军飞行员杜立特轰炸日本本土的第一人。中共中央和八路军的代表对远征日本的壮举表示钦佩，在献给东征勇士的锦旗上写着“德威并用，智勇双全”8个大字。周恩来在致辞中说：“我国的空军，确是个新的神鹰队伍，正因为他们历史短而没有坏的传统，所以民族意识特别浓厚，而能建树了如此多的伟大成绩，这更增加了我们的敬意。”①

四　增援徐州与会战华中

南京失守后，徐州作为中国军队在战略上保卫军事指挥中心武汉的重要屏障及前进基础，地位更为凸显。日军为了打通津浦路，沟通南北战场，并进而窒息陇海路，威胁平汉路侧方，进攻武汉心脏地区，对徐州志在必得。在此情况下，中日双方在以徐州为中心的苏北、鲁南、皖北、豫东广大地区，展开了一场大规模的会战，即徐州会战。会战部署过程中，日本华北方面军规定：德川好敏之航空兵团，在第二军开始进攻时，以主要力量予以协同配合；在进攻徐州时，对中国军队的后方要地进行攻击轰炸，实施空中和地面之航空歼灭战；同时，阻止中国军队的反攻，配合地面兵团扩大战果。② 中国方面，第五战区司令长官李宗仁为了鼓舞守军士气，要求空军支援。

1938年3月18日，中国空军第三大队的第七、第八两个中队各9架И-15式驱逐机从归德（今河南商丘）出击。日军误以为是自己的飞机，未加提防，待飞机俯冲而下时，日军官兵措手不及，到处乱窜。多日来吃尽日本飞机苦头的中国士兵欣喜若狂，挥舞着枪支向空军兄弟致意。这时，正巧日军侦察机、轰炸机各一架飞来，第七中队分队长欧阳森立刻带着3架驱逐机迎了上去，一阵猛射之后，2架敌机先后起火坠毁。第三大队大队长吴汝鎏向徐州报告情况，李宗仁亲自接听电话，连连称赞：“好得很！好得很！”并说：“就是这两架敌机，天天按时来徐州轰炸，每天早、午、晚三趟，太可恶了！”③ 在台儿庄方面战况最烈之际，第五战区长

① 高晓星、时平：《民国空军的航迹》，第291页。

② 王辅：《日军侵华战争》第2卷，辽宁人民出版社，1990，第773—775页。

③ 陆光球：《空军参战追记》，全国政协文史和学习委员会编《徐州会战：原国民党将领抗日战争亲历记》，中国文史出版社，2015，第250页。

官部要求空军协同出击，第七、第八中队凑够9架飞机，由新任副大队长林佐率领，勇敢出动参战，飞往徐州以北峄城、枣庄一带，轰炸敌军后续部队。与此同时，苏联志愿航空队也在另一个空域与敌激战。“同是一条战线，同为反抗日军侵略而流血牺牲，中苏飞行员为台儿庄大战作出了贡献。”[①] 此后，中国空军机群于5月间多次主动出击，轰炸永城、蒙城一带日军，并扫射渡过黄河、在山东濮县董口登陆的日军，配合支援地面部队作战，掩护从徐州一带撤退的中国军队。

从1938年6月11日日军进攻安庆起，至10月25日日军占领武汉止，在历时4个半月的武汉会战中，中苏空军频频出击。6月10日，“我志愿队驾SB机五架，各带百公斤弹四枚、八公斤弹二十枚，于十三时由汉口出发，抵黄梅改航东北向至芜湖，复折向东南，以示侵袭芜湖企图”。[②] 由此，拉开了中苏空军参加武汉会战的序幕。6—8月，中苏空军联合轰炸和扫射溯江而上的日军舰船及两岸行进的队伍，并相机袭击芜湖、安庆的日军前进机场。9月以后，中国空军多次出动，轰炸向武穴、阳新、田家镇等地进攻之敌，有力地支援地面部队作战。9月21日，日军攻陷豫南罗山后，中苏空军抽出一部分力量支援北线。次日，中国空军第一大队和苏联志愿航空队的指挥官一起前往罗山前线观察地形，制定了陆、空协同的作战计划。从9月27日起，中苏空军混合编队连续出击，轰炸扫射罗山至柳村一线的日军。10月2日，在空中火力的有力掩护下，中国陆军收复了光山。为了应对中苏空军的袭击，日军增添了高射炮兵，并增调战斗机来巡逻。

10月6日，中苏空军混合编队8架СБ式轰炸机，在苏联志愿航空队轰炸机队队长斯柳萨列夫（Sliusarev）统一指挥下，自汉口出发轰炸罗山，遭遇日军十余架战斗机拦截。由于中苏空军混合编队出动的均为轰炸机，不宜空战，遂避入云内，脱离战斗后分别返回衡阳、湘潭机场。日军为了报复，于10月8—11日，共出动战机69架次，投弹约50吨，连续对衡阳机场进行夜袭。由于汉奸纵火发出信号，中苏空军损失惨重，6架СБ式轰炸机被炸毁，1座军用仓库及其他军事设施被摧毁。[③] 苏联志愿航空队战斗

① 陆光球：《空军参战追记》，《徐州会战：原国民党将领抗日战争亲历记》，第252页。

② 《空军一九三八年六月战斗要报》，《抗日战争正面战场》（下），2005，第2171页。

③ 高晓星、时平：《民国空军的航迹》，第300页。

机大队大队长拉赫曼诺夫（Rakhmanov）紧急起飞追击敌机时，被击中牺牲。在空袭过程中，共有4架敌机被击落。在此之后，中苏空军基本停止主动出击，直至武汉弃守。武汉会战期间，中苏空军共炸沉敌舰船23艘，炸伤67艘；击落敌机62架，击伤9架、炸毁16架。① 日本方面的资料记载，1938年5—10月，仅侵华的日本海军飞机就损失136架，航空官兵死亡116名。② 中苏空军在武汉会战中的英勇作战，有力地支援配合了地面部队行动。

第六节　广州等沿海都市的失守

一　日军攻占广州的部署

广东、福建两省位于中国东南沿海，海岸线漫长，港湾曲折，沿海岸的福州、厦门、汕头、广州等城市均为对外交通的重要商港，是中国沿海的南大门。

八一三淞沪会战爆发后，日军凭借海军优势，出动舰船封锁了华南沿海，骚扰闽粤港口，企图切断中国的海上补给线，断绝军火物资外援，而陆军方面则亦蠢蠢欲动。

早在1937年12月底，日本陆军就企图占领广东大亚湾，但遭到了海军方面的反对。实施登陆作战是需要仰仗海军协助的，陆军不得不将此项计划搁置。

1938年5月，为策应华中派遣军进攻武汉，攻取广州再一次被日军大本营提上议事日程，但因缺乏登陆船只及兵力不足，遂决定“待攻占汉口后再实施”。③ 不久，日本陆军和海军达成协议，陆军以协助海军夺取海南岛来换取海军对陆军攻略广州的支持。

1938年7月31日，日本陆军部制定的《以秋季作战为中心的战争指导大纲》指出，“广东作战的目的，在于一面切断蒋政权的主要补给线，一面使第三国，特别是英国的援蒋意图受到挫折”，“采取急袭方式，果断

① 何应钦：《日军侵华八年抗战史》，台北，黎明文化事业公司，1982，第309页。

② 『戦史叢書　中国方面海軍作戦（2）』、48頁。

③ 《中国事变陆军作战史》第2卷第2分册，第1页。

迅速地攻陷广州；以后在广州附近，切断粤汉线、珠江、西江，采取紧缩持久的态势”。[①] 9月7日，在大本营御前会议上，最终做出了攻占广州的决定。

日军发动对华南的进攻，还要顾及西方列强的利益，因广九铁路、粤汉铁路的修筑都有英、法的借款，广州临近英国控制的香港和葡萄牙控制的澳门。为此，前日本驻瑞士公使矢田到香港四处活动，积极筹划南侵事宜。日方从1938年9月英国在慕尼黑会议上出卖捷克斯洛伐克利益的对德退让之举，看清了英国虚弱的本质。

日军侵略华南，广州则首当其冲。广州是当时华南最大的城市，不仅是广东省的省会，也是华南政治、经济、文化及军事中心。广州水陆交通便利，临近珠江、东江、西江、北江，又是广（州）九（龙）铁路、广（州）三（水）、粤汉铁路的起点，内外通联。天津、上海沦陷后，广州成为当时中国对外海运最重要的口岸。卢沟桥事变爆发后至广州沦陷短短一年多的时间内，粤汉铁路共开行军车2000多列，运送部队200多万人，军用品54万吨，使武汉的抗战局面支持了一年以上。[②] “在开始广州作战以前向内陆地区的补给量，估计占总量的80%。”[③]

广州背靠东江，南临大亚湾，沿海水流平缓，海岸平坦，非常适合登陆作战。

1938年9月16日，日军组建第二十一军负责华南作战，由古庄干郎担任司令官，下辖第五、第十八、第一〇四师团，第四飞行团和海军第五舰队配合陆军作战，总兵力约7万人。9月19日，日军参谋本部下达作战计划：“一、为夺取敌在华南的重要根据地，切断其主要对外联络补给线路，大本营企图在攻占汉口的前后，占领广州附近要地；二、第二十一军司令官应与海军协同攻占广州附近要地。”[④] 第二十一军主力在大亚湾登陆，并派出一部在珠江沿岸登陆作战，准备在击败守军后，攻占广州。具体作战任务为：“10月中旬以第十八师团，如可能再以第五师团之一部及第一〇四师团之一部为基干部队，在大亚湾登陆，迅速建立登陆根据地，

---

① 《中国事变陆军作战史》第2卷第1分册，第108页。

② 吴相湘：《第二次中日战争史》（上），第295页。

③ 《中国事变陆军作战史》第2卷第2分册，第1页。

④ 《中国事变陆军作战史》第2卷第2分册，第3页。

准备从惠阳（州）方面开始下一步的前进攻势。应根据情况，迅速占领惠州方面东江的渡河点；10 月下旬，可令第五师团的主力向珠江方面挺进，夺取虎门要塞，然后继续沿东江地区或根据情况沿珠江地区前进，策应军的主力作战；军主力在珠江作战开始时（根据情况可在此前），即为攻势开始。大概沿大亚湾海岸—惠阳—增城—广州公路地区攻占广州。预期在东江江畔和敌野战军进行主力决战；攻占广州后，将主力配置在广州附近，各以一部配置在三水、江村及虎门、石龙，必要时配置在大亚湾海岸及珠江西岸地区，以求持久。对敌之集中攻击，要给以适当反击将其消灭。"①

从 9 月底开始，日军参战部队陆续集结，并开始进行登陆和突击防线的实战训练，特别是攻占和摧毁火力点等科目的演练。在青岛的第五师团及川支队、上海的第十八师团、大连的第一〇四师团陆续开拔，相继于 10 月 7 日到达澎湖马公。日军大本营为指导第二十一军的作战，指派雍仁亲王等人组成大本营派遣班，随同军司令部一起行动。

二　军事委员会部署失误

一方面，日军正加紧备战，并已显露出准备在闽粤沿海登陆的种种迹象。另一方面，国民政府军事委员会却对严峻的形势估计不足，疏于防范。

战前，参谋本部在其拟定的作战计划中，对开战后闽粤的防务曾设计了两套方案，在甲案中规定，"闽粤方面之国军，应直接阻止敌之上陆，不得已时，应固守龙岩—延平—广州之线，以确保我东南资源之地"。② 乙案中规定，"驻粤部队于开战初期，应迅速将汕头—广州敌之浪人并根据地搜荡而扑灭之，尔后则直接沿海岸拒止敌之登陆，并将主力集中于惠阳—广州—开平—阳春一带地区，随时能策应沿海岸部队，阻止挫折敌之登陆企图"。③

淞沪会战爆发后，国民政府军委会设立第四战区统辖闽粤防务，任命

① 《中国事变陆军作战史》第 2 卷第 2 分册，第 4 页。

② 《民国二十六年度作战计划（甲案）》（1937 年 1 月），《抗日战争正面战场》（上），2005，第 7 页。

③ 《民国二十六年度作战计划（乙案）》（1937 年 1 月），《抗日战争正面战场》（上），2005，第 28—29 页。

何应钦为司令长官，余汉谋为副司令长官，实际由第十二集团军总司令余汉谋负责。下辖正规军 13 个师约 11 万人。重点守卫广东，另以一部约 5 个师警戒福建省，广西民团军 5 个师则担负广西省西南沿岸的防御任务。① 由于闽粤海岸线漫长，处处设防毫无意义，第四战区只能据守要点。

第四战区的作战任务为，“除对敌海空之扰乱，完全战备态势外，应充分准备参加第二期之作战”。② 保护国际交通线，阻止敌军登陆，一旦日军登陆，则凭借广州、增城一线预设阵地，相继由守转攻，与日军进行决战。南京沦陷后，军事委员会拟定了第三期作战计划，对此做了进一步规定，“对于预期在广东方面上陆之敌，责成余（汉谋）副司令长官，以两粤之力员击攘之。不得已时，应据守粤北山地，与中央连系，使我作战容易”。③

1937 年 8 月下旬以后，日机连续轰炸广州、漳州等处。9 月 11 日，为确保对外交通线安全，以防广（州）、惠（州）、海（丰）、陆（丰）战事遽发，余汉谋重新调整了部署：第一五三、九十三师及虎门要塞部队负责虎门至宝安沿海一带的防御；第一五一、一五八师负责惠属后门至广九铁路沿海一带的防御；第一五四师集结于广州至增城一带；第一五六师作为机动部队，随时以主力增援广州、惠州；独立第九旅防御阳江附近沿海地区；为加强虎门要塞的防御，必要时将旧舰船自沉珠江口，阻塞航道。

10 月，因第四战区内并未有大规模战事，第一五四、一五六师被抽调增援沪战。武汉会战开始后，广西被抽调走了大批兵力，广东也被抽调了 4 个师。广东省剩余兵力有正规军 8 个师、2 个旅及民团军 2 个师。余汉谋将主力布置在广州及以东的大亚湾、珠江东岸附近，另派一部防卫潮州及粤省西南。虎门要塞扼守珠江口，并在大亚湾构筑三层阵地，防止敌军登陆。由此，广州的防务更显薄弱，有限的兵力被分散在各处，一旦有事各部相互之间很难实施有效增援。

蒋介石对日军在闽粤的行动估计严重不足。1938 年 3 月 8 日，蒋介石

---

① 《日本海军在中国作战史》，第 310 页。

② 《大本营颁国军战争指导方案训令》（1937 年 8 月 20 日），《抗日战争正面战场》（上），2005，第 35 页。

③ 《军事委员会第三期作战计划》（1937 年 12 月 13 日），《抗日战争正面战场》（上），2005，第 52 页。

在得知日军调集 8 个师团兵力准备攻闽袭粤后，判断“此似为空气作用，以其无此兵力也”。[①] 9 日，为防止日军在厦门登陆进攻广东，蒋介石电令余汉谋准备制订计划，“将潮汕、梅县通广州各公路之路基根本破坏”。[②]此后，日本海军加紧封锁中国海岸，在华南占据了厦门、福州口外的马祖岛，厦门附近的金门及小金门，汕头外的南澳岛、东沙群岛及其他岛屿。[③]

武汉会战前，军事委员会已察觉到日军可能在广东沿海发动登陆作战，“惟对粤因欲阻我海上交通之关系，敌或有以一部实行登陆以图封锁我海口之企图，证以日来之情况或有可能”。[④] 9 月 23 日，为防止日军登陆，余汉谋令原驻防琼崖的第一五二师调防粤北乐昌一带，构筑工事。10 月 1 日，当蒋介石获悉日军由上海、青岛向南运兵，并声言要攻粤后，在日记中写道：“观其运输大舰 50 艘，约可装兵 5 万人，无论其虚实如何，此时仅运 5 万兵力攻粤，毫不足动摇余之大计也；且观百武与和知求和之意，可知敌之焦急之状为何如耶?”[⑤] 此时他仍认为日军不过是虚张声势，即使真的进攻广东，日军现有兵力也不会动摇局势，反而更加反映出日军求和的迫切心情。由此，也就不难理解为什么在广东军情紧急之时，蒋介石仍坚持从第四战区抽调兵力支援武汉了。他在 10 月 10 日致余汉谋电中还解释说：“无论如何，须加抽一师兵力，向武汉增援，如能增此一师，即可确保武汉。否则，武汉将失，粤亦不能幸保。只要武汉能守，则粤必无虑，切盼吾兄不顾一切，勉抽精兵一师，以保全大局。”[⑥]

三　广州失陷

1938 年 10 月 9 日，日舰队由马公起航，11 日，抵达大亚湾附近海面。与此同时，为配合陆军在大亚湾登陆，日海军派出一部在汕头海面实施佯攻。12 日凌晨，集结在稔山、澳头海面的日舰，首先向中国岸防部队进行炮火攻击。随后，第十八师团和及川支队分别在小亀海岸、岩前港、盐灶

① 黄自进、潘光哲编《蒋中正总统档案·困勉记》（下），1938 年 3 月 8 日，第 601 页。
② 叶健青编辑《蒋介石档案·事略稿本》第 41 册，第 247 页。
③ 曹聚仁、舒宗侨编《中国抗战画史》，中国书店，1988，第 198 页。
④ 《对武汉附近作战之意见》（1938 年），《抗日战争正面战场》（上），2005，第 712 页。
⑤ 黄自进、潘光哲编《蒋中正总统档案·困勉记》（下），1938 年 10 月 2 日，第 633 页。
⑥ 《蒋介石致余汉谋手令》（1938 年 10 月 10 日），《抗日战争正面战场》（上），2005，第 821 页。

背南岸等处实施登陆。第一〇四师团则在玻璃厂北岸登陆。登陆后，第十八师团先头部队立即兵分两路，右翼队由步兵第二十三旅团长上野龟甫指挥，下辖步兵第五十六联队、独立机枪第三大队、山炮兵第一一一联队，主要任务是向北攻击前进。右翼队的登陆进展颇为顺利，担任海岸防务的是中方新近改编的特务营，纪律松弛，未经激烈抵抗便放弃了阵地。随后，日军后续部队不断涌向岸边，令莫希德的第一五一师措手不及，下涌遂被日军占领。傍晚，日军逼近通湖圩。左翼队由步兵第三十五旅团长桑田照贰指挥，下辖步兵第一一四联队（欠一个半大队），独立机枪第二十一大队，野炮兵第十二联队（欠一个中队），其在岩前港东西海岸登陆后，一部占领北面高地，主力则向淡水突进。第十八师团主力向惠州附近的东江一线突进。及川支队向青龙潭方向突击，傍晚到达陵坑洞。守军第一五一师为阻止日军穿插淡水侧后，在新墟一带高地布阵阻击入侵之敌。余汉谋在得知日军登陆后，指示该部："以一部固守平山、淡水、龙冈各地正面外，其余应于各该地附近之山地拒险固守。纵敌强行通过，亦应截击敌之侧背，万不可轻易放弃。须知我军撤退愈速，敌军追击愈猛，务必坚忍固守，以待援军到达。"①

为加强广州的防御，余汉谋命独立第二十旅乘火车运至樟木头、天堂围。驻防潮汕、海陆丰一带的第一五七师，赴横沥圩附近一带作战。13日，余汉谋接到军事委员会的电令，"敌已在大鹏湾登陆，料敌必在大鹏、深圳两湾间截断我广九路交通。我军不必到处设防被其牵制，应先集中兵力，对深圳方面尤应严密戒备，务求巩固已设防线，并构筑预设阵地，以期节节抵抗，一俟兵力集中，再图出击"。②

当时驻淡水的第一五一师第九〇一团，因腹背受敌，被迫撤往永湖墟，淡水遂告沦陷。同日，日军攻占平山圩，当晚利用劫掠的民船渡过西江占领横沥圩。第一〇四师团登陆后，向稔山圩突击，13日晚占领平海、范和岗。

12日，蒋介石闻知日军已在大亚湾澳头登陆后，在日记中写道："此其目的何在？甲、表示其非达到中国屈服不可也。乙、对英国示威，并使

① "国防部史政编译局"编《抗日战史·粤闽边区作战》(1)，台北，编者印行，1981，第38页。

② 《抗日战史·粤闽边区作战》(1)，第39页。

中国不惜重英国而向彼屈服也。丙、希望广东不参加抗战，故彼声言不危害不抵抗之人也。丁、至其截断广九路之目的，犹在其次也。戊、若占领广州，有利于其战略，则更非主因也。敌此次在粤登陆，可说为恫吓我政府，而不惜冒此覆灭之险也。”蒋介石仍然将日军在广东的行动视为一种恐吓，并认为日军对广州的进攻对中方反而有利，可以促使国际形势的变化，加速日本的战败。此后，蒋介石更加坚信这种观点。“然倭寇侵粤，实已达余第三步计划，更应决心持久战，使彼不能撤兵，应速派何应钦赴粤指挥，决勿以国际关系，而影响我抗战方针也。”“若敌不在粤登陆，胜利尚未可必也；今敌既在粤登陆，则胜可必矣，只要吾人不被敌所威胁而已。”①

14日，日第二十一军下达了向广州“推进”的命令：“一、及川支队进入横沥圩附近后，要尽快开始前进，从柏塘圩—官山—龙华圩—永汉圩方面进入派潭附近，准备向从化方面前进；二、第十八师团在攻占惠州后，尽快开始前进，从惠州—博罗—增城公路进入新高埔附近，准备向广州方面前进；三、第一〇四师团进入平潭圩附近后，从惠州—博罗—增城公路向增城西侧地区前进，准备向广州方向前进。”② 同日，为阻敌西进，余汉谋又重新调整部署：“一、第一五一师于平山、新墟、龙冈一带之部队坚强抵抗，不准轻易放弃；二、第六十三军张瑞贵指挥第一五三师（欠四五七旅），独立第二十旅暨独立第二团，占领横冈、清溪墟、双美髻一带阵地拒敌西进，掩护广九铁路交通线，并支援龙冈方面第一五一师之作战；三、第一五三师之一旅固守宝安至虎门沿海岸，保持重点于宝安方面。”③ 同日，停泊在汕尾、中山、三灶岛附近海面的日军航母出动飞机百架，分袭惠阳、增城、东莞等处。日军第十八师团的追击队5000余攻入惠州南侧地区，遭中国守军一五一师及迫击炮团的伏击。日军飞机实施狂轰滥炸，驻防惠州城一五一师莫希德率部弃城向水口方向撤退。傍晚，日军上野支队的步兵五十五联队主力，趁大雷雨天气突破中国守军阵地，驻守小榜山堡垒的守军40余人，坚守阵地不退，最后被残暴的日军施放毒气熏死。15日早4时，日军冲入惠州南门，惠州第一次失陷。在占领惠州的50

① 黄自进、潘光哲编《蒋中正总统档案·困勉记》（下），1938年10月12日，第635—636页。

② 《中国事变陆军作战史》第2卷第2分册，第17页。

③ 《抗日战史·粤闽边区作战》（1），第39页。

多天内，日军实施了惨无人道的“三光”政策，杀人放火，奸淫掳掠，至12月7日撤出惠州时，还将府县两城交通要道炸毁，给惠州带来了浩劫。

惠州为广州之东面屏障，该地一失，广州即受威胁，华南战局发生逆转。[①]

此时，日军夺取广州的战略意图已十分明显。10月15日9时，余汉谋下令：“一、第一五七师一部向杨村集结待命；二、第一五三师以1个团协防虎门要塞，另以1个团固守宝安至新桥一带沿海要点。该师余部集结樟木头，支援惠阳第一五一师之作战，并掩护广九路；三、独立第二十旅附独立第二团集结于永汉、证果待命；四、第一五六师以1个团推进于罗浮山附近山地，准备袭击敌人外，其余位置于增城、唐美地区；五、第一五四师位置于石桥、乌石附近待命；六、第一五八师位置于塘美车站、石牌车站之线；七、独立第九旅除以步兵1个团附炮兵1个营配置于莲花山附近地区外，其余集结于龙眼洞、瘦狗岭附近待命；八、第四五六旅固守广州。”[②] 日军攻陷惠州后，沿惠（阳）增（城）公路快速推进。余汉谋意图引诱日军进入广州、增城间的既设阵地，以集中兵力围歼此股日军。

16日，强渡东江的日军第十八师团一部攻占了博罗后，不待休整便继续向广州突进。此时，惠（阳）樟（木头）公路已发现有日军战车，樟木头出现日军便衣队活动。余汉谋一面下令部队节节抵抗，减缓日军推进速度，一面向蒋介石连电告急。得知广州形势危急后，军事委员会急调李汉魂第六十四军、叶肇第六十六军由南浔铁路回援广东。当晚，驻泊在大亚湾的日舰派出增援部队万余人，分乘20艘运输舰，在下涌、澳头实施登陆。

18日，沿博罗西进的第十八师团兵分两路，主力沿博罗—湖镇—龙华大道前进，另一路经博罗—南门岭—龙华大道西侧前进，两路日军平行推进。当晚，日军第十八师团先遣队进至增城东南的福田。19日上午，福田的日军，一部继续向永汉、证果方向攻击前进；主力则沿增（城）博（罗）公路西进，先头部队千余人与第一五六师警戒部队在增城以东发生

---

① 曹聚仁、舒宗侨编《中国抗战画史》，第198页。

② 《抗日战史·粤闽边区作战》（1），第40页。

激战。午后，日军在飞机的掩护下，一部在增城以南的雁塔渡河，另有数百日军占领增城以北的猪牯岭，侧击守军阵地。第一五六师分头迎击，将渡河之敌击退至河岸。日军再次出动飞机，轮番轰击守军阵地，随后步兵发起多次冲锋。河岸阵地失守，守军退往城中与日军展开巷战，终因寡不敌众，增城陷落。余汉谋急调第一五四师 1 个团增援第一五六师作战，并集中集团军所有装甲车、战车及所剩部队，计划在20 日拂晓前，兵分三路反攻增城。严峻的形势迫使中国守军只能拼死一搏。然而，第一五七师却因车辆不足，无法及时到达指定地域，而独立第二十旅又在永汉遭到日军牵制，无法脱身。此时中方侧翼已发现日军活动，余汉谋只得放弃反攻计划，各部向西撤退，破坏沿线铁路、桥梁，迟滞日军的进攻。

20 日，第十八师团由增城向广州突进，广九铁路方向的日军也已推进至石滩。当时广州市守军虽有数万，然尚无装备，仅以税警总团及警备司令部所属之宪警防守河南及市西一带，拱卫广州。[①] 当晚，广东省政府主席吴铁城率领政府机构撤出广州，余汉谋率其司令部撤至清远。21 日，税警总团退出广州。

1938 年 10 月 21 日午后，日军占领广州。此时，蒋介石派来的援军尚未到达。

10 月 19 日，第二十一军司令官古庄干郎，鉴于在增城附近已击败中国守军主力，下令提前实施珠江方面的作战。20 日，日军第五师团主力在大亚湾完成集结，准备夺取珠江的门户虎门要塞。

虎门位于珠江左岸，扼守珠江口，可控制水陆两方，战略地位十分重要，由第九十三师担任陆上防御，虎门要塞由司令郭思演负责指挥，中方事先已在重要水道敷设水雷。

21 日夜，搭载第五师团主力的 200 余艘舰艇由第五舰队护航，从大亚湾启航，绕过香港，于次日晨进入珠江口。在飞机、舰炮的火力掩护下，第五师团坂本支队以步兵第四十二联队（欠第三大队）、野炮兵第五联队第一大队、工兵第五联队主力为基干，由曾参加台儿庄作战经验丰富的坂本顺指挥扑向沙角、威远、上下横挡、大角炮台。双方激战一昼夜，守军阵地大部被日军摧毁，蒲州炮台失守，下横挡炮台的守军大部官兵被日军

---

① 《抗日战史·粤闽边区作战》（1），第 44 页。

炮火埋入土中。日军又在大岭界方向登陆，在大角炮台，日军遭到守军冯仲甫所部300余人的殊死抵抗，冯仲甫以身殉国。战至23日，守军官兵伤亡殆尽，日军才占领炮台。下午，日军联合陆战队又横渡珠江，在穿鼻岛登陆，占领岛上的要塞。当晚，其余炮台守军腹背受敌，相继撤退，虎门要塞完全为日军占领。

23日，第二十一军接到日军大本营的命令，"第二十一军司令官应与海军司令官协同，占据大概虎门、石龙、广州、三水一线地区，切断沿粤汉线及珠江之敌的补给线路"。[①] 日军各部随即重新部署，因兵力有限，转入守势。第一〇四师团防守广州北侧要地；第十八师团集结在广州东侧防守石龙，切断中方沿东江之广九铁路的联络；第五师团防守三水，切断西江及北江的水路联系。至29日，日军完全控制了广州及周边地区。

日军占领广州后，放弃了大亚湾的补给线，改由通过珠江水路进行补给。11月24日，中国军队组织反攻，经过激烈战斗，收复了从化。12月9—10日，又克服广州外围惠阳、博罗、宝安等地。随后第十二集团军转移至粤北英德、翁源一带山地进行休整。日军因兵力所限，无法继续发动攻势，双方呈对峙状态。

广州的失守，给武汉会战造成了恶劣影响。24日，蒋介石在得知广州失陷后，遂决定放弃武汉，"敌既得广州，更陷于被动地位，不能不更向我求和矣，武汉之得失，已无足轻重，且已无保守价值，余乃允各将领于本晚离汉"。[②]

广州之役，日军以战死173人负伤493人的微弱代价，在短短十余天的时间内，实现了作战目的。[③] 而中方守军第十二集团军抵抗不力，战死2954人，受伤5645人。[④] 除个别地方积极抵抗外，大部分部队一触即溃。此外，中国在闽粤沿海缺乏海军防护，也是广州快速陷落的原因之一，"缺乏强大的海军，无法海面巡逻，致予敌以突袭机会而成功"。[⑤] 何应钦在国民党五届五中全会军事报告中指出，"假使我有海军，能警备海面，

---

① 《中国事变陆军作战史》第2卷第2分册，第32页。

② 黄自进、潘光哲编《蒋中正总统档案·困勉记》（下），1938年10月24日，第637页。

③ 《中国事变陆军作战史》第2卷第2分册，第31页。

④ 《抗日战史·粤闽边区作战》（1），第49页。

⑤ 包遵彭：《中国海军史》（下），台北，中华丛书编纂委员会，1970，第1031页。

或搜索海面，当不致有此失”。[①] 11 月 14 日，余汉谋也因“指挥不当，失守广州，着即革职留任，戴罪立功”。[②]

广州的失陷，使中国丧失了重要的国际物资补给通道，此后抗战的形势变得更加严峻。

四　闽粤沿海要地的丧失

在侵略广州的同时，日军根据战略需要，陆续对广州周边及闽粤沿海各重点城市分别进行了攻击与侵占，其战略目的仍然是断绝中国抗战外援，并向中国政府加大战略威逼与恫吓。

在华南地区，汕头是仅次于广州的大港。广州失陷后，汕头便成为中国方面对外联系的重要城市，潮韶公路（潮州—韶州）成为中方军用物资的运输要道。为断绝中国与外界的联系，日军大本营于 1939 年 6 月 6 日下令攻占汕头和潮州。

6 月 21 日正是中国的传统节日端午节，日军对汕头发动了突然袭击。日军先出动飞机 44 架次，对汕头市进行了大规模轰炸。凌晨 1 时，日军步炮兵 3000 余人分乘 40 余艘舰艇抵达汕头港外，日海军陆战队同时在妈屿岛登陆。上午 10 时左右，日军分三路开始进攻，驻守汕头的中国部队独九旅，广东省保安团第四、第五团，武装警察数千人进行了坚决的抵抗，但终因寡不敌众而不得不撤离汕头市区。6 月 21 日傍晚，守军撤退，汕头市沦陷。

潮州是当时广东东部的经济文化中心。日军攻占汕头后，潮州也频繁受到日军飞机的空袭，损失严重。1939 年 6 月 25 日，日军分两路进攻潮州，遭守军独立第九旅、省保安第五团和潮安自卫队等顽强抵抗。27 日，日军攻陷潮州。随后，潮安大部分地区相继失陷。

八一三淞沪抗战爆发后，日本海军于 1937 年 9 月 3 日派飞机、军舰轰击福建名城厦门，并出动海军陆战队占领了东沙岛。9 月 14 日，再次空袭，10 月 26 日攻占了厦门的重要屏障金门岛，守岛的中国军队百余人全部战死。此后，日军便据岛进行进攻厦门的准备，同时封锁附近海域，对

---

① 《抗日战争军事报告集》（上），第 122 页。

② 《抗日战史・粤闽边区作战》（1），第 45 页。

厦门实行严密监视。10 月 28 日，蒋介石电令第四战区副长官余汉谋派遣驻厦门的一五七师收复金门，然而因厦门驻军畏惧日军趁机进攻，迟迟不肯行动，渡海作战计划中辍。到 1938 年 1 月中旬，中国军队第七十五师奉命接替第一五七师驻厦防务，当时驻守厦门的还有中国海军厦门要港司令部指挥的陆战队 1 个营，分守胡里山、磐石、白石、屿仔尾、霞边、香山等炮台要塞。

5 月 3 日，日军大本营决定开展“D”行动攻占厦门，由海军第五舰队指挥官盐泽幸一海军中将指挥，调集了充足的舰船做保障。5 月 9 日，陆海军部队在金门海面集结完毕。5 月 10 日凌晨 3 时许，从航母和水上母舰上起飞的 18 架日机对厦门守军阵地反复轰炸，十余艘日海军舰艇对厦门的泥金、何厝等地进行猛烈的炮击。4 时 15 分，日军 1 个大队在泥金登陆，主力 3 个大队千余人从何厝上岸，另 1 个大队在五通道抢滩进攻，守军七十五师 1 个营及民众武装协同抵抗，双方展开激战。5 时，日军突破泥金守军阵地，6 时，攻何厝之敌占领前埔，五通道之敌扑向洪水头，中方五通、何厝、江头、香山等海岸炮台亦先后失守。当日中午，守军撤至云顶岩、江头镇、金鸡山等处凭险拒守，日军使用飞机和舰炮对守军阵地狂轰，守军死伤惨重。

5 月 11 日拂晓，日军再次攻击各海岸炮台。随后，日军陆战队在黄厝、塔头上岸，围攻白石、胡里山、磐石各炮台。守卫炮台的中国海军奋力抗敌，终因弹药不继而失守，余部突出重围。当日下午 4 时，日本海军陆战队换装中国军服趁乱混入厦门市区，分兵两路攻向美人宫与开元路、大同路一带，在鹭江道遭遇中国军队，发生激战。中国军队缺乏武器，退至海边，巷战持续到 5 月 12 日晚，守军伤亡惨重。11 日夜，中国军队全部撤离厦门市区，退守胡里山、西姑岭、虎头山，随后又退至嵩屿等地，唯有屿仔尾炮台仍然坚守抵抗到 5 月 13 日下午，因炮台弹药库中弹爆炸而弃守，厦门遂告沦陷。

1940 年下半年，日军准备南进太平洋，因此加强对重庆政府诱降，企图早日结束侵华战争。11 月，双方秘密谈判告吹，日本遂决定再向国民党军发动军事攻势，施加压力。日军大本营于 1941 年 2 月制定了“C4 号作战计划”，准备对福州作战。4 月 18 日，日军调集陆海军，以运输登陆舰艇冒着强风巨浪驶抵闽江口海域集结，日军 30 架飞机随即对福州及闽江口两岸地区进行了轰炸。19 日拂晓，日军登陆第一梯队在海、空军火力的掩护下，抢滩登陆。21 日，马尾失陷。21 日晚，福州第一次沦陷。

日军对广州及闽粤沿海各重要城市的攻击与占领，在战略上只是一种兼及政治与军事意义的行动，主要是想以军事进攻的压力和断绝中国的抗战外援通道之举来威逼中国政府放弃抵抗。但因自身兵力的有限，日军不可能在闽粤沿海地区再形成新的战略进攻源地。因此，蒋介石也看穿了这一点，并未过于重视。只是在他的部署下，闽粤沿海各地的防卫作战，虽有将士殒命，其结果仍乏善可陈。

第四章
敌后战场的开辟

抗战时期，敌后战场的开辟至关重要。中日战争敌强我弱的总态势，决定了中国很难完全抵挡住日军的进攻，领土的失陷不可避免。日军占领后的地区，是成为日军巩固的后方，还是始终很难完全控制的烫手山芋，相当程度上决定了这场战争未来的走向。正是注意到这样的客观现实，中国政府尤其是中国共产党在大规模战争爆发后，都把开辟敌后战场作为重要任务。中国共产党的精锐部队几乎都出发到抗战前线、敌人后方，针对日军兵力不足的弱点，与之展开以游击战为基础的持久作战，建设多点开花的根据地、战略区，使敌后根据地成为撒播在敌后广大地区可以相互支持、相互应援的大网。此起彼伏，此落彼起，造成人民战争的汪洋大海。

第一节　八路军开辟华北根据地

太原会战后，日军一部转往上海战场，在华北留置的总兵力只有 7 个师团，14 万人左右，对于华北这一广袤区域，日军顿有兵力不敷、捉襟见肘之感。八路军在太原战役后，已经在晋西北、晋东北、晋东南地区初步展开，并且趁日军兵力空虚之际，把矛头指向晋绥边界、晋察边界、晋冀边界，华北敌后游击战争已初具规模。

1937 年 11 月 12 日，毛泽东在延安做《上海太原失陷以后抗日战争的形势和任务》的报告，全面分析了全国抗战形势，指出："在华北，以国民党为主体的正规战争已经结束，以共产党为主体的游击战争进入主要地位。"[①] 中共中央军委根据党的军事战略方针，对开展敌后游击战争做了全

① 毛泽东：《上海太原失陷以后抗日战争的形势和任务》，《毛泽东选集》第 2 卷，第 388 页。

面部署，决定以山西为中心实行分兵，各部迅速转入创建游击根据地的斗争。第一一五师聂荣臻部以晋东北为中心，伸向晋察冀边；第一二〇师以晋西北为中心，向晋察绥地区发展；第一二九师以晋东南为中心，以晋冀豫为发展方向；第一一五师主力则以晋西吕梁山区为根据地。

一　晋察冀边区的建立

晋察冀边区地处恒山、五台山、燕山山脉的连接地带，是威胁日军占领的平绥、同蒲、正太、平汉四条铁路及平、津等大城市和坚持华北抗战的重要战略支点。

1937 年 10 月 20 日，中共中央军委决定成立晋察冀军区，第一一五师政治委员聂荣臻奉命率一团、一营约 2000 人兵力，在晋东北组建军区，开创晋察冀根据地。11 月 7 日，晋察冀军区在五台正式成立，聂荣臻任司令员兼政治委员，舒同任政治部主任，下设 4 个军分区、4 个支队 12 个团，部队在正太路以北、平绥路以南、平汉路以东、同蒲路以西地区活动，包括 30 余县。

晋察冀军区成立，对日寇构成了重大威胁，日军立即组织上万兵力，发动八路围攻，企图一举将其扼杀于初创之际。军区广大军民不畏强敌，沉着应战，从 11 月下旬到 12 月中旬，经 20 余天奋战，击退了日军的围攻，获得毙敌千余人的胜利，逐渐站稳了脚跟，范围扩大到 40 余县，部队人数猛增到 3 万人，扩大了近 15 倍。一位国际友人指出，打败日军围攻后的根据地“已经成了中国北方人民在日本军包围下和日本军继续战斗的最坚定的一个堡垒”。①

1937 年底，刚刚发展为中共地下党员的吕正操率领原东北军部分官兵在河北晋县小樵镇举行抗日誓师大会，宣布改编为冀中人民自卫军，吕正操任司令员。冀中人民自卫军成立后，会合当地由中共领导的游击队，在冀中地区开展游击战争，队伍迅速壮大。到次年 4 月，已掌握冀中 38 个县，在县、区、村建立了抗日临时政权，并成立了专员公署。吕正操回忆：“截至一九三八年底，我军在冀中争取改造了大部分联庄武装，编入

---

① 安特尔：《晋察冀边区视察记》，《解放周刊》第 41 期。

我军的共约两万余人。”① 到1938年底，整个冀中根据地人口达到800万，部队“号称十万人”。② 与此同时，平西、冀东抗日武装也迅速发展壮大，宋时轮、邓华领导的八路军第四纵队将冀东抗日武装发展到7万余人。

1937年12月中旬，军区司令部决定成立晋察冀边区政府，次年1月11日，在河北阜平县召开了晋察冀军政代表大会，边区39个有组织的县政府派代表出席会议，与会代表共146人，代表着边区800万广大群众。代表们经过热烈讨论，决定成立边区政府的各种事项，民主选举宋绍文、聂荣臻、吕正操、胡仁奎、李杰庸、孙志远、张苏、娄凝先等人为晋察冀边区临时行政委员会委员。会后发表通电，声言国共合作，决死抗日。边区政府的成立，鼓舞了根据地人民的抗日士气，边区军民主动出击，根据地规模迅速发展壮大。

根据地的迅速发展，引起日本侵略军的重视。1938年9月，日军集中华北第一一〇师团、第一〇九师团、第二十六师团，以及独立混成第二、第四旅团共5万余人，在“中攻武汉、南取广州、北围五台”的作战方针指导下，由平汉、正太、同蒲、平绥各铁路沿线分路对边区发动围攻，八路军依靠边区人民发动游击战争，从9月21日至11月7日，经47天战斗，击退了敌人一次又一次进攻。整个反围攻战役，共进行战斗130余次，毙伤敌军5300余人，敌独立混成第二旅团旅团长常冈少将被击毙，日军在遭到沉重打击后，被迫退出根据地。到1938年11月，晋察冀边区已扩大到83个县1000万人口，控制着恒山、五台山两大山脉和冀中平原广大地区，对华北敌军构成严重威胁。

二 晋绥边区

晋绥地区位于同蒲路大同至太原段以西、长城线南北、汾（阳）离（石）公路以北、黄河以东，是陕甘宁边区的东部屏障和联系华北的枢纽。

八路军第一二〇师在参加保卫太原作战的同时，即开始着手创建根据地。太原失陷后，建立巩固的抗日根据地成为一二〇师的主要任务，第三五九旅在雁门关、崞县及忻县以西地区，第三五八旅在左云、右玉、清水

① 《吕正操回忆录》，解放军出版社，2007，第88页。

② 《吕正操回忆录》，第122页。

河一线以南地区建立根据地。部队顶住日军的多次围攻，在战斗中迅速发展壮大。到 1938 年 1 月，全师已发展到两个旅六个团，包括挺进冀东的宋时轮支队，总人数达到 2.5 万人，部队扩员近 3 倍。

1938 年 2 月，日军在进攻临汾的同时，集中 1 万余兵力发动对晋西根据地的围攻。八路军采取运动战方针，与敌周旋，寻机打击并歼灭敌人，相继在凤凰山、宁武等地予敌以重大打击，毙伤敌军千余人。到 4 月 10 日，八路军全部收复被敌占领的 7 座县城，歼敌 1500 人，彻底粉碎了日军对晋西北的围攻。反围攻斗争的胜利，进一步巩固了晋西北根据地，也标志着第一二〇师完成了由运动战向抗日游击战争的战略转变。

随着根据地的发展壮大，第一二〇师向绥远方向逐渐渗透，晋西北根据地发展为晋绥边区。晋绥边区北起阴山山脉北麓，南达汾阳、离石一带，东与晋察冀边区相连，西与陕甘宁边区相接，纵横 500 公里，包括 46 个县，活动地域相当广泛。

1938 年 6 月，第一二〇师组建大青山支队，李井泉、姚喆分任正、副司令员，寻机向大青山地区挺进。8 月，部队进抵绥中地区，站稳脚跟后，9 月上旬，先后发动夜袭陶林城、攻克乌兰花的战斗，两战两胜，极大地鼓舞了抗日军民的士气，并顺利挺进绥西地区，10 月中旬，进至包头附近，生擒伪蒙疆自治政府首领德王之弟，大大震慑了敌人。此后，八路军又相继在绥中、绥西打退敌人的两次进攻，初步巩固了大青山根据地。

晋绥边区的建立和壮大，具有非常重要的意义。八路军有效地控制晋西北和绥远地区，切断了日军由此西向夺取大西北的通道，对保证大西北安全有着关键作用。

三　晋冀豫边区

晋冀豫边区东起平汉铁路，西至同蒲铁路，北起正太铁路，南至黄河，直接日军在华北的主要交通线，是坚持华北抗战的主要战略支点和向冀鲁豫平原发展的基地。

1938 年 10 月底，娘子关失守，八路军第一二九师紧急驰援，配合友军作战，并着手创建根据地的工作。

11 月 7 日，八路军总部在和顺县召开会议，朱德、彭德怀、左权、任弼时、刘伯承等出席会议，会议传达了中央军委关于创建以太行山为中心的晋冀豫根据地的指示。会后，第一二九师随即部署开展游击活动，晋冀豫三省广大地区，成为该师开辟根据地的基本地域。

1938 年 1 月中旬，邓小平出任第一二九师政治委员，2 月，召开全师团以上干部会议，提出发动群众、建立政权、扩大武装的任务，全师随即实施战略展开。3 月，为配合第一一五师和第一二〇师作战，该师集结晋东南，对日军控制的邯长公路连续发动袭击，相继取得神头岭、响堂铺伏击战的胜利，使日军交通线受到严重威胁。为保证公路畅通，4 月初，日军集中第一〇八师团主力及第十六、第二十等师团一部共 10 个联队 3 万余人，分九路向晋东南八路军大举围攻，妄图“分进合击”，将八路军包围于武乡、辽县、榆社地区，加以打击。

为粉碎日军的围攻，第一二九师决定开展广泛的游击战，在运动中寻机歼灭敌人。4 月中旬，八路军在长乐村围歼日军第一〇八师团主力和增援部队 2200 余人，此后又多次打击来犯敌军。到 4 月 27 日，日军由于处处挨打，损失惨重，被迫放弃围攻。反围攻斗争胜利后，八路军迅速发展，活动范围扩大到包括晋冀豫、冀南两个战略区，共 130 余县，形成规模巨大的战略根据地。

晋冀豫区和晋察冀、晋绥边区有所不同，区内除包括广大山地外，还拥有大范围的平原地区。1937 年底，第三八六旅副旅长陈再道率八路军东进纵队挺进冀南，在冀南开辟游击区。1938 年 2 月，宋任穷率骑兵团开抵冀南，迅速解放了广宗、平乡等广大地区。5 月，副师长徐向前、政委邓小平也相继来到冀南，冀南抗日运动进一步得到发展。8 月，冀南行政公署成立，杨秀峰、宋任穷分任正、副主任，冀南抗日根据地初具规模。

在冀南抗战迅速发展的同时，八路军还积极向津浦线方向挺进。5 月中旬，发动临清战役，俘获伪军 3000 余人，缴枪 2000 余支，迅速壮大自身力量。9 月，八路军成立东进抗日纵队，肖华任纵队司令员兼政委，下辖 3 个支队，逐渐在冀南、晋西形成南接黄河、北至德州、东到津浦、西达平汉，包括 60 余县的冀鲁豫根据地。晋冀豫、冀鲁豫连成一片，奠定了后来晋冀鲁豫边区的基本框架。

四 山东根据地

由于山东远距陕甘宁地区，中共武装进入山东较晚，1938 年才陆续有八路军部队入鲁。抗战初期中共在山东的发展，主要依靠山东地方党在复杂形势下，积累发展起来。其中，尤其引人注目的是，地方党独立创建了八路军山东纵队，成为战时中共在山东一支不可或缺的军事力量。

和北方其他地区一样，战前山东地下党的发展轨迹和国民政府控制的中心地区不尽一致。1931 年前后，当江浙沪地区地下党遭到毁灭性破坏时，山东地下党却仍然处于发展状态。1934 年底，仅胶东地区党员数就达千人，[①] 为战前山东地下党最为鼎盛的时期。此后，地下党虽一度遭受较大破坏，但党组织一直保持活动状态。1936 年山东省委重建，并与中共中央北方局取得联系。抗战爆发时，全省党员发展到 2000 余人。[②] 中共党组织在战前的顽强生存，为其抗战后的有力作为奠定了基础。

战前中共在山东的生存状态，同山东地方实力派韩复榘的态度大有关联。韩在山东经营有年，形成相对独立的政治力量，国民党中央在山东力量有限。尽管韩复榘对中共也采取打压态度，但相较南京中央直接控制地区，措施较为缓和，中共的生存空间相对宽松。

抗战爆发后，韩复榘为保住自己的实力与地位，进一步与中共建立统战关系，中共代表张经武、张友渔先后与韩会面。据张经武报告，韩“对于抗战前途估计，怕南京对日妥协，因此得出结论，将来蒋必消灭红军之内战要发生，故每嘱巩固陕北苏区问题。若南京彻底联俄，则我们力量势必强大，故将合作问题推诸将来”。[③] 虽然韩对中共“不即不离”，但中共在山东的活动已基本不受限制，中共在各地抓住时机迅速发展。1937 年 8 月底，中共党员用公开的抗日自卫团名义在新泰几个区“发展抗日自卫团 4000 余人，拥有各种枪 3400 余支”。[④] 9 月，毛泽东要求：“发动全华北党（包括山东在内）动员群众，收编散兵散枪，普遍地但是有计划地组成游

① 胶东特委：《关于胶东的报告》（1934 年 8 月 21 日），中央档案馆、山东省档案馆编《山东革命历史文件汇集》（甲）第 7 集，编者印行，1995，第 271—287 页。

② 申春生：《山东抗日根据地史》，山东大学出版社，1997，第 6 页。

③ 《张金吾关于山东情形向中央的报告》（1937 年 11 月 26 日），山东省档案馆、山东社会科学院历史研究所编《山东革命历史档案资料选编》第 4 辑，山东人民出版社，1982，第 9 页。

④ 单洪：《对抗战时期泰山区泰南区党史有关情况的回忆》，《泰安党史资料》第 21 期，中共泰安市委党史资料征集研究委员会，1995，第 36 页。

击队。”[①] 10 月，“被韩复榘关在监狱的莱芜党员及同情者先后被释放；莱芜在外地隐蔽的党员也先后回县，有些参加了领导工作；中共组织的力量大大增加，成为发动游击队的核心力量”。[②] 在泰安六区，中共党员程照轩利用上层的包容和地方社会网络，组织的发展“几乎用半公开的方式进行。因为六区区长兼民团队程子源是程照轩的堂兄，经过程照轩他们做争取工作，已经是倾向于我们了。程照轩就向社会关系中的抗日积极分子进行宣传，团结了很多青年农民、青年学生、青年教师，党在群众中有了基础”。[③]

1937 年底，日军开始进攻山东，韩复榘迅速退却，1938 年 1 月被国民政府处决。韩复榘被杀，使山东短时期内出现政治真空，继韩复榘任山东省主席的沈鸿烈出身东北海军，虽在青岛经营数年，但对整个山东政治影响有限，山东出现群雄并起的局面。1938 年 6 月，沈鸿烈给蒋介石的电报中抱怨：“本省游击队有由第五、第一两战区委派者，有由军委会及别动总队委派者，有由各友军及各专员委派者，有由奉委之游击司令委派者。此等游击队之成分，其大多数均由土匪收编……三十余县官民控告游击队之为害地方者，日必千余起。此间人民身罹战祸，抗敌情绪极高涨。兹因游击队之滋扰，竟多彷徨歧路，深为可虑。”[④] 因为是当事人，沈的报告尚多顾忌，倒是中共作为旁观者，一针见血。罗荣桓直言国民党几大实力派之间的纠葛：“张里元想作鲁南王，秦启荣想作省主席，所以张、秦、沈间亦有磨擦”，点出山东力量分裂的状况。[⑤] 此时日军在山东的控制力也是有限：“日军不多，只在胶济路沿线稍多点，其它县城仅数十人，甚至仅有伪军。”[⑥]

山东的这种状况，为中共的发展提供了十分有利的条件。对当时华北地区这种稍纵即逝的机会，彭真在总结晋察冀的经验时曾谈道：“敌在战

---

① 毛泽东：《整个华北工作应以游击战争为唯一方向》（1937 年 9 月 25 日），《毛泽东文集》第 2 卷，第 23 页。

② 《黎玉回忆录》，中共党史出版社，1992，第 121 页。

③ 《黎玉回忆录》，第 120 页。

④ 《沈鸿烈呈蒋中正鲁省游击队近状与整理意见》（1938 年 6 月 21 日），《蒋中正总统文物》，台北“国史馆”藏，002080200498178。

⑤ 《巩固与东北军及同盟者的团结，对付敌之进攻》（1939 年 4 月 26 日），《罗荣桓军事文选》，解放军出版社，1997，第 34 页。

⑥ 《巩固与东北军及同盟者的团结，对付敌之进攻》（1939 年 4 月 26 日），《罗荣桓军事文选》，第 33 页。

略进攻阶段疯狂地前进，尚未照顾到其后方，在各重要点线之间空隙很大。旧统治崩溃了，敌后新的统治十分松懈，或尚未建立……我们的任务是迅速在这些地区开展游击战争，建立根据地，为此首先必须发动群众。当时，客观条件是有利的，但主观力量还远不能满足需要。敌人的空隙不会长期存在，群众抗日高潮如不能迅速组织巩固起来，时机就会很快滑过去。"① 彭的这一总结同样适用于山东。

日军进攻山东后，中共山东省委估计到山东形势有可能发生变化，决定积极组织武装力量，适时打出自己的旗帜："武装起义的时机选择在韩复榘部溃逃，日军尚未全面占领山东及其立足未稳的时候，全省行动，揭竿而起。针对敌人首先会沿铁路、公路干线设立据点，分割山东的军事行动计划，省委决定按东西南北中将山东划为 10 余个区，并计划在冀鲁边、鲁西北、鲁中、泰西、泰安、徂徕山、沂蒙山区、临朐一带、鲁东淄博矿区、长山、昌潍、寿（光）广（饶）博（兴）一带和胶东地区，分别建立 10 个军或支队。"各地以中共组织为核心，"许多地区以合法和半合法的方式，开展群众性的抗日救亡运动……在救亡团体内进行战斗动员，实施游击战术教育，筹集武器、经费，选拔有经验的军事骨干，使之从思想上和组织上为武装起义做好了充分准备"。②

1938 年 1 月 1 日，中共山东省委在徂徕山建立武装。此后，中共在沂蒙山、鲁西北、胶东地区相继展开一系列武装活动，建立中共领导下的抗日武装。由于中共山东党抓住时机，迅速拉起武装，中共的发展颇得先机。至 1938 年中期，山东省内国民党部队和地方武装约有 15 万人，中共领导的武装力量则从无到有，迅速发展到约 4 万人，统编为 7 个支队和两个人民抗日义勇军总队。沈鸿烈报告："八路军到鲁北以来，利用战委会、民先队及干部政治部等团体，对于军事政治工作积极进行。"③

12 月，山东各地中共武装统一组建八路军山东纵队。可以说，"山东八路军是由一些坚强的优秀干部，凭着赤手空拳，在群众抗日斗争中生长

---

① 《晋察冀边区各项具体政策及党的建设经验》，《彭真文选》，人民出版社，1991，第 17 页。

② 《黎玉回忆录》，第 144、145 页。

③ 《沈鸿烈电蒋中正八路军到鲁北以来利用战委会等团体对军事政治工作积极进行》（1938 年 7 月 18 日），《蒋中正总统文物》，台北"国史馆"藏，002080200500023。

起来的”。[①] 这一力量发展的关键是“地方党发动”，“知识分子干部占多数”，“正因为我们是土生土长的，所以我们能和地方上密切的联系，能和地方党密切的配合，所以我们的部队也就更加能够扩大，我们是具备了这个条件的”。[②] 当然，事后回望，山东能够独立成长还有一个很重要的原因就是韩复榘被杀后山东政治权威的短暂缺位。

山东纵队打开局面后，迅速引起中共中央的高度关注。中共中央酝酿和驻山东的地方实力派诸如石友三等的合作，指示：“建立根据地的各方面工作可由石友三公开来做”，[③] 同时先后调派李聚奎、陈赓、陈光及罗荣桓第八路军高级将领入鲁，成立山东军政委员会。山东成为联结八路军和新四军的一个重要战略区。据罗荣桓报告，1939 年初，仅在鲁南地区，八路军已经发展到 5 万人，是该地人数最多的武装力量。[④] 尽管此时八路军仍要面对日军乃至国民党地方势力的压迫，但山东武装独立成长这一事实相当程度上可以解释为何在山东中心区能够形成根据地。由于山东人口多、资源丰富、民间武器多、兵员素质较高，中共在山东的发展对其日后的成长具有十分重要的意义。

五 中共和八路军在山西的发展

自辛亥革命以后阎锡山长期统治着山西，与中央政府保持一定距离，蒋介石的势力很难深入山西。1936 年红军东征，进入山西，蒋介石的中央军马上以“剿灭”名义大举入晋。红军回撤黄河以西后，中央军仍然留驻晋南。而晋南“历来是反阎派的中心，有反阎的传统，阎锡山的银行发行的票子就过不了韩信岭”。[⑤] 中央军和晋南反阎力量“眉来眼去”，使阎深感戒惧。为了与中央政府抗衡，阎锡山和西安的张学良、杨虎城一样，选

---

① 张经武：《山东八路军怎样反对敌人的“扫荡”》，八路军山东纵队史编审委员会编《八路军山东纵队·综合册》，山东人民出版社，1993，第 173 页。

② 黎玉：《山东纵队的过去和将来》，《八路军山东纵队·综合册》，第 223 页。

③ 毛泽东等致郭洪涛电，1938 年 9 月 7 日，中共中央文献研究室编《毛泽东年谱（1893—1949）》（中），中央文献出版社，2013，第 89 页。中共和石友三的联合计划由于 1939 年初石友三调离而告终。

④ 《巩固与东北军及同盟者的团结，对付敌之进攻》（1939 年 4 月 26 日），《罗荣桓军事文选》，第 33 页。

⑤ 张稼夫：《庚申忆逝（之一）》，《中共党史资料》第 6 辑，中共党史资料出版社，1985，第 114 页。

择与中共来往，试图引入共产党的力量，抵消南京中央的影响。

1936 年 5 月和 8 月，阎锡山两度与有中共背景的中华民族革命大同盟华北办事处主任朱蕴山见面，同意取消对陕北红军的封锁，与中共合作，“成立一个以抗日为宗旨的山西自己的独立的群众团体”。[①] 9 月，山西籍的薄一波等中共党员由北平监狱获释后，参加由阎锡山任会长的山西牺牲救国同盟会，实际主持会务，逐步实现对山西政治、社会、地方民众的影响。由于有来自阎锡山的支持，加上中共的大力推动，牺盟会迅速覆盖整个山西，成为山西最大的群众团体，如报告所言：“牺盟是二战区群众运动的组织者与领导者……全山西所有的民众救亡团体——农救、工救、妇救、青救、文救——统统是在牺盟的支持之下，牺盟的活动，象一根红线似的贯穿在各个救亡团体中间。”[②] 牺盟会的发展可以横向牵起山西各团体和组织，纵向则直接扎进县乡基层：“全山西每个县牺盟的民运干部至少有 30 至 50 人。”[③]

据薄一波回忆，1939 年夏，牺盟会在山西发展达到鼎盛时期，“以牺盟会的名义组织起来的农救会会员发展到 170 万人，工救会会员发展到 20 万人，妇救会会员发展到 30 万人，青救会会员发展到 30 万人。这时，包括这些团体会员在内，牺盟会的全体会员总数已经发展到 300 万人左右”。[④] 地方牺盟会组织群众显示力量的方式，有时甚至遭到薄一波的批评，他举过几个过于急躁的例子，侧面证明牺盟会一言九鼎的威势：“某县的群众运动，亦算十分开展，革命势力抬头，该县县长、区长及其他公务员，有些不合该县群众运动领导者的口味，据云并不算坏，但还不如他们革命。在武汉失守后的一个紧急大会上，对动员工作没有十分讨论，也有些急躁，沉不住气，暴跳如雷的样子，要压迫县长及一切公务员减薪……过不了几天，县长、区长辞职，专员公署照准”；“某县群众运动亦相当开展，革命势力抬头，其领导者硬要开玩笑似的让一个相当有声望的

---

① 田酉如：《中国共产党在山西创建根据地的前前后后》，《中共党史资料》第 29 辑，中共党史资料出版社，1989，第 141 页。

② 薄一波：《牺盟究竟是怎样一个组织，1938 年》，《论牺盟会和决死队》，中共中央党校出版社，1990，第 118 页。

③ 薄一波：《论牺牲救国同盟会，1939 年 9 月》，《论牺盟会和决死队》，第 281 页。

④ 薄一波：《牺盟会、新军历史回顾，1986 年 10 月 14 日》，《薄一波论新军》，中共党史出版社，2008，第 398 页。

人，白天送信，晚上放哨，以示今天的力量比他大”。[①] 不过，当薄一波批评下属的时候，他自己行为也颇大胆，据杨尚昆报告：“续济川是旧派的人物，在晋城一带对牺盟工作颇多阻挠，薄对他完全采取一种打击的态度。在决死一纵队随东路军恢复的县份内，虽然不属薄之行政范围，据说薄都已委了县长，并向阎、梁报告说：‘他（指续）不派人负责我已经派了。’在我看来这似乎还太过一些，可以增加冲突，但听说阎、梁反颇赞薄能干，似乎很满意的。薄一波仍不失为阎、梁之第一个干部！”[②]

牺盟会以群众团体面目出现，但强烈的政权推动性质，使其群众运动的开展，直接指向政权建设：“牺盟是军政民化合的伟大力量。牺盟不单纯是一个民运的团体，它已在民运工作深入开展的基础上，改造政权，创造革命武装，形成战胜敌人、复兴中国的一部分力量的雏形，这就是军政民的化合力量。”[③] 这在相当程度上点出了抗战初期中共开展群众运动的重要方向，即群众运动、政权建设、武装缔造齐头并进，群众运动最终服务于抗战救亡这一目标。正因如此，牺盟会逐渐扎下脚跟后，顺势建立起自己的武装，即山西新军。

七七事变后，阎锡山接受中共的建议，委托共产党员薄一波等组建新军。1937 年 8 月 1 日，山西青年抗敌决死队正式宣告成立。9 月，阎锡山将山西全省划分为 7 个行政区，其中薄一波、张文昂两名共产党员分任第三、第六行政区主任，新军的发展有了地方政权的支持，获得了更加有利的条件。

为了加强党对新军的领导，新军成立不久，又调整了领导机构，薄一波、韩钧、戎子和、雷任民分任第一、第二、第三、第四纵队司令员。第一、第三纵队活动于晋东南，第二、第四纵队则活动于晋西南。1939 年夏，全部山西新军共计 50 个团，主力部队 5 万多人。至此，中共在阎锡山的旗号下，通过牺盟会、地方政权、新军，在各个层面上实现了对山西的渗透。1939 年，山西全省 105 个县，有 70 个县的县长由牺盟会特派员或

① 薄一波：《克服错误，树立统一战线的新工作方式》，《薄一波论新军》，第 93—94 页。

② 《杨尚昆关于晋西南党的工作及山西一般情况向刘少奇的报告》（1938 年 6 月 3 日），《中共中央北方局·抗日战争时期》，第 108 页。

③ 薄一波：《论牺牲救国同盟会，1939 年 9 月》，《论牺盟会和决死队》，第 259—260 页。

新军干部担任，而这些人“实际上都是共产党员”。[①] 在中共控制区内，已经形成这样的舆论：“群众认为阎锡山投降了共产党，薄一波是个大共产党，年月快变了。”[②]

作为陕甘宁边区的邻省，中共武装力量东渡黄河抗战的首要目的地就是山西。阎锡山为了抵抗日军进攻山西，也欢迎八路军入晋，协同坚守山西。中共对阎锡山坚守山西有一个精当的判断：“阎表示他决定留在山西打游击。他说：‘宁愿抗战死在山西，不愿流亡他省。’他说不能离开山西，意思大概是说：如他离开山西，山西就不会再是他的了。”[③] 1937 年 9 月，周恩来与阎锡山面商，达成多项谅解，周向中央报告，双方同意“成立绥察及晋北战地各级动员委员会，争取民主集中制，在战区、行营直接指挥下，给人民权力与利益，以实施战争全部动员及组织游击战争，各级政府不得干涉。我们拟出工作纲领，阎同意后，即由八路军出面与晋绥合作”。[④] 随后，八路军陆续开入山西，平型关大捷就是八路军在山西战场的成功战例。

在正面战场连遭败绩，华北乃至山西的局面日益严峻时，毛泽东冷静地估计道：“各军残部将大量溃散，即游击战争亦恐不能好好支持。阎将无力再过分干涉八路军之地方工作，故八路军将成为全山西游击战争之主体。”[⑤] 在此形势下，毛泽东要求：“一二九师全部在晋东南，一二〇师在晋西北，准备坚持长期的游击战争，非至有被截断归路之危险时，其主力不应退出山西。”[⑥] 按照这一部署，中共武装力量持续挺进到山西东南西北的各个角落，夺占交通线，占据要点，逐步建立根据地的雏形。刘伯承曾谈到：“拿山西来说，共有一百零五个县，只有二十个县才有日本军队。

---

① 薄一波：《牺盟会、新军历史回顾，1986 年 10 月 14 日》，《薄一波论新军》，第 399 页。

② 《武乡党的简史》，中共太行区党委编《太行党史资料辑存》第 2 编，编者印行，1945，第 6 页。

③ 《刘少奇、杨尚昆关于山西工作情况向张闻天的报告》（1938 年 2 月 5 日），《中共中央北方局·抗日战争时期》，第 83 页。

④ 周恩来：《与阎锡山谈判情形和作战建议》（1937 年 9 月 13 日），中共中央文献研究室、军事科学院编《周恩来军事文选》第 2 卷，人民出版社，1997，第 14—15 页。

⑤ 毛泽东：《太原失守后华北将以八路军为主体开展抗日游击战争》（1937 年 11 月 8 日），《毛泽东军事文集》第 2 卷，第 111 页。

⑥ 毛泽东：《太原失守后华北将以八路军为主体开展抗日游击战争》（1937 年 11 月 8 日），《毛泽东军事文集》第 2 卷，第 112 页。

除晋南不计外，也空出不少的地面。这已成为发展游击战，组织民众，遂行运动战的好场所。"[①] 11月1日，刘少奇和周恩来联名致电毛泽东、张闻天，报告成立晋察边、晋绥边、晋东、晋西、晋东南、直南镇等军区，并计划成立各军区军政委员会，由聂荣臻、关向应、徐向前、邓小平等分任主席。这一计划初步构成日后晋察冀、晋绥、晋冀豫根据地的雏形，并成为中共背靠陕甘宁地区、进出华北平原的重要根据。

华北抗日游击战争的开展及抗日根据地建立，有力地打击了日军在华北的统治，八路军及其领导的游击队逐渐成为华北抗日战场的主力。八路军坚持敌后游击战，在运动中歼灭敌人，发展壮大根据地，初步奠定了敌后战场的基础。在激烈的斗争中，八路军消灭了日伪军大量有生力量，自己也付出了重大伤亡，但由于中共坚持游击战方针，放手发动群众，队伍迅速壮大。中共领导的抗日武装，越来越成为华北战场乃至全国战场一支打击敌人的重要力量。

第二节 新四军建立华中根据地

一 新四军的建立与集结

全国抗战爆发后，国共开启第二次合作。1937年8月，中央红军改编为"国民革命军第八路军"；10月，国民党原则上同意将南方八省游击队改编为新四军，交军长叶挺"编遣调用"。[②] 此后，国共两党就军队编制、人员任用、武器经费等问题进行磋商，分歧与争执甚为激烈。

首先，关于编制问题，中共起初提出新四军编为两个师，辖4旅8个团，隶属八路军指挥，并提出项英任副军长，周子昆任参谋长，陈毅、张鼎丞分任师长。对此方案，蒋介石一口回绝。在其看来，南方游击队非正规军，不能先委任师长、旅长，必须先派人清点部队，"按枪的多少决定编制"。蒋此举既有限制中共扩编的用意，也包含借机摸清新四军实力的

① 刘伯承：《论游击战与运动战》（1938年3月），《刘伯承军事文选》，军事科学出版社，2012，第136页。

② 《蒋介石关于红军游击队统交叶挺编遣调用的命令》（1937年10月6日），中国人民解放军历史资料丛书编审委员会编《新四军·参考资料》（2），解放军出版社，1988，第39页。

企图。中共几经力争，但国民党坚持不同意按师、旅、团进行编制。最后中共做出妥协，新四军不设师、旅，直辖 4 个支队。12 月 27 日，项英报告中央称："四军编制为 4 个支队，支队等于旅。"30 日，中共中央批准这一结果。总体上看，中共在编制问题上并未得偿所愿，相较最初目标有较大后退。但国民党试图用编制限制新四军扩张的意图也没有得逞。1938 年 5 月新四军集结皖南，之后在苏南、皖东等地放手扩大武装，短短两年多的时间，兵力扩大 9 倍，发展过程中并未受编制束缚。

其次，对于干部任用问题，中共始终坚持。新四军各支队伍原本分散在四处打游击，国民党多次"围剿"，都未能彻底将其消灭。全国抗战爆发后，国民党之所以同意将南方游击队集中起来组建一个正规军，一方面固然有国共合作、共同抗日的大背景，另一方面国民党也是想借机控制游击武装，彻底消除中共在南方的影响。国共谈判之初，国民党即提出派人到支队、团、营担任职务，意图通过人员渗透来控制新四军。毛泽东对此十分警惕。1937 年 9 月 14 日，毛泽东致信前方谈判的林伯渠、董必武，再三强调："国民党不得插进一个人来。"[①] 10 月 15 日，毛致潘汉年电，也有类似指示，要求国民党不得干涉一切内部人事。[②] 此后，中共拟定新四军干部名单。11 月 21 日，叶剑英和叶挺一起把名单提交给蒋介石。蒋认为新四军干部全都是共产党，表示："延安提出的干部名单不能同意。"此外，蒋介石还对叶挺讲："你不是共产党，将来你有性命危险。"[③] 言外之意是中共党员占据全部关键位置，叶挺将无法掌控部队。蒋本要拉拢叶挺一同对抗中共，但叶挺不为所动，他对中共的安排未表异议。总起上看，国共双方在人事问题上都极为敏感，毕竟由谁来领导军队是生死攸关的大事，双方都不敢掉以轻心，谈判过程彼此的态度也都较为强硬。但谈判终究是要相互妥协，最后国共都做出一定的让步。一方面，中共坚持要自己的干部占据新四军的关键职位，如各支队、团、营的司令、副司令、

① 《张闻天、毛泽东关于各边区在统战中应注意的问题致秦邦宪等电》（1937 年 9 月 14 日），中国人民解放军历史资料丛书编审委员会编《新四军·文献》（1），解放军出版社，1994，第 26 页。

② 《张闻天、毛泽东关于叶挺指挥闽粤边游击队诸问题致潘汉年等电》（1937 年 10 月 15 日），《新四军·文献》（1），第 51 页。

③ 《叶剑英、李克农关于叶剑英、叶挺见蒋介石情形致林伯渠、秦邦宪电》（1937 年 11 月 21 日），《新四军·文献》（1），第 60 页。

参谋长等，这些位置上的干部全是中共党员，国民党无从插手；另一方面，中共也同意接纳国民党在军部和各支队派驻联络员，即国民党人员能够进入新四军内部。1938 年 1 月，在反复协商后，何应钦批准中共提出的新四军领导人名单。

国民党派出联络员原本是要监视和控制新四军，但从结果上看，并未发生多大效力。新四军各部一直被牢牢控制在中共手中。1937 年 9 月 28 日，国民党单方面宣布叶挺为新四军军长。起初，毛泽东对是否接受叶挺为军长深有疑虑。10 月 19 日，毛通过博古、叶剑英等询问叶挺是否愿意恢复党籍，是否愿意完全接受中共指导，而不受国民党干涉，是否愿意来延安洽谈一次等问题。21 日，博古、董必武与叶挺接洽，叶挺表示完全接受，同意前往延安洽谈。消息传到延安后，毛泽东仍未下最后决心，再次致电博古，表示叶挺能否为军长“待考虑”，又称“等你们提出保证之后，再行决定”。[①] 11 月 2 日，叶挺到达延安，经过几日的商谈面议，毛才下最后决心接受叶挺为军长。

最后，关于经费和武器问题，新四军并未得到足够补充。新四军队伍原本靠游击生存，经费、武器全是自筹，主要方式是打土豪。国共合作后，中共主动停止或减轻打土豪的力度。如 1937 年 9 月闽西就报告称，有条件的地方已停止游击战。条件不具备的地方，为了给养必须捉土豪筹款的行动，也极大地改变了态度，有些地方连已捉来的土豪都减价释放，有不少的没有收钱就放回去了。[②] 新四军各部停止打土豪后，部队经费亟须国民党拨付。11 月，叶挺、叶剑英与蒋介石会谈，提出新四军的经费、武器应与国民党军同等待遇，并要求拨付开拔费及整理费 18 万元，但蒋介石推托称：武器已在各部队装备完毕，无法再分配给新四军；至于经费，因中央财政困难，则请地方酌情办理解决。这意味着国民党中央是想分文不给。叶挺后来与陈诚、何应钦交涉，争取到每月 6.5 万元的经费，这只相当于国民党军一个丙等师的经费。项英抱怨称这点钱连伙食费都不够，

---

① 《张闻天、毛泽东关于南方游击队集中改编的有关问题致秦邦宪等电》（1937 年 10 月 30 日），《新四军·文献》（1），第 56 页。

② 《闽西南军政委员会关于三个月和谈工作情况的报告》（1937 年 9 月 17 日），《新四军·文献》（1），第 30 页。

“购买枪支更谈不上，一切衣毯均无，严冬作战大成问题”。[①] 周恩来后来与国民党再次交涉，争取到每月9万元。再之后因新四军作战成绩出色，军费又有所增加。据陈毅回忆，到1939年春，最高增加到每月13.5万元。这是国民党拨付给新四军的最高数额。但相较于国民党嫡系军每月20万至30万元的数目，新四军所得仍然偏少。国民党竭力压缩新四军军费，一个重要用意便是要限制其发展。在缺乏经费与武器的境况下，新四军先是占据皖南，进而向苏南、苏北出击，短短两年时间，队伍和地盘都急剧扩大，如此迅猛的发展势头怕是国民党未曾预估到的。

新四军建立后，江西、福建、湖南等南方各游击队便开始向皖南集中。构成新四军主力部队的主要是四大游击队。其一，原中央苏区留下的红军部队，由项英、陈毅、张鼎丞、谭震林等领导，主要在赣南、闽西一带活动；其二，红六军团的遗留部队，由傅秋涛领导，主要在湘赣交界的平江、浏阳、永新、莲花等地活动；其三，红七军团与红十军的遗留部队，由粟裕、刘英等领导，主要在浙赣边界活动；其四，原鄂豫皖苏区的遗留部队，由高敬亭领导。前三部被编为一、二、三支队，隶属国民党第三战区；江北部队，即高敬亭部编为第四支队，隶属国民党第五战区。按国民党指示，江南的部队须在安徽歙县岩寺集结；江北部队即第四支队需往东移动，在皖西集结。1938年2月，叶挺报告江南部队的集结情况，称平江傅秋涛部预计25日可到达；温州刘英部27日可到达；龙岩张鼎丞、谭震林部预计3月可到。

但江南各游击队的开拔过程并非一帆风顺。1935年主力红军从中央苏区撤离后，游击队与外界隔绝，完全依靠自身力量与国民党搏斗。三年艰苦的游击战既锻炼了红军，但也导致两方面的问题。其一，因双方反复残酷搏杀，游击队同国民党地方政权的仇恨极深，从心理上讲，他们非常不情愿与国民党合作；其二，因为一直在深山老林，游击队消息闭塞，很多队伍连“西安事变”、“卢沟桥事变”都不知道，更无从知晓国共合作的情况。所以骤然闻听要被改编为“国民革命军”，许多人在情感上一时很难接受，产生很强烈的被出卖感，认为“统一战线”是向国民党投降。此外，一些国民党人也把国共合作视为中共“自新纳降”，这更加剧了部分

① 《项英致中共中央长江局电》（1938年1月14日），《新四军·文献》（1），第71页。

游击队员的挫败感和抵触情绪。中共抚东特委书记刘文学的想法就很有代表性，他讲道："国民党和红军打了十年内战，天天要消灭红军，我们天天喊活捉蒋介石，怎么一下子又同他合作？在十年内战中，蒋介石屠杀了成千上万的群众，我们红军牺牲了那么多同志，闽北军分区司令员吴先喜被杀害后，还把他的人头挂在光泽县城头上示众，怎么会同蒋介石合作呢?"①

毫无疑问，统一战线涉及一个艰难的思想转变过程。面对此种困境，中共一方面以中央文件的形式解释战略转变的意义，另一方面派出交通员到各游击队传达指示，进行劝说与安抚工作。起初，因情况不明，一些传达合作指示的交通员甚至被游击队当作叛徒，认为是国民党派来的特务。例如，陈毅到湘赣边区九陇山传达指示时，负责人就认为他是叛徒，一度将其捆绑起来让其交代"叛变"经过，并威胁要处以死刑。② 不难发现，新四军组建初期内外都面临困境，一方面是要与国民党谈判，另一方面中共还要劝服各游击队。

经过巨大努力，直到 1938 年 4 月底南方各部（第一、二、三支队）才相继开赴到皖南。4 月 20 日，第三战区副司令官罗卓英到岩寺点验新四军各部。大约同时期，第四支队在皖西金寨县集中，陆续进抵舒城、桐城、庐江等地。在整个集中过程中，虽然中共付出巨大努力，但仍有部分人员或是不愿离开故地，或是思想扭转不过来，最后逃散。如闽东叶飞处，出动时有 1300 余人，集中后不到 1000 人；闽赣游击队开动时有 900 多人，之后逃走百余人。也有一些游击队从始至终都拒绝下山，坚决不接受改编。如弋阳地区游击队领导人杨文翰、赣北山区的刘维泗，拒不接受改编，甚至把交通人员视作叛徒而杀害。此外，鄂豫皖苏区也有一些游击队拒绝下山改编。

新四军集中后，共包括南方 8 省 40 余县的游击队，下设 4 个支队，全军 1.03 万人，6200 余支枪。需要说明的是，在召集各游击队集中时，中共也留有防备，并未将游击区的兵力全数调动，这主要是防备国民党图谋不轨，担心国民党趁游击队调离后发动突然袭击。事实上，国民党也确实发动过袭击。另外，中共也不愿放弃老苏区，所以仍留下了一些部队在当

① 《游击健儿大会师》，中国人民解放军历史资料丛书编审委员会编《新四军·回忆史料》(1)，解放军出版社，1990，第 7 页。

② 刘树发主编《陈毅年谱》上卷，人民出版社，1995，第 203 页。

地活动。1937 年 10 月，毛泽东致电博古对此问题讲得十分清楚。毛指示关于游击队改编问题，应集中五分之三，留下五分之二，反对全部集中，留下的部队须严防国民党暗算，“森严自己壁垒”。[①] 后来新四军集中时，各地区均留有相当的枪支，如闽西张鼎丞方面留有一连人，湘赣、闽北、闽东等均有两班人以上。[②] 浙南方面，粟裕前往新四军，刘英率部留在当地战斗。无论如何，在国共既合作又相互戒备的境况下，新四军最终组建成立。

二 第一、第二支队东进北上

1938 年 4 月，新四军陆续开往指定战区。国民党给新四军划定的活动范围是第一、第二支队在长江以南的苏皖交界地区活动，这一区域东西长百余公里，南北宽仅五六十公里；第三支队在皖南机动防御；第四支队在皖中的淮南铁路沿线。淞沪会战、南京保卫战失败后，苏皖交界地区的主要城市及交通要道均被日军控制，国民党主力部队也早已西撤。此种情势下，国民党指令新四军进入这一战区，显系有“借刀杀人”的意图。副军长项英对此非常疑虑，1938 年 4 月他致电毛泽东就谈到：国民党强迫新四军向指定区域开进，“显然是将我们送出到敌区，听其自生自灭，含着借刀杀人的用意”。[③] 从敌我力量对比上看，项英不愿冒然进入敌后是有道理的。因为新四军刚组建，士兵尚未得到有效训练，武器装备也不齐全，对敌情更是不了解，若冒然出击，风险实在难以估量。项英采取的办法是步步为营，一点一滴地试探着往前推进。首先，他命令部队分梯次前进，并抽派先遣队在前方探路，主力陆续跟进，尽量拉长战线；其次，稳扎稳打，主要办法是拖延行军时间，每日行军在 30 里之内，其余时间整顿士兵，侦察地形；最后，到达泾县与南陵之间的区域后，主力部队依靠山地集中整训，军部亦设于此，同时再组建一支先遣队继续北上，往苏南开进。不难看出，项英的计划是要把新四军主力放在皖南，不太愿意北上进

---

① 《张闻天、毛泽东关于南方游击队集中改编的有关问题致秦邦宪等电》（1937 年 10 月 30 日），《新四军·文献》（1），第 56 页。

② 《中共中央东南分局关于两个月来工作情况和目前工作意见的报告》（1938 年 3 月 25 日），《新四军·文献》（1），第 90 页。

③ 项英：《新四军的战术原则及先遣队的行动》（1938 年 4 月 29 日），军事科学院《项英军事文选》编辑组编《项英军事文选》，中共中央党校出版社，2003，第 480 页。

入敌后。6 月，项英致电陈毅把这个想法表达得很清楚："我们计划在皖南要建立一个根据地，这在战略上非常重要。将来在战争形势变化时，我们即可依靠这一支点向皖南各县发展"，"故部队不宜全部出动"。[①]

毛泽东及中共中央的看法与项英不同。毛泽东认为皖南虽然相对安全，但这一区域中存在大量国民党军队，新四军活动处处受限，不好发展。若深入敌后，既能打击日军，同时又没有国民党的掣肘，反而更自由，更机动灵活，活动范围也可大大突破国民党的限制。如毛所言：现时方针是不与国民党驻军争若干防地，而在服从其命令，开动到其指定的地方去，到达那里以后，就有自己的自由了。"尔后，不要对他事事请示与事事报告，只要报告大体上的行动经过及打捷报给他。""凡敌后一切无友军地区，我军均可派队活动，不但太湖以北、吴淞江以西广大地区，即长江以北到将来能力顾及时，亦应准备派出一小支队。"总之，日军的目标在于进攻武汉，"你们可放手在敌后活动"。需要说明的是，毛泽东起初也不主张军队开赴敌后，尤其反对到平原地区作战，因为平原地貌不适合开展中共擅长的游击战；后来之所以转变，很大程度上是吸收了八路军在河北、山东等地的胜利经验，即如他所言："这（即深入敌后）是河北及山东方面的游击战争已经证明了的。"[②] 但问题是，项英没有直观的敌后取胜经验，其思想仍停留在毛泽东前期的认识阶段。

毛泽东一直试图说服项英，但结果并不理想。虽然项英犹疑不定，但新四军先遣队还是按照部署首先进入苏南。先遣队司令员由粟裕担任，钟期光任政治部主任，成员是从一、二、三支队中抽调的骨干力量，约有 400 人。1938 年 4 月从岩寺出发，5 月抵达江宁县。先遣支队的主要任务是侦察敌情，摸清路线，为后继部队提供情报支援。但在侦察之际，第三战区司令官顾祝同电令先遣队破坏南京至镇江之间的铁道，以阻宁沪之敌。接军令后，粟裕率队于 6 月 15 日抵达目的地，破坏铁路、电线等交通设施；17 日，又在镇江西南的卫岗伏击日军车队，击毁军车 4 辆，毙伤敌军 20 余人。这是新四军在江南的首战，即旗开得胜。陈毅赋诗祝贺曰：

---

① 项英：《关于第一、第二支队进入敌后的行动原则》（1938 年 6 月 23 日），《项英军事文选》，第 501 页。

② 《毛泽东关于新四军应放手向敌后发展致项英电》（1938 年 6 月 2 日），《新四军·文献》（1），第 115 页。

“弯弓射日到江南，终夜喧呼敌胆寒；镇江城下初遭遇，脱手斩得小楼兰。”[①] 蒋介石也致电嘉奖，称“所属粟部袭击韦岗，斩获颇多，殊堪嘉尚”。[②] 此战虽战果平平，影响却很大。自日军占据江南后，国民党军大幅撤退，民众抗战信心极其低落，新四军适时出现给日军一击，恰如平地一声惊雷，极大地振奋了民心。

先遣队出发后，陈毅率第一支队随即跟进。5 月 28 日进至南陵，陈毅在此主持召开支队会议，并做《新的战斗条件和新的战斗任务》的报告，主要是针对江南的地形、社会特点及敌军情况，强调部队要用夜战、伏击战、白刃格斗等战术打击敌人，为进入苏南做最后的准备。[③] 6 月 8 日，陈毅与先前到达的粟裕在溧水县会合。13 日，部队进入茅山地区，开始以营为单位，在镇江、句容、丹阳等区县活动。与此同时，第二支队于 6 月中下旬也在罗忠毅的率领下开赴苏南。至此，新四军在苏南的活动完全展开，主要是围绕着茅山建立根据地。

苏南的地理位置十分重要，宁沪铁路、宁杭公路、京杭运河等纵贯其间。日军占领上海、南京以后，主要就是通过这些交通线为前方部队提供补给。新四军的任务恰恰就是破坏这些交通要道，袭击运输车辆，以达到牵制日军的目的。战斗的规模虽然不大，但次数极为频繁，从新四军成立到皖南事变，总计不到 3 年的时间，作战 1200 余次，几乎平均每天都有一战。新四军的作战意义就在于“积小胜为大胜”，主要是从交通干线、后勤辎重等方面打击日军。在新四军持续不断的袭击下，日军被迫缩短防线，不得不放弃一些较小的据点；同时又要增加兵力，防卫重要据点。例如，日军在南京、镇江、芜湖等地的兵力原先不足 3 个联队，后来不得不增加至 2 个多师团。新四军在敌后开展的游击战，牵制了大量日军，有力配合了正面战场的对日作战。

新四军在茅山地区活动约一年，即开始寻求突破国民党的限制，准备扩大根据地的范围。但此时主持新四军工作的项英不希望与国民党发生冲突，因而极力避免“越界”活动。在活动地域狭小的情况下，项英提倡“精兵主义”，即巩固与提高现有军队的作战能力，强调部队的质量。这不

---

① 《粟裕传》编写组编《粟裕传》，当代中国出版社，2007，第 101 页。

② 中共江苏省委党史工作办公室编《粟裕年谱》，当代中国出版社，2012，第 35 页。

③ 刘树发主编《陈毅年谱》上卷，第 220 页。

符合以毛泽东为首的党中央强调独立自主、不受限制的发展方针。陈毅所部在苏南敌后开辟根据地，扩充新四军武装时，并未盲目地执行“一切经过统一战线”、“一切服从统一战线”的错误政策。为此引起项英的不满和指责，他曾给陈毅去信要求对地方武装实行“三不主义”，即不发枪，不发饷，不批准。但陈毅并未听从，反而对叶飞讲：“不要有什么顾虑，人、枪、款都要继续放手搞。”项英后来批判陈毅为“人枪款主义”。[①] 例如，1939 年 5 月，陈毅派叶飞率第六团东进江阴、无锡、常熟等地进行游击。为避免引起国民党责难，陈毅把第六团改名为“江南抗日义勇军”以作掩护，领导者也都改用别名，如团长叶飞化名叶琛，副团长吴焜化名吴克刚。项英得知后仍急电制止，不允许东进，理由有二：其一，项英认为东路是日伪军的核心地带，封锁严密，且铁路、公路密布，不利于游击，过去有被消灭的危险；其二，挺进东路冲破了国民党划定的作战范围，会破坏统一战线。接到电报后，陈毅顶住压力，复电项英说该部已出发，追回不及。[②]

东进部队获得很大发展。第六团原本不到 700 人，东进后主力部队增加到 2000 多人，且还发展出 4000 余人的地方武装。[③] 在叶飞的率领下，“江南抗日义勇军”不仅给日军沉重打击，也壮大了新四军的声势。从这个角度讲，项英此前对新四军预估确实有些悲观。但另一方面，项英的忧虑也并非全无道理。随着新四军东进，国共摩擦开始加剧，国民党不断指责中共“越界”，戴笠组织的“忠义救国军”也处处袭击东进部队。1939 年 8 月，国民党最终弄清“江南抗日义勇军”实质上是新四军第六团后，立即将方针由“收抚”改为“防剿”，国共对抗进一步加剧。10 月，中共与国民党反复谈判无果后，最终还是把东进部队撤回茅山。

陈毅率部在茅山建立抗日根据地后，中共中央进一步指示新四军主力今后发展方向是“东进北上”。但此时项英仍不愿意放弃皖南，所以对渡江北上一直不热心。据粟裕回忆，针对项英的犹豫不决，周恩来曾亲自到皖南进行劝说，同他商定“向南巩固、向东作战，向北发展”的方针。此

---

① 《叶飞将军自述》，辽宁人民出版社，2001，第 63 页。

② 刘树发主编《陈毅年谱》上卷，第 248 页。

③ 《叶飞将军自述》，第 71 页。

后项英勉强派出一部分干部去加强苏南的工作。[①] 但项英的顾虑并未完全消除。1940 年 1 月，刘少奇曾要求项英继续抽调主力向江北发展，但项英予以拒绝，且表示：皖南在任何情况下都要坚持，一切工作须按全国情形来布置，不能限一方面，也不能各自打算，“你的指示确难遵行”。[②]

虽然项英拖延不决，但新四军“北上”的战略仍有序展开。1939 年初，在苏南主持工作的陈毅派第一支队第二团一部协同管文蔚领导的丹阳游击队控制住扬中和江都。这两处位于长江北岸，是战略要冲，也是新四军向苏北发展的跳板。10 月下旬，陶勇、卢胜率第二支队第三团一部北渡长江，活动于扬州、六合、天长地区；11 月底，东返归来的叶飞率第六团到达扬中，与管文蔚部合编。新四军在长江北岸打下初步基础。

1940 年 7 月，粟裕率领苏南新四军主力渡过长江。至此，新四军江北部队经整编后，共辖 3 个纵队，9 个团，8000 余人。原江南指挥部也迁移到江北，改名为苏北指挥部，陈毅任指挥兼政委，粟裕任副指挥，其意图很明显，就是要占据苏北。因为一旦控制住苏北，就有机会进一步控制整个华中地区。关于华中战场的重要性，毛泽东曾做过精辟的论述：第一，华北敌人占领区日益扩大，我之斗争日益艰苦，我党不能控制华中则不能生存；第二，在可能的全国突变时，我军绝不能限死黄河以北不入中原，故华中为我党我军最重要的生命线。不难看出，在战略布局上，毛泽东是要把华中建设为后备基地，一旦八路军在华北遭遇不测，中共便可向华中转移。1940 年 4 月 5 日，毛泽东指示：“整个苏北、皖东、淮北为我必争之地。凡扬子江以北，淮南路以东，淮河以北，开封以东，陇海路以南，大海以西，统须在一年以内造成民主的抗日根据地。”[③]

江北新四军确定向华中地区发展后，下一步的问题就是围绕何处建设根据地。此时，可供新四军选择的方向有三种议案，其一是扼守扬州、泰州地区；其二是北进兴化；其三是东进黄桥。经前方会议讨论，陈毅、粟裕等人决定选择第三种方案，即东进黄桥。7 月 14 日，陈毅把这一决定报告给新四军军部及中共中央。15 日，中央复电同意以黄桥为中心建立根据地。需要指出的是，中共向江北发展最困难的地方在于国民党的限制，围

---

① 《粟裕回忆录》，解放军出版社，2007，第 161 页。

② 刘树发主编《陈毅年谱》上卷，第 264 页。

③ 《毛泽东年谱（1893—1949）》（中），第 185 页。

绕黄桥地区建立根据地，国民党江苏省主席韩德勤首先反对。韩德勤所部3万余人驻守苏北，一个主要任务就是防范新四军扩张。9月，韩德勤率部南下，向新四军进攻。新四军光是一再退让，终于在黄桥进行决战，最终以少胜多击溃韩德勤主力部队，歼灭其16个团，共1.1万人。黄桥战役之后，国民党基本上再无军事能力限制新四军在苏北的发展。与此同时，黄克诚率领的八路军南下支援部队也开到苏北，10月10日抵达，两军会合一处，苏北抗日根据地完全建立起来。

黄克诚事后回忆道："黄桥决战的胜利和八路军南下与新四军会师，为确立我党我军在华中敌后抗战的领导地位奠定了基础，并对以后抗战形势的发展有重要影响。"①

三 第四支队挺进皖东

1938年2月，新四军第四支队在湖北黄安县七里坪成立。司令员高敬亭，政治部主任戴季英。中央原本指令高敬亭部沿皖山山脉进至蚌埠、徐州、合肥三点之间作战。1938年5月，徐州失守后，叶挺致电毛泽东、周恩来称："徐州已失，敌后空虚，4支队在庐、合、无三县间一带，地形情况条件均不利迅速开展，应挺进至滁县、全椒以西，嘉山以南，巢县以北，定远以南。"② 叶挺所指的这一块区域更靠近安徽东面，完全符合中央东进的战略意图。但当时第四支队领导人高敬亭不愿东进，主要是不想离开自己的老根据地。

第四支队主要由鄂豫皖苏区的红军组成，与江南新四军总部的关系较为疏远，加之领导人高敬亭个性强硬，所以第四支队自成立起就颇为"独立"，新四军总部很难指挥。直到1939年初，第四支队仍主要在舒城、桐城、庐江等安徽中部地区活动，东进战略迟迟没有推进。当然，第四支队在皖中也多次打击日军。1938年5月蒋家河口首战告捷，其后约一年的时间里，第四支队对日伪军作战90余次，毙伤日军1700余人，俘获日军12人。

为推动高敬亭部东进，中央及新四军军部先后进行多次努力。1938年

---

① 《黄克诚自述》，人民出版社，1994，第170页。

② 《叶挺关于徐州失守后第四支队应向皖东发展致毛泽东、周恩来电》（1938年5月21日），《新四军·文献》（1），第376页。

11 月 10 日，毛泽东致电项英，称白崇禧允许新四军参谋长张云逸率领一个营到长江以北的安徽境内活动。17 日，项英即派张云逸由铜陵渡江北上，与高敬亭会合，积极推动高部向东迈进。

张云逸到江北后，奉叶挺、项英之命迅速筹建新四军江北指挥部，负责统辖江北所有部队。中央深恐张云逸一人力有不逮，指示皖南方面“抽调大员及大批干部到江北”。[①] 1939 年 4 月，叶挺亲率邓子恢、罗炳辉、赖传珠等一批干部前往江北与张云逸会合，江北指挥部正式成立。张云逸任总指挥，赖传珠任参谋长，邓子恢任政治部主任，第四支队司令高敬亭未进入权力核心。5 月 11 日，叶挺主持召开第四支队干部会议，再次传达东进命令，高敬亭虽然口头表示赞成，但行动上仍刻意拖延。为尽快落实中央指示，使第四支队东进，叶挺、张云逸等商定三种解决办法：上策是调高敬亭到延安学习或择地养病；中策是授给他江北指挥部副指挥名义，把他所领导的第四支队改编为一个纵队，交给其他同志指挥；下策是让戴季英主持第四支队工作，直接撤销高敬亭的职位。[②] 正在讨论未决之时，高敬亭所部第七团团长和政委因私吞战利品而叛逃，高敬亭负有领导责任，被扣押审查。中央得知消息后亦同意撤销高敬亭第四支队司令员职务。6 月 15 日，中央派徐海东担任第四支队司令。与此同时，江北指挥部对高敬亭的内部审查升级为公开批斗，但高敬亭态度强硬，拒不认错，6 月 24 日在合肥青龙厂被错杀。虽说高敬亭在执行中央东进方针时是有错误的，在所部叛逃事件上也负有一定领导责任，但这些毕竟是思想认识问题。高敬亭在极端困难的条件下，坚持鄂豫皖边三年游击战争，保存了三千多人的武装；他对日作战坚决，对革命是有功的。1977 年 4 月，中共中央军委决定给高敬亭平反。

高敬亭死后，江北指挥部对第四支队进行整编。原第四支队第八团被抽调出来与地方武装合编组成第五支队，司令员罗炳辉；第四支队保留第七团、第九团并加以扩编，司令员徐海东。这两个支队的主要干部大都是从皖南或延安调配过来的。整编后，江北部队顺利向东推进。第四支队开往淮南铁路以东，创建了以定远县藕塘为中心的游击根据地；第五支队进

---

① 《中共中央书记处关于发展华中武装力量的指示》（1939 年 4 月 21 日），《新四军·文献》（1），第 126 页。

② 《张云逸传》编写组、海南省档案馆编《张云逸年谱》，当代中国出版社，2012，第 67 页。

入津浦路以东地区，开创了以来安半塔集为中心的游击根据地。到 1940 年 9 月，新四军先后在定远、来安、嘉山、天长、六合等 14 个县建立起抗日民主政府，中共皖东革命根据地成功创建。

从 1938 年 4 月到 1941 年初，新四军先是占据皖南，进而开辟了苏南、苏北、皖东根据地，成为华中地区重要的抗日力量。新四军主力部队由 1 万余人发展到近 9 万人，还指挥着数十万的地方武装。到皖南事变前，华中抗日根据地初步建立起来。

第三节 国民党军的敌后作战

抗战初期，国民政府进行的主要是正面战场的作战。由于国民党军队相对日军武器落后、士兵训练不足，加上制空权掌握于日军之手，国民党军在正面战场作战十分艰苦、伤亡惨重。1937 年秋，蒋介石基于国民党军精锐在淞沪战役中损失巨大，开始考虑如何保存实力、持久抗战。11 月 7 日，蒋介石在日记中写道："保持战斗力、持久抗战，与消耗战斗力、维持一时体面相较，当以前者为重也……此时各战区应发动游击战争，使敌所占领各地不能安定，且分散其兵力使其防不胜防也。"[①] 同月，蒋介石指示在华北战场上的第十三军军长汤恩伯，作战应多用柔性游击战，避实就虚，以保持战斗持久力为要。[②] 蒋介石的这些想法，在国民政府最高军事指挥层中亦不乏意见相合者。时任军事委员会副参谋总长的白崇禧晚年回忆，1937 年 12 月军事委员会在武汉召开会议时，他提出："应采游击战与正规战配合，加强敌后游击，扩大面的占领，争取沦陷区民众，扰袭敌人，使敌局促于点线之占领。同时，打击伪组织，由军事战发展为政治战、经济战，再逐渐变为全面战、总体战，以收'积小胜为大胜，以空间换取时间'之效。当时，蒙委员长采纳，通令各战区加强游击战。"[③] 白崇禧对敌后作战的认识较为深刻，作战不仅包含纯军事性质，还提出以政治

① 《蒋介石日记》（手稿），1937 年 11 月 7 日。

② 秦孝仪主编《中华民国重要史料初编——对日抗战时期 第二编 作战经过》（3），第 147 页。

③ 贾廷诗等访问兼纪录《白崇禧先生访问纪录》（上），台北，中研院近代史研究所，1984，第 352 页。

战和经济战结合，以便中国军队在沦陷区长期立足。

从1937年底至1938年，国民党军在正面作战的同时越来越重视敌后游击战，具体表现在两个方面。一是日军占领某一地区时，国民党军留置部队于敌后，时时发动游击战。如第二战区太原会战结束后，撤退的国民党军不得向后方转进，而是进入山西境内的山区，以大量正规军从事游击战，时时打击敌人，将日军4个师团的兵力牵制在山西。[①] 二是军事委员会在部署正面作战时，运用大规模的游击战予以切实配合。如1938年6月，在制订保卫武汉的作战计划时，军委会命令第五战区“应指定八个师以上兵力，在大别山分区设立游击根据地，向安庆、舒桐、六合及豫东皖北方面挺进游击”。同时，命令第九战区“应以四个师以上兵力，在九宫山建立游击根据地，常川向敌后方游击”。[②] 这表明，在武汉会战中，至少有12个师的兵力在敌后开展游击战配合正面作战，游击战战术在实践层面初步形成。

1938年10月，武汉、广州相继沦陷，抗战进入相持阶段。对国民政府而言，沦陷区范围进一步扩大，大量溃散的国民党军滞留在敌后，需对其进行整顿与安置，沦陷区的广大人民也亟须进行组织和动员；对日军而言，维持占领区域的治安要投入大量兵力与物力，由于战线拉长、兵力运用紧张，此前凌厉的攻势作战有所缓和。1938年底，蒋介石在长沙、南岳和西安相继主持召开了三次军事会议，研讨第二期抗战的作战方针。其中，国民党军在战略战术上进行的重大调整是“游击战术与正规战术并重”，将三分之一的兵力用于敌后作战。军委会决定，“不但在第一线须阻止敌人西进，在后方地区，须培养我军战斗力，且进一步，将沦陷地区，一律划为战区，增加军队，发动民众，一致抗战，务使敌人对其后方，发生严重顾虑，不得不变后方为前方，而分兵防御”。[③]

为配合这一指导方针，国民党军对于敌后作战有两项重要布置：一是变更战斗序列，重新划分战区，增加鲁苏战区和冀察战区。鲁苏和冀察战

---

① 蒋纬国总编著《国民革命战史　第三卷　抗日御侮》第3卷，第116页。

② 秦孝仪主编《中华民国重要史料初编——对日抗战时期　第二编　作战经过》（2），第309、310页。

③ 何应钦：《何上将抗战期间军事报告》（1948年），《民国丛书》第2编第32辑，上海书店出版社，1990，第210、211页。

区的主要城市和交通线均已被日军占领，所以国民党军在这两个战区进行的主要是敌后游击作战。二是为加强战地政务，军事委员会下设战地党政委员会，在各沦陷区设立分会，专门管理沦陷区的各种事务。党政委员会的重要责任在于消灭伪组织，发动民众一致对敌抗战。这与白崇禧提出的从军事战发展为政治战、经济战的方针是一致的。军事上的敌后游击作战，辅之以党政力量的加强，可阻止日军对于沦陷区的全面统治和物资掠夺。1938年底抗战策略方针的全面调整，反映了国民党军对敌后游击作战的重视。

1939年初，鲁苏战区和冀察战区正式建立。军事委员会派大量正规军进入敌后，加强游击，还令各战区划分若干地区为游击区。可见，从抗战爆发到1939年初的一年半时间里，国民政府对于敌后游击作战，有一个认识不断加深、实施力度不断增强的过程。1939年冬，身兼军事委员会军训部部长的白崇禧依据第二期作战指导方针，组织人力编写了《游击战纲要》一书，分发至各战区和各军事学校，作为研讨游击战的基础及各战区实施游击战的依据。针对国民党军干部对游击战作战方法较为生疏的现状，《游击战纲要》详细地从组织、根据地、政治工作、战斗、侦察等14个方面展开论述，号召国民党军在敌人侧后发动更大规模、更坚强有力的游击战。① 以下选取重点区域，概述国民党军在各战区的敌后作战情况。

一 第二战区晋绥游击区

1937年11月太原失守后，军事委员会迭令第二战区部队不得退出山西省，应以各山区为根据地，从事大规模游击战。山西位于华北西部，地势险要，北有五台山，东有太行山，中有太岳山，南有中条山，西有吕梁山，易守难攻，是开展游击战的良好区域。第二战区司令长官阎锡山将山西按行政区域划分为7个游击区。第二战区调整后的具体部署为：东路军总司令朱德，指挥第十八集团军、第三、第四十七军，第十七、第九十四、第一六九各师，及第五二九旅，以主力歼灭东阳关之敌，建立并确保太行山游击根据地；南路军总司令卫立煌，指挥第十四、第十五、第十七、第十九、第六十一各军，第八十五军暂编第一师，及第十四军团主力，以中条山区为根据地，发动全面游击战；北路军总司令傅作义，指挥

① 贾廷诗等访问兼纪录《白崇禧先生访问纪录》（上），第354页。

第三十五军和第七十一师，及骑兵第一、第二两军，以太原、雁门、大同迤西为根据地。[1] 1938 年 6 月，又增设西路军，杨爱源任总司令，建立吕梁山根据地。如此庞大的兵力保证了敌后游击战的大规模进行。国民党军不断袭扰敌人，使敌人消耗很大，并压迫其困守于正太、同蒲路附近的狭长地带。

在上述四路军队中，以南路中条山地区的国民党军实力最强。1938 年夏，南路军向盘踞曲沃、侯马之日军展开攻势，同蒲路南段之敌一时只能固守，不能进攻。日方这样记述当时的战况："山西南部的中国军，自五月初以来逐次增加兵力已达二十数个师，企图夺回山西省南部，在第二十师团的作战地区，频频破坏同蒲路。五月十二日与黄河决堤的同日，曲沃首先受中国军步炮兵部队之攻击，山西省南部各守备队亦受优势的中国军之攻击……当时，各守备队在优势敌军妨害之下及豪雨使交通之断绝，缺乏弹、粮食，惟有以狗、猫、野草充饥，终将长达两个月的中国的攻击加以击溃。"[2] 1938 年冬，临汾一带日军企图摧毁晋西吕梁山游击根据地，先后两次以第一〇八、一〇九、二十、九各师团之一部向西进犯。国民党军利用山川之险阻及游击战法，先期诱敌深入，同时破坏敌后交通，并以南路军向同蒲路侧击，迫使孤军深入之敌向东溃败。

1939 年 3 月，南昌会战开始，军事委员会为策应华中方面作战，令第二战区发起攻势，第二战区各路军于 4 月 10 日分别向指定目标进攻。至 5 月中旬，国民党军克服日军据点及破坏道路多处。6 月下旬，军委会指示第二战区及冀察、鲁苏各战区发动夏季攻势。日军先发制人，于 7 月 2 日对晋东南发起攻击。国民党军为避免决战，将主力转移到附近山地。13 日，日军第一〇八师团攻陷长治，18 日攻陷高平，第三十五师团及第二十师团同时攻陷晋城。国民党军奋起反击，克复多地。日军除占领白晋公路沿线屯留、长治、晋城等要点外，大部已退回原据点。9 月以后，国民党军致力于对白晋公路的破坏，使日军不能利用该路。1940 年 4 月中旬，日军向晋东南山区进攻。至 5 月 20 日，国民党军反攻，晋东南地区仍由其

① "国防部史政编译局"编《抗日战史·晋绥游击战》(1)，台北，编者印行，1981，第 11—13 页。

② "国防部史政编译局"编《大战前之华北"治安"作战》(1)，台北，编者印行，1988，第 106 页。

控制。

1941 年 5 月，日军以 7 个师团兵力，从东、西、北三个方向进攻中条山地区，晋南会战（即中原会战）正式开始。在此之前，国民党军共打退日军的 8 次进攻。此次日军有备而来，志在必得。经过三个月的苦战，中条山地区被日军攻陷。国民党军主力部队突至后方，转向晋东、晋中山区坚持游击。晋南会战是第二战区游击战的转折点，在此之后该区游击战转向低潮。

虽然晋西太行山地区与晋东南中条山地区终为日军占据，但晋西吕梁山地区的国民党军仍继续坚守。至抗战胜利，日军未能进入黄河以西，西北国际交通路线得到确保，可以说与第二战区的游击战密不可分。

二 冀察战区

1937 年下半年，河北、察哈尔两省相继沦陷。1937 年 9 月中旬，第一战区主力调往晋东，参加保卫山西的战斗。河北西部为太行山区，适宜建立游击根据地，其他平原地区在夏秋季节多种植高粱等高茎植物，俗称“青纱帐”，有利于开展季节性游击战。第一战区委任吕正操为独立第一游击支队司令，李福和为独立第二游击支队司令，孙殿英为冀西游击司令。军委会又任命张荫梧为河北民团总指挥，在河北各地进行游击战。民众受爱国心驱使，纷纷参加游击队。[①] 1938 年春，国民党军第五十三军万福麟部在冀中、冀南发动游击战。1938 年 6 月，军委会任命鹿钟麟担任河北省主席兼游击总司令，统帅国民党军主力部队第九十七军（军长朱怀冰）。[②]另外，当时在河北的国民党军正规部队还有石友三的第六十九军。武汉会战时，石友三部在津浦路北段与地方游击队一起袭扰敌后。

1939 年 1 月，冀察战区成立。军事委员会将冀察两省及山东省黄河左岸划入该战区，由河北游击总司令鹿钟麟担任战区总司令。1939 年 2—7 月，日军在冀察驻防的部队由华北方面军司令官杉山元指挥，集结津浦、平汉两线的兵力，“扫荡”鲁西北、冀中、冀南地区。冀察战区针对敌军

① 贾廷诗等访问兼纪录《白崇禧先生访问纪录》（上），第 223 页。

② “国防部史政编译局”编《抗日战史·冀察游击战》，台北，编者印行，1981，第 1—2 页。何应钦的《日军侵华八年战史》第 144 页和《白崇禧先生访问记录》（上）第 376 页均提到九十九军，军长朱怀冰，似有误。

企图，以第九十七军、第六十九军、新编第五军（由孙殿英部扩充而成）、第四十军和河北民军（先由张荫梧指挥，后由乔明礼指挥），配合第十八集团军（朱德指挥）之一部，经常在河北境内及冀豫鲁边区各地游击。何应钦这样总结1939年河北地区的战况："我游击战异常活跃，二十八年二月，敌由各方抽调兵力，集结于津浦、平汉两线，围攻冀中地区，但其结果，则彼来我往，彼去我来，徒见敌军疲劳，并消耗兵力而已。"① 此后中共在河北的实力不断增长，八路军同国民党军都以反"扫荡"为主要任务，但彼此之间也不乏摩擦争夺。1940年，河北民团张荫梧部实力不断削减，第六十九军也被迫退至冀鲁边区整顿。第九十七军、新编第五军退至晋豫边区与第四十军会合，编成第二十四集团军。②

1940年由于鹿钟麟无法有效指挥部队，冀察战区总司令一职由第一战区司令长官卫立煌兼任。日军继续进行其"扫荡"作战，国民党军经常在晋豫边区与敌人保持战斗，向平汉路和道清路一带进攻。由于各部队之间关系不协调，指挥不统一，战术运用不灵活，在日军的多次"扫荡"下，乔明礼部自动撤至豫北，石友三因通敌叛国，被高树勋枪决。晋南会战后，国民党军主力南移，冀察游击战之实力大为减低。

1942年春至1944年秋，冀察战区总司令由第一战区司令长官蒋鼎文兼任，辖有第二十四集团军（庞炳勋指挥）新编第五军、第四十军、第二十九军（刘进）及太行山游击队，与敌6个师团（除第三十五师团外，其余各师团均为一部）两个独立旅团及两个伪军师，在太行、中条山区艰苦奋斗，迭被敌军大举围攻。1943年之后，新编第五军军长孙殿英、第二十四集团军总司令庞炳勋先后被俘，部队损失过半，不得不南渡至河南境内。③ 冀察战区所统辖的民军、游击队等，有的自生自灭，有的投靠日伪，冀察战区之名义虽然存在，实际上作战地区囿于晋南、豫北边区，冀察两省不再有国民党军活动。

三　鲁苏战区

1937年10月，未随韩复榘南逃的山东省六区专员范筑先在鲁西北竖

---

① 何应钦：《日军侵华八年战史》，第161页。

② 蒋纬国总编著《国民革命战史　第三部　抗日御侮》第6卷，第72页。

③ 《抗日战史·冀察游击战》，第2—3页。

起抗日旗帜，很快发展成一支5万余人的队伍。1938年1月，青岛失守后，青岛市长沈鸿烈奉令率领海军陆战队及地方团队转移至诸城、沂水一带，开展游击战。国民党军主力退出山东时，在津浦铁路北段留置石友三军，南段则留置韩德勤部，分别联合地方部队，袭扰敌人后方，配合徐州会战和武汉会战。

1939年1月，鲁苏战区成立，军委会任命于学忠为总司令，将长江以北、黄河以南、津浦铁路以东地区划入该战区，正规部队有10万余人，游击队和保安团队约15万人。① 以陇海线为界，鲁苏战区分为鲁南和苏北两个战场。鲁南方面以沂蒙山区为根据地，正规军主要为第五十一和五十七军，属于东北军系统。山东省政府主席沈鸿烈兼战区副总司令，指挥保安团队。另有地方部队新编第四师、新编第三十六师等。江苏省政府主席韩德勤兼战区副总司令，辖第八十九军、独立第六旅和第一一二师，以苏北高邮湖及运河等沼泽地区为根据地。② 鲁苏战区成立后，发动游击战，重点指向津浦、陇海、胶济等线，牵制敌人。

日军为解除国民党军对各交通线的威胁，于1939年6月初，以第五师团的主力，及第二十一师团、三十二师团、一一四师团和独立混成第五旅团各一部，分由陇海、津浦和胶济线出发，向鲁南根据地围攻。③ 国民党军以侧击、伏击的方式与敌作战，第五十七军在军长缪澄流的指挥下逐渐退至莒县以东及费县西南山区，利用险要地势继续作战。日军一部由津浦路东进，第五十一军牟中珩部在蒙阴阻击该敌，双方伤亡均重。第五十一军第一一四师师长方叔洪误入日军阵地前沿，以身殉国。后国民党军被迫向沂水、蒙阴以北山区转移。日军另一部由胶济路经诸城、安丘、临朐南进，国民党军与敌战斗后，败退至临朐、沂水间山区。日军攻陷山东省政府所在地东里店。在这次作战中，日军共陷莒县、沂水和蒙阴三地，其伤亡在5000人以上。④

1940年以后，日军对山东地区进行分区“扫荡”，切断鲁南山区与后方的联络。1942年2月，日军用两个师团的兵力对鲁苏战区进行“大扫

① “国防部史政编译局”编《抗日战史·鲁苏游击战》，台北，编者印行，1981，第3页。
② 《抗日战史·鲁苏游击战》，第1页。
③ 《大战前之华北“治安”作战》（1），第271—272页。
④ 蒋纬国总编著《国民革命战史　第三部　抗日御侮》第6卷，第76页。

荡”，动用飞机20余架，先后进攻沂青公路两面之山区，国民党军防区大部被日军占领。于学忠鉴于鲁南战局的不利状况，向中央请求增援。1942年11月，军委会派遣李仙洲部入山东支援，李仙洲沿途遭到日伪军的阻击，虽与于学忠部会合，但损失惨重。1943年初，驻鲁南的新编第四师师长吴化文叛国投敌，使鲁南局势急转直下。1943年5月，日军又集合重兵向沂蒙山区围攻，国民党军第五十一军利用地形与既设阵地予以迎击。激战三天，沂水及蒙阴附近之国民党军不得不向南突围，日军分路截击。五十一军主力被迫向皖北转移。①

苏北方面，1939年初的敌我态势为：日军占领江都、南通、徐州各要点及铁路沿线，国民党军控制运河及通海公路，并以兴化为根据地坚持游击战。1939年10月，华北与华中的日军分三路合力围攻高邮湖地区。在这次作战中，日军先后攻陷宝应、高邮两地，初步打通运河航路及通海公路，不过两侧地区仍为国民党军控制。1941年3月，高邮和宝应的日军发动“扫荡”战，攻陷江苏省政府及副总司令驻地兴化县城，韩德勤退出兴化。1943年2月，日军以陆军与空军配合进攻苏北，经过月余激战，国民党军被迫撤出淮北，转移至阜阳。②

军事委员会认为鲁苏地区孤悬敌后，补给困难，而各部队经过长期作战后需要整补，于是决定放弃鲁南及苏北根据地，全部到皖北整顿。1944年5月，鲁苏战区被撤销。

四　第三战区浙西游击区

1937年12月杭州沦陷后，国民党军主力转移至钱塘江南岸。从1938年1月开始，日军在江南的主力逐渐向北转移，发动徐州会战。江南日军驻守部队数量大减。

1938年3月，第十集团军第二十八军的第六十二师、第六十三师一部乘机渡过钱塘江，主动深入敌后作战。5月2日，国民党军攻占海盐县城的西门及南门，在城区与日军发生激烈巷战，16日成功克复海盐。5月下旬，国民党军数度袭击桐乡、罗头和乌镇之日军。7月31日，日军开始实

① 蒋纬国总编著《国民革命战史　第三部　抗日御侮》第8卷，第51页。

② 蒋纬国总编著《国民革命战史　第三部　抗日御侮》第8卷，第52页。

行大规模“扫荡”。国民党军积极布置，在嘉兴、海盐、海宁和桐乡一带主动进攻。8 月 28 日，日军佐藤中将途经陈家港时，被伏击部队击毙。9 月 3 日，第十集团军令渡江部队将防务交给浙江省抗战自卫队，暂时撤回钱塘江南岸休整。[①] 国民党军主动发动的为期 5 个月的游击战争，有力策应了徐州会战与武汉会战，起到了袭扰敌人后方、牵制敌军的作用。

1939 年 1 月，日军第二十二师团及第三十四旅团大规模“扫荡”国民党军的游击根据地，并占领乌镇、新市、海盐各地。国民党军分成右和左两纵队迎击敌人，激战甚烈。[②] 左纵队由第六十二师等部队组成，3 月 29 日晚，第三六八团团长谢明强带领战士掩护群众，在莲花桥破坏硖石至王店段沪杭铁路，使日军运输中断。5 月 13 日，国民党军猛攻桐乡县城；5 月 20 日，第六十二师师长陶柳指挥两个团围攻石门日军。6 月，奇袭乌镇南栅日军，营长陈乐涛不幸中弹殉国。[③] 浙西游击区作战的主力部队六十二师官兵，由于作战勇敢、纪律良好而深得浙西人民的赞誉，称其为笠帽兵。

浙江省政府主席黄绍竑在抗战初期即组建了国民抗敌自卫团，作为省属武力，配合国民党正规军担任游击。自卫团共有 8 个支队，第五支队郑器先部于 1938 年 8 月首先渡过钱塘江、进入浙西地区展开敌后斗争，随后过江者还有第六支队徐志余、第三支队黄权等部队。[④] 这些部队一面打击敌人，一面与正规军一起，整顿浙西形形色色的游杂部队。黄绍竑意识到，持久的敌后游击战需要巩固的根据地，故于 1938 年 12 月，在浙西天目山区设置浙西行署，负责开展浙西沦陷与未沦陷 22 县的行政工作。

抗战期间，浙西行署基本能维持重要政令的推行（包括在已经沦陷和部分沦陷的县），甚至可进行募债与收税。敌人对游击区“扫荡”与“清乡与封锁”交替运用，尤其在 1940 年至 1943 年间不断进行，不过浙西的敌后政权与武装仍可屹立不倒。1943 年 8—11 月，日军多次进攻孝丰地区，国民党军与之反复争夺，最终保卫了浙西根据地的核心孝丰县城。[⑤]

---

① “国防部史政编译局”编《抗日战史·各地游击战》（1），台北，编者印行，1981，第 41—45 页。

② 《抗日战史·各地游击战》（2），第 163—164 页。

③ 楼子芳主编《浙江抗日战争史》，杭州大学出版社，1995，第 40 页。

④ 《黄绍竑回忆录》，广西人民出版社，1991，第 292、293 页。

⑤ 《抗日战史·各地游击战》（5），第 555、561、569 页。

五　第五战区豫皖鄂边区

豫皖鄂边游击区又称大别山游击区，是第五战区最重要的抗日游击区，所辖范围为津浦线以西、平汉线以东、长江以北及淮河以南的豫南、皖北和鄂东地区，战略地位十分重要。地形以海拔200—1000多米的丘陵为主，适合游击作战。

1938年7月武汉会战后，第五战区主力从鄂东转移至鄂西，战区司令李宗仁命令第二十一集团军总司令廖磊亲任豫鄂皖边区游击总司令，并兼任安徽省政府主席。第二十一集团军的作战部队主要为第七军、第四十八军和第三十九军，以广西人为主。1939年10月，廖磊病逝于边区司令部所在地安徽立煌县，李品仙接任各项职务，主持边区一切党政军事务。李品仙利用抗战前在广西的行政经验，积极从事干部训练、民团组织和经济建设等工作，并制定《豫皖鄂边区党政整建纲要》作为战时施政纲领。由于拥有良好的政治经济基础，这一地区的敌后作战开展得较为成功。

1940年5月，日军发起第二次随枣会战，从豫南、鄂北和鄂中分三路西进。边区部队为牵制敌人，令第七军一七二师由麻城向黄陂进击，与防守平汉线南段的日军对峙。豫南游击队自礼山向黄安、应山方面出击，破坏平汉铁路。鄂东游击队向浠水、兰溪口袭扰，第四十八军一三八师一度袭攻安庆机场。会战结束后，边区各部队停止攻袭，撤回原防。为巩固皖东各县的行政，李品仙还令一三八师主动越过淮南铁路，向东实施游击。1941年3月7日、8日两日，敌我双方在梁园激战，损失均十分惨重，一七二师团长卢明阵亡，是役被李品仙称为“边区作战最惨烈的一役”。[①]

1941年9月，日军发动第二次长沙会战，边区奉军委会之令再次开展牵制作战，至少使日军三个师团的兵力不能直接用于长沙会战。豫皖鄂边区以第七、第四十八和第八十四军三个军的兵力为骨干，不断向敌人游击和袭扰，造成较大声势，在国民政府各个敌后战区中表现突出。

1942年12月8日，日军新任第十一军司令官塜田攻由南京飞汉口途中，在太湖县上空被一三八师击落，塜田攻及8名高级军官毙命。日军为寻找残骸及报复国民党军，集结重兵攻陷大别山游击司令部所在地立煌

① 《李品仙回忆录》，第203页。

县。第五战区立即调集第七军予以反击，在立煌城郊与日军激战，并很快收复立煌。日军向西转移的过程中攻陷固始、商城。国民党军第三十九军及八十四军向商城反攻。日军被迫放弃商城、固始。至1943年1月12日，战区恢复原来态势，总部立煌的机关和营舍也很快次第恢复。[①] 1943年夏，第五战区司令长官李宗仁到立煌视察，对豫皖鄂边区的军政情况表示肯定。

1944年冬，军委会为加强淮河流域的敌后作战，成立第十战区，战区除原有的豫皖鄂边区外，还划入山东大部和苏北地区，李品仙升任司令长官。

纵观国民党军的敌后作战，呈现出以下特点。第一，从作战目的看，敌后作战可分为策应战、反“扫荡”战和破坏战三种。策应战是指当国民党军在正面战场进行大规模会战时，军委会指示其他战区发动敌后作战，牵制日军在该战区的兵力，减轻国民党军在正面战场的压力，延缓日军攻势。其次是反“扫荡”战，日军在1939年后注重已占领区的巩固，不断发动“治安战”等，“扫荡”并清除占领区内的国民党军和中共军队。国民党军为维护和保持敌后根据地，必须进行艰苦的反“扫荡”战。最后一种是破坏战，以灵活机动的方式破坏铁路、公路等交通线，炸毁或烧毁日军的物资仓库，尽量打击和袭扰日方的统治。

第二，从作战阶段看，国民党军敌后作战有一个发生、发展和没落的过程。1938年是敌后作战兴起的时期。1939—1940年则是国民政府充分认识到敌后作战的战略意义，予以大力发展的时期。而1940年后，国民党军的敌后作战呈现缩减态势。抗战后期国民党军的敌后作战趋向于没落的客观原因是，日伪在1939—1940年后，加强对沦陷区的“扫荡”，国民党军敌后作战的环境越来越艰难。[②] 部队长期在敌后作战，补给困难，加之纪律不佳，经常发生扰民现象，战斗力逐渐减弱。在士气消沉的情况下，伪化现象越来越严重。1941年6月，军委会决心彻底整理敌后游击队，颁布《整理全国游击队提高敌后游击效能实施方案》，以减少数量、提高效率为

---

① 蒋纬国总编著《国民革命战史　第三部　抗日御侮》第8卷，第54—55页；《李品仙回忆录》，第204—205页。

② 如1939年，日军先后从华中、华南抽调7个师团、5个混成旅团编入华北战斗序列，反复“扫荡”八路军华北各根据地和敌后国民党游击区。参见戚厚杰《国民党敌后游击战争初探》，《军事历史研究》1990年第1期。

原则，规定各战区游击队裁减1/4。鉴于游击队的口碑不好，一律改称挺进队。① 1944年4月，军令部颁发《游击队紧缩改善计划》，决定将敌后游击队素质优良者编入正规军，劣者裁撤，情形特殊者予以保留。② 这样就导致从事敌后作战的军队数量越来越少。另外，影响国民党军敌后作战成效的原因还有内部派系的互相倾轧。如鲁苏战区总司令于学忠与副总司令沈鸿烈关系不睦，这些人事纠纷导致国民党军无法在敌后团结作战，逐渐趋于分崩离析。

第三，从作战区域看，南方地区的状况好于北方地区。如处于华北的冀察、鲁苏和晋绥游击区，虽在抗战前期发展较好，但在抗战后期基本消失。位于江南的浙西游击区及淮河与长江之间的豫皖鄂边区，则在全面抗战期间得以坚持，尤其是豫皖鄂边区还在1944年扩展为第十战区。

各个游击区的不同命运值得深入探讨，其原因应与以下几种因素相关。一是日军、国民党军与中共之间的力量对比。日军重视对华北平原的占领，这里不但有平津等大城市，还有津浦、平汉等贯通南北的大动脉。武汉会战后，日军调集军队回防华北。国民党军在华北留置的部队主要是原东北军、西北军等，与中央军相比实力较为薄弱，而中共武装在华北的发展又非常迅速。国民党军一方面要应对日军的“扫荡”，另一方面在与中共竞争中处于下风，最后被迫放弃游击区。长江中下游地区则是抗战前国民政府的核心统治区域，基层政权与国民党党部组织相对较完善。所以淮河以南地区国民党军的敌后作战总体表现尚可。二是从军政配合看，冀察和鲁苏战区的领导层仅重视军事作战，而浙西游击区和豫皖鄂边区除军事作战外，均重视根据地的政治与经济建设。浙江省政府主席黄绍竑和安徽省政府主席李品仙对敌后作战的认识比较全面。黄绍竑在浙西天目山区建立浙西行署、李品仙实施《豫皖鄂边区党政整建纲要》等举措，使这些地方的军队拥有巩固的后方，可就近补给、整训，在与敌军作战的过程中也有较为广阔的腹地。这表明稳固的根据地是从事长期游击战的必要保证。

总体而言，国民党军的敌后作战，在抗战前期发展尚好，牵制大量日军，成功配合了正面战场作战，但在中后期趋于衰弱萎缩，较之中共军队

---

① 何应钦：《何上将抗战期间军事报告》，《民国丛书》第2编第33辑，第466页。

② 《三届参政会军事询问案及何应钦之答复》，中国第二历史档案馆藏，转引自戚厚杰《国民党敌后游击战争初探》，《军事历史研究》1990年第1期。

在敌后战场的表现，可以说是相形见绌。国民党军敌后作战的这一发展轨迹，与游击战在国民党军战略战术上的从属性有关，即国民党军更重视正面战场，将敌后作战置于附属地位。当然，也与国民党军内部派系分立、作战战术较为呆板、不善于广泛动员民众参与、军民关系不够紧密，及整个战场的演变局势密切相关。

第四节 游击战的战术与策略

一 游击战的开辟

游击战并不是抗战时期的中国所独有。国外早有游击战的成功案例，国内的十年内战时期，中共在各地广泛开展游击战。抗战全面爆发后，由于特殊军事政治形势，游击战获得非同一般的独特地位，上升到战略高度，成为战争史上独特的案例。

游击战战略地位的奠定，源于中共的战争指导，几乎在战争一开始，毛泽东就提出并竭力强调游击战的方针。1937 年 8 月 1 日，在日军占领平津后，毛泽东致电在南京的周恩来，要求其向国民党方面提出红军的作战原则如下："（甲）在整个战略方针下，执行独立自主的分散作战的游击战争，而不是阵地战，也不是集中作战，因此不能在战役战术上受束缚"；"（乙）依上述原则，在开始阶段，红军以出三分之一的兵力为适宜，兵力过大，不能发挥游击战，而易受敌人的集中打击，其余兵力依战争发展，逐渐使用之"。[①] 8 月 10 日，毛泽东致电彭雪枫告诫彭与各方接洽时："不可隐瞒红军若干不应该隐瞒的缺点。例如只会打游击战，不会打阵地战，只会打山地战，不会打平原战；只宜于在总的战略下进行独立自主的指挥，不宜于以战役战术上的集中指挥去束缚，以致失去其长处。"[②] 洛川会议时，毛泽东提出，红军的基本方针是持久战，战略方针是独立自主的山地游击战，创造根据地则是基本任务之一。在持久战之下，游击战、根据地、正规军（八路军）构成的三驾马车此时已具雏形。

---

① 毛泽东：《关于红军作战的原则》（1937 年 8 月 1 日），《毛泽东军事文集》第 2 卷，第 20 页。

② 毛泽东：《同各方接洽要有谦逊的态度》（1937 年 8 月 10 日），《毛泽东军事文集》第 2 卷，第28 页。

游击战是中共持久战的核心内容，尽管毛泽东一开始就强调中共作战必须是游击战，但游击战的内涵则在不断变化、丰富。中共最初提出游击战时，华北战场还有大批中国正规军存在，此时强调游击战，更多在于突出中共武装的独立性。8 月 18 日，毛泽东在给朱德、周恩来关于与国民党谈判的电文中申明：“红军充任战略的游击支队”；“执行独立自主的游击战争，发挥红军特长”。[①] 稍后，毛泽东致彭德怀电中又一再强调中共部队行动的自由：“（一）依照情况使用兵力的自由……（二）红军有发动群众创造根据地义勇军之自由，地方政权与邻近友军不得干涉。如不弄清这一点，必将发生无穷纠葛，而红军之强大作用决不能发挥。（三）南京只作战略规定，红军有执行此战略之一切自由。（四）坚持依傍山地不打硬仗的原则。”[②]

随着战争的进行，毛泽东很快意识到华北战场正面抵抗很难持久，游击战将有可能成为中共在华北持久的不二法门，他对游击战的判断已经逐渐向着战略方向提升：“甲、整个华北工作，应以游击战争为唯一方向。一切工作，例如兵运、统一战线等等，应环绕于游击战争。华北正规战如失败，我们不负责任；但游击战争如失败，我们须负严重的责任。乙、除山西部署已告外，应令河北党注全力于游击战争，借着红军抗战的声威，发动全华北党（包括山东在内）动员群众，收编散兵散枪，普遍地但是有计划地组成游击队……丙、为此目的，应着重于高级干部之分配及独立领导的党政军集体机关之组织。要设想在敌整个占领华北后，我们能坚持广泛有力的游击战争。要告诉全党（要发动党内党外），今后没有别的工作，唯一的就是游击战争。为此目的，红军应给予一切可能的助力。”从上述指令可以看到，事实上，对于中共而言，游击战不是零散的局部的战斗行动，而是整个党和军队的中心任务，游击战不仅仅是群众性的战斗行动，更需要正规军的投入，而且除了军事意义外，还具有政治上的政略意义。

虽然毛泽东要求把游击战的范围扩大到整个华北，但对把八路军主力分散投入到华北前方，多少还存在一些担忧。洛川会议时，毛泽东强调要在有利条件下发展平原游击战争，但重点是山地，具体而言，即“小游击

---

① 《毛泽东年谱（1893—1949）》（中），第 13 页。

② 《毛泽东关于对独立自主的山地游击战争基本原则的解释致彭德怀电》（1937 年 9 月 12 日），《毛泽东军事文集》第 2 卷，第 33 页。

队去发达平原”。[①] 在1937年12月召开的政治局会议，虽然一些与会者批评“独立自主的山地游击战”的提法不好，反对将运动战与游击战对立起来，而毛泽东却只同意加上“在有利条件下打运动战，集中优势兵力消灭敌人一部”的说明，仍旧坚持“独立自主的山地游击战”应当是对日作战的基本的军事战略方针。[②] 联系此前他强调要巩固黄河河防，以确保黄河东岸八路军“必要时能迅速安全的西渡”，[③] 显然，毛泽东还没有做好把大部队投入华北进行游击战的准备，也还没有找到一条能在华北平原地区坚持抗战的道路。此时，他的决心最大限度的表达是：“红军任务在于发挥进一步的独立自主原则，坚持华北游击战争，同日寇力争山西全省的大多数乡村，使之化为游击根据地，发动民众，收编溃军，扩大自己，自给自足，不靠别人，多打小胜仗，兴奋士气，用以影响全国，促成改造国民党，改造政府，改造军队，克服危机，实现全面抗战之新局面。”[④]

山西山地纵横，符合毛泽东实施山地游击战的要求，而其背靠陕甘，进可攻退可守，也让中共部队在局面全面恶化时，可有退路，这是毛泽东选择山西作为战略展开地区的主要考量。

不过，尽管毛泽东对主力部队的使用心存谨慎，但他并不排斥部队向华北平原发展，而且一直在查探时机。当八路军在晋察冀站稳脚跟，获得战略支点后，毛泽东出河北的态度更加开放。1938年2月，毛泽东甚至提出在华北大兵团作战的设想，他估计：“当敌集力攻陇海路时，河北全境及山东境内乃至江苏北部必甚空虚，同时晋察绥三省之敌一时尚无力南进。”在此背景下，他设想了三步棋：“甲、用一一五师全部向东出动……如证明大兵团在平原地域作暂时活动是有利的，而且渡黄河向南与渡运河向西均不成问题，则实行第二、第三等步。否则至不能立足时及他方紧急时，向安徽、河南出动，或向西撤回。乙、假定第一步有利，又能过河，

① 《毛泽东在中共中央政治局会议上的发言记录》（1937年8月22日），转引自金冲及《从十二月会议到六届六中全会——抗战初期中共党内的一场风波》，《党的文献》2014年第4期。

② 参见《毛泽东年谱（1893—1949）》（中），第42页；杨奎松：《抗战时期中国共产党对日军事战略方针的演变》，《历史研究》1995年第4期。

③ 毛泽东：《巩固河防为目前紧迫任务》（1937年11月17日），《毛泽东军事文集》第2卷，第121页。

④ 毛泽东：《过渡期中八路军在华北的任务》（1937年11月13日），《毛泽东军事文集》第2卷，第116页。

又能得国民党同意，则实行第二步。两旅并列，分数路突然渡河，转入山东境内，在津浦路东山东全境作战，并以鲁南山地为指挥根据地，并发展至徐海南北。在此步骤内依情况尽可能持久，然后实行第三步。丙、第三步转入安徽，以鄂豫皖边为指挥根据地，为保卫武汉而作战。”这是一个具有很强战略含义的行动，不过看得出来，这还不是一个长期坚持游击战的计划，更像是一种大规模的扫荡出击。毛泽东自己也注意到：“这一战略行动在国内国际之政治作用很明显不必说，从抗日军事战略说来，也是必要与有利的。问题是比较带冒险性。”①

比起上述大兵团作战的想法，毛泽东的谨慎态度更引人注目。在发出上封电报几乎同时，他提出：“长期抗战的重要战略支点有山西区、鄂豫皖区、苏浙皖赣边区、陕甘区、鄂豫陕边区、湘鄂赣边区等六处。”引人注目的是，设想中的这六个战略支点不包括华北平原地区。根据这一判断，他计划，八路军“三个主力师位置，大体上应预拟一个位于鄂豫皖区，一个位于鄂豫陕区，一个位于陕甘区，即两个在内线，一个在外线”。② 这一计划以陕甘为中心，两个触角分别向东北和东南方向伸展，主力若远若近瞰制华北平原，显然不是大胆出击的部署。1938 年 2 月 23 日毛泽东又提出：“假设潼关、武胜关均危险，则应抽出两个师南下，一个位于平汉以东，一个位于平汉以西，配合友军作战。仍留一个师，活动于山西、河北，非至某种必要时期，不撤回来。”③ 3 月前后，毛泽东不断致电前方，反复提醒要保持八路军前后方的纽带关系。同时，这时他仍在观察游击战作为一种战略的可能性，还没有下定投入主力进行大规模敌后游击战的决心。3 月 3 日，毛泽东致电朱德、彭德怀，强调：“八路主力留晋击敌，后路必须在黄河、汾河不被隔断之条件下，否则对于整个抗战及国共关系是非常不利的。”④ 9 日，毛泽东进一步明确：“如果八路全部被限

① 毛泽东：《关于一一五师分三步向河北山东等地进军的意见》（1938 年 2 月 15 日），《毛泽东军事文集》第 2 卷，第 158 页。

② 毛泽东：《力争建立长期抗战的主要战略支点》（1938 年 2 月 11 日），《毛泽东军事文集》第 2 卷，第 160 页。

③ 毛泽东：《关于战略计划和将来行动的意见》（1938 年 2 月 23 日），《毛泽东文集》第 2 卷，第 97 页。

④ 毛泽东：《我后路不被隔断的条件下主力可留晋击敌》（1938 年 3 月 3 日），《毛泽东军事文集》第 2 卷，第 175 页。

制于华北敌之包围圈中，根本不能转移至陕甘豫地区，则对整个抗战及全国政治关系都是不利的。这是政治局战略决定之基本精神。从战争长期性出发，必须如此，方为有利。”[①] 毛泽东所担心的关键问题，稍后他在电文中说得更清楚：“在敌人后方创设许多抗日根据地是完全可能的，是十分必要的。国共两党均须用极大努力去干，对此不应有任何猜疑。但不要把此事看得很容易，不要以为数十万正规军能在华北一隅长期作战。”[②]

不得已时将红军主力撤回黄河以西的想法在 3 月底仍然没有改变。24 日，毛泽东提出：“战争形势的发展，八路军主力或许在不久的将来有转移地区作战的必要。为了在八路军主力转移至其他地区后，我党仍能在统一战线中有力地坚持与领导华北抗战”，[③] 必须立即组织以八路军名义出现的游击兵团。29 日，在给朱德、彭德怀的电报中，他更明确指示：“依此时敌我情况，河南、安徽、潼关、西安乃至武汉有很快发生严重变化的可能，同时敌确有进攻陕北在政治上打击共产党之计划。因此，刘师徐旅两部宜位于同蒲东侧，依太岳山脉为根据，发动民众，袭击同蒲路，配合林贺两师，打击晋西之敌，并便于向西转移为合宜。”[④] 显然，这是一个收缩防御的计划。

然而，正是在 1938 年上半年，中共试探性进入华北平原的武装力量出人意料地得到发展壮大。形势比人强，如火如荼的华北大发展，给了中共空前的机会，中共中央和毛泽东面临一个把握机遇的关键选择。

二 从山地游击战到平原游击战

1938 年前后华北的特殊形势，为中共造就了千载难逢的发展良机。[⑤]

国共内战时期，中共根据地的建立主要依靠的是国民党统治的缝隙，

---

① 毛泽东：《八路军应准备转战陕甘豫地区》（1938 年 3 月 9 日），《毛泽东军事文集》第 2 卷，第 193 页。

② 毛泽东：《与国民党谈华北军事时注意分两个阶段》（1938 年 3 月 17 日），《毛泽东军事文集》第 2 卷，第 197 页。

③ 毛泽东：《立即组织以八路军名义出现的游击兵团》（1938 年 3 月 24 日），《毛泽东军事文集》第 2 卷，第 207 页。

④ 毛泽东：《刘伯承师徐海东旅宜位于同蒲路东侧》（1938 年 3 月 29 日），《毛泽东军事文集》第 2 卷，第 212 页。

⑤ 关于抗战初期中共武装在华北的发展状况，可参见黄道炫《抗战初期中共武装在华北的进入和发展》，《近代史研究》2014 年第 3 期。

中共利用国民党的内部争战在省际交界的边缘地带迅猛发展。抗战初期，尽管方式和对象不一样，这样的良机却再次出现。战前华北大多控制在地方实力派手中，中日全面开战后，各政治军事力量经历剧烈的洗牌。河北的宋哲元因为二十九军的迅速溃败基本失去原有地位，山东的韩复榘在1938年初被枪决，华北平原两个大省出现政治真空。面对华北军政的混乱局面，国民政府对华北防御缺乏信心，兵力和准备不足，正面抵抗力度明显不如华东。正因如此，日军在华北平原进展迅速，随着其兵锋越过华北平原南下，华北出现短暂的失控局面。

尽管中共出动后，一开始主力还是位于山西，毛泽东也一直把山地游击战作为开展重点，平原地区不是中共武装的主要行动方向，但由于毛泽东一开始就认识到中共应坚持游击战的方针，而游击战必然是多点开花，因此，一方面发动群众开展广泛的游击战争，另一方面将主力部队分散作战，尽可能多的建立根据地、巩固自己、袭扰对手是中共一直努力的方向。早在1937年10月，毛泽东就设想将华北化为9个战略区，具体是："（一）绥西；（二）绥察边；（三）晋西北；（四）晋南；（五）冀察晋（以阜平、五台为中心）；（六）直南；（七）直中；（八）冀东（平津在内）；（九）山东。"[①] 本着遍地开花的原则，毛泽东在坚持把部队主力留在山西，保持前方主力和陕甘后方联系，以确保退路同时，分兵派出小股部队向冀中、冀东、冀南、豫北等地挺进，试探着寻找建立根据地、发展游击战的机会。

然而，八路军向河北试探性的进军获得出乎意料的成功，八路军东进纵队是分兵发展成功的典型案例。1938年1月，陈再道率八路军一二九师东进纵队进入冀南时，只有500多人，但八路军既有正规军的武装、素质、威慑力，又有严密的组织宣传，在冀南几乎没有其他正规武装背景下，东进纵队可谓独树一帜。东进纵队很快吸收、改编了大股民团、会匪武装，短短几个月，在二十几个县建立了抗日政权，"由原来六个老连，发展至三个团及若干个支队，共两万余人，并组建了五个军分区"。[②] 更让中共中

① 周恩来：《为发展游击战拟划华北为九个战略区》（1937年10月1日），《周恩来军事文选》第2卷，第29页。

② 陈再道：《东进冀南》，《冀南党史资料》第2辑，冀南革命根据地史编审委员会，1986，第235页。

央振奋的还有山东。日军进攻山东后，中共山东省委估计到山东形势有可能发生变化，决定积极准备武装力量，适时打出自己的旗帜："武装起义的时机选择在韩复榘部溃逃，日军尚未全面占领山东及其立足未稳的时候，全省行动，揭竿而起。"[①] 1938 年 1 月 1 日，中共山东省委在徂徕山建立武装，是为中共在山东发起的一系列军事行动中的中心一环。在此前后，中共在沂蒙山、鲁西北、胶东地区相继展开一系列武装活动，抗日武装逐渐蓬勃兴起。山东"民气素来强悍，地方武装又多（鲁南滕县有十万支，菏泽有一万二千，临沂有一万八千），都是开展游击战争之有利条件"。[②] 由于中共山东党抓住时机，迅速拉起武装，加之韩复榘被处决后山东政治的群龙无首，中共领导的武装力量从无到有，迅速发展到约 4 万人，整编为 7 个支队和 2 个人民抗日义勇军总队。

如果说东进纵队偏师入冀的快速发展令人鼓舞，山东完全靠地方党组织自身就独立成军的事实更让中共中央和毛泽东感觉到在平原地区坚持和发展游击战的可能。思虑细致的毛泽东当时就乐观指出："山东方面已发展广大游击战争，已派张经武、郭洪涛率军政党干部五六十人及电台两个去，今日可赴津浦路至泰安。那边民枪极多，主要是派干部去，派得力一两个营去作基干则更好。"[③] 1938 年 4 月，华北中共部队发展到"实有人数十二万以上"，[④] 这大大增强了毛泽东在平原地区发展游击战、建立根据地的信心。历史发展常常有一些不多见的历史先机，"当着历史先机已经出现，或许是很短的（一月甚至一周），但它能给予我们的，往往能使我们完成多年所不能完成的事业"。[⑤] 用这个判断观察抗战初期中共的华北平原获得的机遇，异常贴切，中共在短短几个月内，用极少的人力、物力，在河北、山东获得了难以想象的发展机遇和事实，这样的机会空前绝后，

---

① 《黎玉回忆录》，第 144 页。

② 《张金吾关于山东情形向中央的报告》（1937 年 11 月 26 日），《山东革命历史档案资料选编》第 4 辑，山东人民出版社，1982，第 10 页。

③ 《毛泽东关于在徐州失守后我军应准备深入豫皖苏鲁四省敌后活动致朱德等电》（1938 年 5 月 20 日），《中共中央北方局·抗日战争时期》，第 100 页。

④ 《朱德、彭德怀关于解决财经困难问题致毛泽东等电》（1938 年 4 月 22 日），《八路军·文献》，第 177 页。

⑤ 《抗战四年山东我党工作总结与今后任务》，《山东革命历史档案资料选编》第 9 辑，第 64 页。

是中共日后得以在华北持续坚持的重要保障，也是中共取得成功迈出的最初却又至关重要的一步。对这段历史，中共后来总结道："我们可以把敌后抗战基本上分为两个阶段。在前一阶段，敌军向我正面猛烈进攻，我军乘敌立足未稳，以坚决果敢的行动，长驱直入，纵横于晋、冀、鲁、豫、苏、皖的广大地区，领导敌后人民，创造了许多大块根据地和生长壮大了主力部队。这一整个时期，敌人正面进攻，敌后兵力分散，统治不稳。这一整个时期，我军处于主动有利地位，是敌后抗日游击战争猛烈发展的阶段。"①

中共获得的这些成果，由于来得太快、太轻松，基础并不十分扎实。可以预估得到，日军在正面战场进攻告一段落后，必然会返身巩固后方，这对中共将形成巨大压力。同时，国民党方面经历初期的溃退后，受中共方面刺激，也在准备重返河北等地，这不可避免地对中共继续发展构成挑战。要保持既有果实，让初期获得的机遇真正转化为继续发展的基础，亟须中共中央和毛泽东因时制宜，对既有政策做出重大调整。

1938 年 4 月上中旬，一直和前方保持联系、不断发出指令的毛泽东出现罕见的沉默。② 其间，中国军队在台儿庄阻击日军成功，在当时对士气民心的振奋难以小视，也相当程度上消解了中共判断国民党可能投降的担忧。敌后战场和正面战场的关系，正如彭德怀指出的："华北战争不是孤立的，有全国抗战的配合，特别是有全国二百几十万友军的配合，使敌人不能集中兵力专对华北。"③ 正面战场的顽强坚持，对中共在敌后战场的持久投入十分重要，就全局而言，"共产党在全国算来还是少数，统一战线里是小股东"，④ 中央政府坚持作战，敌后战场的空间才有可能打开；就华北局部看，华东的抵抗使日本"将华北兵力集中于徐州，华北占领地就出

---

① 朱德：《敌后形势和建设民兵问题》（1941 年 11 月），《朱德军事文选》，第 437 页。

② 从《毛泽东军事文集》和《毛泽东年谱》可以看出，自从八路军出发到前线后，毛泽东不断地对前方发出指示，1938 年 5 月前，只有 1938 年 1 月和 4 月相对大幅减少。1 月是农历春节，前线平稳，比较容易理解。4 月，毛泽东开始写作并经常到各学校讲课，这也恰恰是他酝酿重大战略转型的日子。

③ 彭德怀：《财政经济政策——摘自在北方局党的高级干部会议上的报告提纲（1940 年 9 月 25 日）》，河南省财政厅、河南省档案馆编《晋冀鲁豫抗日根据地财经史料选编（河南部分）》（1），档案出版社，1985，第 6 页。

④ 毛泽东：《关于目前战争局面和政治形势》（1939 年 1 月 28 日），《毛泽东文集》第 2 卷，第 148 页。

了大空隙，给予游击战争以放手发展的机会”。[①]

4 月 21 日，毛泽东终于下定决心，打破沉默，与张闻天、刘少奇一起，发出《对平原游击战指示》，指出：“根据抗战以来的经验，在目前全国坚持抗战与正在深入的群众工作两个条件之下，在河北、山东平原地区广大地发展抗日游击战争是可能的，而且坚持平原地区的游击战争也是可能的。”明确表态：“党与八路军部队在河北、山东平原地区，应坚决采取尽量广泛发展游击战争的方针。”[②] 由于整个华北地区多属华北大平原，平原游击战的思路，可谓战略方向上的革命性变化，使得中共持久抵抗的活动空间大为增加，而八路军主力的大规模投入，又大大推动游击战的展开和根据地的建立，后来中共在华北之所以能够扎住根、成大气候，这一决策是关键性的。从此开始，中共和毛泽东确立了破釜沉舟的决心，不再像之前那样戚戚于前方到陕甘宁边区的后路问题。

4 月 22 日，根据毛泽东等的指令，八路军总部做出具体部署：“（一）徐向前率七七一团、六八九团、曾支队向石家庄、内丘之线以东，德州、沧石之线地区。（二）陈再道、宋任穷仍在邢台、邯郸以东，大名以北另组一支队，两个连到宁津、乐陵、德平创造游击根据地。（三）刘、邓率主力在昔阳、石家庄、高邑、内丘及正太路活动，策应路东。徐旅（缺六八九团）指挥决死第一纵队（三个团）在屯留、襄垣向长治活动，建立太行山以南中段工作。（四）抽宋时轮一千五百人与邓华支队合组为北进纵队（下设两支队），出热察冀创造雾龙山脉根据地。”[③] 这是向冀南、冀东、冀东边全面挺进的部署。随后，八路军又做出调一二〇师到冀中，并在山东投入更多兵力的部署，在华北平原开展广泛的游击战。

做出主力推向华北大平原决策后不久，1938 年 5 月，毛泽东接连发表《抗日游击战争的战略问题》文章及《论持久战》演讲，对持久战、游击战、根据地做出系统阐述。事实上，毛泽东在这两篇著作中体会到的游击战思路，也正是他做出平原游击战决策的思想资源之一。平原游击战面对

---

① 毛泽东：《论持久战》，《毛泽东选集》第 2 卷，第 505—506 页。

② 《对平原游击战指示》（1938 年 4 月 21 日），中共中央书记处编《六大以来——党内秘密文件》（下），人民出版社，1981，第 307 页。

③ 《朱德、彭德怀关于解决财经困难问题致毛泽东等电》（1938 年 4 月 22 日），《八路军·文献》，第 177—178 页。

的地理上无后方、无屏障等难题，高度考验中共中央和毛泽东的智慧，在这两篇论著中，毛泽东有针对性地阐述了在敌后包括在平原地区坚持游击战的窍门。在毛泽东这里，游击战已经不再是一个简单的战斗战术问题，而是在当时特殊条件下，中共为自己寻找并规定的抵抗和生存发展的路径。毛泽东在文中直接把游击战上升到战略高度，所谓："战争的长期性，随之也是残酷性，规定了游击战争不能不做许多异乎寻常的事情，于是根据地的问题、向运动战发展的问题等等也发生了。于是中国抗日的游击战争，就从战术范围跑了出来向战略敲门，要求把游击战争的问题放在战略的观点上加以考察。"①

正是这一战略，让毛泽东和中共中央下决心展开敌后平原游击战，不仅要持久抵抗日本，还要争取自身的生存发展。日军的侵略对中共提出了挑战，也提供了机会。全民族抗日的号召、统一战线的旗帜、公开活动的条件以及华北真空局面的形成，这都是抗战以来出现的新局面，中共适时把握机会，主动出击，在华北大平原上与日军争夺生存空间。5 月 4 日，毛泽东致电项英，纵谈新四军的敌后生存问题，其实也就是阐述中共整个武装在敌后的生存发展之道："在敌后进行游击战争虽有困难，但比在敌前同友军一道并受其指挥反会要好些，方便些，放手些。敌情方面虽较严重，但只要有广大群众，活动地区充分，注意指挥的机动灵活，也会能够克服这种困难。这是河北及山东方面的游击战争已经证明了的。……在一定条件下，平原也是能发展游击战争的，条件与内战时候很大不同。"②

三　游击战和根据地

全面抗战初期八路军在敌后获得的机遇不可能一直存在，日军正面战场行动告一段落后，返身巩固后方是必有之义。事实上，由于军事行动的不确定性及对日军行动方向难以预估，毛泽东从 1938 年初就一直担忧日军会对西北有大动作，判断"敌之企图在一面攻陕北，一面攻潼关"，③ 对西北一直持高度警戒，相应地对华北也无法放手。

---

① 毛泽东：《抗日游击战争的战略问题》，《毛泽东选集》第 2 卷，第 405 页。

② 毛泽东：《放手开展敌后游击战争》（1938 年 5 月 3 日），《毛泽东文集》第 2 卷，第 127 页。

③ 《毛泽东关于保卫边区巩固河防部署致朱德等电》（1938 年 3 月 2 日），《八路军・文献》，第 148 页。

随着八路军主力顺利推向华北，如何在日军优势兵力包围下，实现敌后的生存发展，毛泽东在《抗日游击战争的战略问题》、《论持久战》两篇文章中做了明确回答，尽管这两个文本论述范围远远不止于平原游击战，但这一问题的解决，无论在1938年初还是抗日游击战争全时期，都牵一发而动全身，绝对不可小视。毛泽东关于平原游击战的决策和两篇文章的发表，在时间上连贯、集中，应该并非偶然。

毛泽东为敌后发展找到的游击战、根据地、正规军三驾马车，就是其克敌持久的抵抗链条。作为“向战略敲门”的游击战，毛泽东规划的游击战有许多独创特征，游击战和根据地的联结就堪称巧妙。应该说，国共内战时期根据地常常就和游击战联系在一起，但此时的根据地实际是中共在国民党控制下的割据区域，是中共生存的命脉，中共要进行武装革命，除此一途外别无选择。而且根据地多处数省交界之山地，国民党统治力量薄弱，又利用国民党内部冲突的弱点，游击战的进行和根据地的发展相对简单。即便如此，如中共自己总结的：“过去在苏维埃运动时代，我们学会了创造根据地，但那时重大缺点是没有长期打算的明确观念，因此根据地的人力，物力，财力就不免迅速枯竭了。”①

内战时期中共根据地的建立尽管未能避免挫败，但对中共发展壮大仍然起了无法低估的作用。鉴于此，抗战伊始，和游击战提出几乎同时，建立根据地的任务即被强调。洛川会议时，毛泽东提出红军当前的基本任务应当是：第一，创造根据地；第二，钳制与消灭敌人；第三，配合友军作战（战略支队任务）；第四，保存与扩大红军；第五，争取民族革命战争领导权。创造根据地被作为首要任务予以强调。此时，同内战时期相比，中共最大的优势，是已经拥有陕甘宁边区这一总后方，全国也处于民族统一战线的大背景下，中共根据地的创建不是为了自身的单纯存活，而有抗战和生存发展的双重功能，这样的生存发展又不是建立在单纯的地域占据原则上，否则就有可能形成对日的阵地战，这是中共武装不可能也无力尝试的。抗战根据地尤其是平原根据地前出到对手后方，它既是中共武装的前进阵地，又是游击战争的后方，一身而担数任，具有十分重要的价值。

---

① 《集总关于鲁西军队工作的指示》（1940年7月24日），中共冀鲁豫边区党史工作组办公室编《中共冀鲁豫边区党史资料选编 第2辑 文献部分》（上），河南人民出版社，1988，第321页。

就一般的理解而言，游击战和根据地两个概念多少有点冲突，游击战强调“游”，游击战的战斗目标往往通过游动中实现；根据地则重在“据”，所谓“依靠一地区之人力物力以支持抗战者”，[①] 需要通过对某一地区的占领、管理和控制予以实现，要求具有相对的固定性。两者一动一静，各具特点。抗战时期，鉴于敌强我弱的战争态势和中日两国多种因素较量下形成的战争持久性质，战争形态犬牙交错，此即毛泽东所言：“抗日战争是整个处于内线作战的地位的；但是主力军和游击队的关系，则是主力军在内线，游击队在外线，形成夹攻敌人的奇观。各游击区的关系亦然。各个游击区都以自己为内线，而以其他各区为外线，又形成了很多夹攻敌人的火线。”[②] 在这里，整个的敌后战场以广大的大后方区域为内线，中共的根据地以陕甘宁后方为内线，各个根据地又相互为内线。在这种背景下看游击战和根据地，都是对日抵抗系列链条中的一环。根据地是游击战的内线，但游击战依靠的根据地并不是静止、独立的，而是和其他根据地以及更广大的对日抵抗后方构成相互支撑的关系。从战略层面言，根据地本身就是游击战略的一环。朱德曾经谈到：“我们怎样争取抗日战争的主动呢?”“发动群众游击战争与在敌人后方建立小块小块的根据地，来分散敌人力量，削弱和疲惫敌人，这是战略上着眼争取主动，造成战役上各个击破敌人，取得胜利的必要条件。”[③] 针对日军兵力不足的弱点，建设多点开花的根据地、战略区，使之成为撒播在敌后广大地区可以相互支持、相互支援的大网，每一块根据地的存在都是其他根据地的支持，此起彼伏，此落彼起，这样，根据地某种程度又是游击战略区。

在《抗日游击战争的战略问题》一文中，毛泽东甚至提出根据地也是可以游动的：“大抵当敌人结束了他的战略进攻，转到了保守占领地的阶段时，对于一切游击战争根据地的残酷进攻的到来，是没有疑义的，平原的游击根据地自将首当其冲。那时，在平原地带活动的大的游击兵团将不能在原地长期支持作战，而须按照情况，逐渐地转移到山地里去，例如从

---

① 聂荣臻：《在中共中央北方分局党代表大会上的报告》（1939 年 1 月），《晋察冀抗日根据地》史料丛书编审委员会、中央档案馆编《晋察冀抗日根据地　第 1 册　文献选编》（上），中共党史资料出版社，1998，第 229 页。

② 毛泽东：《论持久战》，《毛泽东选集》第 2 卷，第 471 页。

③ 朱德：《争取持久抗战胜利的先决问题》（1938 年 1 月），《朱德军事文选》，第 306 页。

河北平原向五台山和太行山转移，从山东平原向泰山和胶东半岛转移。但是保持许多小的游击部队，分处于广大平原的各县，采取流动作战，即根据地搬家，一时在此一时在彼的方法，在民族战争的条件下，不能说没有这种可能。至于利用夏季的青纱帐和冬季的河川结冰之季候性的游击战争，那是断然可能的。"① 这就是说，由于敌强我弱的总态势，根据地不应是一成不变的，必须随着力量的转换而转换。当然，由于条件的限制，毛泽东说的这种整块的根据地的游动有一定的困难，但是根据地内的游动及相邻根据地间的相互支持，成为中共根据地存活的重要基础。同时，根据地的性质随着敌我力量的变化也可以发生变化，分为稳固的根据地、游击根据地、隐蔽根据地等多种，目的都是要在尊重现实力量的前提下，尽可能保住根据地的火种。

毛泽东进一步谈到："游击战争的根据地是什么呢？它是游击战争赖以执行自己的战略任务，达到保存和发展自己、消灭和驱逐敌人之目的的战略基地。没有这种战略基地，一切战略任务的执行和战争目的的实现就失掉了依托。无后方作战，本来是敌后游击战争的特点，因为它是同国家的总后方脱离的。然而，没有根据地，游击战争是不能够长期地生存和发展的，这种根据地也就是游击战争的后方。"② 经过数年的敌后游击战实践，1942 年彭德怀更明确解释说："游击战争必须要有根据地，否则游击战无力，且难持久。今天无根据地的游击战争，实质乃是单纯的军事行动，其作用仅等于军事别动队或武装侦察，这将使武装斗争与非武装斗争脱节。游击队的斗争，必须与群众的政治、经济要求密切结合起来，才能取得群众的拥护与援助，才能有力坚持，才能持久与发展，才能完成一定的政治任务。"③

根据地从战略上说，是插入对手后方的楔子，既滋养、巩固自身，又破坏、扰乱对手。根据地的存在，不仅在日本的眼皮底下对其形成威胁，同时还是中共力量伸展的触角，只要开辟、坚持和发展根据地，中共的政

① 毛泽东：《抗日游击战争的战略问题》，《毛泽东选集》第 2 卷，第 420 页。

② 毛泽东：《抗日游击战争的战略问题》，《毛泽东选集》第 2 卷，第 418 页。

③ 彭德怀：《关于平原抗日游击战争的几个具体问题对魏巍同志的答复》（1942 年 7 月 15 日），河北省社会科学院历史研究所、河北省档案馆编《晋察冀抗日根据地史料选编》（下），河北人民出版社，1983，第 203 页。

策就能得到施展，中共的控制就能发挥效力，就能对日本侵略者形成威胁，同时壮大自身。正如朱德所言："民众失去了政府，在敌人的压迫之下，就象丧失了父母的孤儿，只好随人摆布。焚烧打杀，奸淫抢掠，任敌人硬来软去，随心所欲。但是，有游击队活跃的时候，民众不但有了行动的方向，而且增加了胜利的信心。在这种情形之下，敌人即使占领一片地方，但它想要建立这一个地方的政权却是非常困难的。"①

四　游击战和正规军

全国抗战开始后，尽管中共中央反复强调要开展群众性的抗日游击战争，但是，发动民众尤其是武装民众，让民众具有游击的能力，不可能一蹴而就。李雪峰回忆，全国抗战初期"对于创造根据地的工作，当时我们思想上还不很清楚。对于什么是根据地，怎样去创造根据地，还没有一个明确的认识……我们这些习惯于在城市发动工人搞革命的党员，转到面向农村，面向农民，确实是一个战略上的大转变，思想上的大转变，工作方式方法上的大转变。这种转变在 1937 年秋冬季还处在被动的过程中。因此，我们虽然尽了很大努力发动组织民众，但效果并不突出"。② 在当时的环境下，要迅速在敌后建立根据地，必须依靠正规军的推进。所以，当中共把自身的任务定位为开展游击战争时，以正规军分散投入游击战争的发动及根据地的创建就不可避免。正规军的加入事实上是作为战略的游击战成立的重要一环。从运作的具体状况看，所有重要根据地的建立，都离不开正规军的帮助，大部分根据地是由正规军直接缔造。

正规军打游击战，是基于抗战的持久性质，基于开拓和坚持敌后根据地的需要。强大的正规武装的进入，可以迅速实现区域的占领和控制，所谓"红军任务在于发挥进一步的独立自主原则，坚持华北游击战争，同日寇力争山西全省的大多数乡村，使之化为游击根据地"。③ 在根据地建立起来后，正规军可以帮助地方武装建立、发展，可以有效帮助群众运动的开展。正如毛泽东说："一切游击战争的根据地，只有在建立了抗日的武装

① 朱德：《论抗日游击战争》，《朱德军事文选》，第 372 页。

② 《李雪峰回忆录（上）——太行十年》，中共党史出版社，1998，第 27 页。

③ 毛泽东：《过渡期中八路军在华北的任务》，（1937 年 11 月 13 日），《毛泽东军事文集》第 2 卷，第 116 页。

部队、战胜了敌人、发动了民众这三个基本的条件逐渐地具备之后，才能真正地建立起来。”①

抗战一开始，毛泽东对八路军的出动，就将其任务规定在进行游击战争、建立根据地上。1937 年 9 月 3 日，毛泽东电告前方：“涞源阜平灵丘三个全县作为我军之中心根据地。”“令知三省省政府转令各县县政府，同时令知各县及其附近之县驻军，说明红军之布防及创造游击根据地之任务。因为如不明白规定红军之区域及任务，并用通令下达友军及地方，势必因区域不明、任务不定而发生许多纠纷。”② 1938 年 4 月，中共中央做出大规模开展平原游击战的决策后，八路军调派徐向前往冀南、一一五师一部往山东、一二〇师往冀中，走的仍然是以正规军为主力开拓根据地的路子。即便是独立发展起来的山东根据地，中共武装也迅速整编为山东纵队，向正规化方向发展。

正规军在游击战中的地位和作用，毛泽东在《论持久战》中说得很清楚：“在全国的数百万正规军中间，至少指定数十万人，分散于所有一切敌占地区，发动和配合民众武装，从事游击战争，是完全必要的。被指定的军队，要自觉地负担这种神圣任务，不要以为少打大仗，一时显得不像民族英雄，降低了资格，这种想法是错误的。游击战争没有正规战争那样迅速的成效和显赫的名声，但是‘路遥知马力，事久见人心’，在长期和残酷的战争中，游击战争将表现其很大的威力，实在是非同小可的事业。”③

全国抗战之初毛泽东的解释有其战略考虑，显现出伟大的前瞻性。由于改编为八路军的红军人数有限，仅三个师，要把这些有限的兵力投入正面战场进行阵地抵抗，其作用尚未得到充分发挥，就已经被消灭。而游击战和发动群众是中共部队一贯的强项，八路军在这方面发挥作用比投入正面战场效能远为充分。政策实施的实际效果也是这样，由于八路军挺进敌后，在华北广泛开辟根据地，有效坚持了华北抗战，对于整个中国抗战的持久进行产生了难以估量的深远影响。对此，毛泽东表述道：“我们的战略转变，是在这些特殊情况之下进行的一个极其严重的转变。在这些特殊

① 毛泽东：《抗日游击战争的战略问题》，《毛泽东选集》第 2 卷，第 424 页。

② 毛泽东：《关于与阎锡山交涉红军活动区域致周、朱、彭、任电》（1937 年 9 月 3 日），《毛泽东军事文集》第 2 卷，第 40 页。

③ 毛泽东：《论持久战》，《毛泽东选集》第 2 卷，第 499 页。

的情况下，必须把过去的正规军和运动战，转变成为游击军（说的是分散使用，不是说的组织性和纪律性）和游击战，才能同敌情和任务相符合……虽然曾经在中央和一部分军事干部之间发生过严重的争论。这一转变关系于整个抗日战争的坚持、发展和胜利，关系于中国共产党的前途非常之大，只要想一想抗日游击战争在中国民族解放命运上的历史意义，就会知道的。”①

游击战的发动和坚持离不开正规军，同时随着战争的进行，游击队也要逐渐转化为正规军。但是，正规军的加入并不是要其打大仗，而更多是充当游击部队的基干队，按照刘伯承的解释：“野战军和军分区兵团，原为军区和军分区的干队，现分在下层，系去帮助组成和强化游击集团者，是因地方武装太弱不得已而采用的办法，在游击集团组成和有力时，则仍收回作本级干队机动或整训。”②

毛泽东一直主张游击战应与运动战结合，他明确指出：“有人说，我们只主张游击战，这是乱说的，我们从来就主张运动战、阵地战、游击战三者的配合。在目前以运动战为主，以其他二者为辅，在将来要使阵地战能够有力地配合运动战。而游击战，在他对于战斗方式说来，则始终是辅助的，但游击战在半殖民地的民族战争中，特别在地域广大的国家，无疑在战略上占着重大的地位。”③ 不过，在给前方将领的电报中，毛泽东更加强调游击战的重要性，甚至常常遏制前方将领的运动战冲动，毛泽东的这种做法既有战略指导上的考虑，更重要的还在于，游击战既是战略，又是政略。由于对日战争不可避免陷入持久，坚持、发展是游击战的首要任务，而游击战进可攻，退可隐，隐是常态，攻是变态，最适合这样的要求。

当游击战上升到战略和政略高度时，游击战的战法不再是一个简单的战术问题，某种程度上，运动战也可以纳入游击战的战略原则。由于正规军成为游击战争的一员，尤其根据地成为游击战争的后方基地，游击战不再完全是骚扰和小规模的袭击。在一定时间、一定条件下集中兵力打击敌人不但可能而且必要。这一点，在前方亲身指挥作战和根据地建设的指挥

① 毛泽东：《战争和战略问题》，《毛泽东选集》第2卷，第551页。

② 刘伯承：《关于游击集团的训令》，军事科学院《刘伯承军事文选》编辑组编《刘伯承军事文选》第1卷，军事科学出版社，2012，第377页。

③ 毛泽东：《与合众社记者的谈话》（1938年2月）《毛泽东选集》第2卷。

者尤其体会深刻："游击战与运动战之间并无一条鸿沟，而是相互连贯着的。就游击战向正规的运动战发展的过程及其连贯性来看，各县区游击集团中的干队，就是游击队向正规军发展的雏形，军分区的基干支队，也就是游击队壮大的正规军。在战术上说，这些基干支队和县区干队辗转会合其周围较小的游击队进行突击，就等于正规战的突击队，而其周围较小的游击队则等于它的钳制队，游击队袭击驻止之敌，是向正规战的进攻战斗发展的；伏击运动中之敌，是向预期遭遇战斗发展的；敌我都在运动之中，而我急袭敌人，这又是向非预期遭遇战斗发展的。"①

正因此，战争初期，像聂荣臻这样坚定执行毛泽东战略方针的前方指挥者也曾经强调要开展运动战："提高部队战斗力量，进行运动战。今天我们的部队已经不是小的游击队，因此指挥的方法也已经不是小规模的游击战争。今天需要提高战术，进行正规战的运动战。不仅要在游击战中破坏、骚扰攻人，而且还要有决战的意义。要谨慎地分析敌我的力量而采取英勇顽强的运动战。要在战斗中去锻炼部队，使它能够进行运动战。目前已经有许多地方正在开始进行运动战，我们要使它更加普遍。"②

当然，随着时间的推移，尤其是毛泽东始终如一的坚持，中共越来越强调坚持游击战的方针，百团大战后尤其如此。1942 年，萧克曾经谈到："为着开展广泛的游击战，首先必须从军事思想上来个大的转变。要认识今天在敌后主要的战争形式是分散的广泛的游击战争，运动战的可能已大大的减少了；游击战是广泛的分散的，既不能取得轰轰烈烈的大胜利，故必须争取多数的小胜利，由于敌人高度的分散配备，打小仗的机会是很多的（但不是否认在敌人不分散的情况下也有打小仗的机会）。过去我们有些同志只想打大仗，总是想把部队集中训练，以便一有机会，就大干一场；这种想法是不适合于今天的斗争环境的。"③ 这大体代表了全党的认识。

五 游击战和总体战

游击战应为总体战，有这样的认识并不足为奇，当时一般舆论人士也

---

① 刘伯承：《对目前战术的考察》，《刘伯承军事文选》第 1 卷，第 208 页。

② 聂荣臻：《几个月来支持华北抗战的总结与我们今后的任务》（1938 年 4 月），《晋察冀抗日根据地 第 1 册 文献选编》（上），第 115 页。

③ 萧克：《在晋察冀边区党政军高干会上的军事报告》（1942 年 9 月 12 日），《晋察冀抗日根据地史料选编》（下），第 236 页。

曾谈到："游击战术，不只有其军事的性质，而且有其社会的性质，不只是一种奇兵战，而且是一种社会战。简单的说，游击战术是一种以奇袭战胜敌人的一种全民的社会战。"[①] 全民的社会战对部队的要求极高，并不是所有人都可以完成的。1939 年，聂荣臻曾经说道："所谓由整化零等游击战术实并不易（由零可化为无），如甚易，则八路已不值钱了。敌人把我游击战术作研究而谋歼灭我之对策，但是机械的游击战术实不易把握。"[②] 聂荣臻此语，道出了抗战时期中共敌后游击战的关键，游击战并不像看起来那样轻松，游龙戏水、来去自如的后面，支撑着的是中共一整套的政治、军事和社会运作机制。

中共坚强的政治工作是游击战能够充分发挥效能的基础。彭雪枫谈到："常遇到一些敌后抗战的朋友们说：'我们的队伍化整为零倒容易，要是化零为整就不可能了。'那原故就在于不懂或者不愿进行政治工作。"[③] 中共军队的政治工作一直受到高度重视，全国抗战开始后，为适应国共统一战线的新形势，虽短期内对部队结构做了一些调整，但政治委员制度很快恢复，政治教育和政治训练从未放松，且不断加强。政治训练和教育在中共军队中被作为严肃的事业极为认真地对待。王恩茂日记记有在部队中开展学习动员的程序，首先是会议动员，经过党支部大会、小组会、支委会、军人大会，传达到每一个人。接着是发起竞赛运动，提出一个半月的竞赛条约，大家比着学，其间党员要领导、帮助学习，做学习模范。再是开展反对不愿学习的斗争，鼓励和斗争并进。为检验学习效果，还要有经常性的个别谈话和鉴定、测验。[④] 对于分散的部队，尤其强调党的建设，规定："坚决保证每个战斗班排经常有 1/3 的党员"；[⑤] "小部队党的数量比一般的部队应该增加，最少要达到 30%，最好能达到 50% 至 80%"。[⑥] 通

---

① 丁三：《民众怎样参加游击战》，广州战时出版社，1938，第 26 页。

② 聂荣臻：《在中共中央北方分局党代表大会上的报告》（1939 年 1 月），《晋察冀抗日根据地 第 1 册 文献选编》（上），第 227 页。

③ 彭雪枫：《平原游击战的实际经验》（1939 年 5 月 31 日），《彭雪枫军事文选》，解放军出版社，1997，第 142 页。

④ 《王恩茂日记——抗日战争》（上），1938 年 6 月 27 日，中央文献出版社，1995，第 196 页。

⑤ 《中共晋冀豫区委军事部关于武装工作的决定与指示》（1938 年 9 月 4 日），山西省档案馆编《太行党史资料汇编》第 1 卷，山西人民出版社，1989，第 377 页。

⑥ 《冀鲁豫区小部队建设问题》（1942 年 12 月），《中共冀鲁豫边区党史资料选编 第 2 辑 文献部分》（中），第 415 页。

过这些措施，中共部队明显区别于一般的军事力量。毛泽东谈到："现在我们的有些战士，他们识字比营长识得多，他们从前一个字也不认识，现在能认得五百、一千、二千、三千，能写短短的文章，登在墙报上。我们的营长、连长，在指导员上课的时候，不去听课，他们以为这课是战斗员听的，他们去听，未免要'失格'了！为了要维持'格'，结果，他们不但文章不会做，许多东西都不知道，战士反而比他们高明。"① 毛泽东的这一说法，在王恩茂日记中得到验证。1939 年 1 月在部队开展的一次测验中，战士平均得分 92.5 分，炊事员 57 分，党员 90.6 分，党员干部 90 分，测验结果，战士成绩最好，素质本应较高的党员干部反而不如一般战士。②

由此可以看出，中共军队的教育的确落到了实处。政治教育强调共产党内部的凝聚力，毛泽东说得很明确："在政治课课程内容上，必须教列宁主义，这是政治上武装他们头脑的很基本的问题。此外，民众运动，共产党问题，八路军问题，亦应当作专门课程教，而统一战线倒可放到中国革命运动史以内教。"③ 通过政治教育，中共部队多了军人服从之外的自觉追随，尽管不是说每一个个体都能达到中共所期望的政治觉悟，但团体意识、信仰的力量在潜移默化中得到灌输。这是中共武装之所以在困境中常常不倒的关键，也是八路军可以分而不散的关键。

张爱萍一段关于游击队的总结很能反映中共建军、治军的模式，这些步骤分开看也许没有特殊之处，但合在一起就能发挥出特殊的力量：

> 首先，要从抗日保家来启发阶级觉悟；建立党支部，加强对共产党的认识教育。以工农红军的优良传统、斗争历史说明革命的过程和前途，使部队了解游击队有走向正规军的必要。其次，在部队发展到相当数量时，应加以整理，进行巩固工作。经过洗刷整理后，再求得发展。再次，要慎重处理原有干部，切忌由外面派干部去替换，应培养提拔原有干部中的积极分子。对因犯大错误已撤职的干部不宜长期

① 毛泽东：《在延安在职干部教育动员大会上的讲话》（1939 年 5 月 20 日），《毛泽东文集》第 2 卷，第 178 页。

② 《王恩茂日记——抗日战争》（上），1939 年 3 月 2 日，第 426 页。

③ 毛泽东：《改进抗大分校教育计划的意见》（1939 年 3 月 6 日），《毛泽东军事文集》第 2 卷，第 455 页。

留在部队中。派去的干部要能说会干，能文能武，工作踏实，埋头苦干，生活简朴，刻苦耐劳，有英勇牺牲和自我批评精神。干部要以身作则，身先士卒，与部队同甘共苦，无论是生活、工作和战斗处处要起模范带头作用，因为部队的模仿性很大。再次，应充分发扬民主，提高部队的积极性。对集中领导和指挥，要经过民主方式以实例说明只有集中才能提高部队纪律，而纪律的执行也应尽可能采取民主办法。领导干部应不隐瞒缺点，充分发扬自我批评精神，检讨和承认错误。如违反纪律，应请公众给予制裁。这样，才能使部队自觉遵守纪律。①

同时，毛泽东始终强调："我们的原则是党指挥枪，而决不容许枪指挥党。但是有了枪确实又可以造党，八路军在华北就造了一个大党。还可以造干部，造学校，造文化，造民众运动。延安的一切就是枪杆子造出来的。"② 虽说游击战不主张硬碰硬的对抗，而强调灵活机动的战法，但游击战不是单纯的避战，不是游而不击，朱德强调："指挥官下达命令，以具有命令的机动性为原则，对下级不下死命令，处处给下级指挥官留活动余地。然后，各级指挥官依据指挥的机动性，详察上级指挥官的意旨与企图，随机应变，因时制宜。如此，当可变更战术打击敌人，消灭敌人而达成我们的战斗任务。如果谓因命令的灵活运用而达成所谓'游而不击'等弊端，则我们可以说，革命军人既有正确的政治认识，既为争取祖国的生存而奋斗，是不容许有这种现象，也不会有这种现象的。"③

必须承认，游击战更多是依靠小部队的出击，部队分散，指挥员的决心十分重要，不是所有指挥员都能够达到同样的水准，山东方面的工作汇报中就提到"怕与敌人作武装斗争，避免与敌作武装斗争，不加强注意武装之发展与掌握，苟安满足现状的现象很严重"，④ 因此，要真正发挥游击战争的作用，必须造就坚强的游击队，"为防止分散时游而不击尚须从政治

---

① 张爱萍：《关于第九旅的工作》（1942 年 1 月 27 日），《张爱萍军事文选》，长征出版社，1994，第 37—38 页。

② 毛泽东：《战争和战略问题》，《毛泽东选集》第 2 卷，第 547 页。

③ 朱德：《抗日的战略战术与建立新军问题》（1938 年 11 月），《朱德军事文选》，第 337 页。

④ 《景晓村日记》，1943 年 12 月 16 日，八路军山东抗日根据地研究会渤海分会，2012，第 411 页。

上加以保证”。[①] 必须“反对逃跑主义。游是走路，击是打仗，游而且击，击而且游，才是游击队的正当动作。如果无条件的游而不击，便是逃跑主义，应当反对的……游击队的‘游’字，是有它的积极意义的，完全是为了‘击’，否则就是逃跑主义了”。[②]

要和军事实力上占据绝对优势的日军进行游击战，民众的支持是不可或缺的。由于抗战是民族自卫战争，群众基础空前良好，朱德分析道：“过去的国内游击战争，我国的人民不是全体都同情的，那时游击队的队员，也只包括工人、农民的成分。现在的抗日游击队，则得到我国无论哪一个阶级的同情与拥护，它的成分包含着各阶层不愿当亡国奴的分子，虽然其中主要的成分还是工农。”[③] 游击战要依靠民众的支持，而民众的支持很大程度上又来源于游击战争的成效：“游击战争是民众抗日的最高的斗争形式。民众唯一的要求是积极的打击敌人，反对敌之野蛮的侵略来保卫自己，才能成群结队的去参加游击队。如果领导游击战争者忽视了这个要求，便失掉了游击战争的意义，便丧失了自己在民众中的信仰。我们记得发动的最初几天还没有打上敌人的时候，一般的民众终是采取疑心［信］参半、敬而远之的神情。一旦壮烈的战斗明朗了，民众不但变疑惧而亲近，且自动的携带武器蜂拥的来参加。”[④]

广大民众在游击战中的作用，在平原地区表现得尤为明显。虽然平原游击战失去了地形的优势，却同时获得另外一种依靠，此即前方将领归纳、总结的“人山”。徐向前说：“河北是人口较稠密的区域，假如我们能在河北平原地上，把广大的人民推动到抗日战线上来，把广大的人民造成游击队的‘人山’，我想不管什么样的山，也没有这样的山好”；“我们要在平原地开展游击战争，就必须把广大的人民造成‘人山’。”[⑤] 事实上，冀中的成长和这种“人山”的帮助就大有关联：“再也没有在平原上看到军队与人民依赖那样密切，那样显著，因为在广大辽阔的平原上，在敌人

---

① 萧克：《在晋察冀边区党政军高干会上的军事报告》（1942 年 9 月 12 日），《晋察冀抗日根据地史料选编》（下），第 245 页。

② 彭雪枫：《游击队政治工作概论》（1937 年 10 月 16 日），《彭雪枫军事文选》，第 48 页。

③ 朱德：《论抗日游击战争》，《朱德军事文选》，第 343 页。

④ 黎玉：《抗战两年的山东纵队》，《山东革命历史档案资料选编》第 4 辑，第 201—202 页。

⑤ 徐向前：《开展河北的游击战争》（1938 年 5 月 21 日），《徐向前军事文选》，解放军出版社，1993，第 47 页。

的据点包围中，如果没有群众力量的支持，坚持冀中的游击战争是不可能的……我们曾遇到过这样的事件：敌人有过两次在我兵团前二三里、五六里的前面通过，没有发觉到我们，曾有一个团在敌人两个行进纵队中间行进，亦未被敌人发现，这是说明民族战争在平原上，在广大群众掩护下的特点。"① 对于民众的信任、"人山" 造成的事实及中共对自身民众工作的自信，无疑是中共领导下的抗日游击战争的决定性力量。

抗战时期，无论以游击战、根据地还是以正规军为基础，通过党政军民的总体战，中共成功完成了持久作战的目标；无论是山地还是平原，中共都顽强坚持，打破了日军完全占领的梦想，使其始终处于敌后军民的抵抗和威胁之下。中共的成功，充分说明："党政军民的团结是巩固根据地最重要的一环，没有这种团结，就休想持久坚持根据地。固然没有军队则根据地不能存在，但如没有地方党政民的领导与配合，则根据地也无法存在。"② 没有根据地又难以有游击战的坚持，所以，游击战、根据地、军队三者缺一不可，互相补充，而党政军民的一体化又是基础中的基础。中共这种高度机动、高度统一的体制，是其抗战时期能够长期坚持持久战的关键。

---

① 关向应：《论坚持冀中平原游击战争》（1939 年），《晋察冀抗日根据地史料选编》（上），第 117 页。

② 《集总关于鲁西军队工作的指示》（1940 年 7 月 24 日），《中共冀鲁豫边区党史资料选编第 2 辑　文献部分》（上），第 322 页。

第五章 相持阶段初期的正面战场

相持阶段初期，国民党军在正面战场上坚持抵抗，在南、北两个主要战场及其他次要战场上与日军进行会战。1939 年初，日军发动了对南昌的攻击，试图攻占南昌，破坏中方在南昌的航空力量。中国军队无力抵抗，放弃南昌，之后的反攻亦告失败。1939 年冬日本华中派遣军计划进攻长沙，打击集结在此的中国军队主力。第九战区在薛岳的指挥下奋勇抵抗，日军的进展不似其预期的那样顺利，遂选择撤退。中国军队乘机反击，恢复了战线。1939 年冬，蒋介石主导了一场全国各战区协同配合的冬季攻势，此次反击作战历时 3 个月，取得了一些战绩，但缺乏实质性的战果。1940 年，日军在湖北发动枣宜会战，中国军队判断失误，导致了重大的损失和宜昌的沦陷。同一时期日军在北战场发动了针对中国军队在华北最后一块根据地中条山的攻势，中国军队准备不足仓促应战，最后被日军分割包围，遭遇惨败。这一阶段，日军掌握了战场的制空权，对中国内地狂轰滥炸，中国军民有针对性地开展了反空袭作战，丝毫没有屈服。

第一节　南昌会战与长沙会战

一　南岳军事会议

随着武汉会战的结束，中国的抗日战争进入了战略相持阶段，如何确定新的抗战策略摆上了国民政府的议事日程。

1938 年 11 月 25—28 日，第三、第九两个战区的军师级以上将领共 200 多人齐聚南岳召开军事会议，包括中共领导人周恩来和叶剑英也都应邀参加了会议。在连续 4 天的紧张会议中，听取了各师师长或参谋长的报告，并制定了《第二期抗战工作、整军作战应特别注意各点》、《第二期抗战之要旨》和《第一期第三阶段抗战过程中所得之血的教训与今后的改进》等文件，蒋介石共做了5次讲话。这次会议因处于抗日战争由防御阶段向相持阶段转变时期，受到了各界的关注，史称“第一次南岳军事会议”。

11月25日，会议开幕。蒋介石在会上提到：

> 在第一期战斗过程中，我们虽然失了许多土地，死伤了许多同胞，表面上我们是失败了；但从整个长期的战局上说，是完全成功。最大的成功是什么呢？就是我们争取最后胜利战略上一切布置的完成，亦就是我们已经依照预定的战略陷敌军于困敝失败莫能自拔的地位，这就是孙子所说“致人而不致于人”的最高原则，今日我们已做到了。……
>
> 第二期抗战，就是我们转守为攻、转败为胜的时期。……照敌人的理想，他何尝不想，一鼓挺进攻占我们的长沙和南昌；然而他进到岳州（岳阳）以后，就不能再攻进来。……这可以证明不是他的战略上没有算到这一着，而是事实上他的力量已用尽，没有余力再侵略进来。①

他提出，这个阶段的作战，要特别注意“政治重于军事，游击战重于正规军”的原则。

第一次南岳军事会议制定了新的全面抗日的战略，强调在第二期战略阶段到来以后，主要把整训军队、提高军队素质、增强作战能力放在重点突出的地位，并计划在一年内分三期将整训军队的工作完成，以迎接对日战争总反攻阶段的到来。

为适应抗日正面战场转入战略相持阶段，根据已经变动的战场态势，会议决定重新划分10个战区，将战斗序列依次调整为第一、二、三、四、五、八、九、十战区及鲁苏、冀察战区。其中第九战区为当时中日交战最主要战场，司令长官为陈诚。武汉失守后，该战区先由薛岳代理司令长官

---

① 〔日〕古屋奎二主笔《蒋总统秘录》第6册，台北，中央日报出版社，1986，第159—160页。

职，后正式成为第九战区司令长官，直至抗战结束。第九战区的辖区是赣西北、鄂南（长江以南）及湖南全省，配备52个步兵师，其他特种兵及游击部队在外。“在兵力部署上，从步兵师的数量上看，第一战区12个师、第二战区32个师、第三战区22个师、第四战区18个师、第五战区26个师、第八战区6个师、第十战区9个师、鲁苏战区7个师、冀察战区5个师。”① 由此不难看出，国民党军主力在第二、三、五、九战区，其中又以第九战区为重中之重。

第一次南岳军事会议及其确定的方针，决定了国民政府抗战相持阶段军事战略的基调。由此，抗日战争正面战场进入了一个新的阶段。

攻占武汉后，日军发动大规模战略进攻的势头减弱。1938年11月，日本确立新的对华作战方针，认为当前的基本工作是“恢复治安”，它把包头至杭州一线以东定为“治安地域”，这就是华北、华中敌后战场；其他地域为“作战地域”，但并不增加其兵力配置，只保持兵力配备的“最低程度”。此后，日本军事进攻的重点开始由正面转向敌后战场。

而此时在华北敌后战场，共产党和八路军已在晋西北、晋察冀、晋冀豫等地开辟了敌后根据地，建立了巩固的战略支点，完成了战略展开。

二 南昌会战

武汉会战时，南昌也是日军进攻的目标，但日军第一〇一、第一〇六师团由九江向德安进攻时受到中国军队的阻击，尤其是第一〇六师团在万家岭遭到沉重打击，几被全歼，进攻南昌的计划受阻。进入1939年后，为掩护其长江航道并截断浙赣路交通，破坏中国空军在南昌的基地，日军决定再次发动南昌会战。

1939年2月6日，日军华中派遣军向第十一军下达《对南昌作战要领》，其中作战目的“在于割断浙赣铁路、切断江南的安徽省及浙江省方面敌之主要联络线”，“第十一军应从现在的对峙状态下，以急袭突破敌阵地，一举沿南浔一线地区攻占南昌，分割和粉碎浙赣线沿线之敌。同时要以一部从鄱阳湖方面前进，使之有利于主力作战”。这次作战并有海军参

① 李隆基、王玉祥主编《中国新民主革命通史》第8卷，上海人民出版社，2001，第16—17页。

加，“海军负责以华中航空兵力的大部击败敌之兵力，协助陆军作战”。[①]南昌作战时间定为3月上旬，具体由第十一军司令部确定。

2月底3月初，国民政府军事委员会根据各方情报，已判明日军有攻占南昌的企图，于是做了相应的准备。在3月8日发给薛岳的密电中，蒋介石提出：“第九战区为确保南昌及其后方联络线，决即先发制敌，转取攻势，以摧破敌之企图。攻击准备应于3月10日前完毕，预定攻击开始日期为3月15日。”[②] 对指导要领及部署做原则指示，要求罗卓英指挥第十九集团军固守现阵地，拒止日军渡河攻击；樊崧甫指挥湘鄂赣边挺进军第八、第七十三军由武宁向德安、瑞昌攻击日军之右侧；王陵基指挥第三十、第二十七集团军向武宁东北地区集结，接替第七十三军防务；杨森所部两师向武宁西北地区集结，接替第八军防务。卢汉第一集团军向修水、三都推进，准备作战。但由于部队整训不易，后勤补给也有很大问题，薛岳于3月10日致电蒋介石，请示延至3月24日再开始作战。蒋于3月13日复电，强调“惟因目的在先发制敌及牵制敌兵力之转用，故攻击开始日期不能迟于本月敬日”。[③] 但当中国军队尚在准备之际，日军即先行开始进攻。

3月12日，日军华中派遣军命令其直属的第一一六师团派出石原支队和村井支队，由湖北乘船出发对鄱阳湖东岸进行“扫荡”，以保障水陆交通和主力部队左侧安全。18日，村井支队在海军配合下从星子出发，在永修东北约30公里的吴城附近登陆，向中国守军进攻，遭到中国第三十二军等部的顽强抗击。守军苦战4天后，日军出动飞机和炮火配合，并不断投射燃烧弹、化学弹，使守军遭受重大损失，不得不于24日撤出吴城镇，向后转移。

3月17日，日军第一〇一师团渡过永修东面的修水支流。3月18日，日军第一〇一、第一〇六师团主力及其军炮兵队、战车队等依次向修水北岸推进，做好了渡河准备。20日下午，日军200多门重、轻炮同时开始急袭炮击，并夹杂有大量毒剂弹。守军阵地多处被毁，中国官兵中毒人数众多。19时30分，第一〇六师团先头部队开始渡河，10分钟后即占领了前

---

① 《中国事变陆军作战史》第2卷第2分册，第114—115页。

② 《蒋介石致薛岳密电稿》(1939年3月8日)，《抗日战争正面战场》(中)，2005，第844页。

③ 《蒋介石致薛岳密电稿》(1939年3月13日)，《抗日战争正面战场》(中)，2005，第845页。

沿，随后第一〇一师团也开始突击渡河，到21日拂晓，两个师团已渡河突破纵深约2公里的滩头阵地，同时掩护工兵在河上架设浮桥。8时许，日战车集团通过浮桥，向东山守军进攻，并沿南浔路西侧向南昌迂回。22日晚，日先头战车群前出至奉新，占领南门外潦河大桥。由于日军战车队的突然进攻，尚未来得及撤收配置在城郊的38门火炮，守城部队就匆匆撤退了。23日，奉新沦陷。

奉新沦陷后，蒋介石感到日军攻占南昌志在必得，于是准备在尽量消耗日军战斗力之后放弃南昌。他于23日致电薛岳、罗卓英，提出："此次战事不在南昌之得失，而在予敌以最大之打击。即使南昌失守，我各军亦应不顾一切，皆照指定目标进击，并照此方针，决定以后作战方案。"① 25日，蒋介石再次致电白崇禧、薛岳、罗卓英、顾祝同等人，指示："（一）罗集团主力应保持重点于湘赣公路方面。攻击敌右侧，向赣江方面压迫之，切戒以主力背赣江作战。（二）南昌正面以必要一部固守之，必要时可在抚、赣两江间逐次抵抗，掩护赣南……"②

占领奉新后，日军战车部队得到了空投燃料的补给，又继续向南昌西南迂回，于26日午后到达南昌对岸。第一〇六师团主力也从奉新东进向南昌南面进攻，27日午后切断了南昌南面的浙赣铁路。第一〇一师团则以佐藤一部从南浔铁路以西地区向南昌追击，主力进入安义东侧地区后向南昌南面追击。26日，进入赣江左岸的生米街，当日晚渡过赣江，27日，日军攻占南昌。

28日，日军令第一〇一师团确保南昌和准备以后的作战，第一〇六师团主力回占奉新，准备向高安或奉新以西作战。29日，第一〇六师团转向高安方面前进，4月2日占领高安城。

军委会判断占领南昌之日军，消耗较大，尚未整补，守备兵力也不足，于是令第九战区和第三战区策划反攻南昌，乘日军立足未稳时收复南昌，同时令各战区发动"四月攻势"（亦称"春季攻势"），防止其继续向西进犯长沙。4月17日，蒋介石确定了反攻南昌作战方针："先以主力进

① 《蒋介石致薛岳密电稿》（1939年3月23日），《抗日战争正面战场》（中），2005，第847—848页。

② 《蒋介石致白崇禧薛岳等密电稿》（1939年3月25日），《抗日战争正面战场》（中），2005，第849—850页。

攻南浔沿线之敌，确实断敌联络，再以一部直取南昌。攻击开始之时机，预定 4 月 24 日。"① 其兵力部署的主要内容是：令第一集团军、第十九集团军及第七十四军分别经奉新、大城地区向修水至南昌间南浔铁路挺进，破坏交通；令第十九集团军第四十九军逐次向高安推进，为总预备队；令第三十二集团军以一部固守现有阵地，并以三个师的兵力策应九战区，由赣江以东进攻南昌，并组织一个团的部队，以奇袭手段袭取南昌；令第三十集团军进攻武宁。以上各部均归前敌总司令罗卓英指挥。第二天，白崇禧复电蒋介石，在兵团部署方面提出自己的看法，并认为"攻击时间应提前，从速实施，至迟须在 22 日左右"。②

4 月 21 日，第七十四军主力进攻高安，并以第四十九军及第七十四军一部北渡锦江，进攻大城、生米街。激战 6 天后，日军退守奉新、虬岭、万寿宫一带。中方此次虽然攻克了大城、高安、生米街等据点，但此后的进展十分艰难，未能按照计划及时挺进至南浔铁路。

第三战区的第三十二集团军以主力于 23 日渡过抚河，向南昌进攻，激战至 26 日，攻克南昌南的市汊街，逐渐向南昌逼近。27 日，日军调集第一〇一师团主力，在空炮支援下，对中国军队实施猛烈反击，双方在南昌东南、正南郊区展开激战，中方伤亡甚大。但蒋介石因急于攻下南昌，于 5 月 1 日下令上官云相到前方督战，限 5 月 5 日以前攻下南昌。

蒋介石命令下达后，第九战区代司令长官薛岳认为，由于中方军队在南昌防御战后尚未得到补充，武器装备又远逊于日军部队，在优劣态势明显的状态之下进行攻坚作战充满了困难。他认为："查南昌、奉新方面之攻击，自 4 月漾日开始，已十一天。因我军之装备等不及敌人，而敌人之重兵器、机械化部队与飞机等，能处处协力敌陆军之作战。因此攻击颇难摧毁敌之坚固阵地。现迭奉委座电令：我军作战之方略在消耗敌人，而不被敌人消耗，避实击虚，造成持久抗战之目的。故此次南昌之攻击，即在消耗敌人、避实击虚之原则下，预行设伏，采用奇袭方式，四面进攻，冀以最迅速敏活之手段，夺回南昌。现时已持久，攻坚既不可能，击虚又不

① 《蒋介石致白崇禧等密电稿》（1939 年 4 月 17 日），《抗日战争正面战场》（中），2005，第 858 页。

② 《白崇禧复蒋介石密电》（1939 年 4 月 18 日），《抗日战争正面战场》（中），2005，第 859 页。

可得，敌势虽蹙，但欲求5月5日前攻克南昌，事实上恐难达成任务。”[①] 他于5月3日将这一看法向陈诚陈述，希望首先取得陈诚的谅解，再转呈于蒋介石。陈诚随后于5月5日将此文全文转报蒋介石。同日，时任桂林行营主任的白崇禧也认为限时攻克南昌的命令不符实际，他致电蒋介石及何应钦，婉转地提出不应胶着在南昌一隅，他说：“我军对敌之攻击，必须出其不意，始能奏效。今南昌之敌既已有备，且我军兼旬攻击，亦已尽其努力。为顾虑士气与我最高战略原则计，拟请此后于南昌方面，以兵力三分之一继续围攻，三分之二分别整理，在外则仍宣传积极攻略，而实际则变换攻击目标……”[②] 两封电报都希望蒋介石审时度势改变限期攻克南昌的命令。7日，蒋介石又接到部队伤亡惨重及第二十九军军长陈安宝牺牲的报告，终于9日下达了停止进攻南昌的命令，南昌会战至此结束。

作为相持阶段中日双方的首次大战，从3月18日日军开始进攻，到5月9日蒋介石下令终止反攻南昌，南昌会战历时54天。在付出巨大代价后，中国军队仍然没有守住南昌，官兵伤亡损失达到43000余人，此后在第二阶段反攻南昌也未达到目标。南昌失陷后，第三战区与大后方的交通线也被截断，军事补给只能依赖浙赣两省的公路，东南各省未沦陷地区的处境更加困难。

但此次会战在军事、政治上的影响仍有其积极的一面。它使世界尤其是日本军事当局认识到，日军虽然占领了武汉三镇，但既未能迫使国民政府屈服，也未能歼灭中国军队的主力，更没有摧毁中国广大军民的抗战意志。中国军队不仅继续进行抗战，还开始实施战役范围的反攻。南昌会战的失败也暴露出国民党军队抗战的战略战术上的弊端，如不顾作战双方的兵力条件一味打正规战，而轻视运动战和游击战，这给国民党军队带来了深刻的经验教训。

三 相持阶段到来后日本的战略与政略

1938年10月，日军攻占武汉和广州。1938年底，日本陆军兵力已由

---

① 《陈诚致蒋介石密电》（1939年5月5日），《抗日战争正面战场》（中），2005，第867页。“漾日”即23日。

② 《白崇禧致蒋介石何应钦密电》（1939年5月5日），《抗日战争正面战场》（中），2005，第867页。

战前的17个师团扩大到34个师团、5个独立混成旅团和1个骑兵集团。其中投入中国战场（不包括东北和台湾的8个师团、1个混成旅团）的即有23个师团、4个混成旅团和1个骑兵集团。此时，它虽占领了中国10余个大城市和12个省（不包括东北）的百余万平方公里土地，但也伤亡了40余万人，损失和消耗了大量军事装备和物资，更重要的是在广袤的中国土地上被牵制了大量兵力。就在中国战场的23个师团而言，被牵制在华北的有9个，在华南的有3个，剩下的11个师团中一半用于守备长江沿线和宁沪杭地区，只有五六个可以机动的师团集中在武汉地区。

作为一个弹丸岛国，日本的自然资源严重不足，经不起长期大规模的战争消耗。由于“进出口贸易急剧下降”，军需储备消耗过大，军工潜力近于枯竭，日本政府尽可能压缩“一般民需”。[①] 电力不足和粮荒问题也一一向日本袭来。对于日本面临的困境，时任大本营参谋次长的泽田茂中将曾大发感慨：“外强中干是我国今日的写照，时间一长就维持不住了。”[②] 此时，如果日军还要在中国南方开展大规模的战略进攻，将有兵力不足之虞。正如毛泽东在《论新阶段》一文中所说，进入这一阶段之后，“他（日军）的兵力不足与兵力分散的弱点将更形暴露了。如果他再要进攻广州、西安、宜昌、长沙、南昌、梧州、福州等地并作占领之企图，他的兵力不足与兵力分散之弱点所给予他的极大困难，必将发展到他的进攻阶段之最高度”。“在日本的整个国力上说来，他要北防苏联，东防美国，南对英法，内镇人民，他只有那么多的力量，可能使用于中国方面的用得差不多了”，这“就不得不使其总的战略进攻接近了一个顶点”。[③] 随着占领区域的逐步扩大和战线的拉长，日军在中国所需守备兵力越来越多，用于机动作战的兵力也就愈发不足。

1938年11月3日，日本政府发表《第二次近卫声明》，提出“建设东亚永久和平的新秩序”的口号，希望中国“分担这种建设东亚新秩序的责任”，并宣称：“如果国民政府抛弃以前的一贯政策，更换人事组织，取得

---

① 〔日〕堀场一雄：《日本对华战争指导史》，王培岚等译，军事科学出版社，1988，第228—229页。

② 日本防卫厅防卫研究所战史室编《中国事变陆军作战史》第3卷第1分册，田琪之译，中华书局，1979，第96页。

③ 毛泽东：《论新阶段》，北京大学哲学系编《毛泽东哲学思想资料选辑》（下），编者印行，1982，第25—26页。

新生的成果，参加新秩序的建设，我方并不予以拒绝。”①

12 月 6 日，日军陆军省对 1938 年秋季以后的对华方案做出决定：“在今后一段时期内，将以做好基础工作——恢复治安为首要任务，其他各项措施均应与此相适应。对于摧毁残存抗日势力的工作，仍应继续进行，但主要应以我军强大力量为背景进行谋略及政略工作。”② 日军在“确保占领区”方针的指导下，暂时停止了向正面战场的大规模的战略进攻，开始对国民党实施以政治诱降为主、军事打击为辅的政策，而将其军事进攻的重点转移到敌后战场，对敌后抗日根据地实行大规模的“扫荡”。

1939 年 5 月底，先期从重庆出逃的国民党副总裁汪精卫投靠日本后，从上海到达东京，他接受了日本《建立新中央政府的方针》，根据日方的旨意，于 6 月 18 日回国，紧锣密鼓地开始筹建汪记傀儡政府。8 月，他在上海召开了所谓的“国民党第六次全国代表大会”，修订《中国国民党党纲》，宣布“反共睦邻”的投降卖国的外交政策，为建立傀儡政权做好了准备。为了促进在华中建立汪伪政权的气势，日军决定于 9 月下旬把第九战区军队消灭在赣湘北境地区，挫败中国军队的抗战企图，为此将发动一次进攻长沙的战役，日本方面称之为湘赣会战。

四 第一次长沙会战

早在武汉会战时，华中派遣军司令官畑俊六便有了攻打华中战略要地长沙的打算。1938 年 9 月 6 日，畑俊六在进攻武汉时向日军中央提出了《关于武汉、广州两战役善后处理的形势判断》，他说：“国民党军队虽自日中开战以来屡吃败仗，受到打击，经过攻占汉口和广州之战，其战斗力更会下降。但遗憾的是，仍拥有相当大的兵力保持着余力。其主力军（尤其是中央军）大概部署在湖南、江西及贵州省方面，强有力的一个兵团群部署在河南西部及西安方面。”③ 经过一番分析，他认为“其中江西、湖南两省是抗战的屏障”。因此，他原拟“在长沙方面发动新的作战”，但大本

① 魏宏运主编《中国现代史资料选编 4 抗日战争时期》，黑龙江人民出版社，1981，第 593 页。

② 日本防卫厅防卫研究所战史室编《长沙作战》，天津市政协编译委员会译，中华书局，1985，第 2 页。

③ 《中国事变陆军作战史》第 2 卷第 2 分册，第 53 页。

营当时以人力物力不足为由，未予批准。于是他建议“在作战上大致已经达到前进限度的目前形势下”，进行政略尤其谋略的工作，“应适当地进行促使其崩溃的各项工作。为支援此等工作，必要时应进行一部分作战”。[①]因此，处于战争前线的湖南，不时遭到日军的侵袭和战役进攻。

而1939年9月1日欧战爆发后，日本为配合同伙德国、意大利，趁英、法无暇东顾之际，不顾国内困境，加快了侵略中国的战争步伐。1939年9月4日，在国内经济枯竭、政治动摇、军事无大进展情形下上台的日本首相阿部信行宣布：“日本帝国不介入欧洲战争，而专心处理中日战争以求解决。”为了便于统一指挥在华日军，确保占领区和维护重要交通线，扶植傀儡政权，日军大本营取消了原华中派遣军司令部，在日军占领下的南京新设立了中国派遣军（亦称“支那派遣军”）总司令部。陆军大将西尾寿造任总司令官，前陆军大臣板垣征四郎中将任参谋长。“专心处理中日战争以求解决”的首要目标便是进攻长沙，打击湘鄂赣中国军队，承担这一任务的是冈村宁次任军司令官的第十一军。

冈村宁次毕业于日本陆军士官学校和陆军大学，长期在中国收集政治、军事情报，并直接参加对华侵略战争。他参加过日俄战争，指挥关东军进攻热河等地，参与制造“济南惨案”、上海“一·二八”事变，并曾代表日本政府与国民政府签订《塘沽协定》。

1939年8月15日，冈村宁次根据华中派遣军司令官畑俊六的命令，制定了《江南作战指导大纲》，其指导方针是：

> 一、军主力（约两个师团为基干）在隐蔽中做好准备，大概在9月下旬开始行动，将粤汉方面之敌军主力消灭在汨水河畔。在此期间，约以一个师团策应军主力，事先将高安附近之敌消灭后，转向修水河上游捕捉该方面敌军。
>
> 二、实施本作战时以奇袭为主旨，尽量在短期内结束战斗，然后恢复大概原来态势。[②]

---

① 《中国事变陆军作战史》第2卷第2分册，第56页。

② 《中国事变陆军作战史》第2卷第2分册，第145页。

同时，大纲栏外附记称，“虽战斗迭兴，亦所谓适应形势也”。“鉴于我军实情，早日结束战局乃唯一且最主要之行动。”“最重要的是以此作为确保现准备地区安定的手段。”①

9 月 1 日，第十一军制定了作战方针：“军为了打击敌军继续抗战的意志，决定在 9 月中旬以后，开始奇袭攻击，以期在最短期间内，捕捉敌第九战区主力部队，将其歼灭于湘赣北部平江及修水周围地区。”② 妄图以奇袭的方式消灭国民党第九战区主力，威逼西南大后方，压迫中国投降，尽快结束“中国事变”。

战役开始前，日军采用了“声东击西”的迷惑宣传手段，加紧调兵遣将。一方面，日本的报纸、广播电台大肆宣传日军将要进攻宜昌和福建，重点指向宜昌；另一方面，第十一军各部队共十余万人则加速向湘赣预定地区集结。

冈村宁次极为重视这次作战，开战前夕曾遍访各地部队，对官兵进行训示和鼓励，并将指挥所移驻咸宁，以便就近指挥。

冈村宁次根据参战各部移动集结的情况报告，将主力开始攻击时间定为 9 月下旬初。9 月 10 日，冈村命令第一〇六师团长中井于 9 月 15 日开始攻击，由奉新附近突破南昌正面中国军队左翼，向高安一带开始机动作战。接着，他又通知上村支队，将营田登陆日期预定为 9 月 23 日拂晓。

9 月 13 日，第十一军指挥所进驻咸宁，准备指挥主力进攻湘北。冈村在此次战役中的主要目的，是包围和消灭关麟徵的第十五集团军。到 9 月 20 日，日军主力各部全部集结准备完毕。湘北总攻时间定为 9 月 23 日。

南昌失守后，中国方面预料到日军会进攻长沙，因此做了很多准备。早在 4 月 15 日，蒋介石致电薛岳时曾明确表示“如敌进取长沙之动态已经暴露，则我军与其在长沙前方作强硬之抵抗，则不如作先放弃长沙”。③ 军事委员会召开过最高幕僚会议，对长沙的“守”与“不守”问题进行讨论。当时会上提出了两个方案，第一个方案是日军如果进攻长沙，可在铁路正面逐步抵抗，消耗日军，换取时间；待日军突入长沙附近时，各部可

---

① 《中国事变陆军作战史》第 2 卷第 2 分册，第 144 页。

② 《长沙作战》，第 4 页。

③ 《蒋介石致薛岳陈诚电稿》（1939 年 4 月 15 日），《抗日战争正面战场》（中），2005，第 1079 页。

逐渐退到株洲、浏阳、醴陵地区。第二个方案是为保存实力，避免损失，令第九战区派一个军留在长沙，湘北主力军全部向浏阳、萍乡、株洲一带转移。这两个方案总的说来都没有做坚守长沙的准备。

薛岳则一直坚决主张防守长沙。他一方面是想通过保住长沙来保住自己的地盘和势力范围，另一方面是他坚持认为保卫长沙，是保卫湘赣、保卫两广、保卫贵州、屏障四川的重要基础。他曾提到："假如在湘北不打，甚或放弃长沙，退守湘南，这样，我们虽然可以保全实力，但我们不伤亡，敌人也不会伤亡，我们如果由长沙退至株洲、醴陵，那么，敌人的实力未受损失，攻陷长沙后，一定跟着打湘潭，打醴陵，打株洲，这样一来，我们想保卫湘南也不可能，湘南不能保卫，则两广贵州失去屏障，四川首都，即感到威胁。所以在这种情势之下，明知力量不及敌人，但为保卫国家，保卫西南，保卫湘赣，实不能不打。并且我们是为求生存而战，只有死中求生，亡中求存，险中求安。如果想保全实力，结果实力不能保全，而湘北放弃，湘南随之不保，则西南失去屏障，其局势之危险，不言可喻。"①

1939 年 9 月上旬，第九战区司令长官部制定了针对日军进攻的作战指导方针：战区以诱敌深入后进行决战为目的，敌进攻时，以一部兵力由第一线开始逐次抵抗，随时保持我军于外线，俟敌进入我预定决战地区时，以全力开始总反攻，包围敌军而歼灭之。其战略部署的核心点是"后退决战"、"争取外翼"。

当时，第九战区最主要的任务是保住长沙不失，这是薛岳早在南浔会战中就明确提出的。当时他说："南昌、长沙、武汉为国家资源中心地区，三地安危即国家安危"，② "与此三地共存亡"。9 月上旬，薛岳命令部队"先于现在位置，以攻击手段消耗敌人战斗力"，"敌如挟优势兵力前进猛烈，则赣北、鄂南方面努力以围攻及夹击手段，催破敌合围之企图，不灭不止。湘北方面利用逐次抵抗，引诱敌于长沙以北地区，捕捉而歼灭之"，③ 先后出动 32 个步兵师、3 个挺进纵队共 24 万余兵力迎敌。当时第九战区各部队部署如下：

---

① 钟启河、刘松茂：《湖南抗日战争日志》，国防科技大学出版社，2005，第 320 页。

② 陈寿恒主编《薛岳将军与国民革命》，台北，中研院近代史研究所，1988，第 321 页。

③ 《抗日战争正面战场》（中），2005，第 1078 页。

第十九集团军（总司令罗卓英，下辖第七十四军、第三十二军、第四十九军）和第一集团军（总司令卢汉，下辖第五十八军、第六十军）守赣中地区；第三十集团军（总司令王陵基，下辖第八军、第七十二军、第七十八军）守赣北地区；第二十七集团军（总司令杨森，下辖第二十军、第七十三军）守鄂南地区；第十五集团军（总司令关麟徵，下辖第三十七军、第五十二军、第七十九军）守湘北地区；第二十集团军（总司令商震）担任洞庭湖防守；此外，以第四军控制长沙、衡阳，新六军、新三军、第五军控制株洲、醴陵、湘潭，第十一师驻守岳麓山，第七十军驻长沙附近，准备参战。①

9 月 14 日，日军第十一军司令官冈村宁次指挥日军精锐部队及长江舰队的舰艇 300 余艘、空军战机 100 余架，以及海军陆战队和化学部队共约 18 万人直逼长沙。18 日晨，在赣北佯攻和鄂南助攻的掩护下，日军第六师团和奈良支队开始进攻第五十二军在新墙河北岸警戒阵地。19 日，在敌军炮火的猛烈射击下，五十二军所筑工事被攻击，“中守军赵公武师胡春华营日间应战，夜间修筑阵地工事，顽强抵抗，坚守不退”。② 20 日晨，奈良支队也在第五十二军第一九五师第一一三一团第三营阵地比家山、草鞋岭对岸企图强渡。营长史恩华率全营应战，尽管阵地工事悉被敌军摧毁，仍拼命抗击日军的疯狂攻击，双方激战至 22 日黄昏。当时，史恩华营已伤亡过半，师长覃异之以电话命令史：“如无法支持，不得已时可向东靠。”史回答：“军人没有不得已的时候”，仍率部誓死抵抗，坚守不退。最终史氏以身殉职，其余自营长以下全部壮烈殉国。③ 当晚，新墙河北岸失守。这次前哨战斗持续了 5 昼夜，中国军队凭借已设阵地与坚固碉堡，杀伤了大量日军，可惜中国军队也损失惨重。

23 日凌晨 4 时，第六师团集中火炮 80 余门，向防守新墙河南岸的第

---

① 国民政府军令部战史会编《长沙会战初稿》第 17 册，中国第二历史档案馆藏，全宗号：787。

② 黄钟：《回忆长沙三次会战》，《长沙文史》第 13 辑，1992，第 37 页。

③ 贺执圭：《记第一次长沙会战》，《中华文史资料文库》第 4 卷，中国文史出版社，1996，第 539—543 页。

五十二军第二师阵地进行猛攻，并开始强行渡河。中国守军沉重应战，轻重火器齐发，日军被阻滞于河流中间，血染河水，第一次渡河失败。随后日军加强炮火攻击，其中夹有不少毒气弹和烟幕弹，受攻击的第五十二军第二师第十二团阵地烟云蔽日。炮击过后，日军又以飞机轮番轰炸，掩护其步兵主力进行第二次强渡。守军防毒面具严重缺乏，大多数士兵只能将毛巾浸湿掩鼻，在毒气弹雨中坚持抵抗，打退了日军第二次密集冲锋。不甘失败的日军再次以炮火和飞机猛攻第十二团阵地，致使该团阵地工事尽毁，守军官兵大部葬身其中。日军遂从第十二团阵地打开缺口，第一次渡过了新墙河。

9 月 23 日拂晓，由水上进攻的上村支队分乘汽艇百余只，依靠 20 余艘炮艇支援强行登陆营田，“敌机十余架助战，我守该处之九十五师部队夏、苗两营长阵亡，尚营长负伤，我迭次增援，予敌以打击，至下午五时，卒因伤亡过大，营田遂失守”。[①] 日军占领营田后，大量残杀无辜百姓，强奸妇女，烧毁房屋，制造了“营田惨案”。

25 日，日军大部到达汨罗江边，开始试渡。第二天，日军主力渡过了汨罗江。日军突破汨罗江防线后命令各部迅速向南挺进，长沙危急。

26 日晚，第五十二军一九五师开往福临铺埋伏，准备在该地迟滞日军，掩护主力撤退。28 日早晨，日军第六师团以步骑兵约一个联队向第一九五师福临铺阵地发起冲击，被伏兵击退。9 时，日军增援 500 余人向第一一三一团第二营阵地发动进攻，守伏阵地的官兵沉着冷静，待敌靠近，抓住时机以猛烈火力射击，使敌攻势严重受挫。日军遂转向该团第一营阵地。经两小时激战，日军被第一营击退。下午 2 时，日军再增 500 余人，对第一营阵地发起又一次进攻，仍以失败告终。恼羞成怒的日军又增加 1000 余兵力，以步、炮、空协同，向第一一三一、一一三二团阵地分头攻击。中国官兵浴血奋战，伤亡很大，但日军攻击还是没有进展。为免胶着和被敌包围，第一九五师师长覃异之率所部于当晚撤退到上杉市附近。

29 日，日军追踪后退的守军抵达上杉市附近，并以飞机、大炮做掩护，向早已占领上杉市阵地的第六十师第三六五团猛攻，经 40 分钟战斗，

---

① 《关麟徵致蒋介石密电》（1939 年 9 月 23 日），《抗日战争正面战场》（中），2005，第 1116 页。

将阵地攻破。第六十师撤离上杉市，并与第一九五师取得联系，准备联合反攻日军。30日上午，上杉日军3000余人，在捞刀河上架设浮桥准备南进，突然遭到第一九五师和第六十师前后夹击。日军受到沉重打击，不再向南前进。

在第五十二军设伏阻击日军的同时，第七十三军也在铁道沿线两侧阻击日军。26日，第七十七军第七十七师奉命到达栗桥、三姐桥指定位置，与敌激战一天。28日晨，日军千余人在飞机大炮的掩护下向第二二九团发起攻击，战斗至中午时分，守军将日军击退。随后，日军再以千余人包围该团，经数小时冲击，该团与第二三〇团一起撤退到青山市，日军继续追击，后经两团合力阻击，杀伤日军200余人，日军不再前进。

日军越过汨罗江后，经过守军的伏击、阻击，进展不如开始那样顺利，而且战线越拉越长，向长沙前进的道路又悉被破坏，日军所带粮弹也已快用尽，几乎全靠空投，冈村宁次担心继续深入下去将于己不利，且这次作战本就是“以奇袭为主旨，尽量在短期内结束战斗，然后恢复大概原来态势”，9月29日，他乘飞机往前线视察后便下达了撤退命令。10月1日，日军开始后撤。其时，刚被军委会任命为第九战区司令长官的薛岳正督促驻长沙、湘潭、株洲各部队抢修工事，准备继续与日军苦战。当日，根据苏联专家的建议，为配合长沙会战，中国空军还从成都出动轰炸武汉日军机场，炸毁日机50余架，击落3架。

当处于前线位置的第十五集团军总司令关麟徵发现日军后撤的情况后，下达了如下搜索追击命令：“（1）第七十三军即以一营沿浏平大道向安定桥竭力搜索，到达安定桥后，分向长寿街及平江方向搜索，并与杨集团（军）联络。（2）第五十二军以张师一团经金井向瓮江方向尽力搜索，到金井后，以一部向平江方向搜索，覃师一团经福临铺向长乐街方向竭力搜索。（3）第五十九师以一营沿长江、新市道经沙坪、栗桥向新市方向搜索，另以两连分沿铁道线及长湘道向汨罗车站及湘阴附近搜索。”①

10月3日，日军继续北撤，关麟徵一面督部追击，一面报告薛岳日军全面撤退情形。当日，中国军队收复金井。

---

① 《关麟徵致蒋介石密电》（1939年10月3日），《抗日战争正面战场》（中），2005，第1121—1122页。

4 日，逃到长寿街、平江一带的日军遭到第七十九军和第二十七集团军的夹击，伤亡惨重。是日，薛岳根据前线报告，断定日军为全面撤退，当即发出“战区以捕捉湘北溃退之敌为目的，立向崇阳一线猛烈追击”的命令。[①] 当日，中国军队收复汨罗、白水、大娘桥、新市等地。

由于全线追击命令下达较迟，中国军队未能追上日军主力部队，只和担任掩护的日军第三十三师团发生过几次战斗，日军大部得以较顺利地撤退。而处于撤退中的日军依然不断残杀无辜平民，犯下累累暴行。关麟徵在 10 月 13 日致蒋介石的密电中也说：“敌军此次新到之处，残暴逾常，奸杀掳掠，无所不用其极，虽猪牛皆不免其残杀，在新市、金井一带，见人皆杀、妇女即奸，并在金井曾将一孕妇奸后复剖腹取子，惨不忍睹。”[②]

10 月 6 日，黄沙街克复。10 月 7 日，日军退过新墙河，凭险据守。冈村宁次随后将前线战斗指挥所从咸宁撤走。10 月 14 日，双方恢复战前态势，第一次长沙会战结束。

就战役结果来说，中日双方互有伤亡，双方都未能击破对方的任何一支部队。这次会战中，日军投入战斗的兵力共计 4 个师团以上，10 万余人。第九战区投入的兵力约为 30 个师，计 30 余万人，其中有 10 个师受到日军打击。据国民政府军令部统计，第九战区在该役中伤亡人数为 4 万余人。[③] 据日方公布的资料，中方战死约 44000 人、被俘约 4000 人，而日军战死 850 人、负伤 2700 余人。[④]

战术上，中方损失在日方之上，日方据此认为已达打击中国军队主力之目的。然而，在战略上，虽然第九战区采用“消耗持久战”付出了较大的牺牲，但从整个战役情况看，长沙没有失守，基本保存了实力，又未丧失空间；更重要的是，当时正值欧战爆发，波兰败亡，世界反法西斯战争受到挫折，中国军民成功守住长沙，极大地鼓舞了中国抗战士气，也极大地鼓舞了世界反法西斯战争的士气。

第一次长沙会战，是欧洲大战爆发后日军在中国战场的第一次攻势，

---

① 《长沙会战初稿》第 20 册，中国第二历史档案馆藏，全宗号：787。

② 《关麟徵致蒋介石密电》（1939 年 10 月 13 日），《抗日战争正面战场》（中），2005，第 1123—1124 页。

③ 《第九战区长沙会战人员伤亡失踪统计表》（1939 年 10 月 31 日），中国第二历史档案馆藏，全宗号：787。

④ 《中国事变陆军作战史》第 2 卷第 2 分册，第 151 页。

也是日军设立中国派遣军总司令部后发动的第一次攻势。在这次战役中，日军虽然对第九战区打击较大，但并未达到歼灭第九战区主力的预期目标，甚至没有对任何一个师形成歼灭性打击。相反，这次战役是日军自发动卢沟桥事变全面侵华以来，第一次在中国放弃进攻占领地带，恢复到战前态势。这就给中国官方提供了一个绝好的宣传机会，并造成了一定的影响，形成了所谓的“湘北大捷”。

10月11日，蒋介石专电薛岳祝贺。电文称：“此次湘北战役，歼敌过半。捷报传来，举国振奋，具见指挥有力，将士用命，无任加冕。所有此役有功人员，希切实查明详报。其死伤官兵，并应查报，以凭奖恤。”[①] 蒋介石除特电嘉奖外，还向参战部队颁发奖金15万元。[②] 与此同时，国民政府、军委会及诸多民众团体、党政要员、社会名流纷纷向薛岳发来贺电、贺信。

各报纸媒体也对这次“湘北大捷”进行了广泛的宣传。1939年10月10日，香港《珠江日报》发表《会战胜利的由来》一文，评称：“此次长沙会战，敌军使用兵力十八万之众，战线自洞庭湖东岸，迄赣北的锦江流域，长达五百华里，中经幕阜、九岭两大山脉。敌军所用的战术仍为一贯的‘包围歼灭’。自九月十四日起，除在赣北佯攻，继又以全力助攻，企图与湘北之敌会师于长沙外围。至十八日，始在粤汉线正面以轻快部队采取攻势。同时，鄂南敌军亦利用轻骑分三路迂回。其在洞庭湖之敌，方倾全力南进。其布置之周密，来势之凶猛，甚于鲁南、武汉两役。”[③] 对于薛岳一再的夸大宣传和自我吹捧，时任中共湖南省委委员的郭光洲在其所写的《关于湖南的工作概况给中央的报告》中说：“在湖南的政府机关报《国民日报》，现在差不多成了薛岳个人的‘表功’的报纸。”[④]

中国方面对这次“胜利”的夸大宣传，使得日方被动难堪，国内谣言四起，以至于惊动了日本天皇，天皇亲自询问这次战役到底是何情况。这使得冈村宁次不得不在给中国派遣军总司令官西尾寿造的报告中再三解释原定的作战意图和达到作战目的后有计划的撤退行动。他在报告中解释

① 陈和坤：《湘北之战》，青年出版社，1939，第47页。

② 《新华日报》1939年10月13日。

③ 中国人民解放军军事科学院计划指导部图书资料处编《日军侵华战例资料选编》，编者印行，1981，第190页。

④ 钟启河、刘松茂：《湖南抗日战争日志》，第109页。

称："中国派遣军之成立，使敌一时为之震动，视我发动湘赣会战为总司令官就任伊始之重大表态而惊恐，从而决心放弃长沙。但我军对之攻而不取，回师原防，敌则立即宣称业已反攻夺回长沙，且对其作战军、师颁发奖赏，竭力鼓舞其士气。由此看来，今后进攻作战，一旦攻陷要地，即须予以确保。"[①] 在中方的强大宣传攻势下，冈村宁次不得不建议以后通过确保占领地的方式，消除中国方面的宣传借口。不过，冈村的意见最终还是未被接受。

虽然国民政府对"湘北大捷"有夸大宣传之处，日军撤退也确实是受大本营指令和其原定作战意图的限制，但就战役结果而言，日军并未达到它预期的作战目的。从这点来说，日军发动的"湘赣会战"是失败的。此外，日军的这次进攻还暴露了它兵力不足的致命弱点。日军想要以它有限的兵力在山脉纵横的湘鄂赣广大地域内包围消灭第九战区主力，是不可能的。

第一次长沙会战影响还是比较积极的，当时，长沙《大公报》著文称："湘北大捷以还，湘省地位巩固，社会秩序大定……全省工业迅速发展……各种手工业尤如雨后春笋，纷纷建立。"[②] 从1939年到1941年湖南每年开工的工厂在80家以上，辰溪、祁阳、衡阳等地发展成为新兴工业城市。机械电器、化学、纺织、军事等工业，都有了相当的发展。农业方面，"湘北大捷"后，广大农村人心稳定，湖南的棉花、烟草、桐油等种植有了较大发展，粮食连年丰收。湖南经济的发展又有力地支持了前线，湖南成为支持长期抗战的重要基地。湖南省政府主席薛岳在省行政会议上称："湖南对国家贡献居全国之冠，每年除供棉7万担，军布30余万匹，军粮1000万石以外，尚须接济邻省更大更多之需求。"如果不打退日军的进攻，要取得这些成果是不可能的。

第二节　防守中的出击：1939年冬季攻势

一　第二次南岳军事会议

第一次长沙会战之后，蒋介石在1939年10月下旬召集军长以上高级

---

① 《长沙作战》，第5页。

② 《大公报》1941年1月8日。

军官及各省政府主席等高级军政官员举行了“江南战场各战区党政军联席会议”，又称“第二次南岳军事会议”。

10月28日，蒋介石、宋美龄夫妇从重庆飞往桂林，再转乘火车至衡阳，于29日晨至南岳。10月29日下午至11月5日，蒋介石主持召开了第二次南岳军事会议。会议的主要议题是总结南昌会战和第一次长沙会战的经验与教训，“检讨得失，策定后期抗战应取之战略”，① 同时褒奖忠勇将士，并部署年末的冬季攻势。

蒋介石在会上发表讲话说：国民政府坚定信心，绝不与日本妥协。但是随着欧战的爆发，只有等待“世界问题得到解决之日，始能获得抗战的最后成功”。“世界问题尚未解决以前，我们如就要与日本妥协讲和，这就是自取失败！自取灭亡！”“所以今后我们只有继续努力，抗战下去！”“无论日俄停战或苏俄进军波兰，与我国抗战并没有什么妨碍，而且我们抗战始终是自己努力，只要我们自身能持久奋斗，愈战愈强，国际形势就会朝有利于我们的方面着着好转。”②

在总结此次长沙会战时，蒋介石颇为得意：“大家都知道，我所定的战略，绝没有失败的道理。这并不是说我的战略不肯过度冒险的意思，而乃是确有胜算的把握，方肯决定一切。此次长沙之战，战略上本是采取攻势防御，不顾一切地要在长沙附近使敌军受致命的打击。后来乘势转进，竟获得此决定的胜利，从此更可知敌人的衰疲，我们转守为攻的时机已到。”会议结束前，他又指出，由于德国入侵波兰，第二次世界大战已经爆发。中国抗战的国内环境已大为转变，“无论从哪一方面看，都已达到了转守为攻，转败为胜的阶段”。③ 蒋介石要求未来抗战在战略方面，要有一个根本的转变，要开始反守为攻，转静为动，积极采取攻势，要在见到敌人厌战畏战之时，决然攻击前进。依目前的敌我力量对比，中方尚无力对日军发动大规模攻击战，但要设法研究出一套避实就虚、乘间蹈隙的方法，攻击骚扰各地日军。

第二次南岳军事会议，在判断中国抗战内外环境将发生重大变化的前

① 邓文仪：《记南岳三会与长沙三捷》，《艺文志》第259期。

② 《蒋委员长南岳党政军联席会议训词（一）》，中国第二历史档案馆藏，全宗号：787。

③ 秦孝仪主编《中华民国重要史料初编——对日抗战时期 第二编 作战经过》（2），第192页。

提下，试图确定“静观时局、保存实力、待机而动”的战略指导方针。简言之，就是要执行一种在政略上“等待胜利”、在战略上“待机而动”的方针。此种战略的核心，把“最后胜利打倒日本”的希望寄托于外部世界的力量，而最终放弃自己的主观努力。相比第一次南岳会议蒋介石提出“寻找机会，转向大规模的攻势，以驱逐入境之敌”的思想，此时蒋介石的战略思想其实反倒是略显得消极了。

当时，蒋介石认为中国在抗击日军方面已经“打够了”，“付出的已经太多了”。全国抗战初期，他本来期望英美等国能对日本侵略中国有所干涉，但这一希望随之落空，因此已苦战三年，而中国共产党的力量也在抗战中快速壮大。蒋介石在面对抗战的同时，也势必会考虑为今后问题蓄留力量。但会议对第一次长沙会战具体战略战术的研究很不够，以致此后日军用几乎相同的方法进攻长沙时，中国军队却吃了败仗。

1939 年 10 月以前，军事委员会发动各战区兵力，发动了“四月攻势”、“七月攻势”和“秋季攻势”，对中国军队扭转战场上被动局面起了一定作用，但由于仓促准备，“成效未著”。为了确保国民政府最后获得国际援助的交通线滇缅路的安全，表明中国抗战的坚定立场，争取更多外援，蒋介石决定集中力量对日军发起冬季攻势，进行反攻。

在各战区的国民党部队已完成了第一、第二期整训之后，国民政府军事委员会决定以第二、第三、第五、第九战区为主攻地区，第一、第四、第八、第十、鲁苏、冀察战区为助攻地区；主要目标是击溃长江中游武汉及周围的日军第十一军和山西同蒲线以南、晋南三角地带的日军，收复南京以西、长江中游和同蒲线以南、晋南三角地带，包括武汉、南昌、岳阳、长治、南宁等城市。军委会对冬季攻势做了较为充分的准备，动员参战部队占全国部队总数的一半。当时全国共有军队 265 个师，官兵为 311 万，其中参战部队共 192 个师，用于战场攻击的为 132 个师 148 万人，出动飞机共 11 个大队，125 架，将部队分配于各个战区运用。

二　冬季攻势的全面发动

1939 年 11 月中旬，军委会向各战区下达作战任务：

一、第一战区：攻击开封、博爱，牵制敌人。

> 二、第二战区：应首先切实截断正太、同蒲两铁路之交通，并肃清晋南三角地带之敌。
>
> 三、第三战区：以主力约11个师，截断长江交通，分向湖口、马当、东流、贵池、大通、铜陵、荻港间，伺隙进攻，一举突进江岸，占领坚固阵地；并以轻重火力及敷设水雷，封锁长江。
>
> 四、第四战区：应以一部相机攻略潮、汕，主力扫荡广九路及南宁之敌。
>
> 五、第五战区：扫荡平汉线南段信阳、武汉间之敌，进取汉口；并向汉宜公路之敌攻击，截断襄花、汉宜两公路之交通。
>
> 六、第八战区：应以一部协同第二战区作战，主力攻击归绥附近之敌。
>
> 七、第九战区：向粤汉北段正面之敌攻击，重点指向蒲圻、咸宁一带，并向武昌挺进；同时攻击南昌及南浔铁路，进击瑞昌、九江之敌。
>
> 八、第十战区：仍任原河防；并依晋南三角地带攻击之进展，准备以一部渡河扩张战果。
>
> 九、鲁苏战区：应以广正面由东西两面向泰安、临城间及铜山、滁县间攻击，以策应沿江之作战。
>
> 十、冀察战区：应以主力切断保定、邢台间及石家庄附近敌之交通；一部切断沧县、德县附近敌之交通，以策应山西方面之作战。①

军委会并规定除第五、第九两个战区限于11月26日之前开始作战外，其余战区应于11月底开始策应作战，主要攻势在12月上旬展开。各战区战斗概况如下。

第一战区，从12月1日开始发动攻击。

豫东方面，第三集团军第八十一师于17日突入开封，焚毁日军第三十五师团一部之指挥机构及仓库；21日，骑兵第二军部队一度攻入商丘，并击溃前往增援的日军骑兵第四旅团。

豫北方面，12月6日，新编第五军、第四十七军及第九军等部攻至安阳附近，破坏周边交通设施，截断日军在豫北的交通；1940年元旦，第九

① 蒋纬国总编著《国民革命战史 第三部 抗日御侮》第6卷，第33—34页。

军一度攻入沁阳，歼灭日军第三十五师团一部。全战区击毙日军5000余人，虏获机枪50余挺，步枪100余支。由于该战区“奉命唯谨，永往迈进”，得到了军委会的嘉奖。

第二战区，从12月10日开始进攻。以第二十七、第四十军之一部攻击晋东南长治、长子方面的日军，一度克复闻喜、绛县、夏县、翼城、黎城、涉县、潞城等地。战区主力第四、第五、第十四三个集团军从中条山向西，第六十一、第三十四两军从乡宁向东，协同围攻在晋南的日军第三十七师团，双方激战月余。

第三战区，从12月16日开始发动进攻。第三十二集团军、第十集团军分别袭击南昌及杭州的日军。

主力在长江方面，以第十八、第二十五、第八十六、第二十一、第五十八5个军共14个师，分左、中、右共三路沿长江攻击日军第一一六师团，攻克日军守备据点多处，并在长江布放水雷，短期切断长江水运。

在南昌方面，第三十二集团军曾两次攻入南昌。

在杭州方面，第十集团军也攻入杭州、富阳、余杭等地，对日军指挥机构及仓库进行破坏。全战区在攻势期间，共击伤日运输舰9艘，毙伤日军数千人，虏获机枪29挺，步枪464支。

第四战区，为了执行冬季攻势的任务，从11月底开始，余汉谋部在粤北发动小规模攻击。

在广东方面，为扩大占领区，击破余汉谋部，12月8日，日军第二十一军以第一〇四师团主力及第十八师团一部向中国军队发动进攻。12月18日，余汉谋率第六十五军下辖的两个师和一五七师由源潭、花县间地区向银盏坳反攻。日军第十八、第一〇四师团和近卫混成旅团分三路大举向韶关进攻。24日，日军渡过琶江，迅速行军，25日又攻陷梅坑、良口等地，直接与中方主阵地接触，中国军队全力反击。26日，余汉谋决定转移。30日，日军攻占翁源、英德，第五十四军进行增援，于1940年1月2日和5日克复翁源和英德，日军因为孤军深入，后方又受到威胁，此后即全面撤退，16日日军退回到原阵地，双方回到战前态势。

在广西方面，为收复南宁，恢复桂越国际交通线，中方桂林行营主任白崇禧指挥第四战区主力分三路反攻南宁：北路军为第三十八集团军共4个师，从思陇向昆仑关进攻；东路军为第二十六集团军共4个师，袭扰邕江南岸日军破坏邕钦路，阻止日军增援；西路军为第十六集团军共4个师，向高峰隘进攻，并阻击南宁出援之日军；预备队为第九十九军（欠1个师）。北路军向昆仑关发起总攻。第五军军长杜聿明以荣誉第一师从昆仑关正面发起总攻，以新编第二十二师向五塘、六塘攻击，迂回昆仑关侧后，12月19日，西路军向高峰隘、四塘、新圩、吴圩等地进攻；东路军向钦州、小董、大塘等地攻击，以配合北路军作战。战至31日，中方歼灭日军4000余人，收复昆仑关。是为昆仑关大捷。[①] 1940年1月上旬，日军由粤北抽调第十八师团和近卫混成旅团增援桂南，28日发起进攻，至2月3日，先后攻占宾阳、昆仑关，随后收缩兵力于南宁附近。中国军队发起反击，于2月14日再次夺回昆仑关，并进至五塘等地。日军固守南宁外围，在四塘、高峰隘、蒲庙之线与中国军队形成对峙，会战宣告结束。

第五战区，为消灭在平汉路以西的日军第三、第十三师团，投入了30多个师，军委会亦为五战区增加兵力。12月12日，中国军队发动全线攻击。

豫南兵团方面，第二集团军之第六十八、第九十二军及豫鄂边区游击总队向信阳袭击，第三十一集团军向广水、花园之线进攻，激战至1940年1月中旬，歼灭日军甚多。左翼集团方面，第二十二集团军辖第四十一军、第四十五集团军及第三十九军、第一游击纵队向随县以东之日军第三师团攻击，一度进展至昌水，遭日军猛烈反击后转移。右翼集团方面，第三十三集团军第五十五、第五十九、第七十七军及第二十九集团军的第四十四、第六十七军东渡襄河，向钟祥及其以南日军第十三师团攻击。到1940年1月中旬，双方于长寿店、钟祥一线对峙。江北兵团方面，第七十五军、第四十一、第一二八师及鄂中游击队由沙阳、新城等处东渡襄河向皂市攻击，日军增援反击。至12月22日，退守河西。鄂东游击军方面，以一部正规军配合游击队，由平汉路以东向广水、信阳线上之日军第三十九师团攻击，颇有斩获。

到12月底前，第五战区作战形势良好，取得了一些战果，并得到了统帅部一再嘉奖。为歼灭在信阳、应山、随县一带日军第三师团，统帅部决定将第三十一集团军汤恩伯部调至襄花路、豫南方面进行作战。三十一集团军随后与第九十二军组成鄂北兵团，于1月初向花园、广水挺进。同时，

① 张宪文主编《抗日战争的正面战场》，河南人民出版社，1987，第183页。

预备队八十四军也加入京钟路作战，由西、北方向对信阳围攻。到1月下旬，中国军队对日军第三、第十三、第三十九诸师团予有力打击，达到了阻滞并消耗日军的任务。24日，李宗仁建议乘日军疲惫，继续扩大攻势，并收复一些失地，但遭到蒋介石否决。

第八战区，12月18日，第三十五军开始进攻包头日军，21日，突入包头市区，袭击日军骑兵旅团司令部，毙敌甚多。1940年1月，日军发起反攻，3月退回包头，中国军队克复五原、临河等地。

第九战区，12月12日开始战斗。第十五、第二十七集团军在岳阳、通城、崇阳、蒲圻附近牵制日军第六师团，第三十集团军在阳新、武宁进攻牵制日军第三十三师团，第十九集团军在靖安、南昌向日军第三十四师团进攻，并破坏南浔铁路及赣北交通。到1940年1月，曾攻克了崇阳、靖安等地，对粤汉铁路、南浔铁路及湘、鄂、赣边区交通设施均加以破坏。但此后日军很快重整兵力，在崇阳、通山等地进行反攻，崇阳、通山相继失陷，中国军队虽奋力进攻，但一直无法攻克，双方成胶着状态。1月下旬，鉴于战况毫无进展，第四、第五战区又需支援策应，统帅部决定在第九战区做佯攻牵制日军，加强对战区内交通的破坏，以此策应五战区作战，并准备抽调部分兵力支援第四战区。到1月下旬，日军4个师团伤亡均达2000余人，而中国军队也伤亡严重，亟须整补。20日，薛岳决定停止冬季攻势，各部队撤出战斗。

冀察、鲁苏战区，在冬季攻势开始时，分别对平汉铁路北段、津浦铁路及胶济铁路予以破坏，并袭击各日军据点，作为策应各战区的攻势。

在抗日战争相持阶段，冬季攻势是国民党军队发动的一场较大规模进攻性战役，对双方都产生了重大深远的影响。

冬季攻势历时3个多月，国民党军队参战兵力达55万余人，与敌作战1300余次，歼灭日伪军警2万多人，俘敌400余人，击沉、击伤日军运输舰船9艘，缴获各种火炮11门，步枪2700多支，在一定程度上牵制和消灭了日军的有生力量。经过近一年的整训，国民党军队士气逐渐增强，官兵素质也有提高，在冬季攻势中取得了一些令人瞩目的战果，表现出中国抗战到底的坚定信念。各战区协同一致对日军发动大规模的攻势作战，在一定程度上消耗了日军的兵力，对其心理造成打击。冬季攻势还改善了中国的国际形象。通过这次冬季攻势，英美等国感到，只要中国坚持抗战，日本就将深陷其中无法自拔。因此，英美决定在财政上对国民政府给予援助，如 1940 年 3 月美国给予中国的 2000 万美元滇锡借款；12 月，美国的 1 亿美元信用贷款及英国政府“平衡基金借款”及“信用借款”各 500 万英镑等。这些外援，对国民政府的抗战发挥了很大的支持帮助作用。

但是，必须指出，军事委员会在发动冬季攻势的同时，还存在不利于这一攻势的行为，如阎锡山在山西展开的一系列“反共”行动。抗战开始后，中国共产党在山西积极组织发动群众，建立了抗日决死队（又称新军）等人民武装，实行全面抗战的路线。阎锡山为了确保他在山西的统治，展开了一系列“反共”活动。1939 年 10 月，他召开所谓“革命同志代表大会”，准备讨论整顿抗日决死队，遭到决死队领导人的抵制。此后，阎锡山即积极准备“反共”行动。冬季攻势命令下达后，阎锡山就决定利用这一时机，以武力解决决死队，摧毁此前建立起来的基层抗日民主政权。他将实力较弱的西路军部队部署到对日作战前线，而以其主力第十九军部署去“消灭”晋西新军。12 月上旬，阎锡山将奋起还击的新军独立二旅污为“叛变”，组成“讨逆军”，任陈长捷为“讨逆军总司令”，大举围攻新军，这大大违背了应大力支援在晋南的对日攻势、截断日军交通的指导思想，影响了冬季攻势作战之顺利进行。这次事件也被称为“新军事件”，是抗战开始以来国共双方的首次大规模冲突。12 月 13 日，蒋介石对阎锡山的举动予以支持，并通令各战区对“非隶属部队”应视同敌伪，“准予剿办”。1940 年 1 月 10 日，他命令阎锡山“借剿叛军名义北上剿清共党势力”。1940 年 1 月底，蒋介石批准了“防制异党部队越轨行动方案”，加强了在华北的军事部署，准备掀起“反共”浪潮。蒋介石以及阎锡山的“反共”行动，使第二战区的冬季攻势的效果大打折扣，而且影响了国共抗日的统一战线，国共关系发生重要变化。

在这次冬季攻势中，国民党军队也暴露出作战过程中的一些缺陷。如缺乏周密作战计划，不能随机应变；对敌情把握不准，导致对日军动态的判断错误；各部队、各兵种不能有效协同配合；等等。这些都是国民党军队应该吸取的教训。

日本方面来讲，自九一八事变之后，日军一向轻视国民党军队，认为国民党军队不堪一击。中日全面战争爆发后，日军虽然没有达到在 3 个月内灭亡中国的目标，但仍然迅速地推进到中国内地，因此大大助长了日军的骄狂心理。这次冬季攻势使日军重新认识了国民党军队的战斗力。日军大本营也承认：冬季攻势“中国军队攻势规模之大，斗志之旺盛，行动之积极顽强均属罕见”。[①] 经过冬季攻势中的桂南会战，威胁滇缅国际交通线安全的日军受到了沉重的打击，只能据守在南宁附近，无力再抽调兵力去切断滇缅国际交通线，这也在客观上减轻了敌后战场的压力。

此后，为削弱中国军队和人民的抗日斗志，日本加快了扶植汪精卫成立伪政府的步伐。

第三节　南战场的奋战：枣宜会战

一　中日双方的战略部署

1940 年 5、6 月间，日军第十一军向湖北枣阳、宜昌地区发动了一次强大攻势。由于重庆军委会及第五战区对日军的战略企图判断失误，战术指挥失当，宜昌沦陷，这次战役就是枣宜会战，日军方面称“宜昌会战”。

冬季攻势之后，英法等国加入欧洲战场，受此鼓舞，国民政府加紧在华北、华中、华南地区对日军展开攻势作战，毙伤日军数万人，使日军在各个战场均陷于苦战，日军遭到全面打击。在冬季攻势之后，第五战区仍不断采取运动战和游击战等方式，对武汉外围的日军据点进行袭扰，待机反攻武汉。因此，为了重整士气，消除第五战区对武汉的威胁，摧毁中国抗战信心与意志，占领江汉平原作为其粮仓，日军第十一军准备发动一次新的攻势。

第十一军的这一要求得到了日军中国派遣军和陆军省的支持。于是，在 1940 年 2 月 25 日，日军第十一军制定了宜昌会战的指导方策，规定其作战目的是：“拟在雨季到来之前，在汉水两岸地区将敌第五战区的主力击败，通过作战的胜利，进一步削弱蒋军，并为推动对华政治、谋略的进展作出贡献。”[②] 指导方针是：“在最短期间内作好准备，大概在 5 月上旬开始攻势。首先在白河以南捕捉汉水左岸之敌，接着在宜昌附近彻底消灭该河右岸之敌核心部队。” 4 月 7 日，第十一军制定了更为具体的作战计划

① 《日本军国主义侵华资料长编〈大本营陆军部〉摘译》（上），第 519 页。

② 彭明主编《中国现代史资料选辑》第 5 卷（下），中国人民大学出版社，1989，第 36 页。

大纲。10 日，日军大本营“大陆命”第 426 号提出“可在 5、6 月间在华中、华南方面，实施一次超越既定作战地区的作战”,[①] 基本上默许了第十一军的计划。

为了准备这次会战，第十一军将其所属部队尽量调用，共包含了 7 个师团、4 个旅团，分别为第三、第四十六、第四十、第三十三、第三十四、第十三、第三十九师团和第十四旅团、第十八旅团、临时混成第一〇一旅团及野战重炮兵第六旅团。中国派遣军另外从长江下游抽调 7 个大队配属给第十一军，还配备了海军、空军协同作战，这样，日方参战兵力有 48 个大队近 11 万人，成为武汉会战以来日军在正面战场所发动的规模最大的一次攻势。

当时的第十一军司令官园部和一郎将进攻宜昌的作战分两个阶段，第一阶段打击枣阳地区的第五战区兵团主力，称为襄东会战，第二阶段再渡过襄河攻打宜昌一带的中国军队，称宜昌会战。日军准备采取左右两翼大规模迂回，分进包围合击，在中央锥形进行突破，拟以三路大军将第五战区主力一举压缩、包围并歼灭在枣阳附近地区。

早在 1940 年 3 月，中国方面就已获悉日军第十一军有向枣宜地区大举进攻的意图。4 月 10 日，蒋介石致电第五战区司令长官李宗仁等，指出：“对敌进犯沙、宜，应迅即预行部署，准备先发制敌……第五战区应乘敌进犯沙、宜企图渐趋明显以前，行先发制敌攻击。以汤恩伯、王缵绪两部主力，分由大洪山两侧地区向京钟、汉宜路之敌攻击，并由襄花路、豫南及鄂东方面施行助攻，策应作战，打破敌西犯企图。其攻击开始时机，由战区密切注视敌情，适机断然实施，但须于四月中旬末完成攻击诸准备。”[②]

第五战区和江防部队将兵力配置分为左、中、右三路：左路为孙连仲的第二集团军，在信阳以北明港至桐柏东南间阵地担任守备；中路为黄琪翔的第十一集团军和孙震的第二十二集团军，在桐柏山东南麓经随县城西侧至大洪山的东北翼间阵地担任守备；右路为张自忠第三十三集团军和王缵绪第二十九集团军，担任高石牌、宜城间汉水右岸及大洪山阵地守备。郭忏率领江防军在荆沙、宜昌一带防守，汤恩伯则率领第三十一集团军在

① 《中国事变陆军作战史》第 3 卷第 2 分册，第 114—115 页。

② 《蒋介石致李宗仁张自忠等密电稿》（1940 年 4 月 10 日），《抗日战争正面战场》（中），2005，第 983 页。

河南确山、叶县一带作机动部队。当时制定的战术为正面闪开、跳到两侧及敌后，对日军侧击、尾追和反包围。各部队各留一部于内线吸引并阻击日军，主力则撤至外线，与担任机动作战的汤恩伯集团军在鄂北、豫南相机对敌进行反包围。

4 月下旬，为迷惑中方对日军战略意图的认识，转移中方的注意力，日军在九江附近发起“扫荡”作战，并出动舰艇佯攻鄱阳湖、洞庭湖，以航空兵轰炸湘赣两省要点，做出要在第九战区有所动作的姿态，其主力则往预定计划处集结。

二 第一阶段枣阳作战

5 月 1 日，日军右翼的第三师团自信阳开始西进直指泌阳，枣宜会战正式揭开序幕。第二天，其左翼的第十三师团也从钟祥发动攻击，两路日军分别突破阻碍后便全力北进，直指枣阳。4 日，日军中路第三十九师团也发起攻势，当下就突破国民党军第十一集团军正面，第十一集团军往西南方转移，第八十四军则往西北转移，力图防守枣阳。

突破第五战区第一线阵地后，各路日军每天以 30—40 公里的速度向前突进，在这过程中，第八十四军第一七三师在枣阳附近为掩护主力转移，遭日军围攻，伤亡较大，师长钟毅阵亡。到 5 月 8 日，日军占领枣阳，其他各路日军也基本到达预定地点，完成包围态势，但并未能捕捉到第五战区主力。事实上，第五战区在运动过程中在日军四周集中了 23 个师的兵力，准备进行决战。

12 日，第五战区各部队对日军发起总攻，激战全面爆发。外翼部队将日军左右两翼向中央地区压迫，在襄东平原地区形成合围，并抽调江防军第九十四军进出汉宜路，攻击敌人后方，同时以鄂东部队攻击日军在平汉路的各个据点。

面对中国军队的强大攻势，日军第十一军司令官园部和一郎急调驻咸宁之第四十师团前往增援，同时令第十三、第三十九师团沿汉水左岸南下反击张自忠的第三十三集团军。由于中方保密意识十分薄弱，军事委员会与第五战区的往来电报均为日军截获，中方的军事动态全在日军的掌握之中，甚至日军还从电报中侦知了第三十三集团军部所在地的具体位置。5 月 15 日夜，日军开始向第三十三集团军所在地区合围。16 日晨，在航空兵配合下，日军集中4000余人，以及20余门大口径火炮，向张自忠的指挥部展开猛攻。守军第七十四师英勇抵抗，并不断进行反攻，第三十三集团军总司令张自忠将军虽多处负伤，仍指挥若定。第七十四师与下午加入战斗的特务营最后弹尽力孤，张自忠将军也在战斗中壮烈牺牲。他是中国乃至反法西斯同盟国牺牲在战场上的最高将领，国共两党都给予他很高的评价，国民政府在重庆为他举行了隆重的安葬追悼仪式。

日军第十三师团击破国民党军第三十三集团军主力后，南线包围圈被突破，日军随即调整兵力，向枣阳集中。

在北面，第三十一集团军等6个军17个师从东、南、北三个方向将日军第三师团分割包围。由于缺乏补给和援助，日军第三师团似已成为中国军队囊中之物，但日军在衡量利弊后，决定让该师团往枣阳方向转移，诱中国军队穷追，自16日至18日，日军第三师团边打边退，中国军队不疑有诈，追至枣阳一线。此时，击破三十三集团军后调头北上的日军第十三、第三十九师团与集结在枣阳地区的第三师团会合。19日晨，日军3个师团发起全面攻势，中国军队力不能敌，七十五军损失尤为惨重，其他各部亦颇有伤亡。各军接到命令后迅速开始撤退，遭到日军跟踪追击。到21日晚，第十一军下令各师团停止追击，枣阳地区作战至此结束。

在这一阶段，中国军队英勇作战，给予日军一定的打击，但同时存在致命弱点，恰如第五战区在会战结束后所做的总结："各级情报多不确实，且对情况过度乐观。如五月十日至十八日间之战斗，各集团情报均不加缜密考虑，咸报敌已溃退，且甚狼狈。殊不知敌系转用兵力，致使上级指挥部为扩大既得胜果，不惜投以全力，以求决战，而奏全功。殆敌悉力反击，遂发生五月十九日之变化。"①

因此，在这第一阶段的作战过程中，日军虽然没有达到消灭中国第五战区主力的主要战役目标，却打乱了中国军队的原来部署，为下一阶段攻击宜昌的作战创造了条件。

三 第二阶段宜昌会战

在第一阶段作战中，日军作战时间达到20多天，超过预计时间一倍以

① 《襄东（枣阳）会战检讨》（1940年），《抗日战争正面战场》（下），第970页。

上，第十一军损耗十分严重，官兵疲惫。在停止追击中国军队之后，日军迅速收缩部队，至枣阳附近进行休整，同时就是否按原计划执行宜昌作战进行讨论，最后决定继续执行第二阶段作战计划。为此，日方动用6个汽车中队紧急调运了1000多吨军需品到达前线。

5月31日夜，北路日军第三、第三十九师团分别在襄阳以南、宜城以北地区强渡汉水，并列南下。对日军的这次进攻，中国军队统帅部事前并无认识和部署，及至发现日军的企图，只能仓促应战。由于右翼张自忠兵团在第一阶段中受到重大打击，第五战区只能临时抽调残破不全、新兵参半的第四十一军2个师又1个团对襄阳进行守备，由第四十四军第一四九师守备宜城。由于新兵居多，守军缺乏战斗力，惊慌而逃，日军如入无人之境。日军两个师团在进攻过程中均未受到强烈抵抗，于拂晓前完成渡河。第十一军命令第四十师团在大洪山对中国军队进行“扫荡”，保障后方，另以小川支队和仓桥支队担任流动兵站对河两岸进行警戒。

中国方面对日军的动向估计严重不足，认为即使日军有一部向襄河以西进攻，也只是佯动，并不会进攻宜昌，因而，根本没有研究在河西作战的计划，在兵力部署上，将担任河西守备的第三十三集团军和江防军主力大部调往河东，以致河西兵力空虚，远安、南漳等一些县市甚至没有设防，宜昌的防御兵力也很有限。因此，在发现日军突然西渡汉水后，第五战区措手不及，李宗仁急忙致电重庆，并仓促调动部队组织防御：左兵团第二、第二十二、第三十一集团军和第六十八军，攻击日军在襄花路、京钟路和汉宜路的后方，切断其补给线，同时向襄阳、宜城间攻击渡河日军，为策应右兵团进行作战；右兵团第三十三、第二十九集团军和江防军，主要以确保宜昌为主要任务；同时将第七十五、第九十四军火速调回归还江防军建制，正在四川涪陵休整的第十八军十八师紧急船运，参与宜昌会战担任守备。

日军渡河之后，并未受到中国守军的强烈抵抗，迅速南下推进，很快便突破第四十一军防线，攻入襄阳，第三、第三十九两个师团随即并列向南攻击前进，到达国民党军第三十三集团军后背，守军猝不及防下陷入混乱，受到日军猛烈攻击，第三十三集团军被分散击破。在战况紧急之下，为牵制日军的行动，第三十一集团军奉命率5个军南进追击，但战果并不显著。6月3日，日军第三师团突破国民党军第三十三集团军防御占领南漳，第三十九师团占领宜城。4 日深夜，日军第十三师团、池田支队和汉水支队等部队强渡汉水，从东南方向逼向宜昌，宜昌遂暴露在两路日军面前，宜昌危急。

9 日，东北面有日军第三、第三十九师团，南面有第十三师团，两路日军围攻当阳，中国守军激战一天后被击退。10 日，第十一军下达攻占宜昌的命令：“二、军决定攻占敌军具有战略意义的长江南北联络要冲宜昌，而后迅速保持机动态势。三、第三师团及第三十九师团消灭敌人北面集团后，在当阳一带及当阳以西地区整理阵容，准备尔后的机动……四、第十三师团击败安福市（宜昌东南约 30 公里）一带敌人南面集团后向宜昌突进，并迅速围攻和占领宜昌。”①

中方第十八军于两天前才赶到宜昌，立足未稳，仓促部署防御，以第十八师守城，以第一九九师配置于外围。日军以 3 个师团的兵力连续攻击，并以战车部队突进，配合了上百架飞机进行疯狂扫射。守军兵力单薄，很快不敌日军的猛烈攻势，撤往宜昌附近及当阳以西山区。12 日，宜昌陷落。

占领宜昌后，日军对是否要予以确保并没有明确做出规定。按照武汉会战后大本营所确定的一般方针，每次经大本营批准的超越作战控制区域的作战，主要目的并不是扩大占领区，而在于打击中国军队的有生力量，摧毁中国的抗战意志。因此，第十一军在占领宜昌的当天就指示各师团：“军已达到此次作战目的，现决定立即整理部队，准备尔后之机动。”②

随后参谋长指示各兵团在集结地区内的驻留时间预定在一周之内，在此期间，将宜昌的军事设施悉数摧毁，无法携带的缴获物资予以销毁或抛进长江。按照 13 日统计，日军当时缴获了野山炮 16 门，步枪子弹 80 万发，大米 17425 袋，还有“其数无法形容”的燃料和弹药，这些物资大多数被扔进了长江。

6 月 15 日 22 时，第十一军正式下达了撤回汉水东岸的命令，规定第三、第三十九师团先行撤到当阳、荆门一线，占领阵地，掩护第十三师团撤退，规定撤回第一日为 6 月 17 日。第十三师团从 16 日午夜开始撤出宜

① 《中国事变陆军作战史》第 3 卷第 2 分册，第 18 页。

② 《中国事变陆军作战史》第 3 卷第 2 分册，第 20 页。

昌。第三师团于18日零时撤离当阳一带。这样，占领宜昌4天以后，日军陆续撤出宜昌。中国军队则在日军撤退时，在沿途予以反击，17日晨收复宜昌。

在6月10日至15日第十一军发出撤退命令时，日本方面对是否要确保占领宜昌进行了激烈的讨论。由于受到6月12日德军占领巴黎的刺激，日军中央统帅部倾向认为应迅速占领和确保宜昌。16日，参谋本部发出命令，提出确保宜昌，期限暂定为1个月。这一命令传达到占领宜昌的各部队时，日军各师团已经离开宜昌至少50多公里，接到这一命令之后，第十三师团在第三师团一部配合下，重新调转头来再次向宜昌进攻，冲破中国军队的阻击之后，于6月17日下午重新占领宜昌。

7月1日，为弥补第十一军扩大占领区后兵力之不足，日军大本营将驻在黑龙江省佳木斯的第四师团从关东军序列中调出，列入第十一军，并于7月13日下达了“大陆命”第436号，准备长期确保宜昌，内容为：“一、从现在起确定武汉方面作战地区概为安庆、信阳、宜昌、岳阳、南昌之间。二、超越上项指定地区进行地面作战时，另行命令。”①

在日军重新占领宜昌后，中国军队继续对宜昌日军及其后方联络线进行反击，双方形成对峙。枣宜会战结束。

枣宜会战前后历时近两个月，中国军队以伤亡10万人的代价，歼敌2.5万人，② 体现了战斗的激烈和中国军队敢打敢拼、勇于牺牲的精神，特别是张自忠、钟毅两位将军的壮烈殉国，为这次会战涂上了浓墨重彩的一笔，使枣宜会战青史留名，鼓舞了当时和后来千千万万爱国的中国人。但经此一役，第五战区军队主力元气大伤，一直到抗战结束都没有恢复。

宜昌被占领后，第五战区通往重庆后方的水路被阻，各战区与大后方的往来通道被隔断，第五战区在正面战场的战略地位因此急剧下降。以宜昌为跳板，日军多次发兵图谋入侵四川。最大规模的一次是1943年5月，日军海空军数万人向三峡进击，在石牌要塞和长阳木桥溪与第六战区第十八军激战数日，终因地形复杂易守难攻，未能得逞。

同时，日军占领宜昌后，以宜昌为基地，展开了对中国抗战的西南大

---

① 《中国事变陆军作战史》第3卷第2分册，第28页。

② 按日第十一军的战报，该会战日军伤亡约7000人。

后方的空中作战，对重庆和大西南的重要基地进行轰炸。仅1940年，日军就出动飞机4000余架次，对重庆进行了反复的战略轰炸，这也是日军对华航空作战最频繁的时期，而其飞机多是从宜昌起飞的。日本海军“零”式战斗机自8月10日起以宜昌为中继站，攻击轰炸抗战后方，使中国政府和人民遭受了巨大损失。

为了进攻宜昌，日军第十一军不得不从其他战区抽调大量主力精锐部队，造成了其他战场兵力的相对空虚，从而为其他战场中国军队的作战创造了良好条件。如中国第九战区在南昌发动的攻势作战，据日军战史记载，被歼日军达3000多人。①

宜昌的陷落，震动了朝野，大大出乎蒋介石的意料。在日军进攻宜昌的消息传到重庆之后，他连夜召开军事会议，强调宜昌不保，重庆陪都就门户洞开，抗战前途将不堪设想。当时委派陈诚赶赴宜昌，加强前线指挥。但是陈诚未能力挽狂澜。宜昌会战之后，蒋介石迫于压力免去了陈诚兼任的各个职务。为了加强宜昌地区的守备，国民政府军事委员会对战区进行了重新划分。1940年7月，重设了第六战区，以陈诚兼任司令长官，长官部设于恩施，下辖第三十三集团军、第二十九集团军、江防军、第十八军等32个师，屯驻于鄂西和长江两岸，对宜昌形成半包围圈。

此外，日军虽占有宜昌，但并不能对重庆构成直接根本的威胁；而第五战区仍保有襄樊和大洪山区，对驻扎在武汉的日军始终保持一定的威胁。到抗战胜利前，中日两军在宜昌地区一直处于对峙的状态。

第四节　北战场的失利：中条山会战

一　日军的战略意图与中国的应对

1940年，在欧洲战场，德意法西斯对英法等国作战取得了一定的进展，大大刺激了日本南进的野心。但是，由于中国政府和人民的坚持抵抗，日军陷入了中国持久战的泥潭。为迅速结束在中国战场的作战，1941年1月16日，日军大本营陆军部会议提出了在1941年秋季以前“解决中

① 《中国事变陆军作战史》第3卷第2分册，第30页。

国事变”的计划。中国派遣军根据这一计划，特别提出要“在华北消灭山西南部中央军”，即准备开展中原会战，也即中条山战役。

中条山位于山西省西南部，山势狭长，横亘于黄河北岸，横约170公里，纵约50公里，瞰制豫北、晋南，屏蔽洛阳、潼关和中原大地，战略地位极为重要。华北沦陷、雁门关及平型关等失守之后，中条山更成为“关系国家安危之要地”。中条山虽然被叫作“中国的马其诺防线”，然而，中国军队在中条山的防御是十分薄弱的。除一些简单的战壕、交通壕和一般的堡垒外，在中条山的交通要道、隘口、重要的军事驻地以及黄河重要渡口等处，都没有足够的防御设施，也缺乏重兵驻守，这一点曾遭到苏联军事顾问的严厉批评，认为中国军队的防御工事太过儿戏。

当时驻守中条山的部队主要有第一战区司令长官卫立煌指挥的中央军，以及阎锡山的晋军，中国共产党为坚持抗战也在这个地区展开工作。鉴于中条山战略地位的重要性，国民政府军令部再三命令第一、第二战区要协力固守中条山地区，然而，由于驻守中条山的部队普遍存在对日军的轻视，缺乏警惕性，防御工事一直没有加固。自1938年以来，日军曾13次围攻中条山，但均未得逞。“皖南事变”发生后，日本政府认为国共合作抗日的关系就此破裂，于是力图借此机会压迫蒋介石投降，进一步煽动国共两党的摩擦，破坏双方的合作。鉴于对国民党政权诱降活动的失败，1941年2月14日，日本中国派遣军司令官在南京开会，决定趁国共纷争之机，对蒋介石集团进一步施加军事压力，准备对中条山进行一次更大规模的进攻。

日军第一军在周密研究了华北局势之后，做出了如下判断：“中共军进行了百团大战以后，因几次受到日军的讨伐，战斗力恢复很慢；另外山西军仍然无意与中央军合作，战斗力也很低”；“扰乱治安的主要力量，仍然是盘踞在中条山的卫立煌军”，它“牵制着日本军三个师团，首先将其消灭，日军即可自由行动”。[①] 1941年上半年，日军组织了64个大队相当于7个师团的兵力，对中国的东南沿海封锁作战，同时对国民党正面战场实施所谓“灵活的”、“速战速决”的作战，发动了对豫南、上高的进攻，接着，就把打击的矛头指向了华北中条山区。

---

① 《中国事变陆军作战史》第3卷第2分册，第132页。

1941 年 3—4 月，中条山的形势危急，中条山守军以及第二战区都曾就危险局势向蒋介石和第一战区司令长官部做了汇报和通报，但是这种严重情况并未引起他们足够的重视。

日军负责中条山方面作战的第一军司令官筱冢中将，自 1940 年初就试图“为扩大治安圈，竭尽可能打击重庆军”。到了下半年，他决定打击在中条山的卫立煌军，“以便改善山西省内的治安”。华北方面军司令官多田骏同意了他的意见，并对这次作战的目的做出明确指示：“当前的任务在于消灭和扫荡盘踞在晋豫边区的中央军主力，消灭其在黄河以北的势力”，“扩大和利用这次会战的战果，借以确保华北的安定，并加强对重庆政权的压力”，[①] 他要求中国派遣军增兵华北。中国派遣军同意多田骏的意见，并报日军大本营批准。

发动会战之前，日军做了多方面的准备工作。3 月，日军第三十六师团向集结在陵川一带的中国第二十七军发动进攻；为创造大规模进攻的态势，第三十七、四十一师团进攻在翼城以南、绛县以东的第十五军阵地，占领一些制高点。同时，为掌握中方军事动态，日军频繁地进行战前侦察。为了迷惑中方的战略判断，日军在临战前制造出了准备渡过黄河夺取西安的假象，在白天把大量舟船和战略物资运往风陵渡，晚上再原路运回，还用汽车、马车伪装成大炮，派骑兵拖拉树枝扬起灰尘以假乱真。在日军这样的迷惑之下，国民党军事委员会的判断远远偏离了事实，以为日军是企图渡河，进攻洛阳、潼关，借此威胁中原和西安。

在此次会战之前，第一战区以主力 7 个军配置于中条山山区，另有一部 4 个军配置于太行山及太岳山区，依险峻山隘及强固工事实行对日持久作战，并与第二战区吕梁山互相策应。何应钦在 4 月 18 日洛阳作战准备会议上听取了中条山守军负责人汇报后做出判断：“晋南之敌，似将逐次夺取我中条山各据点，企图彻底肃清黄河北岸之我军，然后与豫东之敌相呼应，进取洛阳、潼关，以威胁我五战区之侧背，或向西进窥西安。”[②]

此时，日苏两国签订了“中立协定”，战局又发生变化。军事委员会判断日军将向中国战场增兵，施行局部攻势，摧毁中国的反攻能力，而储

---

① 《中国事变陆军作战史》第 3 卷第 2 分册，第 132—133 页。

② 《何应钦主持关于晋南会战作战准备之历次会议记录　第一次会议》（1941 年 4 月 18 日），《抗日战争正面战场》（中），2005，第 1045 页。

备主力伺机南进。4 月 20 日，何应钦到达第一战区长官部驻地洛阳，召集军事会议。他在洛阳作战准备会议上提出："敌似将夺取中条山，肃清黄河左岸，尔后进犯洛阳、潼关，以威胁我第五战区之侧背或西窥西安。"为确保中条山，何应钦做出指示："（一）第一步，应相机各以一部由北向南（93A），由东向西（27A），与我中条山阵地右翼各部，合力攻取高平、晋城、阳城、沁水间地区，以恢复廿九年四月前之态势。（二）第二步，与晋西军及第二、第八战区协力，包围晋南三角地带之敌，而歼灭之。（三）最低限度，亦须能确保中条山。"①

何应钦要求中条山守军加强纵深防御，加紧修筑防御工事，侦察敌情，注重情报，加强各部队间联络，改进通信网，注重保密性，注意协同作战和注意对敌战法研究等。但是，对于各部队将领提出的一些具体要求，如增加中条山西线守备力量、加派工兵、增加重兵器和炮兵部队等，何应钦并未允诺解决这些实际问题。

国民政府军令部判断日军有从沁阳、济源及横岭关、皋落镇公路进攻垣曲的企图。于是，军事统帅部于 5 月 2 日令第一战区以一军向高平、博爱，一军向闻喜、侯马、夏县采取两路攻势对日军进攻，同时令第二战区晋西部队对同蒲路，第五战区祀东部队对陇海路当面之敌进行牵制作战。

5 月 3 日，依据何应钦的方案，第一战区司令长官部以卫立煌的名义确定了中条山地区作战方针，其内容为："为打破敌之进攻企图，应制敌机先，积极实施游击，以粉碎敌之攻击准备及兵力集中。"② 这个方针完全放弃了第一步和第二步打算。5 月 4 日，蒋介石却致电卫立煌、阎锡山、朱绍良等人，认为"晋南、豫北敌人增加甚多，似有渡犯企图"，强调要"各战区应速征集民夫，积极加强各该方面阵地及河防工事，特应注意刘茂恩、楚溪春两部防地及陕州至禹门各渡口之河防工事"，③ 把重点放在防止日军过河上，这种判断表明蒋介石当时并没有弄清日军的真实意图。由于对敌情的错误研判，军事委员会没有拿出一个切实可行的作战方案，而

---

① 《何应钦主持关于晋南会战作战准备之历次会议记录　第二次会议》（1941 年 4 月 20 日），《抗日战争正面战场》（中），2005，第 1050 页。

② 王辅：《日军侵华战争》第 3 卷，第 1472 页。

③ 《蒋介石致卫立煌阎锡山朱绍良密电稿》（1941 年 5 月 4 日），《抗日战争正面战场》（中），2005，第 1054 页。

是做了几个备选作战方案：一是主力向黄河南岸撤退，巩固河防；二是乘敌集中未毕，制敌机先，以击破其攻势；三是采取机动战术，变内线为外线作战。

二 中条山会战与中国军队的重大失利

中条山会战从 1941 年 5 月 7 日开始到 27 日结束，大体可分为两个阶段。

第一阶段从 5 月 7 日到 11 日。7 日下午和晚上，日军在其航空部队的掩护下，由东、北、西三个方向多路向中条山的中国军队发动全面攻势。

在北路，日军以第四十一师团、独立混成第九旅团及伪“大汉义军”共 2 万余人，向横垣（曲）大道东西两侧发动攻击。日军的作战目的十分明确，就是要攻占横垣大道，直取垣曲县城，把中条山分割为两块，对中方两个集团军实行分割包围，各个歼灭。中方第四十三、第十七军奋力抵抗，激战至 8 日拂晓，垣曲以东十八坪阵地失陷。第十四集团军司令刘茂恩命令第十五军与第四十三军协力克复十八坪阵地，猛烈反攻之后，一度将十八坪阵地夺回，但日军武器兵力处于绝对优势，又施放毒气，中方守军不得不放弃阵地，向东转移。日军遂向垣曲突进，当天黄昏，垣曲陷落。垣曲陷落之后，中条山守军遂被日军分成两段，各自为战，日军由垣曲分别向东西两边扩张，12 日攻陷邵源。

在东路，日军第三十五、第二十一师团及骑兵第四旅团之一部，以及伪军张岚峰和刘彦峰等部，共 2 万余人，向沁河南岸至黄河北岸中国第九军阵地进攻。第五十四师据守在沁阳至济源的公路阻止日军前进。8 日，日军 2000 余人向防守沁河左岸的第五十四师七十二团阵地发动猛攻，中国守军严阵以待，毙伤日军 200 余名。在受到强力抵抗之下，日军派出 1500 名援兵，在 3 架战机的掩护下，向孟县进攻。由于寡不敌众，孟县很快陷落。日军攻陷孟县后继续向西进犯，同时沁河西岸的日军也增援西进，企图包围第九军于济源以东地区，第九军遂退守济源既设阵地。8 日午后，日军两架战机对济源县城狂轰滥炸，第九军军长裴昌会不得不命令主力西移。8 日晚，济源也告陷落。此后，军长裴昌会奉卫立煌命派新编二十四师主力、五十四师一团驻守在封门口一线，第四十七、第五十四师两部驻扎在王屋附近，而独立四旅及第八、第十七、二十六游击支队在孤山一带展开游击。

5 月 9 日下午 6 时，日军分三路向封门口南北之线展开猛攻。中方新编二十四师与五十四师与日军展开激战，损失严重，日军也死伤 500 余名。于是日军使用毒气向第五十四师阵地进攻，致使五十四师之一一六团中毒官兵达到 1/3，其余官兵继续鏖战。其时垣曲已失，为策应河防、掩护主力由官阳南渡，第九军主力开始转移，新编二十四师主力向邵源镇以北黄连村转移，第五十四师向官阳渡口集结，第四十七师占领指定阵地。

在西路，日军第三十六、三十七师团及第十六独立旅团，伪军第二十四师一部，由夏县方面攻击中方第八十、第三军阵地。敌以优势兵力，在步炮兵和空军的协同配合之下，向中方阵地猛攻。7 日晚，日军突破第八十军与第三军之间阵地，守军做了英勇抵抗，新编二十七师师长王峻、副师长梁希贤、参谋长陈文杞等人在激烈的战斗中牺牲。8 日，日军进袭位于唐回的第三军司令部，由于敌众我寡，军长唐淮源见情势危急，命令部队以团为单位进行突围，争取转入外线作战，战至 13 日，弹尽援绝，又与上级失去联系，唐淮源壮烈殉国。该军第十二师师长寸性奇、第三十四团团长张正书、第三十六团团长黄仙谷等爱国将领也在此次激战中阵亡。

在东北一路，日军第三十三师团及第四独立旅团一部，于 7 日向董封东西之线的第九十八军阵地猛击。在军长武士敏的指挥下，第九十八军在董封东西线上展开激战，坚守了 6 天，并在王村将敌 2000 余人击溃，毙伤日军滨田大佐以下 700 余人，获轻重机枪 12 挺，步枪 200 支，防毒用具 120 副，其他战利品甚多，这次胜利在整个中条山战役中是少有的，连日方也承认“九十八军对日军进行了顽强的抵抗”。战至 12 日，武士敏所部仍坚守于阵地。13 日，得到增援后的日军再行攻击，董封阵地遂被突破，武部除一部突围至沁水外，其余皆转移至横河镇东西地区。同时，因垣曲、邵源均已失陷，第九十八军腹背受敌，不得不于 14 日向北突围。

至此，中国守军的防御阵地全被突破，日军已先后占领了垣曲、济源、孟县、平陆等县城和一些重要的山隘据点，并封锁了黄河北岸主要渡口，中国军队已完全在日军的包围之下。

5 月 11 日后，日军开始转入第二阶段作战，对已在包围圈内的中国军队进行“追剿”和反复“扫荡”。中国军队除一小部留在中条山继续抵抗外，主力奋力突围。

在中条山西侧，第五集团军司令曾万钟率领第十五、第三、第十四军等部陆续通过敌封锁线，向西渡过汾河、黄河，转到洛阳、新安一带整顿。

在中条山北侧，第九十三军军长刘戡率领所部第十师向北转进，一路上遭日机轰炸，疲于奔命。18 日到达太岳山区，此后经沁源，翻越塔儿山，跨过同蒲路，最后由临汾渡汾河和黄河，进入陕西境内，归胡宗南指挥。第九十八军武士敏则率领一部经兜垛村转移到太岳山区。5 月 25 日，接蒋介石命令，第九十八军接替已撤走的第九十三军驻防太岳山区。第四十三军于 16 日转移到外线后，由第八集团军副总司令楚溪春率领向浮山、翼城间“转进”。

在中条山东侧，第九军第四十七师和新编二十四师主力，在道清西段和济源山地一带对日进行游击，5 月 25 日，第四十七师南渡完成。27 日，中国军队大部退出中条山区，会战基本结束。

中条山会战之前，中方部分部队就已经撤出战斗，如第二十七军军长范汉杰错误判断情报，为保存实力，将全军撤出晋东南地区；第四十三军军长赵世铃也在日军开始攻击时，率第七十师由垣曲撤退到阳城；庞炳勋和孙殿英在会战初期就把部队拉上太行山；第三军三十四师师长公秉藩则在被俘后投降了日伪。

为声援在中条山艰苦作战的国民党军队，5 月 16 日，中国共产党曾强烈要求将包围陕甘宁边区的胡宗南部队移防支援，但蒋介石并不积极行动，而中国共产党则捐弃前嫌，配合中条山友军对日作战。4 月初，中共以彭德怀名义致电卫立煌，提出八路军以主力一部进入中条山及汾南三角地区，从侧面牵制日军协助作战。八路军太岳军区司令员陈赓与国民党九十八军军长武士敏达成协议，率太岳部队进入太岳南部，共配合友军作战达 200 余次。

中条山战役的失败，原因是多方面的。客观分析，日军部队训练有素，且机动性强，在作战过程中使用飞机、重炮、战车协同行动，尤其还违反国际法，大量使用化学毒气向中国军队进攻，造成敌强我弱的局面；主观来看，蒋介石在此地区坚持消极抗日、积极反共的方针，没能发挥军队的战斗力和利用有利形势去打击敌人，重庆方面一方面知道中条山战略地位的重要性，另一方面又认为坚守中条山需要消耗自己的实力，所以，从 1940 年下半年开始，蒋介石要求八路军、新四军全部开到黄河以北去抵抗日军，自己却并未做积极防守和反攻准备。由于卫立煌表露了对八路军的同情，蒋介石借故命其留在重庆待命。当中条山形势危急时，卫立煌才日夜兼程赶回洛阳指挥作战。临战变化，指挥欠妥，也是中条山会战中中方失利重要原因。军事委员会曾在 4 月上旬制定了比较符合战情的方针。到 4 月 20 日，何应钦在洛阳召集军事会议，其作战方针仍基本是积极的。但到了 5 月 2 日和 3 日，却改变了原来的作战方针，企图依赖所谓的“中国的马其诺防线”进行防守，不主动出击，并将第八十、第三、第十七、第十三、第九十八军等排成一线，导致垣曲沦陷后，中国军队被截断成为东西两段，最后全军溃败。

此次会战，虽然中方惨败，但它还是在一定程度上削弱了侵华日军的力量，尤其是吸引了其他战场上的日军，客观上支援了正面战线其他战场的作战，对共产党领导的敌后抗日斗争也起了互相配合和牵制敌人的作用。此役中方对日军的伤亡统计为“歼敌约九千余人”，并获步枪 742 支，重机枪 40 挺，防毒用具 244 副，击毁汽车 19 辆。[①] 在抗日战争相持阶段，日军战区不断扩大，战线日益延长，兵力也甚感不足，在此情况之下能消灭近万名日军，无疑也是对日军的重大打击。虽在此会战中中国军队丧师失地，但日军的战略和政略目标并未全部达到。会战之后，中条山区遗留的部队改编成各种游击队，不断袭扰日军，尤其是中国共产党领导的游击队在中条山区发展壮大，给日军以很大威胁，连日方也承认：“新占领区内，以前的不安定势力即重庆军，被中共势力取而代之，逐渐浸透到各个方面，治安反而恶化了。”[②] 为了“维持治安”，日军不得不派兵驻守中条山各个据点，中共太行太岳根据地军民趁日军兵力薄弱，不断进行破袭，割断日军电线，多方面展开交通破袭战，连续不断破坏铁路、公路交通，挖掘“道沟”，阻滞日军装甲部队、重武器和运输汽车的前进，掩护我军民的进攻和转移，为取得后来反“扫荡”的胜利创造了条件。

中条山地区及黄河各渡口被占领后，日军扩大了所谓“治安区”，构成了对西安、洛阳的威胁，华北抗日战争正面战场失去了最后一块基地。而面对装备优良且配有化学毒气的日军的猛烈进攻，中方也付出了重大的

---

① 《中日战争中条山会战战史纪要》，国民政府战史编纂委员会档案，中国第二历史档案馆藏，全宗号：787。

② 《中国事变陆军作战史》第 3 卷第 2 分册，第 135 页。

牺牲。据日方统计材料，国民党军队“被俘约三万五千名，遗弃尸体四万二千具，日军损失，计战死六百七十三名，负伤二千二百九十二名”。[①] 据中方最终的统计，伤亡、中毒、失踪官兵共计达到13751名。[②]

第五节 日军的空中优势与狂轰滥炸

日军地面部队攻占武汉、广州之后，就基本同中国军队形成对峙局面。加之日军长期陷于中国广阔的战场，国力不堪承受。同时，日本与美、英等国关系恶化，也急于想从对华战争中脱身。有鉴于此，日本当局决定，在政治上采取一系列措施引诱国民党军政官员“归顺”，在经济上对中国实行严厉封锁，在军事上对中国内地城镇进行普遍空袭，企图摧毁中国军民的抗战意志，迫使国民政府投降。面对日军的狂轰滥炸，国民政府在加紧民防建设的同时，以空军和地面防空部队为主要力量，开展反空袭作战。以中国内地主要城市为中心的空袭与反空袭作战，构成了抗日战争的特殊图景。

一 日军对中国内地空袭作战的战略目的

1938年10月日军占领广州、武汉后，随着侵华战争的扩大和战线的延长，其“速战速决”的战略企图破产，战争进入战略相持阶段。在这种情况下，日本被迫对既定的侵华方针做出重大调整，对国民党采取“政治诱降为主、军事打击为辅”的方针。为了配合政治上的诱降活动和继续打击国民政府的抗战决心，日本决定动用陆、海军航空部队，对中国内地实施大规模轰炸。日本军部提出从这个时期开始，实行以轰炸机为主体进行“政略攻击”的思想，即“航空兵力不仅以协同地面部队作战为目的轰炸战场上的敌方军事力量，也不限于在地面军队作战区域内调动，而且用作发挥对敌方各大城市进行袭击的新威力”。[③] 日本军方制定并颁布的《航空

---

① 《中国事变陆军作战史》第3卷第2分册，第132页。

② 《卫立煌致蒋介石密代电》（1941年10月28日），《抗日战争正面战场》（中），2005，第1072页。

③ 谢世廉主编《川渝大轰炸——抗战时期日机轰炸四川史实研究》，西南交通大学出版社，2005，第13—14页。

部队使用法》则明确规定："政略攻击的实施，属于破坏的要地之内，包括重要的政治、经济、产业等中枢机关，并且至关重要的是直接空袭市民，给敌国国民造成极大的恐怖，挫败其意志。"[①] 这项丧失了基本理性和人道的作战指令，并非仅出自少数日本军人的变态疯狂，而是正式得到了日本最高统治者裕仁天皇的首肯。就在军方颁布《航空部队使用法》之后不久，裕仁天皇即敕令日本海军中国方面舰队司令官依此实施，并指示其"长驱直入敌要地，击毁敌机、摧毁敌诸阵营，或压制支那沿海，切断敌交通，扬皇军之威于中外"。[②] 其中所谓"摧毁敌诸阵营"，即指"无区别"轰炸中国城市，尤其是战时首都重庆。自此至太平洋战争爆发，日本对华空袭兵力部署虽有所调整，但一直以国民政府战时首都重庆为重点进行"政略攻击"，"以炸迫降"的战略企图十分清晰。在这一战略企图指导之下，日军空袭以国民政府战时首都重庆为重点，对中国内地展开直接针对民用目标和无辜平民的大规模无差别轰炸。

1941 年 12 月太平洋战争爆发后，日本战线拉长，遂将驻留在中国的飞机大批调往越南、泰国及缅甸一带，以应西南太平洋方面作战的需要。在这种情况下，"敌军忙于对太平洋盟军作战，益感其飞机之缺乏，除一面积极设法增加生产外，又不得不将在我国之飞机抽调南移以供使用。由是我国境内敌空军兵力日趋薄弱，敌机活动因之减少"。[③] 此后随着战争形势的变化，日军大本营对中国战场的航空作战，主要考虑的是如何防止美国空军利用中国基地轰炸日本本土问题，因此可称之为"防空袭战略"。在这种情况下，日军航空队以"战略攻击"为主，对华轰炸范围集中于浙、赣、湘、桂、滇西等地，轰炸目标主要为军事设施，从其轰炸目的来看，主要是直接策应军事行动，防止美国空军利用中国基地轰炸日本本土。

二 日军对中国内地空袭的具体实施

根据日军大本营和中国派遣军的指令，侵华日军航空部队具体执行实施空袭任务。日本对华空袭几乎贯穿全面侵华战争的全过程，但根据各战略阶段的作战意图及空中力量对比情况，以战略相持阶段对中国内地的轰

① 谢世廉主编《川渝大轰炸——抗战时期日机轰炸四川史实研究》，第 14 页。

② 谢世廉主编《川渝大轰炸——抗战时期日机轰炸四川史实研究》，第 14 页。

③ 《防空设施及抗战经过概要》，中国第二历史档案馆藏，全宗号：787，案卷号：17029。

炸尤为剧烈。自1938年12月至1941年12月太平洋战争爆发，日军空袭以国民政府战时首都重庆为重点，对中国内地展开大规模无差别轰炸，依照其行动特点，可分为试探性轰炸、重点区域轰炸、全方位密集轰炸和全面疲劳轰炸四个时期。

1938年12月至1939年2月，日军对中国内地进行试探性轰炸。这一时期，日军以主要装备重轰炸机的第一飞行团4次轰炸重庆、3次轰炸兰州；以轻型轰炸机为主要装备的第三飞行团对长沙、常德、恩施、芷江等地进行了轰炸；海军高雄航空队和第三联合航空队还对桂林、贵阳、昆明、蒙自和滇越铁路大桥进行了轰炸。总的说来，这一时期日机主要任务是通过空中侦察和试探性攻击，了解重庆等地的气候状况、地理环境和空防能力，为日后的大规模轰炸做准备。

1939年5—12月，日军对中国内地进行重点区域轰炸。1939年5月，重庆雾季结束后，日机于3日突然对重庆进行大规模轰炸，投弹166枚，其中爆炸弹98枚、燃烧弹68枚。[①] 重庆繁华的商业场、新丰街一带几乎全被炸毁，银行金融业集中的陕西街被炸成断壁残垣，下半城27条主要街道有19条被炸成废墟，燃烧弹将朝天门、陕西街至中央公园两侧的41条街道烧成一片火海。4日下午，日机27架继续对重庆进行狂轰滥炸，致使上半城38条街道被炸起火，都邮街、柴家巷尽毁，驻渝英、法、德使馆均遭到不同程度的损失。此后因发生诺门坎事件，日军大本营一度将航空作战重点用于对苏战略。诺门坎事件解决后，日军重新调整力量，继续以“政略攻击”对中国内地实施航空作战。在约1个月的时间里，持续轰炸兰州黄河铁桥和东、西飞机场。特别在12月下旬，日军发动“100号作战”，连续三天集中上百架飞机对兰州进行狂轰滥炸，投放大量炸弹和燃烧弹，使兰州淹没在一片火海中。此外，日军还轰炸了延安、西安、银川等地。

1940年5—9月，日军对中国内地实施全方位密集轰炸。对中国内地进行重点区域轰炸结束后经过一段时间调整，1940年5月2日，日军大本营指示“中国派遣军总司令部可以自今日实施空中进攻作战”。5月13日，日本陆军第三飞行集团长官木下敏与海军联合空袭部队司令官山口多闻分

---

① 重庆市人民防空办公室编《重庆市防空志》，西南师范大学出版社，1994，第97页。

别在《关于101号作战的陆海军协定》上签字。按照“101号作战”方案，“陆海军航空部队紧密协同进攻内地，以挫伤敌人的抗战意志。为此，首先压制敌之军事、政治中心的航空势力，然后摧毁其重要设施”。[①] 从1940年5月18日至9月4日，日军一共进行了连续112天大轰炸，共轰炸重庆市内75次，日陆军出动21批904架次，海军出动54批3651架次，共投弹27107枚，计2957吨。[②] 与1939年的航空进攻作战相比，“101号作战”计划实施的大轰炸规模更大，范围更广，轰炸更加密集。自5月26日至8月23日的90天里，日机对重庆轰炸了32天，平均每三天就有一轮。

1941年5—9月，日军以重庆为重点进行全面疲劳轰炸。鉴于此前对重庆所进行的大规模轰炸始终未能达到“以炸迫降”的目的，日军改以小批量飞机进行长时间的疲劳轰炸，企图使警报难以解除，市民被困在防空洞内，无法坚持正常的生产生活。5—6月，日本海军以第二十二航空战队为主进行了“601号作战”，在该作战中，日机共袭击中国内地22次。[③] 其中，日机于6月5日以长时间疲劳轰炸袭击重庆，致使发生震惊中外的大隧道惨案。1941年7月，日军大本营为了在对美、英等国开战前早日结束侵华战争，决定集中大量航空兵力对中国内地作最后一次毁灭性打击，代号为“102号作战”。在“102号作战”中，日本海军航空队共出动20批（其中攻击重庆14批），使用飞机2389架次，投弹15036枚。[④] 其中，8月8—14日，日军以每次约6小时的间隔，持续7天7夜对重庆进行疲劳轰炸。此外，日军还将轰炸目标指向长江上游的中国舰船、港口和自贡等产盐地，并袭击了天水、临洮的中国空军机场和兰州、延安、西安等地。9月以后，因日美关系渐趋紧张，加之日本陷入侵华战争而不能自拔，为了寻找出路，日本积极准备发动太平洋战争，航空部队纷纷南调，才结束了对中国内地的大规模空中攻击。

三 中国军队的反空袭作战

面对日军的狂轰滥炸，国民政府加紧民防建设的同时，加大了防空部

① 四川省档案馆编《川魂——四川抗战档案史料选编》，西南交通大学出版社，2005，第51页。

② 《川魂——四川抗战档案史料选编》，第61页。

③ 高晓星、时平：《民国空军的航迹》，第323页。

④ 高晓星、时平：《民国空军的航迹》，第327页。

队建设步伐，在各要地部署高射炮兵和歼击航空兵部队，以此作为反空袭的重要力量，抗击日军飞机空袭。中国空军和地面防空部队在苏联的支援下，克服重重困难，艰苦作战，死力苦撑，在反空袭斗争中取得了一些战果，同时也暴露出不少问题。

武汉、广州失陷后，中国空军和苏联志愿航空队人员和飞机都消耗很大，亟须补充和休整。1938 年 11 月，苏联志愿航空队转至修理基地兰州，中国空军主力调至成都、宜宾等地整训。经 1939 年整训后，中国空军部队共 7 个大队、1 个独立中队，苏联志愿航空队 4 个大队，总计各型飞机 215 架。1940 年，苏联志愿航空队撤销，中国空军 7 个大队，只有驱逐机和轰炸机共 160 架。在制空权被日军掌握的情况下，中国空军反空袭作战极为艰难。

在初期的反空袭作战中，空军加强与地面防空部队的配合。例如，1939 年 1 月 10 日，日本陆军出动 18 架“伊”式和 12 架“九七”式轰炸机进犯重庆，中国空军 4 架驱逐机升空阻击，地面高射炮也构成了强大的火力网，致使敌机不敢低飞。1 月 15 日中午，日军以 29 架轰炸机及 3 架侦察机再犯重庆，中国空军 10 架驱逐机起飞迎击，高射炮组成的火力网给敌机以相当威胁，致 4 架敌机中弹受伤。当时，兰州是苏联援华物资的重要集散地，也是中国空军的主要基地之一，日机欲加强对其进犯袭击。1939 年 2 月初，日本陆军第一飞行团主力从汉口移驻运城，以便就近袭击兰州。为反击敌之空中攻击，中苏空军混合编队于 2 月 5 日由成都出发，奇袭运城，但因机坪停放的大多为木板仿制的假飞机，未对日机造成损失。在其后的兰州空战中，中苏空军并肩作战，使日机轰炸兰州的企图屡次失利，但因续航时间不如日机等原因，中苏空军也蒙受了较大损失。

在 1939 年的“100 号作战”中，日军连续三天集中上百架飞机对兰州进行狂轰滥炸。12 月 26 日，日本海、陆军飞机分三批从运城出发，攻击目标为设施、市区及东机场。中苏空军起飞拦截，至少有 1 架日本海军攻击机被击落。27 日，日本陆军以 2 个飞行中队攻击兰州市区，1 个中队攻击西机场，中苏空军飞机升空拦截，同日军飞机展开激战。28 日，日本海、陆军飞机又一次分别按计划对兰州市区的军事设施实施轰炸。中、苏飞机力图起飞，但遇到敌机猛烈阻击。日军“100 号作战”使兰州市区和空军基地遭受了相当大的损失，但中苏空军的拦截作战使其付出了被击落、击伤数十架飞机的代价。

1939 年以来，虽然中国空军及在华的苏联志愿航空队兵力同日军航空队相比十分悬殊，但他们仍抓住有利时机，利用有限的力量，出其不意地给敌人以打击，遏制其嚣张气焰。例如，1939 年 8 月至 10 月间，中、苏空军多次联合行动，对日军汉口机场进行攻击，在 10 月 14 日的攻击中，日本“海军第十三航空队的主体约 40 架飞机被炸毁，陆军飞机 20 架也遭损坏，这是事变以来发生的最大损害”。① 1939 年冬，“军事委员会以消耗敌人，截断长江，恢复武汉，并驱除晋南敌军之目的，策定全军冬季攻势”，“为协助陆军冬季攻势，空军作战计划共分六个作战步骤”。② 在桂南会战期间，中国空军共出动 12 批，投弹 28 吨，炸毁敌军飞机 15 架，并在桂林、柳州、零陵、芷江等处的 18 次空战中击落敌机 11 架，损失飞机 15 架，伤 15 架，9 名飞行员牺牲，12 名负伤。③

1940 年 5 月，日军发动“101 号作战”，以汉口、运城为主要基地，集中轰炸重庆、成都等地。由于日军利用其攻击续航能力强的优点，在空中长时间盘旋，待中国驱逐机油料耗尽返航时，突然发动进攻，使中国空军蒙受了较大损失。为了应对日军飞机对中国内地的狂轰滥炸，昆明空军军官学校教官阎雷研制出一种空中浮游炸弹，即用小降落伞悬系炸弹，在 6000 米高度、敌机编队前方 200 米处投放，由定时装置引爆。8 月 11 日，日本海军 87 架攻击机袭击重庆时，中国空军第四大队在大队长郑少愚的带领下，每机携带 4 枚浮游炸弹，在敌攻击机的大雁队形前投放，形成了一个立体防空火网。浮游炸弹虽未达到预期的杀伤效果，却打乱了敌机队形，对敌军飞行员心理上造成了不小的威胁。根据中国方面记录，包括敌军“101 号作战”在内的 1940 年中，中国空军共进行空战 61 次，使用飞机 1084 架次，击落敌机 32 架，击伤 22 架，中国飞机被击落、击毁 29 架，损伤 64 架，飞行员阵亡 14 人，失踪 4 人。④

---

① 『戦史叢書　中国方面海軍作戦（2）』、111 頁。

② 《桂南会战空军战史辑要初稿》（1939 年 11 月—1940 年 1 月），《抗日战争正面战场》（下），2005，第 2181 页。

③ 高晓星、时平：《民国空军的航迹》，第 334 页。

④ 高晓星、时平：《民国空军的航迹》，第 319 页。

1940 年 9 月 13 日，日本海军首次将性能优越的“零”式战斗机投入中国战场，直扑重庆上空。中国空军第三、第四大队 9 架 И－16 式和 25 架 И－15 式驱逐机从遂宁机场升空迎战。日军飞机以其性能占据明显优势，中国空军与其缠斗约半小时后，最终无力挽回败局，被击毁 13 架、击伤 11 架。此次空战后，中国空军当局为了减少不必要的牺牲，下令飞行员避免与敌战斗机正面交锋。每当敌机来袭时，往往提前起飞避警。因此，日军更加猖獗，以“零”式战斗机逞凶空中战场。1941 年的“601 号作战”和“102 号作战”中，苏联志愿航空队已陆续回国，中国空军力量更显单薄，处于最为艰难的孤军作战时期。随着太平洋战争的爆发，日本航空兵力主力陆续抽调，中国空军在美国志愿航空队的帮助下逐步掌握制空权。

四 中国地面防空部队作战

以高炮为主要装备的地面防空部队，是进行反空袭斗争的另一支重要力量。根据国民政府军事当局制定的防空作战指导方针，地面防空部队的主要任务是担负重要都市和交通线等要点之防空，并以一部担任野战防空，协力陆海军作战。八年全国抗战期间，地面防空部队秉持这一作战方针，根据战况发展情况，艰苦转进，死力苦撑。

关于重要都市之防空，国民政府军事当局根据战争形势和日军空袭企图的变化，先后以南京和重庆为重点，防空作战亦以此展开。全国抗战初期，地面防空部队之主力配置于宁沪杭地区，以拱卫首都，确保作战神经中枢之安全。抗战进入相持阶段后，随着日军加剧对西南大后方的空袭，国民政府军事当局将陪都重庆作为都市防空的重点。武汉会战后，重庆“防空兵力愈益增强，但以掩护区域过大，火力仍嫌不足，不能予敌以甚大之损害”。[①] 1940 年后，随着外购高射武器运到及新建高射部队成立，重庆积极防空力量进一步得到增强。至 1941 年，重庆附近总计高炮阵地 27 处。[②] 其阵地配备，根据日军空袭的航线，“大部分集中于江北，其次为西南部”。[③] 因此，“敌机虽不断施行猛烈空袭，更施行疲劳轰炸，我防

---

① 《地上防空部队抗战经过概要》，中国第二历史档案馆藏，全宗号：787，案卷号：17030。

② 唐守荣主编《抗战时期重庆的防空》，重庆出版社，1995，第 102 页。

③ 《重庆市防空志》，第 139 页。

空部队虽数日不得一饱，仍能猛烈射击，予敌以重大之打击而摧毁其企图”。[①] 鉴于日机为避免高射炮的威胁，转而经常夜间空袭，重庆地区照测部队不断加强。“照测阵地进行纵横配备，东西约30公里，南北约25公里，使入侵日机置于严密的照测网内。”[②] 由于有照测部队之协力，“我空军及高射部队得以发扬威力，迭获相当之战果”。[③]

除重要都市外，重要交通线也是地面防空部队遂行要地防空任务的主要目标。八年全国抗战期间，高射部队艰苦转战，以确保交通动脉的安全与畅通。卢沟桥事变发生时，国民政府军事当局“以北战场为主要战场，于七月十九日即抽调一部高射部队先赴豫、鲁、晋三省，掩护黄河铁桥及平汉、津浦、陇海等路沿线要地，而利军事运输”。[④] 随着日军侵略范围扩大，地面防空部队辗转各地，连续作战。1938年5月，日军狂炸华南重镇广州的同时，还对粤汉、广九两铁路沿线之桥梁连施轰炸，企图切断华南交通动脉。国民政府军事当局“急调炮兵四十一团之三・七公分高射炮两连、二公分高射机关炮两连入粤，令炮兵四十二团团附钟懿驻粤指挥训练”。[⑤] 钟懿将各部用据点、游击两种方法配属于两铁路沿线要点，致敌机不敢低飞投弹。1940年5月上旬，“敌以我新开河岳路（车河至岳圩之公路）业已通车，乃日派飞机大肆轰炸”。[⑥] 炮兵第四十三团两个连奉命开往该路担任防空，“行抵同乐，适值桥梁待修，并有汽车八十余辆集于桥端等候过河，忽敌机六架低飞来袭，该部即对其先头一架猛烈射击，彼相率升高，仓皇投弹而去，结果弹落空地，我之车辆一无损失。自此敌机不敢再行低飞，日间车辆亦可自由通行矣”。[⑦] 滇缅公路为当时重要国际交通线，“在开放前我即抽调部队配置该路沿线，担负各重要桥梁厂库之防空，在开放之后，敌机袭炸频仍，赖我高射部队奋勇射击，未受若何损失，交通亦未中断”。[⑧]

---

① 《地上防空部队抗战经过概要》，中国第二历史档案馆藏，全宗号：787，案卷号：17030。
② 《重庆市防空志》，第139页。
③ 《地上防空部队抗战经过概要》，中国第二历史档案馆藏，全宗号：787，案卷号：17030。
④ 《防空设施及抗战经过概要》，中国第二历史档案馆藏，全宗号：787，案卷号：17029。
⑤ 《地上防空部队抗战经过概要》，中国第二历史档案馆藏，全宗号：787，案卷号：17030。
⑥ 《地上防空部队抗战经过概要》，中国第二历史档案馆藏，全宗号：787，案卷号：17030。
⑦ 《地上防空部队抗战经过概要》，中国第二历史档案馆藏，全宗号：787，案卷号：17030。
⑧ 《地上防空部队抗战经过概要》，中国第二历史档案馆藏，全宗号：787，案卷号：17030。

抗战时期因战区辽阔，要点甚多，中国地面防空部队不得不分割使用，只能在战斗中收到些零星的战果。从 1937 年 7 月至 1944 年 12 月止，“高射炮共击落敌机二百一十一架，这些都有敌机残骸可资证实，未发现敌机残骸者概不计入，至击伤之敌机，则约为三百至四百架之间”。[①] 此外，由于中国地面防空部队的英勇作战，迫使日机不敢低飞，从而大大降低了轰炸的命中率。因此，黄镇球认为：“从交通线和要塞点的防空作战情形看来，我防空确实已控制了低空，达成了军事防空的主要任务。”[②] 中国地面防空部队组建不久即行参战，取得上述战果实属不易。在战争进程中，地面防空部队在实战中也暴露出诸如部署不当、机动困难、指挥失调、协同不力、武器庞杂、阵地设置不周等问题，成为防空作战中值得吸取的教训。

① 黄镇球：《中国之防空》，出版地不详，1935，第 24 页。

② 黄镇球：《中国之防空》，第 27 页。

第六章 敌后战场的中流砥柱

抗战期间，以游击战、根据地为主要战争形式的敌后战场，最重要的关键词就是生存，生存是理解中共敌后战场的锁钥。和国际共产主义运动中的共产党一样，中共是一个自我期许极高、进取心极强的政党，抗战时期中共却放下身段，无论政治、军事还是社会政策都以取法其上，得乎其中为目标。中共踏踏实实，不务虚名，坚持持久战方针，不断坚强自己的队伍，强化根据地，造就了一种韧性的生存。无论山地还是平原，中共都以游击战、根据地、正规军为基础，通过党政军民的总体战，利用日军兵力不足及异民族作战的弱点，打破其完全占领的梦想，使之始终处于敌后军民的抵抗和威胁之下，而中共则在战略和政略结合指导下的持久坚持中不断壮大发展。

第一节 持久战中的八路军游击战

日军占领广州、武汉后，军事上采取的主要方针是确保其占领地区。为了加强对占领区特别是华北后方的控制，日军相继从华中、华南正面战场及其国内抽调 7 个师团又 5 个独立混成旅团加强华北方面军。聂荣臻 1940 年谈到："据总部五月份通报及我们所知的敌兵力番号，敌人在华兵力现在共有三十八个师团（一个师团算三个旅团），其中在华北的有十三个师团（其中有四个师团位置不明）及十一个混成旅团、两个骑兵旅团，华中有十三个师团及四个旅团，华南有五个师团及一个警备旅团，共约百三十万人。连过去死伤的七十余万人，共计来华兵力约二百万左右，兵力的使用已达相当饱和状态……今天敌人虽加重军事兵力，不过是配合其政治诱降的阴谋而已。"①

① 聂荣臻：《在晋察冀军区高级干部会议（娘子神会议）上关于军事问题的报告提纲》（1940 年 7 月 17 日至 18 日），《晋察冀抗日根据地 第 1 册 文献选编》（上），第 367 页。

日军返身巩固华北后，所能控制的大多也只是“点”和“线”，即“重要城市周围及狭窄的铁路沿线地区”，至于广大的山区和交通不便的乡村，大都处在八路军、新四军和其他抗日武装的控制之中。日军感到，要确保占领区的“安定”，仅仅保持“点”和“线”还很不够，必须保持“面”的占领。“以武力为中心的讨伐肃正乃是保证实现安定的首要条件。”①

1939 年初，日本中国驻屯宪兵队司令佐佐木中将协助华北日军制定了《治安肃正大纲》，规定“自 1939 年 1 月至 1940 年 3 月间，分三期进行治安肃正工作”。计划第一期从 1 月至 5 月，首先集中兵力对冀中、冀南等平原地区，而后对晋西、晋北、五台等山区进行大规模“扫荡”，为高度分散部署兵力打下基础；第二期从 6 月至 9 月，高度分散兵力，广泛建立据点，并依托据点反复地进行“扫荡”；第三期从 10 月到 1940 年 3 月，继续完成第二期的任务。此时，日军对中共抗日武装力量及其根据地还处在收集情报和侦察研究阶段，把占领区内的八路军和国民党军队看成是“残敌”、“匪团”。

面对日军的大举进攻，中共领导下的敌后抗日根据地军民坚持山地游击战争，发展平原游击战争，通过在广大地区内无数小的战斗对日军进行袭击，粉碎了日军的围攻和“扫荡”，逐步歼灭日军的有生力量，人民抗日力量也在战斗中成长壮大起来。而占领区内的国民党军队在“扫荡”中，普遍损失惨重，呈溃败之势。因之，从第二期作战开始，日军已感到真正的对手是八路军。不少日军文件都发出类似哀叹：“中共势力是华北治安肃正工作最强硬的敌人。”② 自第二期作战以来，“共军势力逐渐抬头……其势力迅速发展壮大，不容轻视。如不及早采取对策，华北将成为中共天下。为此，方面军的讨伐重点，必须全面指向共军”。③ 1940 年 3 月，日本华北方面军副参谋长平田少将指出，在日军进行“讨伐”后，国民党军队被击溃，结果其地盘却被共产党军队占领，“有鉴于此，今后的讨伐肃正的重点必须集中指向共军，全力以赴，务期将其全歼”。④

---

① 日本防卫厅防卫研究所战史室编《华北治安战》（上），天津市政协编译组译，中华书局，1982，第 108 页。

② 《华北治安战》（上），第 177 页。

③ 《华北治安战》（上），第 223 页。

④ 《华北治安战》（上），第 236 页。

由于兵力的限制，日军的“扫荡”事实上不可能实现完全占领，中共军队“你来我去，你去我来”，通过灵活机动的游击战术，不但保存了有生力量，而且不断发展壮大。到1940年底，中国共产党领导的武装部队由5万人发展到50万人，还有大量地方武装和民兵；在华北、华中、华南创建了晋察冀、晋冀豫、晋绥、冀鲁豫、豫鄂边、山东、皖东北、皖东、皖中、皖南、苏南、苏中、苏北、豫皖苏、东江、琼崖等多块抗日根据地，加上陕甘宁边区，中共领导的抗日根据地已拥有1亿人口，在全民族抗战中发挥着日益重大的作用。

一 晋察冀边区

1939年1月，八路军第一二〇师主力进抵冀中抗日根据地，组成了以贺龙为书记的军政委员会和以贺龙、吕正操为正副总指挥的指挥部，统一领导当地的游击战争。2—4月，第一二〇师和第三纵队先后在曹家庄、邢家庄等地进行数次较大的战斗，共歼日军700余人，粉碎了日军的多次围攻。4月下旬，河间日军800余人北犯齐会。第一二〇师决定以包围手段聚歼日军。4月23—25日，第一二〇师将日军包围，据《抗敌报》报道：“是役苦战之昼夜，敌共伤亡700余，死尸除敌当时焚烧者外，我共拾得遗尸十余具，但均割去手臂，生俘日兵7名。”[①] 齐会歼击战迫使日军退出了冀中，粉碎了日军对冀中的“扫荡”。

5月，日军5000多人向五台山抗日根据地发动“扫荡”，企图合击台怀地区的晋察冀军区机关和活动于该地区的八路军。晋察冀军民在王震率领的第三五九旅配合下，利用五台山的险要地形，进行反“扫荡”作战。13日，日军千余人进至口泉村地区时，遭到八路军的顽强阻击，激战竟日，敌被歼一部。当晚，日军进至上下细腰涧时，又被八路军包围截击，激战至15日中午，歼敌500余人。

9月下旬，石家庄日军攻占慈峪镇，企图采取所谓“牛刀子战术”，奔袭晋察冀边区后方机关所在地陈庄。第一二〇师和地方部队严阵以待。9月27日，日军占领陈庄。28日，八路军在陈庄东南冯沟里、破门口地区阻击日军，将日军分割包围。灵寿、慈峪日军1000余人前来解围，途中受

① 《齐会之役》，《抗敌报》1939年5月20日，第2版。

到八路军伏击，不能前进。战至 30 日下午，敌数次拼死突围未逞，1100 余人被全歼，八路军取得了陈庄作战的胜利。

日军遭打击后，于 10 月中旬调集独立混成第二旅团、第一一〇师团主力共万余人，由阿部规秀中将率领向晋察冀根据地进行更大规模的“扫荡”，企图彻底摧毁抗日根据地，打通曲（阳）阜（平）间的交通，缩小八路军的回旋地区。10 月 25 日，日军分五路合击杨成武第一军分区司令部所在地易县营头。为便于歼敌，聂荣臻决定部署少部兵力节节阻击抵抗，而将三个主力团集结于走马驿、倒马关、银坊等地待机歼敌。11 月 2 日，阿部命令辻村大队和堤赳大队从涞源出发，向银坊、走马驿一带进犯。3 日晨，辻村大队通过雁宿崖南险峻的山路时，遭到杨成武率领的三个老红军团五六千人的伏击，八路军居高临下，将辻村大队压缩在山沟里，激战竟日，歼灭辻村大队 500 余人。阿部闻讯后急令增援。但当援军赶到战场时，八路军早已撤离战场。阿部恼羞成怒，亲率 1500 余人追击八路军主力，进入黄土岭地区。此时，八路军已在黄土岭设下伏击圈，阿部对此毫无觉察。7 日晨，阿部率部进入八路军埋伏圈。八路军当即以猛烈的火力向日军发起进攻，日军被压缩在山沟里，火力展不开，伤亡很大。战至下午 4 时，阿部将旅团指挥所迁到附近的一家民房中，召集各队指挥官研究情况后，重新调整阵地。正在拟定作战命令时，八路军杨成武部用迫击炮击中这家民房，阿部当场中弹身亡。第二天，残余的日军准备突围，而保定方面的第一一〇师团已经到达黄土岭以南，涞源增援的日军也赶了上来，八路军有陷于包围的危险，聂荣臻下令转移，另寻战机。

黄土岭围攻战以歼灭日军 900 多名，击毙日军“山地战专家”阿部规秀中将而宣告结束。阿部之死，引起日军一片悲鸣。据杨成武回忆：“阿部中将被击毙，日本朝野震动，陆军省发布了阿部规秀的阵亡公报。《朝日新闻》以通栏标题痛悼此人：‘名将之花凋谢在太行山上’，连登三天。这家报纸说：‘自从皇军成立以来，中将级将官的牺牲，是没有这样例子的。’”“党中央、八路军总部和全国各地的友军、抗日团体、著名人士纷纷拍来贺电，祝贺我们所取得的胜利。全国各地的报纸也纷纷报道黄土岭战斗经过，刊登各种祝捷诗文。”“蒋介石还发来了电报。”① 是役，“我伤

① 《杨成武回忆录》（上），解放军出版社，1987，第 543 页。

亡官兵共八百余人”。①

阿部规秀被击毙后，日军为了报复，于11月下旬急调第一一〇、第二十六师团的3个联队，向阜平地区实施分进合击，但连续扑空，并遭到晋察冀军民的不断打击，疲惫沮丧，被迫撤退。历时40余天的反“扫荡”作战，八路军共毙伤日伪军3600余人，使日军不敢再轻易以少数兵力深入抗日根据地腹地。

同年1月，萧克率领八路军第四纵队从冀东返回平西，成立了冀察热挺进军，统一指挥平西、冀东、平北地区的武装斗争。挺进军粉碎了日军三次“扫荡”，歼灭日伪军2000余人，保卫和扩大了平西抗日根据地。在冀中，日军继1939年围攻失败后，又于1940年春抽调大量兵力对冀中进行全面“扫荡”，其任务是打通水路和“扫荡”中共抗日根据地。冀中军民分散兵力，突破日军包围圈，然后在西部山地、拒马河谷和冀东地区积极袭扰日军。经反复斗争，打破了日军由“点、线”扩大到“面”的占领企图。

总之，从1938年到1940年，晋察冀军民成功地粉碎了日军一系列的“扫荡”，保存并壮大了自己的队伍，巩固和扩大了抗日根据地。

二　晋冀鲁豫边区

1939年1月，日军3万余人分11路对冀南进行大“扫荡”，先后占据了冀南中心区的各个县城。刘伯承、邓小平、徐向前指挥八路军第一二九师和冀南军区部队，主动转移到日军侧后，连续袭击武邑、阜城、南宫、冀县等敌占据点，予敌以杀伤。2月10日，陈赓的第三八六旅主力在香城固设伏，歼敌大队长以下200余人。在这次反“扫荡”作战中，冀南八路军共作战100余次，歼灭日军3000余人，日军被迫于3月初撤退。

7月初，日军5万多人对晋冀豫山区进行大“扫荡”。八路军以袭击、伏击等手段不断打击、消耗敌人。到8月下旬共歼灭日伪军2000余人。12月，八路军进行邯长战斗，歼敌700余人，收复黎城、涉县、东阳关等城

① 《朱德、彭德怀关于击毙敌阿部规秀的战斗经秦邦宪、叶剑英转致蒋介石电》（1939年12月8日），《八路军·文献》，第420页。

镇据点23处，控制了邯长大道，使太南、太北根据地连成一片。

1940年春天，为粉碎日军的“囚笼政策”，八路军第一二九师和地方武装先后发起平汉、白（圭）晋（城）铁路破击战和武（安）沙（河）公路破击战，有力地打击了敌分割、封锁抗日根据地的企图。刘伯承说：“冀南的交通斗争甚至在民国二十九年的全年进行着，其中尤以阻滞敌人修德石路为最残酷。”①

6月，冀南、太岳、太行三解放区成立了统一的行政联合办事处，由杨秀峰任主任，晋冀鲁豫抗日根据地正式形成。

三 晋绥边区

1940年6月初，日军2万余人，以连续的“分进合击”对晋西北抗日根据地进行大“扫荡”。晋绥军民以一部分兵力牵制日军，主力部队转移到外线待机。17日，八路军第三五八旅在交城至静乐之间的曹家掌、国练村伏击日军，给日军以沉重打击。28日，日军分路向第一二〇师师部所在地兴县合击。八路军及时转移。7月初，占领兴县之日军已感孤立，准备撤退。第一二〇师集中6个团的兵力在兴县以东二十里铺地区伏击日军，予敌以重创。在历时一个月的反“扫荡”中，八路军和山西新军共与日军作战250余次，歼灭日军4500余人。

在大青山地区，1939年4月，为配合国民党军队反攻包头，由蒙汉抗日游击队组成的大青山骑兵支队在平绥线展开破击战。骑兵支队适应草原作战的特点，紧紧依靠群众，经常在外线袭击日军。1940年3月，日军向大青山绥中区发动“扫荡”，将周围500平方公里内的村庄全部烧毁。大青山骑兵支队避开日军正面进攻，充分利用骑兵的机动性，在外线偷袭日军，使日军防不胜防，疲于奔命，不得不于5月退出绥中。贺龙、关向应指示，大青山游击根据地要以绥中为基础，“巩固现有的游击根据地，向绥东发展，向南发展”。②

---

① 刘伯承：《敌后抗战的战术问题》，中共河南省委党史资料征集委员会编《冀鲁豫抗日根据地》第1卷，河南人民出版社，1985，第44页。

② 《对大青山问题的意见》（1940年7月28日），第一二〇师陕甘宁晋绥联防军抗日战争史编写办公室编《第一二〇师陕甘宁晋绥联防军抗日战争时期资料丛书》第2卷，编者印行，1994，第442页。

反“扫荡”胜利后，晋西北军区于1940年11月成立，贺龙任司令员，关向应任政委。至此，晋绥根据地已拥有东起平绥路大同至集宁段和同蒲路大同至平遥段，西至黄河，南迄汾（阳）离（石）公路，北至大青山的广大地区。

四 山东区

1939年春，罗荣桓率第一一五师主力一部进入鲁西。3月，首战郓城，歼灭伪军800余人，打开了运河以西的抗日局面。4月下旬，日军集中17个县的守备兵力6000人，100多辆坦克，分7路包围八路军泰（西）肥（城）山区驻地陆房。八路军第一一五师一部及地方党政机关，被迫在陆房一带纵横约10公里的山区，凭险据守，待机突围，情况十分险恶。5月11日晨，日军发起全面攻击。八路军第六八六团在日军飞机轮番轰炸，火炮猛烈轰击下，坚守阵地，打退日军9次冲击，日军一无所获。当夜，第一一五师一部利用日军不敢夜间作战的弱点，分散突围，转移到东平以东地区。这次战斗，八路军共毙伤日军大队长以下1300余人。

8月，日军600余人由兖州出发，向鲁西根据地腹心地区梁山一带进犯。第一一五师一部在梁山南麓设伏，当日军行至独山庄时，罗荣桓指挥所部向日军发起攻击。日军拼命反扑，企图脱逃，经多次激烈的肉搏战，终将其全歼。此战歼敌600余人，创造了在兵力相等条件下以劣势装备全歼日军的成功战例，得到蒋介石的嘉奖。

1939—1940年，山东根据地军民粉碎日伪军万人以上的“扫荡”两次，千人以上的“扫荡”23次。其中仅八路军山东纵队1938年1月到1940年4月，即作战2061次，毙伤日伪军总数达41000余人。[①]

到1940年8月，活跃在华北敌后的八路军不仅成功地粉碎了日军一系列的“扫荡”，保存并壮大了自己的队伍，扩大了根据地，还以非凡的气魄，发动了一场震动全国的百团大战，八路军在华北已经牢牢站稳了脚跟。

---

① 《八路军山东纵队抗战二年来战斗统计表》，《山东革命历史档案资料选编》第4辑，第260—269页。

第二节 夹缝中的新四军游击战

一 战前环境

新四军的战略任务是扰乱日军后方，缓解正面战场的压力。破坏交通运输、袭击日伪据点是其主要作战方式。但新四军挺进敌后初期，面临着重重困难。

首先自然环境的变化令新四军很难适应。三年游击战中，红军游击队基本上是在崇山峻岭中穿越，依靠深山密林的掩护进行游击，所以新四军的特长是山地战。但苏南一带多是平原和湖泊，即便偶有丘陵，如茅山、鸡笼山等，也是树木稀少、面积窄狭，部队很难隐藏其间，更很难做大范围的穿插移动。叶挺、项英就曾向中央报告称，苏皖一带地势平坦，有少数山峦，如横山、鸡笼山、太平山、茅山等，但面积很小，半为孤山，且土壤光滑，毫无树木可供掩盖。[①] 叶飞也曾评论过江南的地形，称苏南一带主要是丘陵、平原与河网，没有深山密林，很空旷，一望无际，一览无余，没有依托和隐蔽，游击战很难开展。[②] 其实就野外生存而言，深山密林不仅便于掩护，往往还能提供一些食物。据陈毅回忆，三年游击战中真正挨饿的时候只有三天，因为多数情况下总能在山上找到一些食物充饥。例如春天可以吃春笋，夏天可以吃杨梅、野香蕉，冬天可以吃冬笋等；若是敌人走远了，还可以捉野鸡，打兔子、野猪。[③] 比较而言，平原地貌不仅容易暴露目标，而且大大增加了找寻食物的难度。此外，地势平坦更便于日军机械化部队行动，游击队反而占不到太大优势。总之，相较于山地，平原游击战无疑更富有挑战性。

作战地点转移，风俗人情也随之变换。新四军各队伍原本在江西、福建、湖南等地活动，兵士也多来源于此，以前在乡土作战时自然会有不少便利。但进入苏南后人地生疏，先天优势不复存在。新四军首先遇到的困

---

① 《叶挺、项英关于新四军进入江南第一年抗战的报告》（1939 年 3 月 10 日），《新四军·文献》（1），第 251 页。

② 《叶飞将军自述》，第 57 页。

③ 《陈毅口述自传》，大象出版社，2010，第 99 页。

难是言语交流问题。江南各地方言差异极大，很多战士听不懂苏南话，一时间难以与百姓沟通，动员工作也就很难开展，要知道游击队若是疏远群众就很难“游”起来。1938 年 10 月，叶飞率第六团进入茅山根据地。据其回忆，遇到的第一个问题就是语言不通，第六团战士绝大多数来自闽东，他们不会讲普通话，也听不懂苏南话；苏南群众更听不懂闽东话。因为语言不通，群众工作困难重重。[①] 叶飞后来只能是一边找向导，一边发动士兵学习苏南话，经过一段相当艰难的磨合，才逐步与群众打成一片。

此外，新四军还需了解地形交通、敌情部署等信息，这些都是游击队赖以生存的基础。一般情况下，游击队是由当地武装组成，他们在家乡活动拥有各方面的优势，因而战斗起来才会游刃有余。而新四军进入苏南后，环境全然陌生，往昔的优势条件不复存在，他们必须重新适应。陈毅率领新四军出发时即训令：所有干部都应动员起来问路线、问敌情、问地形，搜集和了解一般社会情况。进军苏南途中，陈毅又不断拜访贤达士绅，做了大量的访问和调查。[②] 不难发现，新四军开展游击战并非在本土本乡，因而游击难度更大。

淞沪会战失败后，国民党军队溃败如山倒，日军势如破竹，一时间江南民众的抗战信心极为低落。1939 年 5 月，粟裕率先遣支队初进入苏南时回顾道，宁沪杭失守对江南群众的震慑极大，一般百姓听闻日军到来只有远走高飞，甚至离敌人还有七八十里，就逃之夭夭。[③] 抗战初期沦陷区的百姓在日军淫威下，民心极为低落。新四军进入江南展开游击战，其勇气固然可嘉，其难度亦可想见。

因为社会上蔓延着畏惧日军的情绪，所以新四军初到江南时，群众的态度普遍较为冷淡，对新四军大都不理不睬，虽然政工人员花很大力气宣传鼓动，但民众仍然不相信会胜利，不相信外观如此破烂的军队能抗击日军。面对群众质疑以及社会氛围的沉闷，漂亮的胜仗是最好的解药。自 1938 年 6 月新四军进入苏南打响第一枪后，不到半年的时间大小战斗共计 299 次，缴获步枪、马枪 1924 支，轻机枪 48 挺，驳壳枪 69 支，俘虏日伪

---

① 《叶飞将军自述》，第 57 页。

② 陈毅：《茅山一年》（1939 年 6 月 21 日），《新四军・文献》（1），第 269 页。

③ 粟裕：《先遣队的回忆》（1939 年 4 月 15 日），《新四军・文献》（1），第 257 页。

军823人，击毙3651人。[①] 陈毅后来讲，只有在许多战斗胜利后，风气才日渐转移，此确是肺腑之言。[②]《上海周报》也观察到，新四军初入江南时，老百姓并不相信他们能打胜仗，但是卫岗战斗以后，随着新四军不断袭击日军，"这才使老百姓转了念头，觉得只要坚决，烂枪并不是不能打仗的"。[③] 应该说，就扭转江南民众的抗日情绪而言，新四军顽强而持续的战斗起了至关重要的作用。

激发民气的同时，新四军还面临着与其他杂色游击队竞争的局面。一方面，日军在江南攻势凌厉，国民党军全面溃退，留下一大片"空白"地带。但另一方面，日军兵力有限，难以处处把守，只能控制战略据点及交通要道，因此，江南城镇周边的广阔区域陷入权力真空状态。借此契机，土匪、民团、溃兵游勇等纷纷拉起各色游击武装。这些所谓的游击队良莠不齐，一部分确有抗日之举，但也有一部分是借抗日之名，横行乡里，欺压百姓，趁机发国难财。陈毅初到江南时就发现，民众对这类游击队的厌恶恐慌达到异常程度，因为他们的纪律普遍较差，任意筹款、抢拿财物的事情到处发生，所以百姓往往把游击队唤作"游吃队"。新四军初来乍到，百姓不熟悉，自然就把他们与其他杂色游击队视为"一丘之貉"，基本上也是避而远之。

民众的热情与拥护是游击队生存的关键，若没有群众基础，队伍是"游"不动的。1939年6月，中共中央为此指示各根据地，严禁无组织、无计划的筹粮筹款，争取广大群众的同情。具体到新四军，面对群众的不信任，他们一方面顽强战斗，激发民众的抗日热情；另一方面严格执行红军时代就制定下的"三大纪律、八项注意"。粟裕曾谈到，起初群众害怕游击队，不愿意借给房子，夜里敲门不开，游击队就在田野露营，或在门外及屋檐下过夜，决不强闯民宅；有时群众不卖给粮食，就忍饥挨饿几顿。在一个兵荒马乱、强者为王的时代，新四军如此克制的"另类"举动，自然很快引起群众的注意。一如陈毅所言，纪律是最初的见面礼，实际上也是最好的见面礼。严明的军纪赢得普遍口碑后，群众烧茶送水、探

---

① 《叶挺、项英关于新四军进入江南第一年抗战的报告》（1939年3月10日），《新四军·文献》（1），第251页。

② 陈毅：《茅山一年》（1939年6月21日），《新四军·文献》（1），第274页。

③ 《江南战场琐记》，《上海周报》第2卷第19期。

听消息、抬运伤兵、送信带路等拥军举动自然顺理成章。群众拥护的过程，也是新四军脱颖而出的过程。江南那么多游击队，包括国民党也组织过不少游击队，但最后只有新四军发展壮大，个中因素虽然复杂，但民心所向无疑是关键缘由之一。

二　战斗展开

新四军游击战可分为三个阶段。第一阶段，游击队挺进敌后，日军尚未摸清游击队的底细，骄傲自满、疏于防备，被游击队打了个措手不及。这一时期游击队的主要目标是破坏交通、拦击运输车辆，因而战斗主要围绕京芜铁路、京沪路西段、京杭公路等运输线展开，95%的战斗发生在交通线上。日军防备不周，所以游击队偷袭或伏击屡屡得手。第二阶段，日军加强防备，采用封锁交通、构筑据点等手段压缩新四军的活动空间，进而又增兵“扫荡”，力图用分进合击的办法消灭新四军。这一阶段的特征是日军疯狂反扑，游击队处于守势，生存环境极为艰难。第三阶段，游击队积极应对“扫荡”，集中兵力袭击日伪据点，如博望战斗、横山战斗、水阳战斗等都是新四军主动采取进攻，在小范围内以优势兵力围歼日伪军。遭受新四军多次打击之后，日军不得不收缩兵力，放弃一些小据点，把部队集中到大据点。这一阶段的特征是双方反复争夺与拉锯，各有输赢。一方面日军兵力虽然占优但无法彻底消灭游击队，另一方面游击队虽然偶有反攻，但总体而言，因日军残酷的封锁“扫荡”，游击队无法发起大规模的进攻，也难以一举击溃日军。①

具体考察新四军游击战，其战术主要为伏击与偷袭。当然，在实际战斗中，伏击或偷袭的方式灵活多样。例如粟裕曾详尽总结过伏击敌人车辆的经验：第一，伏击地点应选择拐弯处或丛林茂密处；第二，用截断的树木横于路面以阻挡车辆；第三，机枪应置于弯曲处外角，向敌车头纵射，步枪应放排枪为宜；第四，伏击汽车时，首先应着重射击油箱和驾驶员；第五，投掷手榴弹时，应投在汽车前20米左右；第六，设置瞭望哨，注意隐蔽，不可开枪太早；第七，截获汽车后迅速搬走物品，再用燃油烧毁车

① 项英：《一年来作战的经验与本军建军工作》（1939年3月15日），《新四军·文献》（1），第740页。

辆；第八，为避免敌人屠杀报复，应通知附近群众尽快逃离躲避。[①] 江北第五支队伏击的原则是首先评估敌我实力，一般情况下若敌人汽车在十辆以下，则坚决攻打，如在十辆以上，则迅速撤退。[②] 当然，若是提前摸清运输车中的护卫兵数量，则可灵活采用战术。例如，1938 年 9 月，第五支队在棋盘岭伏击日军运输车队，歼灭日军 70 余人，击毁汽车 50 多辆，缴获食品罐头 200 多箱。此战显然就不受敌车“十辆”之限。[③]

游击战的核心原则是机动灵活，打完就走，不能与敌人相持，尤其不能被敌“咬住”。张鼎丞总结江南游击战有如下几个特点。其一，完全是进攻的，不适宜于防御。所谓“进攻”其实就是以多击少的偷袭战或伏击战，只有进攻才能掌握主动权。若是采取防御战，等着敌人来攻，一旦抵抗不住，便很难脱身。其二，战斗须速战速决，出其不意。这是因为游击队的人员数量、武器装备都不如日军，所以只能出奇制胜，不能正面硬碰。其三，最需要夜间战斗，不适宜于白昼战斗。这是因为夜间便于部队隐蔽和偷袭。其四，最需要分散作战，积小胜为大胜，去慢慢消耗敌人。其五，要极端机动灵活，适时进退，不硬拼，但到决战关头，亦须坚定信念，毫不退缩。其六，因环境瞬息万变，各队伍要善于独立作战，依靠上级指导和友军配合是来不及的。[④] 战争中选择游击战，本身就意味着整体实力不如对手，所以绝不能与敌人正面纠缠，否则必定遭受损失。张鼎丞谈到的几个特点，核心就是避免正面碰撞，以小博大、出奇制胜。

抗战期间新四军大小战斗总计千余场。1938 年 5 月 12 日，新四军第四支队于巢县东南蒋家河口伏击日军，仅用 20 多分钟，全歼从巢县外出的守备队 20 多人，缴枪 10 余支。这是江北第一战，也是新四军首战。1938 年 6 月 17 日，粟裕率领先遣支队步兵 6 个班、轻机枪 1 个班、短枪 1 个班，在卫岗伏击日军的辎重部队，击毁卡车 4 辆，毙敌 13 名，伤敌 7 名，截获大量物资及日钞 7000 余元。这是江南第一战，蒋介石特致电

---

① 粟裕：《下蜀街铁道之破坏及卫岗之处女战》（1938 年 6 月 17 日），《新四军·文献》（1），第 227 页。

② 《范家岗战斗详报》（1938 年 9 月 1 日），《新四军·文献》（1），第 377 页。

③ 《棋盘岭战斗详报》（1938 年 9 月 3 日），《新四军·文献》（1），第 382 页。

④ 张鼎丞：《新四军坚持敌后游击战争的实例》（1939 年 9 月 25 日），《新四军·文献》（1），第 295 页。

予以表彰。[①] 江南首战告捷后，新四军游击战进入常态化。

据不完全统计，仅1939年江南新四军3个支队就共战斗482次；缴获各类枪支700余，电线2538斤；爆破火车3列，汽车18辆；破坏公路62段共258里，铁道12段共26里，桥梁32座；俘虏日军官兵12名，伪军官兵22名，毙伤敌伪共计7000余人。同一时间，江北第四、第五支队共战斗237次，缴获各类枪支900余支，电线4297斤；爆破铁道6段48里，公路31里，桥梁7座，火车4列，汽车9辆；俘虏日本士兵9名，伪军600余人，毙伤敌伪2600余人。[②]

据以上统计可发现新四军游击战有如下特点。其一，战斗极为频繁，一年几百场战斗，几乎每天都要与敌人接触。其二，战斗规模较小，平均每战毙伤敌人20人左右，这符合速战速决、不与敌人纠缠的游击原则。其三，游击战在歼灭日伪之余，就是破坏交通。据第三战区战报显示，新四几乎每一场战斗都涉及破坏公路桥梁，毁坏电线、电杆等情节。[③] 从1939年的统计中也可看出新四军破坏交通的成绩颇为可观。国民党交给新四军的主要任务就是破坏交通运输，扰乱日军后方。可以说新四军很好地完成了任务。

据粟裕讲，新四军进入苏南前，交通线五六十里才有敌兵十余人，交通圈内，甚至百十里都没有一个日军；游击战开始后不到一年，交通线上每三五里都筑有碉堡，守兵增加至三四十人，后方城市也由五六十人增加到二三百人，敌人兵力因此受到极大牵制。[④] 德国人汉斯·希伯（Hans Shippe）也报道称，新四军刚到苏南时，日军每隔十里或十二里修建一个据点，作为游击队活动的结果，日本人现在在交通区内每隔一里或二里就得修一个炮楼。另外，最多每隔三里就在炮楼外加修一个外围工事。即便如此日军仍然不能消灭游击队。[⑤] 日军抽调兵力巩固后方，自然会影响前

---

① 《蒋介石为表彰新四军韦岗战斗胜利致叶挺电》（1938年6月），《新四军·参考资料》（2），第64页。

② 《孟繁纶编制呈报的新四军江北部队1939年游击战绩统计表》，《新四军·参考资料》（2），第175、178页。

③ 《第三战区记载的新四军战绩》（1939年4月），《新四军·参考资料》（2），第94页。

④ 粟裕：《先遣队的回忆》（1939年4月15日），《新四军·文献》（1），第261页。

⑤ 〔德〕汉斯·希伯：《敌后游击战打乱了日军的战略部署》（1939年4月），《新四军·参考资料》（1），第85页。

方战事。美国记者就观察到，由于新四军破坏公路与桥梁，日军兵力不敷分配，对于新四军之游击战，殊无法应付，因此其对于汉口之进攻，为之延缓不少。①

新四军的抵抗最终把日本拖入战争的泥淖。《上海周报》曾一针见血地指出日军的困境："用大兵来填补这个三角形的空隙里么，那么正面就不能支持了。如果在这里完全不理睬，无异是使心窝一天一天在溃烂，也是终于不可收拾的。"② 总之，从战略角度看，新四军主要是扰乱敌后，牵制日军，配合正面战场；但若从战术角度看，游击队集小胜为大胜，战果也颇为可观。截至皖南事变前，新四军各支队在两年多的时间里共对日伪作战2700余次，毙伤日伪军3.8万余人，俘虏1.7万人；缴获枪支1.6万余，战马900余匹；击毁汽车390余辆。

需要说明的是，单纯的战果展示很容易掩盖战争的残酷性，让人产生日军不堪一击、游击队员个个神兵天降的错觉。事实上日军的战斗力极为强悍，不论是单兵作战还是集体作战，日军都不输于游击队，甚或某些方面远在游击队之上。卫岗战斗后，粟裕对敌我战斗能力做过透彻分析，他讲道，"敌射击技术准确，两百米以内，步枪均能命中"，我军"射击技术还不如敌人，反而误毙自己战士"；敌人善于利用地形，闻听枪声即全部同时跳下车，躲入草丛中，利用地形隐蔽射击；而我军"多不注意利用地形地物，致遭不应有之损伤"。除技战术优良之外，粟裕还看到即便遭遇伏击，"敌方官兵尚沉着"，"对我步枪火力不甚害怕"，且敌人因受法西斯宣传蛊惑，"宁打死不缴枪"。③ 叶飞对日军此特点也深有印象。据其言，攻占敌人的据点很不容易，即使进了据点，敌人也不会投降，还要进行肉搏战。日军抵抗非常顽强，往往要把他们都打光了，才能占据据点。战斗过程中，很难抓到活的日军，最多也就能俘虏一二人，而且都是负重伤。④ 前线指挥员的这些切身观察，表明日军战斗力绝非不堪一击。面对强悍的对手，每一场胜利的背后无疑都包含着残酷的搏杀和流血牺牲。

---

① 〔美〕杰克·贝尔登：《活跃于大江南北的新四军》（1939年1月4日），《新四军·参考资料》（1），第73页。

② 《江南战场琐记》，《上海周报》第2卷第19期。

③ 粟裕：《下蜀街铁道之破坏及卫岗之处女战》（1938年6月17日），《新四军·文献》（1），第226页。

④ 《叶飞将军自述》，第61页。

战争起初，游击队尚可趁日军不备而偷袭得手，但是随着战争持续深入，日军的防备和反制措施愈加严密，偷袭或伏击的难度也越来越大。首先，日军对新四军的游击战术进行过深入钻研，并提出一套应对办法。他们把新四军的游击战术归为五类：其一，旋磨战术，回旋打圈子，往来自如；其二，隐伏战术，善于将部队隐藏在民众中；其三，穿插战术，在据点内外来回奔袭；其四，偷袭战术；其五，破坏战术，即毁坏交通要道及桥梁。应该说日军的观察确实抓住了新四军的特点，针对这些特点，日军又精心制定出相应的反制措施：第一，加强封锁、设置据点，压缩游击空间，阻止新四军灵活转移；第二，采用"清乡"战术对付新四军的埋伏，隔断人民与军队的联系，将军队孤立出去；第三，以堡垒战术应对偷袭，集中兵力到大据点，也就是碉堡政策；第四，以平毁政策对付新四军的破坏战术，即驱逐交通沿线的居民，或者强迫居民做其眼线，否则，若交通线遭遇破坏，则以烧屋、杀人报复附近百姓。[①] 不可否认，日军提出的反制办法很有威胁性，游击队也因此陷入空前的困境。张鼎丞曾对日军的战术变动有过评论，称"日寇在战略战术及一切军事技术上确有相当素养"，善于学习人家的经验，在较小的战场上，完全采用国共内战时的碉堡政策、封锁政策，步步为营，逐步压缩空间；与此同时，日寇也学习采用新四军的游击战术，如袭击、伏击等来对付中国军队。[②] 从结果上看，日军的快速应对的确在一定程度上限制住了游击队的进攻。

抗战起初，日军势如破竹，相继攻占上海、南京等重要城市，军队士气极盛，士兵也因此骄傲蛮横、肆无忌惮，有时三五之人都敢远离据点十里八里与中国军队相抗，[③] 因而游击队能比较容易地偷袭或伏击。但随着战争进行，日军的傲慢态度有所改变，行动也开始小心谨慎。陈毅在总结茅山一年的游击战经验时也有类似的言说，称随着战争持续进行，日军的战争经验也在进步。例如，他们来回走不同的路线，宿营地经常变换，专走小道避开大道；黑夜包围居民住地，直至天亮鸡犬不惊；有时竟伪装新四军，派便衣队四处滋扰，时常在公路、桥梁处设埋伏。陈毅感叹道：这

① 陈毅：《论游击战争》（1939 年 9 月 15 日），《新四军・文献》（1），第 787 页。

② 张鼎丞：《新四军坚持敌后游击战争的实例》（1939 年 9 月 25 日），《新四军・文献》（1），第 291 页。

③ 粟裕：《先遣队的回忆》（1939 年 4 月 15 日），《新四军・文献》（1），第 256 页。

些方式在战初日军是没有采用的。[①] 战争是敌我双方以命相搏，任何一方都不敢掉以轻心，日军变得更狡诈是战争发展的自然规律。在这种局面下，新四军无疑要面临更大的考验。

新四军游击战之不易的另一个方面是与国民党的摩擦。国共虽然是合作抗战，但国民党一直担心中共趁机坐大，所以对新四军处处防范。除武器装备、军费物资供应不足外，活动范围也被严格限制。1939 年 1 月，国民党五届五中全会制定实行防共、限共政策，秘密颁布《防制异党活动办法》、《游击队调整办法》等文件。在此背景下，华中新四军受到进一步压制。国民党不断指责新四军跨越防区、扩编兵力等“违规”举动。1939 年 5 月，顾祝同指责新四军滥收土匪，擅自组军，扩充势力，下令取缔新四军后方办事机关，称除上饶通讯处外，其他散在各地的一切办事处、留守处、通讯处、联络员及类似名目概在取缔之列。顾还威胁道：若有假借名义在各地招摇吸收青年受训者，将从严惩处。[②] 6 月，国民党发布《共产党问题处置办法》，指责中共贡献于国家民族者少，“谋一党之私利发展者多”，要求对中共的“非法活动”严厉镇压；规定中共部队非得军事委员会之命令，“不得脱离驻区，尤不得越出其活动范围”，编制与补给办法必须遵照军政部统筹，“绝对不准自由招募”，不准乘机扩充武力。[③] 11 月，蒋介石暗中下令，称“尔后如发现有其组织部队，未经会（国民党军事委员会）令饬知者，着视匪伪即立予剿办，以遏乱萌”。[④] 国民党对新四军的压制日趋严厉。

整个抗战期间，国共围绕新四军的发展问题争论不断，合作抗日的同时，也每每擦枪走火。例如，茅山根据地稳固后，陈毅曾派叶飞东进，往苏州、常州一带发展。此举既是为打击日军，也是为求得自身发展。但国民党却令“忠义救国军”侧后袭击新四军。据叶飞回忆，有时游击队在前方与日军战斗，“忠义救国军”竟在背后偷袭，与日军形成合击围歼之势。

---

① 陈毅：《茅山一年》（1939 年 6 月 21 日），《新四军·文献》（1），第 272 页。

② 《顾祝同关于下达取缔中共“违法”活动办法致戴戟电》（1939 年 5 月 5 日），中国人民解放军历史资料丛书编审委员会编《新四军·参考资料》（2），解放军出版社，1991，第 231 页。

③ 《共产党问题处置办法》（1939 年 6 月），《新四军·参考资料》（2），第 241 页。

④ 《蒋介石密令对新四军视同“匪伪”“立予剿办”》（1939 年 11 月 8 日），《新四军·参考资料》（2），第 262 页。

1940 年 3 月，国民党准备消灭豫皖苏边界新四军，制定出如下方案：其一，把新四军压迫到“倭寇较多之地区”，借日寇之手进行消灭；其二，当新四军化整为零时，“国军”应分区“扫荡”；其三，当新四军化零为整时，则集结各“进剿”部队相机一举歼灭之。若“进剿”开始后半月未收预期效果，则撤回安全地区，再准备第二期“进剿”。① 面对国民党如此狠毒的阴谋，中共指示新四军勇猛反击，从半塔保卫战、郭村战斗、黄桥战役直到皖南事变达到摩擦的最高峰。整个过程中，新四军非但未被“剿灭”，反而大获发展。

新四军一边抗日，一边还要同国民党军进行反摩擦斗争，实为不易。军长叶挺对此深有体会，新四军成立三周年时他曾感慨道：这三年中，误会、摩擦不断，军饷不济、弹药不足也一直存在，但新四军各级干部为抗战埋头苦干。我们“问心无愧，我们对得起民族，对得起国家，对得起千百代的祖宗，也对得起自己”。②

第三节 呼应正面战场的百团大战

1940 年秋，在八路军总部的统一组织指挥下，进行了以破击正（定）太（原）铁路为重点的遍及华北主要交通线的大规模进攻战役，参战部队达 105 个团，历史上以“百团大战”称之。③ 百团大战，是抗日战争期间，中国共产党及其领导的人民军队在十分艰苦的条件下，独立发动的规模最大、时间最长的战略性进攻战役。八路军数十万将士驰骋在华北原野，在总长 5000 余里的破击线上，拔据点，夺关隘，毁交通，炸桥梁，给日本侵

---

① 《蒋介石关于“进剿”豫苏皖边新四军致李品仙电》（1940 年 3 月 28 日），《新四军·参考资料》（2），第 279 页。

② 叶挺：《纪念新四军成立的三周年》（1940 年 10 月 12 日），《新四军·文献》（1），第 802 页。

③ 关于百团大战的参战部队数量，学术界有 80 团之说、104 团之说、105 团之说、115 团之说等不同观点。1940 年 8 月 22 日，八路军总部在致蒋介石关于百团大战兵力部署的电报中称：“百团大战除职部之一一五师主力、山东部队未编入战斗序列外，一二〇师、一二九师、晋察冀军区各部主力及决死队之请求参战，部署计一〇五个团。”中共中央党史研究室著《中国共产党历史》（中共党史出版社，2002）、军事科学院军事历史研究部著《中国抗日战争史》（解放军出版社，1994）、《中国人民解放军军史》编写组编《中国人民解放军军史》（军事科学出版社，2010）等均采用 105 团之说。

略军以沉重打击。这一战役的胜利，对于鼓舞全国军民坚持抗日，争取时局好转，提高中国共产党及其领导的人民军队的声威，都起了积极作用，在抗日战争史上占有重要的地位。

一 战前决策部署

1939 年欧洲大战全面爆发，日本帝国主义基于国际形势的变化，急谋解决中国问题。一方面，对国民党统治集团以经济封锁、军事施压、政治诱降并用，使中国国内出现了严重的妥协投降危机。另一方面，对敌后根据地也不断进行“扫荡”。日军依靠几条主要交通线，不断扩张占领区，增加据点。抗日根据地不断缩小，部队给养供应困难。日军又采用所谓“囚笼政策”，封锁和隔绝各抗日根据地之间的联系，企图尽快消灭八路军，巩固其占领区。

1939 年冬以来，日军加紧推行“囚笼政策”。由河北正定到山西太原的正太铁路，横越太行山脉，全长 200 多公里，作为连接山西、河北的重要交通命脉，是日军实施“囚笼政策”的重要支柱之一。刘伯承曾形象地比喻说：“铁路好比柱子，公路好比链子，据点好比锁子。”[①] 日军在铁路沿线大小城镇、车站和桥梁、隧道附近，均构筑有坚固据点，各以数十人至数百人不等的兵力守备，并经常派装甲火车巡逻。铁路两侧 10—15 公里的要点，还筑有外围据点。日军妄称正太铁路沿线是“不可接近”的地区，用它隔绝八路军总部、第一二九师活动的太行抗日根据地与晋察冀边区的联系，并以此为依托进攻抗日根据地，给抗日根据地造成严重困难。

百团大战前，华北抗日根据地控制的县城，一度只剩下两座。“可是敌伪深入我根据地后，普遍筑碉堡，兵力分散，反而形成敌后的敌后，主要是交通线空虚，守备薄弱，这对我是一个有利的战机。”[②] 1940 年春，彭德怀、左权、刘伯承、邓小平和到太行山八路军总部的聂荣臻讨论确定破袭正太铁路，一方面可使日军在山西的一切运输补给失去保障，另一方面有利于将太行边区和晋察冀边区连成一片。

1940 年 7 月 22 日，八路军总部向晋察冀军区、第一二九师、第一二

---

① 《李达军事文选》编辑组编《李达军事文选》，解放军出版社，1993，第 35 页。

② 《彭德怀自述》，人民出版社，1981，第 235 页。

〇师下达《战役预备命令》（以下简称《命令》），同时上报中共中央军委。《命令》在分析了国内外形势变化后指出："为打击敌之'囚笼政策'，打破进犯西安之企图，争取华北战局更有利的发展，决定趁目前青纱帐与雨季时节，敌对晋察冀、晋西北及晋东南扫荡较为缓和，正太沿线较为空虚的有利时机，大举破击正太路。"《命令》强调："战役目的以彻底破坏正太线若干要隘，消灭部分敌人，收复若干重要名胜关隘据点，较长期截断该线交通，并乘胜扩大拔除该线南北地区若干据点，开展该路沿线两侧工作，基本是截断该线交通为目的。"战役兵力组成，"直接参加正太线作战之总兵力应不少于廿二个团。计聂区（冀中在内）应派出十个团，一二九师派出八个团，一二〇师派出四至六个团，总部炮兵团大部，工兵一部，对其他各铁道线配合作战之兵力，由各区自行规定之"。[①]

8 月 8 日，八路军总部又下达《战役行动命令》，对参战部队的战役部署和作战区域进行了更为详细的布置和规定，并明确战役统一由八路军总部指挥，战役发起时间为 8 月 20 日。[②]

此外，八路军总部还下达多项作战指示。《正太线战役政治工作指示》着眼于作战实际，规定要向部队"深刻解释本战役的意义"，"对于所有参战部队，要力求有良好的纪律"，"扩大抗日政权的影响"，特别强调："政治工作要求适合于连续战斗的环境，应在战斗中不断的工作，不断的鼓动，不断的整理组织，不断的保证部队的物质供给，不断给与部队以胜利消息和迅速的及时的解决问题。"[③]《关于百团大战破坏战术之一般指示》强调："战役成果之大小主要看破坏正太路之程度为定。因为破坏工作为此次战役中最中心之环节。"[④] 并对破坏对象、破坏方法、破坏顺序、资材人员补充，以及破坏部队与掩护部队之联络等进行了规定。

此时，日军兵力相对空虚，"7 月 20 日，随着宜昌的确保，为了汉口附近的警备和作为第十一军总预备队，从华北抽调了 6 个步兵大队和 1 个

---

① 《战役预备命令》（1940 年 7 月 22 日），中国人民革命军事博物馆《百团大战历史文献资料选编》编审组编《百团大战历史文献资料选编》，解放军出版社，1990，第 15 页。

② 《战役行动命令》（1940 年 8 月 8 日），《百团大战历史文献资料选编》，第 21—22 页。

③ 《正太线战役政治工作指示》（1940 年 8 月 5 日），《百团大战历史文献资料选编》，第 18—19 页。

④ 《关于百团大战破坏战术之一般指示》，《百团大战历史文献资料选编》，第 23 页。

山炮大队的基干兵力，归第十一军司令官指挥”，[①] 其中包括独立混成第四、第九旅团的部队。加之独立混成第八旅团主力在冀中“扫荡”，因此正太铁路沿线日军兵力减少。在这种情况下，当战役发起之时，本来就痛感兵力不足的华北方面军更加困难，措手不及。日驻蒙军司令官冈部直三郎在笔记中写道：“此次作战，系敌乘我兵力减少之际……故在初期我行动不利。”[②]

八路军总部做出战役部署后，晋察冀军区、一二九师、一二〇师根据命令，重点对正太路和同蒲路北段沿线的敌情、地形、工事和居民情况进行了侦察和调查，在此基础上，分别确定了本集团的作战部署，并秘密调集部队，组织参战部队进行短期的攻坚和破路训练，准备物资器材，进行战前动员。地方政府大力组织动员群众，积极准备各项支前工作。

八路军总部的初期部署是，直接参加正太路破击作战总兵力不少于22个团。8月20日20时，交通总破袭战如期发动。次日，晋察冀军区、第一二九师、第一二〇师等部先后向总部报告战况，总部方觉参战部队已不止原计划的22个团。彭德怀、左权“命令司令部务于明日午前弄清正太路全线和其他各路所有参战部队的兵力和战斗情况”。[③]

22日午，作战科将各部队战报汇总，八路军总部向蒋介石呈报兵力部署情况如下：“（甲）正太线三十个团。（乙）平汉线由卢沟桥至邯郸段十五个团。（丙）同蒲线大同至洪洞线十二个团。（丁）津浦线由天津至德州段四个团。（戊）汾军公路六个团。（己）白晋线六个团。（庚）北宁线二个协和。（辛）平绥线两个团。（壬）沧石线四个团。（癸）德石路四个团。（子）邯济线三个团。（丑）代县至蔚县四个团。（寅）平大线×××至大同六个团。（卯）辽平线辽县至平顺三个团。宁武、岢岚、静乐四个团。共一〇五个团。”[④] 从22个团的部署，到105个团参战，这是战役的组织者没有预料到的。这说明在共产党领导下的军队有着高度的抗日自觉性和积极性，充分反映了八路军全体指战员和华北人民高涨的抗日情绪。

---

① 〔日〕井本熊男：《作战中的中国事变》，何理等选编《百团大战史料》，人民出版社，1984，第386页。

② 《华北治安战》（上），第318页。

③ 王政柱：《百团大战始末》，广东人民出版社，1989，第71页。

④ 《叶剑英转报八路军百团大战兵力部署及战绩电》（1940年8月27日），《百团大战历史文献资料选编》，第149页。

二　战役经过

百团大战自1940年8月20日打响，历时5个多月，经历了两个主动进攻阶段和一个反“扫荡”阶段。战役第一阶段，以正太路为重点开展交通总破袭战，破坏日军在华北所占领的主要交通线；战役第二阶段，继续袭击交通线两侧日伪军和摧毁深入根据地内的敌据点，并发动涞（源）灵（丘）、榆（社）辽（县）等战役；战役第三阶段主要开展晋东南反“扫荡”、晋察冀边区反“扫荡”、晋西北反“扫荡”作战等。

1. 第一阶段（8月20日至9月10日）

战役第一阶段为期20天，中心任务是交通总破袭战，主要是破坏以正太路为重点的日军交通线。前10天，以晋察冀军区、第一二九师主力部队破击正太路；后10天，日军反扑，八路军撤出正太路，晋察冀军区转而出击正太路以北盂县地区，第一二九师打击前出“扫荡”的日军，第一二〇师在晋西北配合作战。

晋察冀军区负责破袭正太路东段，此段有敌坚固设防的天险娘子关和守备严密的重要燃料基地井陉煤矿。在司令员兼政治委员聂荣臻的指挥下，晋察冀军区以19个团又5个游击支队、2个独立营等组成左、中、右纵队，首先向正太路东段的日军独立混成第四旅团、第八旅团各一部发起攻击。娘子关是晋、冀两省交界的要隘和正太铁路的咽喉地区，地势险峻，易守难攻。经过激烈争夺、反复冲杀，八路军占领娘子关。这是正太线最早攻克的重要战略要点。[①] 接着，主力部队掩护工兵，大量破坏敌工事，并将关东铁路桥炸毁，收集了缴获的物资，在日军增援到达之前，主动撤离娘子关。从25日起，正太路娘子关至乱柳段日军交通完全断绝，各据点只能各自为战，陷入异常恐慌之中。攻击井陉煤矿的八路军在矿工帮助下，利用昏暗发起攻击，于次日黎明将守敌全部歼灭，占领主要矿井东王舍新矿，彻底破坏了该矿设施，使其半年以内不能恢复生产。

第一二九师负责破袭正太路西段，该段有日军独立混成第四旅团司令部驻地、阳泉煤矿，并有榆次方面独立混成第九旅团的策应，是敌我争夺最为激烈的地区。在师长刘伯承、政治委员邓小平的指挥下，第一二九师

① 《中国抗日战争史》中卷，第602页。

以10个团另3个独立营组成左、右翼破击队和总预备队，于20日晚向日军独立混成第四旅团、第九旅团各一部展开攻击。经一周激战，除寿阳、阳泉等少数城镇外，正太铁路西段基本为第一二九师所控制。接着，第一二九师提出“不留一根铁轨、不留一根枕木、不留一个车站、不留一个碉堡、不留一座桥梁”，“破一里铁路等于消灭一连敌人”，“让敌人用脚同我们赛跑”，“让敌人用牛驴搬炮弹、飞机大炮”等口号，[①] 大力破坏铁路、车站及其附属设施，使正太铁路西段陷于瘫痪。

第一二〇师为配合正太路破袭战，在师长贺龙、政治委员关向应的指挥下，20日，对同蒲铁路和晋西北主要公路展开攻击。至8月底，第一二〇师先后攻克龙泉、康家会、丰润村、阳方口等据点，并一度袭入五寨村，歼灭日伪军800余人，切断了同蒲铁路北段和忻静、汾离、太汾等公路。

正太路破袭战取得重大胜利，第一步战役目标基本实现。八路军总部根据情况变化，于26日调整战役部署：“在正太路不能继续坚持作战或未彻底完成正太战役之情况下，我之行动方针，应是乘胜开展正太线两侧之战果，去收复敌深入各该根据地内之某些据点，继续坚持正太线之游击战，缩小敌占区，扩大战果。”[②] 9月2日，八路军总部又发出命令，决心“力求乘正太路遭我大破击后，敌不易转移兵力之有利时机完成第二步计划之任务”。[③]

根据八路军总部命令，晋察冀军区于9月2日起部署新的战役行动，决心乘战役之声威转向盂县地区进攻。至9月10日，“收复了两个会里、上下社、关头、西烟等六个据点，消灭了上下社、北会里及盂县北援之敌……给该地区的敌人以相当严重的打击，相当的完成了整个战役计划”。[④] 在日军主力转取反攻的形势下，第一二九师各路破击队即由破击作战转入打击出犯日军的作战。9月3日第一二九师离开正太线向根据地转

① 《中国抗日战争史》中卷，第604页。

② 《开展正太线两侧作战之战役部署》（1940年8月26日），《百团大战历史文献资料选编》，第31页。

③ 《敌援正太兵力已到我执行第二步方针》（1940年9月2日），《百团大战历史文献资料选编》，第38页。

④ 《第二期作战基本完成，准备执行新的任务》（1940年9月10日），《百团大战历史文献资料选编》，第77页。

移时，在平定以西打击阳泉出扰日军，消灭日军100余人。与此同时，第一二〇师开展破击同蒲路北段的行动，钳制了日军兵力，有力策应了晋察冀军区和第一二九师的行动。至9月10日，百团大战第一阶段大体结束。由于部署周密，准备充分，部队行动迅速、秘密，达成了战役的突然性，给日军以沉重打击。

2. 第二阶段（9月22日至10月上旬）

八路军发动百团大战后，从华北敌后到大后方的报刊大力传播胜利的消息，抗战军民备受鼓舞，期待着取得更大的胜利。中共中央于9月10日发出指示："我八路军、新四军全部力量在目前加强团结时期，应集中其主要注意力于打击敌人，应仿照华北百团战役先例，在山东及华中组织一次至几次有计划的大规模的对敌进攻行动。在华北则应扩大百团战役行动到那些尚未遭受打击的敌人方面去，用以缩小敌占区，扩大根据地，打通封锁线，提高战斗力。"①

根据中央指示精神，八路军总部于9月16日下达百团大战第二阶段作战命令，强调第二阶段作战目的是扩大战果，作战基本方针是"继续破坏敌寇交通，克复深入我基本根据地内之某些据点"。② 根据八路军总部命令，在这一阶段，晋察冀军区主要进行了涞灵战役，第一二九师主要进行了榆辽战役，第一二〇师主要破击了同蒲路。

涞源、灵丘两县，位于河北、山西两省交界处，深入晋察冀边区西北部，驻有日军1500余人，另有伪军1000余人。③ 日军受到第一阶段打击后，各据点纷纷增加兵力，增修加固工事，严加戒备。根据八路军总部命令，晋察冀军区"决继续组织涞灵战役，乘机夺涞源，相机攻克灵丘，开展雁北察南工作，企求与一二〇师、挺进军成面的联系和纵横的向北开展，以开创军区在西北之复越形势与有利局面"。④ 为此，晋察冀军区组织8个团、3个游击支队的兵力分别向涞源、灵丘发起猛烈攻击，拔除日军

① 《中央关于击敌和友的军事行动指示》（1940年9月10日），《百团大战历史文献资料选编》，第13页。

② 《百团大战第二阶段作战命令》（1940年9月16日），《百团大战历史文献资料选编》，第42页。

③ 《中国抗日战争史》中卷，第609页。

④ 《组织涞灵战役的作战命令》（1940年9月10日），《百团大战历史文献资料选编》，第78页。

据点数十处。后因张家口援敌2000余人、大同缓敌1000余人陆续进抵涞源、灵丘，晋察冀军区于10月10日结束战役。

由阳泉经平定、和顺、辽县到榆社的公路，是日军突入太行根据地最深的一条公路，其中榆辽段长45公里，日军分驻沿线8个据点。9月22日，第一二九师下达榆辽战役基本命令，决定以突然袭击手段消灭榆社至小岭底之敌，收复据点，摧毁公路，并乘势向辽县进展，相机收复辽县。23日，八路军向预定目标发起攻击。榆社守敌400余人在飞机掩护下，施放毒气。经四次强攻，八路军全歼守敌，占领榆社城。至30日，八路军陆续占领辽县外围据点，准备进攻辽县县城。后因日军增援部队突破阻击部队阵地，八路军总部命第一二九师各部撤出战斗，结束榆辽战役。

在进行涞灵、榆辽战役的同时，第一二〇师对同蒲路北段再次发起破击战，再度切断该线交通。冀中军区对任丘、河间、大城、肃宁之敌发动进攻，攻占据点20余处，歼灭日伪军1500余人，破坏公路150余公里；冀南、太行、太岳军区部队对平汉路元氏至安阳段及德石路进行大破坏，同时还破坏了白晋路、同蒲路南段及其他一些公路。

在这一阶段作战中，对榆社等四座县城的进攻战斗打得十分激烈，但由于敌人工事坚固，增援迅速，夺取涞源、灵丘等预期目的没有完成。尽管如此，“所获胜利是不小的，特别是先后夺取了敌人许多据点，不断给敌人以歼灭性的打击”，“这给敌人分散配备的封锁与‘囚笼政策’以粉碎，这给敌人守备部队精神上莫大之震撼。另一方面我军则大大提高了攻守敌人据点的信心（冀中平原与路西山地先后夺取敌据点四十个）与锻炼了攻占据点之经验”。①

3. 第三阶段（10月上旬至翌年1月24日）

日军在遭到前两个阶段的沉重打击后，深感八路军对其威胁甚大，为稳定局势，巩固占领区，遂调集重兵，从10月10日起，对华北各抗日根据地进行疯狂的报复“扫荡”，企图趁八路军连续作战来不及休整之机，打击八路军主力，毁灭抗日根据地。10月19日，八路军总部下达反“扫荡”命令，要求“党政军民应切实配合，进行深入之战斗动员”，“以进行

① 《百团战役第二阶段结束之后的敌况与我之经验》（1940年10月12日），《百团大战历史文献资料选编》，第86页。

坚决的游击战为展开（方针），消耗疲劳敌人”。[①] 据此，各根据地军民以连续作战的精神展开了反“扫荡”作战。

八路军在反“扫荡”作战中，不顾连续作战的疲劳和战斗减员，坚持以灵活多变的游击战术，开展广泛的游击战争，经过三个多月的艰苦奋战，终于取得反击日军报复“扫荡”的胜利。至 1941 年 1 月底，进犯根据地的日伪军全部退回原据点。百团大战正式结束。

三　战绩与影响

百团大战历时近 5 个月。1940 年 12 月，八路军总部公布：从 8 月 20 日至 12 月 5 日的 3 个半月中，八路军共进行大小战斗 1824 次，毙伤日军 20645 人、伪军 5155 人，俘虏日军 281 人、伪军 18407 人，日军自动携械投诚者 47 人，伪军反正者 1845 人（以上共 46480 人）；缴获各种枪 5942 支（挺），各种炮 53 门；破坏铁路 474 公里，公路 1502 公里，桥梁 213 座，火车站 37 个，隧道 11 个，铁轨 21.7 万余根，枕木 154.9 万余根，电线杆 10.9 万余根，收电话线 42.4 万余公斤；破坏煤矿 5 个，仓库 11 所。[②] 整个战役，八路军至少作战 2170 次，歼灭日伪军 5 万余人，同时八路军也付出伤亡 1.7 万余人、中毒 2 万余人的代价。[③]

百团大战的胜利，是在中国抗战处于战略相持阶段、国内妥协投降危机空前严重的形势下取得的，具有重大的军事和政治意义，对于中国人民抗日战争和世界反法斯战争产生了重要影响。

第一，百团大战沉重打击了日军的“囚笼政策”和“以战养战”的阴谋，对日伪军造成极大震动。

在交通破袭战中，被日军称为“钢铁动脉”的正太路 2/3 路基遭破坏，长期不能通车；破坏日军所占据的 5 个煤矿中，以井陉新矿为最严重（华北当时最大的煤矿之一），日军认为“其意义相当于 5 个师团”，“井陉新矿至少半年不能出煤”，据最后调查，该矿损失在 1 亿日元以上。[④] 日军

---

① 《百团大战后反扫荡计划》（1940 年 10 月 19 日），《百团大战历史文献资料选编》，第 55 页。

② 《中国抗日战争史》中卷，第 623 页。

③ 《中国人民解放军军史》编写组编《中国人民解放军军史》第 2 卷，军事科学出版社，2010，第 160 页。

④ 《百团大战史料》，第 46 页。

华北方面军在作战报告中承认："此次袭击，完全出乎全军意料之外，损失甚大，需要长时期和巨款方能恢复。"① 日军大本营陆军作战科长服部则惊呼："对华作战已处于进退维谷的境地。"② 华北方面军总司令多田骏因之被撤职。在遭受沉重打击后，日军华北方面军司令部将此役称为"挖心战"，以后每年 8 月 20 日作为"挖心战纪念日"。③

百团大战不仅沉重打击了日寇的气焰，也使敌伪组织深受震动。许多敌伪组织主动向我靠拢，实际上成为"两面政权"，从而动摇日军在占领区内的统治，粉碎其"以华制华"、"以战养战"的阴谋毒计。此后，日军被迫从华中抽调两个师团到华北，使华北日军兵力达到 30 万左右。

第二，百团大战提高了全国军民抗战胜利的信心，对粉碎日本诱逼中国政府迅速屈服的企图发挥了重要作用。1940 年夏季以来，日本帝国主义为迫使中国妥协，一面对国民党施加军事压力，攻襄阳，占宜昌，持续大规模轰炸重庆；一面全力展开诱降的"桐工作"，并封锁滇缅公路，断绝中国国际交通。一时间给中国抗战造成空前严重的危机，日本侵略者据此踌躇满志地等待着"事变行将解决，日中两国最接近的一刹那"的成功。④ 百团大战的枪炮声打破了他们的美梦。"这一战役的胜利，大大的兴奋了我国的军民，对正在变动中的时局，也将起着重大的影响。"⑤ 重庆《力报》在专题社评中说："华北胜利粉碎了敌寇这种阴谋，坚定了全国的抗战意志，而使一般动摇妥协分子无以其逞。"⑥ 时任第一战区司令长官的卫立煌在致朱德、彭德怀的电报中，评价百团大战"不惟予日寇以致命之打击，且予友军以精神上之鼓舞"。⑦ 蒋介石致电朱德、彭德怀："贵部窥此良机，断然出击，予敌甚大打击，特电嘉奖。"⑧ 他在日记中也承认："一、

① 《华北治安战》（上），第 296 页。

② 《华北治安战》（上），第 359 页。

③ 《彭德怀自述》，第 237 页。

④ 『大本営陸軍部（3）』、251 頁。

⑤ 郭化若：《论百团大战及其胜利》（1940 年 9 月 22 日），《百团大战历史文献资料选编》，第 467 页。

⑥ 《学习华北胜利的光荣模范》（1940 年 9 月 12 日《力报》社评），《百团大战历史文献资料选编》，第 490 页。

⑦ 郭化若：《论百团大战及其胜利》（1940 年 9 月 22 日），《百团大战历史文献资料选编》，第 467 页。

⑧ 孟广涵主编《抗战时期国共合作纪实》上卷，重庆出版社，1992，第 971 页。

八路军截断山西各铁路之行动，对敌军精神与计划上必受一打击。二、八路军对抗战之态度表示积极。”[①] 百团大战胜利的消息传到延安。毛泽东给在前方指挥的彭德怀发来电报说：“百团大战真是令人兴奋，像这样的战斗是否还可以组织一两次？”[②] 总之，百团大战的胜利，鼓舞了人民的抗日意志，增强了胜利信心，一扫数月来国统区悲观失望的沉闷空气。

第三，百团大战粉碎了国民党顽固势力的造谣污蔑，提高了中国共产党及其领导的武装力量的威望。从抗战全面爆发到百团大战前的三年里，中国共产党坚持实行全面抗战，开展独立自主的敌后游击战，取得了巨大胜利。但是，国民党顽固势力无视共产党领导的武装力量所取得的战绩，极尽造谣污蔑之能事。1940 年初，陈诚公开发表讲话，污蔑八路军“游而不击”，称延安的军医院里“没有一个伤兵”，等等。在这种形势下，一部分人对八路军产生了怀疑，造成了统一战线的内部混乱。此时，“百团大战的突然发动与节节胜利，有如一阵暴烈的霹雳，轰动了整个华北战场，以至于全中国全世界”。[③] 朱德在《扩张百团大战的伟大胜利》一文中写道：“八路军的全体将士，华北的许多游击队以及广大的人民，正在再接再厉，浴血奋战，为扩张这一伟大胜利，告慰全国同胞而继续斗争。”[④] 他还特地列出仅开战后的 20 天中，八路军营、团、旅军事、政工干部英勇阵亡和负伤、中毒的名单，对国民党顽固势力的造谣污蔑进行针锋相对的驳斥。百团大战胜利的消息传到延安后，毛泽东在《时局与边区问题》的报告中说：“百团大战的估计：是敌我相持阶段中一次更大规模的反‘扫荡’的战役反攻……它有力打击了敌人、鼓励了人民、孤立了顽固派的伟大意义。顽固派不能再说什么游而不击了。”[⑤] 在铁的事实面前，国民党顽固势力的造谣污蔑不攻自破，共产党八路军的声威因之而大大提高。

第四，百团大战显示了人民战争的强大威力，为抗日战争的战略反攻积累了宝贵的经验。百团大战是全国抗战以来八路军在华北发动的规模最

---

① 《蒋介石日记》（手稿），1940 年 8 月 29 日。

② 《彭德怀自述》，第 238 页。

③ 贺龙：《百团大战的一个侧面——晋西北》（1940 年 9 月 8 日），《百团大战历史文献资料选编》，第 446 页。

④ 朱德：《扩张百团大战的伟大胜利》（1940 年 9 月 25 日），《百团大战历史文献资料选编》，第 409 页。

⑤ 《杨尚昆回忆录》，中央文献出版社，2001，第 202 页。

大、持续时间最长的战略性进攻战役，这对于八路军各级司令机关的组织协调能力是一次严峻考验。

这种大规模的、复杂的战役组织协调，在八路军作战史上是空前的，它对于提高八路军的战斗经验起了很好的锻炼作用。彭德怀曾就此专门论述道："百团大战对于八路军三年的抗战工作，是一个具体的检阅。在华北这样广大的地区中，在敌人的堡垒棋布中，于同一个钟头内举行百团以上兵力的总攻击，这是一个极大的组织工作。它充分说明了无产阶级政党领导的军队的一致性，及其指战员的积极性。"① 同时，百团大战在作战指挥及实战方面所取得的成功经验，也是我军作战史上极其宝贵的财富。百团大战作为对华北敌人交通的总破袭，八路军进一步取得了在敌后进行破袭和攻坚的经验，长期的、全面的、有计划的破袭战使部队得到了极大的锻炼和提高。时任中共中央军委总参谋部第一局局长的郭化若对此总结道："参战的百余团八路军兵力，在这次非常激烈的战斗与艰苦的破坏作业中，得到了最好的锻炼。使八路军的战斗动作，技术作业，与战术指挥，都因得到了新的经验而改进，使八路军的战斗力更加提高起来。这是最难得的收获。"② 同时，八路军注重发挥人民战争的威力，积极筹划作战所需的人力、畜力、粮秣、弹药与爆破器材，制定伤员的救治、后送及其他各项保障措施，有效动员民众，其中仅冀中即动员了10万民众，有力支援了参战部队。③

第五，百团大战迟滞了日军南进东南亚、太平洋的步伐。日本南进东南亚和太平洋，是其"建设大东亚共荣圈"战略目标的基本内容，也是日本对德国法西斯的战略配合。1940年上半年，德国法西斯在北欧、西欧的节节胜利，使日本侵略者大受鼓舞，野心勃勃地提出"向以南方施策为重点的体制转变"。作为南进的第一步，日军第五师团于9月在法属印度支那北部强行登陆。日军统帅部根据尽快实施南进的决策，决定缩减在华兵力，却遭到了一些质疑和反对。日本陆相东条英机和参谋总长杉山元一致认为："必须迅速解决中国事变。为此，不要单纯考虑南方，要确立以中

① 彭德怀：《关于百团大战》（1940年9月25日），《百团大战历史文献资料选编》，第418页。

② 郭化若：《论百团大战及其胜利》（1940年9月22日），《百团大战历史文献资料选编》，第469页。

③ 《中国人民解放军军史》第2卷，第161页。

国和北方问题为主的方针。”① 中国派遣军总司令西尾寿造提出，不应变更倾注主力于中国的宗旨。经过一番讨论后，最终商定1940年底以后，侵华日军的兵力还要保持在72万人左右。鉴于兵力不敷使用，日本只有暂时收回南方作战的矛头。由此可见，百团大战的直接结果是引起日本推迟了这一战略方针的实施。同时，由于百团大战的发动，日本侵略军长时间把主力陷进中国而不能旁骛，也就大大减轻了美英在亚洲—太平洋战区和其他方向上的军事压力。

当然，作为特殊环境下的大规模战役，它不可能是尽善尽美的。由于此役规模和持续时间都超过八路军和根据地补给能力，部队消耗过大，在日军报复“扫荡”时，根据地遭到严重的摧残和破坏，加重了以后的困难。在1945年中共七大前夕召开的华北工作座谈会上，百团大战遭到了严厉的批评，说它过早暴露了中共的力量，使敌人集中兵力来对付八路军，减少了对正面战场的压力。“这也是事实。但是，不能因此而否定百团大战。”② 因为它大规模袭击敌军，取得了较大的胜利，战果很大，政治影响也很大，也减轻了友军的压力，这对抗日是有利的，是中国共产党及其领导的武装力量对民族、国家做出的重大贡献。百团大战的胜利“实际上比损失要大得多的”，“今天可以看得更清楚，这种看法是经得起时间的检验的，因为它符合历史的事实。低估和否认百团大战的主要功绩是不对的”。③

第四节 八路军的反“扫荡”作战

1940年中国派遣军向日军大本营汇报时指出：“占领区的治安现状，按优劣顺序为：蒙疆、三角地带（指沪、宁、杭地区）、武汉地区、华北，其中以华北最差。”因此，陆相东条英机在谈到对华基本方针时，即把“彻底肃正华北治安”摆在首要位置。④ 从1941年3月底到1942年底，日军华北方面军共进行了五次所谓“治安强化运动”。

第一次是在1941年3—4月，主要以加强伪组织、推行保甲制为内容；

---

① 『大本営陸軍部（1）』、612頁。

② 《杨尚昆回忆录》，第202页。

③ 薄一波：《领袖元帅与战友》，第184页。

④ 《华北治安战》（上），第358—360页。

第二次是在 1941 年 7—9 月，主要以“实行剿共、巩固治安”为方针，日伪还正式成立了一个“华北防共委员会”；第三次是在 1941 年 11—12 月，重点是“彻底实行经济封锁，促进重要物资的生产、供应”；第四次是在 1942 年 3—6 月，这次以伪组织新民会为主体，宣传所谓“东亚解放、剿共自卫、勤俭增产”；第五次是从 1942 年 10 月 8 日所谓天皇诏书发表日开始，对华北的 40 万日本侨民也进行了动员，口号是“我们要建设华北，完成大东亚战争！我们要剿灭共匪，肃清思想！我们要确保农业生产，降低物价！我们要改善生活，安定民生！”以此进行欺骗宣传。①

当时，日军将华北划分为三类地区，一类是“治安区”，即日伪觉得治安稳定的地区；一类是“准治安区”，即双方势力均可以进入的地区；再一类就是“非治安区”，即抗日力量（主要是共产党）的根据地。在“治安强化运动”中，日伪对这三类不同地区，采取了不同的对策。对“治安区”实行的是“清乡”政策，在该地发展傀儡政权，实行特务统治，并对人民进行奴化教育。对“准治安区”则以“蚕食”政策为主，在该地修起无数的壕沟、地堡、岗楼，并逐步向前推进，为了割断游击队与人民的联系，在有些地方甚至强迫人民搬迁到“治安区”内，制造“无人区”。如在冀东，为了隔断华北与“满洲国”的联系，1942 年底日军就在长城内侧马兰峪到建昌附近，设置了一个宽约 4 公里、长约 100 公里的带状无人区，致使当地 100 多个村庄的人民背井离乡。而对所谓“非治安区”则以“扫荡”为主，在抗日根据地内建立据点，再将抗日根据地变成日伪占领区。在“扫荡”过程中则实行残酷的“三光”政策，即烧光、杀光、抢光，像冀中抗日根据地经过 1942 年的“五一大扫荡”之后，整个根据地被分割成多个小块，形成“格子网状”，冀中军区部队减员近一半，造成“无村不戴孝，处处闻哭声”的悲惨景象，根据地大部变成所谓“治安区”。

自 1940 年“百团大战”之后，日军华北方面军终于意识到共产党、八路军的存在与活动才是危害其殖民统治的“根源”，因此决定“将工作重点置于对共施策上”。从 1941 年开始，日军华北方面军为配合所谓“治安强化运动”，先后发动了几次主要针对八路军抗日根据地的“肃正作战”。其中规模较大的有如下几次。

① 《华北治安战》（下），第 224 页。

一　晋察冀边区的“扫荡”与反“扫荡”

1941 年 8 月，日军集结了 5 万日军与 1 万伪军，在华北方面军新任司令官冈村宁次的率领下，对晋察冀边区展开了空前规模的大“扫荡”。日军企图通过这次“扫荡”，“在击溃晋察冀边区共军及消灭其根据地的同时，结合封锁，破坏其自给自足，进而消耗、困死该地区的共产势力”。[①]为此，日军这次采取了极其残酷的“铁壁合围”、“梳篦清剿”的战术，将部队分为“进攻兵团”与“封锁兵团”。

8 月 14 日，先对平北与冀中的根据地进行佯动，23 日，突然将进攻重点转向北岳和平西地区。晋察冀军区在 7 月下旬即发觉日军的“扫荡”企图，并做了安排，但对日军的新战术估计不足，以致在 8 月 31 日，整个边区党政军领导机关近万人被压缩到阜平地区一块东西约 25 公里、南北约 35 公里的狭长地带，情况非常紧急。9 月 1 日，边区首长派出侦察小分队携电台到阜平东北故意与各方联络，引开敌人，领导机关方撤至阜平以西地区隐蔽。9 月 4 日，日军“扫荡”进入第二阶段：“分区进剿”。八路军乘机由外线回戈猛击。25 日，3000 多敌军分路“搜剿”涞源、徐水、易县、满城之间的狼牙山区，第一军分区第一团第七连奉命掩护当地党政机关和群众转移，第七连的 5 名战士将敌军引至狼牙山绝境，在弹药用尽之后，宁死不屈，跳下悬崖，后被称誉为“狼牙山五壮士”。同日，日军华北方面军撤出北岳和平西地区，八路军收复阜平县城。10 月中旬，日军完全退出晋察冀边区的中心地域。此次反“扫荡”历时两个多月，作战 800 余次，尽管歼灭了一些日军，但日军在边区境内增修了 100 多处碉堡、150 多公里封锁沟与 500 多公里公路，使北岳区的第一、二两个专署都变成了游击根据地。

二　冀中根据地的“五一反扫荡”

1942 年 2 月，华北方面军制定并下达该年度“治安肃正建设计划大纲”，确定本年度“尤其先将重点指向河北省北部的治安”，[②]进攻重点就

---

① 《华北治安战》（上），第 423 页。

② “国防部史政编译局”编《大战期间华北“治安”作战》，台北，编者印行，1988，第 163 页。

是冀中。4 月中旬，华北方面军确定此次作战方针为“对以吕正操为司令之冀中地区中共军主力实施急袭包围作战，消灭其根据地，同时并用政治、经济及思想等各种策略，一举实现治安地区的目标”。日军集中了 18 个步兵大队为“扫荡”基干部队，整个作战计划分三期，采用压缩包围战法，从 5 月 1 日开始分别“扫荡”。作战计划第一期，日军以一部主力集中“扫荡”滹沱河以北地区、河间与肃宁地区以及石德路以南地区（共约 10 天），使八路军难于判断其企图并将滹沱河北的八路军赶入滹沱河南由滹沱河、滏阳河与石德路构成的三角地带。同时，另一部主力日军乘火车佯动至邯郸，做好向石德路展开之准备。第二期计划，南北日军对三角地带八路军完成包围后消灭之（约 5 天）；进入第三期第一阶段作战（约 10 天），进行反复“扫荡”，消灭敌人和根据地设施，而后进入第三期第二阶段作战（约 15 天），在“扫荡”同时大力推进各项“建设”。最后，转入对此地区的警备状态，正式开始推进“建设”。

1942 年“五一大扫荡”按计划展开。日军首先对滹沱河北冀中军区七、九分区从北向南进行“扫荡”，试图把这些地区的八路军压缩到滹沱河以南。此时，冀中军区对日军的企图不明，凭借经验与敌作战。苏锦章回忆：“我分区第十七团、二十二团，虽然当时还不了解敌人‘五一扫荡’的性质及其第一期作战阴谋，但是却凭借着过去的反‘扫荡’经验，贯彻敌进我进的外线作战的反‘扫荡’方针。”①

随着日军“扫荡”逐步深入，冀中军区对日军军事行动步骤开始明晰。5 月 7 日，冀中军区指示下属军分区：“敌人企图第一步在于滹沱河北反复‘扫荡’，建立据点，这样，向内推进，封锁周围，压迫我机关部队于深、饶、安中心区。第二步形成铁壁封锁，（然后）以重兵向我合围，要求决战。第三步长期‘清剿’我基本地区，掠夺我人力、财力，破坏地方组织，摧毁根据地之生存力量……现在敌之‘扫荡’正处于第一阶段之末。然其第二次动作即将开始。”但是，冀中军区此时对国际局势的判断明显乐观，认为“‘今年打败德国，明年打败日本’已成为国际形势的结局”。为此冀中军区提出“反‘扫荡’总的方针，在于发动全民武装自卫，

① 苏锦章：《冀中第七军分区“五一”反扫荡的回顾》，《冀中人民抗日斗争资料》第 24 期，第 62 页。

展开广泛的全面的游击战争，进行全面的坚持。一方面要求尽可能地保存军民人力、武力，避免‘扫荡’之敌人摧毁。另一方面要抓紧一切可能积极托住阵地，以消灭敌人”；命令“主力除必要留一部分分散坚持外，应迅速先机跳出外线，伸向反‘扫荡’作战重点及敌后空隙，积极向主要点线进行袭扰”。此外，“各分区大量使用便衣工作，编成爆破小组，向重要点线进行飞行爆破”。[①] 冀中军区预判日军第二步作战地域深县、武强、饶阳与安平为冀中军区第六、八军分区辖区。根据冀中军区“扫荡”前确定的外线作战原则和此时的敌情判断，六分区主力之大部已分散提前转出预估的日军合击圈，留下地方武装坚持。但是，六分区司令员王长江仍决定率领主力团的一个营留在深南根据地，理由是“敌人‘扫荡’深南根据地，人民群众正需要子弟兵之时，我们不战而离开人民，失掉了根据地，责任至关重大”。[②] 八分区主力同样大部分散转出外线，留基干团第三十团与地方武装坚持中心区。各县党政领导机关就地坚持反“扫荡”，有的县委还提出“区不离区，县不离县”的口号。

此时，日军华北方面军指挥部也面临一个难题：冀中军区主力部队是否还在第二期作战地域内。日军得到的情况只是：“各军司令部转变无常，在同一场所不超过三天。敌军部队是否确实在于作战地区内，系方面军最关心之问题，但其动向并不详。”[③] 而在日军封锁线内的冀中军区机关已开始向外转移。5 月 7 日，八路军发觉滏阳河水位上涨，及时组织冀中军区机关趁日军合围“扫荡”还未开始之际，渡过滏阳河，跳出了日军第二期作战的包围圈。冀中军区机关选择此时跳出日军包围圈是一个恰到好处之举，刚好在日军包围圈的薄弱环节被弥补前形成了突破。八路军敌后抗战经验说明：“跳出敌人的合围圈，要掌握好时机，不可太迟，也不可太早。迟了，就会被敌人围住，遭受损失。早了，就可能跳出敌人这个合围圈，又陷入敌人另一个合围圈，或者使敌人发觉，改变计划，重新组织对我之合围。”[④]

---

① 《中共冀中区党委、冀中军区关于敌“扫荡”冀中及我之对策》，中共河北省委党史研究室编《冀中历史文献选编》（上），中共党史出版社，1994，第 638—640 页。

② 王俊杰：《冀中六分区反“扫荡”片段》，李秉新主编《血色冀中》，河北人民出版社，2002，第 222 页。

③ 《大战期间华北“治安”作战》，第 218 页。

④ 成学愈：《“五一反扫荡”中的冀中领导机关》，《冀中人民抗日斗争资料》第 43 期，第 108 页。

5月11日，日军按预定计划开始“扫荡”冀中军区腹地。由于八路军主力提前转出，尽管日军费尽心思，仍没有找到冀中军区的领导机关。据日军战果统计：“中共军早已分散，穿着便衣，战果乏善可陈。”[①] 但冀中军区坚持于深县等处的内线部队被挤压至饶阳、武强县境内，在日军随后的分区“扫荡”中，遭到日军合击。12日凌晨，日军“分路进兵，从深安路以东、滏阳河以西、沧石路以北、滹沱河以南向我‘合围’”；“东西长二三十公里，南北长一二十公里的封锁线上，日本兵一个挨一个，并肩向中心推进，连庄稼地里的野兔都被赶得东跑西窜”。一天下来，骑兵团“三四百名指战员壮烈牺牲”。[②] 15日，日军第二期作战结束，准备开始第三期作战。

5月15日，冀中军区向各军分区下达反“清剿”作战命令，提出反“清剿”的关键在于“保存干部，保存地方下层组织，保存青壮年”与“加强农村团结”；“在外线主力军不是分散活动，而是集中一定兵力袭击重要城镇与交通线”。同时，提醒各军区对日军保持警惕。考虑到日军“因其合围扑空，有移兵一部回到外线重组合围的可能”，冀中军区把当前阶段定位为“处在敌人准备再合围与转入‘清剿’的时期”，提醒各军分区“准备反对敌人之再合围‘清剿’”。[③]

但是，冀中军区对敌情的估计和己方的部署在五天后发生改变。早在日军第二期作战末期，冀中军区腹地坚持反“扫荡”的干部中就流传日军“扫荡”快要结束的说法。“深南的县委领导集中以后曾说：‘这次反扫荡，我们又胜利了！’”[④] 5月16日后，部分日军的撤退迹象似乎更印证了他们这一判断。吕正操回忆：“从几天来得到的情报分析，敌情可能发生变化，因为敌人分区扫荡以后，撤走了六七千人。同时，平大公路上天天有敌人的汽车向北开去，好像是陆续撤兵。”[⑤] 而且，冀中军区“从天津、保定等

① 《大战期间华北“治安”作战》，第229页。

② 严镜波：《我与武强县委在中心区反扫荡》，李秉新主编《血色冀中》，第132—133页。

③ 《中共冀中区党委、冀中军区关于反敌“清剿”的指示》，《冀中历史文献选编》（上），第647—649页。

④ 王俊杰：《冀中六分区反“扫荡”片段》，李秉新主编《血色冀中》，第228页。

⑤ 吕正操：《冀中回忆录》，解放军出版社，1984，第207—208页。

大中城市收到的情报，都有日本天皇被刺的传说”。[1]

在这种情况下，尽管八路军总部于5月18日电示晋察冀军区，判断日军“扫荡”“企图是彻底摧毁和重新建设”，提出“为了长期坚持冀中，坚持华北”，需要“改变某些斗争方式，以求减轻这次损失……甚至部分地区根据地改变性质也是极难避免的，与其被迫，不如主力先机的予作准备，减少损失为有利”；建议冀中军区“抽出正规军3个团及部分地方军转移至山地（冀中平原留地方军2万—2.5万），加强山区作战，争取扩大山区根据地”，“某些地区的地方斗争方式须立即准备和采用两面政策”，做好长期反“扫荡”的准备。[2] 但是，冀中军区判断日军“扫荡”可能进入末期，没有接受八路军总部的转移建议。[3] 5月21日，冀中军区对第六、八、九分区发出《关于反敌“清剿”恢复根据地》的指示，“要求第六、第八、第九军分区主力部队，回到中心区去，以连为单位分散活动，积极打击小股‘清剿’和立足未稳的敌人，阻止敌人修路、挖沟和平毁我们的道沟”。[4]

但此时日军并无撤军计划，反而如冀中军区所判断的那样，除对冀中根据地核心区进行“清剿”外，移兵一部到外线“扫荡”。16日，日军开始第三期第一阶段作战。因日军判定“中共拟加以固守到底，分散潜伏试行坚强抵抗”，要求各部“力求急袭击予以歼灭”。[5]

23日，已返回根据地的六分区部队在深南遭到日军合击。日军战史称：“敌军之行动敏捷，当初不容易加以捕捉，但到处均发生不期遭遇战，亦有据守部队，进行顽强抵抗之敌，24日的扫荡战更获得相当大的战果。”[6] 当天，位于冀中根据地核心区外围的任河大地区也被日军“扫荡”。与此同时，冀中军区的外线作战亦不顺利。冀中军区七分区15日后集中部

---

① 黄桦、张硕忱、赵进元、韩守营：《回忆冀中“五一”反扫荡》，《河北文史资料》第1辑，河北人民出版社，1980，第44页。

② 《彭德怀等对晋察冀反“扫荡”部署的意见》，《冀中历史文献选编》（上），第643—644页。

③ 这里出现一个问题，即八路军总部这封电报吕正操是否及时得知。关于这一点，1942年6月8日彭德怀给刘伯承的电报中给出了答案，吕正操应该及时得到了这封电报。因为彭给刘的这封电报指出：“冀中野战军应向山区转移，五月中旬彭、左、罗已给以提议，但因当地同志对此认识不足，推迟至现在被迫转移。”详见《八路军·文献》，第812页。

④ 《六分区人民抗日斗争大事记》，《冀中人民抗日斗争资料》第38期，第57页。

⑤ 《大战期间华北“治安”作战》，第229—230页。

⑥ 《大战期间华北“治安”作战》，第230页。

分部队三次向日军的城镇和交通线进攻，结果是第一次“奔袭定县未果，毁敌城关桥梁一座”；第二次“当日就遭到邯郸、东长寿、寨里和南孟等据点敌守备队的进攻。激战竟日……黄昏后，被迫返回我原中心区”；第三次亦是受日军数个据点合击，“激战至黄昏……被迫退回我原中心区”。①

26 日，日军开始第三期第二阶段作战。日军“鉴于三角地带尚有残敌潜伏继续游动，同时外围之敌亦有加以策应蠢动之状况”，决定主要攻击“沧县、高阳、望都一线以南为主之冀中地区的敌军势力，尤其实施三角地带内之根据地设施的清除工作，并强力推行与此密切结合之各项建设工作”，计划进行 15 天。② 为此，日军设立“真渤特别行政区”，管辖冀中 22 县，由第四十一师团对于该地进行警备，派遣第一一〇师团和第二十七师团参加作战。

在日军第三期作战中，对根据地进行政治“清剿”，破坏中共党、政、军、民间的牢固联结是其一个重要目的。为此，日军在大规模修路建碉，分割根据地的同时，下大力抓捕中共干部、挖掘坚壁物资及建立伪组织。日军此次“扫荡”中除了用酷刑和烧杀来向老百姓逼问八路军、地方干部的去处和被坚壁物资的埋藏地点外，打出诸如“光打八路军，不打老百姓”、“在野外是八路军，在村里的是老百姓”、“参加集会的是老百姓，藏在家里的是八路军”的口号分化八路军和老百姓；③ 在各村建立“维持会”；提出“没收逃亡民众土地和先用法币再换伪钞的土地金融政策”。④因冀中区在思想、组织、政治上准备不足，日军这一整套军政策略对冀中区中共基层组织造成极大破坏。冀中区党委在 6 月 4 日指示各地委“今天最危险的就是我们许多区村干部孤独地爬在窖里（群众一般已回村），空喊斗争，或不顾及群众的觉悟与实际困难，只是咒骂群众，而村子里面却陷入群龙无首的状况”。⑤ 冀中工委后来更为全面地描述了当时的混乱局面：“在组织上各种制度停止，上下左右失掉联系，阵容大乱”；“在政治

① 苏锦章：《冀中第七军分区“五一”反“扫荡”的回顾》，《冀中人民抗日斗争资料》第 24 期，第 67—68 页。

② 《大战期间华北“治安”作战》，第 159 页。

③ 《八路军冀中军区关于“五一”反“扫荡”初步总结》，《冀中历史文献选编》（上），第 697 页。

④ 《彭德怀等对晋察冀反“扫荡”部署的意见》，《冀中历史文献选编》（上），第 643 页。

⑤ 《中共冀中区党委致各地委的指示信》，《冀中历史文献选编》（上），第 658 页。

上、思想上动摇，自首投敌叛变，单纯坚壁、逃跑、恨自己、打自己、参加伪组织和道门、托人照相登记、弄证明书、对抗战胜利没有信心、情绪低落，坚持‘三不主义：妥协不投降，坚持不工作，投敌不叛变’”；“在工作上迷失方向，对‘扫荡’后形势无明确的认识，工作东抓西抓，无组织无计划或者停止工作”。[①]

面对艰危局面，冀中军区领导终于明确：“目前形势之严重非短期所能打开，因此我之方针，除不放弃一切可能与敌作斗争外，必须尽一切可能保存力量，以待时机”。[②] 6月4日，冀中军区“为保存有生力量以待时机”，命令各军分区部队向冀南和路西转移，“自拟路线，自定移动时机”。[③] 但是，外转并不容易。八分区司令部8日在肃宁薛村遭日军合击，司令员常德善和政委王远音牺牲。12日，冀中军区首脑机关在冀南威县掌史村被日军包围。八路军采用“示弱”策略，用步枪、手榴弹及轻机关枪迎击日军，直至下午才使用重机枪和迫击炮，打得日军措手不及。夜晚，冀中军区利用夜幕掩护，突出日军包围，转进至太行山。其他奉命外转部队也遇到或大或小的麻烦。

日军指挥部此时也发觉“敌方之颓势显著，因而研判敌军将离开根据地实施游动，现正面临全面的困境”，故决定将第三期第二阶段作战于6月11日后再延长10天，“以谋治安作战的彻底，及促进建设”。[④] 20日后，日军才对冀中地区转入作战警备姿态，实行高度分散部署，修碉、筑路和挖沟，继续进行“清剿剔抉”。

此次冀中作战双方的伤亡人数，八路军与日军的统计有较大分歧。日军宣称敌军“遗弃尸首9089具，俘虏5197人（另有嫌疑犯20568人）”，而日军“阵亡161人（其中军官9人），伤323人（其中军官14人）”。[⑤] 但这个数字并不可信。因为不少日军所谓的“遗尸”是普通老百姓。至于

---

① 《中共中央北方分局冀中工委关于“冀中”反清剿斗争的指示》，《冀中历史文献选编》（中），第135页。

② 《中共冀中区党委、冀中军区关于坚持冀中工作的指示》（1942年5月31日），《冀中历史文献选编》（上），第650—651页。

③ 《吕正操等关于坚持地区保存有生力量的指示》（1942年6月4日），《冀中历史文献选编》（上），第655—656页。

④ 《大战期间华北“治安”作战》，第231页。

⑤ 《大战期间华北“治安”作战》，第234—235页。

日军的俘虏人数，可以从王雪文的经历中看出个大概：“到中午时间，日军将换上军装的老百姓充当活捉的八路军……用汽车运到定县城。”① 八路军的统计结果，反“扫荡”作战中冀中军区主力部队“伤亡指战员四千六百七十一名，区县游击队损失五千三百余人，被杀害、抓走的群众达五、六万人”，“击毙日伪军坂本联队长以下官兵三千八百九十一名，击伤日伪军加岛大队长以下官兵七千五百二十一名”。②

三 太行、太岳根据地的反“扫荡”

在日军华北方面军大举进攻冀中抗日根据地的同时，其第一军 3 万多人也对太行区、太岳区实行“夏季大扫荡”，企图消灭第一二九师主力与八路军总部。

这次“扫荡”中，日军采取的是“铁壁合围、捕捉奇袭”的战术，将矛头对准八路军军政首脑机关。为此，还专门组建了“特别挺进杀人队”，由 100 名着便装的日军组成，以刺杀八路军高级干部为主要任务。5 月 15 日，日军 7000 余人开始奔袭太岳南部沁河两岸的八路军。第一二九师在刘伯承和邓小平的率领下，总结了反日军春季大“扫荡”的经验，适时跳出日军的包围圈。19 日，扑空后的日军集中两万多兵力转而对八路军总部所在地太行山北部地区进行合围。24 日，八路军总部 1 万多人被敌人压缩在南艾铺附近，在分散突围的过程中，副参谋长左权牺牲。26 日，日军转入“辗转清剿”，但第一二九师主力已跳到敌人后方开始进行大规模的破袭战。31 日，新编第一旅一部攻入长治日军飞机场，炸毁敌机 3 架。6 月 9 日以后，日军逐渐将进攻重点转向太行山南部的国民党第二十四集团军。

第五节 中共持久抵抗链条中的地道斗争

一 地道战的展开

抗日战争时期，中共根据地曾展开大规模的地道战，尤以冀中地区最

① 李志惠：《北疃“五二七”大惨案》，李秉新主编《血色冀中》，第 534—535 页。

② 高存信：《冀中军民粉碎日寇“五一”大“扫荡”渡过难关，赢来胜利》，《冀中人民抗日斗争资料》第 24 期，第 17 页。

为突出。冀中是地道斗争的发源地。吕正操回忆："地道的形成是经历了一个发展过程的。开始地方干部和人民群众为了防敌抓掳，在不得已时就藏入菜窖、山药窖内。继而挖掘了隐蔽洞，也只是挖在家中或院落里，叫'地窨子'，也叫'口袋洞'、'蛤蟆蹲'。在这种洞里不能活动，不能作战，只能消极隐蔽，敌人一旦发现，很难逃脱。……初级的地道，最早出现在蠡县。蠡县离保定很近，环境又残酷，所以地道先从那里发展起来。"[①] 地道"最初的形式，仅在村外的一个洞而已"。[②]

单个的地洞由于无法转移，隐蔽效能有限，所以慢慢发展为地洞之间的连通，形成所谓地道："当敌人进行搜索时，'死窟窿'里的人是逃不出敌人的手掌的……于是长距离的地道开始挖掘了，不但每家的地道都通着，而且地道从这个村庄通到了那个村庄，通到四周围的村庄去。"[③] 冀中的地道在保存干部乃至武装力量中发挥的作用更为重大，时人谈道："地道不但与干部、游击队员的生命联系着，而且与干部、战士之工作、作战情绪有重大关系。有了一个好洞，比保有一处华丽的庄院还要高兴痛快（与工作人员的生命血肉相连）。"[④]

八路军和日军争夺异常激烈的特殊态势，催生了冀中地区挖掘地道的动能。八路军和日军交叉拉锯，互有进退，但由于双方军事力量上的差距，八路军在日军的蚕食进攻中不断收缩，武装也处于游击运动的相对被动状态，要承受日军一波波"治安强化运动"的持续压力，寻找游击和躲避的空间至为关键。在冀中这样的平原地区，客观而言，地理环境对游击和躲避并不有利，地道的出现可谓适逢其时。如果缺少了拉锯这一背景，条件太好或者太坏，地道斗争都很难产生。当时干部分析地道产生背景时说："如果说只是因为敌人扫荡、清剿频繁，才逼使群众这样干的，即所谓'压力大，反抗也越大'，从当时的事实看也说明不是全面的，如当时在冀中东部沿津浦铁路附近和冀中北部（大清河北）某些党和群众基础还

---

① 《吕正操回忆录》，第210—211页。

② 王夫：《抗日战争时期地道斗争的回忆》，中共蠡县党史资料征编办公室编《蠡县党史资料·纪念抗日战争爆发五十周年专辑》，编者印行，1987，第9页。

③ 《地道战在冀中，1942年9月11日》，河北省档案馆编《地道战档案史料选编》，河北人民出版社，1987，第10页。

④ 张达：《"五一"变质后的冀中是怎样坚持下来的》，《河北党史资料》第5辑，中共河北省委党史资料征集委员会，1986，第48页。

差的地区，对敌人频繁扫荡清剿宁愿应付顺从，从而忍耐下去也不肯搞地道斗争。反过来说，1942 年‘五一’大扫荡前的冀中中部处在滹沱河和潴泷两河之间的安平地区，整个县只有县城内有敌人，而且从 1938 年至 1942 年大扫荡一直是长期处在我优势兵力包围下，敌人根本不敢出来扫荡。虽然安平县的党和群众基础也很好，但缺乏敌人压力，单靠我们发动或用什么强迫办法硬要搞出地道斗争也是困难的。”[①] 地道是不稳定环境的产物，如果对手方完全控制局面，则地道和地道斗争失去存在的基础，而自身如果处于安定环境中，挖掘地道则不免有画蛇添足之嫌。

拉锯是催生地道的外在环境，地道和地道战的产生并发挥功能，“必须依靠于群众的力量，否则是不可能进行的”。[②] 同时民众是否为地道保守秘密，是否通过地道帮助掩护中共干部和武装人员，是地道能否有效的关键。地道基本是依村而建，民众挖掘地道不仅要付出人力、物力，相应的村庄还要承担被日军发现地道后展开报复的风险，没有政治上的支持和信任是难以想象的，地道和地道斗争开展这一事实本身，充分显示中共在冀中扎根的事实。对于中共与民众的关系，日军也承认，中共的“武装和党组织渗透到一般群众之中，应当看到匪区的全体民众都是怀有敌意的，因此单凭宣抚工作来分离匪与民是很困难的”；[③] “由于血缘和地缘的关系，民众与中共党军的关系非常坚固，不可轻视”。[④] 在“扫荡”中，日军处处感到中共武装和民众结合的威力：“沙河、木道沟河沿岸一带地区，素有中共平原根据地模范区之称，交通壕、地道建筑非常普遍，几乎所有的村庄都有地下设施，甚至有相距七、八公里的三个村庄用地道连接起来。而且农村的老百姓抗日意识很强，形成了半农半兵状态，就连老幼妇女也组织了抗日团体。因此，各部队在推行肃正工作时极为困难。”[⑤]

最初，地道作为一种自发的斗争形式出现时，八路军内部看法不尽一

① 王夫：《抗日战争时期地道斗争的回忆》，《蠡县党史资料·纪念抗日战争爆发五十周年专辑》，第 30 页。

② 《八路军晋察冀军区政治部关于冀中部队各种情况下政治工作的指示》（1944 年 1 月 1 日），《冀中历史文献选编》（中），第 200 页。

③ 《华北治安战》（下），第 141—143 页。

④ 「冀中区中部地方に於ける中央の民衆獲得工作実情調査の件（1）」、JACAR（アジア歴史資料センター）、Ref. C04122568300。

⑤ 《华北治安战》（下），第 155 页。

致。由于地道主要用于隐蔽，一度被批评为右倾、退却，对高度强调主观能动性的中共而言，这样的想法应该不难理解。[①] 随着冀中困难局面的不断加深，冀中领导层开始改变看法，程子华带队考察地道后决定予以推广。1942 年 3 月，中共冀中行署、冀中军区发出关于开展地道斗争的指示信，强调："在敌后平原残酷的战斗环境里，一方面群众的生命财产要求安全，抗战的物质资财要求保全，另一方面分散的群众性的游击战争，不仅需要坚持，并且要求猛烈广泛开展，这就需要创造新的斗争方法。作为以上要求的有效依托，地道斗争就是适合于以上要求的一件新的创造。"[②] 随后，经由中共各级组织的推动，地道迅速在冀中发展，"五一扫荡" 前，还呈现由单纯隐蔽转向战斗和隐蔽功能兼具的趋势，八路军报告写道："在'五一扫荡'前的根据地时期，地道主要是用作村落战斗的依托（作为部队隐蔽的前进道路），以大量杀伤敌人，并阻止敌人对我蚕食的进展。其次是在敌'扫荡'时，群众用以掩藏物品，躲避身体，以避开敌之摧残破坏（有的将牲口也藏在地道内）。"[③] 日军在报告中称："部队最初进驻无极县时，共方工作队、游击队四处潜伏，居民毫不合作，气氛令人可怕。对此，各队首先由所在地开始进行肃正。逐步向四周扩大。但终归抓不住真正的敌人。部队在行动中经常受到来自住房的窗口，墙上，丘陵树林中的突然射击。偶而发现敌人，紧追过去，却无影无踪。以后得知他们挖有地道，地道的入口设在仓库、枯井、小丘的洞穴等处，地道四通八达，其至有地下集合的场所。……日军总象是在和鼹鼠作战一样，旷费时日，真想举手服输。"[④]

1942 年"五一扫荡"后，八路军的活动空间大大压缩，地道斗争相应也受到很大限制。尽管地道的战斗功能难以为继，但既有的地道仍为中共和根据地居民度过"五一扫荡"后的难关提供了重要帮助。中共报告写道："目前地道建设均被破坏难以再建。但秘密地洞则更广泛发展，民兵

① 王夫：《抗日战争时期地道斗争的回忆》，《蠡县党史资料·纪念抗日战争爆发五十周年专辑》，第 20 页。

② 《冀中行署、冀中军区司令部、冀中武委会关于开展地道斗争的指示信》（1942 年 3 月 20 日），《冀中历史文献选编》（上），第 613 页。

③ 《八路军晋察冀军区政治部关于冀中部队各种情况下政治工作的指示》（1944 年 1 月 1 日），《冀中历史文献选编》（中），第 199—200 页。

④ 《华北治安战》（上），第 469 页。

利用此保存自己掩护干部，使敌难以捉捕他们，极为秘密。”[①] 时人分析：“‘五一’变质后，干部的牺牲量是很大的。如藁无县两年来党政军民、经济部门牺牲被捕的县区干部近百人（游击队队员不在内），假如没有地道作掩护的话，干部及游击队员之牺牲、被捕更不知达到何种惊人的程度。”[②] 地道不仅帮助干部、民兵隐蔽，还充当地下电台、兵工厂、医院乃至办公地，甚至被中共寄予隐藏财物的任务：“地道斗争要与坚壁清野联系起来，所有物资、合作社、小工厂等都可安坚壁所内，牲畜都要藏起来，不被敌人抢去。”[③] 1942年秋，冀中十分区为保障分区与上级的密切联系，“电台便转入地下，成了地道里的电台，每天从地道里发出和接收电报。开始只是挖了个地洞，后来发展成地下室”。[④]

地道安危与民众休戚与共，地道的隐蔽功能，离不开民众的支持，因此，地上的条件是地道能否开展的重要基础：“地道行之有效，完全是依靠了群众的条件，干部战士与群众取得了紧密的联系。不然那怕地道是铁打的，也必遭敌之破坏。”[⑤] “五一扫荡”后，根据敌我力量对比的不同，冀中分为游击根据地、游击区、隐蔽根据地及敌占区等四类不同性质地区，前三类地区，还可以程度不同地利用地道隐蔽：“在我抗日游击根据地，我有深厚的工作基础，为了避免敌人的抓捕蹂躏，基于过去地道斗争的经验，能自发的挖掘秘密洞以隐蔽自己，在我组织领导下（联系群众切身利益进行动员），一般的说，是容易开展的。在游击区内，由于敌我斗争频繁，群众生活不安定和政治认识上的不足，广泛的开展地道斗争则较困难，但部分的小型的秘密洞（借以隐蔽我之工作人员及精干小型武装）的开展还是可能的。在隐蔽根据地内，由于群众认识差，合法观念重，则只能在一定条件下，开展少数的绝对秘密洞（敌特活跃，群众一般不敢

① 《中共冀中区党委关于恢复民兵情形报中央电》（1943年4月24日），《冀中历史文献选编》（中），第75页。

② 张达：《“五一”变质后的冀中是怎样坚持下来的》，《河北党史资料》第5辑，第47页。

③ 《冀中行署、冀中军区司令部、冀中武委会关于开展地道斗争的指示信》（1942年3月20日），《冀中历史文献选编》（上），第618页。

④ 阎钧：《地道里的电波》，晋察冀军区民兵斗争史丛书编委会编《地道战》，长征出版社，1997，第228页。

⑤ 张达：《“五一”变质后的冀中是怎样坚持下来的》，《河北党史资料》第5辑，第47页。

挖），以掩护我之个别的工作人员，也是能够做到的。”[①] 地道安全与民众的态度息息相关，在日军控制严密地区，地道的作用已经有限，尤其在敌占区“干部活动是相当困难的，处于上天无路入地无门的境地（如七分区藁无一个时期是这样的）”。[②]

不过，冀中的困难局面并没有延续太长时间。日军通过“五一扫荡”虽然暂时在冀中取得控制地位，但由于中共此前几年在冀中打下的扎实基础，日军有限的兵力面对八路军不断游动的游击武装、坚持斗争的党组织及充满敌意的民众，明显不敷分配。整个冀中仍然有相当一部分地区掌握在中共手中。“五一扫荡”后，日方的统计显示，中共控制下的村庄，“在献县为45%，在衡水为9%，在束鹿为50%，在深泽为66%，在晋县为10%，在武强为50%，在安平为87%，在交河为38%”。[③] 这样的态势，就是中共所总结的敌我对比中敌之劣势：“一、当敌人开始扫荡时，我之根据地已有初步基础，在长期斗争中锻炼得更加巩固。二、异民族征服中华民族的野蛮性，是日益增深民族仇恨。三、兵力不足与分散。”[④]

1943 年中以后，华北乃至冀中的中日对峙形势发生重大变化。随着日军开始准备打通大陆交通线的战役，其冀中兵力不得不进一步压缩，从 1943 年 5、6 月起，日军“即开始改变其碉堡密布的程度，撤退点碉，集中兵力”。[⑤] 9—12 月，日方在冀中“撤去点碉 400 余（七分区百余，八分区 21，九分区 180，十分区 98）”。[⑥] 1944 年后，随着豫湘桂战役的展开，日军兵力抽调更加急迫：“自今年春起，敌在冀中大撤点碉，去夏原有 1753 个，现只有 495 个，比 1940 年 10 月时还少。许多小块游击根据地已

① 《八路军晋察冀军区政治部关于冀中部队各种情况下政治工作的指示》（1944 年 1 月 1 日），《冀中历史文献选编》（中），第 200 页。

② 《中共中央北方分局冀中工委关于冀中反“清剿”斗争的指示》（1943 年 12 月），《冀中历史文献选编》（中），第 159 页。

③ 《一九四二年八、九、十月份冀中情况》（1942 年 11 月 30 日），《冀中历史文献选编》（上），第 752 页。

④ 《敌我斗争——程子华在冀中三纵队第四次政治工作会议上的报告》（1941 年 11 月），《冀中历史文献选编》（上），第 539 页。

⑤ 《程子华在冀中各地委讨论冀中形势问题时的结论》（1944 年 7 月 10 日），《冀中历史文献选编》（中），第 277 页。

⑥ 《八路军晋察冀军区司令部关于 1943 年 9 月至 12 月冀中敌我情况的通报》（1944 年 1 月），《冀中历史文献选编》（中），第 240 页。

扩大，有些地区环境比 1942 年五一‘扫荡’前还好，不少地区已略同‘五一’前，各分区我活动地区均较‘五一’前为大。3 月前华北敌整个部署变化时，已部分调走，中原大战爆发，现又抽调一批，可能是增援中原。一部分县城已无日军，一部县城日军很少。”① 根据日方自己的统计，1944 年秋，华北方面军占领地区，有 139 个县差不多未部署兵力，占总数的 31.5%。②

日军兵力大批被抽调，给了一直蓄积能量的中共趁势反击的机会，地道斗争在此背景下重新活跃并进入高峰期。

如果说 1942 年前的地道挖掘主要来自各地自发，1944 年后的地道挖掘高潮则更多缘于中共的组织动员。据不完全统计，仅 1944 年，冀中平原挖掘地道即达 2 万里以上。日方发现，冀中地区地道几乎无处不在：“（一）地下室的入门，在屋内者，多在鸡笼、便壶、灶台及柴薪乱草的下面。在屋外者，多在马、牛、羊、猪等厩房的底下，及喂猪喂马的槽底下。（二）地下室内，不但可隐匿兵器、粮秣等，又可收容人员及医院的设施，或兵器修理工厂、印刷厂等。（三）于破土房子，或空地下面，掘成地下室，上面堆积农作物或煤炭、马粪等来隐蔽。”③ 负责平津保地区警备的野副昌德中将 1945 年感叹：“剿共战已变成地道战。”④

二　地道斗争的发展

作为一个庞大的集体工程，挖掘地道需要全村家家户户的配合，组织、动员乃至适当的物质刺激不可或缺，利益的考量从来不会在中共的全盘思虑中缺位。中共饶阳县委发布的一个村庄挖掘地道的介绍，可以很好显示中共的具体运作状况。首先是确定出夫原则：“第一，冀中武委会指示原则一半人力夫，一半富力夫，出夫年龄十六—五十五。第二，我分区根据情况指示富力夫最高不超过三分之二，人力夫最低不低于三分之一，

---

① 《中共中央晋察冀分局关于敌调兵中原与我之方针的指示》（1944 年 5 月 16 日），《冀中历史文献选编》（中），第 260 页。

② 《华北治安战》（下），第 440 页。

③ 《敌人对付我军的战术指示》，《情报汇刊》第 2 期，八路军太行军区司令部，1945 年 4 月，第 37 页。

④ 《华北治安战》（下），第 441 页。

与富有的拿，贫苦的得，中农不拿不得的精神。”[①] 也就是说，出夫标准按照人力和富力两种条件制定，人力和富力各占一半，财富多者除承担人力负担外，还要出富力负担，富力可以折算为人力，贫穷者完成本身夫力后继续支差，可获得富户所出的部分财富收入。

确定出夫原则、保证夫役相对公平后，有力的领导是地道挖掘顺利进行的前提。新乐县的组织领导办法是：“一，由村长、抗联主任、武委会主任和支委二人，共五人组织地道委员会。该五人专为此工作服务并成为推动与完成此工作的推动机。二，根据性情、年龄的不同组织为青、壮、老、少四队。青年六十名、壮年七十名、老年一百二十名、少年二十六名。各队设队长、副（队长），下设正副班长，每班编制十人至十五人。问题逐级反映。三，地道委员会根据工作须要在干部群众中抽选对此工作有经验的精干人才组织秘书处、检查股、武装股、分工股等各股长。由地道委员兼为股长。”[②]

奖励和惩罚，也是挖掘地道动员中的重要方式。不过，处罚措施一般都相当慎重：“为了对落后不积极工作的加以处罚，特别着重政治上和群众的压力。如根据每组每日汇报，在大会上指出落后者的不当处，但不轻易指出其姓名，促其进步。另外村订立了罚约，规定罚约以十斤、二十斤、三十斤米，看其情节而定。但告诉了区干不到必不得已时不准使用罚约。”[③] 即便如此，重面子的村民们还是激发起争先的本能，报告显示：“由于奖惩办法的公布，不但只把全村青壮年、老、少年动员起来，而全村的妇女也积极的为此工作服务。同时谁也不愿意让自己家中的男子落于人后，除早晨作饭外，并代替男子管理家务，替男子作活。”[④]

1945 年，随着日军的进一步收缩，力量对比继续向有利中共方向转化。此时，各据点的日伪军给养受到威胁，所谓“清剿”行动更多限于维持自己的生存，这使中共利用地道进行小规模狙击有了更多的可能，地道

① 《中共饶阳县委关于在开展地道斗争中实行人力夫和分数夫的参考——饶阳五区迁民庄示范的初步意见》（1944 年），《地道战档案史料选编》，第 53—54 页。

② 《新乐县地道示范村报告》（1945 年 4 月 4 日），《地道战档案史料选编》，第 80 页。

③ 《冀东十六专署关于地道工作点滴经验的介绍》（1945 年 4 月），《地道战档案史料选编》，第 87 页。

④ 《新乐县地道示范村报告》（1945 年 4 月 4 日），《地道战档案史料选编》，第 79 页。

战发挥威力主要发生在这一时期。兹选取发生在冀中行政区[①]的南庄战斗、谦场战斗、小芦咎战斗等战例予以剖析，从中窥察地道战的一些特征。

南庄，属献县五区，离日伪据点12里路，“是一个与敌人联络着的村子。……当时这个村已经开展了地道，但堵街堵门高房堡垒等村落改造工作都还没有做”。由此看，南庄应该属于两面政权村庄，日军对该村保持着名义控制，但中共仍有强大的影响力，实际控制并领导地道挖掘。1945年1月，“敌伪约五百多名（敌二百伪三百多）从献县出发经河间到肃宁进行‘扫荡’，驻于肃宁的韩村。韩村离南庄十二里”。中共判断日伪会经过南庄，当即组织民兵分成三个班，利用院落、地雷、地道打击日伪军。日伪军本来是把这个和自己保持联络的村庄当成休息和补给地，骤然遭受打击，明显惊慌失措，“原来的计划是在这村吃饭。在战斗进行当中，敌伪就在村里捆猪、抓鸡，并坚持堵我们作战的屋子。地雷响了之后，敌人害怕了，动摇了，没敢吃饭就撤走了。没有抢东西，也没有烧别人的房子”。[②]

谦场战斗发生于1945年5月。谦场村，位于宁晋县城东北25里，“东南五里有大陆村据点（住伪军大队部伪警察所共一百五十人）。西六里有唐邱据点（住伪一中队伪警察所共七十人）。“全村约二百多户，一千三百多口人，中农占多数，群众生活富裕。地道全长约三千二百丈”。无论从人口、经济还是地道挖掘状况看，谦场都是一个很有分量的村庄，“是围绕唐邱和大陆村据点斗争最尖锐的一个村，依靠武装斗争，已经断绝资敌”。[③] 全村有青壮年240人，其中民兵14人，拥有地雷1个，手榴弹30个，撅枪2支，子弹40粒，牛腿炮9门，抬枪3支，土枪6支，和当时大多数民兵一样，武器装备相当简陋。

谦场战斗是中共武装围攻大陆村伪军据点战斗的一部分。为掩护遭围困的大陆村据点伪军撤退，增援的日伪军500多人途经谦场，分三路将谦场包围，企图趁机抢掠。谦场村地道“全长约三千二百丈”，“洞口一百多个”。该村驻有“小队的一个班，于发现敌情后，小队即鸣枪射击，退到

① 冀中行政区辖5个专区39个县。见宋劭文《晋察冀边区行政委员会工作报告（1938—1942）》，晋察冀边区行政委员会，1943，第22—24页。

② 范一修：《南庄战斗》（1945年7月1日），《地道战档案史料选编》，第150—153页。

③ 《谦场村落战》（1945年7月1日），《地道战档案史料选编》，第164、165页。

民兵队部”；“小队和民兵二十多人隐蔽在队部的房上”。日伪军从东西南三个方向企图进入村内，均遭堵截和袭击。战斗结果，“抗击了敌伪五百名以上的兵力，坚持了七小时，击退敌人两次冲锋，始终没放敌人进村，伤亡敌伪六名。我只消耗地雷一个、手榴弹二个、子弹二十粒、自伤二名”。[①] 日伪军对谦场的进攻只是增援途中的顺带之举，因此，日军遭受阻击后即选择知难而退，这侧面印证了单个村落的地道斗争必须和周边村落的斗争结合开展才能获得成功。庞大的地道网络的存在，是少量武装敢于在村里展开阻击战的重要支撑。

如果日军有意识地针对某一村落地道实施打击，作为一种相对被动的抵抗形式，地道还是有其局限性。小芦砦村战斗就是日军采取驻点进攻，对地道斗争形成巨大压力的一个案例。

小芦砦村，是雄县中共武装的一个基点村。5 月下旬，日军开始对这一地区展开“扫荡”，中共武装对日军的行动“在思想上轻敌麻痹，过低的估计了敌人。由于过去几次村落战的胜利，认为敌人一打即跑，不敢住，见到鬼子还误认为伪满军装假鬼子。”但是，日军这次显然是有备而来，虽然进村时遭受中共武装的地雷、爆炸、伏击等打击，但没有撤退，反而加紧攻势，这使藏身地道中的中共武装、城工部工作人员及民众陷入被动。其间，部分武装和民众突出地道，趁夜离开村庄。第二天，日伪军继续驻扎村庄，“把战斗院的地道掘开了”；“作战地道被切成数十段，五米到十米就有一处掘开了。有一个堡垒院的地道被切成几段”。民众转移行动困难，“大部干部和群众已经被捉上去了”。[②] 入夜，日伪军依然没有撤走，地道内还在坚持的干部和武装人员决定突围。此时，地道纵长的优势再次显现，百余个出口让地道内的人们有了更多的选择余地。武装人员突出地道后，虽然被敌军发现，但分散的敌军不敢过于迫近，他们且战且走，艰难突出日军包围。

小芦砦村战斗，不能算是十分成功。日伪军虽被打死数十人，但中共干部和民众的损失也不小：“城工部干部（受训的在内）除少数同志出外，四十来人有的被俘，一部光荣牺牲”；“群众损失，牺牲 11 个人（3 个妇

① 《谦场村落战》（1945 年 7 月 1 日），《地道战档案史料选编》，第 164、165、166 页。

② 《冀中十分区武委会关于小芦砦村落战的报告》（1945 年 7 月 1 日），河北省档案馆编《冀中地道战》，中共党史出版社，1995，第 99、102、108 页。

女），伤9个人（妇女1），被俘□□3人”。[①]

虽然小芦眷村的教训揭示了地道战的局限，而整个冀中地道斗争的展开，则充分显示出中共在敌后之所以能够持久抵抗，关键在于其有一整套的造成持久的办法，其中，保存实力、尽可能避免与日军正面冲突，不仅是地道斗争的原则，也是整个敌后战场对敌的基本思路。[②] 以日军有限的兵力，在一个充满敌意的环境中，面对中共韧性的抵抗，其在小芦眷村的行动事实上很难被大规模复制。南庄、谦场的惊魂更像是抗日战争中败局已定的日军在冀中的挽歌。

第六节　新四军的反“清乡”作战

一　苏南地区的反“清乡”作战

1941年1月，日军大本营制定了《对华长期作战指导计划》，强调：今后“作战以维持治安及肃正占据地区为主要目的，不进行大规模进攻作战”，并需要“发挥综合战力”。[③] 中国派遣军同时制定了《昭和十六年以后现地长期战政略指导》，规定：“应特别加强对敌领域之封锁，并在占据地域与敌领域之间，尽力予以有效而合理之切断，逐步划定重要地域，促进占据地域之治安肃正，力求满足我国国防资源，同时设法安定民心，培植新政府之实力，以渗透其政治力量，使之策应、配合我方进行战争及处理事变。”[④] 为此，日军第十三军司令官泽田茂中将与日本派驻汪伪政权军事委员会的顾问晴气庆胤制定了在华中地区进行“清乡”的计划。

汪伪傀儡政权自然表示赞同，并宣称“清乡”也是其政权“最紧急和

---

① 《冀中十分区武委会关于小芦眷村落战的报告》（1945年7月1日），《冀中地道战》，第104页。

② 黄敬1943年底谈道：“积蓄保持力量，进行熬时间的坚持，为反攻及战后作准备，为我今天坚持敌后的方针。不过分刺激敌人，为达上述方针手段之一。”见黄敬《对敌斗争报告，1943年11月》，《中共冀鲁豫边区党史资料选编　第2辑　文献部分》（下），第11页。这是符合实际的总结。

③ 《日本大本营陆军部制定的〈对华长期作战指导计划〉》（1941年1月16日），中国人民解放军历史资料丛书编审委员会编《新四军·参考资料》（3），解放军出版社，1992，第241页。

④ 《日本中国派遣军总司令部制定的〈昭和十六年以后现地长期战政略指导〉》（1941年2月17日），《新四军·参考资料》（3），第243页。

最重要的中心工作”。[①] 1941 年 3 月，汪伪政权中央政治委员会决定组织“清乡委员会”，由汪精卫兼任委员长，陈公博、周佛海兼任副委员长，从此“清乡委员会”与伪行政院、伪军事委员会不仅成为平行机构，甚至伪行政院、伪军事委员会所属的部、会也成为“清乡委员会”的隶属机构。[②] 1943 年 5 月，汪伪政府撤销“清乡委员会”，“清乡”事务移归伪行政院主持，具体的“清乡”事务则由各地区伪政权负责。

1941 年 4—5 月，“清乡委员会”连续召开了 7 次筹备会议，具体研究“清乡”的目标、方法和步骤。鉴于以往单纯依靠军事力量未能完全达到效果，日伪方面提出了“军政并进”的方针。晴气庆胤在会上强调：“今后‘清乡’工作，军政相辅而行，可谓三分军事七分政治，以政治为中心，而以军事推动之，且特工又从旁协助。”[③] 会议谋划了“清乡”步骤：第一步是“军事清乡”，即对新四军、国民党军游击部队以及民众抗日进行武力“讨伐”；第二步是“政治清乡”，即通过编组保甲等手段强化“治安”，加强对基层的控制；第三步是“经济清乡”和“思想清乡”。“清乡”采取分期分区的方式进行，第一区线肃清后将军队向第二区线内移动，“第一区线内改调保安警察接防”。[④] 从 1941 年中开始，日伪先后在华中地区进行了 20 多期“清乡”，其中规模最大的便是对苏南和苏中地区的“清乡”。

7 月 1 日，日伪开始实施苏州地区第一期“清乡”，日本方面“担任关于作战及封锁事项，伪政权方面主要担任政治工作”。[⑤] 范围是江苏省之太仓、吴县、常熟等三县沿京沪铁沿线以北，及昆山县城以北区域。[⑥] 这个

---

① 唐生明：《我奉蒋介石命参加汪伪政权的经过》，《文史资料选辑》第 14 卷第 40 辑，中国文史出版社，1986，第 22 页。

② 汪曼云：《千里哀鸿说“清乡”》，黄美真编《伪廷幽影录——对汪伪政权的回忆》，东方出版社，2010，第 242 页。

③ 《伪清乡委员会第四次筹备谈话会纪录》（1941 年 5 月 1 日），转引自《新四军战史》编辑室编《新四军战史》，解放军出版社，2000，第 293 页。

④ 《伪清乡委员会第一次筹备谈话会纪录》（1941 年 4 月 14 日），转引自《新四军战史》，第 293 页。

⑤ 《关于苏州地区清乡工作的日华协定》（1941 年 6 月 18 日），中央档案馆、中国第二历史档案馆、吉林省社会科学院合编《日本帝国主义侵华档案资料选编：日汪的清乡》，中华书局，1995，第 409 页。

⑥ 《清乡委员会给江苏省训令》（1941 年 7 月），《日本帝国主义侵华档案资料选编：日汪的清乡》，第 283 页。

地区位于南京与上海之间，战略地位非常重要，而且这一地区经济较为发达，也是重要的粮食产地。因此，日伪将这一地区作为首先进行“清乡”的“实验区”。进行此次“清乡”的日军约3500人，伪军13500余人。这一地区属于新四军苏南抗日根据地，是新四军第六师第十八旅的活动区域。为应对日伪发动的“清乡”，新四军第十八旅采取内线作战与外线作战结合的方式，以600人组成东路支队，在“清乡”区内进行内线作战，坚持根据地。内线作战部队首先对日伪据点发起主动攻击。但是，由于兵力悬殊，内线作战的成效不大，新四军方面反而屡受损失。随着日伪军的步步进逼，东路支队的行动日益困难，部队不得不化整为零，继续在根据地坚持战斗，但由于此时水陆交通已被日伪封锁，分散在各处的游击小组难以相互联系，最后形成了各自为战的被动局面。

第十八旅主力则在“清乡”区外围连续出击，攻击日伪据点。第十六旅也在苏常太附近地区配合反“清乡”斗争。日伪虽受打击，却仍坚持既定的“清乡”计划，不肯收缩兵力。因此，新四军在“清乡”区外的作战，并未打破日伪的进攻，没能收到预期的牵制作用，且“部队已损失三分之二”，[①] 第十八旅不得不放弃根据地，从7月下旬起，内线作战的东路支队开始突围。苏常太地区就此失陷，直到1943年5月，苏常太工委派出短枪队渡江南下，重新进入这一“清乡”区，恢复了这一地区的敌后抗日游击作战。

8月14日，新四军军部致电第六师，指示：“敌对苏南‘清乡’是分区‘清乡’性质，六师各旅、团应以分区转移应付‘清乡’为指导原则，在原地只留秘密工作同志，打埋伏，保持联络，或完全不留，候‘清乡’过后，再转原地工作。”[②] 23日，第六师师部率领第十八旅主力部队越过封锁线，转移到丹北地区，只留下一个团开展游击战，开辟苏西地区。

9月12日，日伪开始苏州地区第二期“清乡”，范围是江阴、无锡、常熟、吴县的部分地区，即澄锡虞地区。新四军主力在日伪“清乡”前已经转移，日伪军遂占领这一地区。

---

① 《陈毅、刘少奇、赖传珠关于国民党与日伪军勾结及反“清乡”的办法致六师电》（1941年8月13日），《新四军·文献》（2），第701页。

② 《陈毅、刘少奇、赖传珠关于以分区转移对付日军分区“清乡”致六师电》（1941年8月14日），《新四军·文献》（2），第699页。

10 月 7 日，新四军军部两次致电第六师，对苏南地区的反“清乡”斗争进行了分析部署后，指示第十八旅“除留一部在路西地区坚持外”，“即撤至江北泰兴以西之大桥、吴家桥、宜陵、丁沟地区活动”，并要求第六师师部同时转移。[①] 之后，第六师陆续向长江以北转移，年底前到达江都、高邮一带。11 月，谭震林在苏中军区第三军分区营以上干部会议上分析了苏南反“清乡”斗争的经验教训，指出，新四军从江南转移到江北，“可以说是坚持敌后游击战争进入了艰苦斗争时期第一个损失”。[②] 据陈毅的报告：“我方在清乡初期无经验猝不及防，又加上战术指导上的缺点，是受了相当的损失，约当于实力的四分之一。”[③] 尽管如此，中共华中局和新四军军部对苏南反“清乡”斗争还是给予了一定的肯定，虽然“部队受了部分的损失，地区亦有部分的缩小，但我们的主力是保存了，其他的基本地区亦保存了或重新开辟了。在敌伪‘清乡’斗争中所受的损失，在某种意义上说来，在开始一二次的‘清乡’中，是很难避免的”。[④]

1942 年 2 月，日伪开始进行苏州地区第三期“清乡”。这期“清乡”主要针对江阴、无锡、武进三县交界地区，即澄武锡地区，以及吴县、昆山、无锡三县的铁路以南地区。此次“清乡”，日伪军共出动兵力约 11500 人。[⑤] 新四军经过苏南地区的反“清乡”，确立了“以分区转移”为反“清乡”的指导原则，“在原地只留秘密工作同志，打埋伏，保持联络，或完全不留，候‘清乡’过后，再转原地工作”。[⑥] 因此，新四军和澄武锡党政机关在日伪开始“清乡”前就撤离了该地，使日伪一再扑空。

1943 年 3 月，日伪方面又开始了镇江地区及苏州地区第四期“清乡”，

---

① 《陈毅、刘少奇、饶漱石、赖传珠关于部队行动方针致六师电》（1941 年 10 月 7 日），《新四军・文献》（2），第 715 页。

② 谭震林：《江南反“清乡”斗争的经验教训》（1941 年 11 月），《新四军・文献》（2），第 756 页。

③ 《陈毅谈日伪清乡的意义与实施手段》（1942 年 2 月 7 日），《日本帝国主义侵华档案资料选编：日汪的清乡》，第 121 页。

④ 刘少奇：《目前形势，我党我军在华中三年工作的基本总结及今后任务》第 5 部分《各根据地工作基本总结及其特殊任务》，转引自《新四军战史》，第 303 页。

⑤ 《日本第十三军、伪清乡委员会制定的〈第三期清乡工作指导要纲〉》（1942 年 2 月 1 日），《新四军・参考资料》（3），第 397 页。

⑥ 《陈毅、刘少奇、赖传珠关于以分区转移对付日军分区“清乡”致六师电》（1941 年 8 月 14 日），《新四军・文献》（3），第 699 页。

范围为镇江、丹阳、扬中三县和武进、无锡县的铁路以南地区，建立“清乡”封锁线，穿过苏南抗日根据地的丹北、茅山、太滆三个地区。但是，自太平洋战争爆发后，日军兵力严重不足，不得不从从苏南抽调大批部队。因此，此次“清乡”以伪军为主，只有少量日军配合，投入兵力6000余人。为此，新四军军部指示“苏南主要发展方向，应向敌后”,[①] 部队“应以绝大精神和力量，开展敌伪军工作，必须调派大批干部，打入敌伪据点及其部队”。[②] 此后，苏南新四军及地方武装继续与日伪展开游击作战。

二 苏中地区的反“清乡”作战

日伪方面在对苏南地区进行“清乡”的同时，也对苏中、苏北地区进行“扫荡”。1943年初，日军对华中新四军进行了最大的一次“扫荡”战役。2月12日，日军首先击败驻守车桥、曹甸一带的国民党韩德勤部。从17日起，日军北起旧黄河、南至射阳河，构成一个弧形包围圈，并以舰艇封锁沿海各港口，试图消灭新四军的主力部队。新四军第三师在地方游击队的配合下，分散兵力坚持内线与外线作战相结合，不断袭击敌军。粟裕、罗炳辉、彭雪枫等也率领第一、二、四等师向当地日伪军发动进攻，以配合三师反“扫荡”。4月，日伪军向苏中地区撤退。

1943年4月，负责苏北“清乡”的日军最高指挥官、第六十师团师团长小林信男决定从4月10日起在苏北地区开展第一期“清乡”，计划9月末以前完成。[③] 同时规定：“在其计划中之‘清乡’区内，又划分了‘清乡’特区，计南通、如皋为四个特区，海门为八个特区，启东为五个特区。”[④] 这一地区属于中共苏中抗日根据地第四行政区，也称通如海启地区。为了借鉴苏南地区“清乡”经验，日军还从苏南调来参加过“清乡”

---

① 《陈毅关于苏南部队发展方向与坚持方针致十六旅、一师电》（1943年4月19日），《新四军·文献》（3），第771页。

② 《粟裕关于部队应立即分散向敌后转移致十六旅电》（1943年4月14日），《新四军·文献》（3），第769页。

③ 《小林信男、李士群签订的苏北第一期“清乡”协定》（1943年4月8日），《新四军·参考资料》（3），第416页。

④ 《苏中第四军分区反“清乡”斗争总结》（1943年6月），《新四军·文献》（3），第267—268页。

的3个日军大队、5个伪军大队和3个伪警察大队，总兵力达1.6万人，超过在苏南“清乡”投入的兵力。

4月10日，日伪军开始“清乡”。此次“清乡”以“军事清乡”为主，日伪军都采取梳篦拉网式的战术，多路分进，反复搜索，发现目标即四面合击，互相配合，所到之处，还增筑据点，分兵占领交通要道上的集镇村庄。这样，在很短时间内，通如海启“清乡”区的日伪据点就从43个增加到99个，日伪依托据点，不断进行搜索。①

5月，随着战斗形势的变化，新四军军部认为：“以地区转移应付敌伪之进攻，只能是临时办法之一种，长期坚持的根本办法，应放在能就地分散，就地生根”，② 新四军不仅注意转移部队，更是决心在反击中发展部队。为此，新四军决定在外围发起攻势。11日，粟裕命令苏中军区第一、二、三分区发起对四分区的支援作战，“对从一、二、三分区抽往四分区参加‘清乡’之伪军二十二师之一部，及与我无关系或关系不可靠之伪军，我一、二、三各分区应即向其留守部队作猛烈进攻，歼灭其薄弱与重要部队，以动摇其军心，使其不敢摧残我四分区”；“如从一、二、三分区抽出参加‘清乡’的伪军与我已有密切关系（如伪三十四师），我们亦应向其留守部队发动威胁性的攻击和民兵围困，使其无法抽调兵力前往四分区”，另外“一、二、三分区各组一短枪队（二十人至五十人），由各该专署保安处长或部队锄奸部门得力干部负责率领，前往四分区协助”。③ 各分区依照命令，积极行动。19日，第三军分区独立团攻击了正在如皋构筑据点的伪军1个连，俘30余人，并击退从白蒲出援的日伪军。

日伪在苏北地区第一期“清乡”，原计划进行6个月，但由于新四军的反击，未能实现预期目的。9月下旬，伪清乡事务局局长汪曼云到南通视察，认为“苏北‘清乡’地区范围较大，治安工作尚未能臻于强化”，

---

① 参看《新四军战史》，第313页；《苏中第四军分区反“清乡”斗争总结》（1943年6月），《新四军·文献》（3），第268—269页。

② 《陈毅等关于坚持苏中长期斗争的根本办法致粟裕等电》（1943年5月7日），《新四军·文献》（3），第264页。

③ 《粟裕关于配合第四军分区反“清乡”斗争致一、二、三军分区电》（1943年5月11日），《新四军·文献》（3），第265—266页。

“工作进度未能如期完成”。[①] 经汪精卫批准，决定“延期清乡”至1943年底。日伪在“延期清乡”期间，还采取“武装特务化”、“以游击对游击”的策略，由日军组成机动队，由伪宪兵、警察和特工人员组成“武装特务突击组”，分路突击。新四军判断“敌在全部‘清乡’中的‘强化清乡’已告一段落”，趁日伪军调动之机，加紧对其进行袭扰。[②] 1944年1月，“延期清乡”之后，日伪又开始“高度清乡”，继续修筑据点。日伪对苏中区一再展开“清乡”，实际上反映了日伪始终无法消灭中共武装，也不能达到建立稳定统治的目的。

三 反“清乡”斗争中的动员与统战

军事行动只是日伪“清乡”的第一步，更重要是，日伪希望通过“清乡”来彻底消灭新四军等抗日武装，实现汪伪政权对华中地区的完全控制。因此，日伪综合使用政治、经济、文化等各种手段来达到“清乡”的目的。日伪在政治上力图摧毁抗日地方组织，建立伪行政机关和保安、警察机构，清查登记户籍，组建保甲组织，加强对地方政权的控制。经济上主要为了“铲除敌性之经济势力及机构”，成立“以旧有经济机构为基础之中日合作新配给收集机构”，从而有利于征收战备物资，“培养战争实力”，达到以战养战的目的。[③] 文化上，汪伪认为“‘清乡’即清心，清心就是新国民运动”，[④] 试图通过教育、宣传等方式，传播“大亚洲主义”、“中日共存共荣”、“和平反共建国”等思想，来消磨民众的抗日意识。

新四军逐步认识到“清乡”与“扫荡’的不同，谭震林就指出：“敌伪‘扫荡’是为了给某一个活动区域的部队以打击，求得暂时的安定和扩张他的占领区，限制我军的活动，以扩张他的‘和平’活动；但‘清乡’

① 汪曼云：《关于苏北地区第一期清乡工作视察报告》（1943年10月9日），《新四军·参考资料》（3），第422页。

② 《中共苏中四地委关于敌伪撤去通如十据点后的形势与任务给各县委的指示》（1943年9月27日），中共南通市委党史办公室编《苏中四分区反“清乡”斗争》，江苏人民出版社，1985，第340—341页。

③ 汪曼云：《关于苏北地区第一期清乡工作视察报告》（1943年10月9日），《新四军·参考资料》（3），第387页。

④ 《儿童清乡周特刊》，余子道、刘其奎、曹振威编《汪精卫国民政府“清乡”运动》，上海人民出版社，1985，第380页。

即不同了，‘清乡’战略的目的是要在基本上消灭或驱逐中国的军事和政治力量，以达到他确实的从点线的占领进入全面的占领。这就是敌伪要在他的占领区内不容许最有危害他的力量之存在，使他能真正实现占领区完全的‘奴隶化’，任他搜刮榨取，而不遭受任何抵抗。同时‘扫荡’是一种突然的、有时间性的军事动作，而‘清乡’则是长期性的、有充分准备布置、军事和政治配合的动作，而且是以政治为主的，所谓‘七分政治，三分军事’。”[①] 为了粉碎日伪的“清乡”目的，新四军除了继续进行武装斗争外，还加强了对民众的组织动员，对国民党军和地方士绅展开统战工作，并对伪军、伪政府人员等进行争取。

日伪“清乡”首先是军事攻击，然后对中共根据地进行封锁。断绝各游击队之间的联络，再采取经济封锁的方式，禁止军用品、粮食、药品甚至日用品进入根据地。之后，进行清查户口，编制保甲，加强对乡、保长管理教育，控制基层政权，利用当地人力物力构建据点，以此为基点继续对新四军和抗日武装进行“围剿”。[②]

为了粉碎日伪的“清乡”，中共华中局、新四军采取了一系列针锋相对的斗争。其中争取民众最为重要，张鼎丞就指出：“必须争取群众，动员群众，到反‘清乡’斗争中来”，“争取群众动员工作的胜利，就是反‘清乡’胜利的开端”。[③] 动员民众，首先要对其进行宣传，“用文字、口头、会议等各种方法（如大批传单标语）广泛向根据地内各阶级各阶层民众宣传，打破敌伪欺骗，以动摇敌伪军心，激发群众对敌的仇恨与坚决反‘清乡’的决心”。[④] 在敌伪的“清乡”中，“群众可能发生害怕敌伪残暴的心理”，因此，必须“想尽各种办法，帮助群众避免或减少敌伪的摧残，保持群众的有生力量”。[⑤] 对民众要求也不能过高，“以取得其掩护为满

① 谭震林：《江南反“清乡”斗争的经验教训》（1941 年 11 月），《新四军·文献》（2），第 756—757 页。

② 第六师司令部：《第六师一九四一年军事工作总结》（1941 年 1 月 10 日），《新四军·文献》（2），第 781 页。

③ 张鼎丞：《为粉碎江南敌寇“清乡”而斗争》（1941 年 10 月），《新四军·文献》（2），第 724 页。

④ 《陈毅关于做好反“清乡”的准备工作致一师等电》（1942 年 1 月 10 日），《新四军·文献》（3），第 258 页。

⑤ 张鼎丞：《为粉碎江南敌寇“清乡”而斗争》（1941 年 10 月），《新四军·文献》（2），第 724 页。

足”，并且在部队及党政机关撤离时，“必预先在当地留下一部可以秘密或灰色存在的工作人员及一部精干武装，留原地坚持。其任务是镇压叛变分子，稳定人民坚持抗战的信心，击杀敌伪分散下乡的搜查分子，做各种政治鼓动，继续指导斗争，表示我党我军与人民共患难同生死的精神”，[①] 来取得民众的同情与支持。

新四军在领导民众反对日伪封锁的同时，积极动员群众进行反封锁，“用烧香立盟等办法并动员封锁线附近群众逃出到封锁线以外地带来”。[②] 日伪军前来时，组织民众将谷物埋藏，“实行空舍清壁”，[③] 并且“坚决反对编造保甲与壮丁名册，并向群众宣传编保甲即是抽丁之准备”。[④] 在日伪登记壮丁时，报假姓名，造假名册；下乡抓壮丁时，青壮年转移，老人出面应付，并通过武装骚扰，散布假情报等方式干扰日伪训练壮丁，使日伪通过训练壮丁巩固基层控制的企图基本落空。据南通县统计，全县 197 个乡，抽训过壮丁的有 165 个乡，但实际编成伪自卫队的只有 20 多个乡。在破坏日伪行动的同时，还组织民众参加民兵、游击小队等中共武装，开展群众性的游击战争。

这里的动员民众，包括各个阶层。为此，新四军军部发出指示：“反‘清乡’运动首重政治动员。着重在反‘清乡’运动中，组织各阶层一致反对敌伪‘清乡’的统一战线。”[⑤] 甚至要求在反“清乡”动员中要“用尽方法争取流氓地痞，使积极参加反‘清乡’”，设法改善平时对我敌视仇视之地主、士绅关系。[⑥] 由于汪伪也积极争取地方上的支持，因此中共特别强调要“切实开展反‘清乡’统一战线工作，以孤立敌人”。[⑦] 特别是，对于地主、士绅和帮会首领，采取尽量说服的方式，争取他们保持民族气节，不投靠日伪，并希望他们以各种方式参加或配合反“清乡”斗争。同

---

① 陈毅：《论军事建设》（1942 年 2 月），《新四军 · 文献》（3），第 119 页。

② 《苏中第四军分区反“清乡”斗争总结》（1943 年 6 月），《新四军 · 文献》（3），第 273 页。

③ 《陈毅、饶漱石、赖传珠对苏中四分区准备反“清乡”的指示致一师等电》（1942 年 6 月 11 日），《新四军 · 文献》（3），第 197 页。

④ 《苏中第四军分区反“清乡”斗争总结》（1943 年 6 月），《新四军 · 文献》（3），第 272 页。

⑤ 陈毅：《论军事建设》（1942 年 2 月），《新四军 · 文献》（3），第 116—117 页。

⑥ 《粟裕关于苏中反“扫荡”反“清乡”的布置致中共中央华中局电》（1942 年 1 月 10 日），《新四军 · 文献》（3），第 244 页。

⑦ 《粟裕关于做好反“扫荡”反“清乡”的准备致三军分区电》（1942 年 7 月 7 日），《新四军 · 文献》（3），第 203 页。

时，又尽可能地体谅他们的处境，不提过分的要求。

积极展开锄奸活动，是中共粉碎汪伪“清乡”、维持军心、民心的重要方式，它既是对民众的一种动员手段，也对汪伪人员形成了巨大威慑。例如，在1943年的苏中地区，“四、五月里对‘清乡’人员的办法是以镇压为主，造成他们的恐慌”，等到“后来‘清乡’人员大部分已不敢再胡作非为，逃跑的逃跑，消极的消极，我们也就改变为争取为主”。[①] 把日伪政权任命的乡保长和伪军伪警察，变为既替日伪办事又为抗日政府办事的“两面派”，利用他们与日伪进行周旋，再逐步将他们改造成表面上属于日伪，实际上服从中共的“一面派”。同时，还直接派出中共党员或可靠人士打入汪伪组织，直接实现对基层保甲的控制。不少地方的保甲组织，在日伪“清乡”结束前实际上已听命于中共抗日武装。

除了争取汪伪政权人员，新四军也意识到“争取敌伪军到反‘清乡’斗争中来，是反‘清乡’胜利重要条件之一”，因此积极展开争取伪军的工作。[②] 首先，“对于积极行动之伪军、伪警、伪组织应给以适当打击，以求制服。但对不积极下乡之敌伪则应少作主动之进攻，以免过分刺激敌伪”。[③] 在争取伪军消极或中立后，进一步争取伪军反正，利用“争取伪军，孤立敌人，或者利用伪军实行里应外合办法来夹击敌人、瓦解敌人”，并在战场上离间日军与伪军的关系，通过牵制日军，痛击伪军，使伪军对日军依赖心大为降低，使我军更易对伪军展开工作。[④]

总之，由于新四军积极展开游击作战，并对社会各阶层进行统战，不断动员民众参与反“清乡”斗争，日伪的“清乡”未能达到预期的效果。1944年以后，随着战争形势的变化，日伪在兵力、财力上日益匮乏，“清乡”大多草草了之。例如，1944年日伪对苏中、苏北地区展开第二期“清乡”，实际上只是加强了地方保安部队，没有进行大规模的军事行动；安

---

① 《苏中区（第一师）一九四三年军事工作概况》（1943年12月），《新四军·文献》（3），第298页。

② 张鼎丞：《为粉碎江南敌寇“清乡”而斗争》（1941年10月），《新四军·文献》（2），第724页。

③ 《粟裕关于补充主力与加强地方部队建设致新四军首长电》（1943年11月26日），《新四军·文献》（3），第282页。

④ 《苏中区（第一师）一九四三年军事工作概况》（1943年12月），《新四军·文献》（3），第306页。

徽、广东等地也只进行了形式上的“清乡”。新四军反而从 1944 年 3 月起，开始反攻，不断拔除日伪据点，扩大根据地。周佛海就曾感慨：“清乡不仅不能确立治安，恐兵力上、物质上、精神上均将江河日下，大乱恐今年内即将逐渐实现也。”[①] 可以说，新四军局部反攻的开始，标志着新四军从被动的反“清乡”斗争，发展到主动作战，预示着日伪最终失败的命运。

第七节 开辟华南敌后战场

1938 年 10 月，日军在广东大亚湾登陆，广州失陷，华南形势为之一变。为此，中共广东省委立即决定成立东南、西南、东江特委，积极开展抗日游击战争。在中共游击战的战略格局中，华南的地位开始上升，同华北、华中一起构成中共抗日游击战争的主要战场。由于中共在华南没有八路军、新四军这样的正规武装力量，只能逐步建立各个游击武装，开展游击作战，这成为华南敌后战场的主要特色。在各个游击区中，广东省委决定将东江、珠江口和琼崖作为开展敌后游击战争的重点区域，构成了华南地区中共抗日武装活动的主要场所。[②]

一 东江地区

日军在广东登陆后，东江下游地区失守。最早在广东沦陷区成立的抗日武装，是中共东莞中心县委创办的东莞抗日模范壮丁队，王作尧担任队长，共 120 余人。1938 年 10 月，八路军驻香港负责人廖承志根据中共中央的指示，决定派曾生、周伯明等人率领一批共产党员自香港回省组建抗日武装。12 月，曾生等人正式组建了惠宝人民抗日游击总队，第二年 5 月改编为第四战区游击纵队第三游击挺进纵队新编大队（简称“新编大队”）。1939 年 4 月，东莞抗日模范壮丁队改编为第四战区游击纵队第三游击挺进纵队直属第二大队（简称“第二大队”）。两支部队分别有 500 多人

① 蔡德金编注《周佛海日记》（下），中国社会科学出版社，1986，第 987 页。

② 《张文彬关于广东抗战形势、统战工作及军事工作等给中共中央的报告（节录）》（1940 年 4 月 23 日），中国人民解放军历史资料丛书编辑组编《华南抗日游击队》（上），解放军出版社，2008，第 362 页。

和 300 多人;[①] 1940 年 9 月，合并改编为广东人民抗日游击队第三大队、第五大队。

此后，第三大队挺进东莞大岭山地区，创建大岭山根据地，并历经多次日伪军的“扫荡”，至 1941 年底，发展到 800 余人。第五大队则在宝安阳台山地区广九铁路两侧活动，至 1941 年底，发展到 600 余人。1941 年 12 月，太平洋战争爆发，日军攻占香港。广东人民抗日游击队决定成立港九大队，并根据中共中央指示，参与营救滞留香港的文化名人和国际友人，茅盾、夏衍、邹韬奋等 150 余人抵达东江。[②] 1942 年 1 月，成立广东人民抗日游击总队，梁鸿钧任总队长，林平任政治委员，曾生任副总队长，王作尧任副总队长兼参谋长。

游击总队成立后，继续与日伪军作战，1943 年 11 月，日军为打通广九铁路，派出 9000 多人沿铁路沿线进攻，向两侧进行“扫荡”。为加强领导，12 月，游击总队改编为广东人民抗日游击队东江纵队（简称“东江纵队”），曾生任司令员，林平任政治委员，继续在广九铁路两侧与日伪军队作战。1944 年一年，东江纵队共毙伤俘虏日伪军 2788 人，摧毁据点 23 个，日伪军只能固守在铁路沿线及沿海的几个大据点。[③] 到 1944 年底，东江纵队由 1500 人发展到 6820 人。[④]

1944 年 7 月，中共中央指示凡日军向北侵占且有久占意图的地区，东江纵队均需派出人员，发展敌后游击作战。[⑤] 1945 年，为配合八路军、新四军春季攻势作战，东江纵队在广九铁路东西两侧主动对日伪据点发起进攻。到 1945 年 3 月，东江纵队已发展到 9200 余人。[⑥] 由于中共中央命令八

---

① 《张文彬关于广东工作给中共中央并南方局的综合报告（节录）》（1940 年 3 月 7 日），《华南抗日游击队》（上），第 293 页。

② 《方方关于香港文化人士脱险抵东江情况致中共中央书记处并报周恩来、康生电》（1942 年 2 月 16 日），《华南抗日游击队》（上），第 452 页。

③ 《曾生在东江纵队成立周年纪念会上的演讲》（1945 年 1 月 1 日），《华南抗日游击队》（上），第 917 页。

④ 《曾生、王作尧、林平关于东江纵队人员武器情况致中央军委电》（1945 年 1 月 13 日），《华南抗日游击队》（上），第 931 页。

⑤ 《中共中央关于东江纵队开展敌后游击战争致林平转军政委电》（1944 年 7 月 25 日），《华南抗日游击队》（上），第 788 页。

⑥ 《东江军政委员会关于广东我军实力统计致中央军委电》（1945 年 3 月 14 日），《华南抗日游击队》（上），第 965 页。

路军王震部南下创建五岭根据地，[①] 7月，为了迎接八路军南下支队，东江纵队一部北上，但由于王震部奉命回师，双方未能会合。根据中央指示，北上粤北的部队，在北部山区继续进行游击作战，开辟新的敌后根据地，准备对日军反攻作战。

二 海南岛

海南岛也称琼崖，早在国共内战时期，中共的红色武装就已存在。广州失陷后，海南形势日趋紧张。经过国共双方协商，中共琼崖红军游击队改编为广东省第四统率区民众抗日自卫大队（简称“独立队”），冯白驹任大队长，约400人。[②]

1939年2月，日军台湾混成旅团约3000人，从海口西北天尾港登陆，迅速占领海口、琼山等地。国民党正规军撤出海南岛，地方部队约4000人则退入五指山。日军在海口登陆时，冯白驹率领独立队在潭口渡口主动阻击日军，一直坚持到黄昏，才撤出阵地。潭口战斗后，独立队主要分散在琼山、文昌等县，建立抗日根据地。由于潭口战斗在民众中留下了良好的印象，部队扩军顺利，很快从150余人发展到1000人以上。[③]

1939年3月，中共琼崖特委将独立队扩为独立总队，冯白驹任总队长，下辖3个大队及1个特务中队，并建立了随营干部学校。总队成立后，第一、第二大队主要是在琼山地区活动。第三大队在澄迈、临高、昌江、感恩、儋县地区开展游击战争。[④] 从1939年2月至该年底，第一、第二大队与日军交战70余次，歼灭日军800余人，建立了纵横近60里的抗日根据地和大片敌后抗日游击区。第三大队也在与日军的周旋中不断壮大。

1940年冬，中共琼崖特委和独立总队经过与日军多次交战，先后建立了琼文平原游击根据地、美合山根据地、六连岭游击根据地和澄临、高

---

① 《毛泽东关于目前的形势与创立五岭根据地等问题给王震、王首道的指示》（1945年7月22日），《华南抗日游击队》（上），第1037页。

② 《廖承志、张文彬关于琼崖红军改编情况致中共中央电》（1938年12月），《华南抗日游击队》（上），第180页。

③ 《张文彬关于广东工作给中共中央并南方局的综合报告（节录）》（1940年3月7日），《华南抗日游击队》（上），第296页。

④ 《李黎民关于琼崖部队情形给中共中央的报告》（1940年4月10日），《华南抗日游击队》（上），第331、335页。

儋、昌感等地区的小型游击根据地。不久，为了加强海南岛抗日武装力量，中共中央派庄田、李振亚、覃威等老红军到海南岛支援独立总队，并逐步将总队扩编为 4 个支队。

太平洋战争爆发后，海南岛成为日军的重要战略基地。此后，日军加紧对岛内中国军队的“扫荡”。1942 年 5 月开始，日伪军出动 4000 余人进行第一期“扫荡”，向海口至文昌公路沿线据点增加兵力，将琼文根据地分割成南北两块，并在根据地修筑公路建立据点，企图进一步将琼文根据地分割包围。独立总队则开展麻雀战、伏击战、袭击战等不断骚扰和打击日军。1942 年 10 月，日军开始对琼文根据地进行第二期“扫荡”，力求寻找独立总队主力，与之决战。同时，对根据地进行大肆破坏。独立总队适时采取“坚持内线，挺出外线”的方针：主力分两路，一路向西挺进，到琼山、澄迈两县交界地区，建立儒万山根据地；另一路向琼东、定安转移，并进一步扩大琼东南抗日地区。仅留第二支队主力在琼山、文昌地区继续进行游击作战。

1944 年春，根据中共中央的指示，琼崖游击队独立总队改称广东省琼崖人民抗日游击队独立纵队（简称“琼崖纵队”），冯白驹任司令员兼政治委员，庄田任副司令员，李振亚任参谋长，王白伦任政治部主任。纵队仍下辖四个支队和挺进支队。自 1944 年冬，日军转为防守，琼崖纵队趁机快速发展。1945 年 1 月，日军独立混成第二十三旅团进驻海南岛，日军驻岛兵力增至 3 万多人，在此不利的情况下，琼崖纵队仍不断发起攻势作战，努力扩大根据地。8 月，战略反攻开始，琼崖纵队积极向周边日伪军进攻，一度收复儋县、感恩两座县城，攻克大小据点 100 多个。

第七章
加入同盟国，出击缅甸

中国军队的持久抵抗使日本放弃北上的战略，转行南下。为夺取战略资源，日军占领了荷属东印度和法属印度支那。这一举措威胁了美英在东南亚的利益，激化了日本与美英的矛盾。日美谈判失败，随后日本突袭美国珍珠港海军基地，太平洋战争爆发。美国在划定中国战区的同时，派遣史迪威中将来华指挥，尤其是指挥中国军队入缅作战。随着日军逐渐攻占缅甸，英国允许中国远征军入缅参战，形成了中、英、美同盟作战局面。然而，蒋介石给中国远征军划定的防御范围是缅北，史迪威则将之扩展为由密支那经曼德勒至缅南同古的漫长铁路干线，致使中国入缅军队劳师远征、兵力分散、被断后路，几乎全军覆没。

第一节　太平洋战争的爆发与中国战区统帅部的建立

一　中国战场对日本与美国的影响

1941 年 12 月 8 日凌晨 4 点，重庆黄山云岫楼。蒋介石由侍卫官叫醒，接听了一个紧急电话。电话是国民党中央宣传部副部长董显光打来的。董报告说，日本已于三小时前偷袭了美国夏威夷珍珠港的太平洋海军舰队。这个消息令蒋介石不无意外。因为最近日美关系以日本的低调而暂告和缓，蒋在前两天的日记中还写道：“六日来美国对倭态度愈强，倭寇态度愈弱，几乎销声匿迹矣。上月杪倭以其天皇定五日驾大本营视事，似有作战在即与对美示威之姿态，今则作为极平常之一事，而且其海军部长与军令部长皆未出席，是特对美无意作战之表示也。”稍后，香港、菲律宾遭遇日军攻击的消息纷至沓来。于是，蒋介石马上晨起祷告，匆匆赶回曾家岩，召开中常会，以研究对策。①

此时距中国全国抗日战争的开始历四年又半，日本已占领了华北、华中、华南沿海地区的主要城市和铁路线，在华兵力达到72.8万人，其中华北9个步兵师团、12个步兵旅团、8个航空中队，华中12个步兵师团、6个步兵旅团、6个航空中队，华南3个步兵师团、3个步兵旅团、6个航空中队等。不过，截至1941年7月，日军完全控制的地区即所谓“治安地区”大体仅占其入侵区域的十分之一，而且在这仅十分之一的地方亦是“表面上是亲日反共的，但里面情况复杂”。②

中国军队的持久抵抗是日本放弃北上战略的重要原因。苏联的远东部分原本是其觊觎的对象，如果当年日军真的速战速决，那么日本必然先于德国进攻苏联。然而，蒋介石以空间换时间的策略使得日军有限的兵力丧失了机动性。大本营甚至将原先预备攻苏的关东军也投入了中国战场，通过1938年的张鼓峰事件和1939年的诺门坎事件两次失败的尝试之后，东京逐渐意识到北上之路的艰难险阻。1940年7月由于中国战场的胶着状态，日本陆海军矛盾激化，米内内阁倒台，近卫文麿二度出任总理大臣。

1940年夏，当英国、法国、荷兰等老牌殖民国家在欧洲战场上溃败之时，日本又看到了南下的希望。上述三国在东南亚的殖民地也很自然地成了日本为在华旷日持久的消耗战付账而必须占据的下一个目标。6月21—25日，大本营参谋本部召开作战会议，拟订《对南方战争指导计划方案》。当时，为了“分化英美”，美国的属地菲律宾是排除在南方作战计划以外的：“尽可能不去触动它，只有在不得已时，才以武力解决。”在对待英属新加坡的意见上，该方案也明显表露出大本营的内部分歧，基于可供投入的兵力，有人认为“如果可能，则使英荷分开，也不去占领新加坡，而直接奇袭荷属东印度，占领并确保重要资源地区”。③ 英国也意识到日本对东南亚的野心，开始与国民政府合作。1941年1月，伦敦任命戴尼斯（Lancelot E. Dennys）少将为驻重庆陆军武官，代表英军协商军事合作问题。

---

① 《蒋介石日记》（手稿），1941年12月6日、8日。

② 据日华北方面军有关人员的回忆推测，见《中国事变陆军作战史》第3卷第2分册，第95—96、172—173页。

③ 《中国事变陆军作战史》第3卷第2分册，第62—63页。

日本最终确定南下战略是在半年后。1941 年 6 月 25 日，也就是德国东进苏联的三天后，东京大本营与内阁基本上联合确认了南进的基本国策，并在 7 月 2 日的御前会议上得到了天皇的首肯。① 所谓“帝国国策纲要”，并不为盟国德意志的短暂胜利所动，而是“不论世界形势如何变化，帝国仍然坚持建设大东亚共荣圈……仍然努力于中国事变之处理，为确立自存自卫之基础，继续向南方扩展……坚决排除一切障碍，不辞对英美一战”。7 月 3 日，军部下达命令进驻法属印度支那，这一命令在 25—28 日由驻海南岛的第二十五军开拔南下实现。7 月 27 日，前外相松冈洋右进一步为国策纲要加一注脚：“解决南方，实际上就是促进中国事变的解决。”而前陆相、驻华派遣军总司令官畑俊六却于翌日派遣副总参谋长野田谦吾返回东京表达不同的看法：“派遣军将彻底实行以处理中国事变为根本的国策……正当此时，突然要减少派遣军的战斗力，在各方面引起了意想不到的波动，给事变的处理造成了极大的不良影响。”9 月 15 日畑俊六再次派总参谋长后宫淳返京做最后努力：“我认为在没有解决中国事变以前，就向其他方面伸手或扩大战线，必犯致命的错误。如果想向南方伸手，就要先解决中国问题，然后再干。光是一个中国，日本的力量已经跟不上，不只现地军要依靠中国大陆以图生存，日本的总动员资源也要取自中国……所以坚决反对南进。”但他的反对意见被东条英机直接驳回：“第一线司令官只应向前，不应后退。”②

美国为阻止日军南下，曾试图援助重建中国空军。7 月 23 日，罗斯福（Franklin Delano Roosevelt）总统批准了他的行政顾问居里（Lauchlin Currie）提出的向中国提供 500 架飞机、训练飞行技术人员并派遣军事使团的建议。但是，因为其所承诺的飞机优先供给了欧洲战场的英国，美国最后仅向重庆派遣了以马格鲁德（John Magruder）准将为首的军事代表团，因此借中国完全困住日本的打算事实上夭折。7 月 25 日，中国外交部为日本侵占越南发表严正声明：“日寇此项行动乃对于越南征服之扩大，及其南

① 尽管日本御前会议上仍有攻苏的呼声，关东军也扩充至 70 万人，并举行了针对苏联的“关东军特种演习”，但是由于德苏战争并未向有利于日本的方向发展，攻苏的打算最终未遂。参见〔日〕家永三郎《太平洋战争》，何欣泰译，台北，台湾商务印书馆，2006，第 101—102 页。

② 《中国事变陆军作战史》第 3 卷第 2 分册，第 75、149、154—155、189 页。

进政策之推进，此种发展，不仅继续威胁中国西南边境，抑且危及西太平洋其他诸国之权益与领土，中国政府必全力尽其本责，厉行反抗侵略之国策，以促日寇冒险行动之失败。”与此同时，作为孤力抗日者，国民政府亦警告欧美各国：“中国政府与人民并深信其他有关各国亦必不至纵容其扩大侵略，而使整个西太平洋局势益趋恶化，甚或陷于不可收拾之境地。”[①] 7月27日，蒋介石叮嘱在华盛顿的宋子文：“最重要者为我国能否派代表参加星加坡之中美英荷在太平洋上之联防会议也，此事必须由美负责提议邀请我国参加，则我国在全局上方有地位。”[②] 马格鲁德将军至10月下旬方抵达重庆，蒋介石立即请他帮助中国解决云南防务问题，确保美国援华物资的交通线：“昆明是否在中国之手，不独为中国国运顺逆之关键，实亦为整个太平洋局势安危之枢纽。倘昆明陷于敌手，中国之国际供给路线为之切断，其影响前方战士后方民众之结果，必将演成中国抗战之崩溃惨剧。中国抗战崩溃之后，日本必将南进无疑……”[③]

而日本为了着手南下，其中国派遣军进一步巩固中国这一“后方”。8月10日起，华北方面军第一军及驻蒙军先封锁冀察边界，然后在北京密云周边“扫荡”，主力则进攻滹沱河畔无极、深泽的八路军正规部队，接着向平汉线集结，22日后进入太行山脉，寻找蓬头、倒马关、阜平等地的八路军主力，至9月4日第一期作战结束。随后划定无人区，严密构筑封锁线。9月10日，华北方面军下发《第三次治安加强运动实施要领》：“扩大以往的治安强化运动的成果，使之进一步成为有机的、攻击的活动，深入发展治安强化运动。为此，应将重点放在经济方面，彻底进行经济封锁并促进重要物资的生产与流通。加强我方的战力和经济力，摧毁敌匪的抗战意志。”9月下旬至12月，旋又发动了针对中共武装的山东省博山以西作战（9月19日至10月1日）、山西省沁河作战（9月22日至10月28日）、山东省沂州北面作战（11月5日至12月28日），动用了华北、华中约6个师团、8个旅团的兵力，据日军数据，八路军方面约10.2万人受到攻

---

① 秦孝仪主编《总统蒋公大事长编初稿》卷4（下），第709页。

② 秦孝仪主编《中华民国重要史料初编——对日抗战时期　第三编　战时外交》（1），第52页。

③ 秦孝仪主编《中华民国重要史料初编——对日抗战时期　第三编　战时外交》（1），第470页。

击,[①] 这对中共根据地的打击是巨大的。毛泽东后来总结说:“我党在一九四一年和一九四二年这两年内处于极端困难的地位。这一阶段内,我党根据地缩小了,人口降到五千万以下,八路军也缩小到三十多万,干部损失很多,财政经济极端困难。”[②]

针对国民党正面战场,日军加大了攻击力度,希望迫使蒋介石、阎锡山尽快投降。然重庆蒋介石国民政府的抵抗更加顽强。自 9 月中旬开始,第九战区司令长官薛岳指挥 10 个军 30 多万人与日第十一军司令官阿南惟畿的约 12 万人展开“第二次长沙会战”,以 9 月 25 日薛岳放弃长沙而告终。第六战区司令长官陈诚随即指挥约 15 个师向宜昌反攻,配备了各种火炮约 140 门,予日第十三师团以沉重打击。至 10 月底,日军阵亡 1670 人(包括将校级军官 122 人),负伤 5184 人(内将校 272 人),失踪 14 人。华北方面,10 月 2 日至 11 月 19 日,国民党军又与日第三十五师团主力及骑兵第四旅团一部展开河南会战。10 月 26 日至 11 月 18 日,为压迫山西省主席阎锡山与之合作,日第三十七师团主力及第四十一师团一部进行汾西作战。

日美矛盾的激化使得战局不断扩大。日本对法属印度支那北部地区的占领导致了美国出台对日碎钢出口的禁运令。1941 年 7 月 26—27 日,英、美、荷冻结了日本在它们境内的资产。8 月 1 日,美国更禁止对日输出石油。如果石油封锁持续下去的话,日本侵华战争根本无法进行。东京此时除放弃外就只有扩大以战养战之一途。8 月 5 日,近卫内阁迫不及待地向美国提出议和要求:“如果中国事变获得解决,当立即撤退在法属印度支那的日军。”8 月 7 日,近卫甚至提议与罗斯福总统在夏威夷檀香山会谈。然而,日美之间的对立已不只中国问题,在对德关系、通商平等方面都有着巨大的分歧。8 月 17 日,罗斯福参加完美英大西洋会谈由加拿大返回后,婉拒了近卫的提议。9 月 6 日,日本御前会议在天皇不尽赞同的情况下还是通过了侧重战争的《帝国国策实施要领》,决定“帝国为了确保自存自卫,在对美(英、荷)不辞一战的决心下,大致以 10 月下旬为目标,完成战争准备”。10 月 16 日,第三次近卫内阁因主张继续对美外交谈判而

---

① 《中国事变陆军作战史》第 3 卷第 2 分册,第 175—178 页。

② 毛泽东:《学习与时局》,《毛泽东选集》第 3 卷,第 943 页。

突然垮台，东条英机由陆相出而组阁，天皇指示“一切从头做起”。

11月5日，日本御前会议又通过《帝国国策实施要领》，正式做出对美开战的决定，“发动武装进攻的时间定为12月初，陆海军应做好作战准备”，但附加一个政治条件：“对美谈判如在12月1日零时前取得成功，即中止发动武力。”谈判的要求包括：华北、“蒙疆”及海南允许日本驻兵25年，其余部队两年内撤回；待“中国事变”解决后，当即撤退在法属印度支那的军队。①

11月22日，美国国务卿赫尔（Cordell Hull）召集英、澳、荷三国使节商讨对日本要求的答复，中国大使胡适是在会谈的后半截由赫尔临时请来的。答复草案大致如下：

> ……
>
> 2. 日本政府采取行动撤退其在法属印度支那南部的武装部队，不在那里发动进一步军事行动，包括建筑军事工事，并减少在法属印度支那北部武装部队数至1941年7月26日水平，该数字无论如何不得超过25000人并不得更改。
>
> 3. 美国政府采取行动取消7月26日冻结日本在美资产的限制，日本政府同时同意取消其相应冻结美国在日资产的举措。两国出口因此保持各自为国家防御而采取之相应出口管制措施。
>
> ……
>
> 5. 美国政府并非不愿看到中国政府与日本政府为和平处理彼此分歧而开始对话，也并非不愿看到在任何磋商过程中实现停火。美国政府对此的根本兴趣在于该对话是基于与美日两国政府当前谈判的最根本的和平原则一致的基础之上的……
>
> 6. 本互不干涉协议是暂时性质的，除非彼此同意续订，则时限不超过三个月。②

毫无疑问，这是对日本的绥靖。当时胡适问道，美国对日答复可否保

---

① 《中国事变陆军作战史》第3卷第2分册，第182、195、197页。

② Draft Proposal *Modus Vivendi* with Japan，22 November 1941，*FRUS*，1941，Vol. 4，pp. 636 - 637.

证后者在未来三个月内不继续侵入中国呢？赫尔坦承不能，但仍辩称："这些条件是日本人开的，况且我们（美国）的答复是就基本问题达成一般性共识而做出的暂时性安排，即便如此，日本人接受的可能性还是低于三成。"①

11 月 24 日，蒋介石读到胡适发回的报告，用蒋的话说，即"撤退驻越南军队之大部，保证不南进，不攻滇，而由美国放松经济封锁事，其对中国撤兵问题毫不提及"。他反应强烈，"痛愤盍极"，身边的美国顾问拉铁摩尔（Owen Lattimore）报告居里说"从未见他（蒋介石）发过这么大火"；蒋认为"美国仍对倭妥协而牺牲中国甚矣"。② 于是蒋介石命胡适向赫尔提出警告："如果在中国侵略之日军撤退问题没有得到解决以前，而美国经济封锁政策无论有任何一点之放松或改变，则中国抗战必立见崩溃，以后美国即使对华有任何之援助，皆为虚妄。中国亦决不能再望友邦之援助，从此国际信义与人类道德亦不可复问矣。"③ 翌日，蒋介石又电宋子文：

> 如果美国对日放松经济封锁，取消对日本资产的冻结，或者只要传播正在考虑有一天要采取如此措施的谣言，就会从根本上挫伤中国军队的士气。因为两个月以来日本就进行宣传说，11 月间对美谈判将成功达成协议，所以如果不禁运，只要稍微放松封锁措施，中国人民就会相信美国完全是牺牲中国的……
>
> 我们要求宣布，美国是不妥协的，只要日本不从中国撤兵，对日禁运与取消封锁就没有考虑的余地……否则，中国四年多的抗战，造成无数人牺牲与国土的沦丧，将全然白费。④

11 月 25 日，赫尔再次邀请四国大使商谈对日谈判事宜。胡适明确

---

① Memo of Conversation by Hull, 22 November 1941, *FRUS*, 1941, Vol. 4, p. 640.

② 《蒋介石日记》（手稿），1941 年 11 月 24 日。See also telegrams, Quo Tai-chi to Hu Shih, 24 November, and Lattimore to Currie, 25 November 1941, *FRUS*, 1941, Vol. 4, pp. 652, 654.

③ 秦孝仪主编《中华民国重要史料初编——对日抗战时期 第三编 战时外交》（1），第 55—56 页。

④ Telegram Soong to Stimson, 25 November 1941, *FRUS*, 1941, Vol. 4, pp. 660 - 661.

提出“法属印度支那北部的日军应从二万五千减少至五千人”，当即遭到赫尔的反对：“几分钟前参谋总长马歇尔告诉我说，二万五千的兵力不会构成任何威胁。”然而当英国大使提出二万五千这一数字“高得不合适”而要求“尽可能减低”时，赫尔并未表示异议。[①] 具有讽刺意味的是，美国最终也是由于英国的反对而放弃绥靖日本的对案。25 日夜，丘吉尔（Winston Churchill）首相发来电报说：“中国崩溃将大大增加我们共同的危险。”于是，赫尔召集国务院远东问题专家研究，最终未向日本递交已经拟好的协定正文。[②]

27 日，赫尔对陆军部长史汀生（Henry Lewis Stimson）说：“我的事情已经完结。我已经从日美谈判中摆脱出来了。从今以后看你和诺克斯（海军部长——引者注）的了，该陆海军出场了。”11 月 27 日，日本大本营政府联席会议得知赫尔的回复后，一致同意坚决对美开战。[③] 至此，美日双方都以外交为拖延时间的工具，决心以战争解决两国利益分歧。

与此同时，日军由南云中将率领的 6 艘航母、2 艘战列舰、3 艘巡洋舰、9 艘驱逐舰、8 艘油罐船、23 艘舰队潜艇、5 艘袖珍潜艇及 414 架飞机的庞大编队，已驶离北海道外择捉岛母港，向夏威夷方向前进。南云忠一怀揣着山本五十六的突袭和返航两个打算。这个代号为“Z 作战”的方案是山本五十六多年来研究珍珠港水深、作息、船只、人事后提出的计划。日本海军部原先的设想与大多数美国高级参谋人员的猜测并无不同，即攻击菲律宾，并在附近海域展开日美以战列舰为主体的海战。然而，山本清楚地知道日本凭常规战法无法与工业潜力巨大的美国相抗衡，他制定的奇袭计划是个拼命的赌注。12 月 2 日，日本国会正式批准与美战争，随后海军向前进中的南云发出“登上新高山”和“1208”两个指令，南云遂继续向珍珠港开进。

二 太平洋战争的爆发

12 月 8 日凌晨 1 时 19 分（重庆时间），日本联合舰队悄然出现在珍珠港外海域。珍珠港位于太平洋夏威夷的瓦胡岛，是一个被陆地包围的海

---

① Letter Halifax to Stimson, 25 November 1941, *FRUS*, 1941, Vol. 4, pp. 656 - 657.

② See Letter Stimson to FDR, 26 November 1941, *FRUS*, 1941, Vol. 4, p. 666.

③ 《中国事变陆军作战史》第 3 卷第 2 分册，第 206 页。

港，出口是东南方向的狭长水道，交通并不便捷，船只通过出口至外海需花费约 3 个小时的时间，而且出口外的鱼雷防御网因妨碍交通已于 1940 年底全部拆除。港内停泊有美军战列舰 8 艘、巡洋舰 8 艘、驱逐舰 29 艘，船坞中尚有巡洋舰 4 艘、驱逐舰 3 艘，航空母舰全部外出未归。日本联合舰队特别配置的袖珍潜艇离开母舰，被美国扫雷艇“秃鹰”号（Condor）在檀香山港外海发现，驱逐舰“华德”号（Ward）开火攻击并投下深水炸弹。尽管“华德”号立即向海军部报告，但因是星期日的凌晨，根本无人理睬。在接近天亮的时候，日海军主力巡洋舰“筑摩”号和“利根”号到达瓦胡岛正北 230 海里的战机预定上空地点，各派出一架侦察机，却被美军奥帕纳雷达站值班士兵发现后忽略。南云在未收到警戒的情况下，提前命令担任第一波攻击任务的 180 余架由鱼雷攻击机、俯冲轰炸机和“零”式战斗机组成的航空编队升空。美军雷达站再次发现一大群不明物体并立即上报，但防空中心误以为是由希甘姆（Hickam）机场升空的巡逻机或者加州开来的 B17 轰炸机，而再次放弃了预警的机会。此时，日机距离起飞已经 1 小时 40 分钟，现场指挥官渊田美津雄向南云发回了“虎虎虎”的无线电讯号，即通知偷袭成功。随即日机投下了第一批炸弹，优先目标是美军惠勒（Wheeler）机场的战斗机和希甘姆机场的轰炸机。紧接着，停泊在珍珠港内的战列舰受到攻击，平均每舰中弹 3 枚以上。攻击震惊了美军，开始后十分钟，警报由防空中心的第二巡逻大楼发出：“空袭珍珠港。这不是演习。”不久美军发动本能反击，但仅有零星高射炮火和数架飞机升空。大约距离警报四十分钟以后，日本第二轮攻击的 171 架飞机抵达，持续了大约一个小时，双方主要交火发生在这一阶段。最终美军战列舰 5 艘沉没、3 艘损坏，巡洋舰 3 艘损坏，驱逐舰 2 艘沉没，飞机 188 架炸毁、155 架受损，同时 2402 人阵亡、1247 人受伤；日军袖珍潜艇 4 艘沉没、1 艘被俘，飞机 29 架坠毁，64 人阵亡，1 人被俘。①

就在奇袭珍珠港的同时，日军开始进攻西太平洋的马来亚、缅甸等英国殖民地及美国的菲律宾。太平洋战争爆发。蒋介石自重庆致电其驻美代表宋子文，命其转胡适大使再转罗斯福：“倭寇竟敢向美、英进攻，愤激

① Stetson Conn et. al., *Guarding the United States and Its Outposts* (Washington D. C.: Center of Military History, United States Army, 2000), pp. 193 - 194.

莫名。我国待美宣战时，亦决与倭正式宣战……”[①] 中国在全国抗战爆发四年后，这才正式对日本宣战。蒋介石为取得外交主动，立即建议“各友邦（中、英、美、澳、荷、加拿大、纽丝纶），应成立军事同盟，并推美国为领导，指挥共同作战之军队，实为必要”。[②]

12 月 10 日，蒋介石会见美国驻渝代表马格鲁德和英国驻渝代表戴尼斯，要求：“（一）立即拟具中、英、美、荷四国军事联系与合作之具体计划。（二）苏联对日宣战之后，即拟具包括苏联之同样计划。（三）成立一指挥机关或军事委员会，专任设计及指挥南洋之军事行动，总部设于重庆，研究在美国下联合军事行动之实施步骤及其组织。（四）此事实施应具有政治意义，换言之，应成立军事互助协定，初为四国，苏联加入后，则为五国。”[③]

12 月 16 日，罗斯福为安抚蒋介石，也为撮合中英关系，回应道：“立即发动步骤，准备一致行动以御共同敌人，应视为异常重要之举。为达成此项目的起见，本人敬建议，由麾下最迟于十二月十七日，在重庆召集联合军事会议，交换情报，并讨论在东亚战区最有效之陆、海军行动，以击败日本及其同盟国。本人并建议，参加该会者应为英、中、荷、苏及美国之代表。”[④]

由于美英来人行程迁延，迟至 12 月 23 日，重庆军事会议始在中、美、英三方代表间召开。美国勃兰德（George H. Brett）少将、马格鲁德准将参加。英国卫佛尔（Archibald Wavell）元帅其实是来华要求中国提供协助的，对本国是否授权参加联合会议一事并未提及。而蒋介石的根本愿望则在于促使华盛顿成立由中、美、英联合组成之军事政治常设机构，以共同抗日。因此，这次会议根本三心二意，所达成的六点初步计划不过是一般性倡议，并无实际效果。会议结束后，勃兰德与卫佛尔即离华回国。而马

① 秦孝仪主编《中华民国重要史料初编——对日抗战时期　第三编　战时外交》（3），第 42 页。

② 《蒋委员长提交苏、英、美各国大使书面建议》（1941 年 12 月 8 日），秦孝仪主编《中华民国重要史料初编——对日抗战时期　第三编　战时外交》（3），第 41 页。

③ 秦孝仪主编《中华民国重要史料初编——对日抗战时期　第三编　战时外交》（3），第 50 页。

④ 秦孝仪主编《中华民国重要史料初编——对日抗战时期　第三编　战时外交》（3），第 66 页。

格鲁德作为一个临时性的安抚角色，在太平洋战争爆发前至战争初期一段时间内被迫承担了协调美、中、英复杂关系的大量额外任务，终因为中国在美英决策者心目中的次要地位，马格鲁德代表团所发挥的对华援助作用有限，很快就被新的使团所取代。[①] 蒋介石对英国观感更差，由“英人之贪诈自私，毫无协同作战之诚意”迁怒于外交部长郭泰祺，并将其免职，以哈佛毕业的宋子文代之，积极寻求美国援助。[②]

实际上与此同时，罗斯福和丘吉尔即在华盛顿举行代号为阿卡迪亚（ARCADIA）的高峰会晤，成立了主要联合决策和执行机构——参谋首长联席会议（Combined Chiefs of Staff）和军火分配局（Munition Assignments Board），并由此决定对德日作战的大政方针。这两个核心机构都不对中国政府开放，连政策都是保密的。[③] 罗斯福可能最初也设想由蒋介石派员参加由美、英、荷、澳、中在华盛顿的军事协商组织，并向重庆发出邀请。[④] 然而，当中国后来派出以熊式辉为首的代表团常驻华盛顿时，却受到了美国军政界的冷遇。[⑤]

美国总统罗斯福和英国首相丘吉尔决定在远东针对日本成立两个战区，即西南太平洋战区和中国战区。前一战区由英国卫佛尔将军为最高司令，包括缅甸、马来亚、荷属东印度和菲律宾。而后一战区以中国蒋介石为最高统帅，最初包括中国、越南和泰国。1941 年的最后一天，罗斯福致电：

> 为立即完成我等共同抗敌（指日本）力量之联系与合作起见，今正在南太平洋战区成立一最高统帅部，指挥全部美、英、荷军队。此项联合国在中国战区之共同活动，亦需有同样统帅部，事属当然。予

---

① William G. Grieve, *The American Military Mission to China, 1941 - 1942: Lend-Lease Logistics, Politics and the Tangles of Wartime Cooperation* (Jefferson, NC: McFarland & Company, Inc., 2014), p. 209.

② 参见《蒋介石日记》（手稿），1941 年 12 月 23 日。

③ 齐锡生：《剑拔弩张的盟友：太平洋战争期间的中美军事合作关系（1941—1945）》，社会科学文献出版社，2012，第 23 页。

④ 秦孝仪主编《中华民国重要史料初编——对日抗战时期 第三编 战时外交》（3），第 96 页。

⑤ 参见齐锡生《剑拔弩张的盟友：太平洋战争期间的中美军事合作关系（1941—1945）》，第 29—34 页。

今征得英、荷政府代表之同意，建议麾下负指挥现在或将来在中国境内活动之联合国军队之责。予等并建议，该战区包括联合国家军队可以到达之安南及泰国国境。予等并信欲使此统帅部发挥效力，应立即由中、美、英三国政府代表组织一联合计划作战参谋部……此参谋部应在麾下指挥下服务。印度军司令及南战区司令当命其与麾下统帅部取得最密切之联系。该三总部间应互派联络员。上项办法足使麾下之意见与势力影响及其所有各战区作战一般战略之策划。特此奉电，企候赐复。罗斯福。[①]

三　中国战区的成立与史迪威来华

1942 年 1 月 1 日，联合国家宣言由美、英、苏、中等 26 国代表签字，表明一致立场。翌日，蒋介石就中国战区统帅一事回电罗斯福。按照中国习惯，他先做推辞："就个人能力与资历言，实不敢贸然应命"，然后慷慨应允，"自当义不容辞，敬谨接受"，并请"美、英代表之立即派定，组织联合作战计划参谋部"。[②] 这就是史迪威（Joseph W. Stilwell）来华的背景。

史迪威是马歇尔的老部下。在太平洋战争之前曾三度来华，有着突出的语言能力，专门在北京学习过中文，能讲汉语官话。1926—1929 年在马歇尔（George Catlett Marshall）的直接统帅下任美军驻天津第十五步兵团营长及参谋。他与马歇尔的情谊于返美后在佐治亚州的班宁堡共事期间得到升华，素有通家之谊。这层关系构成了他日后功过的起点。1935—1939 年史迪威又赴华担任美国大使馆武官。这四年，他加深了对华认识，成为抗日战争时期美国传统陆军系统里最了解中国军政的军官。

1938 年 1 月，随着中日战事的恶化，史迪威随使团西迁至汉口，开始与共产党接触。他首先结识了共产国际拥护者、刚刚离开延安的美国记者史沫特莱（Agnes Smedley）。1938 年 4 月 20 日前后，史迪威在史沫特莱的

---

① 秦孝仪主编《中华民国重要史料初编——对日抗战时期　第三编　战时外交》（3），第 97 页。

② 秦孝仪主编《中华民国重要史料初编——对日抗战时期　第三编　战时外交》（3），第 98 页。

引荐下首次会见了周恩来。[①]

1942 年 1 月 4 日，蒋介石再次邀请美国选派高级军官来华，担任联合作战计划参谋部的参谋长。他同时命宋子文“务请罗总统遴选其亲信之高级将领为参谋长，其阶级须在中将以上，因我国与俄国之代表皆为中、上将级也……不必熟悉东方旧情者，只要其有品学与热心者可也”。[②] 这也从侧面反映出蒋对马格鲁德代表甚至拉铁摩尔顾问的不满。

其实在未接到蒋宋邀请之前，美国陆军部对于这一人选已有所考虑，部长史汀生最初打算委派的是段澜（Hugh A. Drum）将军。段澜参加过一战，但比马歇尔资历要老，1918 的军阶已经是陆军上校，1939 年升为中将，1941 年担任第一军司令。1942 年 1 月 2 日，史汀生召见段澜，告知请他去中国。马歇尔则告诉他，美国尚无大规模军事援华计划，亦不能为打开对华运输线努力，目前只在训练、装备中国军队，让中国继续作战（keep China in the war）。[③] 对此任命，段澜态度消极，实际是拒绝了。[④]

马歇尔随即命仅是少将军衔的史迪威接受这一任务。史迪威当然也并不情愿，因此提出了蒋介石不曾想过的问题，即获得指挥权。[⑤]

1 月 18 日，蒋介石收到了宋子文的来电，谓美军至重庆担任联合参谋部参谋长一职的人选尚在考虑中，然“此一军官，特别在缅甸战区中，于此中、英、美三方均有关系之地域内，与以联系三方关系之行政实权，其贡献必可得更远大之价值”。宋子文也感意外，表示“正拟往返该次长（指就此事通知宋子文的麦克洛伊——引者注）及军政部长（指史汀生——引者注），详询其究竟命意所在”。次日，宋子文又电，已晤谈史汀生，并隆重推出史迪威：“此人公认为美陆军中最优秀之将材，现充军团长，曾任 Marshall 参谋长之作战局长，通华语。”而前电要求之所谓“行

① Stilwell Diaries, Week of 17 – 24 April, 4 Oct. and 5 Dec. 1938, Joseph Warren Stilwell Papers, Boxes 38, 41, HIA; Freda Utley, *The China Story* (Chicago: Henry Regnery Company, 1951), pp. 105 – 107; 王炳南：《中美会谈九年回顾》，世界知识出版社，1985，第 34 页。

② 秦孝仪主编《中华民国重要史料初编——对日抗战时期 第三编 战时外交》(3)，第 99 页。

③ 梁敬錞：《史迪威事件》，商务印书馆，1973，第 22 页。

④ Charles F. Romanus and Riley Sunderland, *Stilwell's Command Problems* (Washington D. C.: Office of the Chief of Military History, Dept. of the Army, 1956), pp. 64 – 70; 齐锡生：《剑拔弩张的盟友：太平洋战争期间的中美军事合作关系（1941—1945）》，第 70—72 页。

⑤ Stilwell Diary Entry, 16 January 1942, Joseph W. Stilwell Papers, HIA.

政实权”，“现已明了，乃为避免中英隔阂，故拟将入缅华军归此君指挥，不直接受英方统辖”，史汀生摆出一副为中国着想的样子，尽量淡化史迪威的职权范围，谓“钧座对于卫佛尔及缅军政当局之应付，可使此君负责”，换言之，史迪威无非像马格鲁德一样仅起中介作用罢了。然而实际上，该史迪威的身份既然不限于参谋一职，且有军事指挥“实权”，更是美国“驻华代表”，美方赋予其权力包括：

（甲）办理所有在中国之美军贷援华事宜；

（乙）在蒋委员长统辖之下，指挥所有在华之美国军队，及委员长自愿交与指挥之某部中国军队，如遇此项军队有在缅甸参加作战之必要时，其作战总计划应受卫佛尔之指示，但实行作战则由美军官指挥；

（丙）代表美国参加在华之一切国际军事会议；

（丁）维持及管理中国境内滇缅公路运输事。

如果蒋介石接受这一美军“高级”大员，那么史汀生和马歇尔承诺：

（甲）增加华南、缅甸区域之空军力量，先由增加及补充志愿军飞机及人员入手，对于蒋委员长所拟交指挥之中国军队若干师，供给全部军械器材，亦属可能；

（乙）在英国同意之下，设立兵站，供应中国在缅甸或英、美方面之陆、空军，并供给专门器材及军队，以维持仰光港口货运与设备，及协助维持滇缅公路；

（丙）为便利计划之施行，英国……之合作与允诺，实有必要……

而“中国军队如进驻越南及泰国，固与派遣缅甸协助作战之军队不同，应由钧座直接统辖指挥”。宋子文并添注脚云：“史汀生或因新加坡危急，亟欲中国战区与缅甸方面军事有切实合作办法，故切催转请钧座示复。”[①]

---

① 秦孝仪主编《中华民国重要史料初编——对日抗战时期　第三编　战时外交》(3)，第104、110—111页。

蒋介石对这一横生枝节备感无奈，但史汀生他们开出的甲乙两个筹码确实对于国民政府继续抗战格外有利。而此时中国战场形势日益恶化，“湘北敌军集中对长沙第四次侵犯，甚有可能，故此心时用悬虑不置也”。[①] 因此蒋介石只得在被迫接受美国代表的同时，小心翼翼地界定史迪威的权力。21 日，蒋介石告诉宋子文，该史迪威仅有对位于缅甸的美、中、英军队“联系”之权，并隶属于中国战区的指挥系统。22 日，他又进一步明确补充说：“在华之美代表以及高级军官，皆应受中国战区联军参谋长之节制指挥，而联军参谋长须受统帅之命令而行，此点应先决定，则其他问题皆可根本解决也。”[②] 也就是说史迪威无论以何种身份出现，都必须听从蒋介石的命令。

在中美双方对此点确认无误的情况下，史迪威终于成行，中国战区开始了中、美、英联合抗日局面。

第二节 日军进犯东南亚与中国远征军入缅

一 缅甸对于中国抗战的特殊地位

缅甸与中国云南边陲接壤，南临安达曼海、孟加拉湾，具有广阔的海岸线。英国自 19 世纪下半期开始以战争方式将缅甸纳入自己的殖民体系，并把南部的仰光港定为缅甸首府。仰光港口与铁路相连，向北可到达缅中边境的腊戍，随后可经畹町、龙陵进入中国。仰光本是“战争消弭”之意，孰料战事却又因之而起。

日本政府及大本营为切断中国国民政府的国际补给线，早在 1940 年 6 月 24 日，也就是参谋本部制定南方作战指导计划的时候，外务次官谷正之向英国驻日大使克莱琪（Robert Craigie）递交了照会，要求停止经过缅甸、香港援华。[③] 当年 7 月中旬，英国政府同意封锁缅甸至中国的运输三个月，

---

① 《蒋介石日记》（手稿），1942 年 2 月 24 日。

② 秦孝仪主编《中华民国重要史料初编——对日抗战时期 第三编 战时外交》（3），第 114 页。参见齐锡生《剑拔弩张的盟友：太平洋战争期间的中美军事合作关系（1941—1945）》，第 75—77 页。

③ 日本防卫厅防卫研究所战史室编《缅甸作战》，天津市政协编译委员会译，中华书局，1987，第 3 页。

并于17日发表正式声明："联合王国国王陛下政府同意自（翌）日起三个月内，中止途经缅甸运输下列作战材料：武器、弹药、汽油、卡车及铁路器材。该禁令并不包括用于（a）输送非禁运商品进出中国的卡车所需及（b）承担仰光、重庆间航空邮递服务的飞机所必需的汽油部分。"[①] 当年9月，日军进占法属印度支那，切断了海防至昆明的补给线路；10月中旬过后缅甸的重要性更加凸显。日海军航空队虽曾以河内为基地，轰炸了怒江上的惠通吊桥、湄公河上的功果吊桥，但并未彻底毁坏。

1941年4月，日本外务大臣松冈洋右与苏联外交人民委员莫洛托夫（Vyacheslav Mikhaylovich Molotov）签订《中立条约》，有效期为五年，东京大本营遂可积极放手南下。南下的主要目标在于香港、新加坡、马尼拉（菲律宾）等英美属的战略据点及荷属东印度群岛的资源产地。缅甸作为这一战略区的右翼被纳入参谋本部的南方作战计划之中。[②] 7月26日，美国面对日本的威胁，不得不宣布对日战略物资禁运。11月，日本南方军编组完毕，由第十四、十五、十六、二十五军，第廿一师团，独立混成二十一旅团，第三、第五飞行集团组成。12月8日，日本海军联合舰队偷袭美国太平洋珍珠港基地；与此同时，南方第十四军司令官本间雅晴中将开始进攻菲律宾吕宋岛，中国派遣军第二十三军三十八师团佐野中将越过深圳河进攻香港，南方第二十五军司令官山下奉文中将以坦克和脚踏车突入马来半岛东岸的丛林并空袭了新加坡，宇野节大佐在缅甸南部登陆。自此，英美在东南亚的势力范围遭受日军的全面打击。随后东京正式对美英等国宣战。

国民政府从军令部、军政部、军训部抽调一批军事专家，组成军事委员会驻云南昆明的派出机构——参谋团。这个组织对后来远征军入缅作战发挥了重要作用。参谋团除了积极备战外，也提高了中央在云南的存在度。其成员由参谋总长何应钦及其高级幕僚审定。

此时缅甸可防守的兵力只有不到4万人，分别为英军2600人、印军8000人、缅军26000人、华军2000人，英国空军仅1个轰炸机中队和4个

---

① See telegrams, between Craigie and Foreign Office, 15 - 16 July 1940, Fo 371/24667, Supplies of War Materials to China: Japanese Demand for Cessation of Export of Arms, National Archives, UK.

② 服部卓四郎『大東亜戦争全史』原書房、1996、225頁。

驱逐机中队大约 60 架飞机，地区配置如下：缅甸第一师司令部驻同古（东吁），缅甸第一旅驻景栋、孟平，缅甸第二旅驻毛淡棉、土瓦、墨吉，印度步兵第十三旅驻景栋、孟平，印度步兵第十六旅驻曼德勒，另有 5 个国境部队配置在曼德勒、毛淡棉、土瓦、景栋、孟平、克伦等地，格鲁撒斯塔州队第一大队并缅甸补充部队配置在仰光，缅甸步兵枪部队若干配置在曼德勒、梦内瓦地区，中国第六军第四十九师的一个团配置在畹町。实力可谓非常单薄。英国负责防守的即是卫佛尔。他判断日军机械化部队将沿着主要公路自泰国清迈北上，通过掸邦南部至曼德勒以南的塔泽方面，因此缅甸南部仅配置了缅甸第二旅并一个国境部队。

为确保缅甸运输线，同时也为控制云南省，军委会军令部早在太平洋战争爆发前的 11 月 3 日就下达了滇缅路作战计划。计划“第一、第九集团军凭依滇南山险及既设阵地与敌决战，包围突入之敌于主阵地内各隘路而歼灭之，求主决战于铁道、红河附近地区……第六军主力应向开远附近地区集中，准备滇南作战”，而“第五军应向昆明附近集中，陈明仁部应向安宁附近集中，准备固守昆明、呈贡、宜良、安宁、昆阳、玉溪各要点”。[①] 当时规定的作战区域主要还在中国境内。到了太平洋战争爆发，滇缅路危险陡增。12 月 11 日，蒋向第五、六军下达动员令。16 日，第五军防务交第七十一军后开赴祥云、大理、保山地区集结，第六军向保山、芒市（潞西）集结，编组为“中国远征军第一路军”，由卫立煌任司令长官、杜聿明为副司令长官（由于卫立煌并未到职，由杜聿明代理），准备应英国要求支援缅甸。[②]

同时，英国也向中国提出了军事上的要求。12 月下旬，印缅英军总司令卫佛尔元帅赴渝商量协防事宜。12 月 22 日，卫佛尔由英国大使卡尔（Clark Kerr）及驻华军事代表团团长戴尼斯将军陪同来见蒋介石。卫对蒋所提成立联合军事机构方案根本不感兴趣，只强调缅甸的重要性。23 日上午，卫佛尔向蒋介石提出中国协助缅甸国防办法三点，包括：“（一）拨借希诺德（即陈纳德——引者注）部下美国志愿空军三队中之二队；（二）拨借今在缅境之租借法案器材一部分；（三）派遣部队助战。”之后随即变成英

---

① 《军令部拟确保滇缅路作战计划》（1941 年 11 月 3 日），《抗日战争正面战场》（下），第 1388—1389 页。

② 郭汝瑰、黄玉章主编《中国抗日战争正面战场作战记》下册，第 1114 页。

美将军之间的协商，最终蒋介石未置可否，唯“交小组会议讨论拟具方案备核”。然而更具讽刺意味的是，当蒋介石提议中国远征军 8 万人可以入缅作战时，卫佛尔立即表露出对中国增援缅甸的猜忌。他以避免中英军队混合作战为由，解释说英国仅要求中国暂时出动大约一个师和一个团的兵力，分别驻在中缅东部和北部交界上，当印度增援部队赶到后，就无须再派中国兵进入缅甸了。经中译文修饰过的原话是这样的：

在公路交通未改善前，不论为守为攻，皆有不能出动大规模部队之困难。因之，除自有交通路线联接其本国国土之地区以外，欲使联军部队分别划定各自之防区实感困难。最近九十三师之一团派赴东缅之孟扬，布局至当，因其地位即可攻敌方由泰国进犯时之东侧，同时又自有交通线联接中国。本人视此一团为有价值之贡献，亟盼钧座恩能够将其实力由一团增至一师。至第四十九师之一团，今在北缅畹町，此亦一有用之后备部队。钧座又称，可续增部队至一军或两军之数，盛意至感，惟如何可以使其有隔别防区及交通路线，则困难至难解决，结果恐难免不与英国部队混合作战，此又为亟应避免者。今晨会议时，本人复报告，已由印度调部队增援缅甸，不久当可到达。窃意印度增援部队到达之后，益以中国业已允派之部队，当可以之保卫缅甸，不需再请中国增援矣。①

英方的这一态度，使蒋介石不得不下令已准备出动的中国军队停止待命“勿庸入缅”。②

在当日下午召开的中、美、英三方会议上，只通过了强调缅甸与中国对抗日全局重要性而做出的六点初步计划：

甲、使仰光及缅甸全境免受敌方攻击，为当前要着。盖中国继续抗战与从中国境内扩展联合军事行动，缅甸与仰光之关系皆甚重大。目前应尽现有实力，对日本根据地及建筑物发动空军攻势。

---

① 秦孝仪主编《中华民国重要史料初编——对日抗战时期　第三编　战时外交》（3），第 84—85 页。

② 转引自黄道炫《缅甸战役蒋介石、史迪威的失败责任》，《抗日战争研究》2001 年第 2 期。

乙、继续以器材供给中国，以支持中国之抗战，俾中国军队得作对日最后反攻之准备及训练。

丙、中国军队应继续以攻击、或攻击之威胁，以及对日军交通线弱点发动军事行动，牵制日军于其战线。

丁、俟实力充实之后，即发动中、英、美可以抽调之军力，对日改取攻势。

戊、在重庆之联席分区军事委员会应随时开会，并将资料及建议案送交联军军事委员会，俾该会得拟定东亚战略。

巳、希望在美国组织之总机构能早日实现。①

然而几乎就在同时，日军加大了缅甸攻势。12 月 21 日参谋本部作战课长服部卓四郎大佐飞抵日本占领下之西贡，突然向南方第十五军出示大本营新的战斗计划，即尽快加强缅甸作战。为了“切断援蒋路线，清除英在缅之势力，占领并确保缅甸要地”，要求第十五军“尽速开进毛淡棉附近萨尔温江一线，完成作战准备后，以主力沿毛淡棉—勃固—仰光地区，一举占领仰光”。日军大本营似乎是突然意味到占领缅甸对中国具有重大的战略意义，因此希望趁太平洋战争以来顺利的形势一鼓作气拿下缅甸。仰光作为缅滇铁路的起点而成为首要目标。②

二 中国军队入缅

12 月 23 日，日本首次空袭仰光。26 日，蒋介石召见马格鲁德，同意美国志愿航空队（即“飞虎队”）陈纳德（Claire Lee Chennault）的一个空军中队前往缅甸协助空中防务。12 月 31 日，作为印度首批援军的第八重型高射炮中队和第三轻型高射炮中队抵达。

而日第十五军开始由泰国向缅甸第三大城市毛淡棉进发，完全超出了英军的设想。因为毛淡棉根本不通公路，甚至连骡马通行的路都没有。于是日军按照泰国建议的来兴、麦索、高加力路线，修筑了长达 120 公里的临时汽车道。第十五军未等公路完全建成，就轻装进攻毛淡棉，于 1942 年

---

① 秦孝仪主编《中华民国重要史料初编——对日抗战时期 第三编 战时外交》(3)，第 95 页。

② 《缅甸作战》，第 17 页。“萨尔温江”即怒江。

1月31日实施占领，并以之为跳板直指仰光。由曼德勒赶来防守毛淡棉的印步兵十六旅经英国哈顿（Hutton）中将批准，未实施顽强抵抗就撤至与毛淡棉隔怒江相望的马达班。哈顿曾请求中国支援，但被卫佛尔驳回，谓除中国第六军第九十三师外，不得有其他中国军队在缅甸作战。

早在1月4日，蒋介石不断告诫过英国殖民者：亚洲战争应考虑民族感情和人民心理。因为蒋此时就对英国屡次擅自扣留中国份内租借物资，表达了强烈抗议。[①] 但这更加重了英国对中国远征军入缅的排斥。1月16日，鉴于缅甸不断恶化的形势，蒋再令第五、六军限22日前在云南保山完成集结，随时待命出征。直至毛淡棉失守后的2月3日，英军哈顿才最终不得不再次向蒋介石请求派军队迅速援助缅甸。蒋随即命令停于滇缅公路附近的远征军按第六军、第五军顺序进入缅境，先向畹町、腊戌集结，再由英国派车接运，预定第六军用于雷列姆、东枝、毛奇（茂奇）、景栋地区，第五军用于瓢背（标贝）、彬文那（平满纳）、同古地区，甚至受英军哈顿中将节制。第六军第四十九师立即从保山出发，沿滇缅公路向南推进。[②] 然而英国对它在东南亚的殖民地并无固守之意。蒋介石自叹道："缅甸、锡唐河（即色当河——引者注）亦为少数劣势之敌人所突破。自二十日以来，仰光放弃之行动已不止数次。英人之弱点与其无能至此始暴露殆尽，尤其新嘉坡港修筑时间经十五年之久，称为远东之直布罗陀者，未经倭寇七日之攻击而自动降伏，此非倭人之强，而乃为英军不知耻与无勇耳，痛愤盍极。"

2月15日是中国农历春节。第六军第四十九师进驻腊戍、曼德勒，第九十三师驻景栋。日军曾判断中国军队因补给不便绝不会进至曼德勒平原以南。[③] 仰光方面守军为增援之印步兵第十七师第十六、四十六、四十八旅为基干的约1万人，空军与1月底相比仅增飞机十余架。第六军第四十九师复经腊戍、雷列姆进至孟畔地区，接替英军防务。

此时英军已是热锅上的蚂蚁，"求我军入缅助战之急电，几乎尽夜不绝矣"。[④] 2月27日，蒋介石直接命令："第五军应不待第六军输送完毕，

① 《蒋介石日记》（手稿），1942年1月1日。

② 郭汝瑰、黄玉章主编《中国抗日战争正面战场作战记》下册，第1115页。

③ 《缅甸作战》，第54页。

④ 《蒋介石日记》（手稿），1942年2月28日"本月反省录"。

即开始输送。第五军之二百师，应于3月1日由现地开始输送，急行入缅，在平满纳、同古间地区占领阵地，掩护该军主力集中”，“准备协同英军迎击进犯之敌”。[①] 因此，第五军到达畹町后，不俟第六军后续部队输送完毕，即先遣第二百师附骑兵团、工兵团等大约三个团的兵力推进至仰光以北的同古阻击日军。但第五军炮兵及坦克部队尚在中国。

3月1日，蒋介石亲自由昆明飞到腊戍，于3日晚6时召集第五、六军军长等高级将领训话，“约二小时毕”，指示作战要点。要点估计日军将于3月10日（日本陆军节）以前占领仰光，中国远征军“以不轻进、不轻退为要诀”，应与英军协力作战。美国史迪威中将适由加尔各答飞腊戍，正好碰见蒋，只“略谈片刻，即乘其原机飞渝”。这应该是太平洋战争爆发后两人第一次见面，史迪威日记写道“热情的欢迎”。蒋介石因天晚，又多留了半日，分别接见了戴尼斯和陈纳德。[②] 3月6日，第五军第二百师师长戴安澜不顾家丧，率部已赶至同古，而缅甸英军第一师师长斯科特（Scott）采取不合作的态度，问敌情战法皆答不知。戴慨叹：“何以战争？今后非由我国军队负起全责不可！”[③] 其实，缅甸英军根本已做好放弃准备，在兵力部署上将中国远征军主力作为掩护撤退时使用。[④] 果然，1942年3月8日，日第十五军占领仰光。

第三节 中国军队与盟军携手作战

一 蒋介石与史迪威的龃龉

1942年3月9日，蒋介石在重庆正式宴请史迪威及马格鲁德。随后蒋史“商议缅甸战局，至十二时方毕”。整个会谈内容充斥着蒋介石对英国人的不满，他抱怨缅英对自己隐瞒了撤退行动，但表示愿将第五、六军交史迪威指挥，请史迪威尽力保护中国军队免受英人算计，要求驻缅英军也将指挥权交史控制。史迪威并不高兴，他在日记中写道：“给华盛顿发电

---

① 郭汝瑰、黄玉章主编《中国抗日战争正面战场作战记》下册，第1117页。

② 《蒋介石日记》（手稿），1942年3月3日；Stilwell Diary Entry, 3 March 1942, Joseph W. Stilwell Papers, HIA。

③ 《戴安澜将军日记》，贵阳中央日报社，1942，第25页。

④ 郭汝瑰、黄玉章主编《中国抗日战争正面战场作战记》下册，第1118页。

报要求给我在缅甸的指挥权！不仅对中国人还有英国人——对英国佬无甚好感。还说了一大堆垃圾战术。”蒋介石甚至流露出撤兵之意。次日，蒋史再晤的时候，史迪威马上表示自己将协调中英军之间的关系：“俾我（中国）军不至再增负担。本人不愿见中国撤兵，亦不愿见英方得中国将撤兵之印象。”蒋介石随即正式对史迪威予以任命：“将军明日以予之参谋长资格赴缅。”但他仍不放心，反复劝解道：“我军此次入缅作战能胜不能败，盖第五、第六两军为我国军队之精锐，苟遭败挫，不但在缅甸无反攻之望，即在中国全线欲再发动反攻，滇省与长江流域后备不坚，亦将势不可能。故此次出师之成就，绝不应视为二三个军战争之效果，其胜败之机不独足以决定全部军心之振颓，且足以影响全国人民之心理。”他的目标并非要克复仰光，而反复强调“我军主要任务为保卫曼德勒”。蒋并坦承：“太平洋战事爆发之初，余欲派国军入缅，英方阻之，因此余已另定防御计划，拟固守八莫与那巴之线，以保持密支那至伊洛瓦底江之交通线，我军并准备在保山附近沿潞江作坚强之抵抗，而以澜沧江为第二道防线，拟于此堵击敌军之进犯。”这就是暗示史迪威只要保住北缅即可，“切记应坚守答吉之线”。但事后证明，史迪威只听进去一句话，那就是“现在你将指挥作战”。[①]

3 月 11 日，史迪威赶赴缅甸之前，蒋介石又召他谈话，再次明确史的任务和权限。蒋先问史可有计划，史答当驻第五军军部所在之腊戍，“盖该处交通设施既甚完备”。蒋大表赞同，同时明确远征军驻腊戍参谋团林蔚以下包括杜聿明、甘丽初在内均受史迪威节制。史迪威则表示自己将执行中国蒋介石委员长的命令，同时拒绝英国卫佛尔元帅的命令。[②]

曼德勒又叫瓦城，曾是缅甸的首府，距离南部港口仰光约 500 公里，位于缅甸正中位置。保卫曼德勒，自然是退可守进可攻的中庸战术。日本南方军在占领仰光之后，下一个重大目标即是曼德勒。3 月 15 日，第十五军制订挺进缅北的作战计划：“以瓦城为中心，预定于 5 月底以前捕捉歼

① 《蒋介石日记》（手稿），1942 年 3 月 9 日；秦孝仪主编《中华民国重要史料初编——对日抗战时期　第三编　战时外交》（3），第 568—572 页；Stilwell Diary Entry，9 and 10 March 1942，Joseph W. Stilwell Papers，HIA。齐锡生认为蒋介石以收复仰光为最终目的，似不恰当。见齐锡生《剑拔弩张的盟友：太平洋战争期间的中美军事合作关系（1941—1945）》，第 115 页。

② 秦孝仪主编《中华民国重要史料初编——对日抗战时期　第三编　战时外交》（3），第 573—574 页。

灭中英联军之主力，嗣即在缅甸境内肃清残敌。”[1] 当日，第十五军第五十五师团在师团长竹内宽中将的率领下向良礼彬的英缅第一师发起进攻，英军并未抵抗就向北向西撤退。接替哈顿的英军指挥亚历山大（Harold Alexander）表示自己仅有4000名战斗人员，当面要求史迪威同意英缅第一师撤至南缅伊洛瓦底江畔的英军最后据点普罗美（Prome）。史迪威慷慨表态说一俟找到其他部队来支援同古，英军就可撤离了。亚历山大不无讨好地说，他现在完全理解，而且“我们彼此通力合作”。[2] 他与史迪威似秘而不宣地达成了关于缅甸防务设计的某种安排，即英军只负责印度以西至普罗美地区，而由华军防守由缅北密支那经曼德勒至缅南同古的漫长铁路干线，也就是说将战区划分由南北改为西东，史迪威擅自将中国远征军的任务从蒋介石设定之缅北区域平添了缅南包括应由英军防守之仁安羌油田在内的战略区域。

于是3月18日，史迪威飞回重庆，一改几天前所达成的共识，要求第五军全军南下同古。自上午11时至下午1时，“我们干了一仗，他每提出一个观点，我就将之打倒……我为给英国一个师也殚精竭虑”。这应该是蒋史第一次冲突。据史迪威日记，“商（震）……于六时半来，让我吃惊的是他告诉我何（应钦）、白（崇禧）、徐（永昌）与刘斐俱赞同我的观点。他们明日见蒋，将集体提议防守平满纳（我的生日礼物吗?）早早就寝，数周来第一次”。[3] 蒋介石则对史观感极差：“彼诚无作（战）经验，徒尚情感，不顾基本与原则，此英美战略所以屡战屡败也。”他的考虑为“入缅部队不宜分散，但普（罗）美方面……不能不增援，否则英美以为不忍心，引起恶感，但气候渐变，再过半月，敌必不敢北攻……”[4] 必须指出，蒋介石当时的判断是准确的，是从中国远征军兵力和装备出发设计的稳妥战法。[5] 他在等待一个月后缅甸雨季的来临，届时日军攻势减缓，而中国第六十六军和空军战斗机30余架业已增援入缅。

---

① 服部卓四郎『大東亜戦争全史』、226頁。

② Stilwell Diary Entry, 15 March 1942, Joseph W. Stilwell Papers, HIA.

③ Stilwell Diary Entry, 18 March 1942, Joseph W. Stilwell Papers, HIA.

④ 《蒋介石日记》（手稿），1942年3月18日。

⑤ 参见齐锡生《剑拔弩张的盟友：太平洋战争期间的中美军事合作关系（1941—1945）》，第120页。

二　同古激战

与此同时，3 月 18 日，日第五十五师团第一四三联队先头部队业已北进至同古守军戴安澜师的警戒范围，受到警戒分队的突然攻击，被迫后退。同古位于曼德勒东南经掸邦高原至仰光的铁路线上，附近筑有机场，是中国远征军在仰光未失之时抢占的属前哨性质的战略要地。戴安澜师长的防御部署为以同古为主阵地，阵地上设有数层屋脊形铁丝网掩盖枪座，市区东南角构筑了用砖墙围着的复廓阵地，而前进阵地设在鄂克春，将军骑兵团附步兵一个连推进至彪关河，在该河以北占领掩护阵地，并以机踏车排前出至大桥附近担任警戒、搜索。日军在受到攻击之后，等待夜间，又以小部队继续向北侵袭，机踏车排逐次向掩护阵地撤退。

3 月 19 日上午 10 时，日军占领彪关。而重庆方面，蒋介石与史迪威再度晤谈，蒋做出让步："第五军之两师驻守曼德勒……扣一师赴普罗姆（即普罗美——引者注）前方缅东之唐得文伊及阿蓝模一带地区，为普罗姆之后备，同时亦为同古之后备。惟望切记此一师应完全受将军之指挥，切戒英方司令参加调遣，或责令为英方固守某某阵线。"他明确告诉史迪威，即便给他指挥的一师，仅在英方固守普罗美时起协防侧翼作用，而需有一师留守曼德勒以加强工事以备大战。史迪威表示异议，谓曼德勒一师也需沿铁路南下至唐得文伊东南之平满纳，而曼德勒本身无须驻军；中国军既已深入缅南，就应防守英方油田，盖"罗斯福总统未能深知缅甸地理及中、英两国军队目前配置之势态"，中国战区自不能依罗斯福之建议而限于缅北，"目前欲在缅划分（中英）两国责任，惟有东西分配，不能以南北计矣"。蒋大惊，随后一针见血地指出："即此一问题，已可证明无统一指挥之弊。盖无统一指挥……则他日有撤兵必要之时，两国军队必陷入绝对混乱之现象而罹空前之危机。"史迪威最后的表态也十分圆滑："一、部队之配置，自应遵照委座指示之全盘计划实行之。二、此后敌军之行动，将使我方不得不改变原有阵线而决定行动。三、战斗开始之后，军队应由司令指挥之。"①

① 秦孝仪主编《中华民国重要史料初编——对日抗战时期　第三编　战时外交》（3），第 578—580 页。

20日蒋介石“寝食为之不安”。英国方面“英军破弱，而又欲保持其最高指挥权，并无固守普罗美之意”。美国方面不但目前尚无助益，反而“发表我入缅军之番号，无异详报于敌军”。他对史迪威更不放心，以手令指示腊戍：“我军在同古（东吁）、平满纳方面阵地之兵力，应以现有者为限，我军决战地区必在曼德勒附近之要旨切不可忽略”，而“同古必须死守，英军在普罗美未撤退以前，我军决不能先撤同古阵地”。但蒋毕竟患得患失，仍旧命令中国军人“对史（迪威）参谋长之命令应绝对遵守”。[①]

就在蒋介石签发手令的时候，日第一四三联队步骑兵约500人已向彪关河北中国远征军第二百师骑兵团掩护阵地攻击。守军集中火力实施突袭，将进犯者击退。下午4时许，日军再次集中炮火猛攻，中国骑兵团伤亡过重，以步兵、骑兵各一个连坚守阵地掩护团主力向北转移。3月21日，日军进至鄂克春前进阵地。中日同古之战不可避免。

也就是在3月21日晚10时，史迪威在腊戍签发他自己对中国远征军的第一份作战命令：

……兵力部署如下：

1. 第二百师及第五军直属部队及第六军之第［暂］五十五师主力，归杜军长指挥，担任同古方面之作战。第六军第［暂］五十五师之主力应即由现在地向瓢背（Pyawbwe）附近输送，听候杜军长命令。

2. 第五军之新二十二师即由曼德勒开唐得文伊（Taungdwingyi）附近，归余直接指挥，准备支援普罗美方面英军之作战。

3. 第六军方面，就现在部署，准备拒止由泰国方面来攻之敌。但对毛奇方面，仍应依照参谋团原定计划，派［暂］五十五师之一部接替缅第一师第十三旅之防务，并在该方面确实占领要点，构筑工事，拒止来犯之敌，以掩护同古正面我军之左侧背。

4. 第九十六师为总预备队，即开曼德勒附近，归余直接指挥。

5. 余现在腊戍，今（廿一）日晚即进驻梅苗（Maymyo），尔后一

① 郭汝瑰、黄玉章主编《中国抗日战争正面战场作战记》下册，第1121页。

切报告，均向梅苗及腊戍参谋团分别投递。

右令杜副长官聿明、甘军长丽初

史迪威（签署）[①]

而至关重要的是，从21日起，日第五飞行集团以战斗机102架、轰炸机77架联合攻击英军马奎空军基地，炸毁28架，击伤29架。蒋日记曰："敌机猛炸缅属英军'麦卫'（即马奎——引者注）机场，毫无情报设备，致受重大损失。今后敌机之在缅者，必又猖狂无忌，我空军志愿队三个月来苦心努力，树立优势，压倒敌机者，今乃复被其毁弃于一旦矣。"[②] 英军之纪律与精神可说扫地殆尽矣。23日英空军中队撤离，从而使得日军夺取了南缅制空权。[③] 美航空志愿队曾率飞机25架，大大振奋我军士气。但因马奎机场的毁坏，美机只有凭借保山和垒允基地单独对日作战，力量十分有限。形势对南下的中国远征军极其不利。而日军第五十五师团第一四三联队已在当地缅人带路下，占领了同古西北兵力薄弱的克永冈机场。第二百师后方联络线完全被切断，陷于三面被围的形势，遂主动放弃前进阵地，集中兵力于城内主阵地，依据工事，准备死守。第二百师守同古的仅有大约三个团的兵力，配备机枪、迫击炮、速射炮，没有空军支援，师长戴安澜已写遗嘱，做最坏打算。[④] 3月23日，日第一一二、一四三联队在坦克、大炮和空军的掩护下，对二百师五八九、六百团猛攻，激战终日。远征军伤亡148人。[⑤]

3月25日午后，日军全线进攻同古。戴安澜师进行了顽强抵抗。日机90架沿铁路轰炸，平满纳城起火、车站被毁，中国增援部队因此受阻。就在英军放弃普罗美的3月27日，日陆空军联合作战，继续攻击同古阵地。午后3时，日施放催泪弹数百发，中国守军进行了有效防护。是日夜，新编第二十二师在史迪威亲自指挥下，到达同古西北的南阳车站，但被日军

---

① 《史迪威签发的中国远征军作战命令》（1942年3月21日），《抗日战争正面战场》（下），第1392页。

② 《蒋介石日记》（手稿），1942年3月23日。

③ 《缅甸作战》，第71页。

④ 《戴安澜将军日记》，第29页。

⑤ 王楚英：《中国远征军印缅抗战概述》，中国人民政治协商会议文史资料研究委员会编《远征印缅抗战》，中国文史出版社，1990，第98页。

阻击于此不得南下。3 月 28 日，日第五十五师团野战重炮兵第三联队到达同古，与第四飞行团第八飞行队轰炸机密切配合，掩护第五十五师团主力猛攻，并且释放了糜烂性毒气。中国第二百师伤亡惨重，一说 2500 人，但仍有效控制着阵地。[①] 而从新加坡来的日第五十六师团陆续增援而至，师团长渡边正夫中将命令主力登陆后立即以汽车、自行车行军和铁路运输向同古疾进，裸身徒涉齐胸的色当河，并袭击了位于同古东北阿列米扬附近高地上的第二百师指挥所。3 月 29 日，第五军因第二百师孤立无援而不得不放弃同古，该师主力于深夜奉命秘密撤出，并向西北南阳方向转移。直到 3 月 30 日，同古城内负责断后的中国士兵仍很顽强，战斗至 8 时 50 分；日军第五十五师团工兵中队爆破部分复廓阵地终于攻入，随即占领了整个同古。戴安澜率部撤至三街衙，慨叹道："堂堂之同古战役，遂告结束矣，所可憾者，本可打胜仗，而转为败仗耳，此役之教训有三：甲、上级援军不见来。乙、余之态度略欠稳定。丙、官兵确愈战愈强。至敌之战法，则推陈出新，应予补记，或专记之。"日军方面也评价道："当面的敌人是中国军中最优秀的第二百师"，"其战斗意志始终旺盛，尤其是担任撤退收容任务的部队直至最后仍固守阵地拼死抵抗，虽说是敌人也确实十分英勇，军司令官饭田中将及其部下对其勇敢均表称赞"。[②]

第四节 悲壮的退军

一 仁安羌营救英军

缅甸中英盟军的败退其实是从 1942 年 4 月 1 日英军失守普罗美开始的。日第十五军于当日制定作战要点，命令部队抢在雨季来临之前在三个方向迅速北进：西边第三十三师团沿伊洛瓦底江由仁安羌向北，做好突进八莫的准备；中间第五十五师团沿公路干线瓢背附近的羊米典（Yamethin）北进；东边第五十六师团沿色当河和怒江之间北上出罗衣考（Loikaw）准备突进腊戍。4 月 2 日，军指挥部即由仰光移至同古，并制定曼德勒会战计划。该计划利用中国远征军主要配置在曼德勒以南交通干线上，缅东罗

① 王楚英：《中国远征军印缅抗战概述》，《远征印缅抗战》，第 99 页。

② 《缅甸作战》，第 64 页；《戴安澜将军日记》，第 30 页。

衣考附近较为薄弱，因此采取从东路突破，“即首先将我右翼撤至后方，尽量把更多的重庆军吸引至军的左正面，然后从右翼迅速突进大幅度地切断敌人退路”。整个战略成败的关键在于尽可能吸引中国远征军主力由曼德勒南下。第十五军指挥官饭田祥二郎中将在回忆录中写道：“当时采取这一战法令人犹豫的是，重庆军到底派遣多少兵力进入曼德勒以南地区。换言之，是担心我军采用上述战法，大股兵力进入曼德勒以南地区，能否捕捉敌人。”①

4 月 5 日，蒋介石飞到史迪威指挥所梅苗，将决战地点定在曼德勒以南的平满纳。为协调杜聿明与史迪威之间的矛盾，蒋任命罗卓英为远征军司令长官，接受史迪威指挥，但平满纳会战仍由杜聿明负全责。杜依照蒋的旨意，拟定了会战计划草案，方针为：“军以决战之目的，即以阻击兵团逐次阻击消耗进犯之敌后，次以固守兵团吸引其于彬文那（即平满纳——引者注）附近地区，待其胶着时，再以机动兵团转取攻势，将敌夹击包围于彬文那附近地区而歼灭之。”② 4 月 8 日，蒋既已知东面负责防守中缅泰边境之第六军军长甘丽初“无识无胆”，只“面授处置，使之星夜赶回防地”，直到几天后才对“左翼第六军不能支持为虑”。③ 实则还是对缅东不够重视。

4 月 16 日，日第十五军三十三师团步兵旅团（旅团司令部、步兵第二一三联队、山炮兵第三十三联队、工兵第三十三联队主力、独立速射炮第五中队等，称“荒木部队”）沿伊洛瓦底江左岸行进，进攻马奎。马奎负责防守的是英缅军第一师及装甲第七旅一部，配备有坦克约 15 辆、山炮约 15 门、汽车至少 300 辆，实力不容小觑，然而该军毫无斗志，阵地构筑简陋，明显是想凭借机动优势伺机北逃。果然，在阵地左翼被突破的 24 小时以内，英缅军第一师即沿公路向仁安羌快速撤退。殊不知前方公路已被日军同属第三十三师团的第二一四联队（附山炮兵第三大队及一个工兵小队，称“作间部队”）占领。④

仁安羌是缅甸的油田区，在一片不毛的荒漠上林立着大大小小的井

① 转引自《缅甸作战》，第 80 页。

② 郭汝瑰、黄玉章主编《中国抗日战争正面战场作战记》下册，第 1126 页。

③ 《蒋介石日记》（手稿），1942 年 4 月 8 日。

④ 《缅甸作战》，第 93 页。

架，炼油厂及数百万加仑储备的油库已在15日被新任英缅军第一军团司令史林（William Slim）中将下令爆破。然而侵蚀地貌高低起伏，到处断崖，形成天然的反坦克壕，有利于作间部火力展开。第三十三师团长樱井省三中将遂更集中师团全部力量将第一师斯科特一众包围，以扩大战果。斯科特则孤注一掷奋力突围。4月17日上午，史林亲自来到乔克巴当（Kyauk-padaung）中国远征军第六十六军新三十八师一一三团驻地，将手签命令交刘放吾团长："致一一三团团长刘上校，请将贵团开至平墙地区。在该处，你将与安提斯准将会合，他将以所有坦克配合你。你的任务是攻击并消灭平墙以北二公里处敌军。"刘即与新三十八师师长孙立人联络，最后由远征军长官部下令一一三团由副师长齐学启率领驰援英军，孙立人仍须卫戍曼德勒。孙立人不愿留守蒋介石亲命督守的曼德勒，乃命齐学启驻守其间，刘放吾部先行出发，自己至指挥部请命。刘部即于当日下午赶到宾河以北，英军交予轻型坦克12辆、山炮3门，当晚完成攻击准备。4月18日凌晨刘放吾部展开攻击，然仍未解斯科特之围。下午4时半，斯科特不得不用无线电向史林求救，称"若次日还不能获得饮水，他的军队将因虚脱而不能战斗"。适时，孙立人赶至宾河前线，侦察地形后发现日军南岸阵地居高临下一目了然，遂协商修改了战略。19日凌晨4时半，一一三团涉水渡过宾河，袭击南岸日军阵地，激战至下午3时，以阵亡第三营营长张琦以下204人、伤318人的巨大代价（该团不足千人），突至英缅军被围地点，击退日第二一四联队一部后，救出斯科特第一师并外籍教士、记者、战俘等数千人，后经宾河北岸撤离战场。4月19日黄昏，仁安羌战斗以英军失败而告终。[①] 孙立人因此于战后获颁四等云麾勋章，英王乔治六世亦授予他大英帝国司令勋章（CBE）。然而，为了保护英军，新三十八师主力驻守西线，乃至第二百师频繁调度于西路乔克巴当与东路棠吉之间，贻误了保卫中国远征军生命线的战机。[②]

二 远征军被迫撤退

就在英印军西线失利的4月18日，中国远征军中路第五军新二十二师

---

① 郭汝瑰、黄玉章主编《中国抗日战争正面战场作战记》下册，第1130页。

② 杜聿明：《中国远征军入缅对日作战述略》，《远征印缅抗战》，第28页。

也节节败退至平满纳附近地区，东线日第五十六师团正不断向北推进，根本无法实行杜聿明的包围计划，反而被日军形成合围之势。远征军过度冒进、处处分兵，完全陷入战略被动。当日，军事委员会参谋团团长林蔚建议放弃平满纳，第五军退守曼德勒。史迪威、罗卓英表示同意，遂下令："第五军主力应先向密铁拉、瓢背间逐次集结，并以一部于彬文那附近地区行持久抵抗，掩护军主力作战。"第五军遂令第二百师立即北撤，控制密铁拉、瓢背一线，掩护军主力撤退；新二十二师徒步向瓢背集结；第九十六师依托平满纳阻击日第五十五师团。然而，日军第十八师团此时已增援到达平满纳。第九十六师抵挡不住两个日本师团的进攻，于19日向北撤退，退至耶真以北642高地和基当甘，又奋战三日两夜，之后继续撤至羊米典。

4月21日，东线日第五十六师团进攻雷列姆和棠吉（东枝，Taunggyi）。史迪威急令第五军第二百师增援棠吉，而第六军军部被迫由雷列姆撤至莱卡。24日拂晓，第二百师投入战斗，并于次日收复棠吉。然而就在4月24日夜，第五军军长杜聿明同时收到了远征军司令部和参谋团相反的两个命令，史迪威和罗卓英的命令是"东枝攻克后，即返曼德勒，准备会战"，蒋介石和林蔚的命令是"督率所部于攻克东枝后，继向雷列姆北进之敌尾击，断敌退路，以解腊戍之围"。此时确是一发千钧的关键时刻。25日，棠吉既克，正在东进西撤何去何从之际，杜聿明再接史、罗命令"除以第二百师向雷列姆方向攻击外，军部及军直应即回师西南，经密铁拉向畔楼（曼德勒南侧）集结"，旋林蔚又电示"应遵远征军司令长官部之命令行动"。第五军奉令西撤。也就是说，在胜负关键时刻蒋介石仍旧对史迪威做出巨大让步，而让步的结果是中国远征军接下来的惨败。当蒋介石于25日直接命令罗卓英"新编第二十八师主力可速运腊戍和雷列姆方面。当先以保守腊戍为主，并尽可能求该方面之敌而击灭之"。[①] 但史迪威、罗卓英仍坚持曼德勒会战，守腊戍的仅有第六十六军新三十八师一部，并没有给予增援。在平满纳会战夭折、英军已明确告知史迪威决定渡伊洛瓦底江撤往印度的情况下，中国孤军仅以第五军两个师在曼德勒正面阻击日本第十五军两个师团是否仍有胜算，已显而易见。但史迪威丝毫不

① 郭汝瑰、黄玉章主编《中国抗日战争正面战场作战记》下册，第1133页。

做中国军队撤退安排，反而坚持曼德勒一点，难免让军事家们怀疑“似乎专为掩护英军安全撤退而作此决定”。[①]

4月26日，罗卓英电告蒋介石第五军已转向曼德勒，“左翼棠吉方面，我戴师敬酉曾一度攻占棠吉大部，后敌复增援，我一面续攻，一面从河邦公路进出。现棠吉仍有敌数百在顽抗中。杜军长及其军直属部队有日晚由黑河向曼德勒转进，宥午经过皎克西北进中”；而第六军主力在雷列姆，“第四十九师及九十三师除各留一团防边外，其主力已经苗乃进出雷列姆，截击后路……暂五五师似仍在罗衣考附近活动”。他所反映的其实是史迪威的意见：“一、现英军已开始撤退，我为避免遭敌包围、争取主动，拟转进曼德勒附近打击敌人。二、命第五军除二百师继续前任务外，余即向曼德勒转进，于瓦城南（Wsado）河北岸阵地占领之。三、职本宥晚偕史参谋长先向曼德勒移动。”4月28日，罗卓英仍旧反映史迪威意图：“感酉亚历山大邀职与史参谋长会商，英军决心向筊来（Kalewa）撤退……顷与史参谋长会商，决定处置如次……第六军及二百师与新廿八师主力仍照前定计划相机围歼深入雷列姆以北之敌。”换言之，雷列姆已然失守。而“第六十六军张军长指挥新廿八师及新廿九师，除以一部固守腊戍外，主力协同甘军主力围歼突入之敌，不得已时沿腊戍至畹町公路扼守，断绝、拒止敌人，最后应确保新唯（Hsenwi）要点，掩护中印交通”。也就是说，史迪威已然放弃腊戍，并做向印度撤退准备。第六军军长甘丽初电告蒋介石：“丽初事实上已不能来腊（戍），且应集中其被敌隔断之部队，故已嘱其绕道前往萨尔温江东岸，择地收容、整理，并准备再战矣。”[②] 4月28日下午5时，史迪威这才下令放弃曼德勒，全军撤退：第六军向车里、佛海撤，第六十六军向八莫、畹町撤，第五军附新三十八师西渡伊洛瓦底江后沿铁路经八莫撤向密支那。但为时已晚。

4月29日，日第十五军五十六师团攻占缅北腊戍，实现了十五军月初制定的战略目标，切断了中国远征军归国的主要通道，各路日先遣部队如同仁安羌战役一样已突进各主要关卡设防。4月30日，东京更电令十五军：“大本营希望不失时机，更加扩大第十五军的战果，确立积极向重庆

---

① 郭汝瑰、黄玉章主编《中国抗日战争正面战场作战记》下册，第1134页。

② 《抗日战争正面战场》（下），第1395—1396页。

进攻的姿态。为更有利于以后的措施，力争在国境内歼灭敌军，同时以有力的兵团越过国境，向龙陵、腾越附近怒江一线追击。”五十六师团方面积极贯彻东京的战略意图，以当面中国第六十六军两个师根本不是对手，而以师团主力沿腊戍、新唯、木姐、南坎、八莫的公路向密支那疾进。就在蒋介石兀自以为“幸早已令第五军注重密支那为基地”，[①] 5月7日，由松本喜六大佐所部步兵第一四八联队、坦克第十四联队主力到达缅北并无重兵防守的密支那地区，并迅速截断了中国远征军自曼德勒向国内退却的另一条干道。[②]

兵败如山倒。中国远征军长官部方面于4月30日撤至伊洛瓦底江西岸，随后日军奇袭滇缅路的消息频频传到，后路已然危险。史迪威并没有征求蒋介石意见，而是请示美国陆军部“应该去哪里——印度还是中国?”[③] 马歇尔没有明确作答，随后史迪威乃决定将原定沿铁路两侧向密支那撤退之第五军附新三十八师改向印度。当日蒋介石日记显示他原本是同意史迪威退入印度的打算，“如此我主力部队与第五军机械化部队不致损失，此心为之一慰”。[④] 但第五军军长杜聿明不同意，立即报告重庆，经蒋介石首肯后仍执意按原计划向密支那，希望能撤回腾冲。在松本部队到达畹町的5月3日，远征军长官部已经四分五裂：“蒋介石来信命令带第五军去密支那，勿再犹豫停顿。雨。二十二师正在渡（伊洛瓦底）江。如今明显我们已经无可作为……杜（聿明）为所欲为，罗（卓英）根本管不了他。林湘什么也没做。何必让美国人身陷险境呢？我要带他们去孟拱……蒋介石又来了三封电报。已决定带我们自己人走。”这样看来，史迪威后来对蒋介石说自己在5月1日之后就没有收到蒋电报是撒了谎。史迪威遂撇开中国部队，自行仅带百人（26名美国人、13名英国人、16名中国人及一群缅甸护士）逃离缅甸战场。他在5月5日的日记中写道：“我们在天黑后开始出发，一直走到晚上十一点，在班卯克以西十四公里处宿营——我想我们已经走在人潮前面了。杜一伙还坐在两吨半的卡车里落在

---

① 《蒋介石日记》（手稿），1942年4月24日。

② 《缅甸作战》，第136页。

③ Stilwell Diary Entry, 30 April 1942, Joseph W. Stilwell Papers, HIA.

④ 《蒋介石日记》（手稿），1942年4月30日。

了后面，天助我也。”[①] 他对蒋的无视也确实到了荒唐的地步。史迪威只在离开部队后的5月6日以无线电托马格鲁德转告蒋夫人宋美龄：“威等一行约百人，现正徒步向和曼林前进，约五月十日可以到达……中国军队将由此路撤往印度，现部队已化整为零，由各小单位统率之，毋须再以命令指挥……”随后又补一电给蒋本人：“已前赴印度，缅甸之形势已使彼无法再行运用此项部队，至于接待华军入印事，将由史将军与英方妥商之。”除此之外再无音信。[②] 罗卓英也只身逃离，并依史的意图，命令第五军向印度英帕尔（Imphal）东150公里之温藻撤退。[③]

就在史迪威泛舟于印缅边境和曼林（Homalin）附近的5月10日，杜聿明仍试图率中国远征军依蒋介石命令从密支那回国。日第五十六师团主力刚刚赶至腊戍与密支那之间的八莫，遭到担任警戒任务的孙立人新三十八师一一三团顽强阻击。至此杜方才从广播得知八莫、密支那俱被日军占领，不得不放弃蒋的原命令，改向西翻过坚布山区（Khpum Ga）去中国边境胡康河谷的孟关（Maingkwan）、太洛（Tairo）。12日，第五军军部并新二十二师抵达曼西。13日破坏重型装备，进入山区，但苦难才起了个头。

伴随着中国远征军大溃败而来的是缅北的雨季。道路淹没，部队粮尽药绝，以树皮野草为食，一度迷路，依美空军投下地图，于5月31日到达清加林长姆特。后奉命改道进入印度，经新背洋（Shingbwiyang），于7月25日始抵达印度雷多（Ledo）。据第五军政治部女干事李明华回忆：“当时计有第五军军部、军直属部队和新编第二十二师，总人数约在一万五千人左右，而最后越过野人山到达印度者只有三四千人。当时随军部撤退的女同志除战干一团女同学胡汉君和我两人外，还有政工队女队员和几位眷属，共约四十多人，最后到印度的只有四人。”[④] 根据军长杜聿明提供的数据，仅第五军军直属部队并新二十二师沿途伤亡就高达7700余人。[⑤]

这里必须指出的是，蒋介石命令杜聿明一定要辗转回国的命令根本未

---

① Stilwell Diary Entry, 3 –5 May 1942, Joseph W. Stilwell Papers, HIA；《革命文献拓影》第20册，第134页。

② 秦孝仪主编《中华民国重要史料初编——对日抗战时期　第三编　战时外交》（3），第592页。

③ 杜聿明：《中国远征军入缅对日作战述略》，《远征印缅抗战》，第32页。

④ 李明华：《野人山历劫记》，《远征印缅抗战》，第272页。

⑤ 李明华：《野人山历劫记》，《远征印缅抗战》，第275—276页。

顾及当时战况与实情。而杜聿明命令经由原始雨林回国就更是错上加错。至于史迪威命令向西去印度的路线则相对安全，但他军事部署指挥以及善后安排上的失当显而易见。他们三人应共同承担远征军撤退混乱而造成人员伤亡和物质损失的重大责任。

第五军九十六师与炮兵、工兵各一部，经孟拱、孟关，于6月14日到达葡萄，之后进入胡康河谷、江心坡的原始丛林（“野人山”），与新二十二师相似，辗转两个多月翻越高黎贡山，于8月17日到达滇西剑川。撤退时死伤约3800人。[①]

第五军二百师4月25日棠吉战后即奉命经八莫、南坎北撤，5月10日与第五军补训处会合，沿途收容第六军两个营和新二十八师一部。在穿越昔卜、摩谷公路时，遭到日军伏击。师长戴安澜身负重伤，5月26日在缅北茅邦村牺牲。第二百师最终由步兵指挥官郑庭笈率领于6月17日抵达腾冲附近，6月29日至云龙，仅存2600余人。[②]

第六军军部5月8日撤至景栋，第四十九师去达高，第九十三师往滚欣，暂五十五师到孟色特。暂五十五师仅存千余人。在滚欣和缅泰边境孟伯落附近又与日军和泰军小规模交火。5月15日，奉蒋介石令放弃景栋而退回滇南，撤至佛海、车里、打洛地区。

第六十六军新二十八、新二十九师于腊戍失守后撤至新唯，又被日第五十六师团搜索联队追至，退畹町、八莫、龙陵等地，复被五十六师团一四八联队及机械化第五十六混成步兵旅团击溃，于5月4—5日经惠通桥至永平、下关地区收容。

第六十六军新三十八师则于5月13日在曼西果断脱离第五军，以缅北缺乏粮食供给，改依罗卓英命令，经英帕尔去印度，保存了有生力量。

中国赴缅远征军自1942年3月进入到8月撤出，历时近半年，转战1500公里，蒙受了巨大损失，以失败告终。第一次远征失利的主要原因就在于英国殖民当局战略放弃缅甸以及对中国不合作的政策。英国殖民统治本身，没能获得当地多数人的支持。英国政府、军方不顾惜中国人、缅甸人的生命，敌视亚洲人，对远征华军并不分享情报、物资等各种资源。中

① 杜聿明：《中国远征军入缅对日作战述略》，《远征印缅抗战》，第34页。
② 郭汝瑰、黄玉章主编《中国抗日战争正面战场作战记》下册，第1137页。

国远征军在防区、指挥、补给甚至是目标都不确定的情况下，仓促进入外国作战，缺乏英当局合作，缺乏缅人支持，缺乏美军援助，将有限战力分散在南北、西东广阔的防线上，漏洞百出，又无制空权，面对日军乃至泰国联军准确而有力的攻击，胜算寥寥。

就远征军本身来说，叠床架屋、权责不明的指挥系统则是致命因素。中国远征军在英属缅甸作战，首先受各军军师团首长直接领导。然而出于外交原因，空降的美军中将史迪威，既代表美国军方，又经中国政府最高军事长官蒋介石正式授予远征军的指挥权，原本就匪夷所思。史迪威并没有像艾森豪威尔（Dwight David Eisenhower）那样统帅联军时以相互尊重为原则，反而目空一切（除了马歇尔），颇为自负。而战地之英缅军官又凭借殖民地的习惯法，一度夺取对中国军队的指挥权；在丧失指挥权的时候，亦对美国军官史迪威施加影响。再加上中国军队以个人权力维系的组织结构本身所具有的不稳定性，蒋介石时而直接指挥效忠于自己的各军长，时而通过额外的监督机构即所谓“参谋团”团长林蔚向远征军的中国将领下达指示，时而又对自己名义上的参谋长史迪威下达命令。因此，战地的师级中国指挥官往往收到来自本所属军指、史迪威梅苗指挥部、林蔚腊戍参谋团、蒋介石重庆侍从室乃至英国军官的各种不同甚至相反的指令。

第八章
太平洋战争爆发后的正面战场

太平洋战争爆发后，国际形势的明朗化改善了中国战场的处境，然而正面战场艰苦的相持仍在继续。1941 年 9 月，日本华中派遣军发动了旨在予第九战区沉重一击的第二次长沙会战。国民政府针锋相对地制定了节节抵抗的战略。日军突入长沙郊区后选择了主动后撤，中国军队乘势恢复战线。1941 年底，日军为策应其攻取香港的战略，向长沙第三次进犯。中方第九战区早有准备，对日军采取了有力的反击，迫使其溃逃。1942 年夏，日军为打击江西、浙江境内的中国空军基地，发动了东西对进、打通浙赣铁路的战役。中国军队在铁路沿线奋勇抵抗，并在铁路以外的地区积极抵抗，但终因预备不足、兵力不支而失败。1943 年夏，日军为恢复长江航线、“扫荡”洞庭湖区的中国军队，发动鄂西会战。第六战区无法判明日军动向，陷入被动，幸而在之后的山区作战中成功遏制了日军的进犯，并在追击过程中取得战绩。1943 年冬，日军发动了意在摧毁第六战区的常德会战。国民党军队逐次抵抗至常德城下，并与敌在常德城内巷战数日，方终告不支。日军在中国增援部队的压力下放弃占领常德城，撤回了原驻地。

第一节　第二次长沙会战

一　战前中日双方态势及作战部署

1941 年 1 月 16 日，日军大本营陆军部会议通过了《对华长期作战指导计划》和《大东亚长期作战指导纲要》，明言“至 1941 年秋季为止，大致保持现在的对华压力不得放松，在此期间，采取一切手段，尤其利用国际形势的变化，以求得中国事变的解决；在 1941 年夏秋之际，发挥综合战斗力量，对敌施加强大压力，以期一举解决事变”。[①] 日本中国派遣军根据上述大本营计划于1月30日提出了《昭和16（1941）年度计划》：“基于目前任务，大致确保现在占据地区，特别于夏秋之际发挥综合战斗力量对敌施加强大压力；在夏秋之际，最大限度发挥空军进攻作战的威力。”[②]

1941年4月13日，《日苏中立条约》签订，日军北线压力大为减轻，更加坚定了南进的决心，图谋尽快结束中国战事。1941年6月22日，苏德战争爆发，日本军方认为德国入侵苏联解除了北面苏联对自己的威胁，因此不顾美国的一再警告，于7月下旬派兵进入印度支那南部。日本的这一举动充分表明它已决意南进，从而对英美在太平洋地区的利益构成极大威胁。为此，美国立即宣布冻结日本在美资产，8月1日对日石油输出完全停止，英国、荷属东印度（印度尼西亚）也采取同一措施。同时，美国采取增加对华援助和派遣军事专家团访华等措施，向日本施加压力，并中断在华盛顿与日本的谈判，日美矛盾全面激化。在这种情况下，日军意图攻取长沙来显示其力量，缓解国际局势的恶化：“美倭谈判，势成僵局，若能攻占长沙，或可对国际炫其尚有力量，妄冀获得美国之谅解，且德苏战争紧张，亦可与其同盟国德、意遥相呼应。”[③]

1941年4月，阿南惟畿中将接任日军第十一军司令官，考虑根据中国派遣军制定的《昭和16（1941）年度计划》于夏秋之际开始实施积极作战，并以长沙作战为主体，从事策划。苏德开战不久，日军大本营曾通知中国派遣军：“即使国际形势发生变化，解决中国事变的根本国策不变。”[④]阿南惟畿于6月24日批准幕僚部拟定指导长沙作战的大纲，并提出制订作战计划和业务的准绳，以促进工作的进行。7月上旬，初步计划完成，称为“加号作战”。

基于国际形势的变化，日本认为中国战事已不能单独解决，而形成必须与其他因素特别是英美因素相结合才能决定的状态。日本陆军于8月9日放弃了解决北方的计划，采取了专门考虑南方的方针：“继续进行对华

① 《长沙作战》，第10页。

② 《长沙作战》，第11页。

③ 《第九战区关于第二次长沙会战前敌我形势概要的报告》，《抗日战争正面战场》（下），第1082页。

④ 《长沙作战》，第14页。

既定作战方针。”[①] 8 月 17 日，参谋本部根据上述决定，将预定实施的夏秋作战的精神，通知了中国派遣军。派遣军于 8 月 19 日内部通知第十一军实施长沙作战。日军的作战方针为：“9 月中旬，军之大部大致已由新墙河—大沙坪一线开始向株洲方面采取攻势，主要在汨水以南长沙以北地区消灭第 9 战区军，大致于 10 月上旬结束作战后反转，集结兵力于岳州附近。”[②]作战目的为：“为摧毁敌抗战企图，予第九战区敌军一次沉重打击。”[③]

自 1941 年 8 月中旬，日军开始向湘北地区调集兵力，包括第三、四、六、四十各师团全部，第十三师团之一一六联队，第三十三师团之二一四、二一五两联队，第十四、十八独立混成旅团之各 3 个大队，独立炮兵 2 个联队，独立工兵 2 个联队，以及海军陆战队，兵舰 30 余艘、汽艇 200 余只，由长江向洞庭湖集中，连同武汉之飞机 180 余架，合计陆海军 16 万余人。[④]

第九战区自 1939 年 9 月第一次长沙会战以来，守备任务未变更，继续在横跨湘、鄂、赣三省的长江以南地区与日军第十一军于新墙河两岸形成对峙局面。此次会战前第九战区所辖兵力为 11 个军（计 30 个师），具体部署为：第九十九军（3 个师），任汉寿、沅江、青山一带湖防及湘阴、营田、归义间湘江、汨罗江之守备。第二十七集团军（8 个师）：第四军（3 个师），守备磊石山、鹿角、新墙、杨林街、公田间新墙河左（南）岸阵地，并于新墙河以北筻口、大云山占领前进据点；第五十八军（2 个师），守备黄安市、九岭及北港、赛公桥各线阵地；第二十军（3 个师），守备通城、铁柱港及斗米山、杨芳林各线阵地。第三十集团军（共 4 个师）：第七十军（2 个师），守备观音阁、谭埠之线阵地；第七十二军（2 个师），以一部守备东坑岭、留咀桥之线阵地，主力集结于三都南北地区整训。第十九集团军（共 6 个师另 4 个保安团）：赣保安第四团，守备上东坑、水口之线阵地；新编第三军（2 个师），守备靖安、奉新、祥符观之线阵地；赣保安纵队，守备七星冈、市义街间锦江右（南）岸阵地；预备第五师，

---

① 《长沙作战》，第 16 页。

② 《长沙作战》，第 23 页。

③ 《长沙作战》，第 25 页。

④ 《第九战区关于第二次长沙会战前敌我形势概要的报告》，《抗日战争正面战场》（下），第 1081—1082 页。

守备市义街、温圳之线阵地；第七十四军（3 个师），集结于新喻、宜分地区整训；第三十七军（3 个师），集结于长乐街、瓮江铺、福临铺间地区整训。军事委员会直辖并归战区督训之第二十六军（3 个师），集结于金井、浏阳、普迹市、永安市一带地区整训；第十军（3 个师）主力集结于衡山，一部集结于渌口各附近地区整训。湘鄂赣边区挺进军（7 个挺进纵队、2 个保安团、2 个野战补充团），以一个挺进纵队配属第十九集团军，主力于咸宁、瑞昌间地区游击。①

第九战区于 1941 年 3 月曾制定对敌反攻作战计划："敌如以主力由杨林街、长乐街、福临铺道及粤汉铁路两侧地区向长沙进犯时，则诱敌于汨罗江以南，捞刀河两岸地区，反击而歼灭之。"② 此次会战便根据这一计划，指导作战："先于关王桥、大荆街及金井、福临铺、栗桥、三姐桥各一带地区，构成纵深强固阵地，节节抗拒敌人，消耗敌力，并彻底转用赣北、鄂南方面兵力于杨林街、关王桥、长乐街、平江、沙市街、永安市方面，自东向西对敌侧击，及以有力兵团紧衔敌尾，南渡汨罗江，对敌尾击。同时，加强外翼，争取外翼，对敌形成反包围，为外线作战之典型，用能陷敌后路断绝，补给不能圆滑，弹尽援绝，死伤惨重之悲境，遂得战胜敌军。"③

二　作战经过

1941 年 9 月 7 日，日军第六师团为掩护其他各部的集中，由忠坊、西塘两路进攻大云山中方第四军阵地，由大云山东西两侧突破，第四军撤守。向大云山增援之第五十八军收复该地区，13 日和日军第四十师团于甘田、港口地区遭遇，发生激战，重创第四十师团。第六十、第一〇二师也渡过沙港河向日军第六、第三师团正面出击。但是第九战区此时未能判明日军进攻长沙的企图，第九战区司令长官薛岳在 14 日给蒋介石的电报中认为日军"扫荡我大云山后，南渡新墙河窜扰。经判断敌又施上高会战时第

① 蒋纬国总编著《国民革命战史　第三部　抗日御侮》第 7 卷，第 81—82 页。

② 《第九战区关于第二次长沙会战前敌我形势概要的报告》，《抗日战争正面战场》（下），第 1084 页。

③ 《第九战区关于第二次长沙会战前敌我形势概要的报告》，《抗日战争正面战场》（下），第 1084 页。

三十二师团以进为退之故伎。”①

9月17日，日军主力各部队集结于新墙河北岸九龙冲、篢口、港口之线。18日，日军分别由港口、四六方、潼溪街、新墙市强渡新墙河，展开全面攻势，第二次长沙会战爆发。直至此时，第九战区才判明“敌有以第三、第四、第六、第四十师团及海空军一部，由粤汉路两侧及沅江、益阳方面内击长沙之企图”。② 国民政府军令部遂令：“国军决确保长沙，并乘虚打击消耗敌人之目的，第九战区应先以一部广领汨罗江以北地区，行持久战，并各以有力一部固守汨罗江以南各既设阵地，以于平江附近外翼地区，求敌侧背反包围而击破之”；“为使第九战区作战容易，第三、六、五战区分别对当面之敌展开攻势，以牵制日军兵力的集中，策应第九战区作战”。③

第九战区命令第四军沿新墙河南岸力击南犯之敌，第五十八军由大云山地区向昌水以南转移，第二十军由斗米山以东阵地西向黄岸市附近转移，会同第四军侧击渡新墙河南进之日军。日军以一部对东掩护，主力继续向汨水北岸石头铺、长乐街一带推进。19日傍晚，日军第三、第六师团之各一部已进至汨水南岸新市、浯口附近，其主力及其他各师团已到达汨水北岸地区。19日夜，日军先头部队由长乐街西南处渡过汨罗江，与中国军队第三十七军前进部队激战。20日晨，日军第三、第四、第六各师团强渡汨水，是日，日军截获了薛岳于18日向各部队下达的准备由东方侧击日军的会战指导方案，日军据此改变了“将主力用于湘江方面”的原作战方针，决定由中国军的更东方对之进行包围，于20日18时发布了向东方转移命令，对各兵团做了战略部署：“军以击溃李家塅、金井地区之敌为目的，决定进至自新市附近至瓮江附近的汨水左岸地区；第六师团应及时以一部向三角塘方面前进，面向金井方面第二十六军侧背占领攻势据点；第三师团今夜应以一部接替第六师团正面的守备，并准备向麻峰咀攻击；第四师团今夜应以一部接替第三师团正面的守备，并准备向栗桥攻击。”④ 据

① 《薛岳致蒋介石、徐永昌密电》（1941年9月6—17日），《抗日战争正面战场》（下），第1092页。

② 《薛岳致徐永昌密电》（1941年9月18日），《抗日战争正面战场》（下），第1094页。

③ 《军令部关于第二次长沙会战之军事部署》（1941年9月19日），《抗日战争正面战场》（下），第1084、1086页。

④ 《长沙作战》，第46页。

此，日军各兵团由20日深夜到21日，向中国守军汨水左岸阵地转移。21日至23日，第三十七军与日军第三、第四师团激战于神鼎山、班召廊一带地区。第二十六军与日军第六、第四十师团激战于瓮江、蒲塘地区，双方均伤亡甚重。22日，第十军向栗桥、福临铺之线推进，23日于该处占领阵地，准备阻击日军。24日，第三十七军阵地被突破，向安沙转进。日军第四、第三、第六各师团，追击第三十七军至栗桥、福临铺、金井地区，并攻击第十军阵地。26日，第十军多处阵地被破，遂与第三十七军同向捞刀河南岸转移，至此，汨罗江防线完全被日军瓦解。汨罗江防线的失守意味着长沙北方门户已洞开，薛岳于24日将战区司令部从长沙迁往湘潭，并部署在捞刀河一线做最后的抵抗。

在捞刀河一线抵抗日军的主力是第七十四军，该军被日军认为是“最精锐的中央直系部队”，一直在万载、宜春附近整训。26日，第七十四军由万载经浏阳到达浏渭河北岸春华山附近，第六战区之第七十九军，奉令经常德、益阳向长沙增援，先头之第九十八师占领捞刀河以北阵地，任长沙外围守备，主力向岳麓山推进中。26日至27日，第七十四军于春华山、永安市附近地区，与日军第三、第六、第四十师团之一部遭遇，发生激战，损失甚重，28日，向普迹市东面转移。日军遂渡捞刀河向长沙亘浏阳河之线推进。中国军队由于战略判断失误，并未对长沙郊区外围和市区做防御准备。26日，由湘西增援之第七十九军第九十八师及由广东增援之暂编第二军第七师一部，于长沙东郊和日军第四师团早渊支队发生激战。28日，早渊支队在空军支援下由长沙城东北部入城。29日，日军第四师团主力入城。当日下午，8架自成都飞来的中方战机向长沙市街北端投掷炸弹30枚，这是中国空军美国志愿大队的第一次出击行动。日军第三、第六师团于永安市附近击退第七十四军后，渡过捞刀河及浏阳河，向株洲方向突进。日军于10月1日认为，此次长沙、株洲作战，打击第九战区及破坏秋收之目的已达到，故开始撤退。军令部认为“敌人按既定计划退却，大军行动，不易于再行对我反击，我军乘敌疲惫向敌追击，击其惰归，实为有利之战斗”。[①] 第九战区遂令第七十九军向长乐街、新市方面跟踪追击；第

① 《军令部第一厅第一处致部长、次长签呈》（1941年10月1日），《抗日战争正面战场》（下），第1102页。

五十八军向关王桥、第七十二军向杨林街分别超越追击。原留置日军侧后之第四、第二十、第九十九军在马鞍铺、青山市、麻峰咀、金井一带截击日军。[①] 10月5日，日军渡过汨罗江；8日，渡过新墙河，退守原阵地。第二次长沙会战结束。

为策应第九战区在湘北战场的战斗，第三、六、五战区各自以牵制日军为目标，向各自当面之敌展开了一系列军事行动，其中以第六战区对宜昌的反攻作战效果最为明显。

三　第二次长沙会战的经验教训

第二次长沙会战后，日军虽然退回到战前与中方对峙的阵地，但是完全掌握了会战的主动权。第十一军在会战中重创了中国第九战区的主力，攻占了长沙，并追击到株洲。第十、第二十六、第三十七三个军被日军击破，第四、第七十四军伤亡也较大，“第七十四军之第五十八师伤亡55%；第三十七军之第六十师伤亡50%；第四军之第一〇二师伤亡45%”。[②] 第九战区在战后对此次战争失败的原因进行了总结，这对于此后第三次长沙会战的应对，不无裨益。

第一，各部队间协同作战能力较差。“在一个战场上并列不同建制之数军、师作战，应有统一之指挥，方克发扬军之全威，否则，必有行动不能一致，难于成功之弊。”[③] 在沙市街战役中，新十六师右为新十五师，左为三十二师，以三师之众，对最初数百后增至二千余之敌，占有绝对优势，结果却受敌各个牵制，各个逆袭。其原因之一就是缺乏统一的指挥，各师行动不能一致，失去了击败敌军的机会。

第二，对敌情判断不明，情报侦察不力，应对失当。在日军为掩护其主力部队向湘北集中而进攻大云山时，第九战区根据以往的经验，认为日军仅企图攻占大云山、方山洞。薛岳在8日日军开始“扫荡”大云山后给蒋介石的密电中判断“战区当面之敌，除以少数兵力向我扰乱外，似无大

① 蒋纬国总编著《国民革命战史　第三部　抗日御侮》第7卷，第93页。

② 蒋纬国总编著《国民革命战史　第三部　抗日御侮》第7卷，第204页。

③ 《第九战区关于第二次长沙会战敌我优劣及所得经验教训的报告》（1941年9月），《抗日战争正面战场》（下），第1117页。

企图”。[①] “及至久经鏖战不退，始疑别有企图，此为初期判断敌情一般似嫌偏于主观。”[②] 以致日军有充分时间集结部队向湘北地区进攻。“战斗搜索未尽得要领，故一般与敌对战颇久，尚不知当面敌为谁。”[③] 日军却获取了薛岳在18日下令由东面侧击日军的作战指导方案，从而改变了“将主力用于湘江方面”的原会战指导方案。

第三，各级指挥官统率能力薄弱，官兵训练不足，作战能力较弱。师以下指挥官战术修养不够，不能适时捕捉战机，仍有呆守阵地之习惯，不知活用兵力，控置预备队，集中力量予敌打击。日军突过新墙河南岸以后，中国军队各部士兵很多因见日军骑兵骤至，四处溃散，长官完全失去对部队的控制。各作战部队“名为一军一师，其实作战未终伤亡者不过十分之一、二，溃散逃亡者十分之五、六，在战场作战者亦不过十分之二、三而已”。[④] 士兵溃散逃亡如此之众的原因主要在于平时训练不足，无应对敌军大量骑兵的作战经验；在脱离敌军的射界后，部队长官未能迅速集合部下，而是任其溃散，足见团长以下指挥官之无能力。

蒋介石在1941年12月21日召开的第三次南岳会议上也指出了中国军队在第二次长沙会战中的失误之处。他认为，“宁可放弃不重要的阵地，而来保护最重要的必不可失的根据地。在湘北作战中，必须有守卫长沙的兵力部署，但是在战中，除了在捞刀河方面，曾与敌人一度作战以外，长沙东南面的工事可说完全没有，就连城墙工事也一点都没有，不只是城内核心工事没有设备，而且连城郊附近的复廓的工事也没用”。[⑤] 在以后的战争中必须认识到“军事上没有不可守的地形，但是我们要守卫阵地，必须

---

① 《薛岳致蒋介石、徐永昌密电》(1941年9月6—17日)，《抗日战争正面战场》(下)，第1090页。

② 《杨森关于第二次长沙会战之检讨及所见所闻敌军之新战法的报告》(1941年10月)，《抗日战争正面战场》(下)，第1106页。

③ 《第九战区关于第二次长沙会战敌我优劣及所得经验教训的报告》(1941年9月)，《抗日战争正面战场》(下)，第1119页。

④ 《杨森关于第二次长沙会战之检讨及所见所闻敌军之新战法的报告》(1941年10月)，《抗日战争正面战场》(下)，第1107页。

⑤ 秦孝仪主编《中华民国重要史料初编——对日抗战时期 第二编 作战经过》(1)，第354页。

由内及外，由小而大，先将核心实力巩固起来，然后再求稳定全盘的局势”。[①] 特别强调对于敌军视为目的地的重要据点一定要派重兵守备，以使敌军不敢轻易冒犯。这些教训经验都在第三次长沙会战中发挥了作用。

第二节　第三次长沙会战

一　战前中日双方态势及作战部署

1941 年 12 月 8 日，日军偷袭美军基地珍珠港，太平洋战争爆发。同日，驻广东的日军第二十三军向英国治下的香港发起进攻。12 月 9 日，中国正式向日本宣战。当日蒋介石下令各战区反攻日军，以策应盟军对日作战，“不仅应急起直追，准备反攻，以驱逐深入我国境之寇敌，且必须具备现代军队之条件，期与我反侵略各友邦共同努力联合作战，以彻底击灭侵略之暴力”。[②] 中国第四战区的军队开始向广州日军进攻，第九战区所辖的第四军和暂编第二军奉命南下支援。

1941 年 9 月 18 日，日军大本营下达了准备南方作战的命令，并令中国派遣军调出一部分兵力准备南方作战，中国派遣军于 10 月 22 日制定了《伴随着中国南方作战的发起，中国派遣军的作战（方案）》：“按中央指示，转用或集结南方作战所使用的部队和其他必要的部队。”[③] 根据这一计划，第十一军第四师团于 11 月 8 日脱离了第十一军的战斗序列，由大本营直管，奉命在上海附近集结。大本营于 12 月 3 日宣布了中国派遣军总司令官的基本任务：“大本营为了帝国的自存自卫，建设大东亚新秩序，企图在攻克南方主要地区的同时，迅速处理中国事变；中国派遣军总司令官，要加强对敌封锁，摧毁敌之继续抗战的企图。”[④]

日军参谋本部第七课于 15 日提出了“长沙附近的暂编第二军由 8 日以来，开始移动，又在岳州东南地区的第四军似亦经过株洲正在南下”的报

---

① 秦孝仪主编《中华民国重要史料初编——对日抗战时期　第二编　作战经过》（1），第 356 页。

② 秦孝仪主编《中华民国重要史料初编——对日抗战时期　第二编　作战经过》（2），第 400 页。

③ 《长沙作战》，第 130 页。

④ 《长沙作战》，第 138 页。

告，得知中国军正在南下的第十一军参谋长木下认为，有必要牵制其南下的行动以策应对香港的进攻，“即使不能拖住敌人，也将给予其他重庆军以严重威胁”。[①] 12月13日，第十一军司令官阿南惟畿为了牵制中国军队以利于攻占香港，向中国派遣军提出应对江南地区采取攻势的意见。中国派遣军总司令官鉴于第十一军兵力减少，决定从华北增调独立混成第九旅团并命第一飞行团协同作战，又批准攻势作战大致到汨水线为止。第十一军于15日制定作战指导方案，其作战目的是：“向汨水一线进攻，并击溃当面之敌，以策应第二十三军攻取香港以及南方军的作战”[②] 此次作战称为“第二次长沙作战”（中方称为“第三次长沙会战”）。

在阿南惟畿指挥下，日第十一军开始向岳阳以南地区集结，此次日军采取三线重叠配备：第三、第六、第四十师团及第四、第五师团之各一部为第一线兵团；池上、加藤、平冈等三个旅团及外园支队为第二线兵团；第十三、第十五、第三十九、第一一六师团、第十八独立旅团之各一部，第十四独立旅团主力为第三线兵团。合计兵力12万余人。以第三十四师团主力，由南昌向上高，第十四独立旅团之一部向修水进犯，企图牵制中国军队，遥相呼应，以利其湘北主力方面之作战。[③]

中国方面，与第二次长沙会战不同，中国军队在战前做了充分的准备。蒋介石在10月21日召开的第三次南岳会议上对第二次长沙会战的经验教训进行了总结，部署了之后的军事防备，并于10月26日指示：“自湘北战争后，对于我军之素质、训练、补充、编制、装备各种事项，必须有一彻底研讨与改革。”[④] 第九战区司令长官薛岳随后于11月17日集合全战区军政代表于长沙召开防卫会议（即“第二次长沙会议”），提出“战胜要素在于平时防备”，检讨第二次长沙会战的得失，研究了之后的作战方略。针对日军模仿德军闪击战打击我军，薛岳在会上制定了“天炉战法”，即以彻底破坏道路，中间地带空舍清野，诱敌深入，设置纵深的伏击地区作为基础，扭转彼我之间的战力，把侵入之敌诱至决战地区，从四面八方

① 《长沙作战》，第140页。

② 《长沙作战》，第140页。

③ 《第九战区关于第三次长沙会战前敌我形势概要的报告》（1942年2月），《抗日战争正面战场》（下），第1121页。

④ 秦孝仪主编《中华民国重要史料初编——对日抗战时期 第二编 作战经过》（1），第397页。

构成一个天然熔铁炉，予以包围歼灭。根据这个方针，薛岳进一步研究了以往的作战经验和现地地形，以新墙河—汨水之间的地区为伏击和诱击地区，指定浏阳河—捞刀河之间为决战地区，命各军做好计划，并进行配置。[①] 为实施“天炉战法”，在第三次长沙会战中，破坏道路、构筑阵地、警戒联络等，动员民众达20万人以上。

薛岳对长沙的守卫也做了充分的准备，除下令按“天炉战法”全面部署兵力外，又亲笔手令长沙的党、政、军各机关以及部队，规定了详细任务；还命令守备长沙的第十军军长李玉堂，统一指挥全体文武官员，以必死的决心、必胜的信念，协同一致，完成保卫长沙使命。12月23日开始向后方疏散长沙市区的人口和物资，解除后顾之忧，同时第十军在城墙内外及交通要地修筑碉堡，布置炮兵阵地，于长沙郊外第一线阵地配备了兵力，开始准备战斗。

二　前期防卫

1941年12月24日傍晚，日军第三、第六、第四十师团开始分路强渡新墙河，向中方发起攻击，第三次长沙会战正式开始，中国军队以第二十军在新墙河南岸进行抵抗。26日，第二十军留一部与日军继续作战，主力撤退到关王桥附近，对第四十师团的攻击进行了顽强抵抗。27日，黄岸市附近的第五十八军向关王桥急进，在杨林街以南地区策应第二十军作战。日军除以有力一部向东作战以掩护其侧背外，主力则向南正面突进。日军各兵团于26日开始向汨水一线集结，准备渡河。27日下午，第三师团强渡成功，沿铁路南犯，与第九十九师一部发生激战后，进入汨水左岸。28日，第六、第四十师团分别从新市、长乐强渡汨罗江。

日军在战前制定的作战目标是“向汨水一线进攻”，给予中国守军重创后便撤回原驻地。但第十一军司令官阿南惟畿自战前便有攻取长沙的意图，在日军渡过汨罗江后，认为有继续进攻长沙的必要，因为攻取长沙可以“给予蒋政权以无声的威胁；把向南方集结的兵力牵制在北方，使其有湖南随时可能受到袭扰之感；表明皇军尚有余力；使湖南民众感到蒋军不

① 《长沙作战》，第142页。

足依靠；予第六战区以威胁”。[①] 阿南惟畿于27日上报中国派遣军关于进攻长沙的方案，不待中国派遣军批示，便于29日傍晚下令各部队向长沙进攻，其部署为：“第三师团迅速由近路向长沙追击，第六师团击溃麻石山、鸭婆山附近之敌后，应以主力追击㮾梨市之敌，另以一部向长沙方面追击。第四十师团以一部留在浯口附近，主力进入麻峰嘴附近后，应向金井急进。独立混成第九旅团，应向关王桥急进一并指挥泽支队在汨水以北，掩护军左侧背的安全。”[②]

三 转向出击

为守卫长沙，中方做了充分的准备。蒋介石于12月30日向薛岳下达电令：“在长沙附近决战时，应以第二线兵团距离于战场较远地区，保持外线有利态势，使敌先攻长沙，乘其攻击顿挫，同时集举各方全力，一举向敌围击，以主动地位把握决战为要。”[③] 薛岳在接到命令后对战区的兵力进行了部署：“第十九集团军之第四军自株洲方面向长沙东南郊，第七十九军自渡头市方面向东山、㮾梨市，第二十六军自洞阳市方面向东屯渡。第三十集团军之第七十八军自三角塘、更鼓台方面，向湖迹渡，第三十七军自蒲塘方面向望仙桥。第二十七集团军之第二十军自清江口方面向石子铺，第五十八军自长乐街方面向安波。直辖第九十九军自三姐桥方面向洪山庙、捞刀市，第七十三军自岳麓山方面渡湘江向长沙东南郊，四面猛烈围攻。”[④] 守备长沙的第十军司令部于12月30日制定了守卫长沙的作战计划。长沙市区守备部队为第三师（附警备司令部所指挥之各武装团队），以主力占领长沙城垣，以一团控置于城东南角，拒止敌人进犯。长沙城外围守备部队为第十预备师、第一九〇师，预十师占领自水陆洲、猴子石、金盆岭、黄土岭、林子冲、左家塘、半边山之线，第一九〇师占领左家塘、杨家山、鞍子山、湖迹渡、复兴寺附近、新河正街之线，拒止敌人。[⑤]

至31日晨，日军以四路分别经金井、福临铺、栗桥、三姐桥向捞刀河

---

① 《长沙会战》，第158页。

② 《长沙会战》，第161页。

③ 《蒋介石致薛岳密电稿》（1941年12月30日），《抗日战争正面战场》（下），第1146页。

④ 《第三次长沙会战战斗要报》（1942年1月），《抗日战争正面战场》（下），第1156页。

⑤ 《第九战区第十军司令部长沙守卫战作战计划的日记》（1942年），《抗日战争正面战场》（下），第1128—1129页。

进犯，黄昏时，日军各路先头部队到达捞刀河与浏阳河中间地区，其左翼第四十师团向长沙东南迂回，其第三、第六师团则向右旋回准备对长沙进攻。1942 年 1 月 1 日，日军第三师团以长沙城南部为主攻目标，开始了攻击，守备长沙的第十军将防御重点置于长沙南部，进行死守。为尽快占领长沙，日军在傍晚派出了加藤大队，该大队为著名的夜袭大队，在第二线阵地遭到守军炮袭，加藤大队长被击毙。2 日，中方在击毙的加藤大队长身上发现日军出动以来的计划、命令，得知日军弹药将尽，这一消息极大地鼓舞了中国军队的士气，薛岳大喜道："一纸虽轻，胜过万挺机枪。"3 日拂晓，日军第六师团各部队开始向长沙北部进攻。中国军队从湘江对岸以重炮集中发射。面对猛烈的枪炮射击，日军因缺乏弹药，不久即停止攻击。在空军掩护下，日军第四十师团向守军陶家冲、红石嘴阵地猛攻，第三师死守，敌军不支回撤。中国军队按计划于 4 日晨开始向敌围攻，以第五十八、第二十两军由北向南，第三十七、第七十八、第二十六各军由东南向西北，第七十九、第四两军由南向北，第十、第七十三两军由西向东，第九十九军亦由西北向东南，分路对日军进行大包围攻击。[①] 日军第二线兵团企图以全力向长沙急援之池上、外园、加藤、平冈各旅团，前进至福临铺南北一带，被三十七军各个击破。日军由于伤亡重大，弹药不足，于 4 日晚被迫北撤。

中国军队对溃逃之敌展开了猛烈的追击歼灭战。为彻底歼灭败逃之敌于汨罗江以南捞刀河以北地区，第九战区对追击日军的部队做了以下部署："第九战区副司令长官罗卓英为追击军总司令，指挥第二十六、第四、第七十三军分别向长乐街、伍公市、新市、兰市河、骆公桥、归义追歼败逃之敌；第二十七集团军总司令官杨森为堵击军总司令，指挥第二十、第五十八军在象鼻桥（含）、福临铺、栗桥（含）自北向南堵击北溃之敌；第三十集团军总司令官王陵基为东方截击军总司令，指挥第三十七、第七十八军在枫林港以北、长乐以南地区，自东向西截击北溃之敌；第九十九军军长傅仲芳为西方截击军总司令，指挥第九十九军及一〇四师，在石子

① 秦孝仪主编《中华民国重要史料初编——对日抗战时期　第二编　作战经过》（2），第 550 页。

铺以北，新市以南地区，自西向东截击北溃之敌。"[①] 至 16 日，第七十八军追至四六方、潼溪街，第五十八军追至新墙，第二十军追至荣家湾，暂五十四师向忠坊，第一〇四师向桃林、西塘一带扫荡残余之敌。溃敌渡新墙河，逃回岳、临者仅剩 1.3 万余人。[②] 第三次长沙会战至此结束。

会战开始后，日军为策应湘北战场的主力作战，根据阿南惟畿的命令，赣北方面日军第三十四师团及独立第十四混成旅团各以一部于 1941 年 12 月 25 日分别由安义、箬溪向西进攻，一度占领高安、武宁，但在中国军队第十九、第三十集团军各一部反击下，1942 年 1 月 3 日至 6 日间先后撤回了原驻地。

四 第三次长沙会战胜利的原因和意义

第三次长沙会战和第二次长沙会战仅间隔两个多月的时间，交战双方都为薛岳指挥下的中国第九战区和阿南惟畿指挥下的日军第十一军，作战地区也大致相同，两次战争结果不同的原因主要在以下各点。

中国方面，在第二次长沙会战后召开第三次南岳会议和第二次长沙会议，总结了经验教训，并对之后的防御作战做了周密的部署。针对日军的闪击战，制订"天炉战法"，在战前加强防御工事，囤积充足粮弹。在第二次长沙会战中，中国军队对敌情判断不明，并被日军窃取了重要情报。第九战区吸取了教训，在黄土岭（长沙南侧）设立了通信中枢，以有线通信为主，极力保密中方计划，[③] 并密切关注日军的动向。在日军刚开始向岳、临地区集结兵力时，中方便有所警觉，判断日军有三犯长沙的企图，12 月 17 日，薛岳向蒋介石报告："当面之敌抽集部队，将有使用。"[④] 军事委员会于 12 月 20 日命令第七十三、第七十九军归第九战区指挥，第四军由广东曲江调株洲、渌口，第七十四军由广西宜山调驻衡阳，均增援第九战区，[⑤] 使第九战区有充足的兵力进行战略部署。

---

① 《陆军第十军司令部第三次长沙会战机密日记》（1942 年 1 月），《抗日战争正面战场》（下），第 1154 页。

② 《第三次长沙会战战斗要报》（1942 年 1 月），《抗日战争正面战场》（下），第 1158 页。

③ 《长沙作战》，第 162 页。

④ 《薛岳致蒋介石等密电》（1941 年 12 月 17—18 日），《抗日战争正面战场》（下），第 1135 页。

⑤ 蒋纬国总编著《国民革命战史 第三部 抗日御侮》第 8 卷，第 99 页。

日军在第三次长沙会战中过于轻视中国军队，对第九战区的战略判断错误，仅知中国军队新墙河、汨罗江方面兵力，而不知长沙、浏阳河的兵力，仍以轻装部队，使用钻隙战术，攻陷新墙河、汨罗江后，不加补给，妄求一气攻取长沙，压迫中国军队于湘江东岸而歼灭之，却自投罗网，进入中国军队在长沙城外部署的包围圈内。

为进行太平洋战争，第十一军第四师团在 1941 年 11 月便被调往他地待命，第十一军兵力并不充足，日军在赣北方面发动策应湘北作战的攻势，能抽调的兵力只有一联队而已，不但未达到策应目的，反而损失惨重。中国派遣军对此次长沙会战的本意只是策应日军在香港的作战，进攻到汨水一线便可撤回，但是阿南惟畿一意孤行，轻视中国军队，认为攻取长沙轻而易举，未得到中国派遣军批准便下令进攻长沙。12 月 24 日，日军得到情报："薛岳命令第三十七军在汨水南岸坚守阵地 15 天，不得已时，可退至社港市、金井方面；第七十八军，应从平江方面西进攻南进的日军。"对此，阿南惟畿认为"达到了牵制的目的"，第三十七、七十八两军的行动"与上次同样，只有被我捕捉而已"。由于日军进攻长沙的决定是临时通知各部队的，准备工作十分不足，负责后勤的副参谋长二见秋三郎在 29 日接到命令后在日记上写下了"乃自暴自弃之作战"，[①] 后方的一切完全没有准备，就连弹药这一重大问题，都没有充分准备，日军各部队处于不能发挥战斗威力的困境，最终因弹尽粮绝而惨败溃逃。

第三次长沙会战是太平洋战争爆发后日本对中国正面战场发动的第一次攻势，也是盟国对日作战的第一次大捷。

太平洋战争爆发后，中国与英、美间的联盟作战关系进一步加强，12 月 23 日，中、美、英三国代表在重庆举行了联合军事会议，会议初步决定中英联合防卫滇缅路，签订了《共同防御滇缅路协定》，同时决定在重庆成立中、美、英三国军事会议，以加强对日作战的协同。至此，中、美、英三国正式结成军事同盟。12 月 31 日，美国总统罗斯福致电蒋介石，提议成立中国战区，指挥中国军队及越南、泰国盟军对日作战，由蒋介石担任战区最高统帅，蒋介石表示同意，并于 1942 年 1 月 3 日正式宣告中国战区成立。1942 年 1 月 1 日，由中、美、英、苏领衔 26 国在华盛顿签署了

---

① 《长沙作战》，第 162 页。

《联合国家宣言》，世界反法西斯同盟正式形成，中国抗日战争成为世界反法西斯战争的一部分。

第三次长沙会战期间，日军在太平洋战场上频频取胜。1941 年 12 月 25 日，第二十三军攻占英军守卫下的香港；1942 年 1 月 2 日，第十四军攻占美军守卫下的菲律宾首府马尼拉；1 月 11 日，第二十五军攻占英军防卫的马来亚首府吉隆坡，同日，第十六军攻占荷军防卫的婆罗洲。盟军节节败退之际，中国获得第三次长沙会战的全胜，有力地牵制了日军在华中地区的兵力，对于盟军在太平洋战场上对日作战也起到了一定的支援作用，增强了中国军民和盟国抗战必胜的信心。美、英两国政府给中国政府发来贺电，国内外掀起胜利的欢呼，全国各地为庆祝战胜日军的捐款多达 250 余万元。

据第九战区在战后的统计，在第三次长沙会战中“敌负重伤 23003，阵亡 33941，合共伤亡遗尸为 56944”。① 日军此次作战的目的本是策应香港作战，伤亡人数却是香港作战的 2.5 倍。② 此次惨败极大地打击了日军在中国战场的作战信心，官兵士气低落，“部分将士的必胜信念发生了动摇，需要年余始能恢复”。③

第三节 浙赣会战

一 浙赣会战的原因与中日作战准备

浙赣会战是抗日战争中期正面战场的一次重大战役。日军发动这次大规模军事行动的导因是美国空军利用浙赣境内的机场实施了对日本本土的空袭。

太平洋战争爆发初期，日军一度处于攻势，美国为了打击日本的嚣张气焰，从 1942 年 1 月开始制订对日本本土实施空袭的计划，并秘密训练了一支以杜利特尔（James H. Doolittle）中校为队长的轰炸机队。美国军方经过反复研究，形成的空袭方案是：将航空母舰开到距日本海岸较近的海

---

① 《蒋介石与薛岳往来密电》（1942 年 1 月），《抗日战争正面战场》（下），第 1160 页。

② 《长沙会战》，第 214 页。日军统计的伤亡人数为死 1591 名、伤 4412 名，与中国的统计人数有很大出入。

③ 《日本军国主义侵华资料长编〈大本营陆军部〉摘译》（中），第 42 页。

域，避开日本监视，从航空母舰上出动飞机轰炸东京等大城市，完成轰炸任务后飞机飞到中国浙赣境内的机场降落。

1942 年 4 月 2 日，美国“大黄蜂”号航空母舰载着 16 架 B－25 型轰炸机及机组人员从旧金山启程。18 日清晨，“大黄蜂”号在距离东京约 650 英里的海域发现了一艘日本巡逻艇，为防止空袭计划泄露，美军司令威廉·哈尔西（W. F. Halsey，Jr.）海军中将和杜利特尔商量，决定飞机立即起飞。[①] 上午 8 时许，美军飞机陆续从“大黄峰”号航母的甲板上起飞，约 4 个小时后飞到日本。日本方面事先并未获得美国军机袭击的情报，因此也并无专门戒备，致使美机出其不意地冲破防线，对东京、名古屋、神户等大城市实施空袭。空袭结束后，美机即按预定计划返向中国浙江省的衢州机场。但由于当日天气恶劣，机组与地面基本失去了联系。日本遭到空袭后获知美军将利用中国浙江衢州机场和江西玉山机场着陆，遂立即开始对上述机场实施轰炸，[②] 杜利特尔等 80 名机组人员于是只得各自被迫弃机跳伞或迫降，除一架飞机降落在苏联符拉迪沃斯托克（海参崴）外，其余多在浙江、安徽、江西等地着陆，飞行员被中国各地军民积极营救并安全送达后方。[③]

这次“杜利特尔空袭”虽然只破坏了日本几个大城市的一些建筑，并致百余人伤亡，[④] 但在美、日、中三国都产生了巨大的影响。一方面，它极大地鼓舞了美国人民，增强了美国人民战胜日本法西斯的信心；另一方面，日军大本营担心美国以后经常利用这种战术袭击日本本土，决定大规模动用地面部队发起对浙赣地区的作战，而中国方面则不得不承受来自日本的报复性军事行动。

4 月 22 日，日军大本营命令中国派遣军总司令部，要其“击溃浙江省方面之敌，摧毁主要的航空根据地，以粉碎敌人利用该方面轰炸我本土的企图”。[⑤] 为此，中国派遣军决定改变原定的在华作战计划。4 月 24 日，日军大本营

---

① 〔英〕利德尔·哈特：《第二次世界大战史》（上），上海市政协编译工作委员会译，上海译文出版社，1978，第 481 页。

② 《日本军国主义侵华资料长编〈大本营陆军部〉摘译》（中），第 206 页。

③ 王国林：《轰炸东京——中国救助美国飞行员纪实》，新华出版社，2002，第 356 页。

④ 王国林：《轰炸东京——中国救助美国飞行员纪实》，第 233 页。

⑤ 日本防卫厅防卫研究所战史室、吉林省社会科学院日本问题研究所：《昭和十七、八（1942、1943）年的中国派遣军》（上），贾玉芹译，中华书局，1984，第 70 页。

派负责中国方面作战的参谋高山信武带着浙赣作战方案飞抵南京，与派遣军高层进行了具体研究，主要确定了如下方针：第一，此次作战的主要目的在于击溃浙江方面的中国部队，彻底破坏该地区的航空基地，消除中美利用这些基地空袭的可能。第二，投入的部队以第十三军为主力，另从第十一军和华北方面军抽调部分部队参加。第三，各部队任务是：第十三军主力由杭州、萧山、绍兴出发，攻向诸暨、金华，占领衢州、玉山及丽水；另一部在主力的两侧并肩向衢州、玉山进攻，根据情况攻占第三战区所在地上饶；第十一军主力由南昌向东挺进，沿浙赣铁路线发起进攻，与由东而来的第十三军会师。①

4月下旬，根据上述作战方案，日本中国派遣军做出具体部署。日军将原驻浙江鄞县、奉化、慈溪、余姚等地区的第七十师团大部集中于奉化溪口一带；将驻杭州和嘉兴地区的第二十二师团及汪伪军队第一师、第十三师集中于浙江余姚和绍兴地区，同时在杭州和萧山一带征调民夫，整备交通；另外还从华北等地抽调独立第一旅团、第一一〇师团等部陆续经津浦路和长江南下，集中于杭州西南的留下地区；原驻南京附近的第十五师团、驻芜湖的第一一六师团各一部以及驻苏州、常州一带的独立第十一旅团（后改编为第六〇师团）先后经沪杭、苏嘉两路分别集结于浙江萧山、富阳和余杭等地区。以上各部总兵力约14万人，由泽田茂指挥，编为第十三军。5月14日以前各部分别完成集结，拟沿浙赣铁路线西犯。②

国民政府军事当局鉴于日军不断向浙赣东西两线增兵的部署，意识到了在浙赣地区随时爆发大规模战事的可能性，第三战区决定将主战场置于浙江地区，其制定的对日作战方案是：以最小限度的兵力配置于浙赣铁路线西段，集中主力于浙赣铁路线东段，利用既设阵地持久抵抗，并竭力袭扰敌后方，牵制日军，在金华、兰溪预筑坚固阵地，最后在浙江衢州附近与日军展开决战。③ 在兵力配置上，从4月下旬到5月中旬，陆续从湖南和江西调第七十四军、第二十六军及第五预备师增防浙江战场。在浙江战

① 王辅：《日军侵华战争》第3卷，第1770—1771页。

② 国民政府军事委员会军令部编《浙赣战役之检讨》，转引自浙江省档案馆、中共浙江省委党史研究室编《日军侵略浙江实录》，中共党史出版社，1995，第109页。

③ 蒋纬国总编著《国民革命战史 第三部 抗日御侮》第8卷，第11页。

场，第三战区第三十二集团军总司令上官云相先后移驻遂安、常山，负责指挥钱塘江北岸部队；第十集团军总司令王敬久先后进驻龙游、江山，负责指挥钱塘江南岸的金华、兰溪、衢州部队；第二十三集团军副总司令李觉进驻缙云，负责指挥浙南部队。[①]

二　浙江战事

5 月 15 日，浙赣会战正式爆发。日军根据预定计划，分左、中、右三路，在东起浙江奉化、西至浙江富阳约 150 公里的正面采取分进合击的战术，在航空兵力掩护下攻向衢州方向。

日军左翼的辅助力量以第七十师团、奈良支队一部为基干，由内田孝行率领。5 月 15 日早晨，该部由奉化出发，沿奉（化）新（昌）公路进犯新昌。20 日，日军攻陷永康，23 日攻陷武义，准备由此会攻金华。我军暂编第九军及各地方游击部队除一部分留在敌后作游击外，主力部队在既设阵地予敌以一定消耗后即转入东（阳）永（康）公路两侧地区侧击日军。日军左翼主力由大城户三治率领的第二十二师团和第三十四师团一部组成。该部于 15 日晨由浙江上虞汤浦镇、绍兴等地分股南犯，其中主力部队沿曹娥江两岸会攻嵊县，另一部则进犯东阳。中国军队暂编第三十二师在嵊县三界镇稍加抵抗后即转向敌后实行游击。21 日，日军攻陷东阳，此后沿金华江南岸地区直迫金华右侧背，与固守金华的第七十九师发生激战。

日军中路由酒井直次郎率领第十五师团和第一独立混成旅团一部等组成。该部于 15 日晨由浙江萧山经临浦进犯，17 日攻陷诸暨。中国军队第八十八军何绍周部按预定计划在勾嵊山、安华市、王沙溪一线阵地稍加抵抗，后转向义乌、浦江、金华以及兰溪外围地区。该军的新编第二十一师转进于北山，新编第三十师南渡金华江，向敌后侧击尾追，策应金华和兰溪中国军队主力作战。21 日，日军攻陷义乌后又直迫孝顺，逼近金华。其中一部则沿浙赣铁路以西地区南犯，20 日攻陷浦江后，与固守兰溪的第六十三师在高圣尖发生激战。[②]

---

① 国民政府军事委员会军令部编《浙赣战役之检讨》，转引自《日军侵略浙江实录》，第 110 页。

② 国民政府军事委员会军令部编《浙赣战役之检讨》，转引自《日军侵略浙江实录》，第 110—111 页。

日军右翼由武内井二郎率领的第一一六师团、原田混成旅团、第十七师团及第六十师团组成。该部于15日晨分别从富阳、余杭向新登、桐庐进犯，其间与中国军队第一九二师和预备第五师展开激战。18日，新登、桐庐相继失陷，此后日军一部继续向建德前进，主力则分别控制新登、桐庐，以期确保后方水陆交通运输线。右翼的第二线部队系由井出铁藏率领的第三十二师团等部组成。该部在武内师团掩护下沿富春江两岸地区进犯，23日攻陷建德，中国军队预备第五师被迫转移到建德外围。此时日军一部已渡新安江，在洋溪镇望城岭、白沙埠等地与第四十师一部和第一四六师发生激战。此外，日军河野和小茵江两个混成旅团随大城户和酒井师团之后继续向西增援。5月28日，国民政府军事当局决定在适度抵抗后放弃金华、兰溪，向北山敌后转移，金华、兰溪陷落。之后，日军酒井师团主力偷渡兰江，进犯诸葛镇，其先头部队到达衢江北岸；井出师团大部在30日攻陷寿昌后继续南犯。①

金华、兰溪虽然最后以中方的弃守而告终，但广大爱国官兵英勇奋战，金华守城部队毙敌千余人，成为“两浙战事发生以来，敌首次所受之重创”。② 在兰溪争夺高圣尖的作战中守军更是血战四日才突围，在这次战斗中，中国军队埋设的地雷也发挥了较大作用，日军师团长酒井直次郎便死于兰溪附近第六十二师的雷区内，日本战史称其为日本自建立新式陆军后第一个被打死在中国战场的现任陆军师团长。③

金华、兰溪陷落后，衢州的地位更显突出。衢州历来系兵家必争之地。太平洋战争爆发后，美军一度认为浙江境内机场是轰炸日本本土最好的空军基地，国民政府为了配合美军的战略需要，在不到半年的时间里扩建了衢州机场，数万民工冒着严寒，日夜施工，仅从各地采运竹木就约450万根，“茹苦含辛，终于如期完成”。④ 在扩建机场的同时，还构筑了衢州以东至金华、兰溪、义乌、诸暨沿线的防御工事。此外，空军第十三总站也设于衢州，统辖浙江、江西、安徽等地部分辅助机场和福建两处机

---

① 国民政府军事委员会军令部编《浙赣战役之检讨》，转引自《日军侵略浙江实录》，第111页。

② 《新华日报》1942年5月26日。

③ 《昭和十七、八（1942、1943）年的中国派遣军》（上），第103页。

④ 黄绍竑：《黄绍竑回忆录》，第401页。

场，衢州战略地位之重要由此可见。

国民政府原计划准备在衢州附近集中兵力与日军决战，而日军则更是伺机寻找中国军队主力以图歼灭之。当中国军队转向衢州附近后，日军内田师团留置永康地区，担任作战的警备任务，武内师团担任作战的机动任务，大城户师团主力则沿浙赣铁路继续向南前进，其间与暂编第十三师及第四十师主力先后展开激烈战斗。另由兰江南下的日军一部到达衢江北岸的游埠附近。27 日，日军攻陷龙游后即向衢州东南地区集结，与第七十四军王耀武部接火。攻占兰溪的酒井师团则沿衢江两岸地区西犯，沿浙赣铁路向衢州做正面作战准备。中国军队暂编第十三师在龙游失陷后于灵山镇与日军河野旅团一部交火，随后移往遂昌北界镇担任掩护。第四十师除沿铁路南侧与日军逐次保持接触外，向大洲镇及衢州以南石室街附近朝后引退。日军井出师团在攻陷寿昌后，大部分集结于衢江北岸一带，与守军第八十六军和第二十六军各部发生局部战事。此时，第二十五军控制着寿昌以西的寺勘头、大同镇以及上方镇地区；第二十六军布置于衢州西北的浮河村、芳村镇一带；第四十九军布置于衢州以西招贤镇附近；第七十四军则在衢州以南的黄坛口、溪口街、湖山镇和芦头一带秘密集结，形成了合围衢州的外弧形态势，准备对进犯衢州的日军实行夹击。[①]

三　战事向浙赣两线的扩展

正当中日双方准备在衢州决战之际，5 月 31 日，南昌日军第十一军动用 3 万多人的兵力，沿浙赣铁路东犯，其中的一支向南进至南昌三江口大港口，另一支由李家渡先后攻陷临川、崇仁、宜黄、南城、金溪等地，主力部队于 6 月 2 日占领进贤，与进攻衢州的日军呈东西呼应之势。[②] 面对日军东西两线大军压境的形势，蒋介石于 6 月 3 日突然下令放弃在衢州与日军决战的计划，以第八十六军吸引日军于衢州附近，其余避开浙赣铁路正面，撤至两侧山地，待日军沿铁路蛇形挺进时，实行分段截击，予敌以决定性的打击。

---

① 国民政府军事委员会军令部编《浙赣战役之检讨》，转引自《日军侵略浙江实录》，第 111—112 页。

② 何应钦：《八年抗战之经过》，沈云龙主编《近代中国史料汇编》第 79 辑，台北，文海出版社，1972，第 127 页。

6月3日晨，日军根据预定计划攻向衢州。6日，河野旅团、第十五师团分别推进到衢州东北以及南郊区，开始冒雨攻城，守军为了阻滞日军前进，在北门、东门和南门外将大量房屋拆毁、摊平。当日晚，布置在北门、东门的日军河野旅团与南门的第十五师团一齐向衢州发起进攻。与此同时，北路日军第三十二师团已接近衢州与常山之间，第二十二师团也抵达衢州西南的江山附近。第八十六军在与第七十四军、第二十五军失去联系的情况下，为防后路被断，于6月6日夜撤离战场。次日，日军第十五师团和河野旅团占领了衢州。

日军攻陷衢州后，分两路继续西犯。左路大城户师团一部沿浙赣铁路线于6月11日攻占江山，后沿江山浦城大道南犯。另一部乘中国军队转进之际向江西广丰急进，13日广丰失陷。日军右路井出师团沿浙江常山进犯，12日攻陷江西玉山，此后再沿浙赣铁路线进犯，15日攻陷江西上饶。在日军进犯的过程中，中国军队各部在东自硖口、仙霞岭、广丰、上饶的沿信河南岸西至汪二渡一线也做了局部反攻的部署。6月下旬，日军以第十五师团为主力增强广丰防务，以第二十二师团增援上饶，协助第三十二师团西犯。7月1日，东西两线日军会攻江西横峰，浙赣铁路线终被打通。[①]

日军发动浙赣作战的主要意图是破坏衢州一带的机场，防止盟军利用其对日本本土实施轰炸，所以浙赣铁路线被打通后，日军大本营即向第三十二师团、第一一六师团、小茵江旅团分别下达了破坏玉山机场、衢州机场、丽水机场的任务。日军强逼当地民工将玉山机场与丽水机场跑道挖成无数纵横大沟坑，机场附近的树木、居民住宅均被炸毁或拆除。衢州机场所受的破坏更大，日军在此实施破坏达两个月之久，不但全部破坏了机场设施，而且将江水引入机场沟壕，将机场淹没。另外在水闸、河堤附近埋设了大量地雷，以防今后排水。[②]

在日军打通浙赣线前后，中日双方军队在浙赣铁路线以外地区也时有战事发生。中国军队鉴于日军战线不断延长，难以固守所有的新占领区，伺机进行了局部收复作战，先是收复了寿昌、永康、浦江、武义等地，7月中旬又收复了新登、桐庐、建德、弋阳、横峰等地。而日军为了巩固后

---

① 国民政府军事委员会军令部编《浙赣战役之检讨》，转引自《日军侵略浙江实录》，第113页。

② 王辅：《日军侵华战争》第3卷，第1794页。

方，特别是为了获得重要战略物资，也不断扩大战果。内田所辖的第七十师团及小茵江旅团、奈良支队于19日再陷永康、武义，并分路进攻丽水，24日晚占领了丽水城。小茵江旅团从丽水沿瓯江于7月9日攻陷青田，11日攻陷温州，12日，攻陷瑞安。16日，温州日军乘舰撤出，17日，中国军队趁日军撤退之机克复瑞安和温州。①

7月28日，日军大本营发出指示："中国派遣军击溃浙江之敌，摧毁衢州、玉山、丽水等地敌主要空军基地，确信足以粉碎敌军利用上述机场轰炸我本土的企图。据此应于8月中旬末分别恢复原有态势。"并特别指示要"固守金华附近要地"，② 其意在掠夺该地的重要物资萤石矿。③ 8月中旬，日军第十三军将第二十二师团留置金华、武义、东阳地区，将第七十师团留置新昌、奉化地区，其余则撤回原地区。8月19日，日军第十一军也开始撤退，22日集结于南昌附近。在日军撤退的过程中，中国军队逐步收复了上饶、广丰、玉山、贵溪、鹰潭、临川、瑞洪、东乡、三江口、东昌、进贤等地，江西境内也恢复至5月31日之前的态势。④

四　浙赣会战的经验教训

浙赣会战从1942年5月15日开始至8月底结束，历时三个多月，日本战史称这是1939年至1943年日军使用兵力最多的一次战役。⑤ 中国军队在这场会战中虽然一定程度上消耗了日军力量，但日军在浙赣腹地长驱直入，完全达到了破坏浙赣机场的作战目的，并长期占领了金华、兰溪等战略要地，为其获取重要战略物资提供了便利。

导致中国军队在浙赣会战中失利的原因是多方面的。第一，此次会战本来是由美军飞机轰炸日本本土所引发，但美军飞机在空袭日本之前，由于担心中国方面不能严守军事行动秘密，事先并未与中国方面进行接洽，

---

① 国民政府军事委员会军令部编《浙赣战役之检讨》，转引自《日军侵略浙江实录》，第114页。

② 《昭和十七、八（1942、1943）年的中国派遣军》（上），第158页。

③ 〔日〕服部卓四郎：《大东亚战争全史》第2册，张玉祥等译，商务印书馆，1984，第548页。

④ 何应钦：《对五届十中全会军事报告》，《何上将抗战期间军事报告》，《民国丛书》第2编第33辑，第520—521页。

⑤ 《日本军国主义侵华资料长编〈大本营陆军部〉摘译》（中），第215页。

直到执行前一周才告诉蒋介石。[①] 因此中国军队的战前准备很不充分，基本上属于临时应急的军事行动。而战役之后美国对于中国军队在面临日军猖狂进攻时纷纷退却表现出极大不满。第二，敌我力量悬殊。日军在此役中动用了9个师团约14万兵力，中国军队虽然也投入了相当的兵力，但日军装备精良，又有坦克、航空力量等配合作战，在整体力量上明显处于优势。第三，中国军方由于未能对日军发起此次战役的战略意图做出清晰研判，因此作战方针不断变更，作战过程步步陷于被动。战役开始前，第三战区司令长官顾祝同的打算是："今后战区对进犯之敌，决以确保金、兰要点之目的，先以有力部队逐次在金华附近及东阳、义乌、浦江、建德各既设阵地，予以打击，尔后依次固守金、兰及切断敌后，诱致敌人于金、兰要点前，以主力由金华东北、西北地区合围击而歼灭之。"[②] 但战役开始后，蒋介石则把决战的重点放在衢州，并在5月16日电令："我军方针，决在衢州决战，不得变更此作战方针。"[③] 后来蒋介石鉴于日军从东西两线迫近衢州，在6月3日又突然命令改变在衢州决战的计划，认为："若与之决战，不仅无甚意义，而且徒耗兵力，不易补充也。不如放弃决战，使之扑空，不能达成其击破我军主力之目的，而且保全我实力。"这一突如其来的变化，使各部很难做出迅速的反应。顾祝同在《呈浙赣会战失利请惩处电》中也不得不承认："终以计划变更，诸种准备及后方区处，未及遵时完成，大军转移之际，适值淫雨，路崩桥圮，行军极感困难，以致影响士气。"[④]

第四节 拱卫大后方的鄂西会战

一 中日排兵布阵

自淞沪抗战以来，因中国军队的不断打击，日军船舶损失逐年增多，

---

① 〔美〕巴巴拉·塔奇曼：《史迪威与美国在华经验》（下），陆增平译，商务印书馆，1985，第408页。

② 秦孝仪主编《中华民国重要史料初编——对日抗战时期 第二编 作战经过》（2），第555页。

③ 秦孝仪主编《中华民国重要史料初编——对日抗战时期 第二编 作战经过》（2），第561页。

④ 秦孝仪主编《中华民国重要史料初编——对日抗战时期 第二编 作战经过》（2），第581页。

尤其是太平洋战争发生后随着兵员输送和军需品运输之总量的迅速增加，分配给中国战场的船舶较少，日军在长江的航运急需增加船舶。与此相联系的是，自 1940 年 6 月攻占宜昌以来，日军北受汉水上游中国军队的牵制，后经第二次长沙会战中国军队在宜昌地区对其打击，还有位于江汉三角地带的王劲哉第一二八师等对岳阳、赤壁（今湖北省赤壁市内）间及其他长江航行地段的威胁，凡此种种，使日军愈来愈感到战略态势对其不利。这就意味着，日军要获取自宜昌至赤壁间长江及其附近河湖的中国船只，打通宜昌至汉口的长江航线，并为抢夺洞庭湖畔的粮食和继续威胁陪都门户，必须对长江两岸的中国野战部队作战。于是，日军在 1943 年 2、3 月间发动了“江北歼灭战”[①]，继之在 5、6 月间又发动了“江南歼灭战”，即鄂西会战。

4 月，日军第十一军集结第三、十三师团和第三十九师团以及配属的第三十四、四十、五十八等师团各一部，以及独立混成第十七旅团，共约 10 万人的兵力，分别集结于宜昌、枝江、弥陀寺、藕池口、华容一带地区，并在汉口、荆门等地集中航空兵 7 个战队及 1 个独立中队，有各型飞机 248 架，准备协助陆军，向中国第六战区发动新的进攻。其作战计划为，自 5 月 5 日至 6 月 10 日，分 4 期进行战斗：第一期歼灭湖南安乡、南县地区的中国军队；第二期以南北夹击方式歼灭湖北公安、枝江间的中国军队；第三期歼灭宜昌西部地区中国军队；最后实行返回作战。[②] 从此计划可看出，日军欲采用分区逐次蚕食的方针，对洞庭湖西北岸至宜昌以西之长江南岸地区依次进行 3 次包围攻势，歼灭第六战区的野战部队。依据上述计划，参加第一期作战的日军各部队从 4 月 16 日开始集中，至 5 月 4 日，在指定地点集结完毕，并完成作战准备，日军第十一军指挥官横山勇于 5 月 3 日将其作战指挥所从汉口西移至沙市。

2 月中旬，陈诚奉命担任援缅远征军司令长官，仍兼第六战区司令长官和湖北省政府主席。日军向第六战区发动新的攻势时，中国军队作战指

---

① 1943 年 2、3 月间，日军为改变在中国战场日趋不利的战略态势，企图打通赤壁、岳阳至沙市间之长江航运，乃纠集约 4 万人的兵力，实行所谓“江北歼灭战”，结果使活跃在汉阳、岳阳、潜江之间的江汉三角地带坚持抗战的王劲哉第一二八师遭到重大打击，损失巨大。参见敖文蔚《湖北抗日战争史》（武汉大学出版社，2006），第 229—234 页。

② 参见《昭和十七、十八（1942、1943）年的中国派遣军》（下），第 67 页。

挥的重任就落到战区代司令长官孙连仲肩上。孙多次召开会议，讨论军事重点是保卫洞庭湖粮仓还是固守长江上游三峡地带而拱卫陪都。远在云南楚雄的陈诚多次电示第六战区，指出应确保江防重点。早在3月间，日军第十一军占领江南华容、石首、弥陀寺一线，威胁安乡、南县，第六战区反击无效，即将其部署进行调整，其着眼点为，在荆山—巴东—恩施一带大山区的东面，将第一线部队布置于洞庭湖西北之长江南岸直至宜昌石牌一线，再由石牌至远安、宜城（不含）一线。这是以石牌要塞为交叉点的剪刀口形的守势部署，可严防日军经三峡或鄂湘川边窥视川东及重庆。5月上旬，日军在南岸江滩阵地的兵力不断增加，调动频繁，第六战区判断敌将有重大行动，其最大可能是从沙市或松滋南渡，配合洞庭湖西北日军进攻澧县及其以南之常德。

据此，第六战区又调整部署，做出新的作战计划：（1）第二十九集团军以第一线守备部队固守现阵地安乡、公安一线，其后方控制兵团，除以一部固守湖南津市、澧县外，其余应适时进出澧水南岸，联系第十集团军部队，击灭窜入该方面之敌。（2）第十集团军对松滋、枝江、宜都间敌军，应以有力一部依江岸设阵地拒止之，尽量抽集兵力适时向澧水以北地区进出，联系第二十九集团军，对窜入该方面之敌击灭之。（3）江防军应抽出一部，适时向聂家河（宜都西南18公里）方面进击，实施机动作战。（4）第二十六集团军以主力向龙泉铺（宜昌东）、双莲寺（当阳西南）进击，第三十三集团军以4个师之兵力向当阳攻击，以策应江南方面主力作战。这样，在宜昌西北之石牌至石首以南之南县这一纵深地区，部署了4个集团军，共计14个军40余师的兵力，还有中国空军第一、二、四、十一共4个大队及美国空军第十四航空队，共计各型飞机165架（轰炸机44架，驱逐机121架），协助陆军作战。[①] 这就表明，当新的大规模战事到来之际，中方还是加强了洞庭湖西北江南一带的兵力，以迎战敌人，即保三峡必先战于三峡以东，这虽与陈诚的鄂西兵力部署方针在总体上并不矛盾，但在之后的战争进程中却遇到了麻烦。

① 敖文蔚：《湖北抗日战争史》，第199—200页。

二　公安、松滋失守

日军在以沔阳、监利为重点的“江北歼灭战”结束后，经过短暂休整，于1943年3月8日夜至9日分别从尺八口（监利东南）、调弦口对岸、新关庙（沙市西13公里）等处进行渡江作战，占领了华容、石首及沙市西南岸的弥陀寺。日军“江南歼灭战”之第一期作战即以此为基础。这也表明，江汉三角地带敌后战场的丧失，对江南中国军队的战事影响甚大。

5月5日拂晓，日军第三师团（师团长山本三男）一部由藕池口（石首西北约8公里）向其南部茅草街、百弓嘴进攻，第十七旅团从石首向其南部团山寺攻击。同时，第四十师团一部由华容向三汊河（安乡东偏北11公里）进攻。中国守军第二十九集团军予以反击，双方展开激战。洞庭湖西北因江势迂回曲折，垸堤纵横，均为水网地带，中国军队无险可守；而对日军来说，虽道路狭窄，大部队运动较难，但武器精良、训练有素的日军以小股部队灵活作战，中国军队虽奋勇作战，仍难以抵挡。战至7日，由团山寺南进的日军第三师团及独立混成第七旅团攻占安乡。7—8日，由三汊河南进的小柴支队（由步兵第二三六联队长小柴俊男任其支队长）在进攻南县途中，在梅田湖（华容西部边境）、荷花市（南县西南）一带遭到守军猛烈抵抗，并且，户田支队步兵第二三四联队第三大队的中队长被打死。9日，小柴支队在占领南县后，随即向南追击撤退的第一六一师，并与第二一八联队会合。借助空军的联络，第二一八联队夺取中方隐藏在三仙湖中的约500只帆船及其他物资。敌由藕池口向津市（澧县东约12公里）方向进攻，经中国军队阻击，进展缓慢。因中方在战前已估计日军的主要攻击目的可能为夺取澧县及常德，加之这一阶段日军在江南的进攻路数逐渐增多，故中国军队采用分兵（段）把守即死堵的作战方针。这种战法必使兵力不敷分配，蒋介石觉察出孙连仲有动用江防军的想法，于6日晚电示：“一、查三峡要塞扼四川门户，为国军作战之枢轴，无论战况如何变化，应以充分兵力坚固守备。二、江防军不得向宜都下游使用。三、南县、津市、公安、松滋方面，应以现有兵力与敌周旋，并掩护产米区。四、特须注意保持重点于左翼松滋、宜都方面，以获得机动之自由。”[①] 显

① 转引自黄道炫等《20世纪的中国　4　民族存亡的搏斗》，河南人民出版社，1996，第345页。

而易见，蒋之命令，一是强调守卫四川门户最重要，江防军不能分兵他调；二是洞庭湖西北至宜都以下的作战要诀为与敌“周旋”，而不是“死堵”。

第二期作战变得复杂起来。日第十一军结束第一期战斗后，留一部兵力于安乡、南县一带，向澧县与常德方向做出佯动的架势，以掩盖西攻的目的，并牵制第二十九集团军，不让其向北转用。5 月 8 日，日主力第三师团奉令向东港（津市东约 10 公里）一带集结。9 日、10 日，野沟支队及第十三师团奉令由荆门一带向枝江、洋溪（宜都东南约 18 公里）对岸紫荆岭附近集结，准备新的作战。9 日，第十一军下达了第二期作战命令，其部署是：以第三师团分两路由东港、牛浪湖西侧向街河市（今松滋县城新江口南偏西 20 公里）和公安攻击；第十三师团切断松滋河西岸地区中国军退路，迅速进入间口（街河市西南 30 公里）附近，经大堰垱（澧县西北 17 公里）北侧至官山坡一线，策应第三师团作战；野沟支队向街河市方向前进，策应第三师团作战；独立混成第十七旅团留一部于大中堰（东港北偏西 10 公里）、如东铺（东港北 11 公里），警戒津市方面，主力进入公安方面，配合第三师团作战；针谷逸郎支队经太平运河沿岸向公安方面前进；户田、小柴支队在三仙湖和安乡地区“扫荡”；松本支队（第六十五联队第二大队）从弥陀寺附近向公安方面前进，并规定 12 日开始行动。①

此时，第六战区不知日军真正意图，只得做两手准备：一是将池峰城部第三十军由豫南新野调往鄂西秭归，以加强三峡方面的防务；二是将王甲本部第七十九军由洞庭湖南的益阳调往洞庭湖西的常德，以加强湘北方面的防务。

战事首先在公安、松滋间发生。12 日傍晚，石首、安乡的日军第十七混成旅团与第三师团分别开始向西进攻新安（澧县西 25 公里）与煖水街（澧县西北边境）一带。第三师团一部在澧县东港附近与中国军队第十八军第十一师交战后，经梦溪寺（如东铺西偏北 15 公里）向杨林街（街河市东南 7 公里）、街河市前进。因水乡小道的方向不易辨别，该部行进只能靠飞机通报情况，且北进中常遭袭击，如在孟溪寺附近就遇到第八十七军第一一八师的有力抵抗。14 日下午，该师团到达杨林街、街河市北侧的

① 参见《昭和十七、十八（1942、1943）年的中国派遣军》（下），第 78 页。

高地一带。15日中午接到空中侦察的报告后，即与第十三师团、第五十一旅团取得联系，派出部队向西斋（松滋西南约26公里）地区合围，但为时已晚，中国军队已撤退，只发生一些小的哨戒战。

与此同时，第三师团派出宫崎次彦大佐的骑兵联队，一并指挥铃木文夫的独立步兵第六十二大队，由东岳庙攻向公安城（南平），中国守军第八十七军第四十三师因四面受敌，乃向西转移，第三师团一部于14日19时占领了公安城。

5月9日，第十三师团（师团长赤鹿理）在江北岸五魁店（枝江西偏南约16公里）集结后，分左、右两路南进，对松滋西北、西南实行双层半月形包围。右路第一一六联队的进击路线由枝城（宜都东南12公里）、茶园寺（宜都东南23公里）、刘家场（松滋西南约30公里）、煖水街而达间口地区；左路第一〇四联队进攻路线由洋溪、观音寺、王家冲（松滋西南8公里）、西斋至大堰垱（澧县西北17公里）一带。

12日傍晚，第十三师团在猛烈炮火的掩护下，由松滋北面之枝江、洋溪间强渡长江，后与对岸守军第十八军第五十五师展开激战。同时，敌野沟支队亦从董市（枝江西偏南6公里）西南强渡长江，攻占了洋溪。日军几路南进，来势凶猛，企图南北夹击，将第十集团军压缩至西斋（松滋西南约26公里）、斯家场（松滋西南约18公里）一带歼灭之。但该集团军总司令王敬久在觉察到这一情况后，遂决定与敌稍事抵抗后，即令部队向西转移，利用山地构筑防御工事。此时，该集团军在番号上虽仍有5个师又1个团，但实际兵力仅三分之一强，战斗力十分薄弱。15日，第十集团军第八十七、九十四军分路西撤至煖水街、刘家场、茶园寺以西一线。16日，日第三师团做出攻占松滋城的部署，以宫崎次彦的骑兵第六十二联队，从公安沿松滋河向松滋进攻；第三十四联队经王家桥（松滋西南11公里）、向家河、陈家店（松滋西北），从西南、西北向松滋迂回；第六联队由大林子、水天河从南面进攻松滋城；第五十八联队向松滋以西、长江南岸的洋溪前进，以加强松滋西侧地区的警戒。因第十集团军主力已撤离这一地区，日军只遭到较弱的抵抗。17日，日军第三师团包围了松滋。18日拂晓，日军在几乎没有遭遇抵抗的情况下进入松滋城。至18日，第十一军在洞庭湖西北的第二阶段作战结束。

三　清江、石牌间的战斗

与第一、二期不同的是，鄂西会战第三期的地理环境主要为山区，这一重大变化严重影响中日两军的战斗进程，使之更加复杂和激烈。日军在结束第二期作战后，继续向西转用兵力，并针对山区作战和中国军队死守川东门户的特点，拟采用数路部队齐头并进、相互直接支援和配合的战术，捕捉及歼灭第六战区江防军[①]主力于清江、石牌之间。5 月 17 日晚，第十一军下达准备转入第三期作战的命令。根据这一命令，日军第三期作战的计划是：以参加第二期作战的各部队，“结合第三十九师团由扬子江畔发起的攻击，首先歼灭长阳周边之敌；继之，结合野地支队向宜昌西部地区突进，捕捉歼灭该地区之敌”。为此，第十一军于 5 月 19 日进行具体部署：第三师团于 5 月 21 日凌晨发起攻击，进入长阳附近，并准备北进，一部在宜昌以西策应野沟支队作战；第十三师团进入全福冲、渔洋关之后，继续进入都镇湾附近，并准备北进；野沟支队于 5 月 22 日凌晨发起攻击，进入宜都西侧地区；第三十九师团于 5 月 21 日夜从云池附近渡江后准备北进；野地支队从宜昌对岸向西突进，切断中国军队的退路。[②]

渔洋关（五峰东偏南约 38 公里）为宜昌、宜都至五峰和五峰至长阳的必经之处及重要关隘，且北经长阳可抵长江边的石牌要塞，战略地位十分重要。5 月 19 日凌晨，第十三师团分两路从煖水街、刘家场向皮家冲、三溪口（刘家场西）守军第四十三师及第一二一师阵地进攻，将其突破后，于 20 日分别进至子良坪（石门北部）、仁和坪（渔洋关东南约 18 公里）。由于守军第一二一师凭险奋勇抵抗，进犯渔洋关之敌沿途受到阻击，行进缓慢。21 日午夜，第十三师团步兵第一一六联队先头部队约 200 人窜抵渔洋关东北 2 公里处，与守军发生激战。第二天，敌后援部队不断到达，而且敌自 14 日起即对该地轰炸不停，第一二一师终因众寡悬殊，撤离渔洋关，向长阳东南川心店、龙潭坪一线转移。第一一六联队占领渔洋关后，23 日渡过渔洋河，24 日晨经与守军交战后占领了都镇湾（长阳西偏南 20 公里）。与此同时，独立混成第十七旅团由公安出发，在王家厂（澧县大

① 此时长江上游江防军为第十八、三十（临时由第三十三集团军调配）、三十二、八十六军等部，总司令为吴奇伟。

② 参见《昭和十七、十八（1942、1943）年的中国派遣军》（下），第 90—91 页。

堰垱西偏北约 11 公里）击退中国守军后，以其主力佯攻常德，掩护北面进攻部队和保障南翼之安全。

21 日晚，由枝城以南茶园寺（宜都东南 23 公里）西进的第三师团突破王家畈（宜都南偏西约 26 公里）附近的守军阵地后，以一部进攻熊渡，另一部则攻向熊渡东北的聂家河（宜都西南 18 公里）。22 日晚，第三师团渡过渔洋河，占领聂家河、磨市（长阳东南 8 公里）。23 日，该师团在越过马鞍山（长阳南）地区时，与第十三师发生遭遇战，双方伤亡较重。当夜，步兵第三十四联队及炮兵两个大队，在长阳以东约 3 公里的地方突破第十三师的封锁线，渡过清江。24 日中午，日军攻占长阳城，守军被迫退至长阳西北及清江北岸。与此同时，长阳东面的宜都危急。22 日，驻枝江的野沟支队（由步兵第五十一旅团等组成，原属第五十八师团）从四德桥（枝江西南 7 公里）攻向宜都。由于汪伪军李吉苍部第二十九师助纣为虐，敌轻易地占领了宜都。[①] 此后，即由这支伪军守备这一地区。

22 日夜间 1 时，第三十九师团（师团长澄田赉四郎）由云池（宜都北 11 公里）渡江后，下午在汪家棚与守军发生激战。23 日晨，日军又猛攻清江北岸鄢家沱，当晚守军撤离。之后，该师团即攻向宜昌对岸的刘家坪、大弹子垭及西流溪（长阳东北约 7 公里）一带，逐渐逼近偏岩（长阳北偏西 10 公里）。偏岩位于长阳与宜昌交界之丹水北岸，是从南面通往第六战区长官部的战略要冲，对保卫石牌要塞至关重要。当步兵第二三二联队继续向偏岩前进时，遭到守军的抗击，被迫停止攻势。此时，澄田赉四郎急调步兵第二三三联队由板桥铺（长阳东北）向西前进，至西流溪西南地区加入攻击。25 日，步兵第二三二联队到达西流溪以南与第二三三联队做交叉攻击时，在此地的守军已经搏斗两天，逐渐不支，于当日撤离。第三十九师团的这两个联队遂于当晚占领了偏岩。

依山傍江的石牌位于长江西陵峡右岸，东距南津关、西距三斗坪均为 13 公里，三者几乎处于同一线上。据《东湖县志》所载，石牌“有巨石横六七十丈，如牌筏，因名”。三斗坪是当时的军事重镇，第六战区前进指挥所和江防军总部等均设于此。自日军侵占宜昌后，石牌便成为拱卫陪都重庆的第一道门户，战略地位极为重要。早在 1938 年冬，海军曾在石牌

① 参见《日本军国主义侵华资料长编〈大本营陆军部〉摘译》（中），第 757 页。

西北的柳林沱设置总炮台，在石牌建立第一炮台，在庙河设立第二分台，共安装大炮 10 尊；与之相配套的还有川江漂雷队、烟幕队等，[①] 是为石牌要塞，军委会派重兵防守在这一带。

蒋介石对石牌要塞的安危极为关注，5 月 22 日再一次发出电令：“石牌要塞应指定一师死守。”胡琏部第十一师担起了这一重任。后在石牌战局极为紧张时，蒋介石令守卫此地的全体将士要将石牌变成“中国的斯大林格勒”。28 日，日军第三、三十九师团开始向石牌推进。是日，第三师团从高家堰（石牌西南约 24 公里）进入宜昌县境，向第十一师第一道防线南林坡阵地发起攻击。同时，右邻之覃道善部第十八师阵地也受到日军袭击。战至黄昏时分，日军向第十一师共发起 5 次冲锋，只突破部分阵地。战至 31 日，经日机连续轰炸和疯狂炮击，中国军队伤亡惨重，仍坚持战斗。29 日，第三十九师团主力经余家坝（土城西南）、曹家畈（桥边西南偏北约 7 公里）向牛场坡、朱家坪（桥边西北 13 公里）进犯，并从天柱山向木桥溪（高家堰西北 7 公里）迂回。中国军队与日军激战竟日，终失牛场坡。30 日，朱家坪也陷于敌手。早在 27 日，因宜昌以下航道业已打通，由汉口第二停泊场司令里见今二大佐指挥，将宜昌的各类机动船只 53 艘（1.6 万吨）经沙市、监利驶向汉口。

与此同时，第三师团另一部越过桃子垭，向桥边（宜昌西偏南约 9 公里）南之天台观（海拔 448 米，桥边西南 45 公里）一线吴啸亚部暂编第三十四师阵地进犯。沿点心河从天台观背后向中国军队进攻时，遭到猛烈阻击。日军无奈遂转攻王家坝，又遭到中国军队分头迎击，无法前进。随后，日增援部队赶到，掐断了天台观守军与友军的联系。守卫天台观的一排战士，不顾敌机狂炸，顽强拼搏，直至全部壮烈殉国。30 日，日军在空军掩护下向石牌要塞强攻。日军分成若干小股向守军阵地猛攻，只要有一点空隙，即以密集队伍冲锋，作锥形深入。在曹家畈附近的大小高家岭，第十一师与日军展开肉搏战达 3 小时之久。[②] 攻击三角岩、四方湾（桥边西南 11 公里）之敌 1000 余人为争夺制高点，竟施放毒气弹。

为保卫石牌，中国空军和美国盟军战机频频出动，在战场及战场附近

---

① 参见闵江月《浴血大鄂西——中日鄂西会战纪实》，《宜昌市文史资料》第 16 辑，1995，第 55—56 页。

② 参见陆治《鄂西会战见闻》，《湖北文史资料》第 11 辑，1985，第 213—214 页。

对日军进行攻击，断敌增援和补给。31 日，在石牌之战的最后时刻，中国空军与地面部队联合作战，并同日军飞机展开激烈的空战，击落敌机 6 架。与此同时，石牌要塞的海军官兵，除不断向江面布放漂雷，阻止日军舰船溯江西上协同作战外，坚守炮台战斗岗位，沉着应战，任凭日军飞机、大炮猛烈轰击，临危不惧，决心与炮台共存亡。日军久攻石牌不下，损兵折将，信心完全丧失。至 31 日晚，战场上的枪炮声突然沉寂下来，进犯石牌之敌纷纷掉头东返，石牌要塞之战终以中国军队的胜利而告结束。

四　宜都地区追击战

早在“江南歼灭战”发动前夕，日军对这次会战的目标及作战期限即规定得十分明确。经过 20 余天的连续作战，至 5 月 29 日，日军第十一军认为打通长江航线，使宜昌船舶下航及歼灭第十集团军、江防军主力的任务已经完成；同时，日军进攻石牌要塞也很不顺利，于是，第十一军于 29 日、30 日两天就“返还作战”进行部署，决定恢复原来的警备态势。31 日，日军各参战部队分别沿清江、渔洋河及澧水两岸，东向宜昌、宜都、枝江及藕池口实行正面撤退，返回原驻地。

早在 30 日中午，江防军总司令吴奇伟即觉察出当面日军有退却模样，立即命令“各军务严督所部努力搜索当面敌情，如发现敌有退却模样，应即行追击”。31 日，第六战区发现日军确有撤退迹象，随即下达追击命令，令江防军就现态势向当面日军进攻；令第十集团军以主力沿渔洋河两岸，以一部沿渔洋河北岸向枝江、红花套方向追击；令第七十四军驱逐王家厂、煖水街一带日军，继续向公安、磨盘洲（松滋南 5 公里）挺进；同时令第二十六、三十三集团军向当面日军进攻，以策应向江南地区的追击行动，并规定开始追击的时间为 6 月 1 日拂晓。同时，为增强追击作战的兵力，陈诚当即决定调湘军驰援湖北。随后，第七十九军便由石门向五峰渔洋关方向前进，第七十四军由桃源向石门集结，第二十七师亦进抵梛树店东南地区。[①] 同时，第八十七军开始向渔洋关、天柱山方向侧击、尾击日军。

---

① 参见《鄂西会战经过概要》，秦孝仪主编《中华民国重要史料初编——对日抗战时期　第二编　作战经过》（2），第 603 页。

早在29日，第八十七军新编第二十三师首克五峰渔洋关。为利用这一战果，陈诚令第七十九军改向渔洋关东北前进，以断敌退路。在渔洋关东南，31日后，第七十四军及第二十九集团军先后克复煖水街、王家厂、新安，并进逼至公安附近。这样，撤退中的日军第十三师团后卫部队左右无援军，于宜都栗树垴（聂家河西南18公里）、聂家河和长阳磨市等地被中国军队追击，双方发生激战。被第六十九团第一营包围的日军100余人竖起白旗表示“投降”，当中国军队接近时，迅速发起反击。第六十九团即集中优势兵力，将这股顽敌全部歼灭。

与此同时，日军第十三师团第一〇四、一一六联队之各一个大队以及第六十五联队之一部，共3000余人，于长阳东逃途中，由于中国第十集团军的抑留或超越追击，3日，被包围于长阳磨市附近。经过激战，至5日，第十三师团一部在磨市被第七十九军击败，步兵第一〇四联队第二大队长皆塚义昌被击毙，中国军队收复磨市。但日军残部退据磨市东南的陶家坡高地顽抗。此后，这支日军在已撤至江北的海福部队和空军的援助下，在施放毒气后趁机突破包围，与聂家河之敌会合。

宜都位于宜昌与松滋之间，北临长江，是这次日军东退的主要通道，其渡江点也大都在宜都江南一带。向宜都方面撤退的第十三师团主力及独立混成第十七旅团，遭中方重兵追堵，处于困境之中。一方面，退至宜都江南岸红花套（宜都北偏西约15公里）、汉洋坪（宜都西北4.5公里）一线的日军，因船只多被中国空军炸沉，渡运迟缓，4000余人抢渡不及，被中国军队包围；另一方面，退至宜都西南聂家河、滥泥冲（宜都南偏西约11公里）一带的日军，或被追击，或被包围，也难以东撤。6月4日起，中国军队第七十九军向宜都之敌发动正面攻击。该军以第一九四师为右翼队，展开于宜都以东江边白塔山—三里店一线；以第九十八师为左翼队，展开于五里店（三里店南端）—长阳河右岸一线，向日军攻击前进。中国军队与日军激战半日，反复冲杀三次，仍未得手。由于已退到白洋（宜昌东南约7公里）、枝江的日军回头增援，将中国军队包围于肖家岩（宜都南偏西约15公里）、滥泥冲一带，战斗十分激烈。第九十八师与第一九四师商定，第一线各留一半兵力死守现阵地，其余兵力集中先击溃滥泥冲、肖家岩回援之敌，打开一个缺口，然后分别向日军进攻。6日，中方后续部队暂编第六师赶到，立即向肖家岩敌攻击前进。在空军支援下，战斗不到 3 小时，便突破了缺口。同日，已撤至公安附近的日军独立混成第十七旅团，奉第十一军的命令援救宜都被围困的部队，在途经松滋斐李桥（磨盘洲西南约 10 公里）时与中国军队第五十一、五十八师遭遇，经激战后基本被击溃；日军独立步兵第八十七大队大队长浅沼吉太郎中佐、独立步兵第八十八大队大队长小野寺实中佐先后被击毙。后来，日军第十三师团因无援军协助，被迫向中国军队正面突围，小部由北面经白洋东去，主力经宜都江边向枝江方面溃逃。7 日晚，第七十九军暂编第六师在黄家铺袭击第十三师团战斗指挥所，师团长赤鹿理深夜出逃，9 日窜回沙市。8 日，中方反击部队第一二一师收复宜都。9 日，第一二一师与第一八五师同时进入枝江城。

与此同时，其他各路的反击也有成效。暂第三十五师和第一二一师攻占天柱山、两河口，然后分向鄢家沱、长阳城、津洋口反击。江防军分别从高家堰、落步培，向桥边、红花套反击。这样，日军第三、第三十四、第三十九各师团残部，分别由宜昌、红花套之间逃窜。独立第十七旅团从牛浪湖方向撤逃。第四十师团残部向藕池口、石首逃窜。

10 日，长江南岸的日军从沙市对岸和石首附近渡江。至此参加会战的日军全部撤退到北岸。同日，第十一军战斗指挥所自沙市返回汉口。

11 日中国军队收复宜都洋溪镇和松滋县城。12 日收复磨盘洲、新江口等地。至 19 日先后收复公安、安乡、南县等失地。[①] 至此，中国军队开始恢复战前态势，鄂西会战结束。

鄂西会战从 5 月 5 日开始，至 6 月 19 日结束，历时一个多月。战线东起湘北之华容，西至长江西陵峡口之石牌，绵亘千里。三军将士同仇敌忾，浴血奋战，使不可一世的侵华日军遭到惨败，无功而返，第六战区乘胜追击，收复大片失地，取得辉煌胜利。

据日方战史统计，自 5 月 5 日至 6 月 10 日，中国军队战死 30766 人，被俘 4279 人；日方战死 771 人，负伤 2746 人。[②] 中国方面的伤亡很大是确定无疑的，但日方的统计也有矛盾之处，未必精确。

鄂西会战在一定程度上打击了日军的有生力量，更重要的是阻滞了日

① 敖文蔚、王蕾、徐建华：《湖北抗战大事记》，《湖北文史资料》1995 年第 1 期，第 285 页。

② 参见《昭和十七、十八（1942、1943）年的中国派遣军》（下），第 107—108 页。

军向陪都重庆的进攻，有利于中国的持久抗战。经过此次会战之后，日军再也没有对鄂西发动大规模的军事行动。因为在这次会战中，日军亲身体验到鄂西险峻地形及防御设施的具体情况：宜昌西岸至三斗坪、茅坪一带均为山区，地势险峻，山路崎岖，不利于重武器和大部队的运动，加之中国军队在这一带筑有较坚固的工事，防守严密，日军的优势难以发挥。

在这次会战中，中国空军和美国空军第十四航空队发挥了巨大的作用。自 5 月 19 日起，他们对汉口、荆门、沙市、宜昌等地的日军机场及前线阵地进行了猛烈的轰击，共出动驱逐机 326 架次、轰炸机 80 架次，击落日机 41 架，炸毁日机 6 架，破坏日军机场 5 处，炸毁日军阵地及军事设施 6 处，炸沉、炸伤日军舰船 23 艘，毙伤及毁坏人马车辆甚多。[①]

第五节 失而复得的常德会战

一 战役发生的背景与中日双方的部署

鄂西会战之后，太平洋战场的形势对日本愈发不利。美军在南太平洋先后展开了一系列反攻，并在新几内亚等地进击日军，完全掌握了战争的主导权。日本南方军节节败退，海军和航空兵遭遇重大打击。太平洋战局的变化迫使日本不得不调整对中国的政略和战略，试图尽快把牵制在中国战场的军队解脱出来，争夺太平洋战场的主动权。为此，日军大本营从战争全局出发，严格控制侵华的中国派遣军在这一时期的进攻作战。但是，中国派遣军总司令官畑俊六却对大本营的策略调整持不同意见。在畑俊六看来，仅仅依靠政略难以解决中国的问题，“要使重庆脱离同英、美的关系，除了武力以外别无他计”。[②] 为此，畑俊六希望大本营推进对重庆的进攻作战。大本营方面虽然承认进攻重庆意义重大，但由于太平洋战局不利，全军兵力不敷应用，且因国力所限增派或新组建部队都很困难，因而拒绝了畑俊六的建议，要求中国派遣军把 1943 年后半期的作战指导重点放在“粉碎敌驻华空军和加强占领地区安定，以及兵力集结训练方面”。[③] 所

---

① 蒋纬国总编著《国民革命战史 第三部 抗日御侮》第 8 卷，第 59 页。

② 《日本军国主义侵华资料长编〈大本营陆军部〉摘译》（下），第 39 页。

③ 《昭和十七、八（1942、1943）年的中国派遣军》（下），第 109 页。

以，鄂西会战结束后的几个月内，华中地区的日军没有向周边地区发动进攻，中国军队也没有发动大规模反攻，双方形成对峙局面。

这一时期，国民政府为了与盟军协同打通中印公路，先后从第六、第九战区陆续抽调军队转用于云南及印度，准备反攻缅甸。日军中国派遣军总部则根据大本营的指示，围绕当时的战争全局，于1943年8月28日制定了《昭和十八年秋季以后中国派遣军作战指导大纲》（以下简称《作战指导大纲》），尽力争取大本营批准派遣军在限定的作战范围之外实行进攻作战。《作战指导大纲》的重要内容之一，就是发动常德作战。

常德是湘北重镇，川贵的门户，陪都重庆的屏障，战略地位十分重要。同时常德附近地区滨临洞庭湖，盛产粮、棉、油等物资，在武汉、沙市、宜昌失守后，这里成为重庆大后方重要的物资补给线。对于常德的重要地位，日本中国派遣军方面有如下分析："常德是西部政治、军事、经济的中心，是重庆军补给命脉的一环，也是战略要冲。如占领此地，东南可窥伺长沙、衡阳，西可窥伺四川东部，威胁重庆。"① 《作战指导大纲》指出，发动常德作战的目的，是"进攻常德附近，搜索并歼灭敌中央军，摧毁第六战区根据地，以削弱敌继续抗战的企图，同时为派遣军在减少兵力之后能顺利完成任务创造条件，并且牵制可能调往云南的重庆军机动兵力，以策应南方军作战"。② 为此，中国派遣军总司令部专门派人携带《作战指导大纲》到东京参谋本部进行说明，并特别希望大本营批准常德作战。对此，大本营表示："该作战在不妨碍大本营意图全面调动兵力的限度内，极力加强对敌压迫，并且牵制敌人向云南方面调集兵力，这从全军立场出发认为是必要，因而可以实行之。"③ 9月27日，大本营发布大陆命第853号，指示"中国派遣军总司令官为执行现任务可在华中方面临时越过作战地区实行作战"，④ 正式批准了常德作战计划。

在得到大本营的批准后，9月28日，日本中国派遣军命令华中方面军第十一军承担作战任务，并准备于11月上旬发动作战。第十一军按照总部的命令，拟订了进攻常德的作战计划，主要内容为："首先以一部歼灭安

① 《日本军国主义侵华资料长编〈大本营陆军部〉摘译》（下），第47页。
② 《昭和十七、八（1942、1943）年的中国派遣军》（下），第110页。
③ 《昭和十七、八（1942、1943）年的中国派遣军》（下），第112页。
④ 《昭和十七、八（1942、1943）年的中国派遣军》（下），第125页。

乡附近之敌，以主力消灭王家厂周边地区之敌，继而攻占常德，同时追索该方面集结反攻之敌，予以歼灭。作战目的一经完成，即按另行下达之命令开始返还，击灭残敌，恢复原态势。”① 作战阶段划分为三期：“第一期，消灭王家厂周边地区及安乡附近之敌；第二期，攻占常德并消灭该方面猬集反攻之敌；第三期，返还。”② 整个作战期间为一个半月。

为准备常德作战，第十一军先后从湖北、湖南、江西等地调动了下辖的第三、第十三、第三十九和第六十八师团，并抽调了位于安庆附近的第十三军第一一六师团主力，再加上第五十八师团古贺支队、第三十四师团佐佐木支队、第六十五师团柄田支队、第四十师团户田部队、独立混成第十七旅团宫胁大队，组成了一支由 5 个师团和 5 个支队（部队）共计 45 个步兵大队组成的地面部队。各部队从 10 月中旬开始调动，10 月 31 日前分别在郝穴、江陵、石首、监利等地集中，然后渡过长江，集结于攻击发起位置。11 月 1 日，日军的作战准备就绪。

常德地区位于第六战区和第九战区的接合部，归第六战区管辖。第六战区的任务是“巩卫陪都、歼灭侵入之敌”，③ 管辖范围为湖北西部，战区司令长官由孙连仲代理。鄂西会战后，第六战区共有第十、第二十六、第二十九、第三十三 4 个集团军和江防军。9 月下旬，日军开始集结兵力。尽管日军要求各部队的调动“一律要在夜间进行，要保密隐蔽，并尽可能减少敌人空袭造成的损害”，④ 但如此大规模的兵力集结还是引起了第六战区的警觉。第六战区司令长官部判断日军有可能再度发动进攻，但对日军的战略意图和主攻方向一时难以判明。在 10 月 10 日修正完成的《第六战区三十二年第一号（守势）作战计划》（以下简称《（守势）作战计划》）中，战区制定作战方针如下：“1. 战区以巩固陪都之目的，配置重点于石牌、庙河两要塞，先以第一线兵团依纵深据点工事逐次予敌以打击，最后固守常德、石门、渔洋关、资丘、石牌、庙河、兴山、歇马河、南漳各要点，再由第二线兵团之机动，协同第一线兵团转移攻势，击灭进攻之敌。

---

① 《昭和十七、八（1942、1943）年的中国派遣军》（下），第 130 页。

② 《昭和十七、八（1942、1943）年的中国派遣军》（下），第 131 页。

③ 《第六战区常德会战前敌我态势要报》（1943 年 12 月 26 日），《抗日战争正面战场》（下），第 1180 页。

④ 《昭和十七、八（1942、1943）年的中国派遣军》（下），第 131 页。

2. 敌如以小部队向我某一方面行局部攻击时，则主要以第一线兵团击溃之。”[①]《（守势）作战计划》还列举了五种日军可能的进攻方式与中国军队的会战实施规划，其中两种规划准确地预测了日军常德会战时的进攻途径。[②] 但由于战区的主要职责是巩卫陪都重庆，所以军事部署的重点还是放在守住长江防线和各入川要道关隘方面，湘西地区的防御力量相对薄弱。

10 月下旬，重庆军事委员会据各方面的情报，判断日军“将抽集其中战场之兵力，再向江、湖三角地带进犯，以消耗牵制我兵力，并（达）掠夺物资之目的。先压迫我 10AG、29AG 于聂家河、煖水街以西山地，再向左旋回进趋石门、澧县，如战况顺利，则渡澧水，犯常德”。基于上述判断，军委会于 10 月 28 日电令第六、第九、第五战区，进行以下部署：

（1）第六战区 10AG（王敬久辖 66A、79A）、29AG（王缵绪辖 44A、73A），以各集团军之各一部，于河沼地带阻击敌人，而以各军之主力，利用津、澧河流及煖水街一带之山地，以侧击、伏击方法击破进犯之敌。

（2）以 74A（王耀武辖 51D、57D、58D，驻常德、桃源）之 57D，固守常德，军主力位置于大［太］浮山附近，准备机动。

（3）直接支援

a. 以 100A（施中诚辖 19D、63D，驻浏阳）准备推进至益阳待命。

b. 以中、美空军即向沙市、监利、石首、华容之敌及沙市、岳阳间敌舰轰炸。

（4）间接支援

a. 以 26、33 两集团军，各以二—三个师向当面敌之弱点深入、攻击。

b. 第九战区以二个师兵力向岳阳以东地区敌之弱点深入、攻击。

---

① 《第六战区三十二年第一号（守势）作战计划（1943 年 10 月 10 日修正）》，湖南省档案馆、中国第二历史档案馆编《抗日战争湖南战场史料》（4），湖南人民出版社，2012，第 11 页。

② 《抗日战争湖南战场史料》（4），第 12—14 页。

c. 第五战区以二个师兵力，向京山、皂市袭击。

d. 各策应部队应于十一月四日以前，移于第一线附近，待命开始攻击。①

第六战区长官部当即依据军委会的电令，并参照修正后的《（守势）作战计划》，对下辖各部实施兵力部署。其配置情况为：第十集团军负责鄂西江南地区的守备，总司令部驻太平街；第二十九军担任湘西方面的守备，总司令部驻桃源；军委会直辖的第七十四军在常德、桃源地区整训，归第六战区督训。其他部队中，第三十三集团军守备转斗湾迄大水领一线；第二十六集团军负责鄂西江北方面的守备；江防军负责长江正面的守备；第一〇〇军则为战区预备兵团，驻守浏阳。②

二　外围拦截战

1943 年 11 月 2 日，日本中国派遣军第十一军在司令官横山勇的指挥下，发动主力地面部队 5 个师团和 5 个支队（部队），加上飞行第四十四战队、毒气与辎重战车等联队，并裹挟部分伪军，共约 10 万人，130 多架飞机，从东起华容、西迄松滋长达 200 公里的长江南岸，向第六战区第十集团军和第二十九集团军防御的一线阵地发起全面进攻。中国守军奋起抗击。常德会战正式打响。

常德会战爆发后，第六战区司令长官孙连仲电令江防军固守长江阵地，慎防来敌；第二十六集团军与第三十三集团军待命策应；第七十四军开往桃源，该军已在常德附近构筑工事的第五十七师立即进入常德城；受到日军攻击的第十集团军和第二十九集团军则分别在从宜都至藕池口、从藕池口到华容的防线上正面迎敌。到 11 月 5 日，在利用长江、湖泊等天然障碍以及防御工事逐次阻击和消耗日军后，第十集团军退至聂家河、煖水街、王家厂一带主阵地，第二十九集团军第四十四军退至安乡一带，滨湖地区大部分为日军占领。6 日，日军第六十八师团攻占了安乡，主力部队第三十九师团、第十三师团、第三师团和佐佐木支队则先后进至刘家场、

① 《军令部编：常德会战之检讨》（1944 年 2 月），《抗日战争正面战场》（下），第 1207—1208 页。其中，AG 指集团军，A 指军，D 指师。

② 蒋纬国总编著《国民革命战史　第三部　抗日御侮》第 9 卷，第 11—13 页。

太平街、煖水街、王家厂一带。8日，蒋介石亲自指挥会战，电令第十集团军“即刻集中主力，击破向煖水街方向突进之敌”。[①] 此后，第十集团军集结在煖水街一带，迎击日军主力部队。双方鏖战一个多星期，伤亡惨重，战事呈胶着之态。

11月12日，日军第十一军司令官横山勇认为第一期作战目的已基本实现，决定从13日起进入第二期作战，目标为“歼灭常德周边之敌，然后攻占常德”。[②] 日军遂改变主攻方向，留置第三十九师团、古贺支队和宫胁支队在煖水街一带对第十集团军牵制作战，其主力部队第十三师团、佐佐木支队和第三师团则转锋南下，进攻澧水以南地区。

11月13日清晨，日军第十三师团首先开始行动，从煖水街附近的新门寺南下，在攻占第七十三军左翼第十五师阵地后，顺利渡过澧水。13日晚，第三师团也从王家厂附近的元岭寺出发，南进到石门、新安一线，攻击布防于澧水两岸的第二十九集团军。第二十九集团军本就在滨湖区受到日军第一一六师团的进攻，日军第三师团加入战局后，集团军多面受敌，损失惨重。第六战区司令长官孙连仲遂电令第二十九集团军，暂时放弃滨湖区，撤守石门至澧县间，依托澧水布防。集团军总司令王缵绪命令第四十四军驻守澧县及各渡口，第七十三军主力据守石门要点。11月13日，王缵绪以部队伤亡过大，率领第四十四军放弃澧水防线南撤，令第七十三军仍然坚守石门。14日，日军对石门发动总攻，除正面强攻外，并以一部夺取原由第四十四军驻防的新安，由此越过澧水，抄绝第七十三军退路。由于石门右翼已被突破，第七十三军岌岌可危。情急之下，军委会军令部次长刘斐越过第六战区，直接指挥王缵绪总司令，准许第七十三军突围。14日晚间，汪之斌军长率部开始渡澧水南撤，留下暂编第五师死据石门，掩护全军渡河。暂五师在最后撤退时，遭到日军围攻，师部被截击，部队大乱，师长彭士量指挥残部，奋力冲突，被敌机扫射命中，壮烈殉国。第七十三军在涉水突围时也遭到日军截击，建制全散，两个师均失去掌握，各自夺路突围。汪之斌率军部向西退往慈利。15日，第七十三军接到蒋介石的电令：“此次参加鄂西作战之各部队，迭挫敌寇，殊堪嘉许，惟石门

① 《蒋介石致孙连仲等密电》（1943年11月7—19日），《抗日战争正面战场》（下），第1180页。

② 《昭和十七、八（1942、1943）年的中国派遣军》（下），第143—144页。

关系全般战局之得失，望转告所部，务须坚守。”① 但此时阵地已被突破，石门要点宣告失守。此后，日军第三师团渡过澧水继续南下，进至漆家河以东地区。21 日，第三师团在空降部队的配合下袭取了桃源，切断了第七十四军主力与其防守常德的第五十七师的联系，然后继续向常德南方突进。

在日军第三师团攻占石门前后，第十三师团也渡过了澧水，于 17 日攻占了慈利，而后向东、南进犯，到达常德以西地区。日军第六十八师团从鱼口附近出发，渡过洞庭湖，进攻汉寿，到达常德东南方地区。第一一六师团主力 15 日由合口渡过澧水后，又在 18 日攻占了临澧，从正面直扑常德，并于途中占领了陬市。退守陬市的第四十四军第一五〇师师长许国璋已接到战区颁布的不得退过沅江的严令，决意率部死守陬市。但是在日军第一一六师团的猛攻下，一五〇师不到半天便近乎全军覆没。许国璋师长亲率残部上前冲杀，受重创昏迷，被警卫抬上渡船送走。许国璋醒来后，见自己已经渡过沅江，部队大部溃散，又遭遇日军第三师团一部，悲愤之下夺过身边卫士佩枪自尽，以死殉国。日军第一一六师团在攻占陬市后，抵近常德城。

日军各部队大举进攻，已经对常德形成了合围之势，第六战区研判战况，决定诱敌于常德附近的沅水两岸并加以围歼，遂命第十八军在王家厂一带攻敌后方，以策应常德西北地区的作战；第七十三军和第七十九军在石门、慈利一带向日军右侧包围攻击；第四十四军固守常德西北的太阳山、太浮山和盘龙桥；第七十四军第五十七师则坚守常德，并另派军队逐次向常德增援。此时，会战的作战重心已移至常德城。

三 常德城失陷

常德城濒临洞庭湖，南靠沅江。守城的第七十四军第五十七师代号“虎贲”，是蒋介石的嫡系精锐部队。11 月 18 日，日军第六十八师团先头部队进攻常德城东郊的牛鼻滩一带，被第五十七师警戒部队阻止，常德城保卫战由此开始。第二天，蒋介石致电孙连仲等，要求包括第五十七师在

① 《第六战区常德会战作战经过要报》（1943 年 11 月 1 日至 12 月 26 日），《抗日战争正面战场》（下），第 1188 页。

内的部队“保卫常德，而与之共存亡”。[①] 师长余程万率领全体官兵，准备与敌寇决一死战。在首先展开的城郊阻击战中，东郊的岩包和西郊的河洑山的争夺都非常激烈。岩包阻击战中，第五十七师第一六九团第一营营长杨维钧率300名官兵顶住日军4000多人的猛扑，营指挥中心岩包碉堡五得五失，绝大部分官兵阵亡。在西郊的河洑山，第一七一团第二营营长阮志芳率500多人死守，打退敌人的数十次冲锋。23日，守军弹药告罄，包括阮志芳在内的绝大多数官兵牺牲，河洑山失守。师长余程万鉴于部队伤亡过大，命令外围阵地各部队全部退入城内，据守常德城垣。

11月22日，日军预定担任攻城任务的第一一六师团分两路向常德城进攻。第五十七师守军顽强抗击，日军伤亡甚大，第一〇九联队联队长布上照一大佐被击毙。其后，日军第十一军在23日晚做了如下部署：“1. 第一一六师团从北方及西方全力攻击；2. 第三师团以1个联队基干从南方进行攻击（军直辖）；3. 第六十八师团以1个大队基干从东方进行攻击（军直辖）；4. 攻击常德的起始时间预定在25日夜。”[②] 25日夜，日军参加攻城的部队全部投入战斗，争夺常德城垣的战斗全线展开。从26日到28日，日军各部队投掷、发射大量毒气弹，并在航空兵及炮兵支援下，先后对常德城各城门发起数十次冲锋。第五十七师将士抱定与城共存亡之决心，面对数倍来犯之敌，往复冲杀，给日军沉重打击，但各城门附近城防工事大部分被摧毁，守军损失惨重。28日，师长余程万急电战区请求援军和弹药接济，同时表示：“职师四面受敌，血战七昼夜，虽伤亡惨重，将所有杂兵均编入战斗，士气旺盛，全体官兵谨遵钧座意旨，咸抱决心愿与常城共存亡。”[③] 29日凌晨，日军依靠优势兵力与装备，从北门和东门之间的豁口攻入常德城内。

从11月29日到12月3日，是常德保卫战中最惨烈的巷战。日军突入城内各大街小巷，第五十七师将士则依凭各条道路上设立的火力点同敌人展开了激烈的争夺。日军因伤亡过重，不得不尽力避开道路，采取小股渗

---

① 《蒋介石致孙连仲等密电》（1943年11月7—19日），《抗日战争正面战场》（下），第1181页。

② 《昭和十七、八（1942、1943）年的中国派遣军》（下），第157—158页。

③ 《第六战区常德会战作战经过要报》（1943年11月1日至12月26日），《抗日战争正面战场》（下），第1191页。

透的办法，在逐个破坏民宅的过程中向前突进。但由于守城士兵利用民宅架设枪眼，和日军逐屋争夺，使日军进展甚微。29日，在城内“扫荡”的日军各部队接到命令：“烧毁常德市街，迅速取得战果”，[①] 于是各部队四处纵火焚烧民宅，并派飞机“竟日投掷烧夷弹，城区大火蔽天”，[②] 对于不能燃烧的砖瓦土墙民宅和碉堡，则继续实施爆破。整个常德城尽成焦土废墟。第五十七师守军伤亡殆尽，被迫退至城西南角的据点，继续与敌拉锯搏斗。

常德城破之时，从外围援助常德的中国军队各部队均为日军所阻，无法进援。军事委员会乃于29日急电第九战区司令长官薛岳，要求第九战区应“以速解常德围为主眼，着即将第十军保持主力于左翼，向德山及其以西地区突进为要”。[③] 此时第十军已渡过资水北上来援，但一直为日军所压制。在接到战区的命令后，第十军于30日拂晓起以预备第十师向阻击的日军发起猛攻。预十师以一部牵制当面日军，师主力乘机钻隙急进至常德城南的德山。12月1日黄昏，预十师第七团向常德突进，但因无船筏，无法渡沅水与第五十七师会合，又遭到日军的阻击及侧击，被迫退回德山。此间，预十师师长孙明瑾在与日军的战斗中身中数弹，壮烈牺牲。

各路外围援军先后受阻，城内的巷战却益形炽烈。11月30日拂晓，日军改变全线推进的战术，集中火力，先用平射炮，然后迫击炮，再用燃烧弹，将残存的掩体逐个击毁，以此减少伤亡并开辟进攻路线。第五十七师官兵在建筑物及碉堡尽毁后，“与残破工事，节节同归于尽，所固守者仅核心一小地区，犹以仅存少数人枪，有一人使一人，有一枪使一枪，无枪则使刀矛或砖石木棒，与敌死拼。直至弹尽人绝”。[④]

战斗至12月2日晚，第五十七师8000多人只剩下数百人，援军迟迟未到，弹药即将告罄，飞机输送艰难，据点也仅剩文庙与中央银行两个，再难支撑下去。3日凌晨，余程万召集少数几个团长开会，决定突围，于是翻越南城墙，乘小船渡过沅江突出重围。留守牵制日军的第一六九团团

① 《昭和十七、八（1942、1943）年的中国派遣军》（下），第170页。

② 《第六战区常德会战作战经过要报》（1943年11月1日至12月26日），《抗日战争正面战场》（下），第1192页。

③ 《蒋介石致薛岳等密电》（1943年11—12月），《抗日战争正面战场》（下），第1182页。

④ 余程万：《常德守城战纪实序》，《武陵文史》第5辑，1989，第1页。

长柴意新率残部50多人，扼守最后一个据点，与日军死拼，不幸中弹牺牲。12月3日，常德沦陷。

四　收复常德后的追击战

常德保卫战之前，军委会已确立将日军吸引至常德附近，然后转移攻势，以强大的外线兵团将其围歼于常德与洞庭湖间地区的作战指导思想。但是到常德城陷落前后，外线各兵团在日军强力阻击下，进展困难。12月2日晚，军委会与常德失去无线电联系，判断常德可能已经失守。3日，蒋介石电令第六、第九战区："……（二）无论常德状况有无变化，决依既定计划围攻敌人。（三）第九战区速肃清沅江南岸之敌，并准备以有力部队进出沅江北岸，策应第六战区之作战。（四）第六战区之第七十四军、第七十九军，应以必要一部，肃清各当面之敌，以主力围攻常德附近之敌。以上各军，暂由王副总司令耀武指挥。第十八军应继续南下截击敌人。（五）其余由战区另行部署，并具报。"① 第六、第九战区接到命令后，转令所部加紧对常德周边日军的围攻。自12月5日起，各部队对当面日军发起进攻。此时，占领常德城的日军，鉴于攻城部队伤亡疲惫，常德城内受到中美空军的猛烈轰炸，加之国民党的外围援军迫近，希望按原定作战计划返还。中国派遣军司令部认为本次作战的目的基本达到，遂命第十一军适时撤退。9日，从第九战区增援常德的欧震兵团在进占城南的德山后，侦知日军大部队已提前离开常德，城内只有少数兵力，当即向常德急进。当晚，第五十八军新十一师攻入常德城内。同日，军事委员会电令第六及第九战区："常德之敌已动摇退却，仰捕捉好机，截击猛追，以收歼敌之效"，并规定"两战区之追击目标，为长江沿岸之线"。② 但各部队行动迟缓不力，致使日军"各部队都在没有受到敌人大的追击情况下，秩序整然地进行返还，十二夜分别到达澧水南岸"。③

自常德会战开始后，中美空军于11月25日轰炸台湾新竹，日军大本营深感海上交通已经受到严重威胁，计划打通粤汉铁路交通线，并要求中国派遣军拟订和上报计划。中国派遣军总司令官畑俊六认为要打通粤汉铁

① 《蒋介石致薛岳等密电》（1943年11—12月），《抗日战争正面战场》（下），第1183页。

② 《蒋介石致薛岳等密电》（1943年11—12月），《抗日战争正面战场》（下），第1183页。

③ 《昭和十七、八（1942、1943）年的中国派遣军》（下），第183页。

路，必须保持住常德这一重要军事要点，并为此征求第十一军的意见。第十一军认为“由于兵力所限及其他原因，也是缺乏信心，因此不希望确保常德……希望按预定，于十一日前后开始返还”。[①] 畑俊六根据当时情况，感到继续长期占据常德，确实没有把握，因而同意了第十一军的撤退要求。但是12月12日，日军大本营再次电令中国派遣军总部，要求确保常德，畑俊六只得命令第十一军停止撤退，调转方向重新攻占常德。第十一军对此命令态度消极，司令官横山勇向畑俊六发电，认为在各部队已经开始返还的情况下，“军从现在的态势再转向继续进行攻势作战，需要改变作战目的，并且从军的作战及部队疲劳的实际情况，确保警备正面的限度等方面考虑，此举也非上策，因而确信此次作战应尽快结束，待明春准备妥善后，再开始新的作战为宜”。[②] 畑俊六为避免和第十一军的纠纷，决定派遣参谋长松井太久郎飞往前线实地调查第十一军的情况。松井在调查汇报中认为：“此次常德作战敌防备坚固，我方损失甚多。参加进攻总兵力5万余众，而因伤亡、患病、接受新兵等，减员1万，需要恢复战力。而且前后方补给线也只不过一条，凡属一切计划均以12月末之前恢复旧态势为前提制定的。其状况颇令人同情。”[③] 在这种情况下，中国派遣军总部和大本营放弃了重新攻占常德的打算，决定1944年春夏再发动进攻。正因这一突发问题，日军各部队在退到澧水后，在此驻扎停留了一个星期之久。其间第六战区各部队向日军发起进攻，但在日军抗击和反击下无大进展，双方暂时形成对峙。18日，日军收到命令，继续撤退，分别返回原驻地。第六战区及第九战区部队紧随日军之后实施跟踪追击，至12月底，全部收复了失去的阵地，恢复了会战前的态势。常德会战至此结束。

五 战役的影响与意义

常德会战是日军第十一军为摧毁第六战区有生力量而对常德及附近地区发动的一场大规模会战。此役日军参战部队为第十一军主力和第十三军部分兵力，加上配属部队约10万人；守军参战部队为第六战区和第九战区的16个军43个师，约21万人。会战中，第六战区根据拱卫陪都安全的任

---

① 《昭和十七、八（1942、1943）年的中国派遣军》（下），第180页。

② 《昭和十七、八（1942、1943）年的中国派遣军》（下），第186页。

③ 《昭和十七、八（1942、1943）年的中国派遣军》（下），第190页。

务、战区的地形地貌特点和敌我双方的兵力部署态势等，按惯用方针制定了第一线兵团利用有利地形逐次抵抗消耗敌人，吸引日军于澧水、沅江之间特别是常德周围，最后依常德守军之留守与外线兵团之协同，合力将日军压迫于洞庭湖畔而歼灭之的计划。但是由于第六战区的部分参战部队对敌作战准备不够充分，贯彻作战意图不力，策应作战没有积极展开，第九战区行动迟缓，再加上兵力的使用上逐次投入不够集中，使得中国军队未能贯彻其作战计划，实现在决战地域给予敌人致命一击的战略意图，也造成了此役中国军队伤亡5万之众，第一五〇师师长许国璋、暂编第五师师长彭士量、预备第十师师长孙明瑾等将领阵亡，第五十七师“虎贲”之师近乎全军覆没的“惨胜”之局。至于日军方面，则认为常德作战基本实现了其战前预定的“尽可能歼灭周围之敌”的作战目的，并且为1944年发动的以打通大陆交通线为目的的“一号作战”有力地消除了侧背威胁。

但是，常德会战也沉重打击了日军，使得日军大本营确保常德并将其作为打通大陆交通线作战重要据点的计划失败，甚至因此发生了第十一军、中国派遣军和大本营之间的意见分歧，酿成统帅纪律问题。常德会战也加剧了日军兵力不足的压力，使得日军在战后抽调第三、第十三师团转用南洋以策应南方军作战的方案破产，减轻了盟军在太平洋战场和东南亚地区作战的压力。同时，会战中最激烈的常德城保卫战正发生于开罗会议期间，中国军队特别是守卫常德的第五十七师官兵的英勇表现，提高了中国军队在抗战中的国际声望，增强了国际人士对中国抗战胜利的信心，提升了中国战场在世界反法西斯战场上的地位。

第九章
滇缅战场上的反攻

第一次入缅作战失败之后，史迪威向蒋介石建议以印度的蓝姆迦为训练基地，收容中国入缅远征军残部，并空运国内青年军优秀者，采用西点式现代军事训练方法和美式武器，为反攻做准备。1942 年夏，史迪威向蒋介石提出《反攻缅甸计划》，建议以缅北曼德勒为东西两路远征军会师地点，之后一举南下夺回仰光。随后国民政府在昆明设立滇西远征军训练基地，整训 32 个师，部分装备美式武器。1943 年初，美英卡萨布兰卡会议召开。欧洲战场的形势已因德国在苏联的挫败而发生逆转；太平洋战场上日本在中途岛海战后即丧失主动，美军展开瓜达尔卡纳尔岛及新几内亚的丛林争夺战。但美英的重点仍在欧洲，反攻缅甸的计划未获充分支持而一再延期。1943 年冬，史迪威指挥中国驻印部队向缅北攻击前进；滇西远征军也于 1944 年春开始强渡怒江向中缅边境进发，以极大的代价陆续攻占腾冲、龙陵，并于 1945 年初与驻印军在芒友会师，实现了最初在缅北作战的战略目标。

第一节　蓝姆迦整训与中国驻印军

一　蒋介石与史迪威的洽谈

中国远征军第一路军入缅作战失败后，史迪威、罗卓英司令部的 600 余人及孙立人新三十八师 4000 人于 1942 年 5 月下旬先后撤至印度的英帕尔（Imphal），杜聿明第五军军部及新二十二师 4500 余人于 8 月辗转到达印度的迪布鲁加尔（Dibrugarh）。[①]

① 郭汝瑰、黄玉章主编《中国抗日战争正面战场作战记》下册，第 1262 页。

1942年6月4日，史迪威从印度飞回重庆。作为第一个能够从缅甸战场逃回的远征军现地指挥官，史迪威在表扬中国士兵和下级军官之后，严厉批评了高级军官懦弱无能，并递交了一份有关中国军队问题与改革建议的备忘录。蒋介石日记道："史蒂华（即史迪威——引者注）归述我军高级将领之腐化营私与多不驻营内以及罗卓英之荒张擅退，行同逃窜，又在途中撞车，以致运输三日不通，此皆晴天霹雳，为余万不及料之事。幸有此次失败，致军中弊端皆为外员查明实报，以为整军最良之材料，如此则史对华尚称诚实，然而还待事后证明也。"虽如此说，但他对史迪威也满是怨恨："我军在缅如此重大牺牲，其责全在于彼之指挥无方，而彼毫不自承其过，反诋毁我国高级将领不力，甚至谣罗卓英之潜逃，其实彼于失败之初手足无措，只管向印度逃命，而致军队于不顾，以致第五军至今尚流离播迁，而无法收容，彼则毫不知耻也。"①

6月15日，蒋介石主动召见史迪威，详细讨论在印军队问题。他开门见山地说："予拟今日赴成都，启行前有数事欲与将军一谈，我国在印军队应如何安顿，此其一。组织中国战区参谋本部，此其二。中印空航，此其三。中国战区组织空军，需要伟大之计划，此其四。恢复缅甸，此其五。愿先聆将军对此五问题之高见。"以下是两人就此展开的重要对话：

史迪威：关于第一问题，本人前曾嘱格罗伯将军呈奉计划，拟在印度训练中国军队十万人，配备以当地可能获得之武器，惟目前交通阻隔，实行此项计划，恐已非易事。至入印之第五军如何安顿，本人尚未获得任何消息，前第五军系奉命回国，今又奉命赴印，目前到达印度人数究有若干？愧皆无以奉告，本人亟欲明了者，该军抵印者若干？在赴印途中者若干？今归何人指挥？

委员长：今拟暂搁置训练十万军队之计划，先讨论在印度之第五军问题，余欲解决者，究应令该军留驻印度或调国内。

史迪威：在解答此问题前，似应先考虑该军是否已有多人身染疟疾，苟然者，遽调回国，实甚危险，未识该军之卫生现状如何？

委员长：予只得报告谓第九十六师今在葡萄，卫生状况甚佳，且

① 《蒋介石日记》（手稿），1942年6月4日、5日。

得居民之善意款待，其他在印缅部队之状况，迄今未得任何报告。

史迪威：北缅粮食供应不足，不宜长期驻军，彼等如作返国之尝试，恐将受恶性疟疾之袭击，拟请将该军调至印度气候较佳之地点，将来魏菲尔（即卫佛尔——引者注）将军部下入缅作战之时，深盼中国军队亦能参加，即可由该军任之。

委员长：魏菲尔将军之克敌制胜，固为余所深盼，然余对英方此役之能否成功，尚不无怀疑，倘魏菲尔将军以为其部下陆空军之实力，足以完成克复缅甸之任务，则余自将调我部队返国，另任国内战区之其他任务。惟愿坦诚相告，就余判断魏菲尔将军之成功，实多困难，因是予一方面固愿乐观英国单独完成其克复缅甸之战果，一方面仍不能不作我方对此役贡献之准备，余意第五军在印之安顿，应由美方负责。

史迪威：钧座以为应由美方完全负责耶？

委员长：余意应由美方负完全责任，及负统辖之全权。

史迪威：根据训练华军十万人之原议，美国实愿负完全责任以训练之，配备以在印可得之大炮等武器，供给以营房及医药设备，并希望得升降黜陟之全权。凡此各点，皆于前呈备忘录中详述之。

夫人：第五军杜军长应如何处置？

史迪威：调之返国。

夫人：其部下之军官如何？

史迪威：用考试甄别制度，择其精良者留印，次劣者调回本国。惟军官中或有身染疟疾不能立即返国者，可休养四个月，再行继续服役。

委员长：关于训练十万部队计划，可另行讨论之，目前应先研究在印第五军之安顿问题，将令留印乎？然中国不愿向印度英国当局直接提出此项交涉，此项任务，应由将军负之，倘将军无意为此，则余宁调该军返国，不愿向英方要求留印也。

史迪威：本人愿任向英方交涉之责，惟不识交涉之方针如何？

委员长：余深信第五军有仍归杜军长指挥之必要，盖一旦杜离该军，该军或有瓦解之虞。至美方向英方交涉，可以该军留印数月后仍调回本国为辞。

史迪威：本人以为华军驻扎地点，似以加尔各答东北二百英里靠近仁溪（Ranchi）之莱姆卡（Ramgarh 蓝姆迦）为最佳，盖该地在霪雨区外，卫生环境较佳。倘不能得莱姆卡，当另觅适当地点，以驻该军。

……

史迪威：最佳当由英方供应米粮，医药设备又应如何？

委员长：可由将军负责办理之，将军若能派联络参谋在印常驻，第五军中最所切盼。最妥布置，第五军应仍由将军统率，将军即以此资格与英方谈判，余当令杜军长服从将军之命令，望将军熟加考虑。

史迪威：英方托言莱姆卡之营房屋顶败坏，不能拨归华军应用，今似应通知英方，华军留印系暂时性质，且仍归本人统率。[①]

这里之所以大段征引两人的对话，是因为该对话构成了中国远征军驻印整训的基础。6 月 24 日，蒋介石指令史迪威任这支训练部队的司令，罗卓英为副司令，同时表示再空运 5 万人去印度参训。7 月 16 日，史迪威正式被任命为中国驻印度军队的总指挥。8 月初，由缅甸撤到印度的中国远征军陆续到达蓝姆迦集结，规模约 9000 人，番号仍为“中国远征军第一路司令长官部”，下辖廖耀湘的新二十二师和孙立人的新三十八师。不久，杜聿明和罗卓英陆续奉调回国。驻印军改编为新编第一军，由郑洞国任军长。史迪威亲自用汉语训话：“我奉委员长的命令，任驻印军总指挥，你们必须绝对服从我的命令，听从我的指挥。你们不要害怕日本人的飞机大炮和机关枪，我保证美国有更多的飞机大炮机关枪给你们。”[②] 自 9 月起，国民政府每日向该地空运中国军人 450—600 名。至 11 月底，已空运赴印补充兵 1.5 万名。[③] 但由于美方体检淘汰率较高，至 1942 年底中国驻印军总数为 3.2 万人。[④]

二　驻印军蓝姆迦受训

1943 年底，国民政府发起了知识青年从军运动。国民政府以党团基干组织为依托，派员至各地凭借社会影响和人际关系进行宣传鼓动，鼓励青

---

① 秦孝仪主编《先总统蒋公思想言论总集》卷 38，第 154—157 页。

② 王及人：《从印度整训到反攻告捷》，《远征印缅抗战》，第 323 页。

③ 《蒋介石日记》（手稿），1942 年 11 月 30 日“本月反省录”。

④ 郭汝瑰、黄玉章主编《中国抗日战争正面战场作战记》下册，第 1262 页。

年入伍。这一口号很快成为时代潮流。在民族主义爱国热忱的影响下，重庆、云南、广西、贵州、湖南、陕西、湖北、甘肃、江西、福建、浙江等地出现青年报名参军的热潮。国民政府实际招募人数超过了10万，后来成立了“知识青年远征军”（以下简称“青年军”）。青年入伍之后，首先参加集训，结束后很多优秀者送蓝姆迦编入驻印军序列。据当时广东韶关军人苏汉武回忆：“广州沦陷后，韶关是当时广东省的战时省会，一时之间，响应热烈，政府机关人员之子及青年学生组成的韶关青年军总共有八十多人。1944年3月，这批青年军就由韶关向印度出发了。”①

蓝姆迦是印度比哈尔（Bihar）邦东北部的一个小镇，加尔各答至德里的铁路线经过此地，交通便利。这里的营房原为英军关押2万名意大利战俘所设，现经史迪威与卫佛尔达成协议，将之与周遭数百公里山区划归美国军事使用，继而成为中国驻印军的训练基地，约52平方公里。中国新兵到达蓝姆迦后，先被带到专门设置的卫生清洁站，进行洗澡、除发、免疫，之后注册，并发给衣服和其他军需品，开始接受史迪威主持的西点式现代军事训练。

训练的课程设置仿效美国西点军校的教程，全面、系统、有效。军事教官全为美国人，由学生兵担任翻译。步兵受训主要内容包括队列操练、体能训练、战术理论、武器操作、单兵射击、擒拿格斗、丛林作战、夜间作战、侦察捕俘虏、反坦克战等。军官受训内容除了与士兵相同的队列操练、体能训练、单兵射击外，还有战术指挥、沙盘演练、步炮协同、地空协同、反空降、无线电等。白天是班、排、连教练，学习班攻击及防御、排攻击及防御、连攻击及防御。

驻印军的训练充分考虑到了在缅甸原始丛林作战的特点。在原始丛林中作战，全靠每人一把砍刀开路，靠特制指北针修正方向，一天走不到5英里路程。如果遇不到空地，一个星期见不到太阳都是常事。对于单兵来说，在丛林中进行实地模拟，要求掌握在黑暗的环境下排除障碍、操作步机枪和冲锋枪的能力。② 对于连队以上作战单位来说，则强调步炮协调。敌人的防御阵地，都设在要路两侧密林中，阵地构筑成一个圆圈形，内中

① 苏汉武：《为报日军杀父仇，远征甘成负心汉》，袁梅芳、吕牧昀：《中国远征军：滇缅战争拼图与老战士口述历史》，香港，红出版（青森文化），2015，第353页。

② 参见黄耀武《1944—1948：我的战争》，春风文艺出版社，2010，第28页。

交通壕四通八达。在古老大树上，还用沙包筑成一些小碉堡。这样的防御阵地很难攻击，坦克无法施展。美军指导的作战方法是凭借优势火力，先用火炮进行广泛轰击，把正面森林炸秃，只剩下一根根烧焦的木桩，使敌人阵地完全暴露，然后步兵掘壕前进，围绕敌阵构筑包围工事，用迫击炮、火箭筒、喷火器、机枪及手榴弹等一齐向敌阵猛烈发射。①

蓝姆迦训练也强调部队的专业化。就炮兵来说，先进行两周的基本操作训练，然后就一直是野外演习和实弹射击，“营长、连长、观测员、计算员等，每人实弹指挥射击达三百至四百发，这完全是靠消耗弹药来训练的。营区附近炮声隆隆机枪达达，使新成立的炮兵部队三个月后就能投入战斗”。② 此外，美军还开设了军事技术学校，如坦克学校、通讯学校、工兵学校、指挥学校，另设炮科、步兵科、装甲、通讯、战术、后勤、驾驶、防疫、外语等辅助性科目。1942—1944 年，在蓝姆迦基地服役的美国军人达 7000 余人，而国民党军队师长以上高级指挥官有 1/3 曾来此接受过短期培训。③

与国内部队相比，驻印军士兵装备不再是汉阳造步枪、布帽、布衣，而是美制步枪、冲锋枪、MK2/M1 防弹钢盔、卡其布夏冬军装各两套，外加羊毛衫上衣一件、棉质内衣内裤两套、短袜呢绒绑腿各一副、帆布胶鞋一双、皮鞋一双，另外还发给毛毯、雨衣、防潮垫、行军背囊、防蚊头套、遮风镜、铝饭盒、水壶、毛巾、手电等。在重武器方面，105 毫米榴弹炮、75 毫米山炮成建制地配备，步炮比例达到 3∶2。同时，驻印军成立坦克团 1 个（轻型坦克 168 辆、57 毫米口径战防炮 24 门）、炮兵团 3 个，两师每师另辖炮兵营 4 个（48 门炮，相当于日军一个师团的炮兵联队），另设工兵团 1 个、通讯兵团 1 个、汽车兵团数个，还有兽力辎重兵团、高射机枪营、工兵营、人力运输部队等，并针对丛林地形，专门设置有防毒排，配备 M2 火焰喷射器等。④ 因此中国驻印军的火力和机动能力已可与日军相抗衡，甚至超过了后者。据任职战车防御排排长的苏汉武介绍：

① 王及人：《从印度整训到反攻告捷》，《远征印缅抗战》，第 325 页。
② 王及人：《从印度整训到反攻告捷》，《远征印缅抗战》，第 324 页。
③ 袁梅芳、吕牧昀：《中国远征军：滇缅战争拼图与老战士口述历史》，第 98 页。
④ 吕迅、常成：《苏定远先生访问记录》（2014 年 10 月 22 日），个人收藏。

> 我们的部队，初期用英制30步枪，其后连步枪在内，全是美制和美式武器。至于火箭炮与火焰喷射器，都是当时缅北战场上美国制的先进武器。火箭炮是单发的，射程1000公尺以内。它与平射炮、82和81迫击炮（步兵炮队用）、山炮、野战炮等不同，特点是直射，一碰钢板就会螺旋式钻进敌方战车，然后爆炸。由于它发射时声音极低，形状如电筒一样轻便，敌方不易发觉。更重要的是，日本当时没有这类武器，令其受攻击时措手不及。①

史迪威为了切实控制中国军队，令训练进度与装备情况，以及战时贯彻执行任务和武器弹药补给等情况，都由总指挥部直接掌握，使营部、团部都派有与营、团长同等级的美方联络官一名，次一级的军官一人，军士一至二人，师部还派有总联络官。中国军队的补给，一般被服给养是通过师部军需处配发，由国民政府提供经费；② 武器弹药、车辆及其他一切装备都由派驻单位的美方联络官直接配发补充，军师各处均无权过问。③

中国驻印军新三十八师编制

官兵15000人

105毫米口径榴弹炮12门

75毫米口径山炮24门

57毫米口径战防炮12门

37毫米口径战防炮24门

82毫米口径轻迫击炮36门

60毫米口径迫击炮162门

机动车300辆

重机枪108挺

轻机枪360挺

火焰喷射器85具

---

① 苏汉武：《为报日军杀父仇，远征甘成负心汉》，袁梅芳、吕牧昀：《中国远征军：滇缅战争拼图与老战士口述历史》，第356页。

② 《蒋介石日记》（手稿），1943年11月4日。

③ 王及人：《从印度整训到反攻告捷》，《远征印缅抗战》，第323页。

火箭发射筒 108 具

冲锋枪 400 支[①]

日军方面早在 1943 年 2 月，日军大本营制定《1943 年度帝国陆军西南方面作战指导计划》，其防御重点为包括缅甸的各重要资源地。1943 年 3 月 27 日在南方军下专门设立了“缅甸方面军”，以河边正三为司令官，统一指挥缅甸作战。当时驻缅日军共 4 个师团：缅甸方面军直辖的第五十五师团，担当西南沿海方面的作战；第十五军下辖 3 个师团，即第十八、三十三、五十六师团，其中第十八师团担当缅北作战，第三十三师团担当缅中作战，第五十六师团担当云南作战。为确保缅甸，日军还规定准备对印度东北方实行一次进攻作战，以达到以攻为守的目的。

蒋介石在 1943 年 11 月 30 日参加完开罗会议后，曾到印度蓝姆迦视察，对训练的成果大表赞赏。由此可见，史迪威的专长在于带兵而非打仗。1944 年初，蒋介石再将新三十师空运蓝姆迦，编入新一军序列；4 月，又增加第十四师、第五十师入印。这样，驻印军已达 5 个师。8 月，驻印军重设副总指挥部，由新一军军长郑洞国升任副总指挥，新三十八师师长孙立人接任新一军军长，辖新三十师和新三十八师，并将新二十二师、第十四师、第五十师分出来另组新六军，由新二十二师师长廖耀湘升任新六军军长。

第二节　滇西整训与中国远征军入缅准备

一　入缅反攻计划

中国远征军第一路军入缅作战失败后，除第五军新二十二师、第六十六军新三十八师建制撤到印度蓝姆迦以外，其余均退入滇西收容。1942 年 7 月 19 日，史迪威在重庆提出《反攻缅甸计划》，其中建议由英国出 3 个师、美国出 1 个师、中国出 2 个师（即驻印军），自印度向曼德勒进攻；另由中国再出 20 个师，自滇西攻腊戍；两军在曼德勒会师，经雷列姆，反

① 郭汝瑰、黄玉章主编《中国抗日战争正面战场作战记》下册，第 1263 页。

攻仰光。①

1942 年 11 月 10 日，蒋介石命军令部次长林蔚、刘斐与史迪威商讨反攻事宜。依蒋介石批示，军令部于 11 月 28 日颁发《部署联合英美反攻缅甸作战计划》训令，规定滇西方向：

> 1. 约以九个师团为基干之敌，分布于我滇西及缅泰越方面（滇缅五个师团，泰越各两个师团），有待机扰滇犯印的可能。英美盟军及我驻印军正在印境加紧整备，适时与国军协力规复缅甸。
>
> 2. 国军以联合英美反攻缅甸、恢复中印交通之目的，应于英美由印发动攻势时，先行攻略腾冲、龙陵，整备态势，尔后向密支那、八莫、腊戍、景东（即景栋——引者注）之线进出，保持主力于滇缅公路方面，与印度盟军协力歼灭缅北之敌，会师曼德勒。作战准备须于明年（一九四三年）二月底以前完成之。
>
> 关于国军的部署概括如下：甲、滇西方面：（1）以三个军又一个师沿滇缅公路及其以北地区攻略腾冲、龙陵后，以一部分向密支那、八莫，主力向畹町、腊戍方面攻击前进。（2）以一个军沿滇缅铁路便遭协同主力向腊戍方向攻击前进。（3）以一个军沿车里、佛海大道及双江、猛脑道协同主力向雷列姆、景东前进，威胁敌之侧背。乙、滇南方面以三个军守备国境。丙、桂南方面以一个军守备国境。丁、昆明方面以两个军担任防守。
>
> 3. 滇西方面的后方勤务，应由后方勤务部部长派定专员负责，并加强其机构，关于兵站的设施，应使野战军于腾冲、龙陵、滚弄、打落间地区会战时补给灵活，同时并须准备向八莫、腊戍、曼德勒、雷列姆、景东各方面分别延伸设施，能适应时机补给而无贻误。②

1943 年初，国民政府军事委员会另调第十一集团军 8 个师和第二十集团军 4 个师到怒江东岸和澜沧江下游地区。同年 2 月，重庆决定在云南楚雄重建中国远征军，以陈诚为司令长官（由卫立煌代理）、黄琪翔为副司

① 宋希濂：《远征军在滇西的整训和反攻》，《远征印缅抗战》，第 51—52 页。

② 宋希濂：《远征军在滇西的整训和反攻》，《远征印缅抗战》，第 53 页。

令长官，准备与中国驻印军合力反攻缅甸。

二 远征军受训

为了搭上美援的快车，3 月 10 日，陈诚以远征军司令长官身份与史迪威在重庆协商军训问题，决定先在昆明设立训练基地，抽调军事干部分批轮训，然后再空运至印度蓝姆迦了解美式武器的使用方法，以便改装。3 月 23 日，蒋介石同意了由军政部制定的庞大的云南练兵计划，有 11 个军 32 个师参加，大约 41 万人，按武器配备状况，编成 24 个新式攻击师、2 个旧式攻击师和 6 个调整师（但至 1944 年滇西反攻开始时，陆续调入远征军序列的兵力只有步兵 13 个师、炮兵 14 个营）。

国民政府自 1943 年起在昆明和大理设立干部训练团和训练学校。昆明军委会驻滇干部训练团设在昆明北教场营房，规格很高，由蒋介石亲自兼任团长（龙云代），龙云、陈诚为副团长，杜聿明、关麟徵、黄杰先后担任教育长（后由梁华盛专任）。训练团学员主要是副团长以下基层军官，按所属单位划分为步兵、炮兵、工兵、通信、战术及参谋等班，学期 6—8 周，先后共有 1 万人接受训练；而团长以上军官则先到昆明干训团报到，之后便直接送蓝姆迦受训。干训团的军事教官亦是史迪威指派的美军专门技术人员，先后达 1450 人。[①] 各部队选初级干部到驻滇干部训练团受训，毕业后各回原部队担任教育骨干。卫立煌进一步令部队军部成立干训团，师部成立军士训练班，毕业后为师团营连的教育骨干。以第二十集团军霍揆彰部第五十三军军部干训团为例，每期训练两个月毕业，共分八周：前两周进行典范令教育，接着两周兵器训练，随后两周射击训练，最后两周战斗训练。[②]

在编制上，远征军一般 1 个军辖 3 个师或 2 个师，军直属部队有炮兵团、辎重团、工兵营、通信营、战防炮营以及特务营、搜索营（均为徒步步兵）等。1 个师为 1.3 万人，实则缺额甚多，大多数师只有 7000—8000 人，极少数师接近万人，少数师更在 6000 人以下（如第五十四军第一九八师为 5600 人）。师一般辖 3 个团及直属山炮营（1945 年春夏之交陆续组

① 郭汝瑰、黄玉章主编《中国抗日战争正面战场作战记》下册，第 1265 页。

② 王理寰：《卫立煌率师反攻滇西》，《远征印缅抗战》，第 376—377 页。

建)、辎重营(主要依靠人力)、特务连、搜索连(徒步步兵)、工兵连等。远征军每个步兵团预定装备包括 54 支汤姆森式手提机枪、27 挺轻机枪、18 门 60 毫米口径迫击炮及 3 具火焰发射器，加设一个迫击炮连(配备 81 毫米口径迫击炮 2 门)与一个重机枪连(配备重机枪 6 挺)。另外，为加强火力支援，每个步兵团还成立一个战防连，配备反坦克炮 4 门；每师成立一个山炮营，配备 75 毫米口径山炮 12 门；每军成立一个榴弹炮营，每营配备 105 毫米口径榴弹炮 12 门。实施美械装备的部队计为：第二军、第五军、第六军、第八军、第十三军、第十八军、第五十三军、第五十四军、第七十一军、第七十三军、第七十四军、第九十四军，共 12 个军。还有一些部队，如卢汉的第六十军、关麟徵的第五十二军，都是半美械装备。然而实际上，滇西远征军在火力配置上不如驻印军。他们虽于 1943 年夏季进行过人员补充和干部训练，并在当年 10 月前后开始补充或更换美式武器，但是直到 1944 年 5 月 12 日渡怒江的时候，武器缺额仍旧甚多，尤其是炮兵部队因缺炮而未建立，一些辅助性装备比如便携式无线电报电话机、火箭筒、火焰喷射器等临渡江前才发到部队。[①]

远征军训练不如驻印军全面，缺乏针对崇山峻岭和原始森林进行的山地战、森林战和攻坚战的战术、战斗培训，而当面日军利用两年左右的时间已经熟悉地形地貌，并构筑了坚固的工事，以致后来远征军甫进即在实战中失利。不仅如此，在装备上也存在克扣歧视的现象。例如，卫立煌曾在弥渡阅兵，检查武器时发现第五十三军的步兵连每连六〇炮仅 4 门，按编应为 6 门，尚缺两门。卫马上问："为什么不都拿出来?"第五十三军军长周福成答："第二十集团军扣留未发。"集团军总司令霍揆彰在旁面红耳赤地说："是准备补发的。如一次发完，坏了就没得补发。"卫问："第五十四军、第二军为什么都发了呢?"霍当时无话可答。卫立即以很严肃的口气说："大敌当前，宜以整体计划为重，不应再存歧视心理。少发两门六〇炮，减少火力，这是自己配苦药给自己吃。都是国军，有什么东北西南之分呢?"霍答："明天即发。六〇炮在库里存着呢!"卫即集合全体军官讲话，大意谓大家在这个时候应加紧训练，中国是中国人的中国，杀敌复土，人人有责；军队是国家的军队，不得视为谁的私有物。请大家放心，今

---

① 郭汝瑰、黄玉章主编《中国抗日战争正面战场作战记》下册，第 1266 页。

后第五十三军不论是谁，都应平等看待，对补充上一律按司令部的规定，不听命令，必受处罚。卫立煌走后，霍揆彰马上把六〇炮补发了。从此以后霍揆彰对第五十三军，表面虽好，暗中更为歧视。[①]

三　针对反攻计划的渡江训练

日军缅甸方面军河边正三根据滇西中国军队正集结兵力、印度英军和中国驻印军也急剧增强兵力的情况，判断雨季结束后盟军极有可能发起反攻，在缅甸仅4个师团的兵力不敷使用，认为必须增至10个师团以上兵力。然而此时太平洋战场形势紧急，大本营以太平洋优先原则无法向缅甸增兵。1943年6月，大本营方下令调第十五师团及第三十一师团增援缅甸。但第十五师团被南方军暂留于泰国，仅第三十一师团于9月到达缅北瑞波（瑞保）附近，加入第十五军序列。缅北及缅中的防务主要由第十五军担任。第十五军司令官牟田口廉也中将认为该军防线正面达1000余公里，以守势作战完成防御任务势不可能，按照日军发动珍珠港突袭的逻辑，建议先发制人、以攻为守，在盟军反攻之前，摧毁盟军的反攻基地，从而处于比较有利的地位。日军大本营及南方军同意了牟田口廉也的建议，决定在盟军尚未完成反攻准备之前，急袭主要反攻基地英帕尔；同时为解除后顾之忧，必须保持怒江和缅北的防线不变动。于是日军第五十六师团及第十八师团一部在10月13日就开始向怒江以西的中国远征军前进据点进攻，15日攻占固东街、冷水沟，16日攻占桥头街等各据点。月底时，完全控制了怒江以西。11月16日，日军一部从七道河、打黑渡强渡怒江，17日夜又返回西岸。而后第十八师团即返回密支那，第五十六师团防守怒江西岸，与远征军隔江对峙。[②]

1944年2—3月，远征军已经开始准备渡江。参加强渡怒江工程准备和实行强渡的工兵部队，计有陆军工兵第二团（团长林松）的三个营和独立工兵第三十五营，共四个营。另外还有各军师建制的工兵营、连，总兵力约4000人。在由栗柴坝至双虹桥间50多公里渡河地段上，这些工兵部队保障了第二十集团军几个师同时渡过怒江。[③] 但是，渡河的主要工具还

---

① 王理寰：《卫立煌率师反攻滇西》，《远征印缅抗战》，第377页。

② 《缅甸作战》（下），第3—4页。

③ 周鑫：《强渡怒江的工程准备和取胜经过》，《远征印缅抗战》，第385页。

是竹筏和木船。

第三节 中国驻印军反攻缅北

一 修筑中印公路

1942 年中国远征军第一次赴缅作战失败之后，状况比出征之前还要险恶。滇缅路断绝，主要国际援助只能通过跨越喜马拉雅山脉的“驼峰”航空运输进入中国。这条脆弱的补给线，是由美国东海岸将物资装船行驶一万两千海里（当时一艘货轮一年至多往返四次）到达印度半岛西岸的孟买和卡拉奇，通过轨距宽窄各异的铁路系统运至印东北的阿萨姆，从那里飞跃地球屋脊的喜马拉雅山脉实施“驼峰”空运，到达云南昆明，再运至各军事基地。通过“驼峰”航线，每月至多有千余吨的物资可以成功运入中国；直到 1943 年底，在蒋介石的一再要求下，空运的物资数量每月才增加到 1 万吨左右。①

如前所述，1942 年 7 月 19 日史迪威向蒋介石提出《反攻缅甸计划》，建议以曼德勒为东西两路远征军会师地点，之后要一举南下夺回仰光。除此之外，计划强调了海空支援的重要性：英军确保孟加拉湾制海权，收复安达曼群岛，并在仰光两栖登陆。该计划与打通中国陆上交通线的愿望紧密结合。8 月 1 日，蒋介石就批准了这一合理计划，同时一再强调：“一、美国至少有 1 师兵力参加作战。二、美国空军与空运力量须大量增加。三、陆上部队出击时，英国海、空军须在孟加拉湾之安达曼岛开始攻击，并在仰光登陆。”然而，当史迪威就反攻缅甸计划与英国印缅军总司令卫佛尔商量时，受到了抵制。英国秉持不欢迎中国和不重视缅甸的一贯立场，根本无意反攻。史迪威不得不请英美联合参谋长会议干预，对英方施压，卫佛尔做出让步，提出十分有限的“雷芬斯”（Ravenous）对案，即由中美联军收复缅北，英军可做策应。该方案的意义明显较史迪威计划大大缩水，对中国极为不利，因为当时中印经缅甸北部的交通线是不存在的。

---

① See Charles F. Romanus and Riley Sunderland, *Stilwell's Command Problems* (Washington D. C.: Office of the Chief of Military History, Dept. of the Army, 1956), p. 110.

修筑一条经缅甸北部的中印公路，早在太平洋战争爆发前的1941年3月31日，就由宋子文向华盛顿提议纳入美国援助清单之中："帮助中国建立一条有效的国际交通线，包括从云南通缅甸的窄轨铁路、从云南经缅甸北部到印度萨地亚的公路，重铺滇缅公路路面以及拨运输卡车和修车厂，拨运载铁路、公路器材的运输飞机。"1942年1月1日，国民政府再次向美国提出中印公路援助计划，印度的起点改至雷多，然后经缅北到达云南龙陵，接入原有的滇缅路，全长约800公里（最终长1404公里）。中国交通部指派滇缅铁路督办公署筹备建筑事宜，然因第一次缅甸战争失败而被迫中断。

1942年6月以后，缅北至滇西一带正处雨季，军事活动基本中止，中日隔怒江对峙。中印公路计划再次由史迪威提出，而公路的起点改在印度的英帕尔，贯穿缅北经密支那、木姐进入中国，以使中国驻印军十分便利地反攻回去，但这一提议又立即遭到英国卫佛尔元帅的拒绝。卫佛尔将中印公路的路线改为蓝姆迦经雷多出印度，然后穿过人烟稀少的"野人山"即胡康河谷、孟拱河谷的原始雨林去密支那。这无疑大大增加了筑路的难度，也带来了众多不确定性。因为雨季时期，这里洪水肆虐，公路即便筑成也极易被冲毁。但史迪威还是无奈地接受了。整个筑路工程由美国工兵部队负责技术指导，招募印度劳工作业。1942年12月10日，雷多公路正式破土动工，美国工兵四十五工程团、第八二三航空工程营和中国驻印军工兵第十团开始以推土机、铁锹、十字镐一点点向森林深处推进。

一个月后，美英卡萨布兰卡会议召开。欧洲战场的形势已因德国在莫斯科的挫败而发生逆转；太平洋战场上日本在中途岛海战后即丧失主动，美军展开瓜达尔卡纳尔岛及新几内亚的丛林争夺战；中国战场国民政府仍在坚持抗战。美国总统罗斯福宣布要以德、意、日无条件投降来结束战争，也表示要增大对日战争的投入。美国陆海军都对利用中国人力为主收复全缅的计划感兴趣，因此迫使英国政府同意实施。但丘吉尔首相也提出条件：（1）备战时间暂以1943年11月15日左右为目标；（2）具体反攻日期，俟1943年夏间（7月前）再定；（3）如英海军舰船不足，美国设法拨补。会议结束后，罗斯福派出陆军航空兵司令阿诺德（Henry Harley Arnold）、后勤司令萨默维尔（Brehon Burke Somervell），丘吉尔派出英美联合参谋长委员会代表迪尔（John Greer Dill），去中国向蒋介石通报上述会议决定。经过印度时，史迪威与会，达成共识如下："作战期间，预定为 1943 年 11 月至 1944 年 5 月。陆军以占领曼德勒为目标，其兵力为：云南远征军十一师，向腊戍前进，驻印华军两师，向雷多前进……海军封锁仰光……12 月陆军出战，1944 年 1 月占领仰光。"阿诺德谓反攻缅甸，更为使陈纳德空军能从中国直接攻击日本及其运输线，牵制敌人支援，省去太平洋逐岛作战之艰苦。[①] 蒋介石日记写道：

> 十一时子文陪美国空军总司令"阿诺尔"来见，报告北非会议经过大略，并未谈其实行对德进攻之方案，继谈及太平洋与反攻缅甸问题，知其在所罗门群岛海战损失甚大，或以上周伦奈尔岛击沉战舰二艘及其他军舰受伤被沉之敌之报导实在，又于一日在伊色贝尔岛继续被伤被沉巡洋舰各一艘，故其变更战略，放弃太平洋各岛之攻势，而移转于中国陆上进攻倭寇，乃决定于秋冬之交作收复缅甸，打通滇缅路，接济我武器之方略，并决派大量海军控制仰光海面，断绝敌寇接济，此乃余本来之要求，而且其预定之时期，亦正合我意也。[②]

于是，重型推土机、挖掘机、起重机、压路机和电锯等筑路机械运抵中印路工地，史迪威又以美国工兵三三〇二团并中国驻印军工兵第十二团加入施工，命新三十八师师长孙立人率领一一四团担任护路工作。整个工程队 7000 多人 24 小时轮番工作，以每天 4 公里左右的进度，在 2 月 28 日进入缅甸境内。到了 5 月中旬，雨季再次来临，胡康河谷山洪暴发，工地被毁，路基塌方，即使完工路段也泥泞软弱，载重卡车无法通过，只得用大象和人力将少量食品、燃料运至前线，进展缓慢。1943 年 12 月 27 日，中印公路修到新平洋，穿过"野人山"，已长达 186.7 公里，克服了巨大的艰难险阻。[③]

二 中、美、英的分歧

5 月 12 日，代号为"三叉戟"的美、英、中会议在华盛顿召开，丘吉尔食

① 梁敬錞：《史迪威事件》，第 113—114 页。

② 《蒋介石日记》（手稿），1943 年 2 月 6 日。

③ 袁梅芳、吕牧昀：《中国远征军：滇缅战争拼图与老战士口述历史》，第 113 页。

言自肥，又不愿进攻缅甸，宁愿进攻苏门答腊和马来亚，这一次却获得了美国海军方面尼米兹（Chester William Nimitz）上将的支持。但美国陆军参谋总长马歇尔积极坚持史迪威反攻缅甸的计划，中国代表宋子文也坚持原议。罗斯福总统遂采取折中方案，即第二次缅甸战役仍限于北缅，也即原卫佛尔所提之“雷芬斯”方案，中国的意见并未采用。蒋介石知悉后谓丘吉尔“将其对中英美一月间加尔各答共同进攻缅甸决议完全推翻否认。此诚帝国主义真面目毕露，不仅为流氓市侩所不为而亦为轴心倭寇所不齿。罗斯福且言，攻缅计划必行，不过战略上须随时研究而已，是其已明白表示攻缅不用海军，先复仰光之心神矣。吾人何不幸，遭际此等不守信用，鲜耻寡廉之政治家，乃知日德之所以必欲排除与痛恨英美之道矣”。[①]

又三个月后，代号为“四分仪”的英美高层军事会议在加拿大魁北克召开，这一次中国根本未获邀请，宋子文仅得以个人名义在行将闭幕时与会。美英打算集中力量先打败德国，因此就缅甸问题，英美再次达成一致，仅以密支那、实兑、兰里岛为作战目标，缅南两栖作战与否，视缅北进展状况决定。英美同时成立与中印缅战区有所重叠的东南亚战区统帅部，实则统一了缅甸战役指挥权，即以英国蒙巴顿为总司令、史迪威为副总司令，军事行动以中国驻印军和远征军为主，以英印军为辅，攻击目标以缅甸北部地区为主。同时规定中印缅战区：（1）加紧中印空运之运输力，以 1944 年 6 月达到每月两万吨为目标；（2）建置自北缅 Fort Hertz 至昆明之油管；（3）修筑雷多路，使其在 1945 年 1 月达到每月三万吨之运输力；（4）建置自加尔各答至阿萨姆之油管（ATC 用）；（5）建置六吋之细油管，直达中国；（6）设置 Brahmaputra 江上之铁路驳船航线；（7）加强孟加拉至阿萨姆之铁路交通。[②]

10 月 19 日，新任英美东南亚战区总司令蒙巴顿（L. Louis Mountbatten）赴渝将决定通知蒋介石。其时蒋介石与史迪威之间的冲突刚刚有所缓和。蒋对美英出尔反尔自是相当不满，但又不得不选择隐忍，乃同意：“攻击日期照委员长提议，于 1944 年 1 月 15 日开始。驻印军在达到加迈以前，可由英将领指挥，并以蒙巴顿为反攻缅甸之总指挥。”蒋介石并再三

① 《蒋介石日记》（手稿），1943 年 5 月 23 日。
② 梁敬錞：《史迪威事件》，第 156 页。

强调“孟加拉湾必须有绝对优势之海空军，实行水陆夹击”。蒙巴顿撒谎说英国海军增援不久可至。[①] 蒋日记记载道：“蒙巴顿对于运输困难与影响作战之预想顾虑甚多。综彼之意，最好攻缅时期延改至一年之后也。后经薛莫维尔（即萨默维尔——引者注）说明，不致影响运输数量与如期反攻无关。余乃同意其第一案，即照预定日期反攻缅甸也。”然而三天后就发生了问题，蒙巴顿甫离华，“英国大使馆即宣称蒙氏此来甚为满足，尤以中国方面已允减少空运吨位，而留一部分物资为印度作战补给之用云”。宋美龄闻此，“甚以为异，乃招董显光查明当时之记录文字”，发现记录中称蒋说“当可商量”而已。蒋感慨说：“彼英人即藉此为已允，其实余在会议并无此‘当可商量’之语，而亦未明言，惟言‘此乃为美国供应部长之责任’，以当时薛氏完全声明，虽开始反攻时决不减少运华物资之数量也，由此可知英人之狡狯，无时无言不以其讨得小便宜为依归，乃知其所以要求急于交换临时记录之意，即在于此，一切外交言行可不审慎郑重而掉以轻心乎。”[②]

11 月 18 日，蒋介石应罗斯福之邀，赴埃及开罗参加首脑会晤。在开罗，蒋与罗共进行了六七次会谈，讨论了缅甸两栖作战的必要性。这本是中美盟军在太平洋地区进入反攻之后的基本共识，也是蒋和史迪威难得的共识，即打通缅甸补给线并在中国东南海岸线上会师。罗斯福一再保证促使英国尽早实行缅甸登陆作战。另外，宋美龄报告说罗斯福基本答应给中国 10 亿美元的贷款，以解决中国因战争而恶化的通货膨胀问题。蒋介石对罗斯福的态度不但满意而且感激。11 月 28 日，蒋怀着愉悦的心情登机返国，他认为开罗会议是其“革命事业”的“重要成就”，是“中国外交史上空前之胜利”。[③]

罗斯福也于 11 月 27 日飞抵伊朗，去和苏联领袖斯大林（Joseph Stalin）会面，主要讨论在法国北部开辟欧洲第二战线（overlord，“霸王行动”）的实施。斯大林和丘吉尔针对意大利战役的必要性问题有着很大分歧，因为地中海作战会牵制英军将原本有限的登陆艇及时调去北大西洋。11 月 30 日，丘吉尔私下约谈斯大林，暗示他问题的关键就在缅甸战场，

---

① 梁敬錞：《史迪威事件》，第 160 页。
② 《蒋介石日记》（手稿），1943 年 10 月 19 日、22 日。
③ 《蒋介石日记》（手稿），1943 年 11 月 26—27 日、12 月 4 日。

如果不是美国人迁就中国人而缅甸战场不用实施的话，英国就能及时满足意大利和法国两个战场的需求。这时候，斯大林突然宣布苏联将在德国投降之后转向对日作战。[①] 在稍后用餐的时候，丘吉尔不断向斯大林示好，斯大林继而暗示将在对日作战之后对中国有所要求。罗斯福随即表示可以把大连作为自由港，还代表蒋介石表了态。斯大林更暗示苏联还想要旅顺作为军港。罗斯福没有接话。丘吉尔和斯大林一唱一和地鼓动：世界的管理权必须集中在强国手中，也就是英、苏、美三个国家。[②] 然而，斯大林对美国最近要求使用苏联空军基地和军港的提议没有回应。德黑兰会议持续了 6 天结束，罗斯福和丘吉尔飞回开罗。此时，丘吉尔已经有充分的理由来说服罗斯福放弃对蒋的承诺：既然斯大林自告奋勇地要对日作战，整个战略形势已经随之改变了，无须再在中国建空军基地，美国可以经由阿拉斯加使用苏联滨海现成的基地，进而轰炸日本本土的工业中心。[③] 罗斯福致电蒋介石，建议缅甸南部作战延期至 1944 年 11 月。

三　反攻的开端

然而，在雨季即将结束的时候，史迪威已经迫不及待地指挥驻印军向缅北发起进攻。新三十八师第一一二团于 1943 年 10 月 29 日攻占新平洋，史迪威决定乘日军第十八师团主力尚在密支那附近之机，迅速集结新三十八师、新二十二师及炮兵、坦克部队于新平洋附近，预定于 12 月 1 日对大龙河、塔奈河沿岸孤立的日军展开攻击，然后占领孟关东西之线，包围日军主力于胡康河谷南端而一举歼灭。然而这个计划因史迪威忙于准备开罗会议和筹组桂林训练中心而命令其参谋长柏特诺（Boatner）代行指挥。柏特诺仅凭报告判断而不事调查，致贻误战机一个月，使日第十八师团及时大举增援，反而将新三十八师一一二团陷于日军的猛烈进攻之下。史迪威于 1943 年 12 月 8 日回到雷多，听取孙立人建议，命孙率该师主力先解第一一二团之围，并掩护修建新平洋机场和铺设公路输油管，其余部队待

① 沈志华主编《苏联历史档案选编》第 17 卷，社会科学文献出版社，2002，第 450 页。这是斯大林首次明确对英美首脑作对日作战的声明，他曾于一个月前的 10 月 30 日在莫斯科外长会议上告知过美国国务卿赫尔这一打算。See Davies, *Dragon by the Tail*, p. 283.

② 沈志华主编《苏联历史档案选编》第 17 卷，第 456—457 页。

③ Sherwood, *Roosevelt and Hopkins*, p. 800.

命。12 月 24 日凌晨，孙立人率部在美空军支援下对日第十八师团的一个大队发起攻击，于 28 日夺取于邦。新三十八师已全部到达大龙河北岸，新二十二师先头第六十五团到达新平洋附近。用日本战史学者的话说，“中国军队的战力已达到不可与昔日相比的精强程度”。[①]

新一军两个主力师一鼓作气，凭借空中补给优势和强大火力，突破畹达克山脉，进至孟关地区。孟关位于胡康河谷，在畹达克山和塔奈河之间，正面开阔，是缅北的战略要点。当面只有日军第十八师团。为在雨季之前拿下孟拱、密支那及八莫，史迪威决定不指望英军信守从英帕尔进攻的诺言，也不等滇西远征军渡江策应，率先发起孟关攻势：以廖耀湘新二十二师由右侧康道渡河向孟关攻击前进，吸引火力；同时以孙立人新三十八师由左侧远距离迂回，向孟关东南的秦诺、瓦鲁班进攻，以断其后路。2 月 23 日，新二十二师先后击溃日军第五十六联队主力及在拉征卡的第二大队。新三十八师第一一三团 3 月 4 日攻占瓦鲁班东侧的卫树卡；孙立人亲率一一二团同时攻占于卡，迫近瓦鲁班以南的秦诺。史迪威更派出梅里尔（Frank Merrill）准将率领美特种兵突击队第五三〇七团（Merrill's Marauders）当日进至瓦鲁班。日军第十八师团师团长田中新一中将“内心愕然”，急令第五十六联队夺回渡河点。北方正面廖耀湘一部在坦克第一营支援下，于 3 月 5 日攻占孟关。孙立人指挥第一一三、一一二团于 9 日占领瓦鲁班及秦诺。[②] 日军第十八师团逃至坚布山区，伤亡惨重，“步兵中队的兵力已减至 50 至 60 人”。[③]

3 月 8 日，日第十五军发动英帕尔作战，以混成第二十四旅团增援缅北。不久，日军再次调整战斗序列，除南方军第十五军、第二十八军外，增编第三十三军，下辖第十八、五十三、五十六师团，负责缅北、滇西防务，也即专负阻击中国驻印军与远征军的任务。英军希望中国驻印军能迅速夺取孟拱和密支那，切断日军补给，以减缓其对英帕尔的攻势。孟拱位于密支那以西，坚布山南麓河谷的出口。日军第十八师团于 3 月 29 日从沙杜渣退至纳木河、瓦康、丁克林之线以南地区时，美军第五三〇七团已袭占英开塘。日军遂集中残存兵力对美军第五三〇七团发动攻击，该团撤退

① 《缅甸作战》（下），第 14 页。

② 郭汝瑰、黄玉章主编《中国抗日战争正面战场作战记》下册，第 1275 页。

③ 《缅甸作战》（下），第 28 页。

至潘卡附近被日军围困，经中国驻印军新三十八师第一一二团第一营星夜驰援，终得脱险。日军第十八师团此时得到约2000名补充兵和装备，但战力十分有限：这些补充兵多是伤愈归队人员，大部分未受过实弹射击基本训练，只得在孟拱河谷进行应急的实战教育，况且“官兵已极度疲劳，上衣破烂，衬衣撕碎，露出脊背……第一线中队的官兵，包括中队长在内，一般不足30人，甚至只有军曹以下十数人者。即使这些人，几乎也都是半病员状态，可以说全部都患有疟疾和脚气病”。①

4月4日，史迪威为在雨季来临以前夺取密支那，并使之成为“驼峰”空运的中继站，在沙杜渣战斗指挥所做出“奇袭密支那，向甘马因、孟拱全速前进”的决策。翌日，仍采取左右夹击的战略，命令新二十二师附战车营、重炮团为右路军，沿公路向甘马因攻击前进，同时新三十八师为左路军，沿南高江东岸、库芒山两侧向甘马因以南和孟拱迂回，以彻底消灭日第十八师团。4月10日，新二十二师在空军和炮兵支援下，在四天后攻占瓦康。日十八师团得到独立第二十四旅团两个大队及第五十三师团的增援，顽强阻击。新三十八师至5月12日始推进高利、曼平、奥溪、瓦兰各地，日军则退据大龙阳、青道康一带。此时，雨季又一次来到，但战争仍在继续。新三十八师孙立人判断日军前线伤亡严重，其后方必定空虚，遂以第一一二团迂回夺取甘马因、孟拱间的要地西通，以第一一三团迂回夺取甘马因东面的支遵，配合新二十二师对甘马因正面作战，同时以第一一四团奔袭孟拱。5月26日，第一一二团秘密渡过孟拱河，袭占西通，全歼日军第十二辎重联队、野战重炮第二十一大队一中队和仓库守护队，缴获甚多，包括150毫米口径榴弹炮4门、步枪359支、满载军需品的卡车45辆、骡马320匹、仓库11座、修理厂1座，完全切断了日军甘马因至孟拱间的交通联络。第一一三团于5月29日从大龙阳出发，6月9日攻占支遵。史迪威将装备完全的第五十师第一四九团配属给新二十二师，以增强甘马因正面攻击火力。就在甘马因的日军第十八师团与第五十三师团第一一九联队被完全包围的同时，英军第七十七旅在孟拱南12公里的南克塘也被日独立第二十四旅团包围，不得不向孟拱附近的孙立人部第一一四团团长李鸿求援。第一一四团遂于6月18日夜强渡孟拱河，主力仍对孟拱外围

① 《缅甸作战》（下），第38—39页。

进攻，以第一营冒雨夜袭南克塘日军，英军之围乃解。一一四团经过激战，于25日完全攻占孟拱。孙立人在攻克孟拱后即令第一一三团向密支那方面攻击前进。[①]

四 密支那作战与反攻的胜利

密支那对驻印军的重要意义自不待言，它位于缅甸纵贯铁路的终点，密支那以东100余公里即是中国西南门户的腾冲。从1943年雨季开始，密支那驻有日军第十八师团第一一四联队。在兵力方面，中国驻印军具有优势。5月17日，史迪威曾以梅里尔突击队编入中国驻印军新三十师八十八团、第五十师一五〇团及新二十二师山炮第三连对密支那西机场实施突袭并占领。之后，防守东部的日第五十六师团第一一三联队于5月30日西渡伊洛瓦底江增援密支那，日军防守兵力猛增两倍多，达到4000余人，战事形成对峙。在关键时刻，史迪威偏偏又任命他的参谋长柏特诺代行指挥。自5月25日至6月25日，柏特诺多次轻率地发动大规模进攻，致使中、美士兵伤亡惨重，每天只能推进50—200米。

6月25日，史迪威将柏特诺撤职，作战实际上由新一军军长郑洞国指挥。郑洞国为减少伤亡，采用挖掘交通沟方式向前推进，激战至8月4日，完全占领密支那及河对岸的宛貌。日军指挥官水上源藏少将自杀，第一一四联队联队长丸山房信大佐逃往八莫，历时3个多月的密支那战役以中美联军胜利而告终。

中国驻印军5个师此时编成2个军，设立副总指挥部，由郑洞国任副总指挥，下属新一军驻密支那、新六军驻孟拱，利用雨季进行整训，限10月初完成。密支那的重新占领，对中国国民政府的现实意义在于空运吨位的增加。“驼峰”空运的危险性减小而效率提高，自6月的1.8万吨增至11月的3.9万吨。[②]

然而此时，在日本中国派遣军“一号作战”的攻击下，中国本土豫湘桂各省受到沉重打击。蒋介石在9月9日自记：

---

① 郭汝瑰、黄玉章主编《中国抗日战争正面战场作战记》下册，第1277—1280页。

② Barbara Tuchman, *Stilwell and the American Experience in China*, p. 484.

敌寇进窥桂林之势，恐难挽救，如果余桂林失陷，则中外观感与人心又将动摇，无任忧闷，惟王耀武所指挥在宝庆方面之部队尚能如计作战，故宝庆犹能保守也。李玉堂且已安抵新宁矣。滇西方面敌寇，第二师团全部增援龙陵，而密支那史迪威所指挥之华军不能即向八莫进攻，向作［无］追攻牵制缅北之敌寇，东南亚蒙巴顿之英印军亦进攻无期，致我军生死成败于不顾，国际之势利得与冷热如此也，国因非自立决不能得人之助，虽求无效，故余亦宁自牺牲而不愿求人也。①

9月下旬，史迪威与蒋介石的关系走到了尽头。两人再也无法彼此容忍，蒋最终坚持要求罗斯福召回史迪威。② 史迪威10月10日仍下达驻印军南下八莫作战命令，内容包括："新六军之新二十二师为中央纵队，于19日到达和平。22日前肃清和平之敌，经摩西前进，占领瑞古地区，并准备继续推进。新一军为左纵队，迅速向八莫推进，击灭或包围八莫至曼西地区之敌，并准备继续前进。第十四师（欠2营）、第五十师及美军一四八团为总预备队。"10月21日，史迪威奉召返美，由魏德迈（Albert Wedemeyer）中将继任中国战区参谋长兼驻华美军司令，另以原中印缅战区美军副司令索尔登（Daniel Sultan）少将任中国驻印军总指挥兼印缅战区美军司令。也即原史迪威的职权被一分为二。中国战区和印缅战区在美军反攻战略中的地位都大幅下降。中国驻印军随后作战都由索尔登直接指挥，并听命于东南亚英军统帅蒙巴顿。

新一军沿袭之前战法，以新三十八师为攻击兵团，向密支那南方110公里的丹邦阳集结，然后以主力顺公路攻击八莫，并以有力之一部自公路东侧山地向八莫背后迂回。11月16日，新三十八师第一一四团向八莫正面发动全线攻击。而新六军的新二十二师亦已攻占曼大，第六十五团一部进占八莫以南的康马哈，17日与新三十八师迂回之第一一三团会师，围攻八莫。新六军令第五十师接替新二十二师防守铁道，新二十二师继续向南边的瑞丽江进攻。11月29日，新二十二师渡过瑞丽江，开始进攻新唯，

---

① 《蒋介石日记》（手稿），1944年9月9日"上星期反省录"。

② 参见吕迅《大棋局中的国共关系（1944—1950）》，社会科学文献出版社，2015，第58—60页。

切断腊戍至南坎、畹町的交通。此时，因国内黔南战况急转直下，新六军奉命将第十四师、新二十二师空运回国。新三十八师师长李鸿建议孙立人不待八莫攻克，速以新三十师挺进八莫以南114公里的南坎，加快打通中印公路建筑路线的进程，并以第一一二团协同新三十师前进。12月3日，新三十师先头部队行至距南坎70多公里处，与由南坎增援八莫的日军山崎支队（第十八师团第五十五联队的两个半大队及联队炮中队、第五十六师团步兵1个大队与炮兵1个大队、第四十九师团步兵1个小队）的3250人发生遭遇战。新三十师第九十团第三营迅速抢占了5338高地，日军多次冲锋未遂，双方成相持局面。14日，日军集中26门火炮对5338高地第九十团三营阵地发射3000多发炮弹，三营营长王礼宏阵亡，但阵地依然未丢，牵制山崎支队主力。新三十师第八十八、八十九、一一二团向日军两翼迂回，分别切断日军后路。12月15日，新三十八师完全占领八莫，日军山崎支队遂退守南坎。新三十师即以全部兵力三面围攻南坎，于1945年1月15日将之攻克。1月21日，新三十八师扫除滇缅路上日军的残余据点，与滇西远征军第五十三军第一一六师三四八团取得联系。1月27日，两军在芒友胜利会师，至此中印公路全部打通。①

中国业已实现了最初在缅北作战的战略目标，本拟“驻印军继续推进至马宾、新维（即新唯——引者注）之线停止整训，改取守势”，“远征军以第十一集团军留驻国境线内，实施补训，并构筑坚固防线，掩护中印公路，其余调回”。然而，英国方面并不同意。后经多方折冲，最终决定：协助英军进攻曼德勒，中国驻印军继续南进腊戍、昔卜后返国。2月8日，新三十师攻占南帕卡，日原守畹町的第五十六师团一部及守南帕卡的第二师团一部、第四十九师团一部、第十八师团一部共约6000人退守贵街、新唯。新一军以新三十师的第八十九团及新三十八师的第一一二团分别沿公路两侧南下，而以新三十师主力沿公路攻击前进，于2月14日攻占贵街，18日迫近新唯。新唯位于南渡河北岸，腊戍北面的屏障，日军阵地设在公路两边的崇山峻岭之中。新三十师于19日开始攻击，翌日施行占领，新唯至芒友间112公里滇缅公路可以通车。新一军乘胜以新三十八师附新三十师第八十八团和坦克营向腊戍进攻，并以第一一四团向腊戍以南迂回，截

① 郭汝瑰、黄玉章主编《中国抗日战争正面战场作战记》下册，第1288页。

断日军向南、向西退路。日军驻守腊戍的是缅甸方面军第三十三军残部，士气低落。2 月 24 日至 3 月 8 日，新一军势如破竹，占领腊戍。之后，新三十八师沿滇缅公路向西攻击前进，于 23 日攻占康沙，与第五十师会师。3 月 16 日攻占昔卜。几天后，英印军攻占曼德勒。至此，中国驻印军反攻缅北的任务胜利完成。伤亡损失统计为 12729 人（其中死 3925 人、伤 8653 人、失踪 151 人）。[①]

缅北反攻乃至整个缅甸战场对于中国的意义主要在于陆上援华补给线的修复。不过单就中印公路来说，显而易见是得不偿失。中印公路由 1942 年开始修筑，至 1945 年 1 月通车，耗费了大量人力和财力，超过 1100 名技术人员和劳工死于各种意外。[②] 日本投降前，它每月最高运输量是 1945 年 5 月达到 8435 吨，又很快下降，对抗战帮助不大。与之相较当时空运的运输量在 1945 年 1 月就达到 44099 吨，5 月为 46394 吨，至抗战胜利前的 7 月更为 73682 吨。[③] 更何况，当时的工程质量很差，完全是因纯军事目的而仓促赶工完成，很多路段无法达到正常使用标准，修成后又缺乏保养，碰到恶劣天气即被冲毁而无法通车，尤其是公路经过河谷丛林的部分，在雨季几乎无法使用。即便配合中印公路铺设的还有一条从印度阿萨姆至昆明的 4 英寸输油管道，不受天气影响，但其运输量有限。[④]

第四节　中国远征军反攻滇西

一　远征军的作战计划

1943 年 2 月 9 日，英、美、中军政人员在加尔各答开会，决定反攻事宜。中方代表为外交部长宋子文、军政部长何应钦，美方代表有陆军航空兵司令阿诺德、陆军后勤司令萨默维尔、陆军驻中印缅代表史迪威，英方代表包括印缅总司令卫佛尔、迪尔、莫尼斯（Monis）。按照 1 月中下旬美

---

① 《缅北战役敌我伤亡统计调查表》（1944 年 9 月），《抗日战争正面战场》（下），第 1473 页。

② 参见维基百科“中印公路”条目。

③ Charles F. Romanus and Riley Sunderland, *Time Runs Out in CBI* (Washington D. C.: Office of the Chief of Military History, Dept. of the Army, 1958), pp. 40, 365.

④ 齐锡生：《剑拔弩张的盟友：太平洋战争期间的中美军事合作关系（1941—1945）》，第 482—483 页。

英卡萨布兰卡会议的决定，何应钦表示中国将以滇西10个师向密支那、八莫一线攻击，包括第二师自腾冲进攻密支那，第二军由保山进攻八莫，第七十一军、九十三军由龙陵进攻腊戍，第三十三军自云南进攻腊戍，第六军由普洱进攻景栋。时间暂定在1943年10月底。[①] 年底的时候，英国则希望中国远征军随同驻印军战略协作。蒙巴顿给蒋介石发电报，表示：第一，以北缅不能打通之责任，归之于我（中国）军，不能由滇出击；第二，彼欲我驻印军出击，乃使我滇军不能不前进，援手之作用为最；第三，空运游击队是否阻碍我国之空运量；第四，登陆舰艇与兵力不足及以游击队代替海军登陆兵力。[②]

1944年1月，罗斯福再次对蒋介石施压，他在日记中写道："罗总统来电强制余攻缅助印，否则，以断绝接济物资相恫吓。"[③] 3月，日军发动英帕尔作战之后，英国再次要求中国远征军能迅速渡江进攻滇西日军，以支援英军在英帕尔的战斗。3月27日，史迪威飞往重庆晋见蒋介石，获准由滇西空运第十四、第五十师赴印，自4月1日至8日便全部空运到雷多，进行装备。至于远征军的出击，蒋介石命卫立煌加紧准备，预期5月上旬发动进攻。蒋介石的考虑是："如果滇缅公路被我打通，则黄河以南倭军必将退守华北，故对缅反攻应全力赴之。多抽调国内全力，增强滇缅兵力是为必要，减少长江以南地区兵力无妨也。"然而，"关于云南驻军由泸山、片马向密支那接应之部队，须待驻缅军占领密支那后向东前进时，双方夹击为宜"。[④] 4月中旬，中国驻印军突破坚布山隘正向孟拱及密支那进攻中，此时日军第十五军包围英帕尔。罗斯福遂对蒋介石继续施压，蒋不得不决定先以远征军一部（第二十集团军）攻击腾冲，而后依情况再以远征军主力投入，协助围歼缅北日军。4月13日，军事委员会电令远征军，以第五十三军为第一线，第三十六、第一九八师为第二线，4月底以前做好渡怒江进攻固东街、江苴街及腾冲的准备，令第八军于6月5日集结祥云，归远征军序列，并令远征军制定详细的渡江进攻计划。4月19日，军事委员会又在前电令基础上补充调整远征军的战斗序列，拟制出《远征军

① 梁敬錞：《史迪威事件》，第114—115页。
② 《蒋介石日记》（手稿），1943年12月27日。
③ 《蒋介石日记》（手稿），1944年1月15日。
④ 《蒋介石日记》（手稿），1943年4月25日、1944年3月29日。

策应驻印军作战指导方案》：

方针

(1) 远征军以策应驻印军攻击密支那之目的，拟以五十三军（一一六师、一三〇师）为第一线，五十四军（三十六师、一九八师）为第二线，于栗柴坝至双虹桥间地区超越防守部队，渡河攻击当面之敌，向固东街、江苴街之线进出，相机攻占腾冲。各部队作战准备，限4月底以前完成，待命开始攻击。

指导要领

(2) 第一线攻击部队对于渡河攻击之准备，应绝对秘密隐蔽，力求出敌意外。

(3) 攻击部队对少数敌所盘据之坚固据点，仅留必要兵力围攻或监视，其余仍向攻击目标超越前进，勿为所牵制、抑留。

(4) 攻击步骤：第一步，渡河攻击开始，第一线攻击部队（五十三军）即以一部利用栗柴坝、双虹桥间各渡口一举强渡，于怒江西岸占领桥头堡阵地，掩护主力渡河。第二步，第一线攻击部队主力渡河成功后，即极力进占当面高黎贡山通陇（龙）川江各地之各要道口，掩护第二线攻击部队（五十四军）渡河，并继续向桥头、林家铺之线进出，务求于高黎贡山西侧获得尔后攻击所要之展开地域。第三步，第五十三军攻抵桥头、林家铺之线后，即占领有利阵地，一面构筑工事，一面为尔后攻击前进之准备，等待第五十四军到达，再向固东街、江苴街之线攻击。第四步，攻占固东街、江苴街之线后，即构筑工事固守，并依状况调整部署，续向腾冲攻击。

(5) 原任怒江东岸防守各军（六军、七十一军、二军）之第一线师，应各派1营以上之兵力加强怒江西岸游击活动，牵制当面之敌，并设法破坏敌交通线，使攻击部队易于进展。

(6) 当我攻击部队进展至固东街、江苴街各附近之线，而敌五十六师团阻其主力集中于腾北，企图向我攻击部队反击时，我第二军应相机以1个师之兵力由三江口以北地区渡河，乘虚奇袭龙陵，以策应腾冲之攻略。同时第七十一军应以1个团之兵力由惠人桥附近渡河攻击，以期与我腾北攻击部队合围腾冲之敌而歼灭之。

(7) 滇康缅特别游击区所部，应集中力量袭击片马、拖角，并相机向密支那挺进。

(8) 空军须派有力部队直接协力地面部队之攻击，并集中力量轰炸芒市、龙陵、腾冲、固东街、瓦甸街等地之敌及其间之交通线。

部署

(9) 二十集团军辖五十三军、五十四军两个军，由霍总司令揆彰负责指挥，担任攻击，而以五十三军为第一线攻击部队，五十四军为第二线攻击部队。

(10) 十一集团军辖二军、六军、七十一军三个军，由宋总司令希濂负责指挥，担任怒江第一线防务。

(11) 八军开滇西后，归远征军直辖，控置于祥云附近地区，为总预备队。

(12) 十一集团军副总司令方天（兼五十四军军长）与二十集团军副总司令施北衡对调。①

这种强渡设计是极其危险的。怒江对岸的日军第五十六师团自 1942 年 5 月进抵之后，已经营该地区达两年之久，在高黎贡山和腾冲、龙陵等地的据点内都筑有隐蔽好、射界广、抗力强的坑道式火力点。兵力配置为：第一四八联队驻腾冲，第一一三联队防守滇缅公路沿线的腊勐、龙陵、芒市，第一四六联队驻畹町。另有第十八师团第一一四联队第一大队防守拖角、片马，亦归第五十六师团指挥。因为怒江上无任何桥梁，原有的惠通桥和惠人桥在 1942 年 5 月第一路远征军由缅甸撤退时已彻底破坏，远征军渡江方式只有下到深谷，然后以竹筏或者橡皮艇渡过奔腾的怒江，再攀登对岸陡坡，进入南北连绵的高黎贡山，而日军第五十六师团精锐部队正在这里以邀击姿态，扼守各个山顶。即便没有日军，渡江本身也是十分危险的，更何况 5 月初，日第五十六师团已从一架中国迫降的军用飞机缴获了中国军队新的密码本及远征军的编制表，知道远征军将于 5 月 10 日前后开始渡河攻击，主攻方向大致在惠人桥以北、六库渡以南地区，遂将主力调

① 转引自郭汝瑰、黄玉章主编《中国抗日战争正面战场作战记》下册，第 1292—1293 页。

整至左翼，并制定了反击计划。[①]

然而，远征军方面对此缺乏警惕，仍以第二十集团军在北翼为攻击军，第十一集团军在南翼为防守军，攻击军开始进攻时，防守军以 3 个加强团、1 个加强营同时渡江攻击。

二 反攻作战的发动与展开

远征军指导方案要求攻击军在强渡怒江成功后，立即攻击高黎贡山各据点时，担任防守军的第十一集团军乘势西渡，协同第二十集团军攻击腾冲、龙陵等地日军。4 月 29 日，远征军令第二十集团军于 5 月 5 日前展开完毕，同时与美军第十四航空队（战斗机 3 个中队、中型轰炸机 2 个中队）进行协同。5 月 6 日，第二十集团军制定攻击计划，在兵力使用上改以第五十四军（附第五十三军一一六师三四六团）为第一线兵团，第五十三军为第二线兵团，以渡江、进攻高黎贡山各据点和进攻腾冲为三个阶段。作战指导分别为：（1）第五十四军主力在双虹桥附近渡江，攻占大塘子、南斋公房，第一九八师在栗柴坝附近渡江，攻占北斋公房、马面关等地后扼守片马、明光，以掩护右侧，第五十三军紧随第五十四军后在双虹桥附近渡江；（2）第五十三军超越第五十四军攻占江苴街，第五十四军再超越第五十三军攻占瓦甸，第一九八师则在第三十六师一部协助下攻占固东街；（3）集团军攻占固东、江苴后，第七十一军派有力一部，由惠人桥渡江，协力攻击腾冲，攻击腾冲时，以第五十四军为右翼兵团，第五十三军为左翼兵团。5 月 9 日，远征军将攻击军及防守军各加强团的渡江开始时间定为 5 月 11 日拂晓或白昼或夜晚，由各单位依当时情况自行决定。[②]

1944 年 5 月 11 日夜，攻击军第一线第二十集团军第五十四军所属第一九八师、第三十六师按照原定计划，各派出 1 个加强团由栗柴坝、双虹桥间，在炮兵、工兵支援下开始强渡怒江。与此同时，防守军第一线第十一集团军新三十九、第八十八、第七十六师亦各派 1 个加强团，新三十三师派出 1 个加强营，由惠人桥、打黑渡及三江口附近分别渡江，向红木树、平戛及滚弄攻击。12 日凌晨 4 时，日五十六师团步兵一一三联队开始攻击

① 《缅甸作战》（下），第 91 页。

② 郭汝瑰、黄玉章主编《中国抗日战争正面战场作战记》下册，第 1294 页。

由惠人桥等五个渡口渡河的新三十九师一一五团，该团旋被击溃。而由双虹桥渡江的攻击军左翼第三十六师及第一一六师第三四六团立足未稳之时，受到日步兵第一四八联队主力第三大队的进攻，“部队伤亡甚大”。[1]由栗柴坝、双虹桥渡江的攻击军右翼第一九八师主力遭受日军第一四八联队第二大队的进攻。唯有由打黑渡渡江的第九十六师加强团未遇抵抗即顺利集结于平戛以东10公里附近。远征军因伤亡过大，13日、14日两日中止渡江。[2]

5月15日，第二十集团军第二线兵团五十三军由双虹桥附近渡江增援第一九八师主力，包围扼守马鞍山的日一四八联队二大队主力。第一九八师遂以第五九三团从左翼深入迂回，于16日攻占日军后方要地马面关及桥头，截断了日军第一四八联队与瓦甸之间的联系，但围攻北斋公房的该师主力却遇到日军的顽强反击，陷于胶着状态。第八十八师及第七十六师加强团遭到平戛日军第一四六联队第一大队、第一一三联队第二大队及芒市守备队3个中队的合力反击，平戛得而复失。新三十三师的加强营面对日军第五十六师团搜索联队的攻击，不断推进至霍班、哈林及农姆一线。[3]

5月17日，驻印军占领密支那西机场，对重庆不无鼓舞。军事委员会遂命远征军主力应乘此机会渡江扩张战果，攻占腾冲、龙陵，与驻印军会师，决定：“远征军应乘出击部队进展顺利及我驻印军一部奇袭密支那之机会，于敌增援部队未到达前，以主力渡河，扩张战果，攻击腾冲、龙陵、芒市之敌而占领之。主力指向龙陵。渡河于准备完毕后即开始。”同时进行了具体的兵力部署。5月25日，远征军令第二十集团军（辖第五十三、第五十四军、预二师）为右集团，按原定计划攻击腾冲；令第十一集团军（辖除预二师的第六军、第七十一军、第二军）为左集团，攻击龙陵、芒市，并限于5月底以前完成攻击准备。第十一集团军也拟定了作战计划：“集团军为攻略龙陵、芒市，决以主力由惠人桥迄七道河间地区各渡口渡过怒江，重点置于右翼，向龙陵、芒市包围攻击。”其兵力部署为：（1）第七十一军（欠搜索营）配属第五军之山炮营为右翼攻击军，攻击命令下达后，先以一加强步兵团，在炮兵协力下，先攻击腊勐、松山，随即

① 郭汝瑰、黄玉章主编《中国抗日战争正面战场作战记》下册，第1295页。

② 《缅甸作战》（下），第93页。

③ 《缅甸作战》（下），第94页。

以主力直攻龙陵；（2）第二军（欠新三十三师及第九师之一团）为左翼攻击军，先派一部协同第七十六师之加强团，迅速扫荡平戛残敌，确实占领之，军主力限5月30日以前到达平戛东南地区集结，攻击命令下达后，即向芒市攻击前进，须注意破坏芒市、遮放间交通，阻止敌之增援；（3）新三十九师（欠第一一七团）续向红木树之敌攻击，攻占后再相机袭占腾冲。以上统归第六军黄杰兼军长指挥。①

6月1日晨，防守军第十一集团军第七十一军在北，第二军在南，分由惠通桥、毕寨渡、三江口附近强渡至怒江西岸，向龙陵、芒市方向进攻。而日军第五十六师团主力则以龙陵为中心，以松山、平戛为延伸，呈鼎足之势。松山、龙陵驻扎着日军第一一三联队主力，而平戛、芒市则驻有日军第一四六联队主力，在松山、平戛之间的高黎贡山前沿，以若干小据点连接，均备足粮弹，可以拒守。松山是以20多个小据点组成的碉堡群，位于高黎贡山前哨，海拔约2200米，可俯视滇缅公路和怒江河谷，扼守龙陵之要冲。此时滇西雨季到来，山顶云雾，飞机不能空投粮食，远征军只有挖野菜和竹笋充饥。由于山上山下气温悬殊，怒江岸边为摄氏25度以上，而高黎贡山顶仅摄氏七八度，入夜温度更低。官兵穿着单衣，如果被雨打湿则有冻死的危险，即便穿着胶皮雨衣湿后也冷似冰霜。②

6月4日，第七十一军新二十八师（欠第八十四团）仍被日军第一一三联队一部、野炮第三大队（欠1个中队）大约2500人并22门火炮阻于松山。新二十八师连续组织5次攻击，均因敌工事坚固、火力猛烈而被迫退回。第十一集团军主力于6月11日逼近龙陵，日军第一一三联队主力退至腾冲方向上的红木树一带。松山以南的平戛是日军控制三江口，掩护芒市、龙陵外围的重要据点，由第一四六联队第一大队防守。6月18日，第七十六师主力北上蚌渺，与第七十一军协同作战，仅留第二二六团（附第九师第二十六团第二营）包围平戛。

美国军事历史学者对于有美军参加的这次进攻，记述如下：

日军凭借设备完善的工事顽强抵抗。面对日军的顽抗，中国军队

① 郭汝瑰、黄玉章主编《中国抗日战争正面战场作战记》下册，第1296页。
② 王理寰：《卫立煌率师反攻滇西》，《远征印缅抗战》，第378页。

经过令人绝望、旷日持久的战斗，直至6月13日才好不容易把日军逐出山顶。

最初，中国军队由正面反复力攻，尽管全力以赴，仍未能拔除日军阵地，遂不得不向云南驿的美国陆军第五十一航空队求援。

陆军航空队使用火箭弹、杀伤炸弹等，如同直接支援炮兵那样与地面部队紧密配合，轰炸日军阵地。

随着雨季的到来，天气逐渐恶化。在如此高地上，而变成雪花，形成浓雾，淋湿了粗糙的中国军服，视野一片模糊。

暴雨威胁着中国兵战线，驮运补给无法满足第一线，第五十四军官兵正处在饥饿线上。

幸而5月26日，第二十七空运中队抵达云南驿，两天后空投了数吨弹药、大米及其他物资，维持一时。自6月3日至10日，天气恶化，不能飞行，美中两国士兵均以竹笋和不洁的家畜代粮充饥，有时射杀老虎为食。

到6月13日，中国军队总算击毁了冷水沟阵地的最后堡垒。阵地上遗弃75具日本兵的尸体。

至此，中国军队打通了高黎贡山脉的进攻路线，天气转晴，已能运输粮食、弹药，第五十四军遂越过山岭向龙川江河谷进击。

在高黎贡山里的战斗，日军射击准确且节约弹药，伪装近于完美。日本兵尽管已成孤军，陷入重围，既无空中掩护又缺空中补给，但毫无屈服的表现。

与此相反，中国军队反复进行代价较大的正面进攻，白白浪费了大量人员和弹药。①

中国军事专家的记述则是直到7月2日新二十八师仍旧未能攻克松山，只得以总预备队第八军接替。第八军以荣誉第一师第三团（欠第三营）及第八十二师第二四五团于7月5日组织新的进攻，又以伤亡过重而退回。到了7月7日，第二四六团增援，依旧被打了回来。7月11日攻击部队增

---

① Charles F. Romanus and Riley Sunderland, *Stilwell's Commanding Problems* (Washington D. C.: Office of the Chief of Military History, Dept. of the Army, 1953), pp. 344 – 345.

加第一〇三师第三〇七团，又告失败。7 月 23 日增加第一〇三师第三〇八团第三营及荣二团第三营，被日军猛烈火力击退。8 月 2 日，发动第五次围攻（第二四五团主力调至怒江西岸整理，第三〇八团已全部到达），第三〇八团只攻破了松山西南滚龙坡据点。8 月 7 日，发动第六次围攻，由东面向主阵地进攻的荣二团第三营伤亡过半，第二四六团第一营仅余 8 人，第二营仅余 10 余人，突围退回；但从西南进攻的第三〇八团、第三〇七团以挖交通沟的方式攻占滚龙坡东北两个重要据点，这仅是“在付出重大牺牲后，打开了松山主据点的两侧门户”。沉重的伤亡令远征军不得不将守备保山机场的荣三团第三营及第一〇三师第三〇九团增援松山，以挖壕沟、坑道爆破及使用喷火器等战法，连续发动了两次围攻，经过艰苦的攻坚战斗，于 8 月 31 日攻破除中央高地的两个中心据点外的全部松山外围各据点。9 月 4 日拂晓发动第九次围攻。“战斗极为惨烈，血战至当日黄昏，荣三团及第三〇九团均仅余 20 余人，第二四六团仅余 8 人，工兵及搜索连则伤亡殆尽。第八军急调守备怒江东岸的第八十二师第二四四团增援。又苦战两昼夜，至 9 月 7 日方完全占领松山。收缩至中心据点，将残余日军 500 余人全部歼灭，无一逃脱。”①

而远征军在前方的攻击也在桥头、马面关受阻。第二十集团军右翼第五十四军第一九八师于 5 月 16 日攻占该地后，遇日军第五十六师团第一一三联队第二大队主力、芒市守备队 3 个中队及第一一三联队第三大队主力，由第一四八联队长指挥，于 5 月 27 日夺回。第五十四军急调第三十六师主力北上增援桥头、第二师则进攻马面关，令第一九八师攻击北斋公房。6 月 16 日，远征军再次攻占桥头、马面关及北斋公房。日军分别退至明光、固东、瓦甸等地。6 月 20 日，预二师先后攻占明光、固东，第三十六师攻占瓦甸。翌日，第二十集团军左翼第五十三军亦攻占江苴。日军第一四八联队全部退至腾冲，决心死守。

腾冲又叫腾越，为滇西门户，西距密支那一百余公里，大盈江隔断城西，龙川江流经城东，四面环山，下居盆地，狭长曲折。腾冲古城墙围成一个正方形，各边约 2 公里长、5 米高、2 米厚，下砌巨石，上筑青砖，城内则堡垒林立、坑道相通，是为一座坚固的要塞。6 月 23 日，远征军决定

---

① 郭汝瑰、黄玉章主编《中国抗日战争正面战场作战记》下册，第 1298 页。

以第二十集团军全力夺取腾冲，以策应驻印军方面克复甘马因、孟拱后节节胜利的形势。第二十集团军立即部署攻城：以第五十四军（欠第一九八师）附预二师、重迫击炮营为右兵团，沿顺江街至腾冲大道先攻占宝凤山、来凤山；第五十三军附重迫击炮营为左兵团，先占领抗猛山，主力应于26日前到达干榨山、打苴山、龙川江西岸，准备向飞凤山攻击，另以一部率先向飞凤山进攻。第一九八师为预备兵团，待第五十三军前进后，向江苴街推进。7月2日拂晓，第二十集团军对腾冲外围发动全面进攻。第五十四军预二师穿过宝凤山，强渡大盈江，向芭蕉关进攻；第三十六师进抵大盈江北岸干龙、下马坞之线，以一部协助第一九八师第五九二团攻击5130高地；第五十三军第一一六师在第一九八师支援下一举攻占5830高地，其第三四六团向罗汉冲攻击；第一三〇师第三八八团进至飞凤山以南的吴邑，师主力向上、下勐连进攻。十天后的7月12日，远征军各部队始逼近城郭：第三十六师接近腾冲城西北角，第五十三军第一一六师已占娘娘庙、满金邑，第五十四军预二师已克毗卢寺，正攻来凤山，第一九八师与日军在饮马河激战，第一三〇师攻占上、下勐连后以一部控制龙江桥。第二十集团军于7月27日下令攻城：第五十四军附重迫击炮营依次从南门、西门、北门向东攻击，预二师固守来凤山、来凤寺；第五十三军以第一一六师附重迫击炮及军山炮兵营从东门向南进攻；第一三〇师担任对龙陵方面的警戒，以一部置于倪家铺，策应第一一六师。①

三 收复龙陵、腾冲

与此同时，6月1—3日，右翼攻击军第七十一军主力（第八十七、第八十八师及新二十八师第八十四团）即自毕（寨渡）龙（陵）道南侧地区向龙陵攻击前进。龙陵为畹町、腾冲、平戛间滇缅公路的另一要冲，通往八莫、腊戍的咽喉要地，与腾冲情况相似，四周环山，中为盆地，日第五十六师团第一一三联队第三大队在此构筑了坚固的防御体系。远征军第十一集团军渡江后，日军第二师团第二十九联队第二大队即行划归第五十六师团辖下，增援龙陵。6月5日，远征军第七十一军开始进攻龙陵外围阵地。6月8日，第八十七师第二六〇团一举攻占大坝、镇安街，第二六

① 郭汝瑰、黄玉章主编《中国抗日战争正面战场作战记》下册，第1300页。

三团攻占勐连坡。6 月 9 日，第二五九团于攻占黄草坝后，即派 1 个加强营攻占龙川江上的腾龙桥，予以破坏，阻止腾冲的日军来援；第八十八师第二六四团一部袭占放马桥，切断芒市至龙陵的交通；主力攻占南天门、双坡至长岭岗各据点。6 月 10 日，第八十八师主力克广林坡、老东坡、风吹坡、三官坡，第二六四团乘势突入城区，第八十七师主力攻克文笔坡、老城、伏龙寺，围攻县政府。日军退守城内核心据点及西山坡、观音寺、东卡等据点。第七十六师主力参加进攻龙陵的战斗。第十一集团军总司令宋希濂到达龙陵前线视察，认为日军“工事坚固，决非步兵兵器所能摧毁，乃因连日大雨，飞机既未输送弹药，又不能协力轰炸。兵站输力薄弱，亦不能及时追送粮弹”，因而没有令部队继续进攻。[①]

日军第五十六师团此时令腾冲的第一一三联队急援龙陵，于6 月 11 日从腾冲出发，13 日在腾龙桥击退中国第八十七师第二五六团 1 个加强营渡至龙川江南岸，并于 15 日向已占领龙陵西北高地的第八十七师发动猛攻，致使远征军“伤亡甚大，16 日黄昏被日军突破阵地左翼，冲入龙陵”。宋希濂乃令第七十一军除以一部固守现有阵地外，主力退至镇安街以西，等二十集团军增援。6 月 17 日以后，日军从芒市增援而至的第五十三师团第一一九联队第一大队的 2 个中队和野炮兵第五十六联队，先后击退第八十八师第二六四团及第九师，重占了放马桥和象达。6 月 28 日，远征军第八军到达增援，以荣一师配属第七十一军，战斗至 7 月 6 日，日军退至龙陵城周围。7 月 11 日，日军第一一三联队配属第一一四联队第一大队、第一四八联队第三大队及 1 个山炮兵大队再从芒市出发增援平戛，送去粮食补给、卫生材料并收容伤病人员。12 日进至平戛以西约 4 公里的牛尖山，与包围平戛日军的第二二六团激战。第二二六团不敌，战至 14 日，芒市增援部队攻占唐家山，卫生队、辎重队进入平戛。15 日晨，日军第一一三联队带着平戛的伤病员返回芒市时，又遭第二二六团阻击，遂于次日将之包围。第二二六团第一营营长以下牺牲近半，余部于 16 时突围，退至牛尖山。该日军后因芒市告急于 17 日返回。

腾冲方面，8 月 2 日，第二十集团军发动攻城。激战至 6 日，远征军炸开城墙，纷纷突入城内，却立即遭到日军预伏火力的猛烈射击，伤亡惨

---

① 《卫立煌致何应钦抄电》(1944 年 6 月 17 日)，《抗日战争正面战场》(下)，第 1513 页。

重，入城部队就地构筑工事，挖掘交通壕。和渡江以来遇到的情况一样，日军防守兵力利用坚固的防御工事和严密布置的火力网，有效地阻止了远征军前进并增大伤亡。第二十集团军只能逐屋、逐街进攻。双方反复争夺，展开巷战肉搏。9月14日，远征军以人数优势最终占领腾冲。第二十集团军伤亡1万以上。[①] 腾冲日军被歼灭后，日军决定以芒市第五十六师团全力营救平戛日军。9月17日夜，日第五十六师团率第一一三、第一四六联队出发，于20日进抵良子寨附近，向包围平戛之第二二六团进攻。22日攻占良子寨、大尖山，救出平戛日军会合，27日退回芒市。

龙陵方面，8月10日，第十一集团军整补完毕，遂于14日发起进攻，以第七十一军附新三十九师进攻龙陵，以第二军进攻芒市。第七十一军方面首先以炮兵进行70分钟的炮火准备，并在14架战斗机、24架轰炸机的支援下，向龙陵日军发起猛攻。即便如此，日军工事坚固，激战竟日仍无进展。8月16日，第七十一军再次发起攻击，17日终于攻占三关坡据点，20日攻占青山据点。日军困守西山坡、红土墩、伏龙寺、锅底塘域及其以南高地待援，第二军进抵芒市东郊马鞍山。8月26日，芒市的日军第五十六师团增援龙陵，但被荣一师在龙陵西北的太脑子坡击退。日第三十三军见第五十六师团进攻受挫，于8月30日令第二师团参加龙陵解围作战，激战至9月5日。9月13日夜，龙陵日军发动反攻；至16日，日军遭第七十一军和荣一师猛烈打击，退向芒市，而龙陵则只有第一四六联队。10月29日，第十一集团军全线进攻龙陵，激战5日，于11月3日晨实施占领。腾冲、龙陵之战我军共伤亡25896人。[②] 11月20日继续攻克芒市。日军第五十六师团残部附第二师团、第四十九师团各一部退至国门畹町附近，此时缅北方面驻印军已从密支那、孟拱向八莫快速推进中，与滇西方面远征军在战略上已形成合击之势。

四 收复畹町

战场最后回到缅甸。10月下旬雨季结束的时候，日缅甸方面军召集第十五、二十八、三十三军各参谋长及作战主任参谋齐集仰光，研究下步对

---

① 郭汝瑰、黄玉章主编《中国抗日战争正面战场作战记》下册，第1301页。

② 蒋纬国总编著《国民革命战史 第三部 抗日御侮》第9卷，第2319页。

策。方面军司令官木村中将不得不批准由田中参谋长提出的《方面军作战指导纲要》。该纲要旨在确保南缅的持久战，但同时也将防线划至缅北的腊戍和曼德勒，称“要确保腊戍、曼德勒周围及连接该地以南之伊洛瓦底江、仁安羌、仰光要域，阻止并击溃来攻之敌”，明确规定“第三十三军（第五十六、第十八师团）要坚固地占领自腊戍附近至汤彭山脉要线，粉碎来攻之敌。并尽可能切断和妨害印中地面联络。该正面作战，仍称为‘断作战’”。[①] 因此，滇缅路的畹町仍是第三十三军扼守范围。畹町是滇缅边境上的一座市镇，滇缅公路由此入缅，向南行18公里便是缅甸边境小镇木姐。原防守南坎、畹町的第二师团正式列入三十三军序列，第五十六师团获得补充，兵力扩充至约9000人，在畹町周遭建立起方圆十公里的防御阵地带：第四十九师团第一六八联队约1200人（新唯）、第十八师团第五十五联队约1200人（南帕卡）、第二师团第四联队约1000人（南帕卡）、第三十三军直属约3000人（腊戍）。

12月12日，蒋介石电卫立煌：“限三小时到。贵阳何总司令、保山卫长官：密。着远征军迅速攻击畹町之敌，限亥月养日以前占领畹町具报。”限期是10天后。但卫立煌复电表示反对：

> （一）滇西反攻伊始，所属各部缺额，约十万有奇。腾冲、芒市等役，官兵伤亡又达六万余，其间补充仅万余（各序列部队现共缺十二万余）。下级干部极为缺乏，现时作为战斗部队，各师战斗兵多则千余，少至数百。根据以往作战经验，我攻占敌之较大战略要点，兵力必须绝对优势。查畹町附近之敌为十八、五十三、四十九等师团各一部，共约七千余，轻重炮数十门。黑山门一带阵地扼畹町咽喉，地形险峻，工事坚强。就本军现有兵力，发动大规模攻势，实胜算难操，万一顿挫，反噬堪虞。（二）会战前粮弹、汽油筹屯，公路、桥梁抢修，交通工具（输力）调配，会战兵站向前推进，粮弹追送，伤患后运，通信线路延伸，各种器材筹集，在在需时。限于实际，无法及时完成准备。（三）本军胜利与否，关系抗战至巨。不明其内容者，难保不生猜疑。但事实所在，不敢出以轻率从事，贻钧座南顾之忧。

① 《缅甸作战》（下），第180页。

拟恳即令兵役部在最短期内设法空运补充兵六万名，并（予）以训练时期，藉以完成一切作战准备，适机呼应驻印军，一并收复畹町，巩固中印路线，当否乞核示祇遵。亥删。

蒋介石于12月19日、21日两次致电卫立煌："查我驻印军已克八莫，进迫南坎"，"据报畹町敌军数目不大，且驻印新一军自攻克八莫后，继续推进，颇为顺利。希仍遵前令，从速进攻畹町，以期与驻印军早期会师。立着将开始进攻日期具报"。① 以此督促，卫立煌才不得不于12月25日下达作战命令，定于27日开始向畹町攻击，以主力保持于左翼，将日军压迫包围于畹町盆地内予以歼灭；令第五十三军为右翼军，27日8时开始行动，推进至日岗、景坎、遮勒附近，阻止勐卯日军向畹町增援，而后渡龙川江进出至畹町以南龙卡附近，截断滇缅公路；令第六军为中央军、第二军为左翼军，分别展开于帕赖至拱撤和谢连至猛古街之线，28日9时开始向畹町进攻；第七十一军为总预备队，位于小街、石门坎间。第十一集团军第一线各部队依令攻击。日军依托坚固工事予以反击。战斗至1945年1月1日，第五十三军进至龙川江北岸的两渡口、户闷，第六军进至蛮蚌及回龙山北麓，第二军进至戛中南山、蛮帕冷山东麓及黑猛龙。第十一集团军为从速攻占畹町，又增派第七十一军第八十七师配属第二军。1月2日起，第五十三军连克岗垒、勐卯，于4日攻占大青山。当大青山方面激战时，中央第六军和左翼第二军亦分途向西猛攻。第二军第九师于3日进抵畹町河上游后，于4日占蛮棒，与日军激战；第七十六师于5日占拱尾寨，7日占领洪屋梁子、卡拿以东高地。第六军第二百师进攻回龙山，激战4日未得；预二师于2日攻占大黑山后，旋又丢失。8日，第十一集团军调整部署，第七十一军（欠第八十七师）接替第二百师继续攻击回龙山。激战至1月10日，第八十八师终于占领回龙山。其时，左翼第二军第九师也乘势攻占了信结以南和蛮结梁子以北的高地。11日，预二师再度夺回大黑山，向金瓜山、牛角山进攻。中国军队已逼近畹町，于14日加速进攻，令第五十三军迅速击破大青山之敌，确实遮断畹町日军的退路，第二军向老

① 《蒋介石与何应钦卫立煌往来电》（1944年12月），《抗日战争正面战场》（下），第1522—1524页。

街攻击，第七十一军向畹町攻击，第六军固守现阵地。17日，第二军第九师攻占老街。19日，攻占九谷，袭占新街。其余各部队也分别攻占畹町周围的金瓜山、牛角山、大黑山、象鼻坡等要点。1月20日，畹町日军向西南撤退，中国远征军占领畹町。[①] 滇西反攻作战至此完全结束。

中国远征军在滇西反攻作战中虽获得了胜利，但伤亡过大。中国驻印军和远征军付出了巨大的牺牲，阵亡官兵31443人，负伤35948人（未计第一次入缅作战）。[②] 郭汝瑰和黄玉章认为这主要是各级指挥官的指挥失误造成的，并指出作战指导上所谓“先攻腾北，吸引敌主力，然后乘虚直捣龙陵”这一第一条“优点”，其实：

> 反而给日军在内线作战中机动兵力的有利条件，所以日军第一一三联队及山崎混合支队等能够南北增援，来去自如。假如采用全线同时进攻，而将主攻方向置于左翼，以钳形攻势直趋龙陵，以一部在右翼作牵制性进攻，阻止腾冲日军增援龙陵；以一部切断龙陵、芒市间交通，置龙陵日军于孤立境地，对松山、平戛等据点亦仅包围作牵制性进攻，尔后以绝对优势之兵力强求龙陵日军进行决战。一旦奏效，则腾冲以北各据点的日军若不放弃据点西逃，就将难以避免被歼。而且攻占龙陵后，更可直趋畹町，支援驻印军的作战。

郭汝瑰和黄玉章自我检讨远征军伤亡过重的直接原因，在于“绝大多数指挥官缺乏指挥攻坚的能力”，“只知道指挥士兵盲目硬拼。对龙陵、松山、腾冲、平戛等据点围攻时，伤亡竟达日军五倍之多，就是盲目硬拼的结果”。[③] 与之相应，日本厚生省统计日军缅甸作战仅陆军使用兵力303501人，战死185149人，余118352人回国。[④] 不过需要注意的是，日军战死者系在全部缅甸作战中战死的总人数。单在滇西损失的人员数量，当远远少于这一数字。

---

① 郭汝瑰、黄玉章主编《中国抗日战争正面战场作战记》下册，第1306页。

② 蒋纬国总编著《国民革命战史　第三部　抗日御侮》第9卷，第2321页。

③ 郭汝瑰、黄玉章主编《中国抗日战争正面战场作战记》下册，第1310页。

④ 《缅甸作战》（下），第217页。

第五节 美国航空援华与空中战场的反攻

1941 年初，苏联志愿航空队从中国战场撤离后，中国空军面对的形势更为严峻。为了坚持抗战，中国空军寻求新的国际援助。在美国的支援下，中国空军实力逐步恢复，从日本侵略者手中夺回了失去 6 年多的制空权，并由防御转入反攻，为抗战的最后胜利准备了必要条件。

一 “飞虎队”援华作战与中国空军实力恢复

在中国全国抗战初期，美国对日本采取绥靖政策，不仅没有给中国实际支援，相反还向日本提供了大批战略物资。随着日军侵华步步深入，美国在华利益受到严重损害，美日关系急剧恶化。为了自身的利益，美国转而比较积极地支持中国抗战。1940 年 10 月，国民政府派航空委员会副主任毛邦初、顾问陈纳德等赴美活动，寻求美国对中国空军的支援。经过颇费周折的努力，美国政府同意向中国提供航空援助，使中国空军得到极大补充，实力得以恢复。在中美空军的共同努力下，逐步掌握了中国战场的制空权。

1941 年 4 月 15 日，美国总统罗斯福签署了一项未公开的命令，允许美国预备役航空人员参加美国志愿航空队，赴中国作战。于是，陈纳德以“中央飞机制造公司”的名义，招募了 200 多名飞行员和地勤人员。8 月 1 日，美国志愿航空队在缅甸同古正式成立，由陈纳德任指挥官，下辖 3 个战斗机中队，纳入中国空军序列。中国政府为美国志愿航空队提供了 100 架从美国购买的 P－40 式战斗机，陈纳德在训练中根据他多年的研究和飞机性能，为美国志愿航空队制定了一套飞机编队的战术原则，对队员们指出：“用你们的速度和俯冲能力改变被动局面，向敌人射击并立即甩脱他们。只有这样，你们在作战中才有威力。用你们拥有的优势去压倒日本飞机的劣势，接近、开火、然后摆脱。”① 这种打了就走的游击战法，使美国飞行员在后来的对日作战中获得重大胜利，加之美国志愿航空队标志为一只带翼的老虎，故称为“飞虎队”。

---

① 〔美〕陈纳德：《飞虎将军陈纳德回忆录》，王湄等译，浙江文艺出版社，1998，第 162 页。

1941 年 12 月初，飞虎队战前训练结束，“是时敌空军进驻安南，有袭滇企图，志愿队乃调两中队至昆明担任防空，其第三中队仍驻仰光协同英空军作战”。[①] 此时，中国空军根据太平洋战争初期的态势和本身的条件，决定：“以分散敌空军实力，策应英美在南洋作战之目的，我空军即应发动游击战。”[②] 美国志愿航空队与中国空军一道，运用空中游击战术，分散日军航空兵力，以策应盟军在太平洋战场的作战。12 月 20 日，驻越南的 10 架日本双引擎轰炸机袭击昆明，陈纳德派出 24 架飞机迎敌。是役，飞虎队以艾德·雷克特（Ed kector）首开纪录，共击落日机 4 架，取得了来华作战的首次胜利。“接着仰光上空两次战斗，敌轰炸机损失廿二架，战斗机被击落七架，此外还有可能被击落的驱逐机八架，轰炸机十五架，战果之大，一时无双，于是‘飞虎’名声，远播全球。”[③] 此后，“各中队于昆明、仰光轮流调防作战，或向安南、泰国出击，或在滇缅地区协助我陆军作战。继随战况之发展，驻缅部队逐次移至滇境雷允、保山等地”。[④] 至 1942 年 5 月底，飞虎队共进行空战 26 次、攻击 23 次、侦察 27 次、掩护 4 次、拦截 10 次、巡逻 9 次，合计军事行动达 99 次，共击落敌机 193 架，击毁敌机 75 架及卡车 112 辆、仓库 15 座，击伤敌机 40 架；该队损失飞机 68 架，阵亡 11 人，失踪 4 人，殉职 9 人，负伤 6 人。[⑤]

1942 年 7 月 4 日，美国政府决定将在华的美国志愿航空队纳入美国陆军编制，改编为第十航空队第二十三战斗机大队，亦称美国驻华航空特遣队，由陈纳德任指挥官。第二十三战斗机大队成立之后，即出击汉口、南昌、广州、九江、临川、香港等地的日军机场、码头及舰船，取得了一定战果。在其成立后的 8 个月内，在空中击落敌机 149 架，另外可能击落 85 架，自己损失 16 架 P－40 战斗机和 1 架 B－25 轰炸机。[⑥]

---

① 《一九四一至一九四二年中国空军志愿大队战史纪要》（1943 年），《抗日战争正面战场》（下），2005，第 2805 页。

② 《徐永昌关于报送空军游击计划大纲致蒋介石签呈》（1941 年 12 月），《抗日战争正面战场》（下），2005，第 1974 页。

③ 《抗战中的中国空军》（1947 年 8 月），《抗日战争正面战场》（下），2005，第 2034 页。

④ 《一九四一至一九四二年中国空军志愿大队战史纪要》（1943 年），《抗日战争正面战场》（下），2005，第 2805—2806 页。

⑤ 《一九四一至一九四二年中国空军志愿大队战史纪要》（1943 年），《抗日战争正面战场》（下），2005，第 2806—2807 页。

⑥ 陈香梅：《陈纳德与飞虎队》，金光耀、石源华译，上海人民出版社，1986，第 152 页。

二 飞越“驼峰”的战时空运

美国航空援华，除提供装备及飞虎队等部担负作战任务外，还有一个重要贡献，就是开辟了“驼峰”航线。1942 年 5 月初，日军占领了缅甸的腊戍、曼德勒、密支那等地，切断了最后一条美国援华物资的陆上通道——滇缅公路。在这种情况下，中国方面提出：“为了供应中国军队并维持人民士气使中国能继续战斗，有必要开辟一条到中国去的新的生命线。”[①] 国民政府外交部部长宋子文提出从印度阿萨姆开辟一条航线空运援华物资的建议，得到了美国总统罗斯福的支持。当时空运的基本航线有两条：北线，自印度汀江起飞，经葡萄、程海到昆明；南线，从汀江飞经奈卡河汉、云龙至昆明。后来又开辟了汀江至叙府等地的航线。这些航线必须飞越地形复杂、气象多变的喜马拉雅山和横断山脉。一座座高山峻岭有如骆驼之峰，故称作“驼峰”航线。

“驼峰”空运由美军空运队和中国航空公司共同承担，以美国空运队运输为主。在“驼峰”空运的最初几个月内，由于条件恶劣，运输量很小。1942 年 6—8 月，美国空运队共运 500 多吨援华物资，中国空运队则不到 380 吨。1942 年 11 月，天气较好，美国空运队运量达到 819.7 吨，中国空运队为 316.5 吨。1943 年 10 月，美国空运队增至 7240 吨，中国空运队也增为 1122 吨。1944 年 7 月，美国空运队猛增至 2.6 万吨，1945 年 7 月又升到 7.1 万吨，达到顶峰。在这种情况下，“驼峰”航线成为二战时期最为繁忙的航线。1944 年 10 月，“驼峰”空运队每天飞行 297.8 架次。1945 年 6 月，“驼峰”空运平均每天飞行 622.4 架次。[②] 据统计，从 1942 年 5 月至 1945 年 9 月，美国空运队共运输物资 65 万余吨，中国空运队共运输援华物资 5 万吨和出口换汇物资 24720 吨、人员 33477 人。[③] 除此之外，许多美国援华的作战飞机也是从“驼峰”航线飞到中国的。在抗战中后期中国大后方与外界几乎隔绝的情况，“驼峰”航线的开辟和投入运营，成为中国与外界沟通的重要后勤补给线，对支持中国长期抗战起了重要

① 〔美〕威廉·M. 利里：《龙之翼——中国航空公司和中国商业航空的发展》，徐克继译，科学技术文献出版社，1990，第 143 页。

② 徐万民：《战争生命线——国际交通与八年抗战》，广西师范大学出版社，1995，第 235 页。

③ 高晓星、时平：《民国空军的航迹》，第 346 页。

作用。

出于自然条件恶劣、日军飞机袭击等原因，“驼峰”航线也成为二战时期最危险的空中航线。美国著名新闻记者白修德和贾安娜曾对这条航线做如下描述：“这的确是世界上最危险、最可怕和最野蛮的空中运输线。不论日本空军力量、热带雨季气候以及西藏的冰雪是怎样，没有武装的运输机都要在二万英尺高度上飞过五百英里没有航空标志的山区。有几个月，驼峰指挥部损失的飞机和人员比直接参加战斗的第十四航空队还要多。”① 在整个“驼峰”空运期间，美国空运队损失飞机468架，中国空运队损失46架，共514架，平均每月12.5架，中、美飞行员共牺牲1000多人。② 历史不会忘记他们的贡献。

三　中国战场制空权易手

1943年3月10日，在蒋介石和陈纳德等人的一再请求下，美国陆军决定加强驻华航空兵力，将原第十航空队第二十三战斗机大队扩编为第十四航空队，由陈纳德任司令。第十四航空队初期辖有第二十三战斗机大队及第十一中型轰炸机中队，其中有不少中国空、地勤人员直接参战或承担保障任务。5月初，36架B－24式重型轰炸机调入第十四航空队，番号为第三〇八大队。该机时速486公里，续航力为5120公里，可携炸弹4吨，装有10挺机枪，具有很强的战斗力。此后，随着对日作战的需要和援华物资的增加，美国第十四航空队的实力也不断增强。

美国第十四航空队组建之际，中、日军队于1943年5月19日至6月6日进行鄂西会战，双方都投入了不少飞机参战。日本陆军在汉口、荆门等地集中了飞行第二十五、第三十三、第四十四、第九十战队，共有飞机248架。中国空军则动用了第一、第二、第四、第十一大队同美国第十四航空队并肩作战，共有飞机165架。国民政府军事当局确定：“我空军以夺取战场之制空权，减轻我陆军空中之威胁，并得直接攻击敌海陆军之目的，以中国境内中美两国空军之全部，采取积极的空中攻势，以支援陆军。”据此，“本会战获得制空权之手段有三：一、彻底击灭汉口及荆宜间

---

① 〔美〕西奥多·怀特、安娜·雅各布：《风暴遍中国》，王健康、康元非译，解放军出版社，1985，第163页。

② 高晓星、时平：《民国空军的航迹》，第347页。

之敌航空部队。二、确保战场上我陆军上空之安全及我空军活动之自由。三、截断敌军长江之水运”。[①] 根据上述作战方针，中国空军和美国第十四航空队在鄂西会战期间共出击 53 批，使用驱逐机 336 架次、轰炸机 88 架次，合计击落敌机 31 架、炸毁敌机 6 架，炸沉炸伤敌舰船 23 艘，击毙敌官兵 157 人，击伤敌军 238 人。[②] 鄂西会战，是中日空战史上的重要转折点。它标志着在美国支援下的中国空军开始由防御转入反攻，而横行中国领空的日军航空队从此开始走下坡路。日本军方人士哀叹道：“以 1943 年为期，大陆制空权已转移到中国方面，从前在绝对制空权下行动的我对华地面作战的形势颇有改变之虞。”[③]

鄂西会战结束后，国民政府接受了陈纳德的建议，在印度的卡拉奇建立作战飞行训练中心。从 1943 年 7 月至次年 4 月，中国空军第一、第三、第五大队人员分两批（每批 4 个月）前往受训，训练科目有美制飞机驾驶技术、轰炸或射击技术、低空编队、战斗机与轰炸机协同战术等。受训之后，中国空军人员素质有了明显提高。1943 年 10 月，以受训的 3 个大队为基础，在桂林（后迁白市驿）成立中美航空混合团司令部（CACW）。中美航空混合团属于中国空军序列，所辖第一、第三、第五大队番号不变，各级均设有中美两方指挥官。中美航空混合团的作战方针是“协助我地面部队作战，削弱敌在我国大陆上进攻力量，并打击敌驻华空军，获得空中优势”。[④] 从后来的战斗实践来看，混合团不负使命，出色地与中国空军其他部队及美军第十四航空队一起夺回了中国战场的制空权。

1943 年下半年以后，中美空军主动出击，寻找日军航空队主力决战；广泛轰炸，摧毁日军机场及设备；长途奔袭，切断日军航空队补给运输线，呈现由防御转入反攻的明显态势。日军航空队虽然有很大削弱，但其飞行人员技术精湛，又多受军国主义毒害，困兽犹斗，因此空战仍旧十分激烈残酷。

---

① 《鄂边会战空军战史纪要暨附录》（1943 年 5 月—6 月），《抗日战争正面战场》（下），2005，第 2474 页。

② 高晓星、时平：《民国空军的航迹》，第 354 页。

③ 防衛庁防衛研修所戦史室編『戦史叢書　河南作戦』朝雲新聞社、1967、89 頁。

④ 高晓星、时平：《民国空军的航迹》，第 351 页。

四　空中战场的反攻

1943 年秋，美国第十四航空队获得了一批新型的 P－51 式（即“野马”式）战斗机，这是第二次世界大战中最先进的机种之一，最高时速可达 700 余公里。此时，侵华日本陆军航空队虽也装备了“二式”战斗机，但最高时速为 605 公里。随着力量的倾斜变化，中美空军从 1943 年底起以大编队机群频繁袭击敌军的重要航空基地、码头、车站及军队集结地，侦察机几乎飞遍了包括东北在内的中国沦陷区上空，敌军水上和陆上补给线经常因空袭而暂告中断。同时，在成都附近的新津、彭山、邛崃、广汉及昆明等地，动员 20 多万民工修建了能承受 B－29 式超重型轰炸机起落的大型机场；从陕西至广西修建了一系列中小型前进机场。在一线的中美驱逐机已达 439 架、轰炸机 168 架。[①] 从此，不仅在华日军处在中美空军的严重威胁之下，日本本土也遭到了从中国机场起飞的轰炸机袭击。在日本方面，由于在太平洋战场连连失败，飞机耗损直线上升，航空人员大量死伤。尽管日军千方百计扩大飞机生产，但无法在短期内再培养出众多有经验的飞行员，新编的陆、海军航空队素质大为下降，又造成新的失败，从而陷于恶性循环之中。

中美空军在实力占据优势的情况下频频出击，仅美国第十四航空队在 1943 年下半年内，就出击了 258 批，使用飞机 3519 架次。[②] 在此期间的空战，中美空军战果显著。例如，1943 年 6 月 2 日，美国空军在洞庭湖区域作战中，“P－40 式飞机一队共十架，在长阳东部十五里处扫射敌各长一里之行军纵队两队，敌队形溃散，死伤甚重。有载军需品之马达驳船被扫射沉没”。[③] 又如，1943 年 11 月 24 日，美国第十四航空队在湘北作战中，“中型轰炸机五架、战斗机十五架，轰炸汉寿，并在河中扫射西行之船十五只，估计敌人死伤七十五人。其后同一机队在汉寿之东北扫射船只八艘，敌人死伤重大”。[④] 1943 年秋至年底，在中国南海上的日军舰船被中

---

① 『戦史叢書　中国方面海軍作戦（2）』、426 頁。

② 高晓星、时平：《民国空军的航迹》，第 354 页。

③ 《美国驻中缅印总部关于洞庭湖前线美国空军作战经过的备忘录》（1943 年 6 月—7 月），《抗日战争正面战场》（下），2005，第 2715 页。

④ 《贺安将军报告美十四航空队在湘北等地作战情形致何应钦函》（1943 年 11 月—12 月），《抗日战争正面战场》（下），2005，第 2797 页。

美空军击沉 3.5 万吨，在长江上的日军舰船遭空袭后沉没 8500 吨。[①]

1944 年 1 月，日军决定发动“一号作战”，即豫湘桂会战。会战前夕，中国空军和美国第十四航空队调集了相当的兵力，“所有机件性能均优，轰炸机计有 B－24、B－25 及 A－29；驱逐机则有 P－40、P－38、P－51、P－43 和 P－66，总数在二〇〇架以上”。[②] 豫湘桂会战三个阶段中，中美空军积极投入作战，发挥了重要作用。河南会战中，中国空军出击 119 次，击落敌机 87 架，炸毁敌机 79 架、船只 33 艘、桥梁 16 座、卡车 1931 辆。[③] 长衡会战中，日军损失飞机 105 架，航空、地勤人员共死亡 277 人，受伤 121 人。[④] 在中美飞机的袭击下，日军的补给线常被切断，有时因弹药用尽而被迫停止进攻。桂柳会战中，中国空军出动飞机 228 批 1386 架次，炸毁敌机 6 架、军车 400 余辆。[⑤] 日军的“一号作战”虽然攻占了桂林、衡阳等地的机场，但具有远距离攻击能力的中、美空军后退到西南地区机场继续发动频繁攻势，仍掌握着空中战场的主动权。侵华日本日军总司令冈村宁次不得不承认：“对敌机的猖狂活动几乎束手无策。”[⑥]

至 1944 年底，由于日本航空兵屡遭惨败，飞机损失惊人。1945 年 1 月 28 日，盟军反攻缅甸取得胜利，中断了近 3 年的陆上援华通道恢复，中美空军的油料、配件、弹药补给状况均获改善。1945 年初，中国空军已有作战部队 7 个大队和 1 个独立中队，即中轰机第一大队、第二大队，重轰机第八大队，驱逐机第三大队、第四大队、第五大队、第十一大队，侦察机独立第十二中队。同时，驻华美军第十四航空队编制也大为扩充。1945 年初，中国空军和驻华美军第十四、第二十航空队共有驱逐机 528 架、轰炸机 228 架，其他飞机数十架，总数在 800 架以上。[⑦] 面对日益强大起来的中国空军和驻华美军航空队，侵华日军航空部队被迫完全采取守势。从 1944 年 12 月至 1945 年 7 月，中美空军先对华中，继而对华北、华东、华

① 高晓星、时平：《民国空军的航迹》，第 359 页。

② 《抗战中的中国空军》（1947 年 8 月），《抗日战争正面战场》（下），2005，第 2035 页。

③ 《抗战中的中国空军》（1947 年 8 月），《抗日战争正面战场》（下），2005，第 2038 页。

④ 防衛庁防衛研修所戦史室編『戦史叢書　中国方面陸軍航空作戦』朝雲新聞社、1974、492 頁。

⑤ 高晓星、时平：《民国空军的航迹》，第 371 页。

⑥ 〔日〕稻叶正夫编《冈村宁次回忆录》，第 243 页。

⑦ 高晓星、时平：《民国空军的航迹》，第 382 页。

南的日军航空兵予以更严厉的打击，同时协同地面部队进行豫西、湘西、鄂北等地作战。

武汉各机场是日军航空兵主要基地，中美空军要从四川、陕西等地向东进军，首先必须拔掉这颗钉子。1944 年 12 月 18 日，美国驻华第十四、第二十航空队出动 154 架飞机，对武汉日军机场进行大举进攻，炸毁了日军数十万吨补给物资和船坞、仓库等。1945 年 1 月 5 日，中美航空混合团第三大队从老河口出动，袭击武汉王家墩等日军机场，炸毁地面日军飞机多架、机库 4 栋，并击落升空的敌机数架。1 月 11 日，中美航空混合团第三大队再袭武汉。日本陆军航空队驻武汉地区的主力连遭痛击，所剩无几。与此同时，中国空军第一大队轰炸了长沙、衡阳一带的日军，第四大队多次攻击了广西河池，第五大队多次袭击湖南境内铁路线及洞庭湖一带日军。此后，中美空军的攻击目标不断向东延伸，特别加强了对南京、上海等重要城市的袭击。

1945 年 3 月，为防止美军在中国东南地区登陆，日本陆、海军正式形成“天”号航空作战协定。该协定指出：“陆海军航空兵力要迅速向东中国海周围地域展开，准备消灭来攻之敌。”[①] 然而，日军在华航空兵力已捉襟见肘，根本无力执行该计划。此间，正值豫西鄂北会战，日军为摧毁或夺取中国的空军基地，派出飞行第四十四战队配合地面部队向老河口等地进犯。“此次会战，系以中美空军联合作战，除控制战场上空，制压敌之炮兵及装甲部队，直接协同陆军战斗外，并经出击长江以北敌后方兵战线集中地、飞机场、各铁路线，以阻挠敌之运输，破坏敌之军实，打击敌陆空军之兵力，间接协助陆军之作战。”[②]

会战期间，中美空军共出动 338 批，使用飞机 1047 架次，“计毁伤敌车辆（包括火车头、卡车、战车车厢等）一千二百辆，并毙敌一千二百余名，军马五百匹”。[③]

1945 年 4 月 1 日，中美航空混合团第三大队 40 架 P－51 式驱逐机全

① 『戦史叢書　中国方面陆軍航空作戦』、555 頁。

② 《豫西鄂北会战空军战史纪要》（1945 年 5 月），《抗日战争正面战场》（下），2005，第 2693 页。

③ 《空军各路司令部、各部队概况》（1945 年），《抗日战争正面战场》（下），2005，第 2014 页。

体出动，袭击了上海的江湾、大场机场。当机群飞临目标上空时，只见机场空空如也，黄浦江上空的几架日军战斗机和一队返航的日轰炸机被全部歼灭。此后两天，第三大队又连续出击上海。这三天中，第三大队从陕西安康出动后，往返经武汉、南京等城市上空，未遇到任何日军飞机的阻拦。突击上海的行动，配合了美军在琉球群岛的登陆作战。

4 月中旬，日军发动湘西会战，由宝庆沿公路西犯。为了支援地面部队作战，保卫芷江空军基地，中美空军采取了积极行动。“综合此次战役，自四月十日至五月廿九日，共计五十日之作战期间，我空军第五大队出动共九四二次，使用 P－51 及 P－40 驱逐机共达二六七二架，其出动次数及架数之多，为历次战役所未见。”① 另外加之第一大队，湘西作战中中国空军共击毁敌炮兵阵地 37 处和军车 304 辆，炸沉或炸毁大船 39 艘、小船 1639 艘，击毙日军官兵 6024 名和军马 1491 匹。② 到 5 月初，“敌攻势顿挫，仓惶溃退，恢复原状，我最高军事当局均誉此次会战胜利，全赖空军之助”。③

5 月中旬以后，中美空军乘胜进击，向敌后纵深发展。8 月 14 日，中美航空混合团第三大队的战斗机护送 C－47 式运输机至芷江机场，到宝庆上空进行气象侦察，完成了中国空军在抗战中最后的作战任务。中美空军的并肩作战，给日本侵华航空队以沉重打击，为抗日战争的最后胜利做出了特殊贡献。

---

① 《湘西会战空军战史纪要》（1945 年），《抗日战争正面战场》（下），2005，第 2683 页。

② 高晓星、时平：《民国空军的航迹》，第 385 页。

③ 《空军各路司令部、各部队概况》（1945 年），《抗日战争正面战场》（下），2005，第 2015 页。

第十章
豫湘桂大溃退

日军在太平洋、南洋诸岛及滇缅战场遭遇重创后，为消灭中国空军基地、打通大陆交通线、粉碎中国军队的抗战意志，接连在河南、湖南、广西发动了大规模的进攻作战。中国军队统帅部对于日军的战略企图判断出现重大失误，各方面准备不足，在豫中会战中仓促应战，遭敌各个击破，使得日军从郑州从容攻至武汉。日军接着沿粤汉铁路向南进犯，重庆军事委员会的战略决策存在分歧，而长沙守军沿用既往部署和战术，被日军一击必中，导致长沙沦陷。国民党军在衡阳坚持抵抗，第十军守城达47日终告不支，付出巨大牺牲。日军继而向桂林、柳州进犯，中国军队统帅部再度发生意见不统一，柳州、桂林守军战斗力低下、抵抗不力，接连丢失国土。日军至此完成了打通大陆交通线的任务，豫湘桂战役以中国军队惨败告终。

日军自1938年底攻占武汉、广州后，不再进行大规模的进攻作战，转为维持占领地区的“治安”。此后5年，除短暂的出击作战，日军与国民党军基本处于相持状态。然而，至1944年春，当日军在太平洋战场的形势逐渐恶化时，却突然在中国大陆发起一场纵贯南北的大规模进攻作战，号称“一号作战”。“一号作战”发起于1944年4月，至同年12月结束，前后持续约8个月，历经“河南会战”（或称“豫中会战”、“中原会战”）、“湖南会战”（亦称“长衡会战”）、“广西会战”，先后攻占河南、湖南、广西和广东的部分地区。此次作战，日军共投入了20个师团，近51万兵力，约相当于当时在华派遣军（62万）的80%；战线从河南，经湖南，直到广西，纵贯京汉线、粤汉线、湘桂线约1500公里，其参战兵力之多、作战地域之广，打破了日军侵华以来的纪录，号称日军陆军史上最大规模的一次作战。

对中国军队而言，它也是1938年以来其所遭遇的规模和破坏力最大的一场战役。数十万士兵及无数平民伤亡；国民政府的统治区域被日军的南北通道切成两半；失去 1/4 的工厂后，政府的财政收入来源亦随之锐减。此次军事败挫，暴露了国民党军队的诸多弊端，并使美国放弃了对国民党军队的期望，转而期待苏联军队参战，大大影响了美国与蒋介石政府的关系。它与同时俱来的经济萧条和政治危机一起，使抗战胜利前夕的国民党政权遭到一场灾难性的打击。蒋介石慨叹“1944 年对中国来说是在长期战争中最坏的一年”，自称“从事革命以来，从来没有受过现在这样的耻辱”；“我今年五十八岁了，自省我平生所受的耻辱，以今年为最大”。①

第一节 日军“一号作战”计划与国民党军的判断应对

一 日本的战略企图

毛泽东在《论持久战》中预计中日战争将有三个阶段：第一个阶段，是敌之战略进攻，我之战略防御；第二个阶段，是敌之战略保守，我之准备反攻；第三个阶段，是我之战略反攻，敌之战略退却。然而，正面战场的局势并没有按照这样的三个阶段演变。进入第二阶段后，国民党军斗志开始松懈，尤其是太平洋战争爆发后，蒋介石确有消极静待国际局势发展的态势。然而日军不仅没有战略退却，反而在 1944 年发起超大规模的攻势作战，其规模甚至超过了淞沪战事。日军何以会有如此反乎常态的举动？又是出于什么样的战略考量？

自 1941 年底日本正式确立“大东亚战争”的战略后，中国战场被纳入其中，成为“大东亚战争”的一部分，日本在中国战场的军事行动，亦势必以“大东亚战争”的整体战略与形势变化为着眼点。1943 年，随着太平洋战况的不断恶化，日军大本营在制定战争指导计划时，已开始考虑当日本本土与南方的海上运输被切断时，有必要在中国大陆拥有稳固的立足

① 蒋介石：《对于整军各案之训示》（1944 年 7 月 28 日），秦孝仪主编《先总统蒋公思想言论总集》卷 20，第 455—471 页；《徐永昌日记》第 7 册，1944 年 7 月 27 日，台北，中研院近代史研究所，1991，第 387 页；日本防卫厅防卫研究所战史室编《湖南会战》（上），天津市政协编译委员会译，中华书局，1982，第 2 页。

点，因而有必要打通中国大陆的南北联络通道，以确保与东南亚的联系，太平洋战局恶化时，如果海上交通被切断，仍能确保在东南亚的50万日军可以从陆路撤回。

另一方面，在太平洋战况不断恶化的情况下，美国空军在中国大陆的活动得到加强，并更加活跃。至1943年底，在中国的美国志愿飞行队，共有战斗机和轰炸机约230架。中国空军亦因得到美式装备而加强。日本方面认为，“以1943年为期，大陆的制空权已转移到中国方面，从前在绝对制空权下行动的我对华地面作战的形势，颇有改变之虞”。[①] 日本在中国东海及长江流域的运输船只不断被中美空军击沉。1943年11月25日，在华美国空军20多架战机，从中国东南部的遂川基地出发，空袭了台湾的新竹日本海军机场。此举对日本产生强烈的震撼与刺激。因为美国空军空袭台湾，就预示着有能力空袭日本本土。亦因为此，摧毁美国在华空军基地，阻止美国空军对日本本土的空袭，被日军大本营提上议事日程，并与打通大陆交通线的作战目标合并考虑。

日本在华派遣军在1944年1月策划制定了《一号作战计划大纲》，确定作战目标有三：（1）歼灭敌方空军基地，封杀其空袭日本本土的企图；（2）打通纵贯中国大陆的铁路沿线地区，确保与南方军保持陆路联系；（3）粉碎国民政府的续战企图。

但陆相东条英机要求简化作战目标，最后限定以摧毁中美空军基地为目的，才同意作战计划。[②] 天皇批准的作战诏谕，亦以此为限定。但参谋总长实际并没有贯彻这一限定，仍将打通大陆交通线作为作战目标之一，甚至置于首要地位，并付诸实施。在华派遣军于3月10日正式制定“一号作战”计划，并于3月12日向各军传达。

二　军事委员会的判断

对于日本的上述战略要图，中国方面又是如何判断和认知的？

1944年伊始，蒋介石按惯例在日记中写下一年的预期与计划。他预期当年之危机有四：“甲、通货膨胀、物价高涨、经济崩溃；乙、俄国捣乱；

---

① 日本防卫厅防卫研究所战史室编《河南会战》（上），天津市政协编译委员会译，中华书局，1982，第9页。

② 《河南会战》（上），第17页。

丙、共党反叛；丁、地方实力派动摇。”他显然没有预计日本会在战争的第七个年头还发动一场规模浩大的作战。不过他似乎也有些预感，在日记中还是写下了“防止倭军打通粤汉与平汉路及浙赣路”一语。[①] 从徐永昌日记看，徐氏最早于1944年2月25日获悉日军增兵抢修平汉路黄河铁桥，判断其有打通平汉线的企图，并悉日军由长江下游向武汉、鄂西等处调动。[②] 而蒋介石于3月4日在日记中提及“敌修黄河铁桥”，判断其有打通平汉线的企图；又获悉“敌在岳阳与九江扩修机场”，判断日军“决无自动撤退武汉之意”。[③] 4天后，蒋在日记中判断“敌寇对平汉路作战，如待黄河铁桥修成，则须在五月下旬”，如果那时交战，则美国远程空军当可助战；如美空军未到以前，“敌即开始进攻，则我军应滞迟其行动为宜”。[④] 迄3月中旬，蒋介石判断，日军必拟打通平汉线，乃指示在河南布防的第一战区做好应战准备。军令部据此拟具作战指导方案下达给第一战区。3月21日，徐永昌根据敌军调动情况，提出要警惕日军出于防空或交通上的考虑，有打通粤汉线的企图，并认为占领衡阳对敌最为有利。3月下旬，军令部收到各方情报，日军从伪满及长江下游大量调集武汉，并由平汉路由北向南结集大量兵力于豫北，判断日军有大举进犯企图。[⑤]

据徐永昌日记，是时中方可部分截获和破译对方密电情报。中国军队在各地所布置的谍报网站是军令部的重要军事情报来源。此外，各战区军事长官亦时有敌情报告。但国民党军的军事情报效能远不如日军。军令部综合各方情报，对日军动态的判断大致不差，但不够灵敏，而且有时难免出现偏差。

4月6日，军令部收到来自上海的敌情报告，日军拟打通“大东亚铁路线”。[⑥] 徐永昌判断，日军为准备将来从东南亚向中国大陆撤退，并扰害

---

① 《蒋介石日记》（手稿），1944年1月1日。

② 《徐永昌日记》第7册，第252页。

③ 《蒋介石日记》（手稿），1944年3月4日。

④ 《蒋介石日记》（手稿），1944年3月8日。

⑤ 《徐永昌日记》第7册，第260、264—265页。

⑥ 据日本防卫厅所编“一号作战”战史记载，日军参谋总部确曾拟有铺设纵贯“大东亚”铁路线的计划，该计划起自釜山，经奉天、北平、汉口、衡阳，进入湘桂铁路，复经桂林、柳州、谅山，从法属印度支那，抵达泰国曼谷，纵贯马来半岛，直至新加坡，全长近8000公里。后这一计划在审核中被搁置。参见《湖南会战》（上），第6页。

中国西南空军基地，有可能先打通粤汉线，但徐永昌推断日军兵力可能难以抽调，并认为日军打通平汉线的说法，可能是“声北击南”。[①] 因中国空军基地主要在西南，日军最初确有先打通粤汉线，再打通平汉线的计划。徐永昌对日军作战目的判断基本准确。只是日军调整了计划，先从平汉线下手。而且徐永昌对日军的实力和野心做了保守的估计。他将注意力集中于日军对粤汉线的企图固然不错，但轻忽了日军还有打通平汉线的作战计划，并非“声北击南”。从河南会战前国民党军的作战准备来看，蒋虽令第一战区做好应战准备，但并未从其他战区调集优势兵力应战，显然对日军之强大攻势估计不足。

日军“一号作战”于 4 月 17 日在河南打响之后不久，徐永昌认为“最堪注意仍在中战场”，断言日军对湖南“将扰犯无疑”。是时日军确在加紧进行湘桂战役的作战部署。徐永昌对日军在中战场（湖南）的增调动态，观察比较敏锐。不过蒋介石仍判断日军的目标只在打通平汉线。[②] 4 月 24 日，军令部仍判断日军在平汉线的攻势，是“声北击南”，其目标恐仍在粤汉线。[③] 4 月 27 日，军令部得到来自越南方面的据称是极可靠的情报，日军的战略企图是要打通平汉与粤汉两铁路。但徐永昌认为日军打通平汉铁路“殊无理由”，日军在河南的军事行动，主要在打击第一战区我军力量，亦可能掩护换防或抢收小麦。[④] 与徐永昌不同，蒋介石在 4 月 30 日仍认为“敌必向南打通平汉线路为其目标，判断其主力必将出现，乃令汤恩伯向敌用全力决战”。[⑤] 是时日军在河南战场的攻势已近半月，国民政府虽获得了准确的情报，而最高统帅蒋介石与军令部长徐永昌却都没有相信，且对日军的战略意图各有判断。据战后日本防卫厅所修战史，日军打通平汉铁路的目的，主要基于长江航运受到在华美国空军的攻击，随时可能中断，打通平汉铁路，对日军在武汉地区的补给具有极大价值。而且对下一阶段的湘桂作战所需要的兵团、部队的集中，弹药、军需品的运输储存，该路是必不可少的交通路线。[⑥]

---

① 《徐永昌日记》第 7 册，第 274 页。

② 《蒋介石日记》（手稿），1944 年 4 月 19 日。

③ 《徐永昌日记》第 7 册，第 285、288 页。

④ 《徐永昌日记》第 7 册，第 293 页。

⑤ 《蒋介石日记》（手稿），1944 年 4 月 30 日。

⑥ 《河南会战》（上），第 127 页。

5 月上旬，日军的战略企图日趋明朗。5 月 6 日，蒋介石致电驻守湖南的第九战区司令长官薛岳："由赣北直攻株州与衡阳之情报甚多，务希特别注意与积极构筑据点工事，限期完成，以防万一为要。" 5 月 7 日，军令部和徐永昌获悉，此次日军南犯部队，前后共准备 10 个师团。5 月 14 日，蒋介石再次致电薛岳，明确指示："敌军打通平汉线以后，必继续向粤汉路进攻，企图打通南北交通，以增强其战略上之优势，务希积极准备。"同日，蒋介石还致电驻守广东的第七战区司令长官余汉谋，指示敌人企图打通粤汉路，其发动之期将不在远，敌将在广州大举增援，务希积极准备。[①] 至此，蒋介石才彻底洞察日军"一号作战"的战略企图。5 月 15 日，军令部第一厅着手研究日军侵犯粤汉路及湘桂路的防范方案。5 月 28 日，蒋介石召集军事会报，研讨湘鄂及全国军事计划，认为"敌寇在湘北与鄂西分别进犯，共集中 9 个师团以上兵力，其必欲打通粤汉路，乃为预料之事，盖以兵力而论，或可达其目的，但以地理与空军及运输而论，当不能如其预计之易，吾人亦惟有针对敌之缺陷，着手抵抗，以冀补我兵力之不足也"。[②]

进入 5 月以来，军令部收到各方有关日军向武汉和鄂南、湘北大量调集兵力，即将进犯粤汉路的情报。军令部第二厅将各方情报整理分析后认为，自 3 月中旬至 5 月中旬，日军由长江下游上运的兵力约 12 万，由上游下运的兵力有五六万，两相加减，武汉方面日军增加兵力六七万，计约 3 个师团。但徐永昌对日军的进攻能力仍估计不足。5 月 19 日，徐永昌在回答蒋介石"豫战之后敌人的动向如何"之咨询时，认为日军无持久进攻力，其部队亦多为杂凑。[③]

实际情况是，日军自 3 月底 4 月初即已着手制定"一号作战"之湘桂战役的作战计划。日军大本营鉴于其在太平洋战场日趋不利的局面，期望通过在中国大陆的作战来鼓舞日本国民的士气。据称日军"大本营极端期待此次将成为今年最出色的作战"。为此，日军准备投入 150 个大队的兵力，比 1938 年进攻武汉时 140 个大队的兵力更大。这些兵员中确有很多是

---

① 《蒋委员长致第九战区司令长官薛岳指示敌情判断电》，秦孝仪主编《中华民国重要史料初编——对日抗战时期　第二编　作战经过》(2)，第 643—644 页。

② 秦孝仪主编《总统蒋公大事长编初稿》卷 5（下），第 526 页。

③ 《徐永昌日记》第 7 册，第 311—312 页。

只经过短期训练、缺乏实战经验的新编兵团，因过去熟悉对华作战的兵团大部分已被抽调赴太平洋和东南亚战场。但日军用了近两个月的时间做了反复、周密的策划和充分的作战准备。作战方案不仅包括总体作战计划的拟定，而且具体到每一战斗的方案细则的制定，对兵力配置、作战进度、后方兵站、警备以及气候与地理环境等，均做了周详的考虑和部署。①

相比之下，重庆方面虽知道日军在鄂南、湘北方面加紧调兵遣将，预料日军将要进犯粤汉路，但军令部对日军的攻势规模和作战部署没有进行充分的分析研究。蒋介石于5月中旬指示第九战区和第七战区司令长官积极准备，但只下达了一个简单的、提示性的手令，并未从其他战区抽调兵力，显然对日军即将发动的强大攻势估计不足。而负责制定作战计划的军令部亦未拟具出详细具体的应对方案。直至会战打响十余日之后，军令部才拟出一个作战指导大纲来。驻守湖南的第九战区司令长官薛岳以为日军在前三次长沙战役接连受挫以后，一时不敢再问津长沙，再则以为日军兵力因抽调太平洋和东南亚战场，在中国大陆力量薄弱，加之时值雨季，气候和湖南的地形不利于日军机械化部队作战，故而疏于防范。②

5月26日，亦即日军发动湖南会战的当天，日军参谋总长东条英机向天皇上奏作战情况说："随着我军作战准备的进展，敌方估计我将在岳州（今岳阳）、常德、宜昌以及浙赣地区，也发动进攻，因而似图加强各个阵地，但其原有兵力分散各方，未能认真采取对策。对于我方的进攻，尚未看到敌人从其他方面集中兵力的情况。据观察，目前敌方虽担心我今后作战将发展成大规模的进攻，但对我方的作战设想尚未能做出准确判断。"③

重庆军事当局虽不像东条英机分析的那样没有觉察出日军的主攻方向，但低估了日军的作战能力和野心，因而未能采取积极的对策和进行充分的作战准备。

① 《湖南会战》（上），第10—33页。

② 赵子立、王光伦：《长衡战役》；向廷瑞、陈德邵：《茶陵、安仁战斗》，全国政协《湖南四大会战》编写组编《湖南四大会战：原国民党将领抗日战争亲历记》，中国文史出版社，1995，第399—403、438页。

③ 《湖南会战》（上），第32—33页。

第二节 仓皇撤守的豫中会战

一 会战的发动与结果

日军计划于4月下旬开始，以华北方面军由平汉线沿线对河南发动攻势。日军方面的战略及作战设想是：尽量以大的兵力投入，预定步兵至少为65个大队，主要作战军为第十二军所辖的第六十二、第一一〇师团，再加上机动兵力的坦克第三师团、骑兵第四旅团组成。作战分两阶段进行，首先突破正面的中国军队阵地，将主力部队集结于黄河南岸。随后部队佯作沿平汉线南下，以郾城附近为中心，使主力朝西方向右迂回，围歼第一战区的中国军队，特别是汤恩伯军。作战目标为洛阳，根据情况也可能在许昌附近向右迂回。[①]

中国在河南的军队，主要是第一战区汤恩伯的部队（司令长官蒋鼎文、副司令长官汤恩伯，后者操有实权），其西面是第八战区胡宗南的部队，南面是第五战区李宗仁的部队。第一战区下辖9个集团军19个军约40个师，其中有4个集团军归汤恩伯直接指挥。

3月14日，第一战区司令长官部遵照蒋介石的指示，策定于嵩山附近与敌决战之作战指导方案。17日，蒋介石又补充两道指令。21日，战区司令长官部复核作战方案，对敌主力由北南犯、由南北犯的可能，均制定应对预案，并积极备战，如令地方机关作动员民众参战准备，发动民众完成主决战地带道路的破坏及地形改造，疏散洛阳各机关、学校及民众，加紧对华北各伪军的策动工作，会商河南省政府，动员训练民间武力，严防汉奸等。[②]

豫中会战历时一个多月（4月中旬至5月下旬）。据6月15日日军第十二军司令官内山中将给东京大本营的报告，会战期间，日方飞机共出动2700架次，中方飞机共出动400架次；日方阵亡人数占参战兵力的1%，负伤人数占3%，患病人数占5%；蒋系军43个师中有60%遭到毁灭性的

① 《河南会战》（上），第40页。

② 《第一战区中原会战前的作战准备概况》（1944年），《抗日战争正面战场》（下），第1214—1218页。

打击，未受损失的只有15%。[1] 另据战后日本防卫厅防卫研究所修战史统计，日军战死约850人，伤约2500人，合计约3350人；国民党军战死约3.75万人，被俘约1.5万人。[2] 而据第一战区司令部给重庆大本营的报告，共毙伤日军2万余，俘敌百余。[3] 另据战后国民党所修《抗日战史》，中国军队伤亡19144，日军伤亡4000人。[4] 双方各数字差距极大。若依《抗日战史》的统计，中国军队伤亡人数大约是日军伤亡人数的4.8倍。

二　中国军队何以失败

第一战区给重庆大本营的检讨中，申言"会战中间，一般将士用命不乏壮烈、可歌可泣之史料，至于局部之胜利，亦在在多有"。[5] 近2万人的伤亡，当足以说明此点。日本防卫厅防卫研究所修战史中，引用华北方面军当年的报告，对守军的作战表现，间亦有这样的描述："敌军斗志一般旺盛，我军发起冲锋以前，坚持抵抗，并且屡次进行反攻。在正面战斗时抵抗尤其顽强，但受到侧后方攻击时则易崩溃"；"高级指挥官的部署极为迅速，各部队的行动大致能按命令执行，部队彼此之间也能保持良好的联系"。[6]

虽然如此，此次会战国民党军终归惨败。造成惨败的原因，据第一战区在战役结束后所作会战之检讨，主要有如下几方面：

第一，未能利用黄河天险。黄河天险，其障碍力之伟大，非一般地障所能及。在战前对黄河铁桥未能彻底防止敌之修复，而河防部署又有两大失误：一是守备黄河重要渡口的部队均系新成立的部队，素质甚差；二是部署系"后退配备"，拟在郑州以南平地与敌决战，既不能歼敌于水际，又不能歼敌于岸边，绪战未能予敌以严重打击。

第二，兵力部署极度分散，配备重心又过偏于南，不能适应战机集中兵力，造成防广兵单；主力部队之使用，未能捕捉战机；使用部队逐次参加，力量既不集中，决心又未彻底；各部队多不能预期行动，不能彻底遂

① 《河南会战》（下），第162页。
② 《河南会战》（下），第95页。
③ 《第一战区中原会战作战经过概要》（1944年），《抗日战争正面战场》（下），第1246页。
④ 引自郭汝瑰、黄玉章主编《中国抗日战争正面战场作战记》下册，第1330页。
⑤ 《第一战区中原会战之检讨》（1944年），《抗日战争正面战场》（下），第1246页。
⑥ 《河南会战》（下），第84页。

行任务，复不能互相切实协同，遂被敌人各个击破；重要情况缺乏确实报告，以致部署不能周密。

第三，豫中平原，均系旱田，公路道路纵横交错，最适宜装甲部队行动。敌骑兵与装甲部队配合，行动飘忽，势如疾风，而第一战区只有部分军队有战车防御炮装备，其余各军只能以仅有之炮兵、地雷勉强应付。

第四，军民不能协同，政治不能配合军事。“此次会战期间，所意想不到之特殊现象，即豫西山地民众到处截击军队，无论枪枝弹药，在所必取，虽高射炮、无线电台等，亦均予截留，甚至围击我部队，枪杀我官兵，亦时有所闻。尤以军队到处，保、甲、乡长逃避一空，同时，并将仓库存粮抢走，形成空舍清野，使我官兵有数日不得一餐者。一方面固由于绝对少数不肖士兵不守纪律，扰及闾阎，而行政缺乏基础，未能配合军事，实为主因。其结果各部队于转进时，所受民众截击之损失，殆较重于作战之损失，言之殊为痛心。又敌在行政下级干部阶层及各乡镇、各警所，多已隐伏汉奸分子，淆惑民众，阻挠国军，无不用其极。敌自龙门突破后，即窜大屯，开伪保甲长会议，当时民众竟尔持旗欢迎。当时宜阳县地方团队奉令破坏洛宜段、新、洛、潼公路，洛阳民众竟以不敢触怒倭军为辞，持械抵抗，入夜又潜将破坏处修复。以上不过举其一例。政治如此，更安所望于军民配合之原则耶。”①

底层民众民族意识淡漠确是事实。据张耀曾日记载，抗战初期，李公朴报告其视察山西情形时称：“我军拉夫则人民逃避，日军以三角雇夫，则三千人顷刻可集。”② 蒋介石也在日记中写道：“敌寇各地作战，多用便衣队侵扰我军；而我军在本国作战，反不能利用便衣队，可耻之至及！”③不过，国民党军既缺乏切实的政治工作，而军队风纪败坏更恶化了军民关系。汤恩伯的军队纪律太坏，当地人民恨之入骨。1943 年河南大灾，河南省参议会说：“河南灾荒除水灾、旱灾、蝗灾外，还有汤灾。”蒋介石也承认，中原会战时，“我们的军队沿途被民众包围袭击，而且缴械！这种情形，简直和帝俄时代的白俄军队一样，这样的军队当然只有失败！我们军

---

① 《第一战区中原会战之检讨》（1944 年），《抗日战争正面战场》（下），第 1252—1253 页。

② 《求不得斋日记》，1937 年 10 月 9 日，杨琥编《宪政救国之梦：张耀曾先生文存》，法律出版社，2004，第 459 页。

③ 《蒋介石日记》（手稿），1944 年 6 月 27 日。

队里面所有的车辆马匹，不载武器，不载弹药，而专载走私的货物。……部队里面军风纪的败坏，可以说到了极点！在撤退的时候，若干部队的官兵到处骚扰，甚至于奸淫掳掠，弄得民不聊生！”①

豫中会战结束后，新任第一战区司令长官陈诚召集汤恩伯部师以上长官和河南专员以上行政官员检讨失败原因，总结会战失败是由“四不和”造成的：一是将帅不和，蒋鼎文与汤恩伯争权夺利，不仅同一战区指挥不能统一，而且实际形成两个战略集团，相互勾心斗角；二是军政不和，作战时地方不支持，且多掣肘；三是军民不和；四是官兵不和，大量士兵是硬抓来的，不仅官压兵，兵恨官，而且逃亡率极高，当然影响士气和战斗力。②

而蒋介石更倾向于将失败归咎于将领无能。他在日记中写道：“将领怯馁无能，一至于此！平时漫不经意，临战手足无措。汤（恩伯）之勇而无谋，又为走私货财所害，不能专一于军事，亦一原因。”③“此时最难者，莫如高级将领之粗拙无能，尤其是旧有将领，自不知其无能，而又自以为有资格之旧部，非予以重要位置，则不甘心。余不能以为事择人，亦视其资格与关系任命，此今日蒋鼎文在第一战区之所以败事也。”“我陆军之指挥官汤恩伯完全不能掌握其所部，甚至登封第九军电话断绝至三日之久，而蒋鼎文并不知设法联络也。此种将领恐为有史以来所未闻也。”又称：“本周以河南战事急迫，将领无能，自作战方针至局部处置，皆非亲自留心与处置不可。余几乎身任蒋鼎文之参谋官矣！可恕可怜。”④ 观蒋介石日记可知，整个会战期间，几乎是蒋直接指挥前线作战，频繁通过电话遥控前方将领。蒋5月4日日记称：“自午后至深夜三时，不断与蒋汤等通电话，尚不觉疲乏也。”是为典型写照。无论内政、外交、军事、党务，蒋一人独断，大小事务丛集一身，却都不能专一。前方军情瞬息万变，蒋在分身乏术的情况下，仍要亲自指挥一切，能不误事甚难。5月13日蒋在日

① 蒋介石：《知耻图强》，《中华民国史事纪要》编辑委员会编《中华民国史事纪要（中华民国三十三年七至九月份）》，台北，“国史馆”，1994，第148页。

② 方子奇（原第一战区副司令长官部参谋长）：《中原战役概况》，全国政协《中原抗战》编写组编《中原抗战》，中国文史出版社，1995，第268页；郭汝瑰、黄玉章主编《中国抗日战争正面战场作战记》下册，第1331—1332页。

③ 《蒋介石日记》（手稿），1944年5月4日。

④ 《蒋介石日记》（手稿），1944年5月6日。

记中自我检讨说："军事部署以口头命令、个人独断之错误，以致洛阳战局大坏，为生平所未有之怪事，因应之内心惭惶，几乎寝食不安。此乃战区长官之无能，对之全失信任之心，故因恶成愤，是以对前方战事处处干涉，所以有此结果。以后对前方战事，应专责军令部处理，而勿再直接干涉，更勿可用电话作口头命令也。此乃一最大之教训，当永志毋忘。"① 既如此，则豫中会战的惨败，蒋介石自己当是第一责任人。

由于蒋介石事无巨细均要亲自过问，部队长官不敢自作主张，或为了卸责，遇事均请示执行，导致前方将领欠缺自主作战意识和机动应变能力。1944 年 5 月 6 日徐永昌日记载，当日军事委员会"会报不及两小时，蔚文（即侍从室主任林蔚）转达第一战区电话至四五次，闻有时一团之活动，战区亦请示委员长，此非丛脞而何！"② 徐永昌身为军令部长，深感蒋介石"权责集于一身，余等欲少分其劳而不可得，以是往往于横的方面不能多所裨助，转觉国事有举轻若重之嫌，深用惶叹！"③

张治中 1939—1940 年曾任侍从室主任。他对蒋介石的高度集权深有体会："蒋对军队的统率，向来采集权于一身的办法，养成习惯已久，所以部队将领就有一种反映：部队接到蒋委员长电报，先看电尾是那一个机关主办的，如'中正手启'是要特别注意的，如是'中正侍参'（即侍从室主办的）也还重视，但如是其他部门主办的电报，就要看情形来决定遵行的程度了。所以军令部、军政部甚至后方勤务部，有时为求命令有效，也要用'中正手启'名义发电。这种个人集权、机构无权的特殊现象，坏处甚多，决难持久。……我认为这是以后军事失败种种原因之一。"④

蒋介石既集事权于一身，却又经常埋怨手下无人负责办事。军令部副部长刘斐私下与徐永昌议论时，即认这种状况"实由委员长自己造成，将领骄不受命，必委员长手令才有几分几的效率；派出人员必侍从参谋。此全系不运用组织，自毁机构能力"。⑤

---

① 《蒋介石日记》（手稿），1944 年 5 月 13 日。

② 《徐永昌日记》第 7 册，第 298 页。

③ 《徐永昌日记》第 7 册，第 300 页。

④ 《张治中回忆录》，第 298—300 页。

⑤ 《徐永昌日记》第 7 册，第 286 页。

第三节　奋力相拼的长衡会战

一　军事委员会战略指导的分歧

1944 年 5 月 26 日、27 日，日军第十一军各部队兵分三路向鄂南、湘北之国民党军发起攻势，揭开长衡会战之序幕。

会战伊始，重庆军事委员会内部在战略指导方针上存在分歧，主要有两派主张：一派认为粤汉路势必失守，不如主动放弃，退守湘桂路，在湘桂边区或广西桂林与日军展开决战；另一派则主张在粤汉路沿线及两翼组织抵抗，以狙击日军的野心和消耗其有生力量。前者以副参谋总长白崇禧为代表，后者以军令部长徐永昌为代表。

5 月 28 日，重庆军事委员会举行最高幕僚会议，军令部长徐永昌在会上报告鄂南敌情，认为“此番最显著之迹象，敌军质的方面虽不见甚精良，而量则普遍俱有增加，中国战场（除滇西、滇南外）现约有敌军 34 个师团，为武汉会战以后之最高峰。而以此次北战场战役观之，我指挥与战斗能力均见减低，此层至堪忧虑”。蒋介石对徐永昌的分析表示认同。次日，军委会最高幕僚会议继续讨论湘鄂战局。据徐永昌日记，与会诸人“咸认粤汉线势且必失，多主张于湘桂线准备，并以北战场反攻为不可能，与其徒作牺牲，不若抽撤整理”。徐永昌独排众议，认为湘桂路地形易攻难守，应先于粤汉路部署抵抗和苦斗；北战场方面，仍须积极反攻，否则节节败退，抗战前途实堪忧虑。徐永昌日记载：“余气极发言，诸人皆无语。”①

军事委员会最高幕僚会议的与会人员包括参谋总长、副参谋总长、各部部长（军令部、军政部、军训部、政治部、后勤部等）、侍从室主任、海军总司令、航空委员会主任、军法执行总监、军事参议院院长等。② 他们大多主张放弃粤汉线的抵抗，显然已对粤汉线的仓促防守失去信心。退守湘桂路，可赢得一个多月的准备时间，在此期间从各方调集兵力，在桂林附近组织决战，或有致胜的希望；鄂北与广西桂林相距约 700 公里，对

① 《徐永昌日记》第 7 册，第 320—321 页。

② 《国民政府军事委员会最高幕僚会议规则》（1939 年 2 月），《中华民国史档案资料汇编　第五辑第二编　军事》（1），第 12—14 页。

攻者来说，如同橡皮带一样，拉得愈长，就愈薄弱，超过了极限，就可能绷折。退至广西境内与日军决战就有这样的优势。白崇禧力持这一主张。①

而徐永昌主张于粤汉路节节抵抗，一方面是激于义愤，另一方面也有他的战略考量。

据6月3日徐永昌日记，军事委员会内部多数认为日军的战略意图是欲打通平汉、粤汉至湘桂线迄镇南关。而徐永昌对日军欲打通大陆交通线、摧毁西南空军基地的说法不以为然。他判断日军的企图是“欲打击我之野战军，杜我反攻或转用”，认为日军的进退程度，全视我军的反击力度如何。如前所述，打击重庆政府军与打通大陆交通线、摧毁西南空军基地，均是日军“一号作战”的战略意图。徐永昌之所以对日军打通大陆交通线的企图认识不清，乃因为他低估了日军的作战能力。他认为日军“欲攻犯两路或三路而确保之，恐彼亦不易抽出如此巨大兵力”。②

鉴于第一战区蒋鼎文和汤恩伯在北战场抵抗不力，迅速败退，已引起国内舆论的纷纷指责和国际舆论的讥评，徐永昌认为，若粤汉线也不战而退，“抗战前途尚堪问乎？”徐永昌的主张得到了蒋介石的认可。

二 以长沙为中心的湘北作战

日军欲打通粤汉路和湘桂路，有三个要地必须攻克，即长沙、衡阳、桂林。按当时中国战区的划分，鄂南、湖南为第九战区，司令长官是薛岳；广西为第四战区，司令长官是张发奎；广东为第七战区，司令长官是余汉谋；鄂西为第六战区，司令长官是孙连仲。这四个战区中，第九和第四战区是此次湘桂战役的正面战场，第七及第六战区处于战场边缘。

日军预定的作战路线是穿过第九战区的西侧，然后冲向第四战区的中枢，以第九、第四战区国民党军为主敌。日军在制定作战计划时考虑到：“攻克长沙是这次作战的关键，自应全力以赴。但我方此次的兵力比前几次作战都大得多，长沙一举可破。因此，战局的关键乃在于衡阳长沙之间敌军进行侧攻时的决战，估计攻下长沙后不致立即出现侧攻，而在进攻衡阳时，当前重庆军将会全力展开。”日军预测，衡阳地区位于第九、第六、

① 赵子立、王光伦：《长衡战役》，《湖南四大会战：原国民党将领抗日战争亲历记》，第399—403页。

② 《徐永昌日记》第7册，第324页。

第四、第七 4 个战区之间，主要决战肯定将在其周围进行。[①]

日军从一开始就动用强大兵力，第一线部署 5 个师团并列于湘北、鄂南之华容、岳阳、崇阳一线，另以 3 个师团部署于第二线监利、蒲圻和崇阳一线，共约 15 万人。5 月 26—27 日，日军兵分三路南攻：右翼渡洞庭湖趋沅江、益阳；左翼从通城分趋平江、渣津；中央沿粤汉路向汨罗江推进。

5 月 28 日，重庆军委会电令第九战区准备在长沙、浏阳之间与敌决战。由于对日军的强大攻势估计不足，重庆当局开始除从第六战区抽调 1 师增援外，没有从其他战区调集兵力。薛岳请求蒋介石从第三、六、四、七战区抽调兵力增援，而蒋介石要求第九战区以现有兵力应战。直至战役开始一段时间后，感到日军来势凶猛，才陆续从周边战区抽调兵力参战。[②]

第九战区司令长官薛岳部署的战区防卫战略是：在湘江东、西两岸，步步阻击，消耗敌军，而将主力部署于两翼，诱敌深入后，在长沙附近围歼日军。但薛岳的这一战略部署是沿袭第三次长沙会战的战法，日军早有防备。日军一反过去惯用的孤军深入的战法，以战斗力最强的骨干兵团部署于两翼，致使薛岳的外侧作战难以成功。同时，日军使用优势的第二线兵团保持纵深阵势，对战略要点实施重点突破。中国军队总体参战兵力虽超过日军，但在要点的防守攻略上，兵力反居劣势。[③]

薛岳的外侧作战既不利，沿湘江两岸南下的日军很快进逼长沙。日军以两个师团 3 万余人围攻长沙，而薛岳仅以 1 个军（第四军，军长张德能）守备，战斗兵员不过 1 万余人，守备的兵力与阵地绝不相称。日军进攻长沙的计划是："为了攻取长沙，必须攻占其西方的岳麓山。为此，派遣有力兵团在湘江左岸进攻该山，与直接担任进攻长沙的兵团相互策应。"而薛岳在防守长沙的兵力布置上，令张德能以第四军的 2 个师守长沙城，以 1 个师守岳麓山。岳麓山位于湘江西侧，与长沙城隔江相对。在地理位置上，岳麓山居高临下，俯瞰长沙城，为长沙整个阵地之锁钥，欲守长沙必先守岳麓，岳麓一旦失守，长沙决守不住。守备岳麓山的第九师战斗兵不过 3000 人，而防区竟达 50 里之广（岳麓山周围设防），实属防广兵单。

---

① 《湖南会战》（上），第 12—14 页。

② 《湖南会战战斗要报》（1944 年），《抗日战争正面战场》（下），第 1256—1258 页。

③ 《湖南会战战斗要报》（1944 年），《抗日战争正面战场》（下），第 1293 页；《湖南会战》（上），第 34—35 页。

岳麓形势危急，张德能临时转用兵力，从长沙城抽调兵力增援岳麓山，由于在战斗激烈之时仓促调动，渡江船只准备不足，反而自乱阵脚，动摇军心，导致长沙迅即失守。长沙决战计划落空。①

湖南会战自 1944 年 5 月 26 日开始，至 6 月 18 日长沙失守，第一阶段湘北的战役告一段落。

再说重庆军令部直至 6 月 10 日，亦即长沙失守一周前，才拟出作战指导计划，并经蒋介石批准。在这个作战指导计划中，军令部拟定的作战方针是：以巩固重庆、昆明，确保抗战基地及国际交通为目的，进行战略持久战，控制有力兵团于六盘山、秦岭、巴山、鄂西、湘西、桂东、滇南各要隘，严防“敌奸”之侵入，见机再转攻势。② 从这一作战方针看，军令部主要担心日军西进，威胁重庆陪都和西南国际交通。

6 月 4 日王世杰日记称：“一般推测，以为敌军企图攻占衡阳、桂林，俾免该地成为盟军空军根据地。”③ 可见当时社会舆论对日军的战略意图已有相当准确的推测。从徐永昌日记可知，军令部内对敌情的判断存有分歧。如军令部第一厅认为，中战场敌人将会师衡阳，并窥伺桂林。而军令部长徐永昌则持有不同看法。据他的推断，中战场敌人进至渌口（株州以南）或即停止，即使窜据衡阳，亦决不至西入桂林。“敌人完全无深入企图，不过一意打击吾人反攻力量”，坚持认为日军没有打通粤汉、湘桂路的意图。④

6 月 18 日，亦即长沙失守之当日，军事委员会举行最高幕僚会议，军令部副部长刘斐认为敌人必乘势进攻衡阳，并可能入桂林。徐永昌仍以为“敌兵力不足，尚不至企图入桂”。而军令部所属的“作战研究会”则得出结论曰：“此次湘北敌军蠢动，以目前情报判断，其企图似在打通粤汉交

---

① 《军事委员会副参谋总长白崇禧呈第四军在长沙守城经过等报告》，《中华民国重要史料初编——对日抗战时期 第二编 作战经过》(2)，第 646—648 页；赵子立、王光伦：《长衡战役》，《湖南四大会战：原国民党将领抗日战争亲历记》，第 399—403 页。

② 《军令部拟国军今后作战指导计划大纲稿》，《中华民国史档案资料汇编 第五辑第二编 军事》(1)，第 714—715 页。

③ 王世杰在此前后曾担任国民党中央宣传部长（1939 年 11 月至 1942 年 12 月，1944 年 11 月至 1945 年 8 月）。见《王世杰日记》（手稿本）第 4 册，台北，中研院近代史研究所，1990，第 325 页。

④ 《徐永昌日记》第 7 册，第 335 页。

通，求击破我野战军，仍为守势作战，但根据前述倭既有从事决战准备之余裕时间及兵力，则仍有增加兵力来华之可能，敌能否进一步攻占西安、昆明及重庆等重要据点，企图乘机解决我国战场，实不能不深加警惕。”[①]可见军令部内对敌情的判断甚不统一。

据徐永昌称，蒋介石对他的敌情判断将信将疑，但对他所提努力打击日军的主张则表示同意。长沙失守后，白崇禧主张放弃在长沙、衡阳之间拼命抵抗，将防守衡阳的兵力调往桂林，着手桂林防卫战。徐永昌则主张，下一阶段仍要在长沙、衡阳正面作持久抵抗，两翼则相机与日军展开决战，以消耗日军，打击其侥幸心理。徐永昌的意见被蒋介石采纳。[②]

三 以衡阳为中心的攻守防御战

自 6 月下旬至 9 月初是湖南会战的第二阶段。日军总结第一阶段的战果称：“自开始作战以来，第十一军虽力图歼灭第九战区军的主力，但敌军大部回避与我决战，尤其是敌军退避到了东面山岳地带，如不将其歼灭，对第二期作战向桂林、柳州方面进攻，则很难保证不留有后患。”为此，日军的战略构想是：为了下一阶段攻取桂林、柳州，要在这一阶段的作战中尽量歼灭中国军队，为此，设法引诱中国军队采取攻势。

衡阳地处粤汉铁路与湘桂铁路交汇处，是进入桂、黔、川、滇四省的门户；湘江纵贯长沙与衡阳之间，是南北交通之要道。日军估计进攻衡阳时，中国军队将会全力展开攻击。为此，日军计划在攻取衡阳的同时，以主力搜索围歼对日军侧攻和前来增援的国民党军，重点击溃湘东山区的中国第九战区主力。[③]

中国军队在第二阶段的战略是：中间防堵，两翼夹击，置主力于湘江之东西两翼，实施正面阻止，侧背猛攻，战略上与前一阶段没有大异。在此期间，中国军队只以 1 个军用于衡阳防守，而东西两翼则先后投入了约 13 个军以上的兵力。[④]

6 月 20 日，蒋介石电令各兵团以阻敌深入、确保衡阳为目的，从东西

---

① 《徐永昌日记》第 7 册，第 339—341 页。

② 《徐永昌日记》第 7 册，第 339、342 页。

③ 《湖南会战》上册，第 12—15、78 页。

④ 柯育芳：《论长衡会战第二阶段战役》，《抗日战争研究》1996 年第 4 期。

两翼夹击日军。具体的战略部署是：中央以一部于渌口、衡山地区持久抵抗，东翼主力由醴陵、浏阳向西，西翼主力由宁乡、益阳向东，夹击深入之敌而歼灭之。①

但日军迅速突破中国军队的阻击，6 月 23 日即兵临衡阳附近。日军在兵力布置上，以 2 个师团进攻衡阳，以 3 个师团进攻湘东地区，以 1 个师团进攻湘江以西。6 月 25 日，重庆军委会电令方先觉的第十军死守衡阳。6 月 26 日，第九战区拟具于衡阳与日军决战计划，并向衡阳周围调集兵力。同日，蒋介石指派副参谋总长白崇禧前往桂林，协调指挥衡阳一带战事。

7 月 1 日，蒋介石主持军事会报，获悉广东之敌已向清远与从化方向分路进犯。蒋认为日军“打通粤汉路之计，已不可遏阻矣！今日惟一要图，为如何能固守衡阳，增强湘桂路兵力，以确保桂林空军基地，如能粉碎其犯湘桂路之企图，则此次作战当不失为成功也”。② 对于增援衡阳，蒋以为愈迟愈妥，“以此次敌军兵力颇厚，不比往日孤军攻袭我长沙与常德可比，故往日援军以速为胜，而此次援军必须待敌军攻城日久，消耗甚大，相持不决之际，再行增援，方能达成目的”。③

这个时期，蒋介石一再电令各兵团依照“正面阻止，侧背猛攻”的战略攻击进犯之日军。第二阶段军委会下达的一系列指令均是按照这一战略执行，要求前方各军向当面之敌发起猛攻，或向敌人侧背发起猛攻，试图打消和狙击日军的战略企图。④

中原会战与长沙会战节节挫败以后，国内外舆论对中国军队群加指责。作为最高统帅，蒋介石对来自英美盟国的讥评尤其感受到莫大的压力。7 月中旬，美国总统罗斯福致电蒋介石，谓豫湘战事颇减低中国信誉，拟令史迪威直接指挥中国全部军队（包括中共军队）作战。蒋介石对此深感耻辱和刺激。⑤ 7 月 21 日，蒋对出席整军会议的军委会各部会主官痛心疾首地说：“自从这次中原会战与长沙会战失败以来，我们国家的地位，军队的荣誉，尤其是我们一般高级军官的荣誉，可以说扫地以尽。外国人

① 《第九战区湖南会战作战指导方案》（1944 年），《抗日战争正面战场》（下），第 1258 页。

② 秦孝仪主编《总统蒋公大事长编初稿》卷 5（下），第 551 页。

③ 《蒋介石日记》（手稿），1944 年 7 月 1 日。

④ 《第九战区湖南会战作战指导方案》（1944 年），《抗日战争正面战场》（下），第 1259—1261 页。

⑤ 《徐永昌日记》第 7 册，第 374、379、383 页。

已经不把我们军队当作一个军队，不把我们军人当作一个军人！这种精神上的耻辱，较之于日寇占我们的国土，以武力来打击我们，凌辱我们，还要难受！”[①] 据徐永昌记述，蒋介石当时“声色俱厉，数数击案如山响”，其心情之愤激可见。[②]

白崇禧身为军事委员会副参谋总长，在战略指导方针上始终持有不同看法。鉴于敌我力量悬殊，他不主张与日军在正面战场硬拼。他建议将兵力转向敌后开展游击，破坏其交通和后勤补给，袭扰和消耗日军。7 月 26 日，白崇禧从桂林致电蒋介石，呈述其战略主张：对敌战法应重加检讨，查岳阳至衡阳铁路约 342 公里，水路约 710 公里，公路约 720 公里，敌军十万以上，补给不足，我于正面既不能击破敌人及阻止敌人，拟请改变战法，转向敌后袭击其辎重，破坏其交通，使敌饥疲无法持久。[③]

而军令部长徐永昌则认为，在目前国内外舆论交加贬议的情势下，我军唯有发愤拼命，打几个胜仗，才能提高地位，扭转国际观感。[④] 徐永昌的意见大体上表达了蒋介石的心声。而白崇禧转向敌后开展游击的战略，可能对消耗敌人，与日军展开持久抗战切实有效，但难以在短期内起到对外宣传的作用。蒋介石没有采纳他的建议。

第二阶段的基本战局是，以衡阳为中心，在湘江以东山区（湖南攸县、茶陵、醴陵、安仁、耒阳和江西萍乡、莲花）和湘江以西的丘陵地区（宁乡、湘乡、永丰[⑤]），双方展开了一场激烈的攻防战。在这一阶段的战斗中，第十军长达 47 日的衡阳守城战最为壮烈，也最具影响。但衡阳守城战只是第二阶段战局的一部分。衡阳周围的增援和解围战，以及湘江东西两翼的攻防战，中国军队不仅投入了相当多的兵力，而且战斗十分激烈，牵制和消耗了日军的大部分兵力。

湖南会战的结束时间，历来以 8 月 8 日衡阳沦陷为标志。实际上，在衡阳失守以后的一段时间里，蒋介石仍命令部队继续在衡阳周边地区攻击

① 蒋介石：《知耻图强》（1944 年 7 月 21 日），秦孝仪主编《先总统蒋公思想言论总集》卷 20，第 444—453 页。

② 《徐永昌日记》第 7 册，第 380 页。

③ 《军事委员会副参谋总长白崇禧呈战略管见电》，《中华民国重要史料初编——对日抗战时期 第二编 作战经过》（2），第 649—650 页。

④ 《徐永昌日记》第 7 册，第 383 页。

⑤ 永丰，今湖南双峰。

敌人。直至8月下旬，蒋介石才放弃反攻衡阳的企图，调整部署，开始转向沿湘桂路两侧组织防御。8月24日，蒋介石判断“敌主力向衡阳西郊集中，似有沿湘桂路西犯之企图”；9月1日，蒋介石确悉日军更有深入广西之企图，命令第九战区抽调主力准备参加湘桂沿线作战。① 9月7日，日军攻占零陵②，整个湖南会战基本结束。③

四 战役的结局与检讨

湖南会战历时三个多月，双方参战人数，国民党军先后投入16个军，40多个师，35万—38万人；日军先后投入10个师团，25万—28万人。④双方伤亡人数，据日军方面的统计，中方死亡66468人，被俘27447人，伤病132485人，合计226400人；日军伤、亡6万多人。⑤ 而国民政府军令部的统计，中方伤、亡90557人（死49370人），日军伤、亡66809人。⑥

日军伤、亡人数，双方公布的数字接近。而中方伤、亡人数则出入较大。日军方面公布的数字，包括伤、病、俘、亡在内，国民党军损失过半。中方自己公布的数字，不含病、俘，仅伤、亡两项，占参战人数的25%。

事后分析，整个湖南会战期间，徐永昌主掌的军令部对敌情的判断及其战略部署明显存有缺陷。如前所述，日本担心设在广西桂林的美空军基地对其本土发动空袭，自始即将桂林作为此次作战的最重要目标。但徐永昌一直对日军的战略意图和主攻方向判断不明，且太注重盟军的观感，一意主张节节抵抗，步步阻击，处处设防。而蒋介石基本上接受了徐永昌的意见。结果是，防广兵单，顾此失彼，处处都不愿主动弃守，处处都未能

① 《第九战区长衡阻击战战斗详报》，《中华民国史档案资料汇编 第五辑第二编 军事》（4），第212—214页。

② 零陵，今湖南永州。

③ 1944年10月第九战区所撰《长衡阻击战战斗详报》，其起止时间自5月25日，迄10月10日。9月初至10月初，浏阳、醴陵、攸县、茶陵、安仁、耒阳、常宁、邵阳等地我军仍与日军交战，10月3日，邵阳沦陷。参见中国科学院历史研究所第三所南京史料整理处编《中国现代政治史资料汇编》第3辑第40册，1957，油印本。

④ 柯育芳：《长衡会战日军参战兵力述考》，《抗日战争研究》1998年第3期。

⑤ 《湖南会战》（下），第71页；《日本军国主义侵华资料长编〈大本营陆军部〉摘译》（下），第314页。

⑥ 《湖南会战敌军伤亡判断表》、《湖南会战国军伤亡统计表》，国民政府军令部战史会档案，中国第二历史档案馆藏；张宪文主编《中国抗日战争史（1931—1945）》，第1089页。

集中优势兵力，对日军形成重点防守和重点出击。湖南会战初期，徐永昌和蒋介石对日军攻势和参战兵力估计不足，导致中方逐次使用不充分之兵力。无论长沙、衡阳，均无充足决战之兵，将应参与决战之有限兵力，分用于决战地后方第二线之防守，甚至因对日军主攻方向判断有误，将兵力分用于日军非攻击方面之防守。①

与中方不同，日军常集中优势兵力，纵深部署，“亘全战役期间，敌之实力在全面计算虽劣于我军，但在重点方面，均居优势，且对长（沙）、浏（阳）、衡（阳）三要点之攻略，概以绝对优势之兵力，纵深部署，施行攻击”。② 最终将守军逐一击破。

在守军内部，中央军嫡系将领难免骄不受命，地方非嫡系部队长官或因待遇不平，或出于保存实力的考虑，抗不遵命者常有之。长沙失陷后，蒋介石曾电令薛岳将第九战区主力布守湘江以西，以拱卫西南大后方。薛岳拒不从命，声称必须固守湘东南，不让日军打通粤汉路与通往香港之海道。而据徐永昌等人揣测，“薛伯陵（即薛岳）不欲至铁道以西，其心叵测，盖一旦有事，渠颇有划疆自保之意”。③

此次湖南会战，除第九战区外，还从第三、第六战区抽调兵力。由于参战系统不一，容易出现多头指挥。薛岳作为第九战区司令长官在其防区内自有调兵遣将之权。李玉堂等集团军主官也可名正言顺地指挥其下属。衡阳会战期间，蒋介石指派军委会副参谋总长白崇禧前往桂林，协调指挥衡阳一带战事。白崇禧在战略方针上本与军令部长徐永昌意见不一，薛岳的作战意图亦与白崇禧不同。④ 在这种不统一也不专一的多头指挥之下，难免前后矛盾，左右失调，令作战部队无所适从。以第六十二军为例，该军属余汉谋第七战区建制。长沙告急后，蒋介石电令余汉谋调第六十二军担任衡阳外围作战任务，归第二十七集团军副总司令李玉堂指挥。据该军军长黄涛晚年回忆，该军在衡阳参战期间，重庆军事委员会侍从室主任林蔚常以蒋介石的命令直接指挥，薛岳也以第九战区司令长官名义来指挥，

① 《第九战区长衡阳击战战斗详报》，《中华民国史档案资料汇编 第五辑第二编 军事》(4)，第216—217页。

② 《第九战区湖南会战作战检讨》(1944年)，《抗日战争正面战场》(下)，第1293页。

③ 《徐永昌日记》第7册，第416页。

④ 赵子立、王光伦：《长衡战役》，《湖南四大会战：原国民党将领抗日战争亲历记》，第399—403页。

李玉堂又以第二十七集团军副总司令名义来指挥。第六十二军在多头指挥而又命令不一的情况下，只好以军事委员会蒋介石的命令为行动依据，直接与侍从室主任林蔚密切联系；有时故意借蒋介石的命令去抵制第九战区司令长官薛岳的调遣，薛岳亦无可奈何。①

参战系统有别、多头指挥无所适从、部队长官骄不从命、地方部队保存实力等诸多因素，致使参加会战各部队之间步调不齐，协同作战能力差。战场指挥官缺乏自动与邻接部队联系策应的习惯。第十军苦守衡阳40余日，而前往解围的野战军如与城内守军适时配合，或可收内外夹击之效，无奈当内围突出时，外无援应；当外围进击时，内徒固守。另一方面，前往解围的各部队之间缺乏联络，步调不一。各军逐次前往解围，此去彼来，未能集中各军优势兵力与日军决战，结果坐失良机，陷于被日军各个击破的败局。②

衡阳失守后，蒋介石自我检讨说："此次衡阳失陷，乃由于指导失机所致，而尤以虚伪之情报贻误处置非浅，始则以敌将自动撤退为怀，继则以敌力不大，过于持重，不肯轻易增援，故屡失时机，最后终以两广部队战意消失，实力空虚，更无任务与解围之决心，而战车部队特别令其准备，延长三日之久，临时仍以河流与地形为阻，无法前进，言念及此，痛愤无已，军官之智识与部队之技术低落至此，何以称军，焉得不令外国侮蔑乎，乃可使我决心非以全权交史（迪威）整训与指挥不可也。"③

长期以来大陆学界对湖南会战失败原因的分析，主要归于蒋介石消极抗战，保存军事实力；认为蒋介石首先考虑的不是对日军的积极出击，而是主要准备战后权威的确立，尽力对付中共和防范国民党内的非嫡系，没有同日军在真正意义上展开决战。④ 从前文所述湖南会战前后蒋介石对日军的战略决策和战略部署来看，谓国民党军无意与日军在真正意义上展开决战，显然有悖事实。近40万国民党军兵力的投入，9万国民党军和6万

---

① 黄涛等：《第六十二军参加衡阳战役的经过》，《湖南四大会战：原国民党将领抗日战争亲历记》，第574—575页。

② 《第九战区湖南会战作战检讨》（1944年），《抗日战争正面战场》（下），第1296—1297页；黄涛等：《第六十二军参加衡阳战役的经过》，《湖南四大会战：原国民党将领抗日战争亲历记》，第574—575页。

③ 《蒋介石日记》（手稿），1944年8月10日。

④ 张宪文主编《中国抗日战争史（1931—1945）》，第1090—1091页。

多日军的伤亡，亦足证国民党军对日军的积极出击。尤其是长达 47 天的衡阳保卫战“是八年抗战中，保卫城市作战最长，伤亡官兵最多，敌我两方进行最为惨烈的一场生死搏斗”。[①] 其时，重庆 20 余万市民签名，向苦守衡阳的第十军官兵致敬。日军亦承认“从未有若斯顽强之抵抗”。重庆《大公报》社论将衡阳守军的死拼硬打誉之为“抗战精神”。[②] 王世杰在日记中称道衡阳守城战“断然为抗战以来之一伟绩”。[③] 凡此均说明衡阳中国军队抵抗之顽强英勇。亦鉴于此，衡阳守城军长方先觉最终虽败而降敌，蒋介石亦包容而宽慰之。

第四节　节节后退的桂柳会战

一　蒋介石与白崇禧的不同防御方案

桂林时为广西首府，位于广西北部，邻近湖南。柳州位于广西中部和柳江中游。自湘桂、黔桂两条铁路建成后，桂、柳地位更加重要，一跃成为西南抗战基地，成为驻华美军空军基地后，其战略价值更著，亦是日军试图打通大陆交通线的必经之地。广西为桂系将领的地盘，尤其对于副参谋总长白崇禧来说，广西乃其军、政两方面势力的基础。因此，无论国内外形势变化如何，一定要以实力予以确保。广西属于第四战区，战区司令长官为张发奎。广西省主席黄旭初和第四战区副司令长官夏威均为白崇禧的心腹。白崇禧不在广西时，由他们负责监管。白氏深知，桂柳战事胜败不仅为国际注目，亦关系到广西之荣辱，因而他对广西战事甚表关注。蒋介石原要白崇禧前往四、九两战区指挥作战。白崇禧以蒋不听从他的在桂柳决战的主张，仅允传达统帅意旨，而不愿担任指挥任务。蒋介石乃派白崇禧以副参谋总长的名义前往第四战区协助张发奎指挥桂柳会战。张发奎晚年回忆称：“中央没有给予我足够的权力行使四战区司令长官的职责。在桂柳会战开始之前，中央在决定部队调配与其他重要事务方面都没有同

① 葛先才：《衡阳孤军抗战史实》，《中华杂志》第 17 卷第 217 期，1981 年。

② 《感激衡阳守军》、《向方军长欢呼》，《大公报》（重庆）1944 年 8 月 4 日、12 月 13 日；另见《衡阳突围》，战时文化供应社印行，出版时间不详，第 39—42 页。

③ 《王世杰日记》（手稿本）第 4 册，第 365 页。

我咨商，只是把作战计划交给我去执行。蒋先生要白崇禧去广西协助我，那就意味着我被剥夺了权力。我原本可以直接同中央咨商，这一下就不得不接受他的指导。白崇禧在桂林与重庆之间来来往往，名义上我要为桂柳会战负责；实际上，这是中央的责任。”① 从会战期间张发奎与蒋介石之间的来往密电看，张仍然与中央有直接咨商，并非完全被白崇禧剥夺了权力。从蒋介石日记看，桂柳会战期间，蒋介石确是与白崇禧协商作战方针与战略计划。不过，白崇禧的意见与建议，在很大程度上似没有为蒋所接受。

早在 6 月下旬，白崇禧即对桂林防御做出指示。6 月 22 日白崇禧从重庆飞桂林，先与第四战区司令长官张发奎会商，25 日白崇禧、张发奎召开第四战区高级将领会议，制定初期作战计划，成立桂林市城防司令部，派第十六集团军副总司令韦云淞为桂林防守司令。7 月 14 日，白崇禧去湖南晤第九战区薛岳，建议该战区主力应部署在湘桂铁路两侧，使日敌不敢沿湘桂路直驱直入而攻桂林，薛不允许。8 月 8 日衡阳沦陷后，白崇禧从桂林急电蒋介石，建议速将衡阳周围的第四十六军、第六十二军调往桂林，并请将其他部队大部撤至祁阳、零陵至桂林一线防守。从日军的战略意图看，日军占领衡阳后，必将迅速西进，攻取其下一目标桂林。白崇禧的这一部署显然是正确的。蒋介石接电后，让军令部加以研讨。而军令部建议将主力部队仍留在衡阳周围继续攻敌，其理由是：（1）前线撤兵，敌必跟踪深入；（2）激战之后，部队急撤，有溃退之虑；（3）撤兵影响人心与盟军观感；（4）目前态势，地理比较有利，利用现形势打击敌人，较退保桂林有利。军令部还建议蒋介石将白崇禧调回重庆。② 蒋介石再次接受了军令部的建议而否决了白崇禧的主张。8 月 10 日，蒋介石电令各军反攻衡阳。12 日，蒋介石再次训令各军“以攻为守，并袭扰敌后方”。③

二　桂柳失守与会战检讨

9 月 11 日，军事委员会筹商湘桂线防御事宜。据徐永昌日记，白崇禧

---

① 张发奎口述，郑义译注《蒋介石与我：张发奎上将回忆录》，香港文化艺术出版社，2008，第 380 页。

② 《徐永昌日记》第 7 册，第 405 页。

③ 《第九战区长衡阻击战战斗详报》，《中华民国史档案资料汇编　第五辑第二编　军事》（4），第 209—210 页。

在会上力主撤全州兵力以增保桂林，其意以全州既难久守，不必徒作无谓牺牲，并请增兵桂林，担保桂林可守三四个月以上。军令部长徐永昌则以现时运至全州弹药，足供三个月之用，而且全州地形较衡阳为佳，尤利于守，似宜定一防守期限，纵即不能如期，亦可令其突围而出。[①] 而据蒋介石同日日记，白崇禧与其商谈保卫桂林计划，要求蒋将四川、贵州两省的中央军尽数空运桂林，而蒋认为白崇禧只顾广西安危，而置四川抗战根据地于不顾，“匪夷所思，殊出意外”。[②] 11 月初，桂柳战事进入激战阶段，白崇禧再次要求蒋介石对广西增加兵力，而蒋仍不愿，嘱其在战区内部调整部署，认为“如在后方增援则缓不济急，而且与原定战略本旨相违也”。蒋的战略考量是：“余决以固守桂林为主，柳州势难保守，故不愿再加兵力增防，以免逐次消耗，有碍我集中兵力、整个出击之方略，健生（白崇禧）再三强求不已，以余原定战略与最后决心示之，方无异议，以此为抗战史中最后胜败之所系，故不能不坚持到底也。”[③]

在蒋看来，“敌寇进窥桂林之势，恐难挽救”。[④] 经历了豫中会战与长衡会战之后，蒋深知桂林失陷难以避免。他不愿将中央军主力消耗于广西。而负责防守的第四战区司令长官张发奎更为悲观。他晚年坦承：“我感觉敌人能攻占任何他们想要的目标；倘若他们没有占领某地，那是因他们不想要。在整个抗战期间我一贯思路都是这样。一切都是时间问题。”[⑤] 白崇禧最初相信桂林能守 6 个月，因为桂林有许多山洞，市郊的七星岩能容纳好几万人；桂林城墙高且坚固，还建有半永久的防御工事。蒋介石期望桂林能守 3 个月。但在张发奎看来，敌我装备与战斗力悬殊，桂林顶多能守一两个月。

同时，张发奎不赞成困守孤城。他认为，长期困守孤城是办不到的。他不愿意像衡阳会战那样，坐等敌军来攻。“我不想在桂林重犯这一错误”；“我一贯信奉攻势防卫”；“基本上我不同意死守任何地方。死守的目的乃是等待援军到来后内外夹击粉碎包围圈。换言之，是为了等候机会反

① 《徐永昌日记》第 7 册，第 430 页。

② 《蒋介石日记》（手稿），1944 年 9 月 11 日。

③ 《蒋介石日记》（手稿），1944 年 11 月 1、4 日。

④ 《蒋介石日记》（手稿），1944 年 9 月 9 日。

⑤ 张发奎口述，郑义译注《蒋介石与我：张发奎上将回忆录》，第 357 页。

攻”；“如果我们处处采取守势，我军将处于一个不利的局面”。[①] 但白崇禧不同意他的观点。于是，桂林和柳州都采取了消极防守。虽然如此，张发奎仍然调动兵力在桂平发起了一场进攻。张发奎晚年回忆时仍对这场进攻十分得意：“这是我第一次向日寇发动大规模的进攻，也是我第一次指挥空—地联合作战。”[②] 战后日本所修战史，对重庆军的这场进攻有这样的记述：“现已判明，重庆军在桂平正面的反攻，是以第四战区的有力部队（7—8 个师）认真发动的，但这完全出乎（日军）第二十三军的预料。……正是由于这种判断的错误，给了重庆军以先发制人的时机。”[③]

第四战区所辖部队，一是中央军的第九十三军，一是广西军的第三十一军和第四十六军。据张发奎称，调动广西部队必须由白崇禧决定。相比之下，中央军反而容易指挥一些，因为若是中央军不服从，他会告诉蒋介石；而杂牌军若不服从，即使报告蒋，蒋也无能为力。蒋对杂牌军有时也不得不“敬畏三分”。[④] 本来重庆长官部决定以三十一军和四十六军守备桂林，但白崇禧认为不恰当，乃将其中多个师调出桂林，仅留下一三一师和一七〇师守备桂林。前者战斗力极差，后者系全部新兵的后备师。“计划改变后，守城官兵都认为无异把他们送葬于桂林，愤愤不平，因此军心涣散，士气低落，纪律废弛，逃亡日增。”[⑤]

一般情况下，日军在占领一个城市后，总要休整一段时间，以恢复战斗力，并做好充分准备后再转入下一期作战，但衡阳陷落后不到一个月，日军即于 9 月 4 日对湘桂线发动进攻，仅半个月即横扫衡阳至全州间 250 公里。国民政府军事委员会事后检讨说：“敌攻陷衡阳未及匝月，即进犯桂、柳，可谓合兵贵神速之原则，超出过去敌会战间隔及会战准备之惯性，致我准备不克周到；敌攻陷衡阳后，即积极从事先打通桂越路，致我增援不及，终达目的。”[⑥]

11 月 10 日柳州陷落，11 日桂林失陷。蒋介石得知桂林与柳州失陷的

---

① 张发奎口述，郑义译注《蒋介石与我：张发奎上将回忆录》，第 363—364、367 页。

② 张发奎口述，郑义译注《蒋介石与我：张发奎上将回忆录》，第 372 页。

③ 日本防卫厅防卫研究所战史室编《广西会战》（下），天津市政协编译委员会译，中华书局，1985，第 47—48 页。

④ 张发奎口述，郑义译注《蒋介石与我：张发奎上将回忆录》，第 363、367 页。

⑤ 张发奎口述，郑义译注《蒋介石与我：张发奎上将回忆录》，第 367 页。

⑥ 《桂柳会战之经验及教训》（1945 年 2 月），《抗日战争正面战场》（下），第 1336 页。

消息后，在日记中感慨说："桂林工事坚强，粮弹充足，所有通信与武器皆尽用于此，而未经一日战斗，乃即崩溃，可痛之至。"蒋指责桂军"战斗意志与精神薄弱至此，实为意料所不及"；"以集中最新、最良之武器与器材，尽其所有以供桂林之防备，乃战斗未至数小时，连其围城接战亦不过二百，而即被敌寇极小数部队（不足一师团）完全占领，实为抗战以来所未有之败绩也"。[①] 张发奎亦致电军事委员会，指责桂军"积习太深，风气太坏，无法指挥"。[②] 而白崇禧则指责七、九两战区不配合截断敌军后路，"不奉调遣，纪律荡然"。[③]

第四战区给军委会的报告中总结失败的原因有以下几点：

> 一、敌从广正面分进合击，同时进犯桂、柳，待突破一处后，即大胆深入，直扑战场要点及有利目标，集中优势兵力于重点方面。而我兵力薄，正面广，处处防守，无法应援，顾此失彼；我一般指挥官缺乏必胜信念、旺盛精神，在指挥方面缺乏积极性，更缺乏冒险果敢性，即遇良好战机亦不敢主动出击，致敌毫不顾虑后方，大胆抽兵，锐意扩张战果。
>
> 二、敌之精神攻势，配合军事攻势，容易动摇我之军心士气；敌之战斗精神及意志昂扬，而我军士气低落。
>
> 三、敌可利用中国民众运输粮弹，虽道路破坏，仍可继续攻势；而我军纪不良，军民感情不大融洽，反而不能得民众协助，军队所到之处，政府多行迁移，一般民众率多避难，致军队运输方面发生许多困难；地方团队往往有劫取国军枪枝等事。[④]

张发奎在晚年回忆时，认为桂柳会战失利的主因是士气低落，其他因素是次要的，"不同层级军官的战斗意志都动摇了，桂柳会战主要是由溃败部队担纲的，没有预备队，也无增援部队"。[⑤]

---

① 《蒋介石日记》（手稿），1944 年 11 月 11、12 日。

② 《徐永昌日记》第 7 册，第 485 页。

③ 《徐永昌日记》第 7 册，第 470 页。

④ 《桂柳会战之经验及教训》（1945 年 2 月），《抗日战争正面战场》（下），第 1336—1339 页。

⑤ 张发奎口述，郑义译注《蒋介石与我：张发奎上将回忆录》，第 379 页。

第五节 抗战后期国民党军的战斗力

一 抗战后期中日两军战力的对比

抗战初期，日军装备完整，训练精良，常常以 1 个大队（营）战中国军队 1 个师（3 团）或 1 个旅（2 团）。日军第一军在山西有过战中国军队 30 个军的记录。[①] 抗战后期，国民党军的战斗力更趋下降。据军令部 1944 年统计，第一战区敌我兵力之比是 14∶100，第二战区是 13∶100，第三战区是20∶100。平均起来，中国军队要六七个人才能抵抗一个敌人。[②] 徐永昌的估计也大致相似：国民党军共有 320 个师，在中国战场的日军约 40 个师，比例是8∶1。徐永昌认为，这样的敌我力量对比，在水田山地尚可应付几日，一到平地，便多不能支持。[③] 何应钦在拟定国民党军减编方案时，其着眼点亦大致以中国军队 1 个师对日军 1 个联队的比例。不过考虑到抗战后期国民党军编制的缺额，中国军队与日军的战斗力未必有如此悬殊。战时国民党军队 1 个师的编制约 1 万人，每个师的缺额少则 2000 名，多则 3000 名。[④] 徐永昌亦认为战时国民党军各师的实际兵力平均要打七折。而日军师团分甲、乙、丙三种，人数为 1 万多人至 2 万余人不等。一个师团内辖三至四个联队。依此推之，1944 年中国军队与在华日军兵力的实际比例约为 3∶1。

就官兵素质言，国民党军更远不如日军。史迪威对国民党军各阶层有一概括性的观察：一般士兵温顺、有纪律、能吃苦耐劳、服从领导；低级军官对于命令，每能迅速执行；营、团长个别差异极大，不过也不乏优秀之士；至于师长和军长阶层，则是个大问题。[⑤] 蒋介石亦有与此大致相似的看法。蒋曾多次公开指责将领的知识、能力和精神，与其职务级别的高

---

① 参阅刘凤翰《陆军与初期抗战》，刘凤翰：《抗日战史论集》，台北，东大图书公司，1987，第 252—257 页。

② 蒋介石：《对黄山整军会议审查修正各案之训示》，《中华民国史事纪要（中华民国三十三年七至九月份）》，第 365 页。

③ 《徐永昌日记》第 7 册，第 388 页。

④ 张瑞德：《抗战时期陆军的教育与训练》，《中华民国建国八十年学术讨论集》第 1 册，台北，近代中国出版社，1992，第 532 页。

⑤ 引自张瑞德《抗战时期的国军人事》，台北，中研院近代史研究所，1993，第 39 页。

低成反比。1944 年 8 月 18 日，蒋在军委会召开的整军会议上援引苏俄顾问的话说："中国军队现在营以下的动作，大体可以说是很注意了，但团以上到军师为止，各级司令部的业务极不健全。图上作业与沙盘教育可以说完全没有，指挥所与参谋业务的演习，更是完全忽略，所以中国军队一到作战就莫名其妙。既没有具体的作业计划，也没有完备的作战命令。……团以上司令部的人员，很多不是正式军官，而多是主官的私人。往往很重要的职务，交给一些落伍的军官或不习军事的文人来担任。参谋人员虽然有些是陆大毕业，但大多数都缺乏实际的经验，在部队里面也没有专门业务的训练，所以人事参谋不知怎样来管人事，补给参谋不知如何来办理补给。至于军需军械人员，更多滥竽充数，甚至于管理物品检查物品的常识都没有。"① 蒋还声称："无论自我自他任何方面之观察，皆官不如兵。"② 蒋也许有痛责高级将领反省以及有"恨铁不成钢"之意，但仍可从中看出军官素质之不佳。

徐永昌在日记中亦称："人人言，我国兵好官不好。"③ 可见"官不如兵"在当时几乎成为一种共识。因士兵多为农家子弟，具有朴实、勇敢、服从、坚毅以及吃苦耐劳等良好品性。战时来华的外国人士，亦多有类似的观察。如美军参谋总长马歇尔就曾说过，如果中国的士兵能被适当的领导、喂饱、训练、装备，他们的战斗力将和世界上其他任何国家的士兵一样。④

但不幸的是，战时国民党军士兵因营养不良，体格严重恶化。缺乏食品，而不是武器，是导致战时其战斗力下降的首要原因。1944 年 10 月，魏德迈担任蒋介石的总参谋长后，发现士兵无力行军，不能有效作战，而其主要原因是他们处于半饥饿状态。⑤ 由于后勤、补给工作不良，后方军粮不能按期送达第一线，前线部队常常断粮。欠发、克扣士兵粮饷，更是部队的普遍现象。加上军粮、军盐掺杂掺假，士兵食不果腹。军服不能按季节发下，士兵夏季尚有穿冬季军服者。前方缺乏药品，伤兵不能得到及

---

① 蒋介石：《对于整军会议各案之指示》，《中华民国史事纪要（中华民国三十三年七至九月份）》，第 493 页。

② 《徐永昌日记》第 7 册，第 364 页。

③ 《徐永昌日记》第 7 册，第 432 页。

④ 引自张瑞德《抗战时期的国军人事》，第 35—36 页。

⑤ 〔美〕费正清主编《剑桥中华民国史》第 2 部，章建刚等译，上海人民出版社，1992，第 625 页。

时救治，因伤不及救治而致死者占死亡率之大部。[①]

二 兵役制度导致的士兵素质降低

兵役不良，是导致士兵素质低劣的又一重要因素。白崇禧晚年谈及桂柳会战时，特别检讨了兵役制："我国名为征兵制，实际户口未清，几无一省能完全合乎征兵之要求。……有钱人家皆不愿让自家子弟当兵，凡中签后，常以金钱雇人替代，因此兵贩子应时而起，当其得钱，报到之后，随即逃之夭夭，准备下回'卷土重来'。当时征兵机构只要凑足数目，即算了事，不管兵源之年龄、体格如何，致兵质不佳。加以入营后待遇差，有不堪其苦者，或半路而逃，或入营而逃，逃风很盛，无法阻止，故部队常有缺额，战斗兵不仅质量差，且数量亦经常欠缺，此亦战斗力削弱之一大原因也。"[②] 张发奎晚年回忆时，也提到桂柳会战中，"失踪"人数很严重。有些人在撤退途中乘机逃跑，情况比淞沪、武汉会战严重。[③] 抗战后期，蒋梦麟以中国红十字会会长的身份，对兵役状况做过一次实地考察，考察结果令他触目惊心。由于缺乏交通工具，被征召的新兵常常要步行数百里，才能到达指定的部队。新征壮丁因徒步远行、饥饿、疾病而死于路途者十之八九。从韶关解来 300 壮丁，至贵阳只剩 27 人；从江西解来 1800 人，至贵阳只剩 150 余人；从龙潭解来 1000 人，至贵阳仅余 100 余人。死亡壮丁与存活壮丁的比例高达 11∶1。[④] 蒋介石看了蒋梦麟的报告后，亦深感震惊，声称"觉得无面目作人，觉得对不起我们民众"，并承认"兵役办理的不良，实在是我们军队纪律败坏，作战力量衰退的最大的原因"。[⑤]

据一般的观察，战时我军士兵 90% 以上是文盲，无科学常识者几占百

① 蒋介石：《对黄山整军会议审查修正各案之训示》、《部队受军需军医与兵站部之苦痛实情》、《军需不健全军需业务既不合法又不合理之实情》，《中华民国史事纪要（中华民国三十三年七至九月份）》，第 370—373 页。

② 《白崇禧口述自传》（上），中国大百科全书出版社，2009，第 216—217 页。

③ 张发奎口述，郑义译注《蒋介石与我：张发奎上将回忆录》，第 379—380 页。

④ 蒋梦麟：《西潮·新潮》，岳麓书社，2000，第 294—300 页。

⑤ 蒋介石：《知耻图强》，《中华民国史事纪要（中华民国三十三年七至九月份）》，第 151—152 页。

分之百。[①] 抗战后期，黄仁宇曾在军中任排长。据他的亲身体验，士兵“不仅体格羼［孱］弱，而且状似白痴，不堪教练。师部的办法，即是抽调各营连可堪训练的士兵，组织突击队，集中训练，其他的则归各部队看管，也谈不上训练，只希望来日作战时在山上表现人多”。[②]

各部队由于后勤、补给工作不良，增加士兵不少杂务。据估计，一般部队因领粮、领草、搬运、打柴、磨麦等，每星期竟难得三天的训练。一个连往往有二分之一或三分之一的人力经常在打杂。新兵入伍后半年，还不知如何瞄准、如何使用表尺与目测距离，士兵的射击技能远不如日军，大多数士兵打仗时只是胡乱扳放。

国民党军士兵不但技能差，且不沉着，往往过早发射，甚至一发现敌人，即到处放枪，无异暴露自己的位置，给敌炮以良好的射击目标。投掷手榴弹，大多失之过早，常被敌人掷回。由于缺乏沉着应战的功夫，日军在攻击时，常在远处大声呼叫，诱使我军过早投弹或射击，以消耗其弹药。

战斗情绪的热烈高涨，以及勇于牺牲，本为中国士兵最大的长处。冲锋和白刃战，也是中国军队致胜最有把握的方法。据称在抗战初期，日军最怕中国军队的白刃战。但到了抗战后期，中国士兵的劈刺技术比不上敌人，有时两三个士兵尚不能活捉一个日兵，其原因固然是营养不良、体力太差，而劈刺技术训练不足，也是一个重要原因。冲锋与阵内战的战斗技能，平日未注意演习，每遇近距离与敌交锋，只知一味喊“冲”喊“杀”，如同儿戏。[③]

国民党军战斗力薄弱，除装备不如日军外，亦由于战斗技术教育不足，以致不能达成战略、战术的目标。长沙会战失败的原因之一，即是各级主官平时忙于应酬和经商，对部队训练敷衍塞责，部队教育无暇顾及，战斗动作生疏；忽略实弹射击训练，以致士兵射击技术普遍不精。[④]

---

① 刘峙：《建军的基本条件》，《建军导报》第1卷第2期，1944年8月。

② 黄仁宇：《地北天南叙古今》，台北，时报文化出版社，1991，第141页。

③ 陈诚：《政治部陈部长训词》（1939年），军事委员会军训部编印，第23页；顾祝同：《对作战人员研究班第五期训话》（1944年），第三战区司令长官部编印，第10—11页；张瑞德：《抗战时期陆军的教育与训练》，《中华民国建国八十年学术讨论集》第1册，第547—548页。

④ 《第四军长沙第四次会战作战经过谍报参谋报告书》（1944年9月），《抗日战争正面战场》（下），第1263—1264页。

徐永昌反思我军屡战屡败的原因时，在日记中写下了这样一段话："关于战事，致胜条件太不够，固无法使之有利，但如超过限度之败，则又完全为官兵训练太差，风气太坏所致。"① "训练太差，风气太坏"，确是国民党军弊端之要着。

① 《徐永昌日记》第7册，第447页。

第十一章 敌后抗日根据地的恢复与壮大

战争进入中后期，敌后抗日根据地在遭受巨大损失的情况下仍然坚持生存，着力于克服困难、壮大自身。各个根据地针对日军的进犯，有计划地进行了一系列准备和斗争，以实现不受损失或少受损失的目标。情报预警和戒严工作有效地防备了日伪对根据地的渗透和破坏。藏粮、护粮工作是根据地的中心工作，粮食得到了最大限度的保存。根据地发动了空舍清野的运动，发动群众让敌人无法获取战争资源。1944 年，中共中央明确部署向敌后进军，开始发展河南、控制中原的战略行动，八路军和新四军新建一系列新根据地。日军在华北、华中等地兵力薄弱，为八路军、新四军的局部反攻提供了机会。1944 年、1945 年八路军、新四军针对日伪开展了一连串的攻势作战，恢复了旧根据地的面积，扩大了解放区，拔除了敌人据点。1945 年 8 月，中共中央要求人民军队进行全面反攻，夺取了相当数量的中小城市，部队的实力也随之急剧扩充，不少根据地因之连成一片。

第一节 巩固和发展抗日民主根据地

经过 1941 年、1942 年两年连续的“扫荡”和“治安强化运动”，日军在华北交通要道沿线及城镇设立了大量据点，也收罗了相当数量的伪军帮助其进行所谓的“治安”工作，致使华北抗日根据地面积大幅缩小，人口锐减。与此同时，日军需要面对的现实是：据点有限，对于根据地的许多地区特别是腹心区尚难以进行有效控制。在受限于兵力不能增设据点的情况下，一个基本的策略是以据点为依托，用短小精干的机动力量向周边地区出击，有时也会纠集几个据点的力量，进行抢粮、抓丁、逼迫“维持”等活动。这些行动一般持续时间较短，达到目的后迅即返回据点。

日军的这种以据点为依托的不定时快速出击和八路军力量难以适时救

急，实际上是抗日战争相持阶段敌后游击战争的基本态势。为此，中共中央北方局确定 1943 年华北党的基本任务是："进一步巩固敌后抗日根据地，坚持敌后抗日游击战争，克服困难，积蓄力量，替反攻及战后作准备。"[①] 1944 年的工作方针是："团结全华北人民的力量，克服一切困难，坚持华北抗战，坚持抗日根据地，积蓄力量，准备反攻，迎接胜利。"[②] 这两年工作方针的共同点是"坚持抗战、积蓄力量、准备反攻"，"坚持抗战"就是通过敌后游击阻止或者迟缓敌寇对根据地的侵蚀，"积蓄力量"则主要是指发动群众和建设根据地，最终目的都是为"反攻"做准备。

就坚持抗战而言，中共的主要方式仍为延续之前推行的人民游击战争，并在原有基础上巩固队伍、优化组织、加强领导，使广大干部群众和人民武装在战争中经受锻炼，为反攻积蓄力量。落到实际，也就是带着群众长时间与敌周旋，以尽可能小的代价给敌以尽可能大的消耗，封锁敌人，置敌于困境，直至局面发生变化或有利时机出现。

太行三分区曾为贯彻太行分局及一二九师关于加强人民武装工作的指示[③]专门召开会议，会议认为在游击战争中保存有生力量的中心问题在于保卫群众利益，以这个标准来判断，即便在军事上取得某些胜利而群众仍遭受很大损失，那这个胜利的意义要大打折扣，甚至变为失败。因此会议指出，在战争中适当组织群众使游击战争有条不紊，群众能人人自卫，少受损失或不受损失是最主要的工作，概括起来就是："组织群众的衣食住行，建立群众的游击秩序。"[④] 虽然这只是分区的会议，其决议却道出了游击战争中把握的基本原则和主要任务。在战争的环境中，要做到让群众的衣食住行有条不紊，实现不受损失或少受损失的目标，对中共的组织动员能力提出了极高的要求。

为便于说明问题，且鉴于华北各根据地抗战情形有较大相似性，以下

---

① 《中共中央北方局华北敌后抗日根据地一九四三年工作方针的指示》(1942 年 12 月)，山西省档案馆编《太行党史资料汇编》第 5 卷，山西人民出版社，2000，第 1067 页。

② 《中共中央北方局关于一九四四年的方针的指示》(1944 年 1 月 1 日)，《太行党史资料汇编》第 7 卷，第 2 页。

③ 指示为《中共中央太行分局、一二九师关于加强人民武装工作的指示》(1943 年 3 月 5 日)，意在加强民兵和自卫队的发展建设。见《太行党史资料汇编》第 6 卷，第 194—207 页。

④ 《三分区人武部工作会议记录摘要》(1943 年 8 月 19 日)，武乡县档案馆藏，革命历史档案 3 -46 -1。

讨论主要以太行抗日根据地展开。

一　情报预警与戒严

因为要躲避敌人，要赶在敌人到达之前及时疏散转移群众，预警体系的建立处于先导地位。晋冀豫区群众性的情报预警工作是伴随着日军第一次“治安强化运动”而重视起来的。1941 年 6 月区武委会发布《为建立经常的群众情报工作指示》，直接动因是由于没有建立群众“经常的主动的”情报工作，“近一两个月来，和西、榆次、寿阳、昔西……县政府及其他团体甚至部队，被敌包围的简直是接二连三层出不穷”。[①] 指示要求建立和健全各级民兵的情报工作，各级武委会均应有专人负责，最好将这一工作造成群众运动；各级武委会有关敌伪的军政情报每半月报告一次，民兵参战情报每月上报一次，从这个频率可以看出这样的情报工作即便能真正落到实处，在预警上所能起到的作用也是远远不够的。

真正的群众性的、起到预警作用的情报网络，是在日军日益频繁的“扫荡”、“清剿”之中逐步建立起来的。以武西为例，1942 年 4—8 月，敌寇共进行掠夺 40 次，抓人 31 次，蚕食 21 次，数以百计群众被抓扣（一般要用粮款赎回），大量粮食被抢走。[②] 这种严重的局面促进了武西的村村联防及情报工作落到实处，当时的情况是接近游击区的根据地村庄首先提出要组织联防，方式是由村选出代表，找到邻村村长，提出订立联防公约，如敌人通过邻村来到本村，邻村不送情报使本村受了损失邻村要包赔。邻村有敌，本村民兵有义务帮助。在此基础上组织联防游击小组，由各村民兵轮流担任，看守据点要路。[③] 通过组织联防、建立岗哨，群众心理在一定程度上得以安定，以往混乱不堪的情形大有改善。正是由于联防在对敌中的良好效果，晋冀豫区武委会通令要求各地认真实行县区干部的责任区、责任村制度，区干部固定分配到一定的联防区，平时负责该联防

① （晋冀豫）军区武委会：《为建立经常的群众情报工作指示》（1941 年 6 月 27 日），太行区武委会编《抗日战争中人民武装建设文件》上册，太行群众书店，1947，第 106 页。

② 武西县武委会：《武西四个月政治攻势工作总结》（1942 年 8 月 17 日），武乡县档案馆藏，革命历史档案 3 - 28 - 1。

③ 武西县武委会：《武西四个月政治攻势工作总结》（1942 年 8 月 17 日），武乡县档案馆藏，革命历史档案 3 - 28 - 1。

民兵的训练、情报、锄奸等工作。[1]

随着日伪军"扫荡"日益频繁、战争日益残酷，特别是在1943年5月反"扫荡"之后，情报工作更加被强调。黎城县指挥部在1943年8月就情报工作做出决定，强调"情报是完成一切工作的关键"，还引用刘伯承的话说"谁不做情报工作谁就会被敌人捕捉"。该决定进一步理清了各级指挥部情报组织的架构：县情报总站由情报参谋负责，掌握全县情报工作，战时可设三个半脱产情报员（粮食向县报销一半），负责与县指挥部的联络、检查至各区情报路线及直接接敌侦察等工作；区设情报分站，由武委会副教导员负责，平时、战时掌握全区情报工作，分站所在地可设一至三个半脱产情报员（粮食向区指挥部报销一半），负责与总站的联络及直接接敌侦察等工作；联防情报工作由区指挥部指定一个区干部负责，主村由副主任负责全村情报工作，自然村由民兵小队长或自卫队分队长负责。县与县、区与区的结合由双方指定各该村组织情报网，平时、战时互通情报。一二九师师部及分区司令部临时派来做情报工作的同志依托当地情报组织来进行自己的工作，不须另立一套组织。[2]

黎城县指挥部还就区村两级情报工作做出了细致的要求：每村抽坚强的民兵2—6人，组成一情报组，直接受村武委会主任领导，区情报工作由区指挥部副指挥负责，并为战时主要工作之一。决定要求区村就敌人的兵力兵种及军事活动、汉奸特务造谣宣传活动、八路军及民兵活动以及群众活动情形，平时五天一送（逢五逢十送），紧急时随收随送，战时一天一送，村向区、区向县逐级上达。该决定特别强调情报工作的纪律，指出战时情报工作就是军事工作，贻误情报工作者按战时纪律制裁；情报员要保守情报秘密，不得任意拆看；耽误时间、遗失情报及违抗不送者给以轻重处分。[3]

与情报工作相关的岗哨及戒严工作也被反复强调。岗哨和戒严工作的主要目标在于防止奸探潜入根据地搜集情报及进行破坏活动，在敌我势力

---

① 晋冀豫区武委会：《加强对村武委会的领导》（1942年8月20日），《抗日战争中人民武装建设文件》下册，第32页。

② 黎城县指挥部：《八三情报决定》（1943年8月3日），黎城县档案馆藏，革命历史档案55－15。

③ 《黎城县指挥部命令——情报工作几个决定》（1943年7月4日），黎城县档案馆藏，革命历史档案55－15。

范围犬牙交错、双方近身互动中，防敌的重要性不言而喻，但由于所涉地域广阔，这项工作不可能由正规军来完成，主要依赖民兵和自卫队。太行军区于 1941 年 3 月为应对汉奸敌探可能潜入根据地而发布全区紧急戒严令，要求全区所有村镇相关之重要路口皆须有成年自卫队民兵担任岗哨，严查来往行人。[①] 从这个戒严令发布的时机（非紧急情况）及相关安排（强调群众武装建设）来看，太行军区更多的是希望通过此次全区的戒严行动，锻炼民兵自卫队，为今后常态化的戒严打下基础，同时也有意于以戒严工作推动群众武装的建立和巩固。

随着民兵自卫队逐渐坚强有力，戒严和岗哨愈发表现出良好的效能。以黎城为例，黎城指挥部曾专门发布命令要求加强岗哨工作。该命令说敌人派大批汉奸化装成各样人物——灾民、商人、工作人员进入根据地打探军政消息、侦察地形、散布谣言与暗杀抗日干部，但各地并未高度重视岗哨工作，因此重申前令，要求：

1. 各村每天昼夜都要有民兵配合自卫队站岗，严格盘查行人，无路条不准通行。

2. 站岗时要带武器以防武装汉奸袭击。

3. 派到各村帮助工作之同志要负责检查督促各村岗哨工作人员。

4. 各级干部都有检查各村岗哨之责，不健全由该村外来帮助工作同志负责，如无帮助工作者由村长武委会主任负责检查，可以当面批评警告。

5. 夜间站岗有人接近时问口令或咱们发的联络记号。[②]

黎北县 1944 年的戒严令规定：凡因事远离驻地 20 里以外之各级党政军民工作人员及全体商民群众均须携带军队团长、团政委或军分区司令、政委、集总参谋长署名之通行证或县区指挥部政委署名之通行证，在本县境内携带区级通行证；一切外地商民群众到其他村镇留宿或由这些村镇返

① 《子弟兵太行军区命令——关于实行全区紧急戒严》（1941 年 3 月 10 日），《抗日战争中人民武装建设文件》上册，第 79 页。

② 《黎城县指挥部命令——加强岗哨工作》（1943 年 5 月 3 日），黎城县档案馆藏，革命历史档案 55 – 15。

回时须一律到村指挥部亲自报告登记，不得私自往还。[①] 这个戒严令是遵照军区的指示做出的，可见这是全太行区的统一动作。也就是说通过广大的民兵和群众，根据地内的人员流动受到了严密的监视和掌控，中共的党政军力量得到了这种“人造山”的良好庇护，在相当程度上保卫了根据地的安全。

岗哨和戒严主要是防止外来敌对分子潜入根据地，对于此前通过各种方式已进入或潜伏于根据地的汉奸敌特，组织上要求提高警惕，加强锄奸工作。太行第四军分区相关通令指出，敌寇在“扫荡”中使用各种办法，特别是快捉快放，强造和留置一批奸细坐探散布根据地腹心地区：或将捕去之民夫以威胁利诱金钱收买后放回，或将受其训练之难民在“扫荡”中故意遗留我区内，或逮捕我之群众，强拉至杀场，让其经受陪斩的恐怖氛围，而后迅速放出为其工作。因此要求各级指挥部门应立刻考察、登记被敌放出留于我根据地之人员，一般的应加以教育使其悔过，特别严重的应监视或逮捕治罪；对外来难民应分别登记清查，应尽量劝其归家，可疑分子立即处理。凡来历不明者一律要保人，否则驱逐或逮捕；经常举行多次不定期或个别地抽查清查户口，严密盘查行人，并经过党与群众的组织力求掘出过去未被发觉潜伏我内地之奸细特务破坏分子。[②]

二 粮食斗争

日伪军“扫荡”的一大主要目的就是抢粮，藏粮护粮也就成了根据地工作的重要一端。自 1941 年夏秋开始，包括太行区在内的华北许多地区遭遇严重旱情，第二年又发生严重蝗灾，各地普遍发生粮食困难。这种背景下日伪军加强了抢粮行动，1942 年底进行的第五次“维持治安运动”的主要目的之一就是掠夺粮食。[③] 在武乡，日伪的军事活动除“大扫荡”外，一般规律是 100—200 名伪军在十里内进行抢粮，差不多每天抢一个村。早上出发，晚上就到，夜间返回。有时集中 300 人以上到较远的地方抢两三

① 《黎北县指挥部命令——宣布全县戒严以防敌特奸细活动》（1944 年 3 月 1 日），黎城县档案馆藏，革命历史档案 54 - 33。

② 《太行第四军分区通令——加强锄奸工作》（1943 年 6 月 19 日），黎城县档案馆藏，革命历史档案 55 - 15。通令标题为笔者所加拟。

③ 《冷楚在中共中央太行分局高级干部会议上的发言——四分区的粮食斗争与政治攻势》（1943 年 2 月 2 日），《太行党史资料汇编》第 6 卷，第 89 页。

天。夜间包围捉人，作为逼迫“维持”和要粮食的肉票。[①] 由于日伪见粮就抢，群众生活受到严重影响，以至于不少人为了吃饭去给敌人做工支差修路，甚至有人投敌加入伪军。[②] 1943 年，分管晋冀豫区财经工作的戎伍胜在太行分局高干会上指出：“粮食是我们的生命线，是目前与今后敌寇掠夺抢劫的主要物资，因此今后若不能积极破坏敌寇的掠夺抢劫，便很难保证军民食粮，严重的灾荒没有一定程度的准备，必然要引起社会秩序的难以维持。”[③] 粮食问题还关乎对伪军的斗争问题，粮食和伪军被认为是一个问题的两个方面，敌人有了粮食就有了伪军壮大，有了伪军壮大就助长了敌人对粮食的掠夺，因此粮食斗争还是打击和削弱伪军的问题。[④]

中共抗日根据地之所以如此重视保卫粮食，与根据地的粮食制度密切相关。按当时规定，战时各村都要组织战粮供给委员会，由村长、财粮委员、上级一人和武委会主任共同组成，主要负责战时财粮供给。因为难有相对安全固定的藏粮仓库，加之部队和机关流动不定，粮食一般不集中储藏，而是分存于群众家中，或者一个村的公粮集中藏在一个或几个地方，部队和机关需用时凭票证取粮。战粮是统筹统支，不准随身携带。为安全起见，每处储粮一般不超过一千斤。这种分散储存的办法虽然能够很好地适应战时根据地特殊状况，但同时也对保卫工作提出了更高要求。因不可能由正规军分散到各村进行保卫，按晋冀鲁豫边区粮食总局的规定，各村民兵应承担武装保卫存放公粮的义务。[⑤] 民粮保卫同样重要，特别在粮食本已短缺的时候若再遭变故，极易引起社会秩序混乱。

1943 年 6 月夏收前夕，黎城县指挥部援引边区政府的电报要求各地彻底检查藏粮，告诫各村若仍以老一套，或明放在室内、暗垒、窑后、房角，打算再侥幸一下，那只有吃亏饿肚。按要求，藏粮必须符合三原则：

---

① 武东县委会：《武东县高干会以后半年来敌占区工作初步总结材料》（1943 年 9 月 7 日），武乡县档案馆藏，革命历史档案 3－38－2。

② 武东县委会：《武东县高干会以后半年来敌占区工作初步总结材料》（1943 年 9 月 7 日），武乡县档案馆藏，革命历史档案 3－38－2。

③ 《戎伍胜在中共中央太行分局高级干部会议上的报告》（1943 年 2 月 1 日），《太行党史资料汇编》第 6 卷，第 80 页。

④ 前方指挥部情报总站：《白晋线十月十一月敌伪动态》（1943 年 11 月 15 日），武乡县档案馆藏，革命历史档案 3－37－8。

⑤ 晋冀鲁豫边区粮食总局：《屯粮手册》（1942 年 9 月 26 日），涉县档案馆藏，革命历史档案 1－1－29。

秘密、分散、离开村。藏前准备好窑洞，藏后伪装埋设地雷。为防止群众泄密，要求加强五家联保教育，认真举行藏粮宣誓。① 第二天，县指挥部又发出紧急指示：各村的麦子限三日内一律打完，交清公粮，藏好，农具也要藏好，村干部要挨户检查，不合格的重新藏，因检查不彻底而受到损失的村干部要受到处分及负责赔偿。② 检查夏收藏粮的标准是：绝对保守秘密——不让外人或小孩知道；绝对分散——每一处公粮不超过十石，民粮不超过二石；离村离路要远，还必须安地雷。如检查发现不合要求者则强行借出用于救济（给该户留两月食用），该户得出十分之一代管费，以后分期归还。埋藏中如虚应其事者一经损失公粮不予报销，民粮不给救济。检查情形必须由村经区报县指挥部，县区村参加检查的干部一律签名盖章。③

预警只是反“扫荡”的一个环节，目的在于及时转移群众躲避。但人和粮食转移到哪里最安全呢？刚开始群众自发逃到山野，以沟壑洞穴为藏身之地，这样既容易被发现，又无法应对坏天气，实非长久之计。同时，转移之后的粮食也有一个如何妥善安置的问题。“窑洞斗争”就是太行军民的一大创造，最早在武乡县开展起来。

1941 年 10 月，为应对日寇疯狂的“扫荡”，武乡抗日县政府发出“十万火急”命令，要求各级干部领导和督促群众立即着手打造窑洞，挨户检查，确保每家都有安全的窑洞。因狗常吸引敌人搜索窑洞，为了确保安全，政府同时要求在三天内将村中所有的狗一律捕杀，村民自己不杀则由民兵自卫队代为执行。④ 有了窑洞的庇护，群众反“扫荡”斗争的信心和能力大大增强。晋冀豫区武委会认为群众性游击战争之所以首先在武乡发展起来，暗窑洞起了不可忽视的推动作用。⑤ 在武乡蟠龙围困战中，武乡

① 《黎城县指挥部命令——彻底检查藏粮》（1943 年 6 月 30 日），黎城县档案馆藏，革命历史档案 55 - 15。

② 《县指挥部紧急指示——彻底检查埋藏粮食工作》（1943 年 7 月 1 日），黎城县档案馆藏，革命历史档案 55 - 15。

③ 《黎城县指挥部命令——组织工作队检查藏粮》（1943 年 7 月 3 日），黎城县档案馆藏，革命历史档案 55 - 15。

④ 《武乡抗日县政府命令——为应对敌人“扫荡”的几项工作》（1941 年 10 月），武乡县档案馆藏，革命历史档案 3 - 15 - 5。命令标题为笔者所拟。

⑤ 晋冀豫区武委会：《窑洞斗争总结报告》（1945 年 6 月 4 日），山西省档案馆藏，革命历史档案 A09 - 01 - 00006。

全县共有窑洞多达1200孔，能容纳近8万人，超过全县人口85%。[①] 最初武乡县的成功经验并未引起其他地区重视，直到1943年5月反“扫荡”时，群众才深刻意识到窑洞对游击战争的组织推动作用。襄垣县在总结5月反“扫荡”时，首先就指出各村没有真正能起作用的窑洞，只有暂时隐蔽的小窑洞，以致经不起“清剿”，这是这次反“扫荡”的痛苦教训，要求接下来必须突击打窑洞。[②] 晋冀豫区武委会在1943年冬季提出了“窑洞斗争”的号召，发动群众普遍打暗窑洞，窑洞斗争开始向全区发展。

三　空舍清野

情报预警、藏粮、打窑洞在相当程度上是为空舍清野做准备。空舍清野的主要目的是通过疏散人员、埋藏粮食、隐蔽水源、转移财物等方式让敌人进村后亦无法取得必要的给养、不能征发劳役。它涉及多方面的工作，组织起来十分不易。太行军区早在1941年即要求将空舍清野看成一件“巨大的组织工作”而严肃对待，要求必须以耐心的说服、不断的检查，一点一滴地给群众解决空舍清野中的困难，只是开个会、下个命令是解决不了问题的。[③]

群众对空舍清野也有一个认识过程，起初并不积极，甚至有些手足无措。一旦面对敌人“扫荡”进村，眼见满屋家当只能长出一口气，不知从哪里下手，最后竟有人只拿了一个扫帚慌乱而逃。[④] 因此就需要基层政权干部不断进行耐心细致的教育、报导和帮助，如此往复，群众才开始逐渐接受，各项工作始渐有条不紊。

在空舍清野的组织中，民兵起到了重要作用。除检查和帮助藏粮、转移财物外，在群众退却时，需要民兵做掩护，迟滞敌人进击，或将敌人引向相反方向，而对于转移有困难的军属主要也是由民兵提供帮助。空舍清

---

① 武乡县指挥部：《八个半月围困蟠龙总结》（1944年6月1日），武乡县档案馆藏，革命历史档案3-55-1。

② 褚文远：《襄垣五月反“扫荡”总结报告》（1943年6月1日），襄垣县档案馆藏，革命历史档案02-120。

③ 《子弟兵太行军区命令——关于昔东反扫荡的经验教训》（1941年5月），《抗日战争中人民武装建设文件》上册，第93页。

④ 《武乡群众意识调查材料》（1943年4月27日），山西省档案馆藏，革命历史档案A181-1-45-2。

野完成后，民兵又要在村内和转移地负责站岗放哨，既注意敌情，又维持秩序。在群众转移后的村内，常有小偷和二土匪趁机作乱，以至于有时敌人虽没有来，村里丢东西的倒很多。这种偷盗现象的发生也是群众不敢把东西拿出来和不愿远逃，或者战事还未结束即着急回村的主要原因。为此，涉县专门提出了战时对小偷、二土匪的监管方案：在战争开始前即召集平素表现不佳或当过二土匪的人开会，说明政府对空舍清野中偷盗行为的处置法令，教育他们安分守己，并指定专人将其监视起来，没有指挥部的命令不准其回村。这样一来，许多群众表示很满意，说民兵给他们看住了家，不用担心。① 群众转移到山上后吃水也是个问题，有些地方没有储水条件，一般采取的办法是趁敌人不住村或搜山走后，民兵掩护群众下山担水。晋冀豫区武委会曾指出“谁能在群众最危险的时候解决群众的困难，谁便是群众领袖”，因此要求用更大的力量派遣更多的干部到群众中去，加强对群众转移的领导，务必做到始终与群众在一起，不论在任何情况下，都不离开群众，要与群众同生死共患难。②

时任中共太行分局副书记李大章在总结发动群众开展游击战争经验时指出，群众相信进而积极进行游击战争的三个条件之一是“民兵的建立和游击秩序的形成”，其中游击秩序最重要的内容便是空舍清野和有组织的群众转移。这都需要经过相当长时间的锻炼和养成。③ 以上提到的空舍清野还只是较短时间的应急行为，而类似于蟠龙围困战中的转移群众则是一项更大规模的组织工作。

在与日伪顽强抵抗的斗争中，中共基层政权不畏千辛万苦，领导群众创造性地在敌后根据地建立起岗哨情报等预警戒严体系，实现有条不紊的空舍清野，迅速带领群众适应暂居野地的战时生活。作为常态的游击战争秩序，就在这个过程中逐步形成。游击秩序的形成不仅意味着可以有效对敌，更意味着根据地的群众在中共的领导下能够有效组织起来。

最令人不可思议的例子，1944 年 11 月 21 日至 12 月 7 日在中共领导的

---

① 涉县武委会：《第六区反“扫荡”工作总结》（1942 年），涉县档案馆藏，革命历史档案 1－1－18。

② 晋冀豫区武委会：《关于继续组织反清剿扫荡的紧急指示》（1942 年 2 月 28 日），《抗日战争中人民武装建设文件》上册，第 196 页。

③ 李大章：《过去群众工作的简单回顾与今后的工作方针》，《战斗》增刊第 16 期，1943 年 3 月 30 日，第 57 页。

敌后抗日根据地黎城南委泉，成功举办了太行区“劳动杀敌英雄大会”，会议还同时举办战绩、生产展览，其间有十余万人参观，整个会议平稳有序。[①] 为应对可能的“扫荡”破坏，负责大会安全的警备司令员何正文会前指示相关地区务必做好以下工作：

> 第一，动员群众马上进行空舍清野藏粮备战。
>
> 第二，在民兵中切实政治动员，激发他们肩负起大会保卫责任。
>
> 第三，大会期间黎北全县要实行全面戒严，各村岗哨一定要加紧，对往来行人不论军民没有便条一律不准通行。还应不时清查户口，留宿须登记。
>
> 第四，各级指挥部和民兵一定要把武器准备好，干粮准备好，随时参战，配合部队打击敌人。
>
> 第五，石雷、地雷要准备好，以随时布置地雷网来轰炸敌人。[②]

经过会前无数次演习和实际操练，大会顺利闭幕。若没有中央在敌后艰苦卓绝的领导，没有这样一大批训练有素的民兵和广大屡经锻炼的群众，在复杂的战争环境下，特别是在敌后组织这样大规模、长时间的集会是不可想象的。

抗日根据地在战争动荡中能够保持稳定，是游击秩序建立最鲜明的体现，而这种在残酷斗争中聚合了根据地全部人财物的秩序，也必将在未来释放出难以估计的能量。在抗战相持阶段，中共领导的敌后抗日根据地不仅未被削弱，反而通过积极开展对敌斗争逐渐恢复元气，人民武装更加坚强有力，为反攻阶段奠定了重要基础。

第二节　向敌后进军与根据地的扩大

一　中共中央关于向敌后进军的部署

1943 年，日军在太平洋战场连连失败，其在东南亚、南太平洋战场作

---

① 详见《太行区党史大事年表》（1944 年），《太行党史资料汇编》第 7 卷，第 812—813 页。

② 《劳动杀敌英雄大会警备司令员何正文指示信》（1944 年 11 月 11 日），黎城县档案馆藏，革命历史档案 54 - 33。

战的日军与日本本土的海上交通濒临断绝。为此，日军大本营着手打通一条从朝鲜釜山，经过中国到东南亚的大陆交通线，以挽救危局。1944 年 4 月到 1945 年 2 月，日军中国派遣军进行了长达近一年的“打通大陆交通线作战”，投入兵力达 60 万人，占侵华日军的半数。在这一作战准备和实施过程中，日军又从华北方面军抽调四个师团赴太平洋战场，令华北敌后战场日军兵力进一步减少。加之日军久战疲惫，士气衰落，中共根据地军事、经济实力进一步增强。

根据新的形势，中共中央确定 1944 年的斗争方针是：继续团结国民党共同抗日，集中力量打击日伪军，巩固与扩大抗日根据地。在长期的战略相持阶段中，中共及其领导的抗日武装得到了巨大的发展；相反，国民党力量未见增长，反而减弱。4 月，毛泽东在延安召开的党的高级干部会议上指出：中共及其抗日武装“现在的任务是要准备担负比较过去更为重大的责任。我们要准备不论在何种情况下把日寇打出中国去。为使我党能够担负这种责任，就要使我党我军和我们的根据地更加发展和更加巩固起来，就要注意大城市和交通要道的工作，要把城市工作和根据地工作提到同等重要的地位”。①

1944 年 4 月起，日军发动“打通大陆交通线作战”，首先向郑州及其以南的平汉路沿线和洛阳等地的国民党军队进攻，国民党军队迅速溃退。中共中央通观全局，为从战略上将华北、华中和陕甘宁三大块根据地连接起来，以便在将来对日大反攻和战后中国处于有利地位，做出向河南敌后进军，开辟河南根据地以控制中原的战略部署。22 日，毛泽东指示八路军，应乘日军南犯后方空虚之机，开展豫北地方的工作，以便将来可能时开辟豫西。5 月，日军打通平汉路，并向豫西继续进攻，占领洛阳等地。国民党军队退往豫西伏牛山区。随着形势变化，7 月 25 日，中共中央向华中局、北方局和山东分局发出指示，要求八路军太行、太岳军区以一部兵力进入豫西，开辟豫西抗日根据地；冀鲁豫军区以一部兵力扩大新黄河以东地区（简称水东），并向新黄河以西地区（简称水西）发展，扩大豫东抗日根据地；新四军以第五师一部沿平汉路两侧北上向豫南发展，开辟豫南抗日根据地；以第四师主力进入肖县、夏邑、永城、宿县地区，恢复豫

① 《毛泽东选集》第 3 卷，第 945 页。

皖苏边区抗日根据地，并打通与睢县、太康地区的联系，相机控制水东地区，冀鲁豫军区、山东军区和新四军第三师应积极行动，策应第四师西进。

二　八路军、新四军向敌后进军的战略行动

按照党中央的战略部署，从 7 月起，八路军、新四军先后派出部队，开始了发展河南、控制中原的战略行动。7 月初，冀鲁豫军区抽调部队组成南下支队，首战民权县之杨城，全歼伪保安团一大队 400 余人。随后转战于睢、杞、太抗日根据地。

9 月初，太行军区以第三、三十五团组成八路军豫西抗日独立支队（即第一支队）由林县出发，挺进豫西，在地方党组织协助下，积极发动群众，开展游击战争，建立了偃师、巩县、伊川、登封四个抗日县政权，并多次粉碎日军的“扫荡”，初步打开了豫西局面。1945 年 2 月，又粉碎了日伪军四五千人的“扫荡”，并乘胜向北发展，使箕山与嵩山区连成一片，成立了第一军分区。

在第一支队南下后不久，1944 年 11 月，太岳军区又以第十八、五十九团等部组成豫西抗日游击支队（即第二支队）渡过黄河，随即进入陇海路新安至渑池段南北地区，开展游击战争，有力地配合了第一支队的反“扫荡”，并在新安、渑池、陕县等沿陇海路南北地区开辟了近 5000 平方公里的根据地。

7 月 10 日，中共中央致电新四军第五师工作问题的指示，要求“应首先沿平汉路两侧向北发展，以求得和华北八路军打通联系，以便中央能派干部到你们地区来”。遵照上述指示，第五师抽调 1000 余人组成豫南游击兵团，北渡淮河，进入确山、正阳、信阳三县开展工作。随后，将部队整编为挺进第二、三团，以第三团执行巩固平汉路东的任务，主力越平汉路执行开辟路西并向北发展的任务。

8 月，新四军第四师师长彭雪枫率主力从泗洪县出发，向西越过津浦路，首先粉碎了日伪军 2000 余人的“扫荡”，并对敌开展攻势。9 月，建立永城、肖县、宿县抗日政权，并组织千余人的地方武装，进行减租减息工作。11 月下旬，西进部队又开进商丘、亳县、永城地区。至此，基本上恢复了豫皖苏边区抗日根据地。

八路军、新四军不仅能够在异常艰苦的敌后开辟抗日根据地，还能够长期坚持并进一步扩大发展。为什么他们能做到这一点，而国民党军队却无法做到，这其中的根本原因就是：中共的抗日武装始终紧紧依靠民众，真正站在中国人口最大多数的农民一边，从他们的利益和要求出发，不断打击侵略者，并在抗日根据地进行广泛的民主改革，团结社会上一切可以团结的力量共同奋斗。

战时在美国很有影响的《时代》和《生活》两杂志的驻华记者西奥多·怀特和安娜·雅各布有一段生动的描绘：

> 共产党的全部政治论题可以概括为下面的一段话：如果你遇见这样的农民——他的整个一生都被人欺凌、被人鞭笞、被人辱骂，而且他的父亲把祖祖辈辈传下来的痛苦感情都转移给了他。你真正把他作为一个人来对待，征求他的意见，让他投票选举地方政府，让他组织自己的警察和宪兵；给予他权力，让他决定自己应交纳多少赋税，让他自己决定是否减租减息。如果你做到了这一切，那么，这个农民就会变成一个具有奋斗目标的人。而且，为了保卫这个目标，他将同任何敌人——不管是日本人还是中国人——进行殊死拼搏。如果你再给这个农民提供一支军队和一个政权，帮助他耕种土地、收割庄稼，为他消灭曾经强奸他妻子、糟蹋他母亲的日本鬼子，那么，他就必然会忠于这支军队、这个政府以及控制军队和政府的政党；必然会拥护这个政党，按照这个党给他指引的方向进行思考，并在很多情况下成为这个政党的积极参加者。

他们又写道：

> 共产党开始教育农民自己管理自己。在漫长的中国历史上，农民从来没有管理自己的经验。现在，农民们成立了乡、县参议会，参议会都被赋予权力，能解决有关农民切身利益的问题，这些都是农民们自孩提时代起就一直面临的问题。农民们第一次进入政府机构，并且发现自己具有不容置疑的管理能力和从未显露的才华。为了公众的利益，决定谁应多交赋税、谁应少交，这并不需要受过高深的教育。乡

民们都知道谁收获了多少粮食，是从哪块田地上收获的，由他们自己来分配各人在战争中所应承担的义务是最适宜的了。组织乡村自卫队就更不需要具有大学学历的学者和官僚了。在具有远见的共产党的领导下，农民们被新的责任所激发出来的才干虽然还不完备，但却正得到巧妙的发展。①

这两位美国记者的观察是客观、敏锐的。他们并没有用华丽的词句，却朴实地描写出一幅中华民族历史上从未有过的情景、一场在农村底层发生的深刻的社会大变动。中国共产党领导的抗日根据地为什么能够在敌后从小到大地发展起来？这就是真正的原因。

第三节 八路军、新四军的反攻作战

一 八路军的局部反攻

在晋冀鲁豫区，早在1943年夏，由于日军从华北调遣部分兵力增援太平洋诸岛，晋冀鲁豫八路军便趁机开展攻势，基本恢复了百团大战前的局面。1944年春，随着日军再次从华北抽调兵力，刘伯承、邓小平指挥八路军一二九师等部对日军展开了局部反攻，一方面派出部队南下开辟了豫北、豫西、豫东三块新的根据地，另一方面则对根据地内的日伪部队发起了攻势，先后夺回榆社、林县、左权、阳城、和顺、元氏6座县城，攻克据点36处。

5月，晋冀鲁豫军区还取得清丰战役的胜利。军区八分区司令员曾思玉、政治委员段君毅率部，采取长途奔袭战术，突入清丰城内，经一夜巷战，击毙日伪军200余人，俘虏伪军1200余人，彻底歼灭了“冀南剿共保安联合军”。② 7月，八路军宋任穷部、杨勇部等主动出击，攻下日伪所谓的“华北模范县”莘县，此后邓击续消灭伪军共27个中队，击毙伪军300

① 〔美〕西奥多·怀特、安娜·雅各布：《风暴遍中国》，第216—218页。

② 朱长乐主编《平原烈火——抗战中的清丰》，中共清丰县委宣传部，2005，第5—12页。

余人，俘虏2700余人，拔掉据点37个，收复村庄600余个。①

在山东战场，八路军的反攻从1944年春鲁中军区讨伐伪军吴化文部开始。3月，由于驻扎胶济铁路西段的日军南调，而接防的日军部队还未完成部署，八路军山东军区司令员罗荣桓亲率7个主力团对伪军吴化文部发起进攻，共计歼灭吴军7000余人，攻克据点40处，重要山寨12处，解放村镇千余。此后，滨海军区又消灭伪军李永平部，争取伪军莫正民部3500人反正，解放莒县。② 至此，鲁中与滨海两个根据地连为一体。鲁南军区、渤海军区也陆续向日伪发动反攻，收复县城多座。

在晋察冀地区，由于1944年春日军将两个师团主力调往豫湘桂战场，造成晋察冀边区周边的日军兵力薄弱。八路军趁机从1944年初开始对周边日伪控制地区发动局部反攻，收复县城二十余座，甚至进击保定、石家庄等大城市。至1944年底，冀中地区基本恢复到百团大战前的局面。冀晋和冀察两区，日军封锁第一线的碉堡全部被摧毁，被迫后退，晋察冀根据地的中心区域更加巩固。李运昌指挥的冀热部队攻入卢龙、抚宁、昌黎等县，并建立冀热辽军区，成功将八路军的武装势力深入到长城以外的东北境内。③

1945年春，八路军以扩大解放区为重点，发动了春季攻势，继续进行反攻作战。山东军区仍以伪军为主要打击对象，作战主要方向是“开辟胶济路东端南北两侧宽大地区，使胶东、渤海、鲁中、滨海互相联系，并进一步缩短和巩固”。④ 经过近一个月对伪军的持续打击，胶东八路军基本上控制了胶东半岛。⑤

在晋冀鲁豫地区，主要进行了道清战役、豫北战役和南乐战役。道清战役，八路军太行军区部队采取运动战战术，击毙伪军700余人，俘虏

① 中共冀鲁豫边区党史工作组办公室编《中共冀鲁豫边区党史资料选编 第3辑 专题部分》，河南人民出版社，1988，第326页。

② 《罗荣桓等关于第三次讨伪军吴化文部战役第一阶段的战况致中共中央军委、第十八集团军总部电》（1944年4月13日），《八路军·文献》，第982—984页；《罗荣桓等关于第三次讨伪军吴化文部战役第二阶段的战况致中共中央军委、第十八集团军总部电》（1944年4月24日），《八路军·文献》，第985—986页。

③ 参看姜克夫编著《民国军事史》第3卷（下），重庆出版社，2009，第689页。

④ 《山东部队主要作战方向》（1945年1月17日），《罗荣桓军事文选》，第329页。

⑤ 《许世友回忆录》，解放军出版社，1986，第409—410页。

1800余人，建立了获嘉、武陟、修武等4个县的抗日政权，收复了豫北道清铁路两侧地区2000余平方公里的土地。[①] 豫北战役，八路军太岳军区，攻克据点18处，逼退据点12处，俘伪军1236人，反正伪军1710人，毙伤敌伪500余人，击溃伪军2000人，收复了豫北广大地区，扩大了太岳区的面积，控制了黄河沿岸140里，并打通了与豫西区的联系。[②] 4月，八路军冀鲁豫军区对“东亚同盟自治军”第三旅杨法贤部驻守的南乐城及其周围据点，发起了南乐战役，攻克南乐城，毙伤日伪军300余人，俘杨法贤以下2000余人，攻克据点32处。[③]

1945年初，晋绥军区制定反攻计划：“开展沦陷区工作，以塞北分区为重点，打开大青山局面，求得打通绥西、绥中与绥南根据地的联系。其他各地区，除第八、六分区积极开展同蒲平川工作外，则依各地区不同之具体情况，分别向敌点线附近进逼。”[④] 自2月起，各部队作战537次，毙伤日伪军1590余人，攻克方山、岚县、五寨3个县城及其他据点54个，扩大根据地近4000平方公里。

1945年5月，八路军总部发布夏季攻势指示：“在以打击与消灭伪军为主的作战方针下，求得我军之战役组织与战术动作上的锻炼与不断提高；部分的逐渐改变游击战为围困战、运动战，在主力兵团中确立正规作战观念，发扬顽强性与攻击精神，严格战场纪律，肃清发洋财行为，认真执行对日伪政策，照顾敌区及刚收复城乡之群众利益，特别注意军政军民间之团结友爱；晋绥、晋冀、晋察、太行、太岳、冀鲁豫各区应做更积极的攻势；随时警惕日寇与顽方配合谋我，或单独地向我‘扫荡’，严密注视敌特、国特的破坏扰乱，并随时准备适当力量粉碎‘扫荡’与破坏。”[⑤] 于是，八路军各部队相继展开了夏季攻势。

---

① 柳茂坤：《道清战役》，中国革命博物馆党史研究室编《党史研究资料》（7），四川人民出版社，1987，第211页。

② 《我豫北战役攻势一月战果》（1945年5月5日），中共河南省委党史工作委员会编《太岳抗日根据地》，河南人民出版社，1990，第228—229页。

③ 何书捍、魏庆民：《忆南乐战役》，中共冀鲁豫边区党史工作组四川联络组编《冀鲁豫边区党史资料选编》第1辑，编者印行，1987，第118页。

④ 吕正操、陈漫远：《一九四五年军事斗争计划向总部的报告》，转引自岳思平《八路军战史》，解放军出版社，2011，第420页。

⑤ 转引自岳思平《八路军战史》，第426页。

山东军区各部队以胶济铁路沿线地区为重点，发起攻势作战，共歼灭日伪军及顽军12万余人，争取伪军反正4000余人，收复了18座县城，使胶济铁路以南的鲁中、鲁南和滨海解放区连成一片，并加强了与铁路北部的渤海、胶东军区的联系，山东军区主力部队和地方部队也发展到23万人。

晋冀鲁豫区各部队，主要向根据地内及其边沿地带的日伪军占据的城镇和据点发起夏季攻势作战，共进行大小战斗2300余次，攻克据点2800余个，消灭日伪军3万余人，收复县城28座，并加强了太行、太岳、冀鲁豫各区的联系，扩大了晋冀鲁豫区的面积。

晋察冀军区在整个夏季攻势作战中，共歼灭日伪军1万余人，缴获了大量武器弹药，使整个根据地的面积扩大到20多万平方公里，部分部队已挺进到察北、热东和辽西地区。晋绥军区经过夏季攻势，主力及地方部队恢复到3万余人，民兵发展到5万余人。

八路军的局部反攻作战，自1944年春开始，持续到1945年夏，充分利用日军兵力外调的机会，主动发起作战。战斗主要以伪军为作战对象，侧重拔除日伪军的据点，采取军事、政治等各项手段，压缩日伪军队的活动空间，使其尽量龟缩在大城市与交通战略要地。根据地的面积和人口不断扩大，政权建设进一步巩固。同时，在反攻中部队战斗力得到了锻炼与提升，并缴获了一大批武器弹药，自身力量进一步发展壮大，为之后的全面反攻战争创造了条件。

二 新四军的局部反攻

1944年3月，在苏中地区，粟裕率领新四军第一师首先发起车桥战役，共攻取敌碉堡53座，消灭日军大队长以下465人，包括俘获24人、击毙383人、击伤58人；俘虏伪军官兵168人、击毙212人、击伤103人，并缴获大批武器弹药。[①] 之后，第一师与地方武装配合作战，不断拔除日伪军的据点，仅仅半年时间的反攻，就恢复了日伪“清乡”以来所占领的地区，而且使根据地区域有所扩大。

车桥战役，标志着新四军局部反攻的开始。

---

① 《车桥战役详报》（1944年3月），《新四军·文献》（4），第89页。

在苏北军区，新四军第三师在淮海地区发动春季攻势。经过 3 个月的战斗，先后攻克日伪军据点 30 余处，粉碎了其“治安肃正运动”，收复了 1942 年冬日伪“扫荡”时侵占的大部分地区，并成功挫败了日伪方面的反扑。此役共击退日伪军 8 次增援，歼日伪军 2500 余人，其中毙伤增援日军 140 余人。[①] 此后，第三师继续进攻，粉碎了日伪巩固运河交通线，隔断苏北与淮北根据地联系的企图，并将根据地推进到日伪占领的陇海铁路沿线，使其处于第三师直接威胁之下。

在淮北军区，新四军第四师主力及地方武装在东至运河、西至津浦铁路的数百里宽的战线上展开春季攻势，历时 50 天，大小战斗 60 余次，先后攻克日伪据点 51 处，消灭日军 80 多人，伪军 1800 余人，收复了宿东、灵璧、睢宁、宿迁间的广大地区。[②] 此后，第四师又控制了睢阳到泗县的公路全线，收复了泗县北部地区，使泗县日军陷入孤立的局面。

在苏南地区，新四军军部 8 月 26 日致电第六师，要求“继续积极开展宁沪铁道及杭州等城市工作，作为将来争夺城市及交通要道的准备，并先与浙东取得联系。基此目的，在军事行动上必须执行向东南开展游击战争的任务”。[③] 第六师遵照军部要求不断发起攻势作战，收复了溧阳、郎溪、广德、长兴之间大部分地区，恢复了同茅山根据地的联系，苏南根据地至此扩大到整个宣长公路以北。此外，新四军第五师在鄂豫皖主动出击歼敌，并在 10 月成立湘鄂豫皖军区，领导机关由第五师兼任。另外，根据中共中央 1944 年 6 月的命令，新四军第五师和第四师开始着手向河南境内发展的准备。[④] 第二师、第七师继续坚持淮南皖南抗日根据地。

从 1944 年春到 1945 年春一年的时间里，新四军各部在华中战场的攻势作战和反“扫荡”、反“清乡”作战，共进行大小战斗 6582 次，攻克日伪据点 570 处，摧毁碉堡 764 座；毙伤日军 4310 人，歼灭伪军 4.6 万余人，收复国土 7400 平方公里。

---

① 《高沟、杨口战役详报》（1944 年 4 月 19 日至 5 月 4 日），《新四军·文献》（4），第 168—175 页。

② 《春季攻势作战公报》（1944 年 5 月 9 日），《新四军·文献》（4），第 205—209 页。

③ 《张云逸、饶漱石、赖传珠关于向东南发展的任务和方针致第十六旅电》（1944 年 8 月 26 日），《新四军·文献》（4），第 151 页。

④ 《刘少奇、陈毅关于第四、第五师准备向河南敌后发展致张云逸等电》（1944 年 6 月 23 日），《新四军·文献》（4），第 303 页。

同时，根据中共中央的指示，新四军还抽调部分主力南下，重点向江南发展，以便“破敌，收京，入沪”，占领大城市，并配合盟军登陆，为全面反攻做准备。[①]

三 八路军、新四军全面反攻

1945年7月26日，中、美、英三国政府发表《波茨坦公告》，要求日本无条件投降。8月8日苏联对日宣战，中共意识到日本战败已不可避免。9日，毛泽东发表《对日寇的最后一战》，要求“八路军、新四军及其他人民军队，应在一切可能条件下，对于一切不愿投降的侵略者及其走狗实行广泛的进攻，歼灭这些敌人的力量，夺取其武器和资财，猛烈地扩大解放区，缩小沦陷区”。[②] 10日，中共中央致电各根据地，命令“立即布置动员一切力量，向敌、伪进行广泛的进攻，迅速扩大解放区，壮大我军，并须准备于日本投降时，我们能迅速占领所有被我包围和力所能及的大小城市、交通要道，以正规部队占领大城及要道，以游击队民兵占小城”。[③]

根据中共中央的命令，在晋冀鲁豫军区，刘伯承、邓小平将所属参战部队做如下部署：太行军区除以二分区主力相机夺取榆次、太谷，向太原进逼外，另以7个团组成西进兵团，由李达指挥向西挺进；太岳军区集中5个团，由谢富治指挥向平遥、介休出击，沿同蒲线各分区部队向该线实施广泛破击，阻止阎军北上，保障晋绥军区主力夺取太原；同时太行军区以七、八分区主力8个团组成道清支队，向道清路新乡、博爱段进击；其他各分区部队均向当面之日伪军进攻。

冀鲁豫军区除以一分区部队配合山东八路军围攻济南外，另组成中、南、北三路大军。中路军13个团由宋任穷、杨勇、苏振华指挥，消灭新乡以东的庞炳勋“和平救国军”第五方面军及地方杂牌武装，相机攻占开封、新乡等城，并破坏平汉线汤阴至新乡段、陇海线开封至徐州段及新汴铁路。南路军由王秉璋、段君毅指挥，协助中路军攻占开封，并准备阻击

---

① 《刘少奇、陈毅关于向南发展的准备工作致饶漱石等电》（1944年12月26日），《新四军·文献》(4)，第303页。

② 毛泽东:《对日寇的最后一战》(1945年8月9日)，《毛泽东军事文集》第2卷，第817页。

③ 《中央关于夺取大城市及交通要道的部署给华中局的指示》（1945年8月10日），《中共中央文件选集》第15册，第215页。

北上的国民党军队。北路军以冀南部队组成，由王宏坤、彭涛、杜义德指挥，主力向平汉线安阳、邯郸以东地区之伪军进攻，相机占领安阳、邯郸等城，并分遣一部向德石路挺进。[①]

晋绥军区与晋冀鲁豫和晋察冀两个解放区密切配合，力争占领太原及其以北的同蒲路，占领归绥及其以东的平绥路，堵截与消灭北犯的阎锡山部队与东犯的傅作义、马占山部队。

晋察冀军区集中主力部队向北平、天津、石家庄、保定、唐山、承德、山海关等城市进军，接受以上城市日伪军队的投降。

山东军区决定将经过八年抗战锻炼的27万正规部队整编为野战兵团8个师另12个警备旅，并建立了一个海军支队，并委任王建安、陈士榘、许世友、杨国夫、张光中为五路反攻大军的指挥员，于8月15日起分别向日伪军据守的城市和铁路交通线发起进攻，以夺取城市为目标，其中“第一位是青岛、济南，第二位是徐州，第三位是连云港”。[②]

但是，国民政府要求各地日伪部队就地负责维护地方，不得向中共武装投降，国民党部队快速推进，而且当时八路军缺乏攻坚的重型武器，夺取大城市也有相当大的困难。因此，根据战略形势的变化，中共中央及时调整反攻作战方针，规定：“除个别地点仍可占领外，一般应以相当兵力威胁大城市及要道，使敌伪向大城要道集中，而以必要兵力着重于夺取小城市及广大乡村，扩大并巩固解放区，发动群众斗争，并注意组训军队，准备应付新局面，作持久打算。”[③] 并确定了“向北发展，向南防御”即南守北攻的方针。

8月，中共中央指示太行军区立即集结主力在太岳军区一部的协助下夺取白晋路，收复上党全区，逼敌投降；一部参与夺取正太铁路，将作战重点放在祁县、太谷段；一部继续向道清路进击，配合冀鲁豫平原主力包围新乡。太岳区则集结主力，向同蒲路南段进击，并发动民兵，以游击方式包围封锁敌伪大据点，夺取小据点，彻底破坏同蒲路，控制平陆、垣曲

① 姜克夫编著《民国军事史》第3卷（下），第847—848页。

② 《对中共山东省委党校团以上干部的讲话》（1945年8月16日），《罗荣桓军事文选》，第369页。

③ 《中共中央、中央军委关于改变战略方针的指示——目前方针着重于夺取小城市及广大乡村》（1945年8月22日），《中共中央文件选集》第15册，第243页。

一带黄河渡口。冀鲁豫主力继续向开封、新乡、汤阴地区进攻，消灭孙殿英、庞炳勋部，逼敌投降，控制黄河铁桥，必要时破坏桥梁保持桥基，以地方游击队民兵，配合适当基干兵团，拔除平原根据地内敌伪据点，逼敌向大城市集中或投降。晋察冀军区除继续向张家口、热河等北部地区进攻外，部分主力立即进占正太铁路之榆次、娘子关段，控制该路，夺取阳泉兵工厂，同时以次要力量破坏同蒲路中段。晋绥军区则主要协助晋察冀军区夺取大同，巩卫张家口，在可能时争取收复归绥。① 同时，中央军委要求山东军区除夺取平绥、德石等铁路线，切断平汉、胶济等铁路线外，投入必要的力量，广占乡村和府城、县城与小城镇。

1945 年 7 月，新四军已开始为全面反攻做准备。7 日，邓子恢就指出淮北区地理位置非常重要，是“对日反攻作战的重要战略基地”。为应对作战需要，必须扩大主力兵团。② 8 月，中共中央命令新四军“由二师担任夺取蚌埠至浦口之线，四师担任夺取徐州，三师主力即日开动集中津浦线，与二、四师共同担任夺取该线并巩固其占领”；“由七师担任夺取芜湖，一、六两师及苏南、苏中担任夺取南京、上海之线，浙东担任沪杭甬之线”；“五师集中全力进占信阳、武汉之线”，争取向上海、南京、武汉等大城市进军。③

由于日伪军拒绝向新四军投降，受降的国民党部队又快速到达，为了争取有利的战略态势，8 月 12 日，中共中央重新规定了新四军的战斗任务：“不作占领大城市打算，并调整为占领中、小城市及广大农村的部署，要求江南部队就地向四周发展，夺取广大乡村和许多县城，江北部队力争占领津浦路及长江以北、津浦路东，淮河以北一切城市，并配合八路军占领陇海路。”④

随着国内形势的变化，8 月 24 日，毛泽东致电新四军军部，“力争占

① 《军委关于目前军事部署的指示》（1945 年 8 月 26 日），《中共中央文件选集》第 15 册，第 250—251 页。

② 《淮北区党委关于抽调一部分地方军补充军区主力兵团的指示》（1945 年 7 月 7 日），《邓子恢淮北文稿》，人民出版社，2009，第 686 页。

③ 《中央关于夺取大城市及交通要道的部署给华中局的指示》（1945 年 8 月 10 日），《中共中央文件选集》第 15 册，第 213—214 页。

④ 李晓光主编《张云逸年谱》，中共党史出版社，2005，第 138 页。

领小城市及乡村”，做持久的打算。[①] 26日，中共中央军委再次指示苏浙军区，应尽量占领南京、太湖、天目山之间许多县城，创造纵横数百里的广阔根据地；苏北部队应迅速占领运河、串场河沿线各城市，使苏中、苏北、淮南、淮北连成一片。新四军各部根据这一指示，进一步对日伪展开进攻作战。江南各部队陆续攻占了句容、安吉、宜兴、郎溪、广德、高淳、南汇等县城和数十个城镇；江北各部队则分别攻占永城、五河、宝应、兴化、靖江、东台、启东、海门等15座县城和200多个重要城镇。至9月2日日本政府正式签订投降协议，新四军共歼灭日伪1.2万余人，基本完成了占领南京、太湖、天目山之间广阔地区的任务，并使苏中、苏北、淮北根据地连成一片。[②]

① 《毛泽东关于抗战胜利后党的方针及华中战略任务致饶漱石等电》（1945年8月24日），《新四军·文献》（5），第22页。

② 姜克夫编著《民国军事史》第3卷（下），第695页。

第十二章
战略反攻与受降

1945年后，由于印缅通道已经打通，国民政府接收盟军的援助物资开始大量涌入中国，史迪威事件后，中美军事合作也迅速展开。后勤物资的充裕、火力的增强及部队组织程度的改善，使得国民党军队的战斗力获得极大提升。日军并未意识到这一改变，制定并执行了夺取湘西芷江中美航空基地的军事计划。湘西会战的胜利极大增强了中国的信心。但同时，在雅尔塔会议上，美国以牺牲中国的权益换取苏联对日宣战。中国政府也不得不在雅尔塔协议的基础上与苏联政府谈判。苏联对日宣战后，苏联红军迅速进入中国东北，同时美国在日本投下的新式武器原子弹，二者共同促使日本政府宣布投降。

抗日战争的伟大胜利与中国军民的牺牲，不仅使中国摆脱了近代以来不平等条约体系的束缚，也极大地推动了中国的现代化发展，增强了中国的进步力量，是中华民族伟大复兴的枢纽。

第一节　正面战场的最后会战：湘西雪峰山会战

一　日军在中国战场的最后反攻计划

湘西会战是抗日战争最后一年正面战场的最后一次大规模会战。由于豫湘桂战场的大溃败，日军相继占领柳州、遂川等地，在中国华东的空军基地也相继陷落，中美空军逐渐将主力转移到西北、西南地区，而以老河口、芷江作为前线机场。中美联合空军不断出击日军的交通线。日军占领区面积虽然急剧扩大，但并未消除中美空军轰炸的压力。

此时，在太平洋战场上，日本海军已经丧失了战略进攻能力，甚至只能依靠“神风特攻”这种自杀式方式阻击美国海军。在印缅战场上日军的失败也只是时间问题。在中国敌后战场人民抗日武装也开始了局部反攻。但在中国正面战场日军却仍然自信。1944 年底就任中国派遣军司令的冈村宁次从日军的作战记录中发现国民党军的战斗力不强，日军能够在交通不便、后勤不佳、制空权被中美掌握的不利条件下完成预定任务并击溃国民党军，为此制定进攻川滇两省的作战计划。

然而日军大本营并未批准中国派遣军的计划。1945 年 1 月，日本陆海军第一个联合作战计划形成后，日本开始准备本土决战，而要求“在中国东海的作战要特别重视航空作战。中国大陆及朝鲜的作战准备，要转变主要目标，即从过去的对重庆和对苏联转向美国”。[①] 因此，命令“中国派遣军总司令应以促使重庆势力衰亡并封锁敌人在华航空势力的活动为主”。[②]

1 月 29 日，冈村宁次重新制定了中国派遣军作战计划。由于老河口和芷江机场是中美空军起飞轰炸中国沿海日军的基地，决定加强在中国东南沿海的防备，同时攻占老河口和芷江，摧毁中美空军的前线基地。30 日，冈村宁次下达作战命令：(1) 余之意图在于摧毁敌前进航空基地。(2) 华北方面军司令官应尽快攻占老河口一带。(3) 第六方面军司令官应尽快攻占芷江一带；此外以一部协助华北方面军的老河口作战。(4) 第五航空军司令官，应以一部协助第二、三两项作战。[③]

此后日军优先执行攻占老河口的作战计划。3 月，日军占领老河口。但在进攻芷江前夕，美军在冲绳登陆，以及苏联宣布废除《日苏中立协定》，并在西伯利亚远东集结重兵，日军不得不再次调整作战计划。芷江作战以摧毁机场为目的。中国派遣军要求第二十军迅速向湘西芷江方面突进，占领并破坏中国航空基地。[④]

芷江位于湖南西部的雪峰山中，是抗战后期中美联军的重要作战基地，储存了大量的作战物资准备用于对日反攻。不仅如此，在“一号作战”中日军摧毁和占领了中国在广东、湖南、广西一带的空军基地后，芷

---

① 日本防卫厅防卫研究所战史室编《昭和二十年的中国派遣军》第 2 卷第 1 册，天津市政协编译委员会译，中华书局，1984，第 1 页。

② 《昭和二十年的中国派遣军》第 2 卷第 1 册，第 3 页。

③ 《昭和二十年的中国派遣军》第 2 卷第 1 册，第 7—8 页。

④ 郭汝瑰、黄玉章主编《中国抗日战争正面战场作战记》下册，第 1394 页。

江机场就成为中国空军的主要基地，也是美国陆军航空队的重要基地。

经过 1944 年的惨败，国民政府痛定思痛，开始进行大规模的军事改革。同时，盟国在印缅战场的胜利也为中国的改革创造了良好的后勤条件，尤其是在史迪威的推动下，中国驻印军攻占密支那，极大地改善了“驼峰”航线的运输条件。美国援华物资从盟国反攻缅甸战役之前的 1943 年每月千余吨增长到 1945 年初每月 4 万余吨。中印公路贯通后，大量美式装备尤其是重型武器装备又可以通过陆路源源不断运入中国，为中国军队进行现代化换装提供了充分的保障。

随着战备物资的充裕，接替史迪威的魏德迈开始对中国军队进行改革。受史迪威事件的冲击和刺激，国民政府对改革采取了积极配合的态度。而魏德迈的计划也一改史迪威的强硬作风，没有美国人直接指挥中国部队，而是在中国部队中配属军事顾问。①

1944 年底，在美国军事顾问的协助下，国民政府进行了重要的机构调整，在昆明成立中国陆军总司令部，以何应钦为陆军总司令，统一指挥、整训西南地区的部队。这批部队共 28 个军，编为 4 个方面军。其中，驻扎在湘西进行改编的部队为蒋介石嫡系王耀武指挥的第四方面军，下辖 4 个军，该军在 1944 年下半年开始就参加在湖南、广西、贵州战役，长期未得到充分的补充，直到 1945 年初，才开始休整补充换装美式装备。然而整补与换装尚未结束，湘西战役即开始。②

二 湘西会战

湘西会战分为两个阶段，第一阶段是日军进攻阶段，从 4 月 9 日开始，到 5 月 9 日中国派遣军下令终止芷江作战。这一阶段中国军队处于守势。第二阶段从 5 月 9 日至 6 月 7 日，中国军队转向攻击与追击日军。

4 月 5 日，日军第二十军下达进攻命令，决定 4 月 15 日正式发动进攻前，先由一部日军以突袭作战的方式攻占雪峰山隘口，以此造成中国守军的混乱，为后续主力部队进入雪峰山围歼中国主力及进攻芷江创造有利条件。同时，再以一部日军向南佯攻益阳，造成中国军队的错觉，并牵制在

① Charles F. Romanus & Riley Sunderland, *Time Runs Out in CBI*, Office of The Chief of Military History Department of The Army, Washington, D. C., 1959, pp. 57 - 58.

② 《抗日战争正面战场》（中），2005，第 1373—1374 页。

常德的中国第十八军。[①]

4月9日，日军先遣部队渡过资水，向芷江进发。蒋介石在日记中写道：“是日，敌开始向湘西进犯。”[②] 同日，蒋介石致电何应钦，指示：(1) 湘、粤、桂敌似有抽集三至五个师团兵力，向芷江及常、桃进犯之企图。(2) 以确保芷江机场，并利而后反攻为目的，以第四方面军所属部队为主，务于洪江、溆浦以东地区，选定主阵地，与敌作战。(3) 第六战区及第三方面军，应以有力部队策应湘西方面作战。(4) 各部队应从速完成作战准备。[③] 中国陆军总司令部随即下达作战预令，令暂六师改归第四方面军指挥，担任芷江机场守备；第三方面军第九十四军向芷江推进，做好策应第四方面军的准备；令第六战区派出第九十二军，适时进入常德、桃源地区，协助第四方面军。

15日夜，日军开始全面进攻。中国军队全面迎战。何应钦还令新六军先空运1个师到芷江，作为第四方面军的总预备队，限令4月底集结于指定区域，完成作战准备。[④]

19日，中国军队开始进行反击，迫使部分日军转入防御。王耀武根据战斗开始后与日军的接触，判断日军的兵力装备和作战意图，结合中方优势兵力和雪峰山有利地形，有针对性地制定了作战方案：第一期作战，第一线兵团各军应密切配合空军轰炸，充分利用既设阵地和有利地形，发扬优势装备与活力，必要时使用第二梯队兵力对敌进行猛烈反冲击，相互配合作战，节节消耗和杀伤敌有生力量。第二期作战，预期当面之敌业已受到最大伤亡。进攻受挫时，第二线兵团及时进出有利地区，断然采取攻势，配合第一线作战，将进入雪峰山深谷之敌包围就歼。[⑤]

4月24日，中国陆军总司令部决心调第十八军参加主力决战。5月1日，中国第四方面军展开全面反击，第十八军和第九十四军开始从北、南两个方向向日军逼近，迫使日军转入全面的守势作战。为扭转局面，第二

---

① 郭汝瑰、黄玉章主编《中国抗日战争正面战场作战记》下册，第1395页。

② 蒋介石日记，1945年4月9日，王正华编辑《蒋介石档案·事略稿本》第60册，台北，“国史馆”，2011，第252页。

③ 《抗日战争正面战场》（中），2005，第1377—1378页。

④ 郭汝瑰、黄玉章主编《中国抗日战争正面战场作战记》下册，第1398页。

⑤ 姜克夫编著《民国军事史》第3卷（下），第657页。

十军司令官坂西一良向冈村宁次建议：增加2—8个师团，给敌以彻底打击。[①] 但他的建议未被采纳。正如报告所称："采用第二十军意见的话，从敌军的战斗力量来衡量，至少需要7个师团……但这样做将会迫使派遣军进行预想不到的决战，并将给对美战备及大本营作战指导带来莫大障碍。现在不宜采用第二十军的意见，而应中止芷江作战。"[②] 无奈之下，日军第二十军命令主力退出雪峰山。[③]

与此同时，中国陆军总司令部也下达了转入攻势的命令，要求第四方面军迅速组织反攻，恢复会战前原有阵地，并围歼日军。5月9日，在中美空军的支援下，第四方面军开始全面攻击，重创并包围了日军数支部队。

第四方面军的全面反攻开始后，冈村宁次和中国派遣军意识到芷江作战无法实现原有目的，因此于同日下达终止芷江作战、第二十军撤回原防地的命令。会战进入第二阶段。日军的撤退与中国军队的进攻同时进行。日军多次被包围，5月14日，第一一六师团被中国军队完全包围。师团长向所属各部队发出训示："当前只有杀出一条血路，以完成撤退作战。"[④] 中国军队则在反攻中利用各种战术捕捉敌人。至6月初中国军队将日军完全击退。

会战结束后，第四方面军收复所有失地，恢复战前双方的态势。日军进攻失败。但在战果统计方面，中、美、日三方给出了不同的数据。尤其是中国方面，战果统计发生了数次变化。据会战之后王耀武的报告，中国军队在会战中毙伤日军24310人，俘虏中队长等军官11人，士官及士兵203人。[⑤] 但在抗战胜利后，国民政府军事委员会统计湘西会战成果时，将战果修正为杀伤日军28174人，俘虏军官17人，士兵230人。[⑥] 据美国陆军记录，中国军队承受了严重的损失：第十八、七十三、一〇〇军，加上第十三军和暂编第六师，共有6832名官兵战死，11727名官兵受伤；九十四军和十八军部分伤亡情况并未统计。而日军大约有1500人战死，5000

① 《昭和二十年的中国派遣军》第2卷第1册，第56页。

② 《昭和二十年的中国派遣军》第2卷第1册，第57页。

③ 《昭和二十年的中国派遣军》第2卷第1册，第59页。

④ 《昭和二十年的中国派遣军》第2卷第1册，第68页。

⑤ 《何应钦致蒋介石密电》（1945年6月1日），见《抗日战争正面战场》（中），2005，第1417页。

⑥ 郭汝瑰、黄玉章主编《中国抗日战争正面战场作战记》下册，第1402页。

人受伤。[①]

在日军的记录中，据第二十军统计：战死 1500 人，战伤 5000 人。[②] 这一数字同美军的数字完全一致。而据日本防卫厅编写的战史统计，则更接近中国的数字：日军战死 695 人，战伤 1181 人（其中伤重而死 322 人），战病 24640 人（其中病死 2184 人）。战死、伤病合计 26516 人。[③]

会战期间，中美空军已经牢牢掌握了制空权，几乎使日军航空兵丧失活动能力。战役进行期间，日军航空兵仅出动 7 架次，进行了 5 次空袭，投弹 22 枚。中国空军及中美混合团则出动 960 架次，轰炸机出动 171 架次，共投掷炸弹 29 吨。因此日军被迫多在夜间行动，白昼尽量避开公路，由山区道路和浓密森林中行进，极大影响了部队行进速度。[④] 第四方面军在战后的检讨中，也将这次会战胜利的原因归功于盟军的协助："此次会战，美军竭诚协助，关于交通补给，亘会战全期，便利良多，又能完全掌握制空权，各陆、空联络组，均勇敢推置最前线，与空军连络，指示其攻击轰炸目标，故敌军于我陆、空军轰炸之下，伤亡特重。"[⑤]

日军前后投入约 9 万人，而中国军队直接参战的人数近 20 万人。不仅人数上日军少于中国军队，而且在火力配置上也明显处于劣势。中美空军掌握制空权，换装后的中国军队大量使用美式装备。日军指挥官仅凭借"一号作战"时期国民党军队不堪一击的印象就做出进攻决策，导致了全面的溃败。

中国军队取得胜利，不仅在于友军协同、将士用命，还在于之前军事改革的成效。美军联络网编织到师一级，能够及时得知中国部队的位置和意图，后勤条件的改善使得陈纳德指挥的第十四航空队能够更好地配合地面作战，这一阶段中美之间的合作状态良好。[⑥] 日军撤退后，蒋介石一度

---

① Charles F. Romanus & Riley Sunderland, *Time Runs Out in CBI*, pp. 288 - 289.

② 第 20 軍司令部『残務整理部の史実調査事項』、1946 年 7 月 28 日、「JACAR（アジア歴史資料センター）Ref. C13070487600、第 20 軍史実資料 昭和 21 年 7 月 28 日（防衛省防衛研究所）」。

③ 防衛庁防衛研修所戦史室編『戦史叢書　昭和二十年の支那派遣軍（2）終戦まで』朝雲新聞社、1973、357 頁。

④ 郭汝瑰、黄玉章主编《中国抗日战争正面战场作战记》下册，第 1402 页。

⑤ 《抗日战争正面战场》（中），2005，第 1414 页。

⑥ Charles F. Romanus & Riley Sunderland, *Time Runs Out in CBI*, p. 276.

命令何应钦收复衡阳，魏德迈获知后，善意提醒蒋介石，作为盟军中国战区统帅蒋介石的参谋长，如果蒋介石发布命令而他事前并不知情，则无法协调中美之间的合作。他进一步指出，中国军队目前并不适合进行大规模作战，而他也无意挑战蒋介石的权威，一旦蒋介石下达命令，他会严格执行蒋的命令。蒋介石对此辩解他只是表达自己的观点，之所以被错误地当作命令是参谋的误解。①

湘西雪峰山会战的胜利，极大地鼓舞了中国军队的士气，增强了抗敌的信心。此后，侵华日军开始大规模战略收缩，中国军队进行了一系列反攻，先后收复日军放弃的南宁、柳州、桂林等地。抗日战争的战略相持阶段结束，中国战略反攻阶段即将开始。

第二节 苏联红军出兵中国东北

一 苏联对日宣战

1945 年 8 月 8 日，苏联政府外交部长莫洛托夫约见日本驻苏联大使佐藤尚武，宣布从 9 日起，苏联与日本处于战争状态。9 日凌晨，苏军分东、西、北三路，对日本关东军发起猛烈攻击。苏军出兵中国东北，成为压倒日本侵略者的最后一根稻草。

太平洋战争爆发后，蒋介石就将争取苏联参加对日战争作为国民政府的外交目标。在与美国总统罗斯福的一系列电报中，他屡次强调盟国共同争取苏联参加对日作战的重要性。1941 年 12 月 8 日，蒋介石通过驻美代表宋子文表示中国将跟随美国正式对日宣战。同时他还表示将争取苏联与中国同时对日宣战，提出："以现时反侵略各国之空军能袭击日本本土及其军港与牵制日本海军者，惟俄国有此准备，如果此时俄国态度稍一犹豫，则民主阵线即为倭寇各个击破，最为危险。"② 第二天蒋介石致电宋子文转告美国当局，希望美国坚决表示先用全力解决日本，以解除苏联对日

---

① Charles F. Romanus & Riley Sunderland, *Time Runs Out in CBI*, p. 287.

② 《蒋委员长自重庆致驻美代表宋子文并转胡适大使嘱转达罗斯福总统说明中国待美宣战时亦决对日正式宣战电》（1941 年 12 月 8 日），秦孝仪主编《中华民国重要史料初编——对日抗战时期 第三编 战时外交》(3)，第 42 页。

宣战的疑虑，并认为这是“太平洋各国共同对日成败之最大关键”。[①] 然而蒋介石的外交努力并未获得罗斯福的明确支持，斯大林也在12日电告蒋介石：苏联目前正全力对德作战，无法对日宣战。[②]

在此后的数年中，蒋介石始终未放弃争取苏联参加对日作战的希望，他对日苏关系极为关注，曾多次因日苏关系紧张而判断日本可能进攻苏联。1942年4月13日，《日苏中立条约》签订一周年，蒋介石在日记中写道：“本日为俄倭中立条约成立之一周年纪念日，倭寇以毫无纪念之表示，而俄国真理报则撰文对倭寇警告，且露骨讥刺，倭寇岂能忍受耶？”[③]

1945年8月9日，在莫斯科谈判的宋子文和王世杰向蒋介石汇报苏联对日宣战的消息后，蒋介石反而在日记中表示：“今日接俄国已对日宣战之消息，忧虑丛集，而对国家存亡之前途与外蒙今后祸福之关系，以及东方民族之盛衰强弱皆系于一身，能不战栗恐惧乎？”[④] 蒋介石之所以如此表示，是由于抗日战争进入1945年，日本投降仅是一个时间问题，苏联参战与否并不起决定作用。而且，由于中苏关系因为新疆、外蒙古等问题陷入僵局，苏联政府还强硬地要求中国履行美苏在雅尔塔会议上的秘密协定，并且在大连的管理权以及东北财产等问题上提出了更进一步的要求，蒋介石对苏联参加对日作战并不欢迎。

在莫斯科举行的中苏谈判中，斯大林表示，中国必须以雅尔塔协议为谈判根据。但实际上，苏联重新提出的要求远远超过了雅尔塔协议的范围。维持外蒙古现状被苏联理解为承认外蒙古独立。谈判僵持中，斯大林威胁中国代表团，苏联将有可能进一步占领内蒙古，胁迫中国代表团就范。

经过讨价还价，中国代表团不得不在许多重大问题上让步，承认外蒙古以全民投票方式决定是否独立，但中苏仍然在中蒙边界划分、旅大的管

---

① 《蒋委员长自重庆致驻美代表宋子文嘱转达美当局希望美国坚决表示必先用全力解决日本以转移苏联心理电》（1941年12月9日），秦孝仪主编《中华民国重要史料初编——对日抗战时期　第三编　战时外交》（3），第43页。

② 《斯大林委员长自莫斯科致蒋委员长告以苏联现负抗德战争之主要任务请勿坚持苏联即刻对日宣战之主张电》（1941年12月12日），秦孝仪主编《中华民国重要史料初编——对日抗战时期　第三编　战时外交》（3），第57页。

③ 蒋介石日记，1942年4月13日，周美华编辑《蒋介石档案·事略稿本》第49册，台北，“国史馆”，2011，第111页。

④ 蒋介石日记，1945年8月9日，王正华编辑《蒋介石档案·事略稿本》第62册，台北，“国史馆”，2011，第61页。

理权以及东北铁路的使用等问题上存在尖锐矛盾。苏联出兵东北是以中苏条约签订为先决条件，在波茨坦会议上苏联军事代表安东诺夫也表示苏联出兵的具体日期将根据中苏谈判的结果而定。但美国投下原子弹后，局势的发展迫使苏联不得不出兵。虽然军事上尚未完成准备，苏联政府仍然决定出兵中国东北。

1941 年 6 月，苏德战争爆发后，苏联竭力避免出现两线作战的情况，因此对日本在远东地区的军事挑衅和外交讹诈都采取了忍让态度。然而到了 1942 年，随着苏德战场形势的好转，苏联政府开始考虑在适当的条件下参与对日战争。斯大林在莫斯科会议上对美国驻苏大使哈里曼（William Averell Harriman）和赫尔透露过自己的想法。① 在德黑兰会议上，斯大林首次正式承诺击败德国后，苏联参加对日战争。② 苏联对日宣战带有复杂的背景。斯大林与罗斯福达成的协议包括多方面的内容：苏联废除 1941 年与日本签订的《苏日中立条约》，并在打败德国三个月后加入远东战争。作为回报，苏联收回俄罗斯帝国在日俄战争失败后在远东丧失的特权，库页岛南部和千岛群岛移交给苏联，中国的旅顺军港租借给苏联，大连港国际化并保障苏联在大连的特殊权益，以及成立中苏联合公司，保障苏联在中国东北的铁路运输特权。③ 虽然在涉及中国时，罗斯福多次表示自己不能代表中国，或者不了解蒋介石的意见，但他仍然赞同了斯大林的意见。不仅如此，罗斯福还在美苏之间的秘密协定中同意维持苏联控制下的中国外蒙古的现状，并保留了“三大国首脑已同意，苏联的这些要求在日本战败后将毫无疑问的给予满足”。④

美国之所以在雅尔塔会议上对苏联政府让步，主要原因是美国在太平洋战场上对日作战时，希望苏联能够牵制日军在亚洲大陆的主要兵力。如果在美国进攻日本本岛时，苏联参加对日作战，就意味着美国不必出现大

---

① 〔英〕杰弗里·罗伯茨：《斯大林的战争》，李晓江译，社会科学文献出版社，2013，第 251 页。

② 〔美〕舍伍德：《罗斯福与霍普金斯》下册，福建师范大学外语系编译室译，商务印书馆，1980，第 425 页。

③ 〔英〕杰弗里·罗伯茨：《斯大林的战争》，第 333 页。

④ 〔美〕罗伯特·达莱克：《罗斯福与美国对外政策（1932—1945）》下册，陈启迪译，商务印书馆，1984，第 733—735 页。

量伤亡，甚至避免在日本本土登陆作战。[①]

雅尔塔会议之后，苏联政府开始准备对日战争。苏联驻东京大使和负责远东事务的副外交人民委员都认为苏联在远东的目标可以通过战后的国际会议实现，但斯大林认为，如果苏联不在对日战争中发挥作用，盟国不会认真对待其对中国和日本的领土要求。[②] 事实上，苏联政府在雅尔塔会议前就已经开始制定计划，讨论如何缩短对日备战的时间。在指挥人选上，确定由马利诺夫斯基（Malinovski）元帅指挥后贝加尔方面军，由梅列茨科夫（Kirill Afanasievich Meretskov）元帅指挥远东第一方面军，由普尔卡耶夫大将指挥远东第二方面军。各自的任务是：外贝加尔方面军执行兴安岭—奉天（沈阳）战役，从东北西部边境越过兴安岭后，用主力突击奉天。远东第一方面军执行哈尔滨—吉林战役，向哈尔滨、吉林进行攻击。外贝加尔方面军和远东第一方面军是苏军的战略主要方向，任务是在东北心脏会师，分割关东军。远东第二方面军执行辅助性的松花江战役，任务是牵制关东军。[③]

1945 年 4 月，罗斯福去世后，杜鲁门（Harry S. Truman）继承了他的对苏政策。但在争取苏联参战方面并未有变化。此时，英美的主要战略目标是促使日本尽可能早地无条件投降，双方认为："应当鼓励俄国参加对日作战。应该提供对俄国作战能力的必需援助。"这主要是由于太平洋美军在向前推进时伤亡惨重，促使苏联加入战争就变得更加迫切。苏联参加战争意味着美国可以免除数十万人的死亡。[④]

美军在冲绳登陆时，日本外相重光葵曾建议通过瑞典向美国提出和谈要求，但被继任外相东乡茂德否定。[⑤] 之后日本通过各种渠道试图与盟国谈判，但在美国大规模轰炸日本城市之后，总参谋长梅津美治郎提出，苏联的力量和威望使它可能成为日本最好的中间人。陆相阿南惟畿认为苏联希望日本战后能强大起来，成为苏联亚洲领土与美国之间的缓冲国。而且日本陆军表现出只愿意通过苏联与盟国进行谈判。[⑥] 日本政府估计苏联会

① 〔美〕舍伍德：《罗斯福与霍普金斯》下册，第 526 页。

② 〔英〕杰弗里·罗伯茨：《斯大林的战争》，第 392—393 页。

③ 〔苏〕亚·米·华西列夫斯基：《毕生的事业》，柯雄译，三联书店，1977，第 652—655 页。

④ 《杜鲁门回忆录》第 1 卷，李石译，东方出版社，2007，第 340、263 页。

⑤ 〔美〕约翰·托兰：《日本帝国的衰亡》，郭伟强译，新华出版社，1982，第 967 页。

⑥ 〔美〕约翰·托兰：《日本帝国的衰亡》，第 974 页。

提出相当多的条件，包括要求日本放弃在中国获取的旅大、南满铁路和日本的千岛群岛，但日本陆军并未反对政府的提议，而是要求尽快进行交涉。苏联政府只是宣布不再延长与日本签订的中立条约，日本政府认为中立条约到1946年才失效，因此积极争取苏联调停其与盟国的关系。①

在波茨坦会议中，苏联政府表明其对日战争准备的进程，总参谋长安东诺夫（Aleksei Antonov）大将声称苏联军队正在远东集结，为的是准备于8月下旬对日本展开行动，但并未明确对日宣战的日期。波茨坦会议复会后，莫洛托夫提出苏联政府认为最好的办法是，美英和其他在远东作战的盟国正式向苏联政府提出参加对日作战的请求。但由于局势的发展，尤其是美国第一颗原子弹爆炸后，美国认为苏联不参战应该是更好的结果。因此杜鲁门在和军事当局和英国商讨之后，认为根据联合国宪章的义务，苏联参战是没有疑问的，杜鲁门没有提供这个借口。②

由于日本开始通过各种渠道谋求与盟国达成和平协议，美国对争取苏联参战的兴趣不断衰减。公布《波茨坦公告》前，美国在最初的草案中，签署国包括苏联。然而苏联起草了自己的公告文本后，美国以苏联仍处于中立地位为借口，将苏联排除出签署国。这引发了斯大林的不满。③

与此同时，原子弹的使用加速了苏联的军事准备。斯大林曾表达过“决定这场战争的不是原子弹，而是军队”。其间，日本政府提出派近卫文麿公爵访问苏联，其使命是要求苏联政府进行调停，以便结束战争。但斯大林抵达波茨坦之后，便将日本政府的企图告诉了美英政府首脑，并表示苏联拒绝了日本政府的要求。④ 8月9日，苏联对日本宣战，彻底断绝了日本政府试图通过请求苏联调停以达到有条件投降的希望。⑤

二 日本的防范、作战与投降

虽然此后日本政府并未放弃争取苏联调停的希望，但也未放松对苏联军队的监视，关东军还进行了积极的备战。雅尔塔会议后不久，日军参谋

---

① 〔美〕约翰·托兰：《日本帝国的衰亡》，第975页。

② 《杜鲁门回忆录》第1卷，第365—366页。

③ 〔英〕杰弗里·罗伯茨：《斯大林的战争》，第401页。

④ 《杜鲁门回忆录》第1卷，第358—359页。

⑤ 〔英〕杰弗里·罗伯茨：《斯大林的战争》，第404页。

本部就得到了斯大林同意在德国投降后三个月对日宣战的情报。通过侦察活动，日军发现1945年2月末开始，西伯利亚铁路向东运输的列车活动日益频繁，德国投降后这一数字显著增加。有关苏军对日宣战的日期，日军参谋本部判断，苏军完成对日作战的准备大体在8、9月间，而进攻的时机可能在夏秋以后，根据美军进攻日本本土的情况而定。[①]

1945年5月30日，为了应对苏联军队的进攻，大本营陆军部向关东军下达了新的对苏作战要点，目的是："击溃入侵满洲之敌，确保京图线（新京—土门）以南、连京（大连—新京）以东要地，以利于坚持全面抗战。"新的对苏作战计划要点，以利于本土决战为根本方针，试图以中国东北和朝鲜为一个整体，进行全面持久的战争。关东军将通化作为最后固守的中心阵地。然而由于太平洋战场的失利，关东军总体状况远不如前，为了应对太平洋战场与准备本土决战，关东军原有的部队共被调走20个师团，储存的军用物资约有1/3被运回日本国内。紧急动员、征召在华日人25万人重新编成了8个师团，但严重缺乏轻重兵器，从武器装备、干部素质、训练程度等各方面考察都远不如原有的关东军部队。[②]

《波茨坦公告》公布后，日军参谋本部判断："苏军对日战争的军事部署可于8月末大体就绪。从军事上看，初秋时节发动对日战争的可能性最大。"苏联对日宣战时，西伯利亚铁路上的苏军军列仍然大量东行，日军参谋本部认为苏军不待兵力集中就开始对日作战，是由于美国投下原子弹后，苏联政府认为日本很快就会投降，因而急于宣战。[③] 杜鲁门也认为"我们在日本投掷的原子弹，迫使俄国重新考虑它在远东所处的地位"。[④]

8月9日，苏联红军开始进攻关东军。在一场联合装甲兵、步兵以及密切的空中支援和空投的军事行动中，发起全面进攻。苏军战区南北长1500公里，东西长1200公里，进攻纵深600—800公里，而在马利诺夫斯基指挥的外贝加尔方面军，还需要克服干旱的沙漠等地理困难。[⑤]

面对苏军的进攻，10日，日军大本营陆军部命令关东军："以对苏作

---

① 〔日〕林三郎编著《关东军和苏联远东军》，吉林省哲学社会科学研究所日本问题研究室译，吉林人民出版社，1979，第164—169页。

② 〔日〕林三郎编著《关东军和苏联远东军》，第169—170页。

③ 〔日〕林三郎编著《关东军和苏联远东军》，第172、177页。

④ 《杜鲁门回忆录》第1卷，第390页。

⑤ 〔英〕杰弗里·罗伯茨：《斯大林的战争》，第404—405页。

战为主，随地击破进犯之敌，确保朝鲜。”① 潜台词是如果情况不利，关东军需要放弃中国东北，退保朝鲜。然而，在日本宣布投降前，苏军尚未与关东军主力发生战斗。②

日本政府宣布投降后，18 日，关东军司令下达了各部队停止战争并解除武装的命令。在此之前，16 日关东军曾向苏联红军提出停战的要求。17 日，苏联远东军总司令华西列夫斯基（Vasilevsky）元帅回答了关东军司令的请求，下令关东军在 20 日以后停止战斗。③ 苏军之所以没有要求日军立刻投降，主要是对自己的推进速度和战果仍不满意，而希望利用接受日军投降前的时间，加速扩大自己在中国东北的占领区。此后，苏军利用关东军储存的油料支持，以及空降兵迅速抢占了中国东北各大城市以及朝鲜北部的平壤。

苏联宣战后，原东北抗日联军也随同红军重返东北。1938 年，抗联进入艰苦阶段后，各部由于各种原因越境先后进入苏联，先编为抗联教导旅，后在 1942 年被苏军编为远东方面军独立第八十八旅。抗联的这部分指战员承担了协助苏军获取日军情报的任务。至苏联对日宣战前，抗联多次派出侦察部队，协助苏军绘制《边境地带防御工事图》。苏联对日本宣战后，由抗联派出空投分队，提前进入东北，配合苏军；同时还组成先遣分队，协助苏军地面部队，担任通信、向导、翻译和引导工作。日本投降后，抗联的干部担任了苏联驻军东北各城市卫戍副司令的职务。抗联在苏军与从关内出关的人民武装之间起到了桥梁作用。

三 苏联出兵东北的影响

苏联通过紧急出兵东北，迅速扩大战果，影响了正在莫斯科进行的中苏谈判，以及战后的中国国内局势。波茨坦会议期间，美国对苏联的态度逐步转向强硬。在美国立场转变的影响下，蒋介石在中苏谈判中也趋向强硬。然而苏军迅速占领东北后，蒋介石开始担心在苏联的支持下中国共产党在东北迅速地发展起来，如果不签署条约限制苏军的行动，可能会导致更为严重的后果。斯大林也在谈判中利用这一问题威胁中国谈判代表。因

---

① 〔日〕林三郎编著《关东军和苏联远东军》，第 180 页。
② 〔日〕林三郎编著《关东军和苏联远东军》，第 191 页。
③ 〔日〕林三郎编著《关东军和苏联远东军》，第 192 页。

此蒋介石不得不批准签约。

蒋介石通过在旅大、外蒙古等问题的让步，换取了斯大林明确的承诺："对于中共吾人并不予以支持，亦非无支持彼等之意图；对华援助自当给予蒋介石蒋委员长之政府；认为中国必须只有一个政府一个军队，此实为合法之要求，希望共产党之军队并入政府之军队的意见当为上策。"[①]获得苏联的支持后，8月14日，蒋介石下令外交部长王世杰在莫斯科签订《中苏友好同盟条约》，并于同日致电毛泽东，邀请其前往重庆共商国是。

日本投降前，毛泽东对战后形势的估计是较为严峻的，认为存在美国对中国进行武装干涉的可能性。美国大使赫尔利（Patrick Jay Hurley）对共产党表现出较为强硬的态度。他在返美述职期间接受采访时表示："此间认为以武器供应任何武装政党，即无异美国承认另一交战者，然美国所承认并支持者，为中国国民政府。美国对华目的，为统一其武装力量与日作战，此已获若干进步，未来且可能产生更佳效果。"[②] 毛泽东对赫尔利进行了严厉的批评，"以美国驻华大使赫尔利为代表的美国对华政策，越来越明显地造成了中国内战的危机"，指责赫尔利背弃了他曾赞同的由中国共产党提出的废止国民党一党专政、成立民主联合政府的计划，而宣称美国只同蒋介石合作，不同中国共产党合作的政策。[③]

中国共产党对国际形势估计得较为严峻，尤其是希腊共产党游击队被英军缴械之后，中国共产党联想到美军登陆后可能会出现的危险。因此在延安七大会议期间，毛泽东多次强调和苏联合作的重要性，明确认为："从我们党，从中国革命最近将来的前途看，东北是特别重要的。如果我们把现有的一切根据地都丢了，只要我们有了东北，那么中国革命就有了巩固的基础。"

8月9日苏联对日宣战的消息传到延安后，中共中央致电祝贺，同时召集全体中央委员开会，讨论之后的工作任务。然而，日本出乎意料地迅速宣布投降，计划中的敌后根据地大反攻尚未开始，战争即宣告结束。11

① 秦孝仪主编《中华民国重要史料初编——对日抗战时期　第三编　战时外交》（2），第613—620页。

② 《赫尔利在华府对记者宣布美国愿中国统一团结不能以武器供给中共》，《中央日报》（重庆）1945年3月2日，第2版。

③ 毛泽东：《评赫尔利政策的危险》，《毛泽东选集》第3卷，第1114—1115页。

日，日本政府发出投降照会的当天，八路军总司令朱德就向抗日根据地的中共武装发布命令，要求他们向附近的敌军送出通牒，限期要他们缴出全部武器，否则立即予以消灭。第二天，蒋介石却发出两个互相矛盾而极端无理的命令：一个是给各战区国民党军队，要求他们“加强作战努力，一切依照既定军事计划与命令推进，勿稍松懈”；另一个专门发给八路军，要求：“所有该集团军（指第十八集团军）所属部队，应就原地驻防待命。”为什么所有其他军队都要“勿稍松懈”地“推进”，独独长期坚持在敌后抗战的八路军只能“驻防待命”呢？蒋介石就是要把中共武装排除在外，让国民党独吞抗日胜利的果实。13 日，毛泽东为朱德写了一个给蒋介石的电报，指出“驻防待命”的说法，不但不公道，而且违背了民族利益，并进一步表示：“我们认为这个命令你是下错了，并且错得很厉害，使我们不得不向你表示：坚决地拒绝这个命令。”①

8 月 14 日，蒋介石连续三次致电毛泽东，邀请毛泽东赴重庆谈判。斯大林也致电毛泽东和中共中央，表明中国应走和平发展的道路。在斯大林的压力下，毛泽东清醒地认识到，在苏美划分势力范围之后，苏联不可能采取直接措施援助中国共产党。② 为此，中共中央决定暂时放弃夺取中心城市的部署。

正是由于斯大林的直接压力，才有了蒋介石与毛泽东的重庆谈判。斯大林考虑到雅尔塔会议的规定，长城以外的东北地区属于苏联的势力范围，为了换取美国的合作，斯大林不愿中国出现内战，主张按照美国政府的意愿支持以蒋介石为核心的中国政府。而苏军迅速占领东北，也给斯大林足够的资本去干预中国的内政。

第三节 日本无条件投降与南京受降

经过中国军民十四年浴血抵抗，日本帝国主义已是精疲力尽。在同盟国的共同打击之下，日本败局已定。随着中国战场转入反攻以及美国原子弹的威慑和苏联出兵中国东北，曾经不可一世的日本帝国主义被迫于 1945

---

① 《毛泽东选集》第 4 卷，第 1125 页。

② 杨奎松：《中间地带的革命》，中央党校出版社，1992，第 399—400 页。

年 8 月 15 日宣布无条件投降。至此，抗日战争迎来了最后的胜利，中国军民开始接受日军的投降。

一　日本无条件投降

为了讨论战后处置德国，以及对日作战、赔款等问题，同盟国召开了波茨坦会议。7 月 26 日，中、美、英三国共同发表了《中美英三国促令日本投降之波茨坦公告》，明确表示中、美、英三国的海陆空军队已得到空前增强，即将予以日本最后的打击，强调对日作战，不至日军停止抵抗不止，并且警告日本，三国集中的军力，加上以坚决的意志为后盾，若予以全部实施，必将使日本军队完全毁灭，而日本本土亦必将终归全部摧毁，敦促日本无条件投降。

由于苏联尚未签署《波茨坦公告》，加之日本驻苏大使佐藤尚武与苏联的谈判还没有明确的结果，日本召开最高战争指导会议讨论时，决定：（1）对《波茨坦公告》不予正面拒绝，以为今后和谈留下退路；（2）应以苏联的态度来决定最后的态度。这表明由军部控制的日本政府仍坚持顽抗的态度，拒绝接受《波茨坦公告》。同时，日本将最后的希望寄托在苏联身上，希望通过与苏联的妥协，请求苏联出面斡旋，求得体面的投降。7 月 30 日，佐藤尚武恳请苏联向中、美、英转达日本希望体面结束战争的愿望："如能避免无条件投降的方式，只要其名誉和生存得到保证，宁愿在广泛妥协的条件下结束战争。"①

面对日本的顽抗态度，同盟国决定予日本最后一击，促使其最后投降。8 月 6 日，美国在日本广岛投下重 9000 磅、当量 2 万吨 TNT 的第一颗原子弹，巨大的冲击波瞬间炸死 14 万人，将城市夷为平地。7 日，杜鲁门发表声明，表示若日本拒不投降，将继续向日本投掷原子弹。8 日，苏联对日宣战。9 日凌晨，远东苏军总司令华西列夫斯基指挥苏军 80 个师、46 个旅，总共 174 万人，26000 多门火炮、5500 余辆坦克和自行火炮、5300 多架飞机、670 余艘舰艇，分三路向关东军发动了猛烈进攻。同日，美国又在长崎投下第二颗原子弹，造成日本 7 万余人死亡。在美苏的联合打击下，日本根本无力招架，其寄希望于苏联居间调停结束战争的最后一根救

---

① 〔日〕服部卓四郎：《大东亚战争全史》第 4 册，第 1633 页。

命稻草也消失了。

面对多重打击，8 月 8 日，日本天皇裕仁表示，如果战争继续已不可能，将下定决心结束战争。9 日，日本召开最高战争指导会议，讨论最后的战降问题。首相铃木贯太郎根据美国原子弹攻击和苏联出兵东北的最新动态，表示日本已经无力再战，必须接受《波茨坦公告》。铃木贯太郎的这一主张得到陆相阿南惟畿、参谋总长梅津美治郎、军令部总长丰田副武的支持。海相米内光政则提出，接受《波茨坦公告》必须满足四个附加条件：(1) 保证维持以天皇制为核心的国体；(2) 战犯交由日方自行处理；(3) 自动解除武装；(4) 同盟国保证不占领日本本土。外相东乡茂德表示，若同时提出上述四项条件，将会导致谈判破裂，因此，主张只以保留国体作为条件。由于意见相持不下，最终决定召开御前会议，提请天皇裕仁决断。在 10 日凌晨召开的御前会议上，裕仁采纳了东乡茂德的意见，即不以改变天皇的地位作为接受《波茨坦公告》的附加条件。根据裕仁的最后决断，御前会议决议：日本政府根据这样的理解——在 7 月 26 日三国公告所列举的条件中，不包括改变天皇在国法上的地位的要求接受这个公告。

8 月 10 日，日本政府通过中立国瑞士和瑞典，向中、美、英、苏等同盟国发出愿意接受《波茨坦公告》的照会，表示：日本政府准备接受美、中、英三国政府首脑于 1945 年 7 月 26 日在波茨坦发表，后经苏联政府赞同的联合公告所列条款，而附以一项谅解，即上述公告并不包括任何有损天皇为最高统治者权力的要求。日本政府竭诚希望这一谅解获得保证，且切望迅速得到关于对此的明确表示。[①] 11 日，中、美、英、苏四国通过瑞士转达了同盟国对日本投降照会的复文：自投降之时刻起，日本天皇及日本政府统治国家之权力，即须听从盟国最高统帅之命令。日本天皇必须授权并保证日本政府及日本军方能签字于必须之投降条款，俾《波茨坦公告》之规定能获实施，且须对日本一切陆海空军当局以及其控制下之一切部队（不论其在何处）实施号令停止积极活动，交出武器。日本政府之最后形式将依日本人民自由表示之意愿确定。同盟国之武装部队将留于日

① 〔日〕服部卓四郎：《大东亚战争全史》第 4 册，第 1653 页。

本，对日本实施占领。[①]

对于日本最为看重的天皇地位问题，同盟国在复文中并未表示明确态度。日本军部内的强硬派以此为借口，煽动殊死抵抗。梅津美治郎和丰田副武上奏天皇，反对接受同盟国的复文。13 日，日本召开最高战争指导会议，对于是否接受同盟国的复文发生激烈的争执。主和派主张接受四国复文，宣布无条件投降；强硬派则仍以维持国体为名，坚持原有的四个附加条件，同时要求再次照会中、美、英、苏四国政府进行交涉。14 日，裕仁主持召开了最后一次御前会议。鉴于大势已去难以扭转，裕仁裁决接受同盟国的复文，无条件投降，并要求内阁起草“停战诏书”。同日，裕仁发表了《停战诏书》。

就在日本政府准备按照同盟国的要求无条件投降之机，少数不甘心失败的狂热军国主义分子在 14 日午夜至 15 日凌晨发动兵变，妄图阻止裕仁停战诏书录音的播出，并镇压主和派。但这些少壮派的最后挣扎因为无补于大局，未能得到军部的支持，并被很快镇压下去。15 日，裕仁亲自宣读的停战诏书录音公开对外广播。至此，日本正式宣布无条件投降。

在停战诏书公开发表后，美国代表盟国致函日本，指示：（1）下令所有部队停止敌对行动，并将停止军事行动的确切时间通知盟军最高统帅麦克阿瑟；（2）立即派专使到麦克阿瑟指定地点部署一切投降事宜；（3）接受麦克阿瑟指定的签订投降书的时间、地点及相关事宜。

日本宣布无条件投降后，铃木内阁宣布总辞职。17 日，日本成立了以东久迩宫稔彦为首的新内阁，由重光葵出任外相，负责日本投降事宜。同日，裕仁还向国内外的日本海陆空部队颁布一项命令，敕谕他们遵照《停战诏书》向盟军投降。19 日，日本派出代表团前往马尼拉，听候盟军关于进驻日本和投降书签字等问题的指示。30 日，麦克阿瑟飞抵日本，代表同盟国接受日本的投降。从 8 月中旬到 9 月中旬，日本驻海外的 300 多万军队先后向同盟国投降。从 8 月 28 日到 10 月初，美国派遣了海陆空 40 余万人完成了对日本的占领。

9 月 2 日，在停泊于东京湾的美国战舰“密苏里”号上举行了日本无条件投降的正式签字仪式。重光葵代表天皇裕仁和日本政府，梅津美治郎

---

① 世界知识社辑《反法西斯战争文献》，世界知识社，1955，第 319 页。

代表日军大本营分别在投降书上签字。随后，盟军最高统帅麦克阿瑟和美国、中国、英国、苏联、澳大利亚、加拿大、法国、荷兰、新西兰9个同盟国的代表先后在投降书上签字。签字仪式后，数千架盟军飞机飞过“密苏里”号上空，展现了盟军强大的军事实力，以威慑日本强硬派。同一天，裕仁发布诏书，敕令日本国民迅速停止敌对行为，放下武器，切实履行投降书中的一切条款。至此，世界反法西斯战争胜利结束。

二 南京受降

8月10日，国民政府从外电广播中获悉日本政府准备无条件投降的消息。在日本投降之后，头等大事就是接受侵华日军的投降，这也是国民政府和蒋介石需要首先考虑的问题。因此，在获悉日本准备投降的同一天，蒋介石就决定以陆军总司令何应钦作为中国特别代表，主持并接受侵华日军的投降。与此同时，鉴于国民党军队滞留于西南和西北大后方的现实，为了垄断侵华日军的受降权，限制八路军、新四军的活动，蒋介石特意指示何应钦：“命令敌军驻华最高司令官维持现状……除按政府指定之军事长官的命令之外，不得向任何人缴械投降。”11日，蒋介石又急令国民党军队“加紧作战，积极推进，勿稍松懈”，反而命令八路军、新四军“就原地驻防待命，不得擅自行动”。

为了支持国民党军队对侵华日军的受降，8月14日，美国总统杜鲁门签发《一般命令第一号》，要求各战区的日军立即向盟军投降。中国（东北除外）、台湾及北纬16度线以北的印度支那的日军应向中国战区最高统帅投降。杜鲁门清醒地认识到：“蒋介石的权力只及于西南一隅，华南和华东仍被日本占领着。长江以北则连任何一种中央政府的影子也没有。……假如我们让日本人立即放下他们的武器，并且向海边开去，那么整个中国就将会被共产党人拿过去。”“因此我们就必须采取异乎寻常的步骤，利用敌人来做守备队，直到我们能将国民党军队空运到华南，并将海军调去保卫海港为止。”[①] 其目的就是阻止在广大敌后坚持抗战的中共武装接受日本侵略者投降。

在美国的干预下，蒋介石利用中国战区最高统帅的地位垄断了侵华日

① 《杜鲁门回忆录》第2卷，第72页。

军的受降权。有了这一合法身份，蒋介石于15日以中国战区盟军最高统帅名义致电侵华日军最高司令官冈村宁次，指示投降事宜：（1）通令所属日军停止一切军事行动，并速派代表至玉山接受中国陆军总司令何应钦之命令；（2）军事行动停止后，日军可暂时保有武器装备，保持现有态势，并维持所在地之秩序及交通，听候中国陆军总司令何应钦之命令；（3）所有飞机及船舰停留现在地，但长江内之船舰应集中宜昌、沙市；（4）不得破坏任何设备和物资。与此同时，蒋介石又电示各战区接受日军投降应注意的事项，并派定了前往各省市负责主持接收的负责人。

中国战区的洽降地点，原定浙江玉山机场，但因机场跑道被大雨损坏不能使用，第三战区司令长官顾祝同建议在江西上饶接受日军洽降。对此，何应钦表示同意。但中国战区参谋长魏德迈提议将“陆军总司令部”推进到湖南芷江，并以此作为洽降地点。蒋介石采纳了魏德迈的意见。18日，蒋介石电令冈村宁次派出洽降使节必须于21日到达芷江。遵照蒋介石的命令，何应钦于20日率领“陆总”及相关人员由重庆先飞抵芷江。

21日，冈村宁次派遣副参谋长今井武夫一行8人乘军用飞机，携带驻中国大陆、台湾及北纬16度以北安南地区所有日军之战斗序列、兵力位置、指挥区分系统等表册，在3架盟军战斗机的监视下由汉口飞抵芷江，洽谈日军投降事宜。何应钦派陆军总司令部参谋长萧毅肃与今井武夫办理洽降事宜。萧毅肃向今井武夫当面提交了关于受降的第一号备忘录，指示冈村宁次命令日军停止抵抗，立即投降。经过三天的洽降会议，双方商妥了日军的投降事宜。

27日，何应钦派“陆总”副参谋长冷欣到南京建立前进指挥所。冷欣到达南京后，与冈村宁次就中国军队进驻南京、日本投降签字典礼、解除日军武装和处置伪军等事宜举行了洽商。从30日开始，在美国空军的帮助下，全部美械装备的新六军陆续空运南京，9月5日全部抵达，给日军以极大震慑。受降签字仪式，原定在国民政府礼堂举行，后经过多次磋商，最终确定改在黄浦路中央军校大礼堂。8日，何应钦一行乘“美龄”号专机由芷江飞抵南京。

9月9日，中国战区日军投降签字仪式在中央军校大礼堂举行。参加签字仪式的除中、日双方代表外，还有应邀参加盛典的美、英、苏、法、加、澳等国的军事代表和驻华武官，以及中外记者，加上礼堂内外的仪仗队和担任警卫的士兵，共计 1000 余人。

8 时 56 分，何应钦率领 4 名受降官步入礼堂大厅受降席就坐。何应钦居中，左侧是海军上将陈绍宽、空军上校张廷孟，右侧为陆军上将顾祝同、陆军中将萧毅肃。8 时 58 分，冈村宁次等步入大厅，就坐于投降席。9 时 4 分，日方投降代表、中国派遣军参谋长小林浅三郎向何应钦呈递了投降书。何应钦接过阅核后，将证明书留下，将日方投降书正副本交由萧毅肃转交冈村宁次。冈村宁次逐字阅读后，分别在两份投降书上签字、盖章后，将投降书呈递何应钦审阅并签字、盖章。随后，何应钦命萧毅肃将一份投降书和《中国战区最高统帅第一号命令》转交冈村宁次。冈村宁次在受领证上签字、盖章后，何应钦宣布冈村宁次等人退席。何应钦发表了简短演说。

9 时 20 分，中国战区日军投降签字仪式完成。至此，南京受降顺利结束。中国战区共驻有日军 10 个军、36 个师团、41 个独立旅团、1 个骑兵旅团、19 个独立警备队、6 个海军特别根据地队及陆战队，总计 128 万人正式投降。日军的大批武器装备也被收缴，共计步骑枪 685897 支、手枪 60377 支、轻重机枪 29822 挺、各种火炮 12446 门、炸弹 6000 吨、坦克 383 辆、装甲车 151 辆、卡车 15785 辆、各种飞机 1068 架、各种舰艇 1400 余艘、马匹 74159 匹等。

同日，蒋介石把中国战区划分为 16 个受降区，任命了受降主官，并划定了所属受降地区及接受地点。16 名受降主官在接到命令后，立即组织军队和人员奔赴各自接收地区，先后主持了当地日军的投降事宜。中国作为战胜国，接受敌国的投降，这在近代史上还是第一次，一洗中华民族百余年的屈辱。

主要参考文献

一 档案

黎城县档案馆藏革命历史档案

美国斯坦福大学胡佛研究所藏《蒋介石日记》

山西省档案馆藏革命历史档案

涉县档案馆藏革命历史档案

台北中国国民党党史馆藏档案

台北“国史馆”藏国民政府档案、《蒋中正总统文物》、《阎锡山档案》

武乡县档案馆藏革命历史档案

襄垣县档案馆藏革命历史档案

中国第二历史档案馆藏档案

二 报刊

《大公报》（重庆）、《国民公报》、《建军导报》、《解放》、《解放周刊》、《抗敌报》、《上海周报》、《战斗》、《中央日报》（重庆）

三 档案汇编、文集、日记、年谱、回忆录等

八路军山东纵队史编审委员会编《八路军山东纵队·综合册》，山东人民出版社，1993。

白崇禧口述，苏志荣等编《白崇禧回忆录》，解放军出版社，1987。

《白崇禧口述自传》（上），中国大百科全书出版社，2009。

北京大学哲学系编《毛泽东哲学思想资料选辑》（下），编者印行，1982。

《薄一波论新军》，中共党史出版社，2008。

薄一波：《论牺盟会和决死队》，中共中央党校出版社，1990。

蔡德金编注《周佛海日记》，中国社会科学出版社，1986。

《陈赓日记》，战士出版社，1982。

〔美〕陈纳德：《飞虎将军陈纳德回忆录》，王湄等译，浙江文艺出版社，1998。

《陈毅口述自传》，大象出版社，2010。

陈振忠主编《郑州市水利志》，郑州市水利志编辑委员会，1995。

程思远：《我的回忆》，华艺出版社，1994。

重庆市人民防空办公室编《重庆市防空志》，西南师范大学出版社，1994。

《戴安澜将军日记》，贵阳中央日报社，1942。

〔日〕稻叶正夫编《冈村宁次回忆录》，天津市政协编译委员会译，中华书局，1981。

《邓子恢淮北文稿》，人民出版社，2009。

第一二〇师陕甘宁晋绥联防军抗日战争史编写办公室编《第一二〇师陕甘宁晋绥联防军抗日战争时期资料丛书》第2卷，编者印行，1994。

〔日〕古屋奎二主笔《蒋总统秘录》第6册，台北，中央日报出版社，1986。

关在泽编译《罗斯福选集》，商务印书馆，1982。

郭汝瑰、黄玉章主编《中国抗日战争正面战场作战记》，江苏人民出版社，2002。

“国防部史政编译局”编《大战期间华北“治安”作战》、《大战前之华北“治安”作战》，台北，编者印行，1988。

“国防部史政编译局”编《抗日战史·各地游击战》、《抗日战史·冀察游击战》、《抗日战史·晋绥游击战》、《抗日战史·鲁苏游击战》、《抗日战史·武汉会战》、《抗日战史·徐州会战》、《抗日战史·粤闽边区作战》，台北，编者印行，1981。

国民政府军事委员会政治部编《峨嵋山训练集选辑》，黄埔出版社，

1938。

《杜鲁门回忆录》，李石译，东方出版社，2007。

何理等选编《百团大战史料》，人民出版社，1984。

何应钦：《八年抗战之经过》，台北，文海出版社，1972；香港，中和出版有限公司，2015。

何应钦：《日军侵华八年抗战史》，台北，黎明文化事业公司，1982。

河北省档案馆编《地道战档案史料选编》，河北人民出版社，1987。

河北省档案馆编《冀中地道战》，中共党史出版社，1995。

河北省社会科学院近代史研究所、河北省档案馆编《晋察冀抗日根据地史料选编》，河北人民出版社，1983。

河南省财政厅、河南省档案馆编《晋冀鲁豫抗日根据地财经史料选编（河南部分）》，档案出版社，1985。

贺耀组：《航空与防空》，出版地不详，1944。

湖南省档案馆、中国第二历史档案馆编《抗日战争湖南战场史料》（4），湖南人民出版社，2012。

《黄克诚自述》，人民出版社，1994。

黄美真编《伪廷幽影录——对汪伪政权的回忆》，东方出版社，2010。

《黄绍竑回忆录》，广西人民出版社，1991。

黄绍竑：《五十回忆》，上海风云出版社，1945。

黄耀武：《1944—1948：我的战争》，春风文艺出版社，2010。

黄自进、潘光哲编《蒋中正总统档案·困勉记》，台北，“国史馆”，2011。

贾廷诗等访问兼纪录《白崇禧先生访问纪录》，台北，中研院近代史研究所，1984。

蒋复璁、薛光前主编《蒋百里先生全集》第2辑，台北，传记文学出版社，1971。

《蒋介石档案·事略稿本》第41、42、60册，台北，“国史馆”，2010。

蒋梦麟：《西潮·新潮》，岳麓书社，2000。

蒋纬国总编著《国民革命战史　第三部　抗日御侮》第4、5、6、7、8、9卷，台北，黎明文化事业公司，1978。

金冲及主编《毛泽东传（1893—1949）》，中央文献出版社，2004。

金冲及主编《周恩来传》，中央文献出版社，2008。

金冲及主编《朱德传》，中央文献出版社，2006。

晋察冀军区民兵斗争史丛书编委会编《地道战》，长征出版社，1997。

《晋察冀抗日根据地》史料丛书编审委员会、晋察冀中央档案馆编《晋察冀抗日根据地 第1册 文献选编》(上)，中共党史资料出版社，1998。

〔日〕近卫文麿:《日本政界二十年——近卫手记》，高天原、孙识齐译，国际文化服务社，1948。

《景晓村日记》，八路军山东抗日根据地研究会渤海分会，2012。

居亦侨:《跟随蒋介石十二年》，湖南人民出版社，1988。

军事科学院《刘伯承军事文选》编辑组编《刘伯承军事文选》，解放军出版社，1992；军事科学出版社，2012。

军事科学院《项英军事文选》编辑组编《项英军事文选》，中共中央党校出版社，2003。

《黎玉回忆录》，中共党史出版社，1992。

李秉新主编《血色冀中》，河北人民出版社，2002。

《李达军事文选》编辑组编《李达军事文选》，解放军出版社，1993。

《李品仙回忆录》，台北，中外图书出版社，1975。

李晓光主编《张云逸年谱》，中共党史出版社，2005。

《李雪峰回忆录（上）——太行十年》，中共党史出版社，1998。

李宗仁口述，唐德刚撰写《李宗仁回忆录》，广西人民出版社，1988。

林美莉编辑校订《王世杰日记》，台北，中研院近代史研究所，2012。

刘树发主编《陈毅年谱》上卷，人民出版社，1995。

刘庭华编《中国抗日战争与第二次世界大战系年要录统计荟萃(1931—1945)》，海军出版社，1988。

陆束屏编译《南京大屠杀——英美人士的目击报道》，红旗出版社，1999。

《罗荣桓军事文选》，解放军出版社，1997。

《吕正操回忆录》，解放军出版社，2007。

吕正操:《冀中回忆录》，解放军出版社，1984。

《毛泽东选集》第2、3卷，人民出版社，1991。

《彭德怀自述》，人民出版社，1981。

彭明主编《中国现代史资料选辑》第5卷（下），中国人民大学出版社，1989。

《彭雪枫军事文选》，解放军出版社，1997。

《彭真文选》，人民出版社，1991。

《秦德纯回忆录》，台北，传记文学出版社，1981。

秦孝仪主编《革命文献》第106辑，台北，中国国民党中央委员会党史委员会，1986。

秦孝仪主编《中华民国重要史料初编——对日抗战时期　第二编　作战经过》，台北，中国国民党中央委员会党史委员会，1981。

秦孝仪主编《中华民国重要史料初编——对日抗战时期　第三编　战时外交》，台北，中国国民党中央委员会党史委员会，1981。

秦孝仪主编《先总统蒋公思想言论总集》卷14、20、38，台北，中国国民党中央党史委员会，1984。

秦孝仪主编《总统蒋公大事长编初稿》卷4、卷5，台北，中国国民党中央委员会党史委员会，1978。

全国政协《湖南四大会战》编写组编《湖南四大会战：原国民党将领抗日战争亲历记》，中国文史出版社，1995。

全国政协文史和学习委员会编《武汉会战：原国民党将领抗日战争亲历记》，中国文史出版社，2015。

全国政协文史和学习委员会编《徐州会战：原国民党将领抗日战争亲历记》，中国文史出版社，2015。

全国政协《中原抗战》编写组编《中原抗战》，中国文史出版社，1995。

日本防卫厅防卫研究所战史室编《长沙作战》、《广西会战》，天津市政协编译委员会译，中华书局，1985。

日本防卫厅防卫研究所战史室编《华北治安战》、《河南会战》、《湖南会战》，天津市政协编译委员会译，中华书局，1982。

日本防卫厅防卫研究所战史室编《缅甸作战》，天津市政协编译委员会译，中华书局，1987。

日本防卫厅防卫研究所战史室编《日本海军在中国作战史》，天津市政协编译委员会译，中华书局，1991。

日本防卫厅防卫研究所战史室编《中国事变陆军作战史》第1、2、3卷，齐福霖、田琪之译，中华书局，1979。

日本防卫厅防卫研究所战史室、吉林省社会科学院日本问题研究所：《昭和十七、八（1942、1943）年的中国派遣军》，贾玉芹译，中华书局，1984。

日本防卫厅防卫研究所战史室编《昭和二十年的中国派遣军》第2卷第1册，天津市政协编译委员会译，中华书局，1984。

日本防卫厅战史室编《日本军国主义侵华资料长编〈大本营陆军部〉摘译》，天津市政协编译委员会译，四川人民出版社，1987。

日本土肥原贤二刊行会编《土肥原秘录》，天津市政协编译组译，中华书局，1980。

荣孟源主编《中国国民党历次代表大会及中央全会资料》，光明日报出版社，1985。

三军大学战史编纂委员会编《国民革命军战役史 第四部 抗日》第3册，台北，"国防部史政编译局"，1995。

山东省档案馆、山东社会科学院历史研究所编《山东革命历史档案资料选编》第4、9辑，山东人民出版社，1982。

山西省档案馆编《太行党史资料汇编》第1、5、6、7卷，山西人民出版社，1989、2000。

世界知识社辑《反法西斯战争文献》，世界知识社，1955。

四川省档案馆编《川魂——四川抗战档案史料选编》，西南交通大学出版社，2005。

《粟裕回忆录》，解放军出版社，2007。

太行区武委会编《抗日战争中人民武装建设文件》，太行群众书店，1947。

王炳南：《中美会谈九年回顾》，世界知识出版社，1985。

《王恩茂日记——抗日战争》，中央文献出版社，1995。

《王世杰日记》（手稿本），台北，中研院近代史研究所，1990。

魏宏运主编《中国现代史资料选编 4 抗日战争时期》，黑龙江人民出版社，1981。

《新四军战史》编辑室编《新四军战史》，解放军出版社，2000。

《徐向前军事文选》，解放军出版社，1993。

《徐永昌日记》第7册，台北，中研院近代史研究所，1991。

《许世友回忆录》，解放军出版社，1986。

〔苏〕亚·米·华西列夫斯基：《毕生的事业》，柯雄译，三联书店，1977。

〔苏〕亚·伊·切列潘诺夫：《中国国民革命军的北伐：一个驻华军事顾问的札记》，中国社会科学院近代史研究所翻译室译，中国社会科学出版社，1981。

《杨成武回忆录》，解放军出版社，1987。

杨国宇：《刘邓麾下十三年》，重庆大学出版社，1991。

《杨尚昆回忆录》，中央文献出版社，2001。

杨琥编《宪政救国之梦：张耀曾先生文存》，法律出版社，2004。

《叶飞将军自述》，辽宁人民出版社，2001。

《远东国际军事法庭判决书》，张效林译，五十年代出版社，1953。

〔美〕约瑟夫·C. 格鲁：《使日十年》，蒋相泽译，商务印书馆，1983。

《张爱萍军事文选》，长征出版社，1994。

张发奎口述，郑义译注《蒋介石与我：张发奎上将回忆录》，香港文化艺术出版社，2008。

张其昀主编《蒋总统集》，台北，“国防研究院”，1968。

《张云逸传》编写组、海南省档案馆编《张云逸年谱》，当代中国出版社，2012。

赵荣声：《回忆卫立煌先生》，文史资料出版社，1985。

赵曾俦：《抗战纪实》第1册，商务印书馆，1947。

浙江省档案馆、中共浙江省委党史研究室编《日军侵略浙江实录》，中共党史出版社，1995。

浙江省中国国民党历史研究组编《抗日战争时期国民党战场史料选编》，编者印行，1985。

政协广西壮族自治区委员会文史资料研究委员会编《李宗仁回忆录》，编者印行，1980。

中共河北省委党史研究室编《冀中历史文献选编》，中共党史出版社，1994。

中共河南省委党史工作委员会编《太岳抗日根据地》，河南人民出版社，1990。

中共河南省委党史资料征集委员会编《冀鲁豫抗日根据地》第1卷，河南人民出版社，1985。

中共冀鲁豫边区党史工作组办公室编《中共冀鲁豫边区党史资料选编》第2、3辑，河南人民出版社，1988。

中共冀鲁豫边区党史工作组四川联络组编《冀鲁豫边区党史资料选编》第1辑，编者印行，1987。

中共江苏省委党史工作办公室编《粟裕年谱》，当代中国出版社，2012。

中共蠡县党史资料征编办公室编《蠡县党史资料·纪念抗日战争爆发五十周年专辑》，编者印行，1987。

中共南通市委党史办公室编《苏中四分区反“清乡”斗争》，江苏人民出版社，1985。

中共山西省委党史研究室编《中国共产党山西历史资料丛书·文献选编　抗日战争时期》(1)，山西人民出版社，1986。

中共太行区党委编《太行党史资料辑存》第2编，编者印行，1945。

《中共中央北方局》资料丛书编审委员会编《中共中央北方局·抗日战争时期》，中共党史出版社，1999。

中共中央书记处编《六大以来——党内秘密文件》(下)，人民出版社，1981。

中共中央文献研究室编《毛泽东年谱（1893—1949)》(中)，中央文献出版社，2013。

中共中央文献研究室编《毛泽东文集》第1卷，人民出版社，1993。

中共中央文献研究室编《周恩来年谱》，中央文献出版社，1998。

中共中央文献研究室编《周恩来选集》，人民出版社，1980。

中共中央文献研究室、军事科学院编《毛泽东军事文集》第2卷，军事科学出版社、中央文献出版社，1993。

中共中央文献研究室、军事科学院编《周恩来军事文选》，人民出版社，1997。

中国第二历史档案馆编《抗日战争正面战场》，江苏古籍出版社，1987；凤凰出版社，2005。

中国第二历史档案馆史料编辑部编《中华民国史资料丛稿：台儿庄战役资料选编》，中华书局，1989。

中国革命博物馆党史研究室编《党史研究资料》（7），四川人民出版社，1987。

中国科学院近代史研究所南京史料整理处编《中国现代政治史资料汇编》第3辑第29册，中国社会科学院近代史研究所图书馆藏。

中国科学院历史研究所第三所南京史料整理处编《中国现代政治史资料汇编》第3辑第40册，1957，油印本。

中国人民革命军事博物馆《百团大战历史文献资料选编》编审组编《百团大战历史文献资料选编》，解放军出版社，1990。

《中国人民解放军军史》编写组编《中国人民解放军军史》第2卷，军事科学出版社，2010。

中国人民解放军军事科学院计划指导部图书资料处编《日军侵华战例资料选编》，编者印行，1981。

中国人民解放军空军司令部空军史编辑室编《中国空军史料》第2辑，军事科学出版社，1994。

中国人民解放军历史资料丛书编辑组编《华南抗日游击队》，解放军出版社，2008。

中国人民解放军历史资料丛书编审委员会编《八路军·文献》，解放军出版社，1994。

中国人民解放军历史资料丛书编审委员会编《新四军·参考资料》（1）（2）（3），解放军出版社，1988、1991、1992。

中国人民解放军历史资料丛书编审委员会编《新四军·回忆史料》，解放军出版社，1990。

中国人民解放军历史资料丛书编审委员会编《新四军·文献》，解放军出版社，1994。

中国人民政治协商会议南京市委员会文史资料委员会编《蓝天碧血扬国威——中国空军抗战史料》，中国文史出版社，1990。

中国人民政治协商会议全国委员会文史资料研究委员会《八一三淞沪抗战》编审组编《八一三淞沪抗战：原国民党将领抗日战争亲历记》，中国文史出版社，1987。

中国人民政治协商会议全国委员会文史资料研究委员会《七七事变》编审组编《七七事变：原国民党将领抗日战争亲历记》，中国文史出版社，

1986。

中国人民政治协商会议全国委员会文史资料研究委员会编《张治中回忆录》，中国文史出版社，1985。

中国人民政治协商会议文史资料研究委员会编《远征印缅抗战》，中国文史出版社，1990。

中国社会科学院近代史研究所中华民国史研究室编《中华民国史料丛稿·大事记》第23辑，中华书局，1981。

中国现代史资料编辑委员会编《美国与中国的关系》，编者印行，1957。

《中华民国史事纪要》编辑委员会编《中华民国史事纪要（中华民国三十三年七至九月份)》，台北，“国史馆”，1994。

中央党史研究室张闻天选集传记组编《张闻天文集》，中共党史出版社，2012。

中央档案馆编《中共中央文件选集》第11、15册，中共中央党校出版社，1991。

中央档案馆、山东省档案馆编印《山东革命历史文件汇集》(甲）第7集，1995。

中央档案馆、中国第二历史档案馆、吉林省社会科学院合编《日本帝国主义侵华档案资料选编：日汪的清乡》，中华书局，1995。

周均伦主编《聂荣臻年谱》，人民出版社，1999。

周美华编辑《蒋介石档案·事略稿本》第49册，台北，“国史馆”，2011。

朱长乐主编《平原烈火——抗战中的清丰》，中共清丰县委宣传部，2005。

《朱德军事文选》，解放军出版社，1997。

外務省編『日本外交年表並主要文書』原書房、1969。

防衛庁防衛研修所戦史室編『戦史叢書　大本営陸軍部』『戦史叢書　河南作戦』朝雲新聞社、1967。

防衛庁防衛研修所戦史室編『戦史叢書　中国方面海軍作戦』『戦史叢書　中国方面陸軍航空作戦』朝雲新聞社、1974。

防衛庁防衛研修所戦史室『戦史叢書　昭和二十年の支那派遣軍（2)

終戦まで』朝雲新聞社、1973。

防衛庁防衛研修所戦史室編『戦史叢書　支那事変陸軍作戦（1）』朝雲新聞社、1975。

防衛庁防衛研修所戦史室編『戦史叢書　北支の治安戦』朝雲新聞社、1968。

安井三吉『盧溝橋事件』研文出版、1993。

臼井勝美・稲葉正夫編『現代史資料』9、12、みすず書房、1964、1965。

Foreign Relations of the United States（*FRUS*）.

四　著作

敖文蔚：《湖北抗日战争史》，武汉大学出版社，2006。

〔美〕巴巴拉·塔奇曼：《逆风沙：史迪威与美国在华经验（1911—1945）》，汪溪等译，重庆出版社，1994。

〔美〕巴巴拉·塔奇曼：《史迪威与美国在华经验》，陆增平译，商务印书馆，1985。

包遵彭：《中国海军史》，台北，中华丛书编纂委员会，1970。

曹聚仁：《蒋百里评传》，香港，三育文化图书文具公司，1963。

曹聚仁、舒宗侨编《中国抗战画史》，中国书店，1988。

陈贵春主编《军用飞机》，解放军出版社，2008。

陈世松主编《宋哲元传》，吉林文史出版社，1992。

陈寿恒主编《薛岳将军与国民革命》，台北，中研院近代史研究所，1988。

陈香梅：《陈纳德与飞虎队》，金光耀、石源华译，上海人民出版社，1986。

戴峰、周明：《战上海一九三七：淞沪战役作战始末》下册，台北，通宝文化，2009。

〔英〕方德万：《中国的民族主义和战争（1925—1945）》，胡允桓译，三联书店，2007。

〔美〕费正清主编《剑桥中华民国史》第2部，章建刚等译，上海人民出版社，1992。

〔日〕服部卓四郎：《大东亚战争全史》第2册，张玉祥等译，商务印书馆，1984。

高晓星、时平：《民国空军的航迹》，海潮出版社，1992。

耿成宽、韦显文：《抗日战争时期的侵华日军》，春秋出版社，1987。

郭雄等编《抗日战争时期国民党正面战场重要战役介绍》，四川人民出版社，1985。

《胡绳文集（1979—1994）》，中国社会科学出版社，1994。

胡绳主编《中国共产党的七十年》，中共党史出版社，1991。

华强、奚纪荣、孟庆龙：《中国空军百年史》，上海人民出版社，2006。

黄道炫等：《20世纪的中国 4 民族存亡的搏斗》，河南人民出版社，1996。

黄仁宇：《地北天南叙古今》，台北，时报文化出版社，1991。

黄镇球：《中国之防空》，出版地不详，1935。

〔日〕家永三郎《太平洋战争》，何欣泰译，台北，台湾商务印书馆，2006。

姜长英：《中国航空史》，西北工业大学出版社，1987。

姜克夫编著《民国军事史》第3卷（下），重庆出版社，2009。

蒋纬国：《蒋委员长如何战胜日本》，台北，黎明文化事业公司，1977。

〔英〕杰弗里·罗伯茨：《斯大林的战争》，李晓江译，社会科学文献出版社，2013。

军事科学院军事历史研究部编《中国抗日战争史》，解放军出版社，1994。

〔日〕堀场一雄：《日本对华战争指导史》，王培岚等译，军事科学出版社，1988。

李隆基、王玉祥主编《中国新民主革命通史》第8卷，上海人民出版社，2001。

李云汉《卢沟桥事变》，台北，东大图书公司，1987。

李云汉：《宋哲元与七七抗战》，台北，传记文学出版社，1978。

〔英〕利德尔·哈特：《第二次世界大战史》（上），上海市政协编译工作委员会译，上海译文出版社，1978。

梁敬錞：《史迪威事件》，商务印书馆，1973。

〔日〕林三郎编著《关东军和苏联远东军》，吉林省哲学社会科学研究所日本问题研究室译，吉林人民出版社，1979。

刘大年、白介夫主编《中国复兴枢纽》，北京出版社，1997。

刘凤翰：《抗日战史论集》，台北，东大图书公司，1987。

刘俊：《空防与国防》，台北，中央文物供应社，1982。

楼子芳主编《浙江抗日战争史》，杭州大学出版社，1995。

〔美〕罗伯特·达莱克：《罗斯福与美国对外政策（1932—1945）》下册，陈启迪译，商务印书馆，1984。

吕迅：《大棋局中的国共关系（1944—1950）》，社会科学文献出版社，2015。

马振犊：《惨胜——抗战正面战场大写意》，九州出版社，2011。

毛磊等：《武汉抗战史要》，湖北人民出版社，1985。

孟广涵主编《抗战时期国共合作纪实》上卷，重庆出版社，1992。

彭训厚：《胜利的回忆》，五洲传播出版社，2014。

齐锡生：《剑拔弩张的盟友：太平洋战争期间的中美军事合作关系（1941—1945）》，社会科学文献出版社，2012。

荣维木：《抗日战争热点问题聚焦》，济南出版社，2005。

〔美〕舍伍德：《罗斯福与霍普金斯》下册，福建师范大学外语系编译室译，商务印书馆，1980。

〔日〕松冈环编著《南京战·寻找被封闭的记忆》，新内如等译，上海辞书出版社，2002。

《粟裕传》编写组编《粟裕传》，当代中国出版社，2007。

孙宅巍：《蒋介石的宠将陈诚》，河南人民出版社，1990。

唐守荣主编《抗战时期重庆的防空》，重庆出版社，1995。

唐学锋：《中国空军抗战史》，四川大学出版社，2000。

陶菊隐：《蒋百里先生传》，中华书局，1984。

王辅：《日军侵华战争》第2、3卷，辽宁人民出版社，1990。

王国林：《轰炸东京——中国救助美国飞行员纪实》，新华出版社，2002。

王世杰、钱端升：《比较宪法》下册，商务印书馆，1946。

王政柱：《百团大战始末》，广东人民出版社，1989。

〔美〕威廉·M. 利里：《龙之翼——中国航空公司和中国商业航空的发展》，徐克继译，科学技术文献出版社，1990。

吴孟雪:《美国在华领事裁判权百年史》，社会科学文献出版社，1992。

吴相湘:《第二次中日战争史》，台北，综合月刊社，1973。

〔美〕西奥多·怀特、安娜·雅各布:《风暴遍中国》，王健康、康元非译，解放军出版社，1985。

谢世廉主编《川渝大轰炸——抗战时期日机轰炸四川史实研究》，西南交通大学出版社，2005。

徐万民:《战争生命线——国际交通与八年抗战》，广西师范大学出版社，1995。

杨奎松:《中间地带的革命》，中央党校出版社，1992。

余子道、刘其奎、曹振威编《汪精卫国民政府"清乡"运动》，上海人民出版社，1985。

袁梅芳、吕牧昀:《中国远征军: 滇缅战争拼图与老战士口述历史》，香港，红出版(青森文化)，2015。

〔美〕约翰·托兰:《日本帝国的衰亡》，郭伟强译，新华出版社，1982。

岳思平:《八路军战史》，解放军出版社，2011。

张秉钧:《中国现代历次重要战役之研究——抗日战役述评》(1)，台北，"国防部史政局"，1978。

张其昀:《党史概要》第2卷，台北，中央文物供应社，1979。

张瑞德:《抗战时期的国军人事》，台北，中研院近代史研究所，1993。

张宪文主编《抗日战争的正面战场》，河南人民出版社，1987。

张宪文主编《中国抗日战争史(1931—1945)》，南京大学出版社，2001。

《中国人民解放军军史》第2卷，军事科学出版社，2010。

中国人民抗日战争纪念馆编《抗战时期苏联援华史论》，社会科学文献出版社，2013。

钟启河、刘松茂:《湖南抗日战争日志》，国防科技大学出版社，2005。

周至柔:《世界空军军备》，青年出版社，1940。

秦郁彦『日中戦争史』河出書房新社、1961。

服部卓四郎『大東亜戦争全史』原書房、1996。

Charles F. Romanus and Riley Sunderland, *Stilwell's Command Problems* (Washington D. C.: Office of the Chief of Military History, Dept. of the Army,

1956).

Freda Utley, *The China Story* (Chicago: Henry Regnery Company, 1951).

Stetson Conn et. al., *Guarding the United States and Its Outposts* (Washington D. C.: Center of Military History, United States Army, 2000).

William G. Grieve, *The American Military Mission to China, 1941 - 1942: Lend - Lease Logistics, Politics and the Tangles of Wartime Cooperation* (Jefferson, NC: McFarland&Company, Inc., 2014).

人名索引

D

K

L

M

X